李宗侗（一八九五—一九七四）

字文伯，河北省高陽縣人。自幼聰明過人。十七歲時到法國留學，畢業於法國巴黎大學。一九二四年返國，受聘於國立北京大學，兼法文系主任，曾出任故宮博物院秘書長等職。一九四八年，受聘為國立臺灣大學歷史系教授。後歷兼國史館史料審查委員、編譯館編審委員、臺灣省文獻委員會顧問、中華文化復興運動推行委員會委員等職。對中國古代史頗有研究，在學術上時有獨特見解。

夏德儀（一九〇一—一九九八）

號卓如，為臺灣大學歷史系文史淵博精深知名教授。一九〇一年出生於江蘇，北大歷史系畢業，一九四六年來臺任教，先後開授中國通史、中國近代史、中國外交史等課程。教學之餘並擔任中學歷史教科書編委，以及參與臺灣文獻叢刊的史料編纂工作。一九九四年完成《百吉老人自訂年譜》一書。退休後定居美國，一九九八年去世於美國。

國立編譯館中華叢書編審委員會 主編

資治通鑑今註

第十二冊

唐紀

李宗侗 夏德儀等 校註

臺灣商務印書館

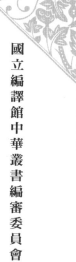

目次【第十二冊】

卷二百二十一　唐紀三十七

司馬光編集
嚴耕望註

起署雝大淵獻，盡上章困敦，凡二年。（己亥至庚子，西元七五九年至七六〇年）

肅宗文明武德大聖大宣孝皇帝下之上

乾元二年（西元七五九年）

㈠春，正月，己巳朔，史思明築壇於魏州城北，自稱大聖燕王，以周摯為行軍司馬。【考異】河洛春秋作周萬至，邠志作周至，舊傳作周贄，今從實錄。李光弼曰：「思明得魏州而按兵不進，此欲使我懈惰，而精銳掩吾不備也。請與朔方軍同逼魏城，求與之戰，彼懲嘉山之敗㊀，必不敢輕出，得曠日引久，則鄴城必拔矣。慶緒已死，彼則無辭以用其眾也。」魚朝恩以為不可，乃止。

㈡戊寅，上祀九宮貴神㊁，用王璵之言也。乙卯㊂，耕藉田㊃。

㈢鎮西節度使李嗣業攻鄴城，為流矢所中，丙申薨。兵馬使荔非元禮代將其眾。初，嗣業表段秀實為懷州長史，知留後事㊄，時諸軍屯戍日久，財竭糧盡，秀實獨運芻粟，募兵市馬，以奉鎮西行營，相繼於道。

㈣二月，壬子，月食，既㈥。先是百官請加皇后尊號曰輔聖。【考異】舊紀作翊聖，今從實錄。上以問中書舍人。李揆對曰：「自古皇后無尊號，惟韋后有之㈦，豈足為灋㈧。」上驚曰：「庸人幾誤我。」會月食，事遂寢。后與李輔國相表裏，橫於禁中，干豫政事，請託無窮，上頗不悅，而無如之何。

㈤郭子儀等九節度使圍鄴城，築壘再重，穿塹三重，壅漳水灌之，城中井泉皆溢，構棧而居㈨，自冬涉春，安慶緒堅守以待。史思明食盡，一鼠直錢四千，淘牆麮及馬矢以食馬㈩，人皆以為克在朝夕，而諸軍既無統帥，進退無所禀㈡，城中人欲降者，礙水深不得出城，久不下，上下解體。思明乃自魏州引兵趣鄴，使諸將去城各五十里為營，每營擊鼓三百面遙脅之，又每營選精騎五百，日於城下抄掠，官軍出，即散歸其營，諸軍人馬牛車日有所失，樵采甚艱，晝備之則夜至，夜備之則晝至，時天下饑饉，轉餉者南自江淮，西自并汾〔一二〕，舟車相繼。思明多遣壯士竊官軍裝號，督趣〔一三〕運者，責其稽緩，妄殺戮人，運者駭懼，舟車所聚，則密縱火焚之，往復聚散，自相辨識，而官軍邏捕不能察也。由是諸軍乏食，人思自潰。思明乃引大軍直抵城下，官軍與之刻日決戰。三月，壬申，官軍步騎六十萬，陳於安陽河北〔一四〕，思明自將精兵五萬敵之，諸軍望之以為遊軍，未介意，思明直前奮擊，李光弼、王思禮、許叔冀、魯炅先與之戰，殺傷相半，魯炅中流矢，郭子儀承其後，未及布陳，大風忽起，吹沙拔木，天地晝晦，咫尺不相辨，兩軍大驚，官軍潰而南，賊潰而北〔一五〕，棄甲仗輜重，委積於路。子儀以朔方軍斷河陽橋〔一六〕，保東京，戰馬萬匹，惟存三千，甲仗十萬，遺棄殆盡，東京士民驚駭，散奔山谷，留守崔圓、河南尹蘇震等官吏南奔襄鄧，諸節度各潰歸本鎮，士卒所過剽掠，吏不能止，旬日方定。惟李光弼、王思禮整勒部伍，全軍以歸。

【考異】邠志曰：「史思明自稱燕王，牙前兵馬使吳思禮曰，思明果反，蓋蕃將也，安肯盡節於國家。因目左武鋒使僕固懷恩，懷恩色變，陰恨之。三月六日，史思明輕兵抵相州，郭公率諸軍禦之，戰於萬金驛，賊分馬軍並滏而西，郭公使僕固懷恩以蕃渾馬軍邀擊，破之，還遇吳思禮於陣，射殺之。呼曰，吳思禮陣沒。其夕，收軍，郭公疑懷恩為變，遂脫身先去，諸軍相繼潰於城下。」今從實錄。

子儀至河陽，將謀城守，師人相驚，又奔缺門(一七)，諸將繼至，眾及數萬，議捐東京，退保蒲陝。都虞候(一八)張用濟曰：「蒲陝荐飢(一九)，不如守河陽。賊至併力拒之。」子儀從之。使都遊奕使靈武韓遊瓌將五百騎前趣河陽，用濟以步卒五千繼之，周摯引兵爭河陽，後至不得入，而去用濟，役所部兵築南北兩城而守之(二〇)。段秀實帥將士妻子及公私輜重，自野戍度河，待命於河清(二一)之南岸，荔非元禮至而軍焉。諸將各上表請罪(二二)，上皆不問，惟削崔圓階封(二三)，貶蘇震為濟王府長史，削銀青階(二四)。史思明審知官軍潰去，自沙河(二五)收整士眾，還屯鄴城南，安慶緒收子儀(二六)等營中糧，得六七萬石，與孫孝哲、崔乾祐謀閉門更拒思明，諸將曰：「今日豈可復背史王乎？」思明不與慶緒相聞，又不南追官軍，但日於軍中饗士。張通儒、高尚等言於慶緒曰：「史王遠來，臣等皆應迎謝。」慶緒曰：「任公暫(二七)往。」思明見之，涕泣厚禮而歸之，經三日慶緒不至，思明密召安太清令誘之，慶緒窘蹙，不知所為，乃遣太清上表稱臣於思明，請待解甲入城，奉上璽綬。思明省表曰：「何至如此。」因出表徧示將士㊁，咸稱萬歲，乃手疏唁㊂慶緒而不稱臣，且曰：「願為兄弟之國，更作藩籬之援，鼎足而立，猶或庶幾，北面之禮，固不敢受。」幷封表還之。慶緒大悅，因請歃血同盟，思明許之。慶緒以三百騎詣思明營，思明令軍士擐甲執兵以待之，引慶緒及諸弟入至庭下，慶緒再拜稽首曰：「臣不克荷負，棄失兩都，久陷重圍，不意大王以太上皇㊂之故，遠垂救援，使臣應死復生，摩頂至踵，無以報德。」思明忽震怒曰：「棄失兩都亦何足言。爾為人子殺父奪其位，天地所不容，吾為太上皇討賊，豈受爾佞媚乎？」即命左右牽出，幷其四弟及高尚、孫孝哲、崔乾祐皆殺之。張通儒、李庭望等悉授以官，思明勒兵入鄴城，收其士馬，以府庫賞將士。慶緒先所有州縣及兵，皆歸於思明，遣安太清將兵五千取懷州，因留鎮之。思明欲遂西略，慮根本未固，乃留其子朝義守相州，引兵還范陽。

㈥甲申，回紇骨啜特勒帝德等十五人，自相州奔還西京，上宴之於紫宸殿㊂，賞賜有差，庚寅，骨啜特勒等辭還行營。

㈦辛卯，以荔非元禮為懷州刺史，權知鎮西北庭行營節度使，元禮復以段秀實為節度判官。

㈧甲午，以兵部侍郎呂諲同平章事，乙未，以中書侍郎同平章事苗晉卿為太子太傅，王璵為刑部尚書，皆罷政事。以京兆尹李峴行吏部尚書，中書舍人兼禮部侍郎李揆為中書侍郎，及戶部侍郎第五琦並同平章事，上於峴恩意尤厚，峴亦以經濟為己任，軍國大事，多獨決於峴。於是京師多盜，李輔國請選羽林騎士五百以備巡邏。李揆上疏曰：「昔西漢以南北軍相制，故周勃因南軍入北軍，遂安劉氏，皇朝置南北牙，文武區分，以相伺察，今以羽林代金吾警夜㉑，忽有非常之變，將何以制之？」乃止。

㈨丙申，以郭子儀為東畿山東河東諸道元帥㉒，權知東京留守，以河西節度使來瑱行陝州刺史，充陝虢華州節度使㉓。

㈩夏，四月，庚子，澤潞節度使王思禮破史思明將楊旻於潞城㉔東。

㈩㈠太子詹事李輔國自上在靈武，判元帥行軍司馬事，侍直帷幄，宣傳詔命，四方文奏，寶印符契，晨夕軍號，一以委之。及還京師，專掌禁兵，常居內宅㊱，制勅必經輔國押署，然後施行。宰相百司非時奏事，皆因輔國關白承旨㊲，常於銀臺門㊳決天下事，事無大小，輔國口為制勅，寫付外施行，事畢聞奏。又置察事數十人，潛令於人閒聽察細事，即行推按，有所追索，諸司無敢拒者，御史臺大理寺重囚，或推斷未畢，輔國追詣銀臺，一時縱之。三司府縣㊴鞫獄，皆先詣輔國，咨稟輕重，隨意稱制勅行之，莫敢違者，宦官不敢斥其官，皆謂之五郎。李揆山東甲族㊵，見輔國執子弟禮，謂之五父㊶。及李峴為相，於上前叩頭論制勅皆應由中書出，具陳輔國專權亂政之狀，上感寤，賞其正直。輔國所行事，多所變更，罷其察事，輔國由是讓行軍司馬，請歸本官㊷，上不許。壬寅，制㊸：「比緣軍國務殷，或宣口勅㊹處分，諸色取索及杖配囚徒，自今一切並停，如非正宣㊺，並不得行。中外諸務，各歸有司㊻。英武軍虞候及六軍諸使諸司㊼等，比來或因論競，懸自追攝㊽，自今一切須經臺府㊾，如所由㊿處斷不平，聽具狀奏聞。

諸律令除十惡殺人，姦盜造偽外，餘煩冗一切刪除，仍委中書門下與灋官詳定聞奏。」輔國由是忌峴。【考異】實錄李峴傳曰：「時李輔國專典禁中兵權，詔旨或不由中書而出，峴切陳其狀，肅宗甚嘉之，即日下詔，如峴奏。由是挫輔國威權，輔國頗忌之。」蓋即此詔也。

(十一)甲辰，置鄭陳亳節度使(五一)，以鄧州刺史魯炅為之，以徐州刺史尚衡為青密等七州節度使(五二)，以興平軍節度使李奐兼豫許汝三州節度使(五三)，仍各於境上守捉防禦。九節度之潰於相州也，魯炅所部兵剽掠尤甚，聞郭子儀退屯河上，李光弼還太原，炅慙懼，飲藥而死。

(十二)史思明自稱大燕皇帝，改元順天，【考異】作應天皇帝，注曰：河洛春秋曰：「上元二年，春二月，思明懷西侵之謀，慮北地之變，乃令男朝義留守相城，自領士馬歸范陽，因僭號後燕，改元順天元年。」按實錄，此年正月一日，思明稱燕王，立年號。實錄舊傳皆不載所改年名，紀年通譜，此年即思明順天元年。柳璨正閏位曆，思明有順天應天二號。按薊門紀亂：「思明既殺烏承恩，不稱國家正朔，亦不受慶緒指麾，境內但稱某月而已。乾元二年，四月，癸酉，思明僭位於范陽，建元順天，國號大燕，立妻辛氏為皇后，次子朝興為皇太子，長子朝義為懷王。六月，於開元寺造塔，改寺名為順天。上元二年，正月，癸卯，思明大赦，改元應天。」實錄云正月立年號，河洛春秋云上元二年，僭號，薊門紀亂云立朝興為太子。按思明欲立少子為太子，左右泄其謀，故朝義弒之。紀亂云於時已立為太子，誤也。按長歷，四月丁酉朔，無癸酉。立其妻辛氏為皇后，子朝義為懷王，以周摯為相，李歸仁為將，改范陽為燕京(五四)，諸州為郡。

(十三)戊申，以鴻臚卿(五五)李抱玉為鄭陳潁亳節度使，抱玉、安興貴(五六)之後也，為李光弼裨將，屢有戰功，自陳恥與安祿山同姓，故賜姓李氏。

(十五)回紇毗伽闕可汗卒，長子葉護先遇殺，國人立其少子，是為登里可汗。回紇欲以寧國公主為殉，公主曰：「回紇慕中國之俗，故娶中國女為婦，若欲從其本俗，何必結昏萬里之外邪？」然亦為之剺面而哭(五七)。

(十六)鳳翔馬坊押官(五八)為劫，天興(五九)尉謝夷甫捕殺之。其妻訟寃，李輔國素出飛龍廄(六〇)，勅監察御史孫鎣鞫之，無寃。又使御史中丞崔伯陽、刑部侍郎李曄、大理卿權獻鞫之(六一)，與鎣同。妻猶不服，又使侍御史太平(六二)毛若虛鞫之，若虛傾巧士，希輔國意，歸罪夷甫，伯陽怒，召若虛詰責(六三)，欲劾奏之。若虛先自歸於上，上匿若虛於簾下，伯陽尋至，言若虛附會中人，鞫獄不直。上怒，叱出之，伯陽貶高要(六四)尉，獻貶桂陽尉，曄與鳳翔尹嚴向皆貶嶺下尉(六五)，鎣除名，長流播州(六六)。吏部尚書同平章事李峴奏伯陽等無罪，責之太重，上以為朋黨。五月，辛巳，貶峴蜀州(六七)刺史。【考異】代宗實錄云：「屬有盜發鳳翔管在北軍者，詔遣御史訊鞫，盜已伏罪，李輔國執奏重覆，殿中侍御史毛若虛奏覆，與輔國協。肅宗大怒，下三司推鞫之。峴以若虛不直，陳於上前，及三司覆奏，與峴理協。肅宗以為朋黨，會同列李揆希旨，遂貶峴為通州刺史，三司大臣皆貶官。」今從肅宗實錄、舊紀傳。右散騎常侍(六八)韓擇木入對，上謂之曰：「李峴欲專權，今貶蜀州，朕自覺用法太寬。」對曰：「李峴言直非專權，陛下寬之，秖益聖德耳。」若虛尋除御史中丞，威振朝廷。

(七)壬午，以滑濮節度使許叔冀為汴州刺史，充滑汴等七州節度使(六九)，以試汝州刺史劉展為滑州刺史，充副使。

(八)六月，丁巳，分朔方置邠寧等九州節度使(七〇)。

(九)觀軍容使魚朝恩惡郭子儀，因其敗，短之於上。秋，七月，上召子儀還京師，以李光弼代為朔方節度使、兵馬元帥，【考異】邠志曰：「四月，肅宗使丞相張公鎬東都慰勉諸軍，郭公陳饌於軍，張公不坐而去，軍中不悅，朋肆流議。居十日，有中使追郭公。」汾陽家傳曰：「六月，公朝於京師，三讓元帥，上許之，乃詔李光弼代公為副。」一段公別傳曰：「五月，李光弼代子儀為副元帥，守東都。」今因實錄七月除趙王係為元帥，幷言之。士卒涕泣，遮中使請留子儀。儀紿之曰：「我餞中使耳，未行也。」因躍馬而去。光弼願得親王為之副。辛巳，以趙王係為天下兵馬元帥，光弼副之，【考異】舊傳：「思明縱兵河南，加光弼大尉兼中書令，代郭子儀為朔方節度兵馬副元帥，以東師委之。」新傳云：「帝貸諸將罪，以光弼兼幽州大都督府長史，知諸道節度行營事，又代子儀為朔方節度使，未幾，為天下兵馬副元帥。」按實錄，光弼加太尉中書令，在上元元年，破史思明後為幽州都督，在此年八月。其代子儀節制朔方，實錄無月日，制辭云：「宜副出車之命，仍踐分麾之寵。」蓋只在此時耳。仍以光弼知諸節度行營，光弼以河東騎五百馳赴東都，夜入其軍。光弼治軍嚴整，始至號令一施，士卒壁壘旌旗精彩皆變。是時朔方將士，樂子儀之寬，憚光弼之嚴，左廂兵馬使張用濟屯河陽，光弼以檄召之。用濟曰：「朔方非叛軍也，乘夜而入，何見疑之甚邪？」與諸將謀以精銳突入東京，逐光弼，請子儀。命其士皆被甲上馬，銜枚以待，都知兵馬使僕固懷恩曰：「鄴城之潰，郭公先去，朝廷責帥，故罷其兵柄，今逐李公，而彊請之(七一)，違拒朝命，是反也，其可乎？」右武鋒使康元寶曰：「君以兵請郭公，朝廷必疑郭公諷君為之，是破其家也，郭公百口何負於君乎？」用濟乃止。光弼以數千騎東出汜水(七二)，用濟單騎來謁，光弼責用濟召不時至(七三)，斬之，命部將辛京杲代領其眾。【考異】舊傳曰：「用濟承子儀之寬，懼光弼之令，與諸將頗有異議，欲逗留其眾，光弼以數千騎，出次汜水縣，用濟單騎迎謁，即斬於轅門，諸將懾伏。以辛京杲代之，復追都兵馬使僕固懷恩，懷恩懼，先期而至。」邵志曰：「五月二十三日，詔河東節度使李公代子儀兼統諸軍，李公既受命，以河東馬軍五百騎至東都，夜入其軍。張用濟在河陽，聞之，曰，朔方軍非叛人也，何見疑之甚！欲率精騎突入東都，逐李公，請郭公。李公知之，遂留東都，表請濟師於河陽。冬，十月，思明引眾度河，李公曰，思明度河，必圖洛城，我當守武牢關，揚兵於廣武，以待之。遂引兵東出，師汜水縣，檄追河陽諸將，用濟後至，李公數其罪而戮之，以辛京杲代領其職。明日，引軍入河陽。」按實錄，此月光弼為副元帥，九月始移軍河陽耳。僕固懷恩繼至，光弼引坐與語，須臾閽者曰：「蕃渾(七四)五百騎至矣。」光弼變色，懷恩走出，召麾下將，陽責之(七五)曰：「語汝勿來，何得固違？」

光弼曰：「士卒隨將，亦復何罪。」命給牛酒(七六)。

(廿)丁亥，以(七七)潞沁節度使王思禮兼太原尹，充北京留守、河東節度使(七八)。初，潼關之敗(七九)，思禮馬中矢而斃，有騎卒盩厔(八〇)張光晟下馬授之，問其姓名，不告而去，思禮陰識其狀貌，求之不獲，及至河東，或譖代州(八一)刺史河西(八二)辛雲京，思禮怒之，雲京懼，不知所出，光晟時在雲京麾下，曰：「光晟嘗有德於王公，從來不敢言者，恥以此取賞耳，今使君有急，光晟請往見，王公必為使君解之。」雲京喜，即(八三)遣之。光晟謁思禮，未及言，思禮識之，曰：「噫！子非吾故人乎？何相見之晚邪？」光晟以實告，思禮大喜，執其手流涕曰：「吾之有今日，皆子力也，吾求子久矣。」引與同榻坐，約為兄弟。光晟因從容言雲京之冤。思禮曰：「雲京過亦不細，今日特為故人捨之。」即日擢光晟為兵馬使，贈金帛田宅甚厚(八四)。辛卯，以朔方節度副使殿中監僕固懷恩兼太常卿(八五)，進爵大寧郡王，懷恩從郭子儀為前鋒，勇冠三軍，前後戰功居多，故賞之。

㈩八月，乙巳，襄州將康楚元、張嘉延據州作亂，刺史王政奔荊楚，元自稱南楚霸王。

㈡回紇以寧國公主無子聽歸，丙辰，至京師㈧㈥。

㈢戊午，上使將軍曹日昇往襄州，慰喻康楚元。貶王政為饒州長史，以司農少卿張光奇為襄州刺史，楚元不從。

㈣壬戌，以李光弼為幽州長史、河北節度等使。

㈤九月，甲午，張嘉延襲破荊州，荊南節度使杜鴻漸棄城走，澧朗郢峽歸等州官吏聞之，爭潛竄山谷。

㈥戊辰，更令絳州鑄乾元重寶大錢㈧㈧，加以重輪，一當五十，在京百官先以軍旅皆無俸祿，宜以新錢給其冬料㈧㈨。

㈦丁亥，以太子少保崔光遠為荊襄招討使，充山南東道處置兵馬都使，以陳潁亳申節度使王仲昇為申沔等五州節度使㈨〇，知淮南西道行軍兵馬。

㈧史思明使其子朝清守范陽，命諸郡太守各將兵三千從己向河南，分為四道，使其將令狐彰將兵五千，自黎陽濟河取滑州㈨一，思明自濮陽(九二),史朝義自白皋,周摯自胡良(九三)濟河會於汴州。李光弼方巡河上諸營,聞之,還入汴州,謂汴滑節度使許叔冀曰:「大夫能守汴州十五日,我則將兵來救。」叔冀許諾。光弼還東京,思明至汴州,叔冀與戰不勝,遂與濮州刺史董秦及其將梁浦、劉從諫、田神功等降之(九四)。思明以叔冀為中書令,與其將李詳守汴州,厚待董秦,收其妻子,置長蘆(九五)為質。使其將南德信與梁浦、劉從諫、田神功等數十人徇江淮。神功,南宮(九六)人也,思明以為平盧兵馬使。頃之,神功襲德信,斬之,從諫脫身走,神功將其眾來降。思明乘勝西攻鄭州。光弼整眾徐行,至洛陽,謂留守韋陟曰:「賊乘勝而來,利在按兵,不利速戰,洛城不可守,於公計何如?」陟請留兵於陝,退守潼關,據險以挫其銳。光弼曰:「兩敵相當,貴進忌退,今無故棄五百里地,則賊勢益張矣;不若移軍河陽,北連澤潞,利則進取,不利則退守,表裏相應,使賊不敢西侵,此猿臂之勢也(九七)。夫辨朝廷之禮,光弼不如公,論軍旅之事,公不如光弼。」陟無以應。判官韋損曰:「東京帝宅,侍中(九八)

奈何不守？」光弼曰：「守之，則汜水、崿嶺、龍門（九九）皆應置兵，子為兵馬判官，能守之乎？」遂移牒留守韋陟使帥東京官屬西入關（一〇〇），牒河南尹李若幽使帥吏民出城避賊（一〇一），空其城，光弼帥軍士運油鐵諸物詣河陽為守備，光弼以五百騎殿。時思明遊兵已至石橋（一〇二），諸將請曰：「今自洛城而北乎？當石橋而進乎？」光弼曰：「當石橋而進。」及日暮，光弼秉炬徐行，部曲堅重，賊引兵躡之（一〇三），不敢逼，光弼夜至河陽，有兵二萬，糧纔支十日，光弼按閱守備，部分士卒，無不嚴辦。【考異】實錄：「光弼謂韋陟曰，洛城無糧，不可守。」按河陽糧纔支十日，亦非糧多也，今不取。庚寅，思明入洛陽，城空無所得，畏光弼掎其後，不敢入宮，退屯白馬寺（一〇四），南築月城（一〇五）於河陽南，以拒光弼。於是鄭滑等州，相繼陷沒，韋陟李若幽皆寓治於陝。

(廿九)冬，十月，丁酉，下制親征史思明，羣臣上表諫乃止。

(卅)史思明引兵攻河陽，使驍將劉龍仙詣城下挑戰，龍仙恃勇，舉右足加馬鬣上，慢罵光弼。光弼顧諸將曰：「誰能取彼者。」僕固懷恩請行。光弼曰：「此非大將所為。」左右言裨將白孝德可往，光弼召問之，孝德請行。光弼問須幾何兵？對曰：「請挺身取之。」光弼壯其志，然固問所須。對曰：「願選五十騎，出壘門為後繼，兼請大軍助鼓譟以增氣。」光弼撫其背而遣之。孝德挾二矛，策馬亂流㊈而進，半涉。懷恩賀曰：「克矣。」光弼曰：「鋒未交，何以知之？」懷恩曰：「觀其攬轡安閑，知其萬全。」龍仙見其獨來，甚易之，稍近將動，孝德搖手示之，若非來為敵者，龍仙不測，而止，去之十步，乃與之言，龍仙慢罵如初，孝德息馬良久，因瞋目謂曰：「賊識我乎？」龍仙曰：「誰也？」曰：「我白孝德也。」龍仙曰：「是何狗彘。」孝德大呼，運矛躍馬搏之，城上鼓譟，五十騎繼進，龍仙矢不及發，環走堤上，孝德追及，斬首攜之以歸，賊眾大駭。孝德本安西胡人也。思明有良馬千餘匹，每日出於河南渚浴之，循環不休以示多，光弼命索軍中牝㊉馬，得五百匹。縶其駒於城內，俟思明馬至水際，盡出之，馬嘶不已，思明馬悉浮度河，一時驅之入城。思明怒，列戰船數百艘，泛火船於前而隨之，欲乘流燒浮橋，光弼先貯百尺長竿數百枚，以巨木承其根，氈裹鐵叉置其首，以迎火船而叉之，船不得進，須臾自焚盡，又以叉拒戰船於橋上，發礮石擊之，中者皆沉沒，賊不勝而去。思明見兵於河清㉘，欲絕光弼糧道，光弼軍於野水度以備之，既夕還河陽，留兵千人，使部將雍希顥守其柵，曰：「賊將高庭暉、李日越、喻文景，皆萬人敵也，思明必使一人來劫我，我且去之，汝待於此，若賊至，勿與之戰，降則與之俱來。」諸將莫諭其意，皆竊笑之。既而思明果謂李日越曰：「李光弼長於憑城，今出在野，此成擒矣。汝以鐵騎宵濟，為我取之，不得則勿返。」日越將五百騎，晨至柵下，希顥阻壕休卒，吟嘯相視，日越怪之，問曰：「司空㉙在乎？」曰：「夜去矣。」「兵幾何？」曰：「千人。」「將誰？」曰：「雍希顥。」日越默計久之，謂其下曰：「今失李光弼，得希顥而歸，吾死必矣，不如降也。」遂請降。希顥與之俱見光弼，光弼厚待之，任以心腹。高庭暉聞之亦降。或問光弼：「降二將何易也？」光弼曰：「此人情耳。思明常恨不得野戰，聞我在外，以為必可取，日越不獲我，勢不敢歸，庭暉才勇，過於日越，聞日越被寵任，必思奪之矣。」庭暉時為五臺府果毅(二〇)，己亥，以庭暉為右武衛大將軍(二一)。【考異】新傳曰：「上元元年，光弼降賊將高暉、李日越。」按此月己亥，高庭暉授特進，疑即高暉也。丁巳，李日越又授特進，是此月皆已降，新傳誤。邵志曰：「二年三月，思明引眾南去，使其子朝義圍河陽，四月二日，思明陷洛城，上元元年，思明耀兵於河清，宣言曰，我且度河，絕彼餉道，三城食盡，不攻自下。李公聞之，師於野水渡，既夕，還軍。」與實錄亦相違，今從實錄。

思明復攻河陽，光弼謂鄭陳節度使李抱玉曰：「將軍能為我守南城(二二)二日乎？」抱玉曰：「過期何如？」光弼曰：「過期救不至，任棄之。」抱玉許諾。勒兵拒守，城且陷，抱玉給之曰：「吾糧盡，明旦當降。」賊喜，斂軍以待之，抱玉繕完成備，明日復請戰，賊怒急攻之，抱玉出奇兵，表裏夾擊，殺傷甚眾。董秦從思明寇河陽，夜帥其眾五百，拔柵突圍，降於光弼。時光弼自將屯中潭(二三)，城外置柵，柵外穿塹，深廣二丈。乙巳，賊將周摯捨南城，併力攻中潭，光弼命荔非元禮出勁卒於羊馬城(二四)以拒賊，光弼自於城東北隅建小朱旗以望賊，賊恃其眾直進逼城，以車載攻具自隨，督眾填塹，三面各八道以過兵，又開柵為門，光弼望賊逼城，使問元禮曰：「中丞視賊填塹開柵過兵，晏然不動，何也？」

元禮曰：「司空欲守乎？戰乎？」光弼曰：「欲戰！」元禮曰：「欲戰，則賊為吾填塹，何為禁之？」光弼曰：「善，吾所不及，勉之㉕。」元禮俟柵開，帥敢死士突出擊賊，却走數百步，元禮度賊陳堅，未易摧陷，乃復引退，須其怠而擊之。光弼望㉖見元禮退，怒遣左右召欲斬之。元禮曰：「戰正急，召何為？」乃退入柵中，賊亦不敢逼，良久，鼓譟出柵門，奮擊破之。周摯復收兵趣北城，光弼遽帥眾入北城，登城望賊曰：「賊兵雖多，囂而不整，不足畏也。不過日中，保為諸君破之。」乃命諸將出戰，及期不決，召諸將問曰：「向來賊陳，何方最堅？」曰：「西北隅。」光弼命其將郝廷玉㉗當之，廷玉請騎兵五百，與之三百。又問其次堅者，曰：「東南隅。」光弼命其將論惟貞㉘當之，惟貞請鐵騎三百，與之二百。光弼令諸將曰：「爾輩望吾旗而戰，吾颭旗緩，任爾擇利而戰，吾急颭㉙旗三至地，則萬眾齊入，死生以之，少退者斬。」又以短刀置鞾㉚中，曰：「戰危事，吾國之三公，不可死賊手，萬一戰不利，諸君前死於敵，我自剄於此，不令諸君獨死也。」諸將出戰，頃之廷玉奔還，光弼望之驚曰：「廷玉退，吾事危矣。」命左右取廷玉首，廷玉曰：「馬中箭，非敢退也。」使者馳報，光弼令易馬遣之，僕固懷恩及其子開府儀同三司瑒戰小却，光弼又命取其首，懷恩父子顧見使者提刀馳來，更前決戰，光弼連颭其旗，諸將齊進致死，呼聲動天地，賊眾大潰，斬首千餘級，捕虜五百人，溺死者千餘人，周摯以數騎遁去，擒其大將徐璜玉、李秦授，其河南節度使安太清走保懷州。【考異】舊傳：「斬萬餘級，生擒八千餘人，擒其大將徐璜玉、李秦授、周摯。」按李秦授，上元元年四月乃見擒，周摯二年三月為史朝義所殺，今從實錄。實錄云：「擒偽懷州節度使安太清並男朝俊，偽貝州刺史徐璜玉。」按太清上元元年九月，拔懷州，始擒之，今從舊傳。思明不知摯敗，尚攻南城，光弼驅俘囚臨河示之，乃遁。丁巳，以李日越為右金吾大將軍。

(卅一)卭、簡、嘉、眉、瀘、戎等州㊂蠻反。

(卅二)十一月，甲子，以殿中監㊂董秦為陝西神策兩軍兵馬使，賜姓李，名忠臣。

(卅三)康楚元等眾至萬餘人，商州刺史充荊襄等道租庸使韋倫發兵討之，駐於鄧之境，招諭降者，厚撫之，伺其稍怠，進軍擊之，生擒楚元，其眾遂潰，得其所掠租庸二百萬緡，荊襄皆平。倫，見素之從祖弟也㉓。

(四四)發安西北庭兵屯陝以備史思明。第五琦作乾元錢、重輪錢，與開元錢三品並行，民爭盜鑄，貨輕物重，穀價騰踊，餓殍相望，上言者皆歸咎於琦。庚午，貶琦忠州㉔長史，御史大夫賀蘭進明貶溱州㉕員外司馬，坐琦黨也。

(四五)十二月，甲午，呂諲領度支使。

(四六)乙巳，韋倫送康楚元詣闕斬之。

(四七)史思明遣其將李歸仁將鐵騎五千，寇陝州，神策兵馬使衛伯玉以數百騎擊破之於礓子阪㉖，得馬六百匹，歸仁走，以伯玉為鎮西四鎮行營節度使，李忠臣與歸仁等戰於永寧莎柵㉗之間，屢破之。

【今註】㊀嘉山之敗：事在卷二百一十八，至德元載條。㊁九宮貴神：胡三省曰：「李心傳曰：九宮貴神者，太一、攝提、權主、招搖、天符、青龍、咸池、太陰、天一。宋白曰，九宮貴神，其說求之黃帝九宮經，蕭吉五行大義。」㊂乙卯：按是年正月無乙卯。檢此條首為戊寅，是十日。則此乙卯蓋己卯之形譌，是十一日也，胡三省曰：「當作乙酉。」蓋非。㊃籍田：即藉田。《後漢書・明帝紀》：「朕親耕籍田。」注引《五經要義》曰：「籍，蹈也。言親自蹈履於田而耕之。」㊄嗣業表段秀實為懷州長史，知留後事：上年，李嗣業以鎮西北庭行營節度使屯兵懷州，因加授懷州刺史以調軍食，及嗣業參與鄴城之圍，故，以長史知留後事也。長史為刺史佐官之長。㊅月食，既：既盡也。胡三省曰：「春秋之法，書日食，不書月食，日、君象也，此因張后之專橫，而書月食。記曰：『男教不脩，陽事不得，謫見於天，日為之食，婦順不脩，陰事不得，謫見於天，月為之食，是故日食，則天子素服，而脩六官之職，蕩天下之陽事。月食，則后素服，而脩六宮之職，蕩天下之陰事。故天子之與后，猶日之與月，陰之與陽，相須而成者也。』是後月食，皆書於目錄上方。」㊆惟韋后有之：韋后事，見卷二百零八，中宗景龍元年條。㊇灋：古「法」字。㊈構棧而居：室內皆水濕，故架木以避水也。㊉淘牆麮及馬矢以食馬：麮音弋，麥殼破碎者，即細麥麩。胡三省曰：「先以麥麮雜土築牆，今圍急乏芻，故淘麮以飼馬也。」馬矢，一本矢作尿，非也。⑪進退無所禀：行軍進退必禀令於主帥，今無主帥，故諸軍無所禀承也。⑫幷汾：幷，幷州太原府；汾，汾州。總謂河東道也。⑬督趣：督促。⑭陳於安陽河北：陳，陣也。安陽河即洹水，流經安陽縣北，故亦名安陽河。時官軍軍鄴城外，城在洹水之北，故官軍軍河水也。⑮官軍潰而南，賊潰而北：官軍根據地在南方，故潰散而向南逃，賊軍根據地在北方，故潰散而向北逃也。⑯河陽橋：橋在河陽縣，即富平津也，在今河南孟縣西，為大河南北津渡之要。⑰缺門：胡注引《水經注》：「穀水出弘農澠池縣南，又東逕新安縣故城南，又東逕千秋亭南，又東逕缺門山。山阜之不接者里餘，故得是名。」

⑱都虞候：唐中葉以下，節度屬官皆有此職，掌督察非違。⑲荐飢：謂屢歲災荒也。⑳築南北兩城而守之：河陽南北中三城後置三城，節度使。其二蓋即用濟所築者，胡三省曰：「是後李光弼雖斬張用濟而守河陽，則實張用濟定計於其先也。」㉑河清：縣名，在今河南孟縣西南五十里。㉒謝罪：章鈺曰：「宋甲十六行本，『謝』作『請』，乙十一行本同。」㉓削崔圓階封：胡三省曰：「崔圓先封趙國公，實封戶五百。國公從一品，階比開府儀同三司。」㉔貶蘇震為濟王府長史，削銀青階：濟王名環，肅宗弟也。銀青階謂銀青光祿大夫，位從三品。㉕沙河：縣名，屬邢州，在鄴城西北二百餘里，在今河北沙河縣東。㉖子儀：章鈺曰：「宋甲十六行本『子儀』下有『等』字。乙十一行本同。」㉗蹔：同暫。㉘出表徧示將士：胡三省曰：「思明出慶緒表徧示將士，以觀其情向背。」㉙唁：音彥，《說文》，唁，弔生也。㉚太上皇：慶緒尊祿山為太上皇，見卷二百一十九，至德元載條。㉛紫宸殿：《長安志》：「宣政殿北曰紫宸門，門內有紫宸殿，即內衙之正殿。」按殿在大明宮內。㉜今以羽林代金吾警夜：左右金吾衛屬南衙，統南衙禁兵，左右羽林衛屬北，掌統北衙禁兵。金吾掌宮中京城巡警，李輔國欲以羽林軍奪其職，故李揆以為言。㉝為東畿山東河東諸道元帥：東畿謂東京畿，山東謂太行山以東，河東則謂河東道也，是今河南河北山西山東地區，皆歸子儀統轄。㉞以河西節度使來瑱行陝州刺史，充陝虢華州節度使：胡三省曰：「來瑱徙河西，未行而相州師潰，因使之鎮陝以守關。然瑱尋亦徙襄陽。」㉟潞城：縣名，屬潞州，在州東北四十里，今潞城縣。㊱內宅：蓋在禁中。㊲非時奏事，皆因輔國關白承旨：非時奏事，謂上朝以外時間，大臣有要

事奏聞也。關，通也。關白猶言稟告。《漢書・霍光傳》：「諸事皆先關白光，然後奏御天子。」關白承旨，謂大臣有事奏聞，須經輔國上稟，皇帝裁奪意見，亦由輔國轉告大臣也。㊳銀臺門：呂大防長安圖，大明宮東面正門曰左銀臺門，西面正門曰右銀臺門。㊴三司府縣：御史臺刑部大理寺為三司及京兆府、長安縣萬年縣也。㊵李揆山東甲族：揆系出隴西，而家於鄭州滎陽郡，代為冠族。㊶五父：李輔國排行第五，故宦官稱之為五郎，揆為同姓，蓋行輩較低，故稱五父。㊷本官：輔國本官為太子參事。㊸制：章鈺曰：「宋甲十六行本『制』上有『壬寅』二字，乙十一行本同。」按壬寅為六日。㊹口勅：皇帝口頭命令也。㊺正宣：胡三省曰：「正宣、宣命，凡出宣命，有底在中書，可以檢覆，謂之正宣。」㊻中外諸務，各歸有司：唐前期制度，尚書省九寺諸監掌政令施行，行政手續完密而緩慢，兵興以來，或特置使職，或逕由內使權宜執行，不遵經制。今令皆各歸尚書九寺諸監也。此點汎就整個行政程序而言。下文乃特就罪犯審判而言。㊼英武軍虞候及六軍諸使諸司：胡三省曰：「英武軍，殿前射生手也。置虞候以統之。六軍，北門六軍也。諸使、內諸使也。諸司、內諸司也。」按虞候乃軍中督察之任，故得追攝罪犯。此時地位不高。胡注謂「置虞候以統之。」似為長官，非也。㊽或因論競，懸自追攝：此句語意不明，大約謂外司往往爭論不決，故內司越職追按罪犯也。㊾一切須經臺府：臺謂御史臺，府謂京兆府也。二者皆當管罪犯。章鈺曰：「宋甲十六行本，『須一切』作『一切須』。乙十一行本同。」㊿所由：此唐代政令中常用之術語，謂所由經管者，此一處即指御史臺京兆府而言。(51)置陳鄭亳節度使：章鈺曰：「宋甲十六行本『陳鄭』二字互乙。乙十一行本同。」按方鎮表：「乾元二年置鄭陳節度使，領鄭陳亳潁四州，治鄭州。」是作「鄭陳」是也。鄭州治管城，今河南鄭縣。(五二)為青密七州節度使：章鈺曰：「宋甲十六行本『七』上有『等』字。乙十一行本同。」七州者，青、密、登、萊、淄、沂、海也。青州治益都，今山東益都縣，領泰山山脈以東諸州也。(五三)以興平軍節度使李奐兼豫許汝三州節度使：胡三省曰：「興平軍本置於雍州始平縣，李奐時在行營，使統豫許汝三州。」按豫州即蔡州。(五四)燕京：燕京之名稱始於此。(五五)鴻臚卿：為鴻臚寺卿，從三品，為九卿之一，掌賓客及凶儀之事。(五六)安興貴：見卷一百八十七，高祖武德二年條。(五七)剺面而哭：剺，音棃，劃也、割也。胡三省曰：「漠北之俗，死者停屍於帳，子孫及親屬男女各殺牛馬，陳於帳前祭之，遶帳走馬七匝，詣帳門以刀剺面且哭，血淚俱流，如此者七度乃止。」(五八)馬坊押官：馬坊，養馬者。押官，管押馬坊之官。(五九)天興：鳳翔府之首縣，即今陝西鳳翔縣也。(六〇)李輔國素出飛龍廄：李輔國本飛龍小兒。(六一)使御史中丞……鞫之：御史中丞、刑部侍郎、大理卿，是為三司。(六二)太平：縣名，屬絳州，今山西太平縣。(六三)召若虛詰責：伯陽官御史中丞，為侍御史頂頭上司，故得召而詰責之。(六四)高要、桂陽：皆縣名。高要，端州治所，今廣東高要縣。桂陽，連州治所，今廣東連縣。(六五)嶺下尉：嶺南某縣尉也，史失縣名。(六六)播州：治遵義，今貴州遵義縣。(六七)蜀州：治青原，今四川崇慶縣。(六八)右散騎常侍：中書省屬官有右散騎常侍二人，正三品下。(六九)為汴州刺史，充滑汴等七州節度使：〈方鎮表〉：「乾元二年，置汴滑節度使治滑州，領州五，滑、濮、汴、曹、宋。」是僅五州，無七州也。唐制節度觀察等使例領治所之州刺史，此之為汴州刺史充節度使，是治汴州，非滑州也，與表異。(七〇)分朔方置邠寧等九州節度使：〈方鎮表〉開元九年：「始置朔方軍節度使，領單于大都護府，夏、鹽、綏、銀、豐勝六州，定遠、豐安二軍，東中西三受降城。」十年：「增領魯麗契三州。」二十二年：「兼關內道採訪處置使，增涇、原、寧、慶、隴、鄜、坊、丹、延、會、宥、麟十二州。以匡長二州隸慶州，安樂二州隸原州。」天寶元年：「增領邠州。」是自渭水以北，黃河以西，涇原會州以東，北盡河套之地，除同岐兩畿輔州外，皆歸朔方節度所統轄。乾元元年：「置振武節度押蕃落使，領鎮北大都護府麟勝二州。」是已分其勢也。二年又：「置邠寧節度使領州九，邠、寧、慶、涇、原、鄜、坊、丹、延。」故朔方大弱。(七一)請之：章鈺曰：「甲十六行本，『請之』下有『違拒朝命』四字。乙十一行本同。」(七二)汜水：縣名，在今河南中牟縣。(七三)不時至：不及時而至，謂遲疑逗留也。(七四)蕃渾：諸蕃族渾族。僕固懷恩為蕃將，故部下多蕃渾兵也。(七五)陽責之：陽，顯也，謂高聲責之。以明非己意。(七六)僕固懷恩繼至，……命給牛酒：胡三省曰：「史言懷恩成備而後見光弼。光弼雖知其情而容忍不發。」(七七)以：章鈺曰：「宋甲十六行本，『以』上有『丁亥』二字。乙十一行本同。」按丁亥為二十三日。(七八)以潞沁節度使……守河東節度使：王思禮時為澤潞沁節度使，治潞州，簡稱為澤潞節度使，此「潞沁」亦省稱也。守河東節度使，以代光弼也。(七九)潼關之敗：事見卷二百一十八，至德元載條。(八〇)盩厔：縣名，今陝西盩厔縣。(八一)代州：治雁門，今山西代縣。(八二)河西：河西道也，雲京、蘭州，屬河西。(八三)即：章鈺曰：「宋甲十六行本『而』作『即』。乙十一行本同。」(八四)贈金帛田宅甚厚：胡三省曰：「張光晟於王思禮，可謂君子矣。其後事德宗，以失職怨望，遂委身於朱泚，何前後之相違也。」(八五)以朔方節度副使殿中監僕固懷恩兼太常卿：唐制諸使皆是職，非官，故凡使職必有底官以序位，但不實際處理本官事。懷恩原官為殿中監，諸監位在九卿之後，而太常為九卿之首班，故使兼之以為榮也。(八六)至京師：公主嫁回紇，見上卷乾元元年條。(八七)饒州：治鄱陽，今江西鄱陽縣。(八八)更令絳州鑄乾元重寶大錢：《新唐書・食貨志》錢法條：「天下鑪九十九，絳州三十。」又云：「乾元元年經費不給，鑄錢，使第五琦鑄乾元重寶錢，徑一寸，每緡重十斤，與開元通寶參用，以一當十，亦號乾元十當錢。第五琦為相，復命絳州諸鑪鑄重輪乾元錢，徑一寸二分，其文亦曰乾元重寶，背之外郭為重輪，每緡重十二斤，與開元通寶錢並行，以一當五十。」胡三省曰：「其餘諸鑪或隔江嶺，或沒寇虜，故當時鑄錢率倚絳州。」按絳州，今山西絳縣。(八九)宜以新錢給其冬料：此制詔之子也。胡三省曰：「冬料，各官冬季所當得俸料錢也。」(九〇)申沔等五州節度使：〈方鎮表〉：「乾元二年復置淮南西道節度使，領申、光、壽、安、沔、蘄、黃、七州，治壽州。」與此云五州者不合，胡注不數蘄黃。(九一)自黎陽濟河取滑州：滑州治白馬，北臨黃河，今河南滑縣東，黎陽縣名，亦鎮名，關名，南臨黃河，與白馬相對，在今河南濬縣東，此為自古重要津渡處。(九二)濮陽：縣名，今山東濮縣西。(九三)史朝義自白皐，周摯自胡良：胡三省曰：「白皐、胡良，皆河津濟度之要，在滑州西北岸。良或作梁。」按胡梁渡在白馬西北大河岸，今滑縣東北。白皐當亦不遠。(九四)許叔冀降之：胡三省曰：「許叔冀卒如張鎬之言。」(九五)長蘆：縣名，屬滄州，今河北滄縣。(九六)南宮：縣名，屬冀州，今河北南宮縣西北。(九七)此猿臂之勢也：胡三省曰：「猿臂可伸而長，可縮而短，故以為喻。」(九八)侍中：李光弼時為司空兼侍中，司空品位雖尊，但侍中為真宰相之任，故韋損呼其官號，不曰司空而曰侍中。(九九)汜水、崿嶺、龍門：汜在洛陽東，有成皋之險，崿嶺在洛陽東南登封縣，龍門在洛陽西南，有伊闕之隘。(一〇〇)移牒留守……東京官屬西入關：洛陽為陪都，留守代表皇帝守之。又置百官如朝廷，而統屬於留守，故光弼使帥百官西入關也。(一〇一)牒河南尹……出城避賊：河南尹統河南府諸官吏以治民者，故云然。(一〇二)石橋：《水經注》，穀水東逕建春門石橋下，即上東門也。按此為漢洛陽城上東門，唐城在漢城西十八里，即此石橋在城東郊區也。(一〇三)躡之：跟踵其後。(一〇四)白馬寺：在隋唐洛陽城東二十里。(一〇五)月城：城外小城。(一〇六)亂流：《爾雅・釋水》疏云，橫絕其流而直渡曰亂。(一〇七)牝：動物之雌者。(一〇八)河清：縣名，在今河南孟縣西南五十里。(一〇九)司空：李光弼時官司空兼侍中，故或稱侍中，或稱司空也。(一一〇)五臺府果毅：《新唐書・地理志》，代州有五臺府。此府兵之府也。府皆置折衝都尉一人為之長，又置左右果毅都尉各一人，為之貳。(一一一)右武衛大將軍：果毅都尉位從五品下，至正六品下，其秩甚卑，右武衛大將軍則正三品，是高官矣。時兩方面皆以高官招徠降將，思明以許叔冀為中書令，光弼以高庭暉為武衛大將軍，是其例。(一一二)南城：河陽有南北及中潬三城，《元和志》：「南城在縣西，四面臨河，即孟津之地，亦謂之富平津。貞觀置鎮。」(一一三)中潬：城名，即三城之一。有河陽關。胡三省曰：「中河起石潬築城以衞河橋。爾雅、潬、沙出。」《容齋隨筆》曰，「河中一洲名曰中潬，嘉祐八年秋大水，中潬遂廢。」《孟縣志》云，即黃河中郭家灘。(一一四)羊馬城：胡三省曰：「城外別築短垣，高纔及肩，謂之羊馬城。」㉕勉之：胡三省曰：「雖賞其敢戰，而戰危事也，故曰勉之。」㉖望：章鈺曰：「宋甲十六行本，『望』下有『見』字。乙十一行本同。」㉗命其將郝廷玉：新傳郝廷玉為光弼愛將。此云「其將」，蓋光弼接任朔方節度使副元帥以前之直系部將也。㉘論惟貞：論，姓也；觀其姓，知為吐蕃人，或降蕃之裔。㉙颭：搖曳也。㉚鞾：胡三省曰：「鞾與靴同。釋名曰：『鞾本胡服，趙武靈王所作。』實錄曰：『胡履也，趙武靈王好胡服，常短靿以黃皮為之，後漸以長靿，軍戎通服。唐馬周殺其靿，加以靴氈。開元中裴叔通以羊為之，隱麋加以帶子裝束。故事、胡虜之服，不許著入殿省，至馬周加飾，乃許之。㉛邛、簡、嘉、眉、瀘、戎等州：邛州治臨邛，今邛徠縣。簡州，治陽安，今簡陽縣東。嘉州治龍遊，今樂山縣。眉州治通義，今眉山縣。瀘州治瀘川，今瀘縣。戎州治僰道，今宜賓縣。皆四川省。㉜殿中監：舊傳作：「殿中監同正。」寄祿之官也。㉝見素之從弟也：章鈺曰：「甲十六行本『從』下有『祖』字，乙十一行本同。」韋見素，天寶至德間為相。㉞忠州：治臨江，今四川忠縣。㉟溱州：治榮懿，今四川綦江縣，南境接貴州桐梓縣界。㊱礓子阪：胡三省曰：「礓子阪在河南永寧縣西。」按永寧縣，在今河南洛寧縣東北。㊲永寧莎柵：胡注引宋白曰：「永寧縣，貞觀十四年理莎柵，十七年移理鹿橋。」鹿橋即今洛寧東北也。

上元元年㊀（西元七六〇年）

㈠春，正月，辛巳，以李光弼為太尉兼中書令，餘如故。

㈡丙戌，以于闐王勝之弟曜同四鎮節度副使，權知本國事㈡。

㈢党項等羌呑噬邊鄙，將逼京畿，乃分邠寧等州節度為鄜坊丹延節度，亦謂之渭北節度㈢，以邠州刺史桑如珪領邠寧鄜州刺史，杜冕領鄜坊節度副使㈣，分道招討。戊子，以郭子儀領兩道節度使，留京師，假其威名以鎮之。

㈣上祀九宮貴神㈤。

㈤二月，李光弼攻懷州，史思明救之，癸卯，光弼逆戰於沁水㈥之上，破之，斬首三千餘級。

㈥忠州長史第五琦既行，或告琦受人金二百兩，遣御史劉期光追按之。琦曰：「琦備位宰相，二百兩金不可手挈，若付受有憑，請準律科罪。」期光即奏，琦已服罪，庚戌，琦坐除名，長流夷州㈦。

㈦三月，甲申，改蒲州為河中府。

㈧庚寅，李光弼破安太清於懷州城下。夏，四月，壬辰，破史思明於河陽西渚，斬首千五百餘級。

(九)襄州將張維瑾、曹玠殺節度使史翽，據州反，制以隴州刺史韋倫為山南東道節度使(八)，時李輔國用事，節度使皆出其門，倫既朝廷所除，又不謁輔國，尋改秦州(九)防禦使。己未，以陝西(一〇)節度使來瑱為山南東道節度使，瑱至襄州，張維瑾等皆降。

(十)閏月，丁卯，加河東節度使王思禮為司空，自武德以來，思禮始不為宰相，而拜三公。

(十一)甲戌，徙趙王係為越王。

(十二)己卯，赦天下，改元(一一)，追謚太公望為武成王，選歷代名將為亞聖十哲(一二)，其中祀下祀并雜祀，一切并停(一三)。

(十三)是日，史思明入東京。【考異】按去年九月，思明已入東京，實錄至此，復云爾者，蓋當時城空，李光弼在河陽，思明還屯白馬寺，不入宮闕，今始移軍入其城耳。

(十四)五月，丙午，以太子太傅苗晉卿行侍中，晉卿練達吏事，而謹身固位，時人比之胡廣(一四)。

(十五)宦者馬上言受賂，為人求官於兵部侍郎(一五)同中書門下三品呂諲，諲為之補官，事覺，上言杖死，壬子，諲罷為太子賓客。

（十六）癸丑，以京兆尹南華（一六）劉晏為戶部侍郎，充度支鑄錢鹽鐵等使（一七），晏善治財利，故用之。

（十七）六月，甲子，桂州經略使邢濟奏破西原蠻（一八）二十萬眾，斬其帥黃乾曜等（一九）。

（十八）乙丑，鳳翔節度使崔光遠奏破涇隴羌渾十餘萬眾。

（十九）三品錢行浸久（二〇），屬（二一）歲荒米斗至七千錢，人相食，京兆尹鄭叔清捕私鑄錢者，數月間，榜死者八百餘人，不能禁，乃勅京畿開元錢與乾元小錢，皆當十，其重輪錢當三十，諸州更俟進止（二二）。是時史思明亦鑄順天得一錢（二三）一當開元錢百，賊中物價尤貴。

（廿）甲申，興王佋薨。佋，張后長子也，幼曰定王侗，張后以故數欲危太子，太子常以恭遜取容，會佋薨，侗尚幼，太子位遂定。

（廿一）乙酉，鳳翔節度使崔光遠，破党項於普潤（二四）。

（廿二）平盧（二五）兵馬使田神功奏破史思明之兵於鄭州。

（廿三）上皇愛興慶宮（二六），自蜀歸即居之，上時自夾城（二七）往起居，上皇亦間至大明宮，左龍武大將軍陳玄禮、內侍監高力士久侍衞上皇，上又命玉真公主如仙媛、【考異】常侍言旨作九仙媛，唐歷作九公主女媛，今從新舊傳，蓋舊宮人也。內侍王承恩、魏悅反梨園弟子常娛侍左右，上皇多御長慶樓(二八)，父老過者，往往瞻拜呼萬歲，上皇常於樓下置酒食賜之，又嘗召將軍郭英乂等上樓賜宴，有劍南奏事官(二九)過樓下拜舞，上皇命玉真公主如仙媛為之作主人。李輔國素微賤，雖暴貴用事，上皇左右皆輕之，輔國意恨，且欲立奇功，以固其寵，乃言於上曰：「上皇居興慶宮，日與外人交通，陳玄禮、高力士謀不利於陛下，今六軍將士盡靈武勳臣，皆反仄(三〇)不安，臣曉諭不能解，不敢不以聞。」上泣曰：「聖皇(三一)慈仁，豈容有此？」對曰：「上皇固無此意，其如羣小何？陛上為天下主，當為社稷大計，消亂於未萌，豈得徇匹夫之孝！且興慶宮與閭閻(三二)相參，垣墉淺露，非至尊所宜居，大內深嚴，奉迎居之，與彼何殊，又得杜絕小人，熒惑聖聽。如此上皇享萬歲之安，陛下有三朝(三三)之樂，庸何傷乎？」上不聽。興慶宮先有馬三百匹，輔國矯勅(三四)取之，纔留十匹。上皇謂高力士曰：「吾兒為輔國所惑，不得終孝矣。」輔國又令六軍將士號哭叩頭，請迎上皇居西內(三五)，上泣不應。輔國懼，會上不豫(三六)。秋，七月，丁未，輔國矯稱上語，迎上皇遊西內，至睿武門，輔國將射生五百騎，露刃遮道，奏曰：「皇帝以興慶宮湫隘，迎上皇遷居大內。」上皇驚幾墜。高力士曰：「李輔國何得無禮！」叱令下馬，輔國不得已而下，力士因宣上皇誥曰：「諸將士各好在(三七)。」將士皆納刃，再拜萬歲，力士又叱輔國與己共執上皇馬鞚，侍衛如西內，居甘露殿(三八)。輔國帥眾而退，所留侍衛兵纔尫老數十人，陳玄禮、高力士及舊宮人皆不得留左右。上皇曰：「興慶宮吾之王地(三九)，吾數以讓皇帝，皇帝不受，今日之徙，亦吾志也。」是日輔國與六軍(四〇)大將素服見上請罪。上又迫於諸將，乃勞之曰：「南宮西內，亦復何殊，卿等恐小人熒惑，防微杜漸，以安社稷，何所懼也。」刑部尚書顏真卿首帥百寮上表，請問上皇起居，輔國惡之，奏貶蓬州(四一)長史。

(廿四)癸丑，勅天下重稜錢皆當三十，如畿內。

(七五)丙辰，高力士流巫州(四二)，王承恩流播州(四三)，魏悅流溱州(四四)，陳玄禮勒致仕，置如仙媛於歸州(四五)，玉真公主出居玉真觀(四六)，上更選後宮百餘人，置西內，備灑掃，令萬安咸宜二公主(四七)視服膳，四方所獻珍異，先薦上皇。然上皇日以不懌，因不茹葷辟穀，浸以成疾。上初猶往問安，既而上亦有疾，但遣人起居，其後上稍悔寤，惡輔國，欲誅之，畏其握兵，竟猶豫不能決。

初，哥舒翰破吐蕃於臨洮(四八)西關磨環川，於其地置神策軍，及安祿山反，軍使成如璆遣其將衛伯玉將千人赴難，既而軍地淪入吐蕃，伯玉留屯於陝，累官至右羽林大將軍。八月，庚午，以伯玉為神策軍節度使(四九)。

(七六)丁亥，贈謚興王佋曰恭懿太子。

(七七)九月，甲午，置南都於荊州，以荊州為江陵府，仍置永平軍團練兵三千人，以扼吳蜀之衝，從節度使呂諲之請也。

(七八)或上言天下未平，不宜置郭子儀於散地，乙未，命子儀出鎮邠州，党項遁去。戊申，制子儀統諸道兵，自朔方直取范陽，還定河北(五〇)。發射生英武等禁軍(五一)及朔方鄜坊邠寧涇原諸道蕃漢兵共七萬人，皆受子儀節度。制下旬日，復為魚朝恩所沮，事竟不行(五二)。

(廿九)冬，十月，丙子，置青沂等五州節度使(五三)。

(卅)十一月，壬辰，涇州(五四)破党項。

(卅一)御史中丞李銑、宋州刺史劉展，皆領淮西節度副使，銑貪暴不法，展剛彊自用，故為其上者，多惡之。節度使王仲昇先奏銑罪而誅之，時有謠言曰：「手執金刀起東方。」仲昇使監軍使(五五)內左常侍邢延恩入奏：「展倔彊不受命，姓名應謠讖，請除之。」延恩因說上曰：「展與李銑一體之人，今銑誅，展不自安，苟不去之，恐其為亂，然展方握彊兵，宜以計去之，請除展江淮都統，代李峘，俟其釋兵赴鎮，中道執之，此一夫力耳。」上從之，以展為都統淮南東江南西浙西三道節度使，【考異】沈既濟劉展亂紀云：「淮南東道、浙江西道凡二十二州，置都節統度。」下云：「以展為都統江南淮南節度使。」下又云：「三道皆發吏申圖籍。」按舊李峘傳，峘都統淮南、江南、江西節度，展既代峘，其所統亦三道耳。淮南者、東道楊楚滁和舒濠廬壽八州也，江南者，昇潤常蘇湖杭睦七州也；江西者，洪虔江吉遠信撫七州也，凡二十二州，亂紀誤以二為三，又脫江南西道字耳。密勑舊都統李峘，及淮南東道(五六)節度使鄧景山圖之。延恩以制書授展，展疑之曰：「展自陳留參軍，數年至刺史，可謂暴貴矣，江淮租賦所出，今之重任，展無勳勞，又非親賢，一旦恩命寵擢如此，得非有讒人間之乎？」因泣下。延恩懼曰：「公素有才望，主上以江淮為憂，故不次用公，公反以為疑，何哉？」展曰：「事苟不欺，印節可先得乎？」延恩曰：「可。」乃馳詣廣陵與峘謀，解峘印節以授展，展得印節，乃上表謝恩，牒追江淮親舊，置之心膂，三道官屬遣使迎賀，申圖籍相望於道。展悉舉宋州兵七千趣廣陵，延恩知展已得其情，還奔廣陵，與李峘、鄧景山發兵拒之，移檄州縣，言展反。展亦移檄言峘反。州縣莫知所從。峘引兵度江，與副使潤州刺史韋儇、浙西節度使侯令儀屯京口(五七)，鄧景山將萬人屯徐城(五八)。展素有威名，御軍嚴整，江淮人望風畏之，展倍道先期至，使人問景山曰：「吾奉詔書赴鎮，此何兵也？」景山不應，展使人呼於陳前曰：「汝曹皆吾民也，勿干吾旗鼓。」使其將孫待封、張法雷擊之，景山眾潰，與延恩奔壽州，展引兵入廣陵，遣其將屈突孝摽將兵三千徇濠楚(五九)，王晅將兵四千略淮西。李峘闢北固(六〇)為兵場，插木以塞江口，展軍於白沙㊅一設疑兵，於瓜州㊅二多張火鼓，若將趣北固者，如是累日，峘悉銳兵守京口，以待之，展乃自上流濟，襲下蜀㊅三，峘軍聞之自潰，峘奔宣城。甲午，展陷潤州，【考異】十一月壬子，淮南節度奏展反，鄧景山李峘戰敗，八日，展陷潤州，十日，陷昇州。按八日甲午，十日丙申，壬子二十六日，乃奏到日也。唐歷：「壬子，淮南奏宋州刺史劉展赴鎮，揚州長史淮南節度鄧景山、都統尚書李峘、承詔拒之，兵敗，奔於壽州。乙未，劉展陷揚州，丙申，陷潤州，丁酉，陷昇州。」壬子在前，蓋因實錄也，今從劉展亂紀及新書本紀。昇州軍士萬五千人謀應展，攻金陵城㊅四，不克而遁。侯令儀懼，以後事授兵馬使姜昌羣，棄城走，昌羣遣其將宗犀詣展降。丙申，展陷昇州，以宗犀為潤州司馬、丹陽軍使㊅五，使昌羣領昇州，以從子伯瑛佐之。

(七一)李光弼攻懷州，百餘日乃拔之，生擒安太清。【考異】舊傳云：「擒安太清、周摯、楊希文等，送於闕下。」按周摯於時不在懷州城中，明年為史朝義所殺，非光弼所擒也。

(七二)史思明遣其將田承嗣將兵五千徇淮西，王同芝將兵三千人徇陳許㊅六，敬江將二千人徇兗鄆㊅七，薛鄂將五千人徇曹州㊅八。

(七三)十二月，丙子，党項寇美原、華原、同官㊅九，大掠而去。

(七四)賊帥郭愔等引諸羌胡敗秦隴防禦使韋倫，殺監軍使。

(七五)兗鄆㊆〇節度使能元皓擊史思明兵，破之。

(七〇)李峘之去潤州也，副使李藏用謂峘曰：「處人尊位，食人重祿，臨難而逃之，非忠也；以數十州之兵，食三江(七一)五湖(七二)之險，固不發一矢而棄之，非勇也；失忠與勇，何以事君？藏用請收餘兵，竭力以拒之。」峘乃悉以後事授藏用，藏用收散卒得七百人，東至蘇州，募壯士得二千人，立柵以拒劉展，展遣其將傅子昂宗犀攻宣州，宣歙節度使(七三)鄭炅之棄城走，李峘奔洪州。李藏用與展將張景超、孫待封戰於郁墅，兵敗奔杭州。景超遂據蘇州，待封進陷湖州，展以其將許嶧為潤州刺史，李可封為常州刺史，楊持璧(七四)蘇州刺史，待封領湖州事。景超進逼杭州，藏用使其將溫晁屯餘杭(七五)，展以李晃為泗州刺史，宗犀為宣州刺史，傅子昂屯南陵(七六)，將下江州，徇江西(七七)，於是屈突孝摽陷濠、楚州，王晅陷舒、和、滁、廬等州(七八)，所向無不摧靡，聚兵萬人，騎三千，橫行江淮閒，壽州刺史崔昭發兵拒之，由是晅不得西，止屯廬州。初，上命平盧(七九)都知兵馬使田神功將所部精兵三千屯任城(八〇)，鄧景山既敗，與邢延恩奏乞勅神功救淮南，未報，景山遣人趣之，且許以淮南金帛子女為賂，神功及所部皆喜，悉眾南下，及彭城，勅神功討展。展聞之，始有懼色，自廣陵將兵八千拒之，選精兵二千度淮擊神功於都梁山(八一)，展敗走，至天長(八二)，以五百騎據橋拒戰，又敗，展獨與一騎亡度江，神功入廣陵【考異】劉展亂紀云：「二年春，神功舉兵東下。」實錄唐歷，神功入揚州在此月，今從之。及楚州，大掠，殺商胡以千數，城中地穿掘略徧(八三)。

(卅)是歲，吐蕃陷鄜州(八四)。

【今註】㈠上元元年：是年閏四月始改元。㈡以于闐王勝之弟曜同四鎮節度副使，權知本國事：兩傳，于闐王勝以至德初率兵赴難，因請留宿衞，是年以其弟左監門衞率葉護曜為太僕員外卿，同四鎮節度副使，權本國事。㈢分邠寧等州節度為鄜坊丹延節度，亦謂之渭北節度：邠寧節度本領九州，今分此四州為渭北節度也，治鄜州，今陝西鄜縣。㈣節度副使：此四字貫上文「邠寧」二字。謂桑如珪為邠寧節度副使、杜冕為鄜坊節度副使也。㈤九宮貴神：詳本卷乾元二年注。㈥沁水：懷州治河內，今懷慶（沁陽）在沁水之南。㈦夷州：宋白曰：「夷州之地，歷代恃險不聞臣附。隋大業七年始招慰，置綏陽縣，唐武德四年置夷州。」按唐夷州地位常徙易，或在今貴州石阡地區，或在今貴州綏陽地區，要在貴州遵義以東，思南西南地區。㈧山南東道節度使：〈方鎮表〉：至德元載，襄陽南陽二郡皆是防禦守捉使。尋升南陽防禦為節度使。二載，廢南陽節度使，升襄陽防禦使為山南東道節度使領襄、鄧、隋、唐、安、均、房、金、商九州，治襄州。襄州治今湖北襄陽縣，鄧州治今河南鄧縣，隋州治今湖北隨縣，唐州治今河南唐縣，安州治今湖北安陸縣，均州治今湖北均縣，房州治今湖北房縣，金州治今陝西安康縣，商州治今陝西商縣。此為一交通軍事重要地樞，故詳述之。⑨秦州：今甘肅秦安縣東。⑩陝西：兩傳皆作「陝虢。」是也。⑪改元：改乾元三年為上元元年也。⑫亞聖十哲：胡三省曰：「開元十九年，始置太公尚父廟，以留侯張良配，中春中秋上戊祭之，牲樂之制如文宣王，出師命將，發日，引辭於廟，仍以古名將十人，為十哲，配享。是年尊為武成王，以歷代良將為十哲像，坐侍，秦武安侯白起、漢淮陰侯韓信、蜀丞相諸葛亮、唐尚書右僕射衞國公李靖、司空英國公李勣，列於左；漢太子少傅張良、齊大司馬田穰苴、吳將軍孫武、魏西河守吳起、燕昌國君樂毅列於右。」⑬其中祀下祀幷雜祀，一切並停：胡三省曰：「旱故也，唐六典，昊天上帝五方帝皇地祇神州，宗廟、為大祀、日月星辰、社稷、先代帝王岳鎮海瀆帝社先蠶、孔宣父、齊太公諸太子廟為中祀、司中司命、風師雨師、山林川澤、五龍祠等，及州縣社稷釋奠，為小祀、雜祀蓋小鬼之神若漢志所謂杜將軍寶鷄之類。⑭胡廣：東漢宰相。⑮兵部侍郎：謂於去年已由兵部侍郎遷黃門侍郎。⑯南華：縣名，屬曹州，今山東東明縣。⑰劉晏為戶部侍郎；充度支鑄錢鹽鐵等使：唐中葉以後，判度支、判戶部，及鹽鐵轉運使為財務三司，今晏兼之，見其見任之專。⑱西原蠻：《新唐書・南蠻傳》：「西原蠻居廣容之南，邕桂之西，有寧氏者，相承為豪。又有黃氏，居黃橙洞，其隸也。其地西接南詔。天寶初，黃氏彊，與韋氏、周氏、儂氏、相唇齒，為寇害，據十餘州。至德初，首領黃乾曜知崇鬱與陸州、武陽、朱蘭洞蠻皆叛，合眾二十餘萬，繇地數千里，署置官吏，攻桂管十八州，更四歲不能平。」⑲乾曜等：章鈺曰：「宋甲十六行本，『等』下有『乙丑，鳳翔節度使崔光遠奏破涇隴羌渾十餘萬眾』二十字，乙十一行本同。」按乙丑為七日。⑳三品錢行浸久：三品謂舊開元通寶錢與新鑄乾元當十錢，乾元重輪錢也。㉑屬：適也、值也。㉒更俟進止：等待後命再為規定也。㉓順天得一錢：胡三省曰：「史思明鑄得一元寶錢，徑一寸四分，既而惡得一非長祚之兆，改其文曰順天元寶。」㉔普潤：縣名，屬鳳翔府，今陝西麟遊縣西。㉕平盧：章鈺曰：「宋甲十六行本『瀘』作『盧』，乙十一行本同。」㉖興慶宮：即南內在長安城東側春明門內。㉗夾城：開元二十年所築，在長安城東側北端，由大明宮出丹鳳門，東行至夾城，循城南行，即至興慶宮。㉘長慶樓：胡三省曰：「長慶樓本臨大道，上皇每御之，裴徊觀覽。」㉙奏事官：諸道遣官入京奏事者。㉚反仄：同反側，反覆不安也。㉛聖皇：肅宗上太上皇尊號曰聖皇天帝。㉜閭閻：章鈺曰：「宋甲十六行本二字互乙，乙十一行本同。」㉝三朝：胡三省曰：「記曰，文王之為世子也，朝於王季日三。」㉞矯勅：猶言矯詔。㉟西內：胡三省曰：「唐以大明宮為東內，太極宮為西內，興慶宮為南內。」㊱不豫：天子有疾曰不豫。㊲諸將士各好在：胡三省曰：「以將士露刃遮道，震驚上皇，殊無善狀令其好在。好在，猶今人言好生，言不得以兵干乘輿也。」㊳甘露殿：胡三省曰：「西內以兩儀殿為內朝，兩儀殿北，有甘露門，甘露門內為甘露殿。」㊴吾之王地：事見卷二百九，睿宗景雲元年條。㊵六軍：北衙六軍也。㊶蓬州：治蓬池，今四川儀隴縣東南六十里。㊷巫州：

在今湖南黔陽縣。㊷播州：在今貴州遵義縣西北。㊸溱州：在今四川綦江縣南境至貴州桐梓縣間。㊹歸州：在今湖北秭歸縣。㊺玉真觀：睿宗為公主所起者。㊻萬安咸宜二公主：二公主皆上皇之女。㊼臨洮、神策軍：臨洮郡即洮州，時治臨潭縣，今甘肅臨潭縣西南七十里。《元和志》：「神策軍在州西八十里，天寶十三年哥舒翰置，在洮河南岸。」而胡注引《會要》：「天寶十三載，哥舒翰以前年收九曲，請以其地置洮陽郡，郡內置神策軍，去臨洮郡二百里。」㊽神策軍節度使：唐中葉以後，神策軍為禁軍，勢最強，然其始本邊防軍之一，此條述其始制。㊾直取范陽，還定河北：此李泌舊策也，惜仍不行。㊿射生英武等禁軍：射生號英武軍，見上卷至德二載十二月條。(51)為魚朝恩所沮，事竟不行：肅宗朝諸惡政，皆由信任宦官，帝之無能復不能任君子，可為一歎。胡三省曰：「使郭子儀果從兵向范陽，則史思明有內顧之憂，李光弼成夾攻之勢，必無邙山之敗矣。郭李成功，則又必無樹置河北諸帥之禍矣。」(52)置青沂等五州節度使：胡三省曰：「詳考通鑑所書，乾元二年四月甲申，以尚衡為青密節度使，上元二年，四月乙亥，青密節度使尚衡，破史朝義兵如此，則是年尚衡尚鎮青密，安得又置青沂等州節度使邪？新書方鎮表，上元二年，置淄沂節度使，領淄沂滄德棣五州，侯希逸自平盧，引兵保青州，授青密節度使，遂廢淄沂節度，並所管五州，號淄青平盧節度。通鑑書侯希逸為平盧淄青節度，在寶應元年五月，蓋新表與通鑑，各以所見書為據，故參錯不同如此。」(53)涇州：治保定，今甘肅涇山縣北。(54)監軍使：胡三省曰：「唐中人出監方鎮軍，品秩高者為監軍使，其下為監軍。」(55)淮南東道：據〈方鎮表〉，淮南東道此時領揚、楚、滁、和、廬、舒六州，治揚州，即廣陵。(五七)京口：今江蘇鎮江。(五八)徐城：在今安徽盱眙縣西或西北。(五九)濠楚：濠州治鍾離，在今安徽鳳陽縣東北二十里。楚州治山陽，在今江蘇淮安縣。(六〇)北固：山名，在京口，今江蘇鎮江縣北一里，山斗入江，三面臨水，與金焦二山並稱京口三山。(六一)白沙：洲名，在今江蘇儀徵縣南江濱。(六二)瓜州：章鈺曰：「宋甲十六行本『洲』作『州』，乙十一行本同。」按洲州，史書中互見。胡三省曰：「今揚州江都縣南三十里有瓜洲鎮，正對京口北固山。」按地在今江都縣（揚洲）四十里江濱。(六三)下蜀：胡三省曰：「此自白沙濟江也。昇洲東北九十里至句容縣，有下蜀戍在句容縣北，近江津。」(六四)金陵城：昇州治金陵，今南京。(六五)潤州司馬、丹楊軍使：《新唐書・地理志》，潤州有丹陽軍，乾元二年置。字當從志作陽。(六六)陳許：陳州治，在今河南淮陽縣。許州治在今許昌縣。(六七)兗鄆：兗州治在今山東滋陽縣西，鄆州治在今山東東平縣西北。(六八)曹州：治在今山東曹縣西北。(六九)美原、同官：章鈺曰：「宋甲十六行本，『美原』下有『華原』二字，乙十一行本同。」按美原，今陝西富平縣東美原堡。華原，今耀縣，同官今同官縣。(七〇)兗鄆：看註(六七)。(七一)三江：三江之說不一。《漢書・地理志》：「會稽吳縣有南江在南，東入海。毗陵縣，有北江在北，東入海。丹陽蕪湖縣，有中江出西南，東至羨陽，入海。是三江即南北中三江也。」按此說以行北道為北江，即今長江下游之正幹，行中道者為中江，蓋即今溧水，行南道者為南江，蓋即今吳淞江也。其他說法甚多，或當以此為正歟？(七二)五湖：《周禮・職方》：「揚州，其浸五湖。」五湖之說亦不一。或以太湖為五湖，或以太湖及其附近諸湖為五湖，或以五湖非太湖，亦非太湖區諸湖，而指南方五大湖而言，各人所指亦不一致。(七三)宣歙節度使：宣歙節度使領宣歙饒三州，治宣州，領今安徽南部及江西東北鄱陽附近之地。但據〈方鎮表〉，此時已廢屬浙西。(七四)楊持璧：章鈺曰：「孔本『璧』下有『為』字。」(七五)餘杭：縣名，屬杭州，在州西四十五里。(七六)南陵：縣名，今安徽南陵縣。(七七)江州、江西：江州治今江西九江縣。江西謂江南西道。(七八)舒、和、滁、廬等州：舒州治懷寧，今潛山縣。和州治歷陽，今和縣。滁州治清流，今滁縣。廬州治合肥，今合肥縣，皆今安徽中部地。(七九)平盧：章鈺曰：「宋甲十六行本『盧』作『盧』，其下有『都知』二字，乙十一行本同。」(八〇)任城：縣名，今山東濟寧縣。(八一)都梁山：在安徽盱眙縣東南五十里。(八二)天長：縣名，今安徽天長縣。(八三)穿掘略徧：胡三省曰：「穿掘以求人所窖藏者。」(八四)廓州：治廣威，在今青海化隆縣南，黃河北岸。

卷二百二十二　唐紀三十八

司馬光編集
曲守約註

起重光赤奮若，盡昭陽單閼六月，凡二年有奇。（辛丑至癸卯，西元七六一年至七六三年）

肅宗文明武德大聖大宣孝皇帝下之下

上元二年（西元七六一年）

㈠春正月，癸卯，史思明改元應天。

㈡張景超引兵攻杭州敗李藏用將李彊於石夷門，孫待封自武康南出，將會景超攻杭州㈠，溫晁據險擊敗之㈡，待封脫身奔烏程，李可封以常州降。丁未，田神功使特進楊惠元等將千五百人西擊王晅，辛亥夜，神功先遣特進范知新等將四千人，自白沙濟，西趣下蜀㈢，鄧景山等將千人自海陵㈣濟，東趣常州，神功與邢延恩將三千人軍於瓜州，壬子濟江。展將步騎萬餘陳於蒜山㈤，神功以舟載兵趣金山㈥，會大風，五舟飄抵金山下，展屠其二舟，沈其三舟，神功不得度，還軍瓜州。而范知新等兵已至下蜀，展擊之不勝，第殷勸展引兵逃入海，可延歲月。展曰：「若事不濟，何用多殺人父子乎？死早晚等耳。」遂更帥眾力戰。將軍賈隱林射展，中目而仆，遂斬之。【考異】實錄云：「乙卯，平盧兵馬使田神功生擒逆賊劉展。」舊神功傳亦然，今從劉展亂紀。劉殷、許嶧等皆死。隱林，滑州人也。楊惠元等擊破王晅於淮南，晅引兵東走至常熟，迺降，孫待封詣李藏用降，張景超聚兵至七千餘人，聞展死，悉以兵授張法雷，使攻杭州，景超逃入海，法雷至杭州，李藏用擊破之，餘黨皆平。平盧軍大掠十餘日，安史之亂，亂兵不及江淮，至是其民始罹荼毒矣。【考異】劉展亂紀，孫待封降以下事，在二月。今因展敗終言之。

㈢荊南節度使呂諲奏：「請以江南之潭、岳、郴、邵、永、道，連黔中之涪州㊆，皆隸荊南。」從之。

㈣二月，奴剌党項寇寶雞㊇，燒大散關，南侵鳳州，殺刺史蕭怏，大掠而西，鳳翔節度使李鼎追擊破之。

㈤戊辰，新羅王金嶷入朝，因請宿衞。或言：「洛中將士皆燕人，久戍思歸，上下離心，急擊之，可破也。」陝州觀軍容使魚朝恩以為信然，屢言於上，上勑李光弼等進取東京。光弼奏稱：

「賊鋒尚銳，未可輕進。」朔方節度使僕固懷恩勇而愎，麾下皆蕃漢勁卒，恃功多不法，郭子儀寬厚曲容之，每用兵臨敵，倚以集事，李光弼性嚴，一裁之以法，無所假貸，懷恩憚光弼而心惡之，乃附朝恩言東都可取，由是中使相繼督光弼使出師，光弼不得已，使鄭陳節度使李抱玉守河陽，與懷恩將兵會朝恩及神策節度使衞伯玉攻洛陽。戊寅，陳㊈於邙山，光弼命依險而陳，懷恩陳於平原。光弼曰：「依險則可以進，可以退，若平原，戰而不利則盡矣，思明不可忽也。」命移於險，懷恩復止之。史思明乘其陳未定，進兵薄之，官軍大敗，死者數千人，軍資器械盡棄之，【考異】實錄曰：「史思明潛遣間諜反說官軍曰，洛中將士，往戍思歸，士多不睦。魚朝恩以為然，乃告光弼及僕固懷恩、衞伯玉等曰，可速出軍，以掃殘寇。光弼等然之。」今從舊光弼傳。實錄曰：「光弼懷恩敗績，步兵死者數萬。」今從舊思明傳。光弼懷恩度河，走保聞喜，朝恩伯玉奔還陜，抱玉亦棄河陽走，河陽懷州皆沒於賊，朝廷聞之大懼，益兵屯陜。

㈥李揆與呂諲同為相，不相悅，諲在荊南，以善政聞，揆恐其復入相，奏言置軍湖南㊉非便，又陰使人如荊湖⑪，求諲過失。諲上疏訟揆罪，癸未，貶揆袁州長史，以河中節度使蕭華為中書侍郎同平章事。

㈦史思明猜忍好殺，羣下小不如意，動至族誅，人不自保，朝義其長子也，常從思明將兵，頗謙謹愛士卒，將士多附之，無寵於思明。思明愛少子朝清，使守范陽，常欲殺朝義，立朝清為太子，左右頗泄其謀。思明既破李光弼，欲乘勝西入關，使朝義將兵為前鋒，自北道襲陝城，思明自南道(一二)將大軍繼之。三月，甲午，朝義兵至礓子嶺(一三)，衛伯玉逆擊破之。【考異】實錄作甲子。按長曆，此月丙戌朔，下有戊戌，當作甲午。朝義數進兵，皆為陝兵所敗。思明退屯永寧(一四)，以朝義為怯，曰終不足成吾事，欲按軍法斬朝義及諸將。戊戌，命朝義築三隅城(一五)，欲貯軍糧，期一日畢，朝義築畢未泥，思明至，詬怒之，令左右立馬監泥(一六)，斯須(一七)而畢。思明又曰：「俟克陝州，終斬此賊。」朝義憂懼，不知所為。思明在鹿橋驛(一八)，令腹心曹將軍將兵宿衛，朝義宿於逆旅(一九)，其部將駱悅、蔡文景說朝義曰：「悅等與王死無日矣，自古有廢立，請召曹將軍謀之。」朝義俛首(二〇)不應。悅等曰：「王苟不許，悅等今歸李氏，王亦不全矣。」朝義泣曰：

「諸君善為之，勿驚聖人㈡。」悅等乃令許叔冀之子季常召曹將軍至，則以其謀告之，曹將軍知諸將盡怨，恐禍及己，不敢違，是夕悅等以朝義部兵三百，被甲詣驛，宿衛兵怪之，畏曹將軍不敢動，悅等引兵入，至思明寢所，值思明如廁，問，左右未及對，已殺數人，左右指示之。思明聞有變，踰垣至廄中，自備馬乘之，悅傔人㈢周子俊射之，中臂墜馬，遂擒之。思明問亂者為誰？悅曰：「奉懷王㈢命。」思明曰：「我朝來語失，宜其及此，然殺我太早，何不待我克長安，今事不成矣。」悅等送思明於柳泉驛囚之，【考異】河洛春秋曰：「思明混諸嫡庶，以少者為尊，唯愛所鍾，即為繼嗣，欲殺朝義，追朝清為偽太子，左右泄之，父子之隙，自此始構。」邠志曰：「三月，思明乘勝欲下陝城，使朝義帥銳卒，北路先往，已自宜陽引眾繼之。」今從實錄舊傳。還報朝義曰：「事成矣。」朝義曰：「不驚聖人乎？」悅曰：「無。」時周摯、許叔冀將後軍在福昌，悅等使許季常往告之，摯驚倒於地，朝義引軍還，摯、叔冀來迎，悅等勸朝義執摯殺之，軍至柳泉，悅等恐眾心未壹，遂縊殺思明，以氈裹其尸，橐駝負歸洛陽。朝義即帝位，改元顯聖，密使人至范陽，敕散騎常侍張通儒等殺朝清及朝清母辛氏，并不附己者數十人，其黨自相攻擊，戰城中數月，死者數千人，范陽乃定。朝義以其將柳城李懷仙為范陽尹、燕京留守。【考異】實錄曰：「朝義既殺思明，密遣使馳至范陽，殺偽太子朝英，及偽皇后辛氏，幷不附己者數十人。偽范陽留守張通儒知有變，遂引兵戰於城中，數日，戰不利，死者數千人，通儒被斬於亂兵中。」薊門紀亂曰：「思明既王有數十州之地，年餘，朝興遂為皇太子，朝興辛氏之長男，特為思明所愛，嗜酒好色，凶獷頑戾，招集幽薊惡少，與其年齒相類者百餘人，為左右，皆彎弓利劍，飾以丹艧珠玉，帶佩印，雕鏤金銀，控彈揮刃，常如見敵，以南行大將子弟統之。每與其黨飲宴，酒酣爇燎其鬚髮，或以銅彈丸擊之，候稍愈，復鞭之，有杖六七千不死者。姬妾皆思明所掠良家子，有不稱命，則殺之，亦有以湯鑊死者，既火盛湯沸，令壯士抱而投之，初宛轉叫呼，須臾骨肉糜爛，旁人皆毛豎股慄，朝興笑臨而觀之，以所策毬杖，於鑊中撞擊，顏色自若。上元二年三月甲寅，使使告捷，云王師敗績於洛北，斬首萬餘級，勒其六宮及朝興備車馬，為赴洛之計。賊庭之黨相慶，踊躍叫喚，聲振天地。十餘日，又宦者二人，傳思明偽勅云，收兵陝虢，以朝興為周京留守，仍勒馳驛速發，幷辛氏已下續行，朝興大喜。其宦者朝義偽遣之，人莫知也。時朝義已殺思明，僭位，潛勒偽左散騎常侍張通儒、戶部尚書康孝忠與朝興衙將高鞫仁、高如震等，諸誅朝興。其日，朝興速召工匠，與其母妻造寶鈿鞍勒，搜索庫藏，修乘騎之具，幷命左右，各備行裝，唯數十人侍衛，思明留駿馬百餘匹，在其廄中，朝興出入馳驟，每日則於桑乾河飲之。通儒將入，潛令康孝忠從數十人持兵，詣飲處，馳取其馬，閉於城南毗沙門神之院。通儒與鞫仁領步兵十餘人，入其日華門，偽皇城留守劉象昌逢之，驚問其故，通儒顧左右斬之，俄而朝興腹心衛鳴鶴又問，亦斬之，子城擾亂，朝興惶怖，猶能擐甲持兵，與親信二三十人出拒，奔走於廄中取馬，馬盡矣，唯病馬一疋，朝興乘而策之，不前，遂步戰。通儒立白旗，招朝興之黨，降者捨罪，復官爵，惡少等雖沐朝興之錫賚，亦怨其無道鞭捶，降者大半。朝興猶從十餘人接戰，弓矢所發，無不中者，中者皆應弦沒羽，通儒軍披靡，所傷者數十百人，退出子城外，人不知甲兵之故，皆惶恐潛匿。通儒於城門拒戰，良久日已云暮，朝興眾寡不敵，走匿城上之逍遙樓，遂失所在。通儒兵入禁中劫掠金帛，思明朝興妻衣服皆盡。夜半，蕃將曹閔之於樓上擒獲之。朝興曰，我兄弟六七人，朝興一身，斬之何益？高如雲對曰，以殿下殘酷，人各有怨心。朝興曰，乞放此一度，後更不敢。執者皆笑。又謂閔之曰，此腰帶三十兩黃金新造，謹奉將軍。閔之曰，殿下但死，腰帶閔之自解取。左右益笑。縊以弓弦，斷其首，函送洛陽。偽侍中向閏客特受思明委託，朝興亦甚敬憚，至是惶怖，走入私第，不自安，匍匐待罪，通儒頷之。勒馳驛赴洛，通儒收朝興黨與，悉誅之。思明驍將辛萬年特有寵於朝興，又與鞫仁如震等友善，為兄弟；當誅朝興之黨也，通儒有意於萬年，及令行刑，遂忘之，至是，勅鞫仁如震斬萬年首送，鞫仁置酒，與萬年同飲，謂曰，張尚書令殺弟，故相報，萬年稽首，但乞快死。鞫仁抗聲曰，只可兄弟謀取通儒，終不肯殺弟。於是如震萬年領其部曲百餘人，入子城，斬通儒於子城南廊下，城中擾亂，又殺其素不快者軍將數人，共推偽中書令阿史那承慶為留守，函通儒等首，使萬年送洛陽，誣其欲以薊城歸順。朝義聞之，使使令向閏客所在却回為留守。鞫仁如震等各從數百人，被甲巡城，城中人心彌懼。承慶為留守一兩日，又不自安，遞相疑阻，於是領蕃兵數十騎，出子城，至如震宅門立，令屈將軍暫要相見，如震不虞有難，馳至馬前，承慶斬之，應聲而殞。承慶入東軍，與偽尚書康孝忠招集蕃羯，鞫仁聞如震遇害，驚而且怒，統麾下軍討之，相逢於宴設樓下，接戰，自午至酉，鞫仁兵皆城旁少年，驍勇勁捷，馳射如飛，承慶兵雖多不敵，大敗，殺傷甚眾，積尸成丘，承慶孝忠出城，收散卒東保潞縣，又南掠屬縣野營。月餘，徑詣洛陽，自陳其事，城中蕃軍家口，盡踰城相繼而去。鞫仁令城中殺胡者皆重賞，於是羯胡俱殪，小兒皆擲於空中，以戈承之，高鼻類胡而濫死者，甚眾。時鞫仁在城中最尊，使使奏朝義以承慶等反，向閏客行至貝州，承朝義命迴，將至，眾官迎之，鞫仁嚴兵不出，閏客甚懼，戒其子弟從者，無帶兵器，從數人而入，鞫仁待之於日華門，閏客望見下馬，執手相慰，鞫仁亦抗禮還營，閏客但專守子城，端坐，餘不敢輒有所問，奏承慶等使迴，朝義以鞫仁為燕京都知兵馬使。五月甲戌朔，朝義以偽太常卿李懷仙為御史大夫、范陽節度使，燕州頗有兵甲，故委腹心。鞫仁聞之，意不快也。無何，懷仙至，從羸馬數千，自薊城南門入，鞫仁不出，迎之於日華門，懷仙至，卑身過禮，立談，約為兄弟，結盟相固，期同保燕邦，以獎其主。鞫仁意少解。懷仙以薊縣為節度院，雖任節制，鞫仁兵五千餘人，皆不受命，十數日，懷仙待之彌厚，每衙，皆降皆交接，鞫仁亦不為之屈。既而懷仙命饗軍士，中宴，鞫仁疑有變，兵皆驚走還營，被甲，懷仙憂懼無計，遂囚其牙將朱希彩，責以驚軍中之罪。其夜鞫仁將襲懷仙，遇大雨，持疑未決，徹明，遂止，單騎至節度門，懷仙已潛備壯士待之，鞫仁趨入，懷仙亦不改常禮，與坐良久，乃問驚軍之罪，門已關，顧左右拉殺之，立捨希彩。自暮春至夏中，兩月間，城中相攻殺，凡四五，死者數千，戰鬬皆在坊市閭巷間，但兩敵相向，不入人家，剽劫一物，蓋家家自有軍人之故，又百姓至於婦人小童，皆閑習弓矢，以此無虞。六月丙申，宣思明遺詔發喪，將相百僚縞素哭於其聽政樓前，卑幼相視而笑，笑聲與哭聲參半焉。朝義又追向閏客赴洛陽，加懷仙燕京留守。』河洛春秋，『初朝義令人與向貢并阿史那王殺朝清，朝清既受父命，常有君臨之心，惟以毬獵為務，車下勇敢之士僅二千人，每日教習，然其殘酷頗有父風，而加婬亂，幽州士庶無不吁嗟。向貢高久仁等，既見諸將之書，又聞思明已死，因說朝清曰，昨有密旨，令大王主器承祚，其事尤重，今敵國猶在，上人未還，儻更移恩於人，誠恐自貽窘迫。朝清然之，是日，顧左右各令辭訣，便自飭裝。高久仁高如震等及其無備，率壯士數百人，潛入子城門，阿史那王向貢等共率三百人繼至，朝清時在臥內，僕妾侍側，忽聞兵士，問是何人？門人曰三軍叛，乃擐甲登樓，責讓向貢等。高如震乃於樓下佯戰，朝清自援弓射之，凡斃數人，阿史那軍佯北，朝清下樓，向貢等令人擒殺之。向貢攝知軍事，經四十日，阿史那又殺向貢。阿史那自稱長史，三日後斬高久仁，以其首梟之，殺朝清故也。高如震還固守，與阿史那相持，城中分兩軍，經五日，以燕州街為界，各自禦備，遞相捉搦，不得往來。阿史那從經略軍，領諸蕃部落及漢兵三萬人，至宴設樓前，與如震會戰，如震不利，乃使輕兵二千人於子城東出，直至經略軍南街，腹背而擊之，并招漢軍萬餘人，阿史那軍敗，走於武清縣界野營，後朝義使招之，盡歸東都，應是胡面，不擇少長，盡誅之。於是朝義偽授李懷仙幽州節度，高如震旅拒之，中承阿史那遁逸之後，野行草次，人各持兵糗糧芻茭，非戮不應。朝義令兵士悉為商賈，白衣先行，至幽州，盡被捉為團練。懷仙方自統五千餘騎，直叩薊門，高如震方欲出師，以抗其命，慮其卒叛，因出迎之，懷仙實內圖之，且外示寬宥，大行誘募，咸捨厥愆，於是士眾帖然，競皆欣戴，乃大賞設，經三日，因眾前却，乃斬高如震，幽州遂平。」舊傳亦云，朝義令人殺偽太子朝英，新傳作朝清，今從河洛春秋及新傳，餘從薊門紀亂。時洛陽四面數百里州縣，皆為丘墟，而朝義所部節度使，皆安祿山舊將，與思明等夷，朝義召之多不至，略相羈縻而已，不能得其用。

(八)李光弼上表固求自貶，制以開府儀同三司侍中，領河中節度使。

(九)術士長塞鎮㉔將朱融與左武衛將軍竇如玢等，謀奉嗣岐王珍作亂，金吾將軍邢濟告之。夏，四月，乙卯朔，廢珍為庶人，溱州㉕安置，其黨皆伏誅。珍，業㉖之子也。丙辰，左散騎常侍張鎬貶辰州㉗司戶，鎬嘗買珍宅故也。

(十)己未，以吏部侍郎裴遵慶為黃門侍郎同平章事。

(十一)乙亥，青密節度使尚衡破史朝義兵，斬首五千餘級。

(十二)丁丑，兗鄆節度使能元皓破朝義兵。

(十三)壬午，梓州刺史段子璋反，子璋驍勇，從上皇在蜀有功，東川節度使李奐奏替之㉘。子璋舉兵襲奐於綿州，道過遂州㉙，刺史虢王巨蒼黃修屬郡禮迎之，子璋殺之，李奐戰敗奔成都，子璋自稱梁王，改元黃龍，以綿州為龍安府，置百官，又陷劍州。

㈣五月，己丑，李光弼自河中入朝。

初，李輔國與張后同謀，遷上皇於西內㉚，是日端午，山人李唐見上，上方抱幼女，謂唐曰：「朕念之，卿勿怪也。」對曰：「太上皇思見陛下，計亦如陛下之念公主也。」上泫然泣下，然畏張后，尚不敢詣西內。

㈤癸巳，党項寇寶鷄。

初，史思明以其博州刺史令狐彰為滑鄭汴節度使，將數千兵戍滑臺㉛，彰密因中使楊萬定通表請降，徙屯杏園度㉜，思明疑之，遣其將薛岌圍之，彰與岌戰，大破之，因隨萬定入朝。甲午，以彰為滑衞等六州㉝節度使。

㈥戊戌，平盧節度使侯希逸，擊史朝義范陽兵，破之。

㈦乙未，西川節度使崔光遠與東川節度使李奐共攻綿州，庚子，拔之，斬段子璋。

㈧復以李光弼為河南副元帥、太尉兼侍中，都統河南、淮南東西、山南東、荊南、江南西、浙江東西八道行營節度，【考異】實錄舊紀皆云，光弼都統河南、淮南、山南東、江東五道。唐歷會要為河南、淮南東西、山南東、荊南五道。劉展亂紀又有江西、浙東、浙西，凡八道。按袁晁亂浙東，光弼討平之，則是浙東亦其統內也。今從之。出鎮臨淮。

(十九)六月，甲寅，青密節度使能元皓㉔敗史朝義將李元遇。

(廿)江淮都統李峘畏失守之罪，歸咎於浙西節度使侯令儀。丙子，令儀坐除名長流康州㉕，加田神功開府儀同三司，徙徐州刺史，徵李峘、鄧景山還京師。

(廿一)戊寅，党項寇好畤㉖。

(廿二)秋，七月，癸未朔，日有食之，既，大星皆見。

(廿三)以試少府監李藏用為浙西節度副使。

(廿四)八月，癸丑朔，加開府儀同三司李輔國兵部尚書。乙未，輔國赴上㉗，宰相朝臣皆送之，御廚具饌，太常設樂，輔國驕縱日甚，求為宰相。上曰：「以卿之功，何官不可為，其如朝望未允何？」輔國乃諷僕射裴冕等使薦己。上密謂蕭華曰：「輔國求為宰相，若公卿表來，不得不與。」華出問，冕曰：「初無此事，吾臂可斷，宰相不可得。」華入言之，上大悅，輔國銜之。

(二五)己巳，李光弼赴河南行營。

(二六)辛巳，以殿中監李若幽為朔方鎮西北庭興平陳鄭等節度行營，及河中節度使，鎮絳州，賜名國貞。

(二七)九月，甲申，天成地平節㊳，上於三殿㊴，置道場，以宮人為佛菩薩㊵，北門武士為金剛神王，召大臣膜拜㊶圍繞。

(二八)壬寅，制去尊號，但稱皇帝，去年號但稱元年，以建子月㊷為歲首，月皆以所建為數，因赦天下，停京兆河南太原鳳翔四京及江陵南都㊸之號，自今每除五品以上清望京官及郎官，御史刺史，令舉一人自代㊹，觀其所舉，以行殿最。江淮大饑，人相食。

(二九)冬，十月，江淮都統崔圓署李藏用為楚州刺史、【考異】劉展亂紀曰：「初劉展既平，諸將爭功，疇賞未及，李藏用崔圓乃署藏用為楚州刺史，領二城而居盱眙。」按實錄，七月藏用已除浙西節度副使。蓋恩命未到耳。會支度租庸使㊺，以劉展之亂，諸州用倉庫物無準，奏請徵驗時，倉猝募兵，物多散亡，徵之不足，諸將往往賣產以償之。藏用恐其及己，嘗與人言，頗有悔恨，其牙將高幹挾故怨，使人詣廣陵告藏用反，先以兵襲之，藏用走，幹追斬之，崔圓遂簿責藏用將吏以驗之，將吏畏，皆附成其狀㊻，獨孫待封堅言不反，圓命引出斬之，或謂曰：「子何不從眾以求生？」待封曰：「吾始從劉大夫㊼奉詔書來赴鎮，人謂吾反，李公起兵滅劉大夫，今又以李公為反，如此、誰則非反者，庸有極乎？吾寧就死，不能誣人。」以非罪，遂斬之。

(卌)建子月，壬午朔，上受朝賀，如正旦儀。

(卌一)或告鴻臚卿康謙與史朝義通，事連司農卿嚴莊，俱下獄，京兆尹劉晏遣吏防守莊家，上尋敕出，莊引見，莊怨晏，因言：「晏與臣言，常道禁中語，矜功怨上。」丁亥，貶晏通州㊽刺史。莊難江㊾尉謙伏誅。戊子，御史中丞元載為戶部侍郎，充句當㊿度支鑄錢鹽鐵兼江淮轉運等使，載初為度支郎中，敏悟善奏對，上愛其才，委以江淮漕運，數月遂代劉晏，專掌財利。

(卌二)戊戌，冬至，己亥，上朝上皇於寧西內。

(卌三)神策節度使衛伯玉攻史朝義，拔永寧，破澠池、福昌、長水等縣(51)。

㊹己酉，上朝獻太清宮㊺，庚戌，享太廟元獻廟。建丑月，辛亥朔，祀圓丘、太一壇㊻。【考異】實錄：「建子月戊戌，冬至，其日，祀昊天上帝。己亥，詔以來月一日祀圓丘及太一壇。」又云：「建丑月辛亥朔，拜南郊，祭太乙壇。」按瑱傳，未嘗為河南節度使及少保，實錄剩此一日事，其冬至祀上帝，蓋有司行事，非親祀也。以河南節度使來瑱為太子少保。」下又有丁未、己酉、庚戌日事，又云：「建丑月辛亥，

㊼平盧節度使侯希逸與范陽相攻連年，救援既絕，又為奚所侵，乃悉舉其軍二萬餘人，襲李懷仙破之，因引兵而南。

【今註】㊀會景超攻杭州：胡三省曰：「自武康南出，過狗頭嶺至杭州，五十里。」㊁據險擊敗之：胡三省曰：「去年，李藏用使溫晁屯餘杭，餘杭東至杭州錢唐縣界，一十八里，又東二十七里，則至杭州，此陸路也。故溫晁得趨而據險，以敗孫待封。」㊂白沙、下蜀：白沙，洲名，在今江蘇儀徵縣南，濱江之地，多白沙，故名。下蜀，在今江蘇句容縣北六十里。按此為右翼軍。㊃海陵：在今江蘇泰興縣東，南對江陰。按此為左翼軍。㊄蒜山：在今江蘇鎮江縣西九里，《元和志》云：「山名澤蒜，因以為名。」㊅金山：胡三省曰：「金山在大江中，南直西津渡口，去潤州城七里。」㊆潭、岳、郴、邵、永、道、連、涪州：潭州治今長沙。岳州治今岳陽。郴州治今郴縣。邵州治今邵陽縣。永州治今零陵縣。以上皆今湖南境。連州治今廣東連縣。涪州治今四川涪陵縣。按本文岳下當脫衡字，衡州治今衡陽縣。㊇奴刺党項寇寶鷄：胡三省曰：「奴刺，西羌種落之名。至德二載，改陳倉縣為寶鷄縣，以其地有秦將寶鷄祠故也，時屬鳳翔府。」㊈陳：字讀曰陣。㊉置軍湖南：謂為

荊南節度使，前請兼統潭岳南至郴連諸州，此諸州在洞庭之南，故云置軍湖南也。⑪荊湖：荊謂荊南，湖謂湖南。⑫北道、南道：胡三省曰：「南道出二崤之間，漢建安中曹公西討巴蜀，惡南道之險，更開北道。」⑬礓子嶺：即礓子阪，在陝城東。⑭永寧：縣名，在今河南洛寧縣東北。⑮三隅城：《新唐書》作三角城。胡三省曰：「蓋一角依山，上築其三角也。」⑯立馬監泥：謂停駐座騎，親自監督塗泥新城也。⑰斯須：不久也。⑱鹿橋驛：胡三省曰：「永寧傳舍也，貞觀十七年嘗徙永寧縣於此。」⑲逆旅：私家客舍。⑳俛首：俛音免，俛首，低頭也。㉑聖人：胡三省曰：「當時臣子稱其君父為聖人。」㉒傔人：音歉，從也。傔人，侍從也。㉓懷王：思明封朝義為懷王。㉔長塞鎮：胡三省曰：「據新書長塞鎮當在蔚州界。唐制，上鎮將正六品下，中鎮將正七品上，下鎮將正七品下。」㉕溱州：在今四川綦江縣與貴州桐梓縣之間。㉖業：岐王業，玄宗之弟。㉗辰州：治今湖南沅陵縣。㉘奏替之：謂奏上朝廷，薦人替代其職也。㉙道過遂州：梓州治所在今三台縣，綿州在梓州北，治今綿陽縣，遂州在梓州南，治今遂寧縣，由梓赴綿不應經遂。此云道過，不知何故？㉚西內：太極宮也，遷上皇事在上卷上年。㉛戊滑臺：戊為戍之譌，滑臺即滑州治所，在今滑縣東。㉜杏園度：度當作渡，在汲縣東南。㉝滑衛等六州：滑、衛、相、貝、魏、博六州。㉞青密節度使能元皓：胡三省曰：「上卷上年冬青兗鄆節度使能元皓，詳考本末，青密恐當作兗鄆。」按本年四月乙亥，尚衡見在青密任，胡說蓋是。㉟康州：治端溪，今廣東德慶縣。㊱好時：時音止，縣在今陝西乾縣西北。㊲赴上：胡三省曰：「僕射尚書赴省供職曰赴上。」㊳天成地平節：胡三省曰：「上於景雲二年九月三日生，以九月三日為天成地平節。」㊴三殿：胡三省曰：「南部新書，大明宮中有麟德殿，三面亦以三殿為名。雍錄，麟德殿在翰林院之東。」㊵菩薩：胡三省曰：「菩，普也；薩，濟也。言能普濟眾生也。」㊶膜拜：《穆天子傳》郭注：「今之胡人禮佛舉手加頭，稱南膜拜。」按南膜可能為念佛聲。㊷建子月：十一月。㊸四京、南都：四京事，見卷二百二十，至德元載。南都事見上卷上年。㊹令舉一人自代：令新任官員，皆上表舉人可替己任者。朝廷視被舉次數之多少，作為以後任用被舉者之參考資料。又視被舉者任職之成績，以賞罰原舉薦人。㊺支度租庸使：胡三省曰：「唐六典，度支郎掌支度國用租賦多少之數，凡天下邊軍皆有支度之使，以計軍資糧仗之用，每歲皆申度支，而會計之。此支度租庸使，蓋使之支度江淮租庸者也。」㊻附成其狀：謂附和高幹之言，以成李藏用之罪狀。㊼劉大夫：指劉展。㊽通州：在今四川達縣。㊾難江：縣名，在今四川南江縣。㊿句當：當作勾當，謂權且管理也。(五一)永寧、澠池、福昌、長水等縣：永寧、福昌在今宜陽洛寧縣間，而福昌居東。長水在洛寧西四十五里。澠池，今縣。(五二)太清宮、太廟、元獻廟：胡三省曰：「太清宮在丹鳳門之左南出第二坊。太廟在朱雀街東第二街北來第二坊。元獻廟，上母元獻楊后廟也。」(五三)圓丘、太一壇：圓，當作圜；圜丘，祀天之處。太一壇，乾元元年立，見卷二百二十。（按本年內註釋，全係嚴耕望先生所撰。）

寶應㊀元年（西元七六二年）

㈠建寅月㈡，甲申，追尊靖德太子琮㈢為奉天皇帝，妃竇氏為恭應皇后，丁酉，葬於齊陵。

㈡甲辰，吐蕃遣使請和。

㈢李光弼拔許州，擒史朝義所署潁川㈣太守李春，朝義將史參救之，丙午，戰於城下，又破之。

㈣戊申，平盧節度使侯希逸於青州北度河，而會田神功、能元皓於兗州。

㈤租庸使元載以江淮雖經兵荒，其民比諸道猶有貲產，乃按籍舉八年租調之違負及逋逃者，計其大數而徵之㈤，擇豪吏為縣令而督之，不問負之有無，貲之高下，察民有粟帛者，發徒圍之，籍其所有而中分之，甚者什取八九，謂之白著㈥，有不服者，嚴刑以威之，民有蓄穀十斛者，則重足以待命，或相聚山澤為羣盜，州縣不能制。

㈥建卯月，辛亥朔，赦天下，復以京兆為上都，河南為東都，鳳翔為西都，江陵為南都，太原為北都。

㈦奴剌寇成固㊆。

初，王思禮為河東節度使，資儲豐衍，贍軍之外，積米百萬斛，奏請輸五十萬斛於京師。思禮薨，管崇嗣代之，為政寬弛，信任左右，數月間耗散殆盡，惟陳腐米萬餘斛。上聞之，以鄧景山代之，景山至則鉤校所出入，將士輩多有隱沒，皆懼。有裨將抵罪當死，諸將請之，不許，其弟請代兄死，亦不許，請入一馬以贖罪，乃許之。諸將怒曰：「我輩曾不及一馬乎？」遂作亂。癸丑，殺景山，上以景山撫御失所以致亂，不復推究亂者，遣使慰諭以安之。諸將請以都知兵馬使、代州刺史辛雲京為節度使。己未，以雲京為北都留守、河東節度使，雲京奏張光晟為代州刺史。

㈧絳州素無儲蓄，民間饑，不可賦斂，將士糧賜不充，朔方等諸道行營都統李國貞屢以狀聞朝廷，未報。軍中咨怨㊇，突將㊈王元振將作亂，矯令㊉於眾曰：「來日⑪脩都統宅，各具畚鍤⑫，待命於門。」士卒皆怒曰：「朔方健兒⑬豈脩宅夫⑭邪？」乙丑，元振帥其徒⑮作亂，燒牙城⑯門，國貞逃於獄，元振執之，置卒食⑰於前曰：「食此而役[一八]其力，可乎？」國貞曰：「脩宅則無之[一九]，軍食則屢奏而未報[二〇]，諸君所知也。」眾欲退，元振曰：「今日之事，何必更[二一]問，都統不死，則我輩死矣。」遂拔刃殺之。鎮西北庭行營兵屯於翼城[二二]，亦殺節度使荔非元禮，推裨將[二三]白孝德為節度使，朝廷因而授之。

(九)戊辰，淮西節度使王仲昇與史朝義將謝欽讓戰於申州[二四]城下，為賊所虜，淮西震駭[二五]，會[二六]侯希逸、田神功、能元皓攻汴州，朝義召欽讓兵救之。

(十)絳州諸軍剽掠[二七]不已，朝廷憂其與太原亂軍合從[二八]連賊，非新進諸將[二九]所能鎮服[三〇]，辛未，以郭子儀為汾陽王，知朔方河中北庭潞澤節度行營、兼興平定國等軍副元帥，發京師絹四萬匹，布五萬端，米六萬石，以給絳軍。建辰月[三一]，庚寅，子儀將行，時上不豫[三二]，羣臣莫得進見，子儀請曰：「老臣受命，將死於外，不見陛下，目不瞑矣[三三]。」上召入臥內[三四]，謂曰：「河東之事，一以委[三五]卿。」史朝義遣兵圍李抱玉於澤州，子儀發定國軍救之，乃去。

(十)上召山南東道節度使來瑱赴京師，瑱樂㊱在襄陽，其將士亦愛㊲之，乃諷㊳所部將吏上表留之，行及鄧州，復令還鎮㊴。荊南節度使呂諲、淮西節度使王仲昇及中使往來者，言：「瑱曲收眾心㊵，恐久難制㊶。」上乃割商、金、均、房，別置觀察使，令瑱止領六州㊷。會謝欽讓圍王仲昇於申州數月，瑱怨之，按兵㊸不救，仲昇竟敗沒。行軍司馬裴茙㊹謀奪瑱位，密表瑱倔彊㊺難制，請以兵襲㊻取之。上以為然。癸巳，以瑱為淮西河南十六州節度使，【考異】舊傳無汝，云十五州，今從實錄。外示寵任㊼，實欲圖之。密敕以茙代瑱為襄鄧等州防禦使。

(十一)甲午，奴剌寇梁州，觀察使李勉棄城走，以邠州刺史河西臧希讓為山南西道節度使㊽。【考異】肅宗實錄作希液，代宗實錄有傳作希讓。今從之。

(十二)丙申，党項寇奉天㊾。

(十三)李輔國以求宰相不得，怨蕭華。庚午，以戶部侍郎元載為京兆尹，載詣㊿輔國固辭，輔國識(五一)其意，壬寅，以司農卿陶銳為京兆尹，輔國言蕭華專權，請罷其相。上不許，輔國固請不已，乃從之，仍(五二)引元載代華。【考異】舊華傳云：「肅宗寢疾，輔國矯命，罷華相。」今從輔國傳。戊申，華罷為禮部尚書，以載同平章事，領度支轉運使如故。

(十五)建巳月(五三)，庚戌朔，澤州刺史李抱玉破李史朝義兵於城下。

(十六)壬子，楚州刺史崔侁表稱：「有尼真如恍惚(五四)登天，見上帝賜以寶玉十三枚(五五)，云中國有災，以此鎮之。」羣臣表賀(五六)。

(十七)甲寅，上皇崩於神龍殿(五七)，年七十八，乙卯，遷坐(五八)於太極殿，上以寢疾(五九)，發哀於內殿，羣臣發哀於太極殿(六〇)，蕃官剺面割耳者(六一)四百餘人。丙辰，命苗晉卿攝(六二)冢宰。上自仲春寢疾，聞上皇登遐(六三)，哀慕(六四)，疾轉劇(六五)，乃命太子監國。甲子，制改元(六六)，復以建寅為正月，月數(六七)皆如其舊，赦天下。

初，張後與李輔國相表裏(六八)，專權用事，晚年更有隙，內射生使(六九)三原(七〇)程元振黨於輔國，上疾篤(七一)，后召太子謂曰：「李輔國久典禁兵，制勅皆從之出，擅逼遷聖皇(七二)，其罪甚大，所忌(七三)者吾與太子，今主上彌留(七四)，輔國陰與程元振謀作亂，不可不誅。」太子泣曰：「陛下疾甚危，二人皆陛下勳舊(七五)之臣，一旦不告而誅之，必致震驚，恐不能堪(七六)也。」后曰：「然則太子姑歸(七七)，吾更徐思之。」太子出，后召越王係謂曰：「太子仁弱(七八)，不能誅賊臣，汝能之乎？」對曰：「能。」係乃命內謁者監段恒俊選宦官有勇力者二百餘人，授甲於長生殿後。乙丑，后以上命召太子，元振知其謀，密告輔國，伏兵於陵霄門(七九)以俟之。太子至，以難(八〇)告。太子曰：「必無是事，主上疾亟(八一)召我，我豈可畏死而不赴乎？」元振曰：「社稷事大，太子必不可入，乃以兵送太子於飛龍廄(八二)，且以甲卒(八三)守之。是夜、輔國元振勒兵(八四)三殿，收捕越王係段恒俊及知內侍省事朱光輝等百餘人，繫之，以太子之命，遷后於別殿。時上在長生殿，使者逼后下殿，幷左右數十人(八五)，幽於後宮，宦官宮人皆驚駭逃散。丁卯，上崩(八六)，輔國等殺后幷係及兗王僩，【考異】肅宗實錄曰：「張后因太子監國，謀誅輔國，其日，使人以上命召太子，語之，太子不可。乙丑，后矯上命，將喚太子，程元振知之，密告輔國。丙寅，元振與輔國夜勒兵於三殿前，使人收捕越王，及同謀內侍朱光輝、段恒俊等百餘人，繫之，移皇后於別殿。其夜，六宮內人中官等，驚駭奔走，及明，上崩。」代宗實錄曰：「乙丑，皇后召上，既夜，輔國元振勒兵捕係幽后，丁卯，肅宗崩。係傳，乙卯，后召太子，丙寅夜，元振輔國勒兵，捕係幽后，是日，俱為輔國所害。」舊肅宗紀：「丁卯，宣遺詔，是日上崩。」代宗紀：「乙丑，皇后矯詔召太子，輔國元振衞從太子，入飛龍廄，以俟變。是夕，勒兵於三殿，收係及朱光輝、馬英俊等，丁卯，肅宗崩。」新本紀：「丙寅，閑廄使李輔國、飛龍廄副使程元振遷皇后於別殿，殺越王係、兗王僩，是夜，皇帝崩。」代宗錄、唐歷、統紀係傳，皆以段世俊為馬英俊。按張后以乙丑日召太子，迨夜不至，時必知有變矣，輔國等安能待至來夜，然後勒兵收係等乎？蓋收係等在乙丑之夜也，今從代宗實錄。舊代宗紀、新舊傳皆云，兗王僩寶應元年薨，而代宗實錄，羣臣議係僩之罪云：「二王同惡，共扇姦謀。」蓋僩亦預謀也，今從之。

是日輔國始引太子素服於九仙門（八七）與宰相相見，敘上皇晏駕（八八），拜哭，始行監國之令（八九）。戊辰，發大行皇帝喪於兩儀殿（九〇），宣遺詔，己巳，代宗即位。

（六）高力士遇赦，還至朗州（九一），聞上皇崩，號慟嘔血而卒。

（九）甲戌，以皇子奉節王适（九二）為天下兵馬元帥。

李輔國恃功益橫（九三），明（九四）謂上曰：「大家（九五）但居禁中，外事（九六）聽老奴處分（九七）。」上內（九八）不能平，以其方握禁兵，外尊禮之。乙亥，號輔國為尚父而不名（九九），事無大小皆咨之（一〇〇），羣臣出入皆先詣輔國，亦晏然處之（一〇一）。以內飛龍廄副使程元振為左監門衞將軍，知內侍省事朱光輝及內常侍啖庭瑤、山人（一〇二）李唐等二十餘人，皆流黔中（一〇三）。

初，李國貞治軍嚴，朔方將士不樂（一〇四），皆思郭子儀，故王元振因之作亂，子儀至軍，元振自以為功。子儀曰：「汝臨賊境（一〇五），輒害主將，若賊乘其釁（一〇六），無絳州矣。吾為宰相，豈受一卒之私（一〇七）邪？」五月，庚辰，收元振及其同謀四十人，皆殺之。【考異】實錄曰：「子儀至軍，撫循士眾，潛問罪人，得害國貞者王元禮等四十人，為首者斬，餘並決殺。」邠志曰：「七月，郭公到朔方行營。」舊傳曰：「三月，子儀辭赴鎮。」汾陽家傳曰：「建辰月十一日，發上都，二十七日至絳州，五月二日斬元振等三十人。」今元振名從諸書，月日從家傳，人數從實錄。辛雲京聞之，亦推按㉘殺鄧景山者數十人誅之。由是河東諸鎮，率皆㉙奉法。

(廿)壬午，以李輔國為司空兼中書令。

(廿一)党項寇同官、華原㉚。

(廿二)甲申，以平盧節度使侯希逸為平盧青淄等六州㉛節度使，由是青州節度有平盧之號。

(廿三)乙酉，徙奉節王适為魯王。

(廿四)庚寅，追尊上母吳妃為皇太后㉜。

(廿五)壬辰，貶禮部尚書蕭華為峽州㉝司馬，元載希㉞李輔國意，以罪誣之也。

(廿六)敕乾元大小錢皆一當一，民始安之㉟。

(廿七)史朝義自圍宋州數月，城中食盡將陷，刺史李岑不知所為，遂城果毅開封劉昌㊱曰：「倉中猶有麴數千斤，請屑㊲食之，不過二十日，李太尉㊳必救我，城東南隅最危，昌請守之。」李光弼至，臨淮㉙諸將以朝義兵尚彊，請南保揚州。光弼曰：「朝廷倚我以為安危，我復退縮，朝廷何望㉚？且吾出其不意㉛，賊安知吾之眾寡。」遂徑㉜趣徐州，使兗鄆節度使田神功進擊朝義，大破之。

先是，田神功既克劉展，留連㉝揚州未還；太子賓客尚衡與左羽林大將軍殷仲卿相攻於兗鄆，【考異】衡上元元年為淄青節度使，此年五月，田神功自淄青移兗鄆，六月，衡自賓客為常侍，七月，仲卿自左羽林大將軍為光祿卿，而得相攻於兗鄆者，蓋衡猶未離淄青，仲卿亦在彼，雖有新除官，皆未肯入朝也。聞光弼至，憚其威名，神功遽還河南㉞，衡仲卿相繼入朝。【考異】舊傳曰：「朝義乘北邙之勝，寇申光等十三州，自領精兵圍李岑於宋州。將士皆懼，請南保揚州。光弼徑赴徐州以鎮之，遣田神功擊敗之。」又曰：「初光弼將赴臨淮，在道舁疾而行，監軍使以袁晁方擾江淮，光弼兵少，請保潤州，以避其鋒。光弼不從，徑往泗州，光弼未至河南也。田神功平劉展後，逗留於揚府，尚衡殷仲卿相攻於兗鄆，來瑱旅拒於襄陽。及光弼輕騎至徐州，史朝義退走，田神功遽歸河南，尚衡殷仲卿來瑱皆懼其威名，相繼赴闕。」按光弼既使田神功擊敗朝義，則是神功已還也。實錄今年八月，袁晁始陷台州，借使當時已擾江淮，則自泗州往潤州，不得謂避其鋒也。今從新書本傳。光弼在徐州，惟軍旅之事自決之㉟，自餘眾務悉委判官張傪，傪吏事精敏㊱，區處㊲如流，諸將白㊳事，光弼多令與傪議之，諸將事傪如光弼㊴，由是軍中肅然，東夏㊵以寧。先是，田神功起偏裨為節度使㊶，留前使判官劉位等於幕府，神功皆平受其拜㊷，及見光弼與傪抗禮㊸，乃大驚，偏拜位等曰：「神功出於行伍㊹，不知禮儀，諸君亦胡㊺為不言，成神功之過㊻乎？」

(卅六)丁酉，赦天下。

(卅七)立皇子益昌(三七)王邈為鄭王，延為慶王，迥為韓王。

(卅八)來瑱聞徙淮西(三八)，大懼，上言淮西無糧，請俟收麥而行；又諷將吏留己。上欲姑息無事(三九)，壬寅，復以瑱為山南東道節度使。

(卅九)飛龍副使程元振謀奪李輔國權，密言於上，請稍加裁制。六月，己未，解(四〇)輔國行軍司馬及兵部尚書，餘如故。以元振代判元帥行軍司馬，仍遷輔國出居外第(四一)，於是道路相賀，輔國始懼，上表遜位(四二)。辛酉，罷輔國兼中書令，進爵博陸王，輔國入謝，憤咽(四三)而言曰：「老奴事郎君(四四)不了(四五)，請歸地下事先帝。」上猶慰諭而遣之。【考異】舊傳：「輔國欲入中書，作謝表，閣吏止之曰，尚父罷相，不應復入此門。輔國氣憤而言曰，老奴死罪，事郎君不了，請歸地下事先帝。上猶優詔答之。」按此乃對上之語，非對閣吏之言也。今從唐紀。

(卌)壬戌，以兵部侍郎嚴武為西川節度使。

(卌一)襄鄧防禦使裴茙屯穀城(四六)，既得密敕，即帥麾下二千人，沿漢(四七)趣襄陽，己巳，陳(四八)於穀水北，瑱以兵逆之(四九)，問其所以來。對曰：「尚書不受朝命，故來，若受代(五〇)，謹當釋兵。」瑱曰：

「吾已蒙恩復留鎮此，何受代之有？」因取勅及告身(五一)示之，莪驚惑(五二)，瑱與副使薛南陽縱兵(五三)夾擊，大破之，追擒莪於申口(五四)，送京師賜死。【考異】舊莪傳曰：「瑱設具於江津，以俟之，莪初聲言假道入朝，及見瑱，即云奉代，且欲視事。瑱報曰，瑱已奉恩命，復任此。莪惶惑，喻其麾下曰，此言必妄，遂引射瑱軍，因與瑱兵交戰，莪軍大敗。」按瑱若設具相見，則莪豈得遽射瑱軍而交戰？今從瑱傳。

(四四)乙亥，以通州刺史劉晏為戶部侍郎兼京兆尹，充度支轉運鹽鐵鑄錢等使。

(四五)秋，七月，壬辰，以郭子儀都知朔方、河東、北庭、潞、儀、澤、沁、陳、鄭等節度行營(五五)，及興平等軍副元帥。

(四六)癸巳，劍南兵馬使徐知道反，以兵守要害，拒嚴武，武不得進。

(四七)八月，桂州刺史邢濟討西原賊帥吳功曹等，平之。

(四八)己未，徐知道為其將李忠勇所殺，劍南悉平。

(四九)乙丑，山南東道節度使來瑱入朝謝罪，上優待之。

(五〇)己巳，郭子儀自河東入朝。時程元振用事，忌子儀功高任重(五六)，數譖(五七)之於上，子儀不自安，表請解副元帥節度使。上慰撫之，子儀遂留京師。

(四一)台州(五八)賊帥袁晁攻陷浙東諸州，改元寶勝，【考異】柳璨正閏位曆、宋庠紀元通譜，皆改元昇國，今從新書。民疲(五九)於賦斂者多歸之。李光弼遣兵擊晁於衢州(六〇)，破之。

(四二)乙亥，徙魯王适為雍主。

(四三)九月，庚辰，以來瑱為兵部尚書同平章事，知山南東道節度使。

(四四)乙未，加程元振驃騎大將軍、兼內侍監。

(四五)左僕射裴冕為山陵使(六一)，議事有與程元振相違者，丙申，貶冕施州刺史。【考異】代宗實錄：「祕書監韓穎、中書舍人劉烜善候星曆，乾元中，待詔翰林，頗承恩顧，又與李輔國昵狎。時上軫憂山陵，廣詢卜兆，穎等不能精慎，妄有否臧，因是得罪，配流嶺南，既行，賜死於路。初冕為僕射，數論時政，遂兼御史大夫，充山陵使，以李輔國權重有恩，乃奏輔國所親信劉烜為判官，潛結輔國，烜得罪，乃連坐焉。」今從舊程元振傳。

(四六)上遣中使劉清潭使於回紇，修舊好，且徵兵討史朝義，清潭至其庭，回紇登里可汗，已為朝義所誘，云：「唐室繼有(六二)大喪，今中原無主(六三)，可汗宜速來，共收其府庫。」可汗信之。清潭致敕書(六四)曰：「先帝雖棄天下，今上繼統(六五)，乃昔日廣平王，與葉護共收兩京者也(六六)。」回紇業已起兵至三城(六七)，見州縣皆為丘墟(六八)，有輕唐之志(六九)，乃困辱清潭，清潭遣使言狀，且曰：「回紇舉國(七〇)十萬眾至矣。」京師大駭，上遣殿中監藥子昂往勞之於忻州(七一)南。

初，毗伽闕可汗為登里求昏，肅宗以僕固懷恩女妻之，為登里可敦（七二），可汗請與懷恩相見，懷恩時在汾州，上令往見之，懷恩為可汗言：「唐家恩信不可負（七三）。」可汗悅，遣使上表請助國討朝義，可汗欲自蒲關（七四）入，由沙苑出潼關東向，藥子昂說之曰：「關中數遭兵荒（七五），州縣蕭條，無以供擬（七六），恐可汗失望。賊兵盡在洛陽，請自土門（七七）略（七八）邢洺懷衛而南，得其資財，以充軍裝（七九）。」可汗不從；又請自太行南下據河陰（八〇），扼賊咽喉，亦不從；又請自陝州大陽津（八一）度河食太原倉（八二）粟，與諸道俱進（八三），乃從之。

（四七）袁晁陷信州（八四）。

（四八）冬，十月，袁晁陷溫州、明州（八五）。

（四九）以雍王适為天下兵馬元帥，辛酉，辭行，以兼御史中丞藥子昂魏琚為左右廂兵馬使，以中書舍人韋少華為判官，給事中李進為行軍司馬，會諸道節度使及回紇於陝州，進討史朝義。上欲以郭子儀為适副，程元振魚朝恩等沮（八六）之，而止，加朔方節度使僕固懷恩同平章事兼絳州刺史（八七），領諸軍節度行營，以副适。

(五〇)上在東宮，以李輔國專橫，心甚不平(八八)，及嗣位，以輔國有殺張后之功，不欲顯誅之。壬戌夜，盜入其第，竊輔國之首(八九)及一臂而去，【考異】舊傳曰：「盜殺李輔國，攜首棄而去。」總紀曰：「輔國悖於明皇，上在東宮，聞而頗怒，及踐阼，輔國又立功，難於顯戮，密令人刺之，斷其首，棄之溷中，又斷其右臂，馳祭泰陵。中外莫測。後杭州刺史杜濟語於人曰，嘗識一武人，為牙門將，曰某即害尚父者。」今從舊傳。敕有司捕盜，遣中使存問(九〇)其家，為刻木首葬之，仍贈太傅(九一)。

(五一)丙寅，上命僕固懷恩與母妻俱詣行營(九二)，雍王适至陝州，回紇可汗屯於河北(九三)，适與僚屬從數十騎往見之，可汗責适不拜舞(九四)，藥子昂對以禮不當然。回紇將車鼻曰：「唐天子與可汗約為兄弟，可汗於雍王，叔父也，何得不拜舞？」子昂曰：「雍王天子長子，今為元帥，安有中國儲君(九五)，向外國可汗拜舞乎？且兩宮在殯(九六)，不應舞蹈。」力爭久之，車鼻遂引(九七)子昂、魏琚、韋少華、李進，各鞭一百，以适年少未諳(九八)事，遣(九九)歸營，【考異】代宗實錄云：「雍王恭行詔命，辭色不屈，虜亦不敢失禮，時人難之。時官軍合圍，將誅無禮，王以東略之故，止之。」又曰：「會中數萬人，駭愕失色，雍王正色叱之，可汗遂退。」建中實錄曰：「上堅立不屈。」此蓋史官虛美耳，今從舊回紇傳。琚、少華一夕而死。戊辰，諸軍發陝州，僕固懷恩與回紇左殺為前鋒，陝西節度使(一〇〇)郭英乂、神策觀軍容使魚朝恩為殿(一〇一)，自澠池入，潞澤節度使李抱玉自河陽入，河南等道副元帥李光弼自陳留入㉒，雍王留陝州。【考異】代宗實錄：「戊辰，元帥雍王帥僕固懷恩等諸軍及回紇兵馬，進發陝州東討，留英乂、朝恩為後殿。是日，又詔河東道節度使自澤州路入。」今從唐歷及舊朝義傳。辛未，懷恩等軍於同軌㉓，史朝義聞官軍將至，謀於諸將，阿史那承慶曰：「唐若獨與漢兵來㉔，宜悉眾與戰，若與回紇俱來，其鋒不可當，宜退守河陽以避之。」朝義不從。壬申，官軍至洛陽北郊㉕，分兵取懷州，癸酉，拔之。乙亥，官軍陳於橫水㉖，賊眾數萬立柵㉗自固，懷恩陳於西原以當之，遣驍騎及回紇並㉘南山出柵東北，表裏㉙合擊，大破之，朝義悉其精兵十萬救之，陳於昭覺寺，官軍驟擊㉚之，殺傷甚眾，而賊陳不動，魚朝恩遣射生㉛五百人力戰，賊雖多死者，陳亦如初。鎮西節度使馬璘曰：「事急矣。」遂單騎奮擊㉜，奪賊兩牌㉝，突入萬眾中，賊左右披靡㉞，大軍乘之而入，賊眾大敗，轉戰於石榴園老君廟，賊又敗，人馬相蹂踐㉟，填尚書谷，斬首六萬級，捕虜二萬人，朝義將輕騎數百東走。懷恩進克東京及河陽城，獲其中書令許叔冀王伷等，承制㊱釋之，懷恩留回紇可汗營於河陽，使其子右廂兵馬使瑒及朔方兵馬使高輔成，帥步騎萬餘，乘勝逐朝義至鄭州，再戰皆捷。朝義至汴州，其陳留節度使張獻誠閉門拒之，朝義奔濮州，獻誠開門出降。回紇入東京，肆行㉗殺掠，死者萬計，火累旬㉘不滅，朔方神策軍亦以東京鄭汴汝州皆為賊境，所過虜掠，三月乃已，比屋㉙蕩盡，士民皆衣紙。回紇悉置所掠寶貨㉚於河陽，留其將安恪守之。十一月，丁丑，露布㉛至京師。朝義自濮州北度河，懷恩進攻滑州，拔之，追敗朝義於衛州。朝義睢陽節度使田承嗣等將兵四萬餘人，與朝義合，復來拒㉜戰，僕固瑒擊破之，長驅至昌樂㉝東，朝義帥魏州兵來戰，又敗走。於是鄴郡節度使薛嵩以相衛洺邢四州降於陳鄭澤潞節度使李抱玉，恒陽節度使張忠志以恒趙深定易五州降於河東節度使辛雲京，【考異】舊懷恩傳曰：「嵩以相衛洺邢趙州降於李抱玉，李寶臣以深恒定易四州降於雲京。」代宗實錄曰：「張忠志以趙定深恒易五州歸順。」又曰：「史思明授忠志恒趙節度使。」今從舊王武俊傳。嵩，楚玉之子㉞也。抱玉等已進軍入其營，按㉟其部伍，嵩等皆受代，居無何，僕固懷恩皆令復位，由是抱玉雲京疑懷恩有貳心，各表言之㊱，朝廷密㊲為之備；懷恩亦上疏自理㊳，上慰勉之。辛巳，制東京及河南北受偽官者，一切㉙不問。

（五二）己丑，以戶部侍郎劉晏兼河南道水陸轉運都使㉚。

（五三）丁酉，以張忠志為成德軍節度使，統恒趙深定易五州，賜姓李，名寶臣。初，辛雲京引兵將出井陘，常山㉛裨將王武俊說寶臣曰：「今河東兵精銳，出境遠鬭，不可敵也。且吾以寡當眾，以曲遇直，戰則必離㉜，守則必潰㉝，公其圖㉞之。」寶臣乃撤守備，舉五州來降，及復為節度使，以武俊之策為善，擢為先鋒兵馬使，武俊本契丹也，初名沒諾干。郭子儀以僕固懷恩有平河朔功，請以副元帥讓之。己亥，以懷恩為河北副元帥，加左僕射兼中書令、單于鎮北大都護、朔方節度使。史朝義走至貝州，與其大將薛忠義等兩節度合，僕固瑒追之至臨清㉟，朝義自衡水引兵三萬還攻之，瑒設伏擊走之，回紇又至，官軍益振㊱，遂逐之，大戰於下博㊲東南，賊大敗，積尸擁流㊳而下，朝義奔莫州，**【考異】**河洛春秋曰：「朝義戰敗，走歸范陽，途經衡水，僕固瑒領蕃漢兵二十五萬趂及朝義，接戰敗之。是夏涉秋苦雨，陂湖流注，河東兵馬使李竭誠、成德軍將李令崇，咸統精兵，亦革面來王，競為掎角。其漳河及諸津渡船，悉是虜獲，朝義遣人致命，竟不應，續令散雇舟船，並皆掠盡，四路俱絕。諸將或或請戰，或請降，朝義不悅。田承嗣上疏與朝義曰，臣聞兵勢兩均，成敗由將，眾寡不敵，全滅在權。昔劉主破於白帝，曹公敗於赤壁，陸遜黃蓋皆以權道取之，今部統之師，皆自疲頓，主客勢倍，勞逸力殊，若驅而令戰，未見其利。請用車五十乘，於古夏康王城北，作三箇車營，車上皆設棚排，倒戈為禦，每車甲士二人，持兵而伏，隨軍子女，羅於帳中，每營輕重，分列其次。營後，選二萬人，布偃月陣，凡敵眾我寡，則設此陣，左右有險，亦設此陣，左右奇軍，亦設此陣，各令猛將主之。左者東南行，右者西南行，令去車營十里餘，營前選精卒五千人鴈行陣，使之接戰，不勝，則退於偃月陣後，前軍既卻，敵必至車營，愛其珍玩，必將攻取，候其兵縱，陣勢已分，然後桴鼓齊鳴，前後俱至，貔貅奮勇，鹵楯爭先；左軍西行，右軍東邁，皆取古城之南，令首尾相屬，伏兵之發，料敵必驚，後軍之來，自然斷絕，前後既不相救，中軍又遇精兵，服色相亂，不敗何待？令文景義主左軍，達干義感主右軍，足下自主中軍，若其不捷，老臣請以弱卒五千為足下吞之。朝義覽疏，大悅，因用其計，官軍敗績，喪師三千餘級，僕固瑒大震，退師數十里，由是朝義得達莫州。朝義既敗官軍，威聲復振，凡所追集，人莫己違，鳩集舟航，幷連牌楖，先濟輜重，兼以老弱，方以軍南行，若有攻擊。僕固瑒令吏士各顧所部，以抗其鋒，朝義乃整師徒，一時北濟，僕固瑒亦連船艦，宵濟趨之。」今從舊懷恩傳。

懷恩都知兵馬使薛兼訓、兵馬使郝庭玉與田神功、辛雲京會於下博，進圍朝義於莫州，青淄節度使侯希逸繼至。

(五四)十二月，庚申，初以太祖配天地㊴。

【今註】㊀寶應：是年四月楚州上言，上帝賜寶玉，故改元。詳下文。㊁建寅月：去年九月敕以建子月為歲首。而《通鑑》仍以建寅月為歲首者，以是年四月制復月數皆如其舊也。㊂靖德太子琮……葬於齊陵：胡三省曰：「琮，上皇之長子，天寶十載薨，諡曰靖德太子。新書地理志，齊陵在京兆昭應縣東十六里。」㊃許州、潁川：潁川郡即許州，唐已復改郡為州，而安史猶仍天寶舊名。㊄舉八年……而徵之：胡三省曰：「八年，自天寶十三載，止上元二年，天寶十三載，天下未亂，租調之入為盛，十四載，而祿山反，租調始有違負逋逃，自是，迄於去年，大難未平，戰兵不止，違負逋逃，年甚一年。今不問有無，計其大數而徵之。」㊅白著：胡三省曰：「今人猶謂無故而費散財物者為白著。勃海高雲有白著歌曰：上元官吏務剝削，江淮之人多白著。」⑦奴剌寇成固：奴剌，西羌種落之名。成固，縣名，在今陝西城固縣。⑧咨怨：嗟歎憂愁而怨上也。⑨突將：即驍勇之將，言能突衝軍陣也。⑩矯令：假託命令。⑪來日：明日。⑫畚鍤：畚，盛土器，音ㄅㄣˇ；鍤，用以插地起土，音插。⑬健兒：乃士卒之異稱。⑭脩宅夫：脩宅之夫役。⑮徒：徒卒。⑯牙城：內城或子城。⑰卒食：士卒所食之物。⑱役：使。⑲脩宅則無之：謂無脩宅之事。⑳未報：謂朝廷未曾報准。㉑更：再。㉒翼城：據《新唐書・地理志》三，翼城屬河東道、絳州。㉓裨將：偏將。㉔申州：據《新唐書・地理志》五，申州屬淮南道。㉕震駭：震動驚駭。㉖會：逢遇。㉗剽掠：剽奪刦掠。㉘合從：從通縱，此謂連合一處。㉙新進諸將：謂諸新為將領者。㉚鎮服：鎮壓威服。㉛建辰月：即三月。㉜不豫：不逸豫，亦即有病之意。㉝目不瞑矣：瞑，合，此謂死後心亦不安。㉞臥內：寢室之內。㉟委：委任。㊱樂：謂樂意。㊲愛：愛戴。㊳諷：諷示。㊴還鎮：返還鎮守之所。㊵眾心：此指士卒之心。㊶恐久難制：謂恐時久難以制御。㊷乃割商、金、均、房，別置觀察使，令瑱止領六州：胡三省曰：「山南東道領襄、鄧、隨、唐、安、均、房、金、商九州，今分四州，餘五州耳。曰領六州，無亦於郢復二州，增領一州邪！」㊸按兵：謂按甲息兵。㊹茙：音戎。㊺倔彊：倔硬彊悍。㊻襲：掩襲。㊼寵任：寵幸信任。㊽山南西道節度使：胡三省曰：「山南西道節度領：梁、洋、集、壁、文、通、巴、興、鳳、利、開、渠、蓬十三州。」㊾奉天：據《新唐書・地理志》一，奉天縣屬京兆府。㊿詣：至。(51)識：知。(52)仍：因。(53)建巳月：即四月。(54)恍惚：謂迷茫。(五五)賜以寶玉十三枚：《唐會要》：「十三寶：一曰玄黃天符，如笏，長八寸，闊三寸，上圓下方，近圓有孔，黃玉也；二曰玉雞，毛文悉備，白玉也；三曰穀璧，白玉也，徑可五六寸，其文粟粒，無雕鐫之跡；四曰西王母，白環二枚，白玉也，徑六七寸；五曰碧色寶，圓而有光；六曰如意寶珠，圓如雞卵，光如月；七曰紅靺鞨，大如巨栗，赤如櫻桃；八曰琅玕珠，二枚，長一寸二分；九曰玉玦，形如玉環，四分缺；（按《舊唐書・肅宗紀》，缺下有一一字，而為缺一。）十曰玉印，大如半手，斜長，理如鹿形，陷入印中，以印物則鹿形著焉；十一曰皇后採桑鉤，長五六寸，細如筯屈，其末似金又似銀；十二曰雷公石斧，長四寸，闊二寸，無孔，細緻如青玉；十三曰闕。凡十三寶，置於日中，皆白氣連天。」(五六)表賀：上表慶賀。(五七)神龍殿：據《舊唐書・肅宗紀》，神龍殿在西內。(五八)坐：神御坐。(五九)寢疾：臥疾。(六〇)發哀於內殿，羣臣發哀於太極殿：胡三省曰：「內殿，上居大明宮之寢殿也；太極殿，西內前殿，大行所御。」發哀通作舉哀。(六一)蕃官剺面割耳者：蕃謂蕃夷，剺面乃夷人之俗，詳見上卷乾元二年胡注。(六二)攝：代理。(六三)登遐：謂天子上升而仙去也。(六四)哀慕：哀思仰慕。(六五)劇：劇烈。(六六)改元：改元寶應。(六七)月數：謂月之次第。(六八)相表裏：謂表裏相應。(六九)內射生使：胡三省曰：「以宦官領射生手，故曰內射生使。」(七〇)三原：今陝西省三原縣。(七一)篤：重。(七二)擅逼遷聖皇：玄宗尊號曰聖皇天帝，此謂擅自逼迫聖皇遷宮。(七三)忌：畏。(七四)彌留：《尚書・顧命》：「病日臻，既彌留。」傳：「病日至，言困甚；已久留，言無瘳。」(七五)勳舊：謂有功勳及夙舊也。(七六)堪：勝任。(七七)姑歸：暫且歸回。(七八)仁弱：仁慈而柔弱。(七九)陵霄門：胡三省曰：「雍錄、六典、大明宮圖，宮城北面，玄武門之西有青霄門，閣本大明宮圖，作陵霄門。」(八〇)難：禍亂。(八一)疾亟：疾甚。(八二)飛龍廄：飛龍廄，仗內六閑之一，程大昌曰：「在玄武門外。」(八三)甲卒：謂甲冑精利之士卒。(八四)勒兵：猶領兵。(八五)并左右數十人：此指肅宗之左右。(八六)上崩：據《舊唐書・肅宗紀》，享年五十二歲。按上文於書玄宗崩時，載其享壽，云年七十八，而此則不書，亦義例之不純一者。(八七)九仙門：胡三省曰：「閣本大明宮圖，城西面右銀臺門之北，有九仙門，又北轉東，則凌雲門。」(八八)敍上皇晏駕：胡三省曰：「敍自上皇晏駕後，宮中多故，不見輔臣。」(八九)始行監國之令：命太子監國在甲子前，而乙丑即有內變，至是，乃始實行監國之令。(九〇)發大行皇帝喪於兩儀殿：胡三省曰：「肅宗崩於東內寢殿，發喪於西內內朝，從上皇也。上皇梓宮在西內前殿。」(九一)高力士遇赦，還至朗州：胡三省曰：「上元元年，高力士流巫州，遇赦還至朗州，自朗至京師，尚二千二百五十九里，赦者，甲子赦也。」按此乃以高力士還至朗州，聞上皇崩，號慟嘔血而卒，而與上皇之薨連附書之，其日期當在己巳代宗即位數月之後，非即在此月中也。(九二)奉節王适：據《新唐書・地理志》四，奉節縣屬山南東道夔州，此蓋以封地而為號也，适音ㄍㄨㄚ。(九三)橫：驕橫。(九四)號明：猶公開。(九五)大家：天子之異稱。(九六)外事：謂宮廷外。(九七)處分：猶處理。(九八)內：謂心。(九九)號輔國為尚父而不名：胡三省曰：「齊太公輔周武王，號師尚父，今以其號寵中人。」不名、謂不呼其名，以示敬也。(一〇〇)咨之：諮詢之。(一〇一)晏然處之：謂安然居處之。(一〇二)山人：唐代白衣士子，多自號山人。(一〇三)黔中：《舊唐書・地理志》三：「江南道、黔州，天寶元年，改黔州為黔中郡，在京師南三千一百九十三里。」⑭不樂：謂不樂為其部屬。⑮汝臨賊境：胡三省曰：「絳州東與河南接界，時賊又據河陽、河內，故云然。」⑯釁：隙。⑰之私：之私恩，乃謂請委子儀之恩也。⑱推按：推問按驗。⑲率皆：謂相率而皆。⑳同官、華原：據《新唐書・地理志》一，二縣皆屬京兆府。㉑為平盧青淄等六州：六州為：青、淄、齊、沂、密、海。㉒追尊上母吳妃為皇太后：吳妃事肅宗於東宮，生上而薨。㉓峽州：《舊唐書・地理志》二：「山南東道、硤州，在京師東南一千八百十八里。」峽硤同。㉔希：承望。㉕敕乾元大小錢皆一當一，民始安之：民不便乾元二品錢，見上卷乾元二年。㉖遂城果毅開府劉昌：按注文：「開封、漢縣，唐屬汴州。」知開府乃開封之訛；且《通鑑》稱人義例，常於官職下，人名前，兼述其籍貫，因此愈足知其當為開封矣。杜佑曰：「天寶以後，邊帥怙寵，便請署官，易州遂城府、坊州安臺府，別將果毅之類，每一制，則同授千餘人。」㉗屑：擣為碎屑。㉘李太尉：謂光弼。㉙臨淮：《新唐書・地理志》二：「河南道、泗州、臨淮郡，天寶元年更郡名。」㉚何望：謂有何指望。㉛不意：謂不意料。㉜徑：直。㉝留連：謂留連而不肯行也。㉞河南：此河南指河南道言。㉟自決之：謂自決斷之。㊱精敏：精通。㊲區處：區謂區分，故區處亦即處分之意。㊳白：陳白。㊴諸將事傪如光弼：謂諸將事傪如事光弼。㊵東夏：此指東南方。㊶先是，田神功起偏裨為節度使：去年六月，田神功自平盧兵馬使，節度兗鄆。㊷平受其拜：言受其拜而不還禮；平，謂平白也。㊸抗禮：謂相抗衡而互施禮。㊹行伍：猶戎伍。㊺胡：何。㊻過：過失。㊼益昌：《新唐書・地理志》四：「山南西道、利州，益昌郡，天寶元年更名。」

〔三八〕徙淮西：謂徙於淮西。〔三九〕姑息無事：謂苟容取安，而求其無事。〔四〇〕解：免去。〔四一〕仍遷輔國出居外第：胡三省曰：「自肅宗時，李輔國常居禁中內宅。」〔四二〕遜位：讓位。〔四三〕憤咽：憤怒哽咽。〔四四〕郎君：指代宗言，以輔國見其自幼長大，故仍以年輕時之稱呼之，而稱之曰郎君也。〔四五〕不了：謂不能勝任。〔四六〕穀城：據《新唐書・地理志》四，穀城縣屬山南東道、襄州。〔四七〕沿漢：謂沿漢水。〔四八〕陳：讀曰陣。〔四九〕逆之：謂迎而拒之。〔五〇〕代：代替。〔五一〕告身：命官之文書。〔五二〕驚惑：驚訝疑惑。〔五三〕縱兵：謂縱肆兵士。〔五四〕申口：胡三省曰：「金州、洵陽縣有申口鎮。」〔五五〕以郭子儀都知朔方、河東、北庭、潞、儀、澤、沁、陳、鄭等節度行營：胡三省曰：「時以潞、儀、澤、沁、陳、鄭為一鎮，以李抱玉為節度使。蓄抱玉先以陳鄭節度使討賊，在行營，李光弼邙山之敗，抱玉奔澤州，陳鄭為賊所隔，朝廷因使之節度潞、儀、沁、澤四州。」〔五六〕任重：猶位尊。〔五七〕譖：讒毀。〔五八〕台州：據《新唐書・地理志》五，台州屬江南東道，州治臨海，今浙江省、臨海縣。〔五九〕疲：猶困。〔六〇〕衢州：在今浙江省境內。〔六一〕山陵使：胡三省曰：「方土之役，唐置山陵使，以宰相為之。」〔六二〕繼有：謂連有。〔六三〕今中原無主：因連有玄宗、肅宗之喪，遂誑以中原無主。〔六四〕勑書：猶詔書。〔六五〕繼統：繼嗣大統。〔六六〕乃昔日廣平王，與葉護共收兩京者也：事見卷二百二十至德二載。〔六七〕至三城：即朔方三受降城。〔六八〕丘墟：謂空虛。〔六九〕志：猶意。〔七〇〕舉國：全國。〔七一〕忻州：據《新唐書・地理志》三，忻州屬河東道。〔七二〕可敦：回紇皇后之稱。〔七三〕負：違背。〔七四〕蒲關：其全稱乃為蒲津關，為黃河津渡名，在山西省永濟縣，西接陝西省朝邑縣東境，亦曰蒲坂津，又稱夏陽津。〔七五〕兵荒：謂戰爭之荒亂。〔七六〕

供擬：猶供應。(七七)土門：舊名固關，在河北省井陘縣西南，與山西省平定縣接界，為晉冀兩省之要隘。(七八)略：謂略過。(七九)軍裝：謂軍旅之行裝，亦即軍資。(八〇)河陰：在今河南省滎澤縣。唐開元間，以地當汴河之口，為漕運要道，乃遂置縣曰河陰。(八一)陝州大陽津：胡三省曰：「陝州陝縣北有大陽關，黃河津濟之要也。即左傳秦孟明伐晉自茅津濟，封殽尸之路也。亦曰陝津。」(八二)太原倉：胡三省曰：「隋置太原倉，在河東界。」(八三)與諸道俱進：按《舊唐書・回紇傳》作：「與澤、潞、河南、懷、鄭節度同入。」所云諸道，即指上諸節度使言。(八四)信州：據《新唐書・地理志》五，信州屬江南道，州治上饒，今江西省上饒縣。(八五)溫州、明州：俱在今浙江省境。(八六)沮：沮止。(八七)加朔方節度使僕固懷恩同平章事兼絳州刺史：時朔方軍屯絳州，故以懷恩領刺史。(八八)不平：猶不滿。(八九)壬戌夜，盜入其第，竊輔國之首：按《舊唐書・代宗紀》，壬戌作丁卯。又此盜，即今通言之刺客。(九〇)存問：存恤問候。(九一)仍贈太傅：太傅乃三公之屬。(九二)上命僕固懷恩與母妻俱詣行營：胡三省曰：「時登里與懷恩之女俱來，故使懷恩母妻詣行營，以親結之。」(九三)回紇可汗屯於河北：《括地志》：「陝州、河北縣，本漢大陽縣，天寶元年，太守李齊物開三門，以利漕運，得古刃，有篆文曰平陸，因更名平陸縣。」(九四)拜舞：謂叩拜舞蹈，乃禮之最尊敬者，專用於天子。(九五)儲君：一名儲貳或儲副，皆指太子言。(九六)兩宮在殯：謂上皇先帝，時皆未葬。(九七)引：牽引。(九八)諳：曉。(九九)遣：遣放。(一〇〇)陝西節度使：《新唐書・方鎮表》一，上元元年，改陝、虢、華節度為陝西節度，兼神策軍使。(一〇一)殿：殿後。(一〇二)李光弼自陳留入：分道並入，以攻洛陽。(一〇三)同軌：胡三省曰：「河南永寧縣、後周之同軌縣地，有同軌城。」⑭唐若獨與漢兵來：按此當云若唐兵獨來。⑮洛陽北郊：在邙山外。⑯橫水：胡三省曰：「按舊書，橫水在洛陽北郊，金人疆域圖，孟津縣有橫水店。」⑰立柵：謂立木以為營柵。⑱並：猶傍。⑲表裏：內外。⑳驟擊：急擊。㉑射生：能射生禽走獸，以言其技能之高強。㉒奮擊：奮勇前擊。㉓牌：胡三省曰：「牌，古謂之楯，晉宋之間，謂之彭排，南方以皮編竹為之，以捍敵，北人以木為之。」㉔披靡：披散靡亂。㉕蹂踐：蹂躪踐踏。㉖承制：稟承天子之制命，凡為此者，皆先施行而後奏聞。㉗肆行：恣行。㉘累旬：謂數旬。㉙比屋：比屋謂比鄰之屋，此猶言盡室。㉚寶貨：金寶財貨。㉛露布：軍中告捷之文書。㉜拒：抗拒。㉝昌樂：據《新唐書・地理志》三，昌樂縣屬河北道、魏州。㉞嵩，楚玉之子：胡三省曰：「楚玉，薛訥之弟。」㉟按：按檢。㊱各表言之：謂各上表言之。㊲密：秘密。㊳理：申理。㊴一切：猶一概。㊵以戶部侍郎劉晏兼河南道水陸轉運都使：胡三省曰：「睿宗先天二年，以李傑為陝州刺史，充水陸運使，水陸運使自此始也。至開元二年，傑除河南少尹，充水陸運使，天寶十二載，陝郡太守崔無詖充使，楊國忠充使，水陸轉運都使始此。」按都使猶謂總使。㊶常山：《新唐書・地理志》三：「河北道、鎮州、常山郡，本恒州，天寶元年更郡名，元和十五年，避穆宗名更。」故常山亦即恒州。㊷離：猶披靡。㊸潰：崩潰。㊹圖：圖謀。㊺臨清：今山東省臨清縣。㊻益振：愈為振奮。㊼下博：據《新唐書・地理志》三，下博縣屬河北道、深州。㊽擁流：謂水流幾為之壅塞。㊾初以太祖配天地：胡三省曰：「高祖武德元年，制每歲圓丘、方丘之祀，以太祖景皇帝配，高宗乾封二年，以高祖太宗並配。是時太常卿杜鴻漸等議，以，『神堯為受命之主，非始封之君，不得為太祖以配天地，太祖景皇帝始受封於唐，即殷之契、周之后稷也，請以郊配天地。』從之。」

代宗睿文孝武皇帝上之上

廣德元年㈠（西元七六三年）

㈠春正月，己卯，追謚吳太后曰章敬皇后㈡。癸未，以國子祭酒劉晏為吏部尚書同平章事，度支等使如故。

初，來瑱在襄陽，程元振有所請託㈢，不從，及為相，元振譖瑱言涉不順㈣，王仲昇在賊中，以屈服得全㈤，賊平得歸，與元振善，奏瑱與賊合謀，致仲昇陷賊。壬寅，瑱坐㈥削官爵，流播州㈦，賜死於路，由是藩鎮皆切齒㈧於元振。

㈡史朝義屢出戰皆敗，田承嗣說朝義，令親往幽州發兵，還救莫州，承嗣自請留守莫州，朝義從之，選精騎五千，自北門犯圍㈨而出，朝義既去，承嗣即以城降，送朝義母妻子於官軍。於是僕固瑒、侯希逸、薛兼訓等帥眾三萬追之，及於歸義㈩，與戰，朝義敗走。時朝義范陽節度使李懷仙已因[一一]中使駱奉仙請降，遣兵馬使李抱忠將兵三千鎮范陽縣[一二]，朝義至范陽，不得入，官軍將至，朝義遣人諭[一三]抱忠以大軍留莫州，輕騎來發兵救援之意，因責以君臣之義[一四]。抱忠對曰：「天不祚[一五]燕，唐室復興，今既歸唐矣，豈可更[一六]為反覆，獨不愧三軍邪[一七]！大丈夫恥以詭[一八]計相圖，願早擇去就[一九]，以謀自全。且田承嗣必已叛矣，不然，官軍何以得至此。」朝義大懼曰：「吾朝來未食，獨不能以一餐相餉[二〇]乎？」抱忠乃令人設食於城東，於是范陽人在朝義麾下[二一]者，並拜辭而去，朝義涕泣而已，獨與胡騎數百既食[二二]而去，東奔廣陽[二三]，廣陽不受，欲北入奚契丹，至溫泉柵[二四]，李懷仙遣兵追及之，朝義窮蹙[二五]，縊於林中，懷仙取其首，以獻僕固懷恩，與諸軍皆還。甲辰，朝義首至京師。【考異】河洛春秋曰：「朝義東投廣陽郡，不受，北取潞縣漁陽，擬投兩蕃，至揄關，李懷仙使使招回，却至漁陽，過從潞縣，至幽州城東阿婆門外，於巫閭神廟中，兄弟同被絞縊而死，乃授首與駱奉仙，經一日，諸軍方知，歸莫州城下。」舊僕固懷恩傳曰：「寶應二年三月，朝義至平州石城縣溫泉柵，窮蹙，走入長林，自縊，懷仙使妻弟徐有濟傳其首，以獻。」史朝義傳：「二年正月，李懷仙於莫州生擒之，送款來降，梟首至闕下。」實錄：「寶應元年十一月己亥，僕固懷恩上言，幽州平，河北州縣盡平，史朝義為亂兵所戮，傳首上都。」舊紀：「寶應二年十月，河北州郡悉平，李懷仙以幽州降，田承嗣以魏州降。」沈既濟建中實錄：「二年正月，賊將李懷仙擒朝義以降，山東平。」唐歷：「正月甲辰，李懷仙擒史朝義，梟首，獻至闕下，盡以所管來降。」年代記：「寶應元年十二月己亥，僕固懷恩上言，史朝義為亂兵所殺，傳旨上都，二年正月甲申，朝義梟首至闕。」新紀：「廣德元年正月甲申，朝義自殺，其將李懷仙以幽州降。」按諸軍圍朝義於莫州，已在去年十一月末，而河洛春秋云圍城四十日，懷恩舊傳亦云攻守月餘日，然則朝義之死，必在今年正月明矣。諸書皆云，朝義此年正月被殺，而實錄在元月十一月，舊紀因之，又脫十一月字，懷恩傳誤以正月為三月，甲申正月十日，甲辰三十日也。新本紀蓋據年代記，但年代記元年冬十一月己亥，朝義死，亦云實錄同。若正月被殺，不應十月首級已至長安，疑甲申自殺，甲辰傳首至闕，新紀正用年代記，甲申至闕為自殺日，未知何所據？今從唐歷，以甲辰傳首至京師。

㈢閏月，己酉夜，有回紇十五人犯含光門，突入鴻臚寺㉖，門司不敢遏㉗。

㈣癸亥，以史朝義降將薛嵩為相衛邢洺貝磁六州節度使，田承嗣為魏博德滄瀛五州都防禦使，李懷仙仍故地為幽州盧龍節度使㉘。時河北諸州皆已降，嵩等迎僕固懷恩拜於馬首㉙，乞行間自效㉚，懷恩亦恐賊平寵衰，故奏留嵩等及李寶臣分帥河北㉛，自為黨援㉜，朝廷亦厭㉝苦兵革㉞，苟冀㉟無事，因而授之。

㈤回紇登里可汗歸國，其部眾所過抄掠，廩給㊱小不如意，輒殺人，無所忌憚㊲。陳鄭澤潞節度使李抱玉欲遣官屬置頓㊳，人人辭憚㊴，趙城㊵尉馬燧獨請行，比㊶回紇將至，燧先遣人賂㊷其渠帥㊸，約㊹毋暴掠㊺，帥遺㊻之旗曰：「有犯令者，君自戮之。」燧取死囚為左右㊼，小有違令，立斬之，回紇相顧失色，涉㊽其境者，皆拱手[49]遵約束[50]，抱玉奇之。燧因說抱玉曰：「燧與回紇言，頗得其情[51]，僕固懷恩恃功驕蹇[52]，其子瑒好勇而輕[53]，今內樹四帥[54]，外交回紇，必有窺河東澤潞之志[55]，宜深備之。」抱玉然之。

初，長安人梁崇義以羽林射生，從來瑱鎮襄陽，累遷右兵馬使。崇義有勇力[56]，能卷鐵舒鉤[57]，沈毅寡言[58]，得眾心。瑱之入朝也，命諸將分戍諸州，瑱死，戍者皆奔歸襄陽。行軍司馬龐充將兵二千赴河南，至汝州，聞瑱死，引兵還襲襄州，左兵馬使李昭拒之，充奔房州，崇義自鄧州引戍兵歸，與昭及副使薛南陽相讓為長[59]，久之不決，眾皆曰：「兵非梁卿[60]主[61]之不可。」遂推崇義為帥，崇義尋殺昭及南陽，以其狀聞，上不能討。三月，甲辰，以崇義為襄州刺史、山南東道節度留後[62]，崇義奏改葬瑱，為之立祠[63]，不居瑱廳事[64]及正堂。

(六)辛酉，葬至道大聖大明孝皇帝於泰陵[65]，廟號玄宗。庚午，葬文明武德大聖大宣孝皇帝於建陵[66]，廟號肅宗。

(七)夏，四月，庚辰，李光弼奏擒袁晁，浙東皆平，時晁聚眾近二十萬，轉攻[六七]州縣，光弼使部將張伯儀將兵討平之。伯儀，魏州人也。

㈧郭子儀數上言吐蕃党項不可忽[六八]，宜早為之備。辛丑，遣兼御史大夫李之芳等使於吐蕃，為虜所留，二年乃得歸[六九]。羣臣三上表請立太子。五月，癸卯，詔許俟秋成議之[七〇]。

㈨丁卯，制分河北諸州，以幽莫媯檀平薊為幽州管，恒定趙深易為成德軍管，相貝邢洺為相州管，魏博德為魏州管，滄棣冀瀛為青淄管，懷衞河陽為澤潞管。

㈩六月，癸酉，禮部侍郎華陰[七一]楊綰上疏，以為：「古之選士，必取行實[七二]，近世專尚文辭[七三]，自隋煬帝始置進士科，猶試策而已，至高宗時，考功員外郎劉思立始奏進士加雜文，明經加帖[七四]，從此積弊轉而成俗。朝之公卿以此待士，家之長老[七五]以此訓子；其明經則誦帖括[七六]，以求僥幸，又舉人皆令投牒，自應[七七]如此，欲其返淳朴[七八]，崇[七九]廉讓，何可得也？請令縣令察[八〇]孝廉，取行著鄉閭[八一]，學知經術，薦之於州，刺史考試，升之於省[八二]，任各占[八三]一經。朝廷擇儒學之士，問經義二十條，對策三道，上第即注官(八四)，中第得出身(八五)，下第罷歸。又道舉(八六)亦非理國(八七)所資，望與明經進士並停。」上命諸司通議(八八)，給事中李栖筠、左丞賈至、京兆尹嚴武並與綰同(八九)；至議以為：「今試學者，以帖字為精通，考文者以聲病為是非(九〇)，風流(九一)頹弊，誠當釐改(九二)。然自東晉以來，人多僑寓(九三)，士居鄉土(九四)，百無一二，請兼廣學校保桑梓者(九五)，鄉里舉焉。在流寓者，庠序(九六)推焉。」敕禮部具(九七)條目以聞。綰又請置五經秀才科。

(十一)庚寅，以魏博都防禦使田承嗣為節度使，承嗣舉管內戶口壯者皆籍為兵(九八)，惟使老弱耕稼，數年間有眾(九九)十萬，又選其驍健者萬人自衛，謂之牙兵。

(十二)同華節度使(一〇〇)李懷讓為程元振所譖，恐懼自殺。

【今註】(一)廣德元年：是年七月方改元，事見下卷。(二)追謚吳太后曰章敬皇后：吳太后，上之生母。(三)請託：請求屬託。(四)言涉不順：謂言語頗不遜順，涉謂關涉。(五)得全：謂未被殺。(六)坐：坐罪。(七)播州：《舊唐書・地理志》三：「江南道、播州，在京師南四千四百五十里。」(八)切齒：謂痛恨。(九)犯闉：衝闉。(十)歸義：據《新唐書・地理志》三，歸義縣屬河北道涿州。宋白曰：「歸義縣在瓦橋關北。」⑪因：憑藉。⑫范陽縣：據《新唐書・地理志》三，范陽縣屬河北道，涿州。⑬諭：告諭。⑭義：道義。⑮祚：降福祿。⑯更：再。⑰獨不愧三軍邪：謂豈不有愧於三軍之將士耶，邪同耶。⑱詭：詐。⑲早擇去就：謂早定去就之計。⑳餉：饋遺。㉑麾下：猶部下。㉒既食：食畢。㉓廣陽：胡三省曰：「檀州、燕樂縣，後魏置廣陽郡，後齊廢郡，舊郡名猶存。」㉔至溫泉柵：據《舊唐書・僕固懷恩傳》，溫泉柵在平州石城縣。㉕窮蹙：窮困窘蹙。㉖回紇十五人犯含光門，突入鴻臚寺：胡三省曰：「唐太極宮，南面三門：中曰朱雀門，東曰安上門，西曰含光門。按朱雀門、太極宮端門也。雍錄曰：『承天門之南，朱雀門之北，宗廟社稷、百僚廨舍，列乎其間，六省、九寺、一臺、兩監、十八衞。以坊里準之，此兩門內外，南北各占兩街，不為民居，自朱雀門南，即市井邑屋，各立坊巷。以此觀之，則朱雀街西兩坊，百司庶府居之，其門曰含光門，朱坊街東兩坊，亦百司庶府居之，其門曰安上也。』」㉗遏：阻止。㉘李懷仙仍故地為幽州盧龍節度使：仍，因。時改范陽節度使為幽州節度使，又平盧已陷，故兼充盧龍節度。㉙馬首：猶馬前。㉚乞行間自效：乞於行伍之間，以資效力。㉛分帥河北：謂分為河北諸鎮之節帥。㉜自為黨援：謂為己之黨援。㉝厭：厭倦。㉞兵革：謂戰爭。㉟苟冀：苟且希冀。㊱廩給：《舊唐書・馬燧傳》作：「廩粟供餼。」廩給自指此而言。㊲忌憚：畏懼。㊳頓：頓鋪以供往來之停宿者。㊴辭憚：辭謝畏憚。㊵趙城：據《新唐書・地理志》三，趙城屬河東道、晉州。㊶比：猶及。㊷賂：賄賂。㊸渠帥：大帥。㊹約：要約。㊺毋暴掠：謂毋為暴虐及抄掠。㊻遺：贈。㊼燧取死囚為左右：謂燧取死囚以充左右之人，蓋欲面斬以威回紇也。(48)涉：涉歷。(49)拱手：謂不敢亂動。(50)約束：猶規則。(51)情：實。(52)驕蹇：驕傲偃蹇。(53)輕：輕佻。(54)今內樹四帥：樹、立。胡三省曰：「四帥謂李寶臣、田承嗣、李懷仙、薛嵩。」(55)志：猶意。(56)崇義有勇力：按《舊唐書・梁崇義傳》，勇力作膂力，以下之卷鐵舒鉤推之，當以作膂力為宜。(57)卷鐵舒鉤：謂鐵葉能使之卷歛，鐵鉤則能使之舒伸。(58)沈毅寡言：《舊唐書》本傳作：「沈默寡言。」兩俱可通。(59)相讓為長：謂相讓為領袖。(60)梁卿：卿乃尊之之稱。(61)主：主持。(62)以為山南東道節度留後：胡三省曰：「唐藩鎮命帥，未授旌節者，先以為節度留後。」(63)立祠：立祠廟。(64)聽事：謂聽事之室，後代則多書作廳事。(65)泰陵：《新唐書・地理志》一：「關內道、同州、奉先縣，泰陵在東北二十里金粟山。」(66)建陵：同志一：「京兆府、醴泉縣，建陵在東北十八里武將山，一名馮山。」(67)轉攻：輾轉攻擊。(68)忽：輕忽。(69)遣兼御史大夫李之芳等使於吐蕃，為虜所留，二年乃得歸：二年乃得歸，乃連而究言之。(70)俟秋成議之：謂俟秋收後然後議之。(71)華陰：今陝西省華陰縣。(72)行實：指德行言。(73)文辭：指文章詩賦言。(74)明經加帖：帖謂帖經，帖糊經文，而令試者默書出之。(75)長老：猶父兄。(76)帖括：胡三省曰：「帖括者，舉人因試帖，遂括取粹會為一書，相傳習誦之，以應試，謂之帖括。」(77)自應：謂自應貢舉。(78)淳朴：淳厚樸素。(79)崇：崇尚。(80)察：察舉。(81)鄉閭：猶鄉里。(82)省：謂尚書省。(83)占：猶選。(84)注官：注擬官職。(85)得出身：謂得為官之資格。(86)道舉：置道舉，見卷二百十四開元二十五年。(87)理國：即治國，以避唐諱改。(88)通議：共議。(89)與綰同：謂與綰之議同。

㊇以聲病為是非：胡三省曰：「聲病謂以平上去入四聲，緝而成文，音從文順謂之聲，反是、則謂之病。」㊈風流：此言風俗。㊉釐改：釐正改革。㊊僑寓：僑旅寄寓。㊋鄉土：謂本鄉之土地。㊌保桑梓者：桑梓係故里之意，謂守保鄉里者。㊍庠序：乃學校之異稱。㊎具：具擬。㊏籍為兵：依籍簿而徵召為兵。㊐眾：謂兵卒。㊑同華節度使：胡三省曰：「乾元元年，置陝虢華節度使，上元元年，改陝西節度使，分河中之同州與華州，為同華節度使。」

卷二百二十三　唐紀三十九

司馬光編集
曲守約註

始癸卯九月，終乙巳十月，凡二年零四月，起昭陽單閼七月，盡旃蒙大荒落十月，凡二年有奇。（西元七六三年至七六五年）

代宗睿文孝武皇帝上之下

廣德元年（西元七六三年）

㈠秋，七月，壬寅，羣臣上尊號曰寶應元聖文武孝皇帝㊀，壬子，赦天下，改元㊁，諸將討史朝義者，進官階，加爵邑有差㊂。冊回紇可汗為頡咄登蜜施合俱錄英義建功毗伽可汗㊃，可敦為娑墨光親麗華毗伽可敦㊄，左右殺以下皆加封賞㊅。

㈡戊辰，楊綰上貢舉條目，秀才問經義二十條，對策五道；國子監舉人，令博士薦於祭酒，祭酒試，通者，升之於省，如鄉貢法㊆；明法㊇，委㊈刑部考試。或以為明經進士，行之已久，不可遽㊉改，事雖不行，識者㊀是之。

㈢以僕固瑒為朔方行營節度使。

㈣吐蕃入大震關⑫，陷蘭、廓、河、鄯、洮、岷、秦、成、渭等州⑬，盡取河西隴右之地。唐自武德以來，開拓邊境，地連西域，皆置都督府、州、縣⑭，開元中，置朔方、隴右、河西、安西、北庭諸節度使，以統之⑮，歲發山東丁壯為戍卒⑯，繒帛為軍資，開屯田⑰，供糗⑱糧，設監牧⑲，畜馬牛，軍城戍邏⑳，萬里相望㉑。及安祿山反，邊兵精銳者皆徵發入援，謂之行營㉒，所留兵單弱，胡虜稍㉓蠶食之，數年間，西北數十州相繼淪沒㉔，自鳳翔以西，邠州以北，皆為左衽㉕矣。

㈤初，僕固懷恩受詔與回紇可汗相見於太原，河東節度使辛雲京以可汗乃懷恩壻，恐其合謀襲軍府㉖，閉城自守，亦不犒師㉗。及史朝義既平，詔懷恩送可汗出塞，往來過太原㉘，雲京亦閉城不與相聞㉙，懷恩怒，具表其狀，不報。懷恩將朔方兵數萬屯汾州，使其子御史大夫瑒將萬人屯榆次，裨將李光逸等屯祈縣㉚，李懷光等屯晉州，張維嶽等屯沁州，【考異】邠志作張如岳，今從實錄唐歷。懷光，本勃海靺鞨㉛

也，姓茹，為朔方將，以功賜姓。

㈥中使[32]駱奉仙至太原，雲京厚結之[33]，為言懷恩與回紇連謀[34]，反狀已露，奉仙還過懷恩，懷恩與飲於母前，母數讓[35]奉仙曰：「汝與吾兒約為兄弟[36]，今又親雲京，何兩面也[37]！」酒酣，懷恩起舞，奉仙贈以纏頭綵[38]，懷恩欲酬[39]之，曰：「來日端午，當更[40]樂飲一日。」奉仙固請行，懷恩匿其馬，奉仙謂左右曰：「朝來[41]責我，又匿我馬，將殺我也[42]。」夜踰垣而走，懷恩驚遽[43]，以其馬追還之。八月，癸未，奉仙至長安，奏懷恩謀反，【考異】實錄：「癸未，懷恩旋師，次於汾州，逗遛不進，監軍使駱奉仙以聞，上以功高，不之罪，優詔慰勞之。」又曰：「懷恩頓軍汾上，監軍使駱奉仙，因公宴，言有所指，懷恩已萌二心，肆口酬對，奉仙不告而出，乘傳上聞，上以功高，容之，叱奉仙出，待懷恩如舊，懷恩憚奉仙，益不自安。」邠志曰：「寶應二年，河朔既平，詔太原節度辛雲京及僕固懷恩，各以其軍，送回紇還蕃，既出晉關，辛公率其輕兵，先入太原，懷恩怒其不告，曰，辛君有虞於我也，回紇至，辛公館於城外，致牛酒以犒之。懷恩欲因回紇規其城壁，陰導回紇，請觀佛寺，辛公許之，既入城，見羅兵於諸街，蕃人大驚，辟易而去。」今從舊懷恩傳。懷恩亦具奏其狀，請誅雲京、奉仙，上兩無所問，優詔[44]和解[45]之。

㈦懷恩自以兵興以來[46]，所在力戰，一門[47]死王事者四十六人，女嫁絕域[48]，說諭[49]回紇，再收兩京，平定河南北，功無與比，而為人構陷[50]，憤怨殊深，上書自訟，以為：「臣昨奉詔送可汗歸國，傾竭(五一)家貲(五二)，俾之上道，行至山北(五三)，雲京奉仙閉城，不出祇迎(五四)，仍令潛行竊盜(五五)，回紇怨怒，亟欲縱兵(五六)，臣力為彌縫(五七)，方得出塞。雲京奉仙恐臣先有奏論，遂復妄稱設備(五八)，與李抱玉共相組織(五九)，臣靜而思之，其罪有六：昔同羅叛亂，臣為先帝掃清河曲，一也；臣男玢為同羅所虜，得間亡歸，臣斬之以令眾士(六〇)，二也；臣有二女，遠嫁外夷，為國和親，蕩平寇敵(六一)，三也；臣與男瑒不顧死亡，為國效命(六二)，四也；河北新附節度使(六三)，皆握彊兵，臣撫綏以安反側，五也；臣說諭回紇，使赴急難(六四)，天下既平，送之歸國，六也。臣既負六罪，誠合萬誅(六五)，惟當吞恨九泉，銜冤(六六)千古，復何訴哉！臣受恩深重，夙夜(六七)思奉天顏(六八)，但以來瑱受誅(六九)，朝廷不示(七〇)其罪，諸道節度誰不疑懼，近聞詔追數人(七一)，盡皆不至，實畏中官(七二)讒口，虛受(七三)陛下誅夷，豈惟羣臣不忠，正(七四)為回邪(七五)在側。且臣前後所奏駱奉仙詞情，非不摭(七六)實，陛下竟無處置(七七)，寵任彌深，皆由同類比周(七八)，蒙蔽聖聽(七九)。竊聞四方遣人奏事，陛下皆云與驃騎議之(八〇)，曾不委宰相可否(八一)，或稽留數月不還(八二)，遠近益加疑阻(八三)。如臣朔方將士，功效(八四)最高，為先帝中興主人(八五)，乃陛下蒙塵故吏(八六)，曾不別加(八七)優獎(八八)，反信讒嫉之詞，子儀先以被猜，臣今又遭詆毀(八九)，弓藏鳥盡，信匪虛言(九〇)，陛下信其矯誣(九一)，何殊指鹿為馬(九二)，儻不納愚懇(九三)，且貴因循(九四)，臣實不敢保家，陛下豈能安國，忠言利行(九五)，惟陛下圖(九六)之。臣欲公然(九七)入朝，恐將士留沮(九八)，今託巡晉絳(九九)，於彼遷延(一〇〇)，乞陛下特遣一介(一〇一)至絳州問臣，臣即與之同發(一〇二)。」

(八)九月，壬戌，上遣裴遵慶詣懷恩諭旨(一〇三)，且察其去就(一〇四)，懷恩見遵慶，抱其足，號泣訴冤(一〇五)，遵慶為言聖恩優厚，諷令(一〇六)入朝，懷恩許諾，副將范志誠以為不可，曰：「公信其甘言，入則為來瑱(一〇七)，不復還矣。」明日懷恩見遵慶，以懼死為辭(一〇八)，請令一子入朝，志誠又以為不可，遵慶乃還。御史大夫王翊使回紇還，懷恩先與可汗往來，恐翊洩其事，遂留之(一〇九)(一一〇)。

(九)吐蕃之入寇也，邊將告急，程元振皆不以聞(一一一)。冬，十月，吐蕃寇涇州，刺史高暉以城降之，遂為之鄉導(一一二)，【考異】汾陽家傳：「八月，吐蕃次涇寧州，遣感激軍使高暉禦之，戰敗，執暉。九月，至便橋。」實錄：「十月庚午，吐蕃寇涇州，辛未，犯奉天武功。」按今邠州，東去涇州三程，涇州南去奉天二程，不應庚午寇邠州，辛未已至奉天，蓋史官據奏到日書之耳。段公家傳：「九月二十日，吐蕃寇涇原，節度使高暉降之，十一月一日，陷邠州，節度使張蘊琦棄城遁。」舊本紀：「九月己丑，吐蕃寇涇州，刺史高暉以城降，因為吐蕃鄉導，十月辛未，犯京畿。」新本紀：「九月乙丑，涇州刺史高暉叛附於吐蕃，十月庚午，吐蕃陷邠州，辛未，寇奉天武功。」今月從實錄，而不取其日。引吐蕃深入，過邠州，上始聞之，辛未，寇奉天、武功㉓，京師震駭；詔以雍王适㉔為關內元帥，郭子儀為副元帥，出鎮咸陽以禦之。子儀閑廢日久㉕，部曲離散，至是召募得二十騎而行，至鹹陽，吐蕃帥吐谷渾、党項氐羌二十餘萬眾，彌漫㉖數十里，已自司竹園㉗度渭，循山而東㉘，子儀使判官中書舍人王延昌入奏，請益兵，程元振遏㉙之，竟不召見。

(十)癸酉，渭北行營兵馬使呂月將將精卒二千，破吐蕃於盩厔之西，乙亥，吐蕃寇盩厔㉚，月將復與力戰，兵盡，為虜所擒。

(十一)上方治兵，而吐蕃已度便橋㉛，倉猝不知所為，丙子，出幸陝州，官吏藏竄㉜，六軍逃散；郭子儀聞之，遽自咸陽歸長安，比至㉝，車駕已去。上纔出苑門，度滻水㉞，射生將王獻忠擁㉟四百騎，叛還長安，脅㊱豐王珙㊲等十王，西迎吐蕃，遇子儀於開遠門㉘內，子儀叱之，獻忠下馬，謂子儀曰：「今主上東遷，社稷無主，令公㉙身為元帥，廢立在一言耳㉚。」子儀未應，珙越次㉛言曰：「公何不言。」子儀責讓之，以兵援送行在㉜。丁丑，車駕至華州，官吏奔散，無復供擬㉝，扈從㉞將士不免凍餒，會觀軍容使魚朝恩將神策軍，自陝來迎，上乃幸朝恩營。豐王珙見上於潼關，上不之責，退至幕中，有不遜語㉟，羣臣奏請誅之，乃賜死。

⑿戊寅，吐蕃入長安，高暉與吐蕃大將馬重英等，立故邠王守禮之孫承宏為帝㊱，改元，置百官，以前翰林學士于可封等為相。吐蕃剽掠府庫市里㊲，焚閭舍㊳，長安中蕭然㊴一空。苗晉卿病臥家㊵，遣人輿入，迫脅之，晉卿閉口不言，虜不敢殺。於是六軍散者，所在剽掠，士民避亂皆入山谷。辛巳，上至陝，百官稍有至者，郭子儀引三千騎，自御宿川㊶循山而東，謂王延昌曰：「六軍將士逃潰者，多在商州㊷，今速往收之。並發武關㊸防兵，數日間，北出藍田，以向長安，吐蕃必遁。」過藍田，遇元帥都虞候臧希讓、鳳翔節度使高昇，得兵近千人，子儀與延昌謀曰：「潰

兵至商州，官吏必逃匿而人亂。」使延昌自直徑入(44)商州，撫諭(45)之，諸將方縱兵(46)暴掠，聞子儀至，皆大喜，聽命。子儀恐吐蕃逼乘輿，留軍七盤(47)，三日，乃行，比至商州，行收兵(48)幷武關防兵，合四千人，軍勢稍(49)振，子儀乃泣諭將士以共雪國恥，取長安，皆感激受約束(50)。子儀請太子賓客第五琦為糧料使(51)，給軍食。上賜子儀詔，恐吐蕃東出潼關，徵子儀詣行在；子儀表稱：「臣不收京城，無以見陛下(52)，若出兵藍田，虜必不敢東向。」上許之。鄜延節度(53)判官段秀實說節度使白孝德引兵赴難，孝德即日大舉，南趣(54)京畿，與蒲、陝、商、華合勢(55)進擊。

(十三)吐蕃既立廣武王承宏，欲掠城中士女百工(56)，整眾(57)歸國，子儀使左羽林大將軍長孫全緒將二百騎出藍田，觀虜勢，令第五琦攝(58)京兆尹，與之偕行，又令寶應軍(59)使張知節將兵繼之。全緒至韓公堆，晝則擊鼓，張旗幟(60)，夜則多然(61)火，以疑吐蕃。前光祿卿殷仲卿聚眾近千人，保藍田，與全緒相表裏(62)，帥二百餘騎，直度滻水，吐蕃懼，百姓又紿(63)之曰：「郭令公自商州將大軍(64)，不知其數，至矣(六五)。」虜以為然，稍稍(六六)引軍去。全緒又使射生將王甫入城，陰結(六七)少年數百，夜擊鼓，大呼於朱雀街(六八)，吐蕃惶駭，庚寅，悉眾(六九)遁去。【考異】舊吐蕃傳曰：「子儀帥部曲數百人，及其妻子僕從，南入牛心谷，驅馬車牛數百兩，子儀遲留，未知所適。行軍判官中書舍人王延昌、監察御史李萼謂子儀曰，令公身為元帥，主上蒙塵於外，今吐蕃之勢日逼，豈可懷安於谷中，何不南趨商州，漸赴行在？子儀遽從之。延昌曰，吐蕃知令公南行，必分兵來逼，若當大路，事即危矣。不如取玉山路而去，出其不意。子儀又從之。子儀之隊千餘人，山谷東隘(七〇)，連延百餘里，人不得馳。延昌與萼恐狹徑被追，前後不相救，至倒迴口，遂與子儀別行，踰絕澗，登七盤，趨於商州。先是，六軍將張知節與麾下數百人，自京城奔於商州，大掠避難朝官士庶及居人資財，已有日矣。延昌與萼既至，說知節曰，將軍身掌禁兵，軍敗而不赴行在，又恣其下虜掠，何所歸乎？今郭令公，元帥也，已欲至洛南，將軍若整頓士卒，諭以禍福，請令公來撫之，圖收長安，此則將軍非常之功也。知節大悅，其時諸軍臧希讓、高昇(七一)、彭體盈、李惟詵等數人，各有部曲家兵數十騎(七二)，相次而至，又從其計，皆相率為軍約，不侵暴，延昌留於軍中，主約，萼以數騎往迎子儀，去洛南十餘里，及之，遂與子儀迴至商州，諸將大喜，皆遵其約束。吐蕃將入京師也，前光祿卿殷仲卿逃難而出，至藍田，糾合敗兵及諸驍勇，願從者百餘人，南保藍田，以拒吐蕃，其眾漸振，至於千人。子儀既至商州，募人往探賊勢，羽林將軍長孫全緒請行，全緒至韓公堆，仲卿得官軍，其勢益壯，遂相為表裏，仲卿帥二百餘騎，遊奕，直度滻水，吐蕃懼問百姓，百姓皆紿之曰，郭令公大軍，不知其數。賊以為然，遂抽軍而還。」汾陽家傳曰：「公以三十騎，循御宿川略山而東，公西望國門，涕不自勝，謂延昌曰，為舍人計，何以復國？延昌歔欷不能對。公謂曰，料諸將散卒，必逃商於，若速行收合散卒，兼武關兵，數日之內，却出藍田，設疑兵，為旆，屯於韓公堆上，蕃必懼我而退。乃相與速驅之。過藍田，公與延昌議曰，散兵至商州，必官吏不守，則兵亂而人潰。使延昌間道中宿至商州，果如所議。延昌以公之言，巡撫之，亂乃止，潰乃復。」今從之。高暉聞之，帥麾下(七三)三百餘騎東走，至潼關，守將(七四)李日越擒而殺之(七四)。【考異】新魚朝恩傳曰：「朝恩遣劉德信討斬之。」今從實錄。

(十四)壬辰，詔以元載判元帥行軍司馬，以第五琦為京兆尹；癸巳，以郭子儀為西京留守。甲午，子儀發商州。己亥，以魚朝恩部將皇甫溫為陝州刺史，周智光為華州刺史。

㈤驃騎大將軍、判元帥行軍司馬程元振專權自恣(七五)，人畏之，甚於李輔國，諸將有大功者，元振皆忌疾(七六)，欲害之。吐蕃入寇，元振不以時奏(七七)，致上狼狽出幸(七八)，上發詔徵諸道兵，李光弼等皆忌元振居中，莫有至者，中外咸切齒(七九)，而莫敢發言。太常博士(八〇)柳伉上疏，以為：「犬戎犯關度隴，不血刃(八一)而入京師，劫宮闈(八二)，焚陵寢，武士無一人力戰者，此將帥叛陛下也。陛下疏元功(八三)，委近習(八四)，日引月長(八五)，以成大禍，羣臣在廷，無一人犯顏(八六)回慮(八七)者，此公卿叛陛下也。陛下始出都，百姓填然(八八)奪府庫，相殺戮，此三輔(八九)叛陛下也。自十月朔，召諸道兵，盡四十日(九〇)，無隻輪(九一)入關，此四方(九二)叛陛下也。內外離叛，陛下以今日之勢，為安邪，危邪？若以為危，豈得高枕(九三)，不為天下討罪人乎！臣聞良醫療疾，當病飲藥(九四)，藥不當病，猶無益也，陛下視今日之病，何繇(九五)至此乎？必欲存宗廟社稷，獨斬元振首(九六)，馳告天下，悉出內使隸諸州(九七)，持神策兵付大臣(九八)，然後削尊號(九九)，下詔引咎曰：『天下其許朕自新改過，宜即募士，西赴朝廷；若以朕惡不悛〔二〇〕，則帝王大器，敢妨聖賢〔二一〕！其聽天下所往〔二二〕。』如此，而兵不至，人不感〔二三〕，天下不服，臣請闔門〔二四〕寸斬，以謝陛下〔二五〕。」上以元振嘗有保護功〔二六〕。十一月，辛丑，削元振官爵，放歸田里。

(十六)王甫自稱京兆尹，聚眾二千餘人，署置〔二七〕官屬，暴橫長安中〔二八〕。壬寅，郭子儀至滻水西〔二九〕，甫按兵不出，或謂子儀，城不可入，子儀不聽，引三十騎徐進，使人傳呼召甫，甫失據〔三〇〕，出迎拜伏，子儀斬之，【考異】實錄曰：「有武將王甫等，誘長安惡少數百人，集六街鼓，於朱雀街大鼓之，吐蕃聞之震懾，乘夜而遁。」汾陽家傳曰：「射生將王撫猛而多力，自稱御史大夫，領五百騎二千步卒，兼補官屬，以謀作亂。甲午，公發商州，冬十一月壬寅，公次滻水之右，王撫知公之來也，於城中堅列行陣，戈矛若林，指揮其間，按甲不出。人勸公必不可入，公以三十騎徐進，曾不少懼，令傳呼王撫，撫應聲伏，烏合之徒，一時而潰。」邠志曰：「郭公屯商州，十二月一日，率諸軍五萬餘人出藍田，去城百里而軍，言大軍將至，西戎懼焉。三日，馬家小兒、張小君、李酒盞、射生官王甫等五百餘人，夜半聚六街鼓，雷擊天門街中，仍分其眾，建旗諸門，吐蕃以為大軍夜至，相帥遁去，小君使報郭公。七日，郭公全師入於京師，繫小君酒盞王甫等，責之曰，吾大軍未至，汝設詐以畏吐蕃，吐蕃知之，怒汝，燔燒宮闕，從容而去，豈不由汝乎！命斬之，遂以破賊收城聞。」舊子儀傳曰：「全緒遺禁軍舊將王甫入長安，陰結豪俠，為內應，一日，齊擊鼓於朱雀街，蕃軍惶駭而去。」又曰：「射生將王撫，自署為京兆尹，聚兵二千人，擾亂京城，子儀召撫殺之，詔子儀權京城留守。」吐蕃傳：「吐蕃餘眾尚在城，軍將王撫、及御史大夫王仲昇領兵自苑中入，椎鼓大呼，仲卿之兵又入城，吐蕃皆奔走。」若如邠志所言，是子儀殺撫而攘其功，計子儀必不為也。子儀勳業，今古推高，凌準作書，多攻其短，疑有宿嫌，不可盡信。今從汾陽家傳、及子儀舊傳。其兵盡散。白孝德與邠寧節度使張蘊琦將兵屯畿縣〔三一〕，子儀召之入城，京畿遂安。

㈦宦官廣州市舶使呂太一㉒發兵作亂，節度使張休棄城奔端州㉓，太一縱兵焚掠，官軍討平之。

㈧吐蕃還至鳳翔，節度使孫志直閉城拒守，吐蕃圍之數日，鎮西節度使馬璘聞車駕幸陝，將精騎千餘，自河西入㉔赴難，轉鬬㉕至鳳翔，值㉖吐蕃圍城，璘帥眾持滿外向㉗，突入城中，不解甲，背城㉘出戰，單騎先士卒奮擊㉙，俘斬千計而歸，明日虜復逼城㉚，請戰，璘開懸門㉛以待之，虜引退曰：「此將軍不惜死㉜，宜避之。」遂去居於原、會、成、渭之地。

㈨十二月，丁亥，車駕發陝州，左丞顏真卿請上先謁陵廟㉝，然後還宮，元載不從，真卿怒曰：「朝廷豈堪㉞相公㉟再壞邪！」載由是銜之㊱。甲午，上至長安，郭子儀帥城中百官及諸軍，迎於滻水東，伏地待罪㊲，上勞㊳之曰：「用卿不早，故及於此㊴。」

㈩以魚朝恩為天下觀軍容、宣慰、處置使，總禁兵，權寵㊵無比。築城於鄠縣及中渭橋，屯兵以備吐蕃，以駱奉仙為鄠縣築城使，遂將其兵㊶。

(廿一)乙未，以苗晉卿為太保，裴遵慶為太子少傅，並罷政事，以宗正卿李峴為黃門侍郎同平章事。遵慶既去，元載權益盛，以貨結㉜內侍董秀，使主書㉝卓英倩潛與往來，上意所屬㉞，載必先知之，承意探微㉟，言無不合，上以是益愛之。英倩，金州㊱人也。

(廿二)吐蕃既去，廣武王承宏逃匿草野，上赦不誅，丙申，放之於華州。

(廿三)程元振既得罪歸三原㊲，聞上還宮，衣婦人服，私入長安，復規㊳任用，京兆府擒之以聞。【考異】實錄如此，仍云將圖進取。舊傳：「元振服縗麻，於車中入京城，以規任用，與御史大夫王仲昇飲酒，為御史所彈。」今從實錄，參以舊傳。

(廿四)吐蕃陷松、維、保三州及雲山新築二城㊴，西川節度使高適不能救，於是劍南西山諸州㊵亦入於吐蕃矣。

【今註】㈠羣臣上尊號曰寶應元聖文武孝皇帝：《舊唐書・五行志》：「上元三年，楚州刺史崔侁獻定國寶十三，十三寶置之日中，白氣連天。初楚州有尼曰真如，忽有人接之昇天，天帝謂之曰：『下方有災，令第二寶鎮之。』即以十三寶付真如。時肅宗方不豫，以為瑞，乃改元寶應，仍傳位皇太子，此近白祥也。」㈡改元：改元為廣德。㈢加爵邑有差：謂增加爵號及封邑，各有等差。㈣冊回紇可汗為頡咄登蜜施合俱錄英義建功毗伽可汗：按《舊唐書．回紇傳》，頡咄上多登裏二字，合則作合。《新唐書．回鶻傳》則作頡咄登里骨啜蜜施合俱錄英義建功毗伽可汗，乃係將《舊唐書》之登里二字移書於下，復將登密之登改作骨啜，及含書作合，故三文雖不相同，而其撰改之跡，則可尋而知也。又《舊唐書》釋此號之諸辭曰：「頡咄、華言社稷法用，登密施、華言封竟，含俱錄、華言婁羅，毗伽、華言為足意智。」㈤可敦為娑墨光親麗華毗伽可敦：回紇稱可汗之妻曰可敦。《舊唐書．回紇傳》，娑墨作婆墨，云：「婆墨、華言得憐。」惟《新唐書．回鶻傳》，則作娑墨，與《通鑑》文同。㈥左右殺以下皆加封賞：《舊唐書．回紇傳》：「開元中，承宗伏帝難並繼為酋長，皆受都督號以統蕃州，左殺右殺，分管諸部。廣德元年，令王翊就牙帳前禮冊左殺、封為雄朔王，右殺、封為寧朔王，胡祿都督、封金河王，拔覽將軍、封為靜漠王，諸都督一十一人，並封國公。」㈦國子監舉人，令博士薦於祭酒，祭酒試，通者，升之於省，如鄉貢法：《新唐書．選舉志》上：「唐制、取士之科，其大要有三：由學館者曰生徒，由州縣者曰鄉貢，皆升於有司，而進退之。其科之目，有秀才，有明經，有俊士，有進士，有明法等。鄉貢、皆懷牒自列於州縣，試已至省，皆疏名列到，結款通保及所居，始由戶部集閱，而關於考功員外郎試之。」茲楊綰所上國子監舉人，略如鄉貢法。㈧明法：明法律者。㈨委：委任。㈩遽：立即。⑪識者：有識之士。⑫大震關：亦曰隴關，在今陝西省隴縣西隴山之下，後周置。⑬陷蘭、廓、河、鄯、洮、岷、秦、成、渭等州：按諸州，唐代皆屬隴右道，具載於《舊唐書．地理志》三。⑭唐自武德以來，開拓邊境，地連西域，皆置都督府、州、縣：據《新唐書・地理志》四，隴右道設州十九，都護府二，縣六十。又於秦州、渭州、涼州、西州，各置中都督府，於臨州、沙州、瓜州，則置下都督府。⑮開元中，置朔方、隴右、河西、安西、北庭諸節度使，以統之：《舊唐書・地理志》一：「開元二十一年，又於邊境置節度經略使，式遏四夷。安西節度使撫寧西域，統龜茲、焉耆、于闐、疏勒四國；北庭節度使防制突騎施、堅昆斬，管瀚海、天山、伊吾三軍；河西節度使斷隔羌胡，統赤水、大斗、建康、寧寇、玉門、墨離、豆盧、新泉等八軍，張掖、交城、白亭三守捉；朔方節度使捍禦北狄，統經略、豐安、定遠、西受降城、東受降城、安北都護、振武等七軍府；隴右節度使以備羌戎，統臨洮、河源、白水、安人、振威、威戎、莫門、寧塞、積石、鎮西等九軍，綏和、合川、平夷三守捉。」此諸節度使所統軍國及所負職任之概要也。⑯戍卒：守禦之士卒。⑰開屯田：於屯營之處，開墾田畝而耕種之。⑱糗：《尚書・費誓》鄭玄注：「糗謂熬米麥使熟，又擣之以為粉也。」音ㄑㄧㄡˇ。⑲設監牧：《舊唐書・職官志》三：「諸牧監，掌羣牧孳課之事。凡馬之羣，有牧長尉，凡馬有左右監，以別其麤良，以數紀名，著之簿籍。其馬皆印，每年終監牧使巡按孳數，以功過相除，為之考課。」又隴右所設之監牧，據舊志，乃名曰沙苑監。⑳邏：巡邏。㉑萬里相望：謂邊陲萬里之間，互可望見，乃喻其多之意。㉒行營：謂營壁非固據一處，而係時移遷者。㉓稍：漸。㉔淪沒：淪陷覆沒。㉕皆為左衽：《論語・憲問》：「微管仲，吾其被髮左衽矣。」疏：「衽、衣衿，衣衿向左謂之左衽、夷狄之人披髮左衽。」故此乃言皆為夷狄矣。㉖軍府：唐開元時，於邊境設軍以鎮守之，軍治事之處則曰軍府。駐太原者曰天兵軍、軍府則在太原府城內。㉗犒師：犒賞士卒。㉘詔懷恩送可汗出塞，往來過太原：據《舊唐書・僕固懷恩傳》，往謂懷恩奉詔送可汗出塞，而道出太原，來則謂送之出塞而歸還之經太原。㉙不與相聞：按同書同傳：「凡經數日，不遣一介知聞。」是聞謂知聞也。㉚屯榆次、屯祈縣：據《舊唐書・地理志》二，二縣俱屬北京太原府。㉛懷光，本勃海靺鞨：《新唐書・渤海傳》：「渤海本粟末靺鞨，其酋祚榮睿宗先天中，遣使拜為左驍衛大將軍、渤海郡王，自是始去靺鞨號，專稱渤海。」㉜中使：謂宦官之出為使臣者。㉝厚結之：殷勤交結之。㉞連謀：猶合謀。㉟數讓：二字俱係責意。㊱約為兄弟：謂結為兄弟。㊲何兩面也：胡三省曰：「唐人謂反覆者為兩面。貞元以後，劍南西山白狗等羌內附，賜牛糧，治生業，差賜官祿，皆得世襲。然陰附吐蕃，世謂之兩面羌，此其證也。」㊳酒酣，懷恩起舞，奉仙贈以纏頭綵：胡三省曰：「唐人宴集，酒酣，為人舞，當此禮者，以綵物為贈，謂之纏頭。倡伎當筵舞者，亦有纏頭喝賜，杜甫詩所謂，『舞罷錦纏頭』者也。」按纏頭綵者，謂以整幅絹帛纏頭以為飾也。此制實導源於漢代之幅巾。《後漢書・馮衍傳》：「永衍審知更始已歿，乃共罷兵，幅巾降於河內。」注：「不加冠幘，但以一幅巾飾首而已。」由注，足知二者情形之相類矣。㊴酬：酬答其賜贈。㊵更：再。㊶朝來：謂晨間，來係語助，無義。㊷朝來責我，又匿我馬，將殺我也：按《舊唐書・僕固懷恩傳》，將上多一是字，意較充足，可從添。㊸遽：惶恐。㊹優詔：按優詔乃詔文之一種。《南齊書・褚淵傳》：「太祖崩，遺詔以淵為錄尚書事，江左以來，無單拜錄者，有司疑立優策。尚書王儉議：『中朝以來，三公王侯則優策並設，官品第二，策而不優，優者褒美，策者兼明委寄。既異王侯，不假優文。」同書〈王思遠傳〉：「遷為侍中，掌優策及起居注。」是優詔乃於大臣盛予褒美之詔策也。㊺和解：說和，而使兩方之仇怨，得以解除。㊻懷恩自以兵興以來：胡三省曰：「謂自祿山反朔方，起兵討之，以至平賊時也。」㊼一門：猶一家。㊽女嫁絕域：謂嫁回紇可汗。㊾說諭：勸說曉諭。㊿搆陷：誣搆陷害。(51)傾竭：罄竭。(52)貲：財，音ㄗ。(53)山北：懷恩屯汾州，謂太原之地為山北。(54)祗迎：恭迎。(55)仍令潛行竊盜：謂因令偷行，如竊盜然。(56)亟欲縱兵：謂屢欲縱兵，大肆劫掠。(57)彌縫：補合。(58)遂復妄稱設備：按《舊唐書・僕固懷恩傳》作：「扇動軍城，以為設備。」是妄稱乃妄立之意。(59)組織：謂連結，或結合。(60)臣斬之以令眾士：按《舊唐書・僕固懷恩傳》，眾士作士眾，士眾，猶士卒也，其所涉之範圍較廣，以改從為宜。(61)蕩平寇敵：指平安祿山而言。(62)效命：猶致命，獻身。(63)河北新附節度使：謂田承嗣、李寶臣、李懷仙等。(64)急難：危急患難。(65)萬誅：猶萬死。(66)銜冤：含冤。(67)夙夜：此謂晝夜。(68)思奉天顏：謂思奉候皇帝之神顏。(69)來瑱受誅：見上卷正月。(70)示：宣示。(71)近聞詔追數人：胡三省曰：「唐人率謂召為追，觀考異所引諸家雜史，可見。」(72)中官：指宦官言，以其居宮禁之中，故名中官。(73)虛受：謂徒受。(74)正：只。(75)回邪：回與邪，意同，此乃指邪僻人言。(76)摭：拾取，音ㄓˊ。(77)處置：猶處理。(78)比周：謂阿黨營私。(79)蒙蔽聖聽：按《舊唐書・僕固懷恩傳》作：「蒙蔽聖聰。」核聰亦指聽言，全文乃為蒙蔽天子之視聽，而此僅作聽者，乃以聽兼視，其意實兼指視聽二者而言。此種行文義例，不可不審知之。(80)與驃騎議之：驃騎謂程元振。(81)曾不委宰相可否：謂曾不委任宰相，加以評斷。(八二)或稽留數月不還：按《僕固懷恩傳》作：「或有稽留數月，不放歸還。」是不還者，乃指四方所遣奏事之人，又其意係謂不放之歸還。(八三)疑阻：疑懼猜阻。(八四)功效：本謂功用，此則為功勞之意。(八五)中興主人：謂中興之主幹。(八六)蒙塵故吏：謂播遷時之親舊士吏。(八七)別加：另加。(八八)優獎：優予獎賞。(八九)詆毀：詆誣毀謗，詆音ㄉㄧ。(九〇)弓藏鳥盡，信匪虛言：胡三省曰：「古語云：『高鳥盡，良弓藏，狡兔死，走狗烹，敵國破，謀臣亡。』言以今事準之，非虛言也。」(九一)矯誣：矯，託，託言謀反，以厚誣之。(九二)指鹿為馬：趙高對胡亥所為之事，見《史記・秦二世紀》。(九三)愚懇：懇謂誠懇，愚懇猶愚誠也。(九四)因循：謂沿襲不革。(九五)忠言利行：《史記・留侯世家》：「且忠言逆耳利於行，毒藥苦口利於病。」此乃自古語簡縮而成。(九六)圖：圖計。(九七)公然：猶今之所云公開。(九八)留沮：留難勸沮。(九九)今託巡晉絳：今託以巡行晉絳之名。(一〇〇)遷延：猶遲留。(一〇一)一介：謂單使。(一〇二)同發：一同進發。(一〇三)諭旨：曉諭以天子之意旨。(一〇四)去就：猶向背。(一〇五)懷恩見遵慶，抱其足，號泣訴冤：核突厥禮俗，於致敬禮時，率跪地而吻對方之靴，故此抱足乃行禮後，伏地不起以訴冤抑，所演奏之行動也。(一〇六)諷令：謂示意令使。(一〇七)入則為來瑱：謂入則為來瑱之續。(一〇八)為辭：為藉口之辭。(一〇九)遂留之：謂遂止留而不放其行。(一一〇)初，僕固懷恩受詔與回紇可汗相見於太原……恐翊洩其事，遂留之：按此段乃本《舊唐書・僕固懷恩傳》之文，而成。(一一一)不以聞：謂不以聞於上。(一一二)鄉導：鄉通嚮，謂導引其路向也。(一一三)寇奉天、武功：據《新唐書・地理志》一，奉天、武功，俱屬關內道、京兆府管縣。(一一四)雍王适：乃德宗未即位前之封號，音

ㄕˋ。⑮子儀閑廢日久：寶應元年八月，郭子儀自河東入朝，遂留京師。⑯彌漫：如大水之盛多也。⑰司竹園：《新唐書・地理志》一，鳳翔府、盩厔縣有司竹園。⑱循山而東：《舊唐書・代宗紀》作：「循南山而東。」當從添南字。循，沿也。⑲遏：遏止。⑳盩厔：音ㄓㄡ ㄓˋ，盩當書作盩。㉑便橋：在渭水之上。㉒藏竄：藏匿逃竄。㉓比至：及至。㉔上纔出苑門，度滻水：胡三省曰：「按唐禁苑，包大明宮之北，東距滻水。考雍錄、長安志諸書，禁苑東面出滻水，無其門，蓋出光泰門耳。」㉕擁：猶率。㉖脇：脇迫。㉗豐王珙：玄宗子。㉘開遠門：據《唐六典》卷七，開遠門為長安城西面北頭第一門。㉙令公：郭子儀為中書令，故稱為令公。㉚廢立在一言耳：謂廢立之事，由汝一言而定。㉛越次：越踰位次。㉜以兵援送行在：以兵卒護送至行在處。㉝供擬：供奉擬度。㉞扈從：謂隨從天子車駕之人。㉟不遜語：不敬之言。㊱邠王守禮之孫承宏為帝：據《舊唐書・章懷太子傳》，邠王守禮乃章懷太子之子，而承宏則為守禮之子，《新唐書・章懷太子傳》亦同。是守禮之孫，當改作守禮之子。㊲市里：市肆坊里。㊳閭舍：閭里之廬舍。㊴蕭然：蕭條。㊵病臥家：謂有病臥於家中。㊶御宿川：胡三省曰：「三輔黃圖：『御宿川在長安城南，漢武帝為離宮別館，禁御人不得往來游觀，上宿其中，故曰御宿。』程大昌曰：『御宿川即樊川，在萬年縣南二十五里。』」㊷商州：商州治上洛縣，至京師二百八十一里。㊸武關：在今陝西省商縣東。㊹自直徑入：謂自守值之所而直入也。㊺撫諭：安撫慰諭。㊻縱兵：縱恣兵士。㊼七盤：杜佑曰：「七盤，即王莽所謂繞霤之固，南當荊楚者也。繞霤者，言四面塞阨屈曲，水回繞而霤，今謂之七盤十二綍。」（四八）行收兵：謂沿路收集兵士。（四九）稍：漸。（五〇）受約束：猶受命令。（五一）糧料使：主給行營軍食及草料。（五二）臣不收京城，無以見陛下：謂臣不收京城，無面目以見陛下，乃誓決之辭。（五三）鄜延節度：胡三省曰：「上元元年，置渭北鄜坊節度使，領鄜、坊、丹、延四州，治坊州。」（五四）趣：朱駿聲謂：「趣假借為趨。」（五五）合勢：謂合兵。（五六）百工：謂百官。（五七）整眾：猶整軍。（五八）攝：攝理。（五九）寶應軍：胡三省曰：「上以射生軍入禁中清難，賜名寶應功臣，故射生軍亦號寶應軍。」（六〇）張旗幟：張設旗幟。（六一）然：通燃。（六二）相表裏：謂相內外呼應。（六三）紿：欺，音ㄉㄞˋ。（六四）將大軍：領大軍。（六五）至矣：謂將至矣。（六六）稍稍：逐漸。（六七）陰結：暗中交結。（六八）朱雀街：胡三省曰：「唐太極宮正南出朱雀門，自朱雀門南出至明德門，皆名朱雀街。」（六九）悉眾：猶全軍。（七〇）考異曰：「山谷東隘」：按今武英殿本《舊唐書．吐蕃傳》作：「山路狹隘。」核下又有：「蕃恐狹徑被阻，」字樣，則自以從今殿本為是。（七一）考異曰：「其時諸軍臧希讓、高昇」：按同書同傳，軍下有將字，當從添。（七二）考異曰：「各有部曲家兵數十騎」：按同書同傳，家兵作率其，以下之相次而至衡之，以作率其為是。（七三）麾下：猶部下。（七四）守將李日越擒而殺之：按《舊唐書．代宗紀》，日越作伯越。（七五）恣：縱肆。（七六）忌疾：憎惡妒嫉。（七七）不以時奏：謂不立時進奏。（七八）幸：行幸，此指蒙塵言。（七九）切齒：謂痛恨。（八〇）太常博士：《唐六典》卷十四：「太常博士四人，從七品上，掌辨五禮之儀式，奉先王之法制，適變隨時而損益焉。」（八一）不血刃：謂不流血，亦即無一人為抗拒而死傷者。（八二）宮闈：謂宮禁。（八三）疏元功：疏遠首功之臣。（八四）習：狎習。（八五）日引月長：謂日月伸長。（八六）犯顏：冒犯天子之顏色。

（八七）回慮：回轉天子之思慮。（八八）填然：狀人之擁擠。（八九）三輔：《漢書・景帝紀》注：「京兆尹、左馮翊、右扶風，共治長安城中，是為三輔。」此乃指京兆府言。（九〇）盡四十日：猶至四十日後。（九一）無隻輪：謂一乘戎車，隻輪乃極喻其少之辭。（九二）四方：指天下言。（九三）高枕：謂高枕無憂。（九四）當病飲藥：謂飲服之藥，須合於該種疾病。（九五）繇：自也，《爾雅》疏：「繇與由同。」（九六）獨斬元振首：謂惟有斬元振之首。（九七）悉出內使隸諸州：胡三省曰：「言悉出諸宦官隸諸州羈管也，時宦官皆為內諸司使，故曰內使。」（九八）持神策兵付大臣：持猶以，時魚朝恩領神策軍。（九九）削尊號：削、去也，尊號乃指本年七月羣臣所上之寶應元聖文武而言。（一〇〇）若以朕惡不悛：謂以為朕之惡戾，不能悛改，音ㄑㄩㄢ。（一〇一）敢妨聖賢：謂豈敢妨礙聖賢之有此帝王大器。（一〇二）其聽天下所往：謂謹聽天下之人往奉其認堪以為君者。（一〇三）感：感激。（一〇四）闔門：猶全家。（一〇五）以謝陛下：以謝陛下妄言之罪。（一〇六）上以元振嘗有保護功：保護事見卷二百二十二寶應元年。（一〇七）署置：署命設置。（一〇八）暴橫長安中：謂為暴橫之行於長安城中。（一〇九）至滻水西：乃已度滻水，而近京城。（一一〇）失據：謂失去依據。（一一一）畿縣：胡三省曰：「京兆府管二十縣，萬年長安為赤縣，餘縣皆為畿縣。」（一一二）宦官廣州市舶使呂太一：胡三省曰：「唐置市舶使於廣州，以求商舶之利，時以宦者為之。」舶音白。（一一三）節度使張休棄城奔端州：按《舊唐書・代宗紀》，張休作張體，《新唐書》同紀則作張休，蓋體簡書作体，而因誤為休也。又據《舊唐書・地理志》四，端州東至廣州，為二百四十里。（一一四）自河西入：《舊唐書・地理志》一，河西節度使，治在涼州；蓋自隴右道而入赴也。（一一五）轉鬬：輾轉戰鬬。（一一六）值：逢遇。（一一七）持滿外向：注矢弦上，而引滿之，以外向敵人。㉘背城：此指離城而言。㉙奮擊：奮力衝擊。㉚逼城：逼近城下。㉛懸門：胡三省曰：「杜預曰，『懸門施於內城門。』按今邊城之門，設扉以啓閉，而懸門者設於門闑之外，常懸而不下，寇至，則下之以塞門，以為重閉之固。」㉜不惜死：謂不愛性命，或不怕死。㉝陵廟：謂山陵、宗廟。㉞豈堪：謂豈能任。㉟相公：以元載官為宰相，故稱曰相公。㊱銜之：銜恨之。㊲待罪：待候懲治其罪。㊳勞：慰勞。㊴故及於此：謂故及於此難㊵權寵：權勢寵幸。㊶遂將其兵：謂遂將屯於鄠縣之兵。㊷以貨結：謂以貨財交結。㊸主書：《舊唐書・職官志》二：「中書省、主書四人，從七品上。」㊹所屬：所附著者。㊺探微：探其隱微。㊻金州：今陝西省安康縣。㊼三原：今陝西省三原縣。㊽規：圖謀。㊾吐蕃陷松、維、保三州及雲山新築二城：按《新唐書・地理志》六，此三州皆屬劍南道所領，雲山為保州轄縣，係天寶八載析定廉置。蓋於此縣中，新築有二城也。㊿劍南西山諸州：西山指成都以西之山嶺言。

二年（西元七六四年）

㈠春，正月，壬寅，敕稱程元振變服潛行㊀，將圖不軌㊁，長流㊂溱州㊃，上念元振之功，尋復令於江陵㊄安置。

㈡癸卯，合劍南東西川為一道㊅，以黃門侍郎嚴武為節度使。

【考異】舊傳：「武為京兆少尹，以史思明阻兵，不之官，出為綿州刺史，遷西川節度使〔七〕。上皇誥兩川合為一道，拜武劍南節度使。」新傳，武為少尹，坐房琯貶巴州刺史，遷東川，餘同舊傳。按思明阻兵河洛，京兆少尹，何妨之官？此年始合東西川為一道，豈上皇誥所合。新舊傳皆誤。

㈢丙午，遣檢校〔八〕刑部尚書顏真卿宣慰〔九〕朔方行營，上之在陝也，顏真卿請奉詔召僕固懷恩，上不許，至是、上命真卿說諭懷恩入朝，對曰：「陛下在陝，臣往以忠義責之〔一〇〕，使之赴難，彼猶有可來之理；今陛下還宮，彼進不成勤王〔一一〕，退不能釋眾〔一二〕，召之，庸〔一三〕肯至乎！且言懷恩反者，獨辛雲京、駱奉仙、李抱玉、魚朝恩四人耳，自餘〔一四〕羣臣皆言其枉〔一五〕，陛下不若以郭子儀代懷恩，可不戰而服〔一六〕也。」時汾州別駕〔一七〕李抱真，抱玉之從父弟〔一八〕也，知懷恩有異志，脫身歸京師，上方以懷恩為憂，召見抱真問計，對曰：「此不足憂也，朔方將士思郭子儀，如子弟之思父兄，懷恩欺其眾云：『郭子儀已為魚朝恩所殺。』眾信之，故為其用耳。陛下誠以子儀領朔方〔一九〕，彼皆不召而來耳。」上然之〔二〇〕。

㈣甲寅，禮儀使〔二一〕杜鴻漸奏：「自今祀圓丘、方丘，請以太祖配，祈穀、以高祖配，大雩、以太宗配，明堂、以肅宗配〔二二〕。」從之。

㈤乙卯，立雍王适為皇太子。

㈥吐蕃之入長安也，諸軍亡卒及鄉曲無賴子弟，相聚為盜，吐蕃既去，猶竄伏㉓南山子午等五谷㉔，所在為患。丁巳，以太子賓客薛景仙為南山五谷防禦使，以討之。

㈦魏博節度使田承嗣奏名管曰天雄軍，從之。

㈧僕固懷恩既不為朝廷所用，遂與河東都將㉕李竭誠潛謀取太原，辛雲京覺之，殺竭誠，乘城㉖設備，懷恩使其子瑒將兵攻之，雲京出與戰，瑒大敗而還，遂引兵圍榆次。上謂郭子儀曰：「懷恩父子，負㉗朕實深，聞朔方將士思公如枯旱㉘之望雨，公為朕鎮撫㉙河東，汾上㉚之師必不為變。」戊午，以子儀為關內河東副元帥、河中節度等使，懷恩將士聞之，皆曰：「吾輩從懷恩為不義，何面目見汾陽王㉛！」

㈨癸亥，以劉晏為太子賓客，李峴為詹事㉜，並罷政事。晏坐與程元振交通，元振獲罪，峴有功焉，由是為宦官所疾，故與晏皆罷。以右散騎常侍王縉為黃門侍郎，太常卿杜鴻漸為兵部侍郎，並同平章事。

(十)丁卯，以郭子儀為朔方節度大使。二月，子儀至河中，雲南子弟萬人戍河中，將貪卒暴，為一府患㉝，子儀斬十四人，杖㉞三十人，府中遂安。

(十一)癸酉，上朝獻太清宮㉟，甲戌，享太廟，乙亥，祀昊天帝於圓丘。

(十二)僕固瑒圍榆次，旬餘不拔㊱，遣使急發祁縣㊲兵，李光逸盡與之㊳，士卒未食，行不能前㊴，裨將㊵白玉、焦暉以鳴鏑㊶射其後者㊷，軍士曰：「將軍何乃射人！」玉曰：「今從人反，終不免死，死，一也㊸，射之何傷！」至榆次，瑒責其遲，胡人曰：「我乘馬，乃漢卒不行耳。」瑒捶㊹漢卒，卒皆怨怒曰：「節度使黨㊺胡人。」其夕，焦暉白玉帥眾攻瑒，殺之。僕固懷恩聞之，入告其母，母曰：「吾語汝勿反，國家㊻待汝不薄，今眾心既變，禍必及我，將如之何？」懷恩不對，再拜而出，母提刀逐之，曰：「吾為國家殺此賊，取其心以謝三軍。」懷恩疾走得免，遂與麾下三百度河北走㊼。時朔方將渾釋之守靈州，懷恩檄至，云：「全軍歸鎮。」釋之曰：「不然，此必眾潰㊽矣。」將拒之，其甥張韶曰：「彼或翻然㊾，改圖㊿，以眾歸鎮，何可不納也！」釋之疑未決，懷恩行速，先候(51)者而至，釋之不得已，納之，張韶以其謀告懷恩，懷恩以韶為間(52)，殺釋之，而收其軍，使韶主之(53)，既而曰：「釋之，舅也(54)，彼尚負之，安有忠於我哉！」他日以事杖之，折其脛，寘於彌峩城而死。

㈢都虞候張維嶽在沁州，聞懷恩去，乘傳(55)至汾州，撫定其眾，殺焦暉白玉，而竊其功，以告郭子儀，子儀使牙官(56)盧諒至汾州，維嶽賂諒，使實其言(57)，子儀奏維嶽殺瑒，【考異】汾陽家傳曰：「開府盧昂，公先使汾州慰諭及還，惡不比於已者，好賂於已者，公捶殺之。」邠志曰：「郭公使牙官盧諒之軍，如岳賂諒，使信其言，郭公以如岳殺諒，聞詔優之，諸將云云，郭公乃理諒罪，棒殺之。」今參考二書，諒職名從邠志。傳首詣闕，羣臣入賀。上慘然不悅曰：「朕信(58)不及人，致勳臣顛越(59)，深用為愧，又何賀焉(60)！」命輦懷恩母至長安，給侍(61)優厚，月餘以壽終，以禮葬之，功臣皆感歎(62)。

(十四)戊寅，郭子儀如汾州。【考異】實錄：「廣德元年十二月丁酉，僕固瑒為帳下張維嶽所殺，以其眾歸郭子儀。懷恩聞之，棄營，脫身遁走北蕃。」按朔方兵所以不附僕固氏者，以子儀為之帥也，縱不在子儀領朔方節度使之後，亦當在領河東副元帥之後，而實錄，二年正月丁卯，子儀為朔方節度使，汾陽家傳：「二年正月，子儀充河東副元帥、河中節度使，癸亥，代宗三殿宴送，二十六日，發上都，二月，至河中，兼朔方節度大使，戊寅，往汾州，甲申，還至河中。」邠志：「二年正月二十日，詔郭公加河中節度、河東副元帥，二十九日，加朔方節度，二月，僕固瑒率軍攻榆次，逾旬不拔云云。」然則瑒死，決不在去年十二月，今因子儀如汾州，幷言之。懷恩之眾悉歸之，咸鼓舞(六三)涕泣，喜其來而悲其晚也。子儀知盧諒之詐，杖殺之，上以李抱真言有驗(六四)，遷殿中少監(六五)。

(十五)上之幸陝也，李光弼竟遷延(六六)不至，上恐遂成嫌隙，其母在河中，數遣中使存問(六七)之，吐蕃退，除光弼東都留守，以察其去就(六八)；光弼辭以就(六九)江淮糧運，引兵歸徐州，上迎其母至長安，厚加供給，使其弟光進掌禁兵，遇之加厚(七〇)。

(十六)自喪亂以來，汴水堙廢(七一)，漕運者自江漢抵梁洋(七二)，迂險勞費(七三)。三月，己酉，以太子賓客劉晏為河南江淮以東轉運使，議開汴水，庚戌，命晏與諸道節度使均節賦役(七四)，聽便宜(七五)，行畢以聞。時兵火(七六)之後，中外(七七)艱食(七八)，關中米斗千錢，百姓挼穗(七九)，以給禁軍，宮廚(八〇)無兼時(八一)之積。晏乃疏浚(八二)汴水，遺元載書，具陳漕運利病(八三)，令中外相應(八四)，自是每歲運米數十萬石，以給關中(八五)。唐世推漕運之能者，推晏為首(八六)，後來者皆遵其法度(八七)云。

(十七)甲子，盛王琦(八八)薨。

(十八)党項寇同州，郭子儀使開府儀同三司李國臣擊之，曰：「虜得間(八九)則出掠，官軍至，則逃入山，宜使羸師(九〇)居前以誘之，勁騎(九一)居後以覆(九二)之。」國臣與戰於澄城(九三)北，大破之，斬首捕虜千餘人。

(十九)夏，五月，癸丑，初行五紀曆(九四)。

(廿)庚申，禮部侍郎楊綰奏歲貢孝弟力田無實狀(九五)，及童子科皆僥倖(九六)，悉罷之。

(廿一)郭子儀以安史昔據洛陽，故諸道置節度使，以制其要衝(九七)，今大盜已平，而所在聚兵，耗蠹(九八)百姓，表請罷之，仍自河中為始(九九)。六月，敕罷河中節度及耀德軍(一〇〇)。子儀復請罷關內副元帥，不許。

(廿二)僕固懷恩至靈武(一〇一)，收合散亡，其眾復振(一〇二)，上厚撫(一〇三)其家，癸未，下詔稱：「其勳勞著(一〇四)於帝室，及於天下，疑隙(一〇五)之端，起自羣小，察其深衷，本無它志(一〇六)，君臣之義，情實(一〇七)如初，但以河北既平，朔方已有所屬(一〇八)，宜解(一〇九)河北副元帥、朔方節度等使，其太保兼中書令、大寧郡王如故，但當詣闕，更勿⑳有疑。」懷恩竟不從。

(二三)秋，七月，庚子，稅天下青苗錢，以給百官俸㉑。

(二四)太尉兼侍中河南副元帥、臨淮武穆王李光弼治軍嚴整，指顧號令㉒，諸將莫敢仰視㉓，謀定而後戰，能以少制㉔眾，與郭子儀齊名，及在徐州，擁兵㉕不朝，諸將田神功等不復稟畏㉖，光弼愧恨成疾，己酉，薨。八月，丙寅，以王縉代光弼都統河南、淮西、山南東道諸行營。

(二五)郭子儀自河中入朝，會涇原奏，僕固懷恩引回紇吐蕃十萬眾將入寇，**【考異】**舊子儀傳云：「數十萬眾。」懷恩傳云：「誘吐蕃十萬眾。」按汾陽家傳，實不過十萬。京師震駭，詔子儀帥諸將出鎮奉天㉗，上召問方略，對曰：「懷恩無能為也，」上曰：「何故？」對曰：「懷恩勇而少恩，士心不附㉘，所以能入寇者，因思歸㉙之士耳。懷恩本臣偏裨，其麾下皆臣部曲，必不忍以鋒刃相向，以此知其無能為也㉚。」辛巳，子儀發赴奉天。

(二六)甲午，加王縉東都留守。

(廿七)河中尹(三一)、兼節度副使崔寓【考異】五月，已罷河中節度，今猶有副使者，蓋言其前官也。發鎮兵西禦吐蕃，為法不一(三二)。九月，丙申，鎮兵作亂，掠官府及居民，終夕(三三)乃定。

(廿八)丙午，加河東節度使辛雲京同平章事。

(廿九)辛亥，以郭子儀充(三四)北道、邠寧、涇原、河西以東通和吐蕃使，以陳、鄭、澤、潞節度使李抱玉充南道通和吐蕃使。子儀聞吐蕃逼邠州，甲寅，遣其子朔方兵馬使(三五)晞將兵萬人救之。

(卅)己未，劍南節度使嚴武破吐蕃眾七萬眾，拔當狗城(三六)。

(卅一)關中蟲蝗霖雨，米斗千餘錢。

(卅二)僕固懷恩前軍至宜祿(三七)，郭子儀使右兵馬使李國臣將兵為郭晞後繼，邠寧節度使白孝德敗吐蕃於宜祿，【考異】實錄：「癸巳，孝德敗吐蕃一千餘眾於宜祿，生擒蕃將數人。」按汾陽家傳，二十六日，賊先軍次宜祿。然則前八日，孝德豈得已敗吐蕃於宜祿乎？實錄誤也。冬，十月，懷恩引回紇吐蕃至邠州，白孝德郭晞閉城拒守。【考異】汾陽家傳，晞屢破吐蕃，今從實錄。舊子儀傳曰：「虜寇邠州，子儀在涇陽，子儀令長男朔方兵馬使曜，率師拒之，與白孝德閉城拒守。」按實錄及晞傳，皆云晞拒懷恩，破之，子儀傳云曜，誤也。

(卅三)庚午，嚴武拔吐蕃鹽川城(三八)。

(卌四)僕固懷恩與回紇吐蕃進逼奉天，京師戒嚴，諸將請戰，郭子儀不許，曰：「虜深入吾地，利於速戰，吾堅壁㉙以待之，彼以吾為怯，必不戒㉚，乃可破也。若遽戰㉛而不利，則眾心離矣，敢言戰者，斬。」辛未夜，子儀出陳於乾陵㉜之南，壬申，未明，虜眾大至，虜始以子儀為無備，欲襲㉝之，忽見大軍，驚愕，遂不戰而退；子儀使裨將李懷光等將五千騎追虜，至麻亭而還。虜至邠州，丁丑，攻之不克，乙酉，虜涉涇㉞而遁。【考異】實錄：「十月辛未夜，郭晞遣馬步三千人，於邠州西，斬賊營，殺千餘人，生擒八十三人，俘大將四人。十一月乙未，懷恩及吐蕃等自潰，京師解嚴。」汾陽家傳曰：「十月七日，公誓師曰，明日有寇，爾其備之。及夜出兵數萬，陣於西門之外，廣布旗幟，如十萬軍，未曙，懷恩、吐蕃、回紇、吐渾等已陣於乾陵北，長二十里，懷恩等初謂無備，欲襲之，既見陣，兩蕃大駭，不敢戰，而懷恩頃為公所馭，懾公之威，又遁。初軍中偶語，夜中出兵與鬼鬬耳，及未曙，寇已至矣，軍中所以服公之先知也。賊至於邠州，營於北原，十三日，攻其東門，不尅，十四日，橫陣於南原，請戰，晞等與之連戰，大破之，追奔數十里，二十一日，涉涇而還。」邠志：「懷恩寇邠涇，十七日，眾度邠州，郭晞率眾禦之，戰於邠郛，我師敗之，懷恩覆其陣，泣曰，此等昔為我兒，我教其射，反為它人致死於我，惜哉，明日引軍南出。」舊郭晞傳曰：「懷恩誘虜，再寇邠州，陣於涇北，晞乘其半濟而擊之，大破獯虜，斬首五千級，連戰皆捷。」吐蕃傳曰：「郭鋒於邠州西三十里，令精騎斫懷恩營，破五千眾，斬首千餘級，生擒八十五人，降其大將四人。」諸書載邠寧戰守勝敗事，各不同，今從汾陽家傳，以實錄參之。

(卌五)懷恩之南寇也，河西節度使楊志烈發卒五千，謂監軍柏文達曰：「河西銳卒，盡於此矣，君將之以攻靈武，則懷恩有返顧㉟之慮㊱，此亦救京師之一奇㊲也。」文達遂將眾擊摧砂堡㊳、靈武縣，皆下之，進攻靈州，懷恩聞之，自永壽㊴遽歸，使蕃渾㊵二千騎夜襲文達，大破之，士卒死者殆半㊶，文達將餘眾歸涼州，哭而入㊷，志烈迎之曰：「此行有安京室㊸之功，卒死何傷㊹！」士卒怨其言，未幾，吐蕃圍涼州，士卒不為用，志烈奔甘州㊺，為沙陀所殺。沙陀姓朱耶，世居沙陀磧㊻，因以為名。

(卌六)十一月，丁未，郭子儀自行營入朝，郭晞在邠州，縱士卒為暴，節度使白孝德患之，以子儀故不敢言。涇州刺史段秀實自請補都虞候㊼，孝德從之，既署㊽一月，晞軍士十七人入市取酒，以刃刺酒翁㊾，壞釀器，秀實列卒㊿取十七人首，注槊上(51)，植(52)市門(53)，

【考異】此出柳宗元段太尉逸事狀。段公家傳曰：「廣德二年正月，白孝德授邠寧節度使，七月，大軍西還，頗有俘掠，又以邠土經寇，未暇耕耘，乃謀頓軍奉天，取給畿內。時倉廩匱竭，吏人潛竄，軍士公行發掘，兼施捶訊，閭里怨苦，遠近彰聞，孝德知之，力不能制。公戲謂賓朋曰，若使余為軍候，不令至是。行軍司馬王稷以其言，啓終白孝德，即日，以公為都虞候，兼權知奉天縣事，浹旬，而軍不犯禁，逾月，而路不拾遺。永泰元年，孝德奉詔歸邠州，表公進封張掖郡王，北庭行軍邠寧都虞候。」據實錄，時晞官為左常侍，宗元云尚書，誤也。又按實錄，廣德二年十月，吐蕃寇邠州，孝德晞閉城拒守。汾陽家傳，其年九月，公使陳回光與孝德議邊事於邠州，則孝德不以永泰元年始歸邠州，陳翃誤也。逸事狀又云：「先是太尉在涇州為營田官，涇大將焦令諶取人田，自占數十頃，給與農曰，且熟歸我半，是歲大旱，野無草，農以告，諶曰，我知入數而已，不知旱也，督責益急，且饑死，無以償，即告太尉，太尉判狀辭甚巽，使人來諭諶，諶盛怒，召農者曰，我畏段某邪！何敢言我，取判鋪背上，以大杖擊二十，垂死，輿來庭中。太尉大泣曰，乃我困汝，即自取水洗去血，裂裳衣瘡，手注善藥，旦夕自哺農者，然後食取騎馬，賣市穀，代償，使勿知。淮西寓軍帥尹少榮，剛直士也，入見諶，大罵曰，汝誠人邪！涇州野如赭，人且饑死，而必得穀，又用大杖擊無罪者，段公仁信大人也，而汝不知敬，今段公惟一馬，賤賣市穀入汝，

又取不恥，凡為人傲天災，犯大人，擊無罪者，又取仁者穀，使主人出無馬，汝將何以視天地，尚不愧奴隸耶！諶雖暴抗，然聞言，則大愧，流汗，不能食，曰，吾終不可以見段公。一昔自恨死。」按段公別傳，大曆八年，焦令諶猶存，蓋宗元得於傳聞，其實令諶不死也。晞一營大譟(五四)，盡甲(五五)，孝德震恐，召秀實曰：「奈何？」秀實曰：「無傷也，請往解(五六)之。」孝德使數十人從行，秀實盡辭去，選老躄(五七)者一人，持馬(五八)至晞門下，甲者出，秀實笑且入曰：「殺一老卒(五九)，何甲也(六〇)！吾戴吾頭來矣(六一)。」甲者愕，因諭曰：「常侍(六二)負若屬(六三)邪！副元帥(六四)負若屬邪！奈何欲以亂敗郭氏(六五)？」晞出，秀實讓(六六)之曰：「副元帥勳塞天地(六七)，當念始終(六八)，今常侍恣卒為暴行，且致亂(六九)，亂則罪及副元帥，亂由常侍出，然則郭氏功名，其存者幾何(七〇)！」言未畢，晞再拜曰：「公幸教晞以道(七一)，恩甚大，敢(七二)不從命！」顧叱左右皆解甲，散還火伍(七三)中，敢譁者死。秀實因留宿軍中，晞通夕(七四)不解衣，戒(七五)候卒擊柝衛秀實，旦俱至孝德所，謝不能(七六)，請改(七七)，邠州由是無患。

(卅七)五谷防禦使薛景仙討南山羣盜，連月不克，上命李抱玉討之，賊帥高玉最彊，抱玉遣兵馬使李崇客將四百騎，自洋州入，襲之於桃虢川，大破之，玉走成固(七八)，庚申，山南西道節度使張獻誠擒玉獻之，餘盜皆平。

(卌八)十二月，乙丑，加郭子儀尚書令，子儀以為自太宗為此官，累聖⑲不復置，近皇太子亦嘗為之，非微臣⑳所宜當，固辭不受，還鎮河中。

(卌九)是歲，戶部奏戶二百九十餘萬，口一千六百九十餘萬。

(五十)上遣于闐王勝還國㉑，勝固請留宿衛，以國授其弟曜，上許之，加勝開府儀同三司，賜爵武都王。

【今註】①潛行：指暗入長安言。②不軌：猶不法。③長流：謂永久流放。④溱州：《舊唐書・地理志》三：「江南道、溱州，至京師三千四百八十里。」⑤江陵：同志二：「山南道荊州江陵府，上元元年九月置南都，以荊州為江陵府。在京師東南一千七百三十里。」⑥合劍南東西川為一道：分劍南為東西道，見卷二百二十，肅宗至德元載。⑦考異曰：「舊傳：『武出為綿州刺史，遷西川節度使。』」按今武英殿本《舊唐書》，西川作東川，《新唐書》亦作東川，西當改作東。⑧檢校：此謂攝代。⑨宣慰：宣勞慰問。⑩以忠義責之：謂以忠義之道責之。⑪勤王：謂王室有難，起兵靖亂。⑫釋眾：謂釋捨士卒，而不與朝廷抗拒。⑬庸：豈。⑭自餘：猶其餘。⑮枉：冤枉。⑯不戰而服：不須訴之戰爭，而能使其服從。⑰汾州別駕：《舊唐書・職官志》三：「上州別駕一人，從四品下，別駕、長史、司馬，掌貳府州之事，以綱紀眾務，通判列曹，歲終則更入奏計。」⑱從父弟：今則簡言從弟。⑲領朔方：謂領朔方行營兵馬。⑳時汾州別駕李抱真……彼皆不召而來耳，上然之：按此段乃本自《舊唐書・李抱真傳》。㉑禮儀使：《唐會要》：「高祖禪代之際，溫大雅與竇威、陳叔達參定禮儀，自後至開元初，參定禮儀者，並不入銜，無由檢敘。開元九年，韋縚除國子司業，仍知太常禮儀事，自此至二十三年，凡四改官，至太常卿並帶知禮儀事。至天寶九載，始置禮儀使，以太子左庶子韋述為之使。」㉒杜鴻漸奏：「自今祀圓丘、方丘，請以太祖配，祈穀、以高祖配，大雩、以太宗配，明堂、以肅宗配。」：胡三省曰：「唐制，冬至祀圓丘，夏至祀方丘，孟春祈穀，孟夏雩祀，季秋大享明堂，以肅宗配，嚴父之義也。」㉓竄伏：逃竄伏匿。㉔南山子午等五谷：胡三省曰：「長安之南山，西接岐州界，東抵虢州界。其谷之大者有五，子午谷、斜谷、駱谷、藍田谷、衡嶺谷也。」㉕都將：對偏裨將軍而言。㉖乘城：乘含有登及憑意。㉗負：辜負。㉘枯旱：謂旱之甚，草木皆焦枯也。㉙鎮撫：鎮壓安撫。㉚汾上：謂汾陽，時朔方軍多在其地。㉛汾陽王：郭子儀之封號。㉜詹事：其全稱乃為太子詹事。㉝為一府患：為一府郡縣吏民之所憂患。㉞杖：決杖。㉟朝獻太清宮：朝獻，謂朝謁獻祭。太清宮為玄宗所建。㊱拔：謂攻下。㊲祁縣：據《舊唐書・地理志》二，祁縣屬北京太原府。㊳李光逸盡與之：李光逸屯祁縣，事始上年七月。㊴行不能前：亦即不能前行。㊵裨將：同偏將。㊶鳴鏑：箭射出時，隨之發生音響，俗呼為響箭。㊷後者：行不能及大眾者。㊸死，一也：謂同歸死也。㊹捶：擊。㊺黨：猶偏袒。㊻國家：此指天子言。㊼度河北走：自汾州西度河，投北趨靈州。㊽潰：潰散。㊾翻然：變動貌。㊿改圖：改謀。(51)候：候望之吏卒。(52)間：間諜。(53)主之：主持之。(54)釋之，舅也：謂釋之乃張韶之舅。(55)乘傳：指傳車或驛馬言。(56)牙官：胡三省曰：「節鎮州府皆有牙官、行官，牙官給牙前驅使，行官使之行役出四方，自五季以後，詬詈武臣，率曰牙官。」(57)使實其言：謂使證實其言。(58)信：此指誠信言。(59)顛越：顛覆播越。(60)又何賀焉：謂又何足賀哉。(61)給侍：給賜奉侍。(62)感歎：感激讚歎。(63)鼓舞：鼓動舞蹈。(64)驗：靈驗。(65)殿中少監：《舊唐書・職官志》三：「殿中省，少監二員，從四品上。」(66)遷延：徘徊遲延。(67)存問：存恤慰問。(68)去就：此謂行動。(69)就：去而靠近之。(70)上之幸陝也，李光弼竟遷延不至……遇之加厚：按此段乃本於《舊唐書・李光弼傳》。(71)汴水堙廢：堙塞廢圮，堙音因。自安祿山作亂，關洛路阻，漕運泝江入漢，抵梁洋，故汴渠堙廢不治。(72)梁洋：二州名，俱屬唐山南西道轄區，在今漢中一帶。(73)迂險勞費：迂遠險阻，勞苦耗費。(74)均節賦役：平均及調節賦役之輕重。(75)聽便宜：謂聽便宜行事。(76)兵火：按《舊唐書・劉晏傳》，兵火作兵戈，是二者之意相同，皆指戰爭而言，兵火乃謂戰爭及其連帶之焚燒，既若此，故實與兵燹之含意，酷相類似。(77)中外：指關中關外言。(78)艱食：謂糧食艱難。(79)挼穗：謂五谷不及打簸下場，而竟先將其穗用雙手擦摩，以便獲得穀粒。挼音ㄋㄨㄛˊ。(80)宮廚：宮中御廚。(81)兼時：猶兼日，謂無隔宿之糧。(82)疏浚：疏通開浚。(83)遺元載書，具陳漕運利病：按該書奏具載於《舊唐書・劉晏傳》，所言之意見甚佳，可取而參閱。(84)令中外相應：謂令中外官司共襄此舉。(85)時兵火之後……運米數十萬石，以給關中：按此段乃錄自《舊唐書・劉晏傳》，字句大致相同。(八六)唐世推漕運之能者，推晏為首：按上下連用二推字，微嫌重複，上推字可改為言或稱，或下推字改為以字，則自無此失矣。(八七)法度：猶章程。(八八)盛王琦：玄宗子。(八九)得間：得間隙。(九〇)羸師：羸弱之卒。(九一)勁騎：勁健之騎兵。(九二)覆：覆滅。(九三)澄城：今陝西省澄城縣。(九四)初行五紀曆：《新唐書・曆志》五：「寶應元年六月望、戊夜，月蝕三之一，官曆加時在日出後有交，不署蝕。代宗以至德曆不與天合，詔司天臺官屬郭獻之等復用麟德元紀，更立歲差增損、遲疾交會，及五星差數，以寫大衍舊術，上元七曜起赤道虛四度，帝為製序，題曰五紀曆。」(九五)無實狀：謂所言之情狀不確實。(九六)童子科皆僥倖：謂所舉童子，非有天才，而皆僥倖得中。(九七)以制其要衝：以控制其易生衝突及重要之地區。(九八)耗蠹：損耗蠹害。(九九)仍自河中為始：仍、因也。子儀時鎮河中，表先罷河中節度，以示諸鎮。(一〇〇)罷耀德軍：乾元二年，置耀德軍於河中。(一〇一)靈武：今寧夏省靈武縣。(一〇二)其眾復振：其士眾之勢力復振。(一〇三)撫：撫存。(一〇四)著：著稱。(一〇五)疑隙：猜疑釁隙。(一〇六)它志：即它意。(一〇七)情實：情亦實也，二字連言，乃為使語意加強。(一〇八)朔方已有所屬：謂朔方將士已歸屬於郭子儀。(一〇九)解：解去。(一一〇)更勿：猶勿復。(一一一)稅天下青苗錢，以給百官俸：胡三省曰：「乾元以來，天下用兵，京師百僚俸錢減耗。上即位，推恩庶僚，下議公卿，或言稅畝有苗者，公私咸濟，乃分遣憲官，稅天下地青苗錢，充百司課料。宋白曰：『大曆五年五月，詔京兆府應徵青苗地頭錢等，承前青苗錢，每畝徵十五文，地頭錢每畝徵二十五文，自今以後，宜一切以青苗錢為名，每畝減五文，徵三十五文，隨徵夏稅時，據數徵納。八年，每畝率十五文。』」⑫指顧號令：按《舊唐書・李光弼傳》作，「每申號令。」是此乃《通鑑》所更易者，指顧蓋即指揮之意。⑬莫敢仰視：謂畏之也。⑭制：制伏。⑮擁兵：擁兵。⑯稟畏：稟承其命而畏懼之。⑰奉天：奉天縣屬京兆府。⑱不附：不歸附。⑲思歸：思東歸。⑳上召問方略……以此知其無能為也：按此段乃錄自《舊唐書・郭子儀傳》，字句大致相同。㉑河中尹：《舊唐書・地理志》二：「河中府、隋河東郡，武德元年置蒲州，乾元三年四月，置河中府。」又同書〈職官志〉三：「京兆、河南、太原等府，三府牧各一員，從二品，尹各一員，從三品。」㉒為法不一：謂所為之法令，不相劃一。㉓終夕：終夜。㉔充：猶為，而唐代多用充字。㉕朔方兵馬使：屬朔方節度使部下。㉖當狗城：胡三省曰：「當狗城當白狗羌之路，故以名城。」㉗宜祿：據《新唐書・地理志》一，宜祿係邠州轄地。㉘鹽川城：胡三省曰：「鹽川城在當狗城西北，維州舊有鹽溪縣，永徽初，省入保州定廉縣。」㉙堅壁：堅守營壁。㉚戒：戒備。㉛遽戰：猶速戰。㉜乾陵：據《新唐書・地理志》一，乾陵在京兆府、奉天縣北五里梁山。㉝襲：掩襲。㉞涉涇：渡涇水。㉟返顧：猶回顧。㊱慮：憂慮。㊲一奇：一奇計。㊳摧沙堡：胡三省曰：「摧沙堡在原州西北。」㊴永壽：據《舊唐書・地理志》一，永壽縣屬邠州。㊵蕃渾：吐蕃吐谷渾之簡稱。㊶殆半：謂約有半數。㊷入：入城。㊸京室：京城。㊹何傷：謂有何妨乎。㊺奔甘州：據《舊唐書・地理志》三，涼州西北至甘州，四百九十裏。㊻磧：沙堆，音ㄑㄧˋ。㊼段秀實自請補都虞候：《舊唐書・段秀實傳》：「秀實曰：『使我為軍候，當不如此。』軍司馬言之，遂以秀實為都虞候，號令嚴一，軍府安泰。」是都虞候之職乃督察軍中不法之事，其職權固甚重大也。又《廣雅疏證》：「虞，亦候望也。」是虞候乃係同意之複合辭，且此由上文之軍候，亦足以窺知之。(48)署：署任。(49)酒翁：酒家之主人。(50)列卒：率領士卒。(51)注槊上：貫於長槊之端。(52)植：植立。(53)市門：市廛大門之處。(54)大譟：猶大譁。(55)盡甲：盡擐鎧甲。(56)解：解諭。(57)躄：跛之甚者。(58)持馬：猶控馬。(59)老卒：秀實自謂。(60)何甲也：謂何必擐甲，亦即無須如此。(61)吾戴吾頭來矣：謂聽其斬之。(62)常侍：晞時帶左散騎常侍，故如此稱之。(63)若屬：汝輩。(64)副元帥：謂子儀。(65)敗郭氏：敗毀郭氏之功業。(66)讓：責。(67)勳塞天地：功名充滿天地之間。(68)當念始終：謂當思求其有始有終。(69)致亂：猶至於反亂。(70)其存者幾何：謂存者將無幾也。(71)以道：以大道。(72)敢：謂豈敢。(73)火伍：《新唐書・兵志》：「折衝府三等，十人為火，火有長。」伍則歷代多用之以稱伍人，合而言之，故曰火伍。(74)通夕：猶通宵。(75)戒：備置。(76)謝不能：謝不能治軍之罪。(77)請改：請改過。(78)成固：今陝西省成固縣。(79)累聖：唐代呼天子為聖人，累聖謂歷代天子。(80)微臣：小臣。(81)上遣于闐王勝還國：勝將兵入援，令弟曜攝國，見卷二百一十九至德元載。

永泰元年（西元七六五年）

(一)春，正月，癸卯朔，改元(一)，赦天下。

㈡戊申，加陳、鄭、澤、潞節度使李抱玉鳳翔隴右節度使㊁，以其從弟殿中少監抱真為澤潞節度副使。抱真以山東㊂有變，上黨為兵衝㊃，而荒亂之餘㊄，土瘠民困，無以贍軍㊅，乃籍民每三丁選一壯者㊆，免其租徭，給弓矢，使農隙習射，歲暮都試㊇，行其賞罰，比㊈三年，得精兵二萬，既不費廩給㊉，府庫充實，遂雄視山東，由是天下稱澤潞步兵為諸道⑪最⑫。

㈢二月，戊寅，党項寇富平，焚定陵殿⑬。

㈣庚辰，儀王璲⑭薨。

㈤三月，壬辰朔，命左僕射裴冕、右僕射郭英乂等文武之臣十三人於集賢殿待制⑮，左拾遺、洛陽獨孤及上疏曰：「陛下召冕等待制，以備詢問，此五帝盛德也。頃者、陛下雖容⑯其直，而不錄⑰其言，有容下之名⑱，無聽諫之實⑲，遂使諫者稍稍鉗口⑳，飽食相招為祿仕㉑，此忠鯁㉒之人所以竊歎，而臣亦恥之。今師興不息，十年矣㉓，人之生產，空於杼軸㉔，擁兵者第館亘街陌㉕，奴婢厭㉖酒肉，而貧人羸餓就役㉗，剝膚及髓㉘，長安城中，白晝椎剽㉙，吏不敢詰㉚，官亂㉛職廢，將墮㉜卒暴，百揆㉝隳刺㉞，如沸粥紛麻㉟，民不敢訴於有司，有司不敢聞於陛下，茹毒㊱飲痛，窮㊲而無告，陛下不以此時思所以救之之術，臣實懼焉。今天下惟朔方隴西有吐蕃僕固㊳之虞㊴，邠涇、鳳翔之兵足以當之矣，自此而往，東洎㊵海，南至番禺㊶，西盡巴蜀，無鼠竊之盜㊷，而兵不為解㊸，傾天之貨㊹，竭天下之穀，以給不用之軍，臣不知其故。假令居安思危，自可阨㊺要害之地，俾㊻置屯禦，悉休其餘㊼，以糧儲扉㊽屨之資，充疲㊾人貢賦，歲可減國租㊿之半。陛下豈可持疑於改作，使率土(51)之患，日甚一日乎！」上不能用。

(六)丙午，以李抱玉同平章事，鎮鳳翔如故。

(七)庚戌，吐蕃使請和，詔元載杜鴻漸與盟於興唐寺(52)，上問郭子儀：「吐蕃請盟，何如？」對曰：「吐蕃利我不虞，若不虞(53)而來，國不可守矣。」乃相繼遣河中兵戍奉天，又遣兵巡涇原，以覘(54)之。

(八)是春不雨，米斗千錢。

(九)夏，四月，丁丑，命御史大夫王翊充諸道稅錢使。河東道租庸鹽鐵使裴諝入奏事，上問：「榷酤(五五)之利，歲入幾何？」諝久之不對，上復問之，對曰：「臣自河東來，所過見菽(五六)粟未種(五七)，農失愁怨，臣以為陛下見臣，必先問人之疾苦，乃責(五八)臣以營利(五九)，臣是以未敢對也。」上謝之，拜左司郎中。諝，寬之子(六〇)也。

(十)辛卯，劍南節度使嚴武薨，武三鎮劍南(六一)，厚賦斂以窮奢侈，梓州(六二)刺史章彝小不副意(六三)，召而杖殺之，然吐蕃畏之，不敢犯其境，母數戒其驕暴，武不從，及死，母曰：「吾今始免為官婢矣(六四)！」

(十一)五月，癸丑，以右僕射郭英乂為劍南節度使。

(十二)畿內麥稔(六五)，京兆尹第五琦請稅百姓田，十畝收其一(六六)，曰：「此古什一之法也。」上從之(六七)。

(十三)平盧節度使侯希逸鎮淄青(六八)，好遊畋(六九)，營(七〇)塔寺，軍州苦之，兵馬使李懷玉得眾心，希逸忌之，因事解其軍職(七一)，希逸與巫宿於城外，軍士閉門不納，奉懷玉為帥，希逸奔滑州，上表待罪，詔赦之，召還京師(七二)。秋，七月，壬辰，以鄭王邈(七三)為平盧、淄、青節度大使，以懷玉知留後，賜名正己。時承德節度使李寶臣、魏博節度使田承嗣、相衞節度使薛嵩、盧龍節度使李懷仙收安史餘黨，各擁勁卒數萬，治兵完城〔七四〕，自署文武將吏，不供貢賦，與山南東道節度使梁崇義及正己皆結為昏姻，互相表裏，朝廷專事姑息〔七五〕，不能復制，雖居藩臣，羈縻〔七六〕而已。

(十四)甲午，以上女昇平公主嫁郭子儀之子曖。

(十五)太子母沈氏，吳興〔七七〕人也，安祿山之陷長安也，掠送洛陽宮，上克洛陽，見之，未及迎歸長安，會史思明再陷洛陽，遂失所在，上即位，遣使散求之〔七八〕，不獲。己亥，壽州〔七九〕崇善寺尼廣澄詐稱太子母，按驗〔八〇〕，乃故少陽院〔八一〕乳母也，鞭殺之〔八二〕。

(十六)九月，庚寅朔，置百高座〔八三〕於資聖西明兩寺〔八四〕，講仁王經〔八五〕，內出經二寶輿〔八六〕，以人為菩薩鬼神之狀，導以音樂鹵簿〔八七〕，百官迎於光順門〔八八〕外，從至寺。

(十七)僕固懷恩誘回紇、吐蕃、吐谷渾、党項、奴剌數十萬眾，俱入寇，令吐蕃大將尚結悉贊摩、馬重英等自北道趣奉天，党項帥任敷、鄭庭、郝德等自東道趣（八九）同州，吐谷渾奴剌之眾，自西道趣盩厔，回紇繼吐蕃之後，懷恩又以朔方兵繼之。郭子儀使行軍司馬趙復入奏曰：「虜皆騎兵，其來如飛，不可易也（九〇）。請使諸道節度使鳳翔李抱玉、滑濮李光庭（九一）、邠寧白孝德、鎮西馬璘、河南郝庭玉、淮西李忠臣各出兵以扼其衝要。」上從之。諸道多不時（九二）出兵，李忠臣方與諸將擊毬（九三），得詔，亟命治行（九四），諸將及監軍皆曰：「師行必擇日（九五）。」忠臣怒曰：「父母有急，豈可擇日而後救邪！」即日勒兵（九六）就道（九七）。懷恩中途遇暴疾而歸，丁酉，死於鳴沙（九八），**【考異】**舊懷恩傳曰：「懷恩領回紇、及朔方之眾繼進，行至鳴沙縣，遇疾，舁歸，九月九日，死於靈武。」按長歷，九月庚寅朔，丁酉八日也，唐歷邠志皆云九月八日，懷恩死於靈州。今從實錄。大將張韶代領其眾，別將徐璜玉殺之，范志誠又殺璜玉而領其眾，懷恩拒命三年，再引胡寇（九九），為國大患，上猶為之隱（一〇〇），前後勅制，未嘗言其反，及聞其死，憫然曰：「懷恩不反（一〇一），為左右所誤（一〇二）耳。」

(六)吐蕃至邠州，白孝德嬰城（一〇三）自守。甲辰，上命宰相及諸司長官（一〇四），於西明寺行香，設素饌奏樂，是日，吐蕃十萬眾至奉天，京城震恐，朔方兵馬使渾瑊、討擊使白元光先戍奉天，虜始列營，瑊帥驍騎⑤二百衝之，身先士卒，虜眾披靡⑥，瑊挾⑦虜將一人，躍馬而還，從騎無中鋒鏑⑧者，城上士卒望之，勇氣始振。乙巳，吐蕃進攻之，虜死傷甚眾，數日，歛⑨眾還營，瑊夜引兵襲之，殺千餘人，前後與虜戰二百餘合⑩，斬首五千級。

(九)丙午，罷百高座講，召郭子儀於河中，使屯涇陽⑪。己酉，命李忠臣屯東渭橋，李光進屯雲陽⑫，馬璘、郝庭玉屯便橋，李抱玉屯鳳翔，內侍駱奉仙、將軍李日越屯盩厔，同華節度使周智光屯同州，鄜坊節度使杜冕屯坊州，上自將六軍屯苑中。庚戌，下制親征。辛亥，魚朝恩請索⑬城中，括⑭士民私馬，令城中男子皆衣皁⑮，團結為兵⑯，城門皆塞二開一⑰，士民大駭，踰垣鑿竇⑱而逃者甚眾，吏不能禁⑲⑳。朝恩欲奉上幸河中，以避吐蕃，恐羣臣議論不一㉑，一旦，百官入朝，立班㉒久之，閤門㉓不開，朝恩忽從㉔禁軍十餘人，操㉕白刃而出，宣言：「吐蕃數犯郊畿，車駕欲幸河中，何如？」公卿皆錯愕㉖，不知所對，有劉給事者，獨出班抗聲曰(二七)：「勅使(二八)反(二九)邪！今屯軍如雲，不勠力(三〇)捍寇，而遽欲脅天子(三二)，棄宗廟社稷而去，非反而何？」朝恩驚沮(三一)而退，事遂寢。

【考異】新魚朝恩傳云：「僕固瑒攻絳州，使姚良據溫，誘回紇陷河陽，朝恩遣李忠誠討瑒，以霍文場監之，王景岑討良，王希遷監之，敗瑒於萬泉，生擒良，高暉等引吐蕃入寇，遣劉德信討斬之，故朝恩因麾下數克獲，竊以自高。是時，郭子儀有定天下功，居人臣第一，心娼之，乘相州敗，醜為詆譖，肅宗不內其語，然猶罷子儀兵，留京師。代宗立，與程元振一口加毀，帝未及寤，子儀憂甚，俄而吐蕃陷京師，卒用其力，王室再安。朝恩內慙，乃勸帝徙洛陽，欲遠戎狄，百僚在庭，朝恩從十餘人，持兵，出曰，虜犯都甸，欲幸洛(三三)云何？宰相未對，有近臣折曰，勅使反邪！今屯兵足以捍寇，何遽脅天子棄宗廟為？朝恩色沮，而子儀亦謂不可，乃止。」李肇國史補曰：「代宗朝，百僚立班，良久，閤門不開，魚朝恩忽擁白刃十餘人而出，宣言曰，西蕃頻犯郊圻，欲幸河中，何如？宰臣以下，蒼黃不知所對，給事中劉，不記其名，出班抗聲曰，勅使反邪！云云，由此，罷遷幸之議。」按僕固瑒攻榆次，不聞攻絳州，高暉為李日越所擒，不聞劉德信所斬，朝恩欲幸河中，不聞欲幸洛，既云頻犯郊圻，必是吐蕃後入寇時也，新書所云，不知據何書，今從國史補。

(廿)自丙午至甲寅，大雨不止，故虜不能進，吐蕃移兵攻醴泉，党項西掠白水(三四)，東侵蒲津(三五)，丁巳，吐蕃大掠男女數萬而去，所過焚廬舍，蹂(三六)禾稼殆盡。周智光引兵邀擊(三七)，破之於澄城(三八)北，因逐北至鄜州(三九)，智光素與杜冕不協，遂殺鄜州刺史張麟，阬冕家屬八十一人，焚坊州廬舍三千餘家(四〇)。

(廿一)冬，十月，己未，復講經於資聖寺。

(廿二)吐蕃退至邠州，遇回紇，復相與入寇，辛酉，至奉天。【考異】邠志曰：「八月，懷恩以諸戎入寇，九月，詔郭公討之，師於涇陽，回紇屯涇北，去我十里，朝恩請擊回紇，郭公曰，我昔與回紇，情契頗至，今茲為寇，必將有故，吾方導而問之，可不戰而下也。朝恩流言，謂郭公與懷恩為應，陰率諸軍，列營渭上，郭公章疏，逾旬不達。郭公諸子，在長安聞之，使小將強羽，以物議告郭公，郭公問道入覲，且以眾議聞。上曰，無是，即日令赴涇陽。朝恩驚曰，郭公真長者，吾比疑之，誠小人也。」按回紇九月，未至涇陽，十月辛酉，始至奉天，丙寅，圍涇陽，丁卯，子儀已與之盟，首尾纔七日，豈容有章疏逾旬不達之事！子儀為元帥，與彊敵對壘，豈可棄軍入朝！汾陽家傳，此際亦無入朝事，今不取。癸亥，党項焚同州官廨民居，而去。丙寅，回紇吐蕃合兵圍涇陽，子儀命諸將嚴設守備，而不戰，及暮，二虜退屯北原(四一)，丁卯，復至城下。

(二三)是時，回紇與吐蕃聞僕固懷恩死，已爭長，不相睦(四二)，分營而居。子儀知之，回紇在城西，子儀使牙將(四三)李光瓚等往說之，欲與之共擊吐蕃，回紇不信，曰：「郭公固在此乎！汝紿(四四)我耳，若果在此，可得見乎？」光瓚還報，子儀曰：「今眾寡不敵，難以力勝(四五)，昔與回紇契約(四六)甚厚，不若挺身(四七)往說之，可不戰而下(四八)也。」諸將請選鐵騎(四九)五百為衛從(五〇)。子儀曰：「此適(五一)足為害也。」郭晞扣(五二)馬諫曰：「彼虎狼也，大人國之元帥，奈何以身為虜餌(五三)！」子儀曰：「今戰則父子俱死，而國家危，往以至誠與之言，或幸(五四)而見從(五五)，則四海(五六)之福也；不然，則身沒(五七)而家全。」以鞭擊其手曰：「去(五八)。」遂與數騎開門而出，使人傳呼(五九)曰：「令公(六〇)來。」回紇大驚，其大帥合胡祿、都督藥葛羅(六一)，可汗之弟也，執弓注矢（六二），立於陣前。子儀免冑（六三）釋甲（六四），投槍（六五）而進，回紇諸酋長相顧（六六）曰：「是也。」皆下馬羅拜（六七），子儀亦下馬，前執藥葛羅手，讓（六八）之曰：「汝回紇有大功於唐，唐之報（六九）汝亦不薄（七〇），奈何（七一）負約（七二），深入吾地，侵逼畿縣（七三），棄前功，結怨仇，背恩德，而助叛臣，何其愚也（七四）！且懷恩叛君棄母（七五），於汝國何有（七六）？吾挺身而來，聽汝執我殺之，我之將士，必致死（七七）與汝戰矣。」藥葛羅曰：「懷恩欺我，言天可汗（七八）已晏駕（七九），令公亦捐館（八〇），中國無主，我是以敢與之來。今知天可汗在上都（八一），令公復總兵於此，懷恩又為天所殺，我曹豈肯與令公戰乎！」子儀因說之曰：「吐蕃無道，乘我國有亂，不顧舅甥之親（八二），吞噬我邊鄙，焚蕩（八三）我畿甸，其所掠之財，不可勝載（八四），馬牛雜畜，長（八五）數百里，瀰漫（八六）在野，此天以賜汝也。全師而繼好（八七），破敵以取富，為汝計，孰便於此（八八）！不可失也（八九）。」藥葛羅曰：「吾為懷恩所誤（九〇），負公誠深，今請為公盡力擊吐蕃，以謝過。然懷恩之子，可敦兄弟也，願捨之，勿殺。」子儀許之。回紇觀者為兩翼稍前，子儀麾下亦進，子儀揮手却之，因取酒與其酋長共飲，藥葛羅使子儀先執酒為誓，子儀酹(九一)地曰：「大唐天子萬歲，回紇可汗亦萬歲，兩國將相亦萬歲，有負約者，身隕陳前(九二)，家族滅絕(九三)。」盃至，藥葛羅亦酹地曰：「如令公誓。」於是諸酋長皆大喜曰：「鄉以二巫師從軍，巫言此行甚安隱(九四)，不與唐戰，見一大人而還，今果然矣。」子儀遺之綵三千匹，酋長分以賞巫，子儀竟與定約而還。吐蕃聞之，夜引兵遁去，回紇遣其酋長石野那等六人，入見天子，藥葛羅帥眾追吐蕃，子儀使白元光帥精騎與之俱，癸酉，戰於靈臺西原(九五)，大破之，殺吐蕃萬計，得所掠士女四千人，丙子，又破之於涇州東。

【考異】實錄曰：「十月，吐蕃退至邠州，與回紇相遇，復合從為寇，辛酉，寇奉天，乙亥，回紇以懷恩死，貳於吐蕃，丁丑，郭子儀單騎，詣回紇軍，免冑，與回紇大將語，責以負約，遂與之盟，己卯，回紇首領石野那等六人來朝，庚辰，子儀遣白元光帥精銳，會回紇兵數千人，大破吐蕃十餘萬眾於靈臺縣之西原。」汾陽家傳曰：「十月八日，吐蕃回紇、合圍涇陽，屯於北原，其夜，公使方面各除道二，詰朝將戰，明日，寇又至，兵甲益盛。公使衙前將李光瓚等，出諭之，亦不受，請決戰。公以虜騎勁，亦以眾寡不敵，孤軍無救，使闢軍門，躍一騎而出，兵部郎中馬錫，主客員外郎陳翃，時以一騎從，回紇合胡祿都督藥葛羅宰相，立於陣前，持滿相向，公前叱之云云，藥葛羅等惘然懷慙，伏而請罪，因與之盟。吐蕃聞之，夜半，抽兵而逸，回紇藥葛羅等遽追之，公使白元光等繼之，十五日，至靈臺，破尚結息一十萬眾，十八日於涇州東，又破之。」舊子儀傳曰：「子儀自河中至，屯於涇陽，而虜騎已合，子儀一軍萬餘人，而雜虜圍之數重，子儀使李國臣高昇拒其東，魏楚玉當其南，陳迴光當其西，朱元琮當其北，子儀帥甲騎二千，出沒於左右前後，虜見而問曰，此誰也？報曰，郭令公也，回紇曰，令公存乎？僕固懷恩言天可汗已棄四海，令公亦謝世，中國無主，故從其來，今令公存，天可汗存乎？報之曰，皇帝萬壽無疆。回紇皆曰，懷恩欺我。子儀又使諭之云云，回紇曰，謂令公亡矣，不然，何以至此！令公誠存，安得而見之？

子儀將出，諸將諫，子儀曰，今力固不敵，且至誠感神，況虜輩乎！」回紇傳曰：「吐蕃將馬重英等，十月初引退，取邠州舊路而歸，回紇首領羅達干等帥其眾二千餘騎，詣涇陽，請降，子儀許之，率眾被甲持滿數千人，回紇譯曰，此來非惡心，要見令公。子儀曰，我令公也。回紇曰，請去甲。子儀便脫兜鍪槍甲，竦馬挺身而前，回紇酋長相顧曰，是也，便下馬羅拜，子儀亦下馬，執回紇大將合胡祿都督藥葛羅等手，責讓之，曰，國家知回紇有功，報汝大厚，汝何負約犯我王畿，我須與汝戰，何乃降為？我一身挺入汝營，任心拘縶，我下將士，須與汝戰。回紇又譯曰，懷恩負心，來報可汗云，唐國天子，今已向江淮，令公亦不主兵，我是以敢來，今知天可汗見在上都，令公為將，懷恩天又殺之，今請追殺吐蕃，收其羊馬，以報國恩。」邠志曰：「十月二十四日，回紇逼涇陽，陣於郭西，使漢語者曰，城中誰將？軍吏對曰，郭令公也。虜曰，郭令公亡矣，紿我也。郭公聞之，獨與家童五六人，常服相詣，其子晞等扣馬止之，公撾其手曰，去使人告虜，按轡就之，回紇熟視曰，是也，下馬皆拜曰，始者不知令公尚在，今日降可乎？郭公入其眾，取酒飲之，虜又請曰，恐不見信，願擊吐蕃，以自效，郭公從之。回紇擊吐蕃，逐之，三十日，敗蕃眾於靈臺，殺萬餘人而去。」按長歷十月己未朔，二日辛酉，十九日丁丑，如實錄所言，豈有回紇吐蕃數十萬眾入京畿，留十七日，而寂無攻戰之一事乎？當是時，陳翃在子儀軍中，所記月日，近得其實，今二虜圍涇陽，及子儀與回紇盟，及破吐蕃月日，皆從汾陽家傳，事則兼采眾書，擇其可信者取之。丁丑，僕固懷恩將張休藏等降，辛巳，詔罷親征，京城解嚴。

(卌四)初，肅宗以陝西節度使郭英乂領神策軍，使內侍魚朝恩監其軍，英乂入為僕射，朝恩專將之，及上幸陝，朝恩舉在陝兵與神策軍迎扈(九六)，悉號神策軍，天子幸其營，及京師平，朝恩遂以軍歸禁中，自將之，然尚未得與北軍(九七)齒(九八)。至是朝恩以神策軍從上屯苑中，其勢寖(九九)盛，分為左右廂(一〇〇)，居北軍之右(一〇一)矣。

(卌五)郭子儀以僕固名臣、李建忠等皆懷恩驍將(一〇二)，恐逃入外夷，請招之。名臣，懷恩之姪也，時在回紇營，上勑并舊將有功者，皆赦其罪，令回紇送之㉓。壬午，名臣以千餘騎來降，子儀使開府儀同三司慕容休貞以書諭㉔党項帥鄭庭、郝德等，皆詣鳳翔降。

(廿六)甲申，周智光詣闕獻捷，再宿，歸鎮，智光負專殺之罪㉕未治，上既遣而悔之。

(廿七)乙酉，回紇胡祿都督等㉖二百餘人入見，前後贈賚繒帛十萬匹，府藏空竭，稅百官俸以給之。

【今註】㈠正月，癸卯朔，改元：按新《舊唐書・代宗紀》，癸卯皆作癸巳，當改從之。㈡加陳、鄭、澤、潞節度使李抱玉鳳翔隴右節度使：李抱玉時以陳鄭澤潞行營兵，屯京西，故加鳳翔隴右節度使。㈢山東：此乃指太行山以東言。㈣兵衝：軍事衝要之地。㈤之餘：猶之後。㈥贍軍：《舊唐書・李抱真傳》作：「養軍士。」是其的釋。㈦選一壯者：〈抱真傳〉作：「選其一有材力者。」是壯乃指有材力而言。㈧都試：〈抱真傳〉作：「會試。」二者皆係合意。㈨比：及。㈩稟給：公家供給之糧料。⑪為諸道：太宗元年分天下為十道，故言諸道。⑫抱真以山東有變……澤潞步兵為諸道最：按此段乃本《舊唐書・李抱真傳》。⑬寇富平，焚定陵殿：定陵，中宗陵。《新唐書・地理志》一：「定陵，在京兆府富平縣西北十五里龍泉山。」凡陵有寢有殿，後曰寢，前曰殿。⑭儀王璲：玄宗子。⑮命左僕射裴冕……十三人，於集賢殿待制：胡三省曰：「永徽中，命弘文館學士二人，日待制於武德殿西門，文明元年，詔京官五品以上清官，日一人，待制於章善明福門，先天末，又命朝集使六品以上二人，隨仗待制。時勳臣罷節制，無職事，令待制於集賢殿門。」⑯容：容忍。⑰錄：錄用。⑱名：名義。⑲實：事實。⑳鉗口：猶緘口。㉑飽食相招為祿仕：謂酒食徵逐，以相援引。㉒鯁：鯁直。㉓今師興不息，十年矣：玄宗天寶十四載，安祿山反，至是十年。㉔空於杼軸：謂婦人不得紡織。㉕第館亙街陌：謂第宅館宇，亘於街衢。㉖厭：足。㉗就役：從事徭役。㉘剝膚及髓：謂剝削酷厲。㉙椎剽：謂盜賊以杖害人，及剽劫財物。㉚詰：問。㉛官亂：官吏之職守紊亂。㉜墮：猶怙嬉。㉝百揆：胡三省曰：「此所謂百揆，蓋言百官之事也。」㉞隳刺：隳廢乖刺。㉟沸粥紛麻：二者皆喻亂貌。㊱茹毒：呑茹酷毒。㊲窮：困窮。㊳僕固：指僕固懷恩。㊴虞：憂。㊵洎：至。㊶番禺：今廣東省番禺縣，音潘愚。㊷鼠竊之盜：謂小盜也。㊸兵不為解：兵不解甲歸田。㊹貨：貨財。㊺阨：疑當作扼，謂扼守也。㊻俾：使。㊼其餘：謂其餘卒。㊽扉履屨：扉、草屩，屨、麻作之履，屨音句，皆軍士所著用者。㊾疲：疲弊。㊿租：謂租稅。(51)率土：謂四方之內。(52)興唐寺：《唐會要》：「興唐寺、在大寧坊，神龍元年，太平公主為天后立為罔極寺，開元二十年，改為興唐寺。」(53)不虞：胡三省曰：「猶不備。」(54)覘：覘候。(55)榷酤：謂禁民酤釀，官獨開置，以專其利。音覺。(56)菽：眾豆之總名，音叔。(57)末種：謂末下種。(58)責：責問。(59)營利：謂營利之情形。(60)諝，寬之子：裴寬事玄宗。(61)武三鎮劍南：胡三省曰：「按至德元載，收長安，以武為劍南東川節度使，上皇誥以劍南兩川合為一道，拜武成都尹，充劍南節度使，既召入朝，去年復以武鎮劍南，凡再鎮劍南，前後三受命耳。廣德二年考異謂：『東西川非上皇誥所合者。』蓋至德二載，分劍南為東西川，是年上皇還京師，則合東西川為一道，必非上皇誥。通鑑乾元元年，書嚴武貶巴州，寶應元年，書以兵部侍郎嚴武為西川節度使，廣德二年，書合東西川，以黃門侍郎嚴武為節度使。據通鑑所書，武蓋再鎮劍南，今曰三鎮劍南，則是先嘗除東川，乃可言三。通鑑既不取新舊二書，宜不書除東川一節，然言武三鎮劍南，更須博考。按下卷書武用崔旰事，亦只再鎮劍南耳。唐書蓋因杜甫詩有主恩前後三持節之語，致有此誤。」（六二）梓州：屬劍南道。（六三）副意：稱意。（六四）吾今始免為官婢矣：謂不以子獲罪，而沒為官奴婢也。（六五）稔：穀熟。（六六）十畝收其一：謂十畝收其一畝。（六七）畿內麥稔……此古什一之法也，上從之：按此段乃錄自《舊唐書・代宗紀》，字句大致相同。（六八）平盧節度使侯希逸鎮淄青：侯希逸鎮淄青，始上卷上元二年。（六九）遊畋：遨遊田獵。（七〇）營：營造。（七一）解其軍職：謂不得領兵。（七二）平盧節度使侯希逸……詔赦之，召還京師：按此段乃錄自《舊唐書・侯希逸傳》。（七三）鄭王邈：皇子。（七四）完城：完治城隍。（七五）姑息：謂苟容取安。（七六）羈縻：馬絡頭曰羈，牛靷曰縻，乃繫聯之意。（七七）吳興：今浙江省吳興縣。（七八）散求之：分散至各處求之。（七九）壽州：據《舊唐書・地理志》三，壽州屬淮南道。（八〇）按驗：按問考驗。（八一）少陽院：胡三省曰：「大明宮有少陽院，太子居之。」（八二）鞭殺之：以鞭擊殺之。（八三）百高座：《舊唐書・代宗紀》作：「百尺高座。」是其的釋。（八四）資聖西明兩寺：《唐會要》：「資聖寺在崇仁坊，本長孫無忌宅，龍朔三年，為文德皇后資福，立為尼寺，咸亨四年，復為僧寺。西明寺在延康坊，本越國公楊素宅，貞觀中賜濮王泰，泰死，乃立為寺。」(八五)仁王經：仁王係指印度當時十六大國之國王也。經中說國家有受持講說此經者，則災害不生，萬民康樂。故與《法華經》、《金光明經》合稱為護國三部經。(八六)寶輿：以珍寶鑲嵌之車。(八七)鹵簿：儀仗。(八八)光順門：《唐六典》卷七：「大明宮、紫宸殿之南面紫宸門，左曰崇明門，右曰光順門。」(八九)趣：《說文通訓定聲》：「趣通趨。」(九〇)不可易也：不可輕易視之。(九一)滑濮李光庭：按《舊唐書・郭子儀傳》，述此戰役之將領，有李光進而無李光庭。又同書〈代宗紀〉、〈李光弼傳〉及〈李光進傳〉，俱言光進為渭北節度使，足知光庭乃光進之訛，而滑濮又係渭北之誤。(九二)不時：謂不即時。(九三)擊毬：擊毬又名蹴鞠，劉向《別錄》：「蹴鞠，黃帝所造，或云起於戰國。古人蹋蹴以為戲。」其毬之構造，《漢書・霍去病傳》注云：「鞠以皮為之，實以毛，蹴蹋而戲。」至其蹴法，則《唐音癸籤》言之甚晰，文云：「唐變古蹴鞠戲為蹴毬，其法，植修竹，高數丈，絡網於上，為門以度毬，毬工分左右朋，以角勝負。」(九四)治行：謂治行裝。(九五)必擇日：必擇吉日。(九六)勒兵：引兵。(九七)就道：猶上道。(九八)嗚沙：據《新唐書・地理志》一，嗚沙縣屬關內道、威州。(九九)再引胡寇：去年及今年之寇。(一〇〇)為之隱：《舊唐書・僕固懷恩傳》作：「為之隱惡。」是所隱者，乃為惡也。(一〇一)懷恩不反：謂懷恩本不欲反。(一〇二)所誤：所註誤。(一〇三)嬰城：猶據城。(一〇四)諸司長官：胡三省曰：「六曹有尚書，寺有卿，監有監，皆為諸司長官。」(一〇五)驍騎：驍勇之騎兵。(一〇六)披靡：謂兵士潰敗。(一〇七)挾：以腋挾持之。(一〇八)鋒鏑：兵刃及矢箭。(一〇九)斂：收。(一一〇)合：相交鋒曰合。(一一一)涇陽：今陝西省涇陽縣。(一一二)雲陽：據《新唐書・地理志》一，雲陽縣屬關內道、京兆府。㉓索：搜索。㉔括：搜括。㉕皆衣皁：皁，黑色，皆衣皁，謂皆著兵士之服。㉖團結為兵：謂合結以為部伍。㉗城門皆塞二開一：按《舊唐書・代宗紀》作：「塞京城二門之一。」知所塞者乃京城之門，而非皇城及宮城之門。又按《唐六典》卷七，京城有南面、東面、西面三面之門，每面各為三門。是塞二開一，乃每面各塞其二門，而僅留其一門，夫如此，則無怪士民以大駭之故，而不得不踰垣鑿竇而逃矣。㉘鑿竇：於城垣穿鑿洞穴。㉙禁：禁止。㉚罷百高座講……吏不能禁：按此段乃錄自《舊唐書・代宗紀》，字句大致相同。㉛不一：謂不同。㉜立班：立於班列。㉝閤門：胡三省曰：「閤門，謂東西上閤門也。」㉞怱從：猶怱率。㉟操：持。㊱錯愕：錯亂驚愕。㊲抗聲曰：謂高聲大言曰。㊳勑使：胡三省曰：「唐人謂宦官為勑使。」㊴反：造反。㊵勠力：合力。㊶脅天子：脅迫天子。㊷驚沮：驚懼沮喪。㊸考異曰：「新魚朝恩傳：『持兵，出曰，虜犯都甸，欲幸洛』」：按《新唐書・魚朝恩傳》，虜下有數字，《通鑑》上文亦言吐蕃數犯郊畿，數字不可少，當從添。㊹白水：據《舊唐書・地理志》一，白水縣屬同州。㊺蒲津：《新唐書・地理志》三：「河東道、河中府、河西縣，有蒲津關，一名蒲坂。」㊻蹂：踐踏。㊼邀擊：攔擊。㊽澄城：澄城縣屬同州。㊾逐北至鄜州：逐北，謂追逐敗北者。《九域志》：「鄜州東南至同州，四百一十四里，澄城縣在同州北九十里，坊州北至鄜州一百一十里。」鄜音夫。㊿周智光引兵邀擊……焚坊州廬舍三千餘家：按此段乃錄自《舊唐書・周智光傳》，字句大致相同。(51)北原：涇陽北原。(52)睦：和睦。(53)牙將：胡三省曰：「牙將者、牙前將，領統帥親兵。」(54)紿：欺。(55)難以力勝：謂難以兵力取勝。(46)契約：謂友契。(47)挺身：猶奮身，謂不畏懼也。(48)下：猶從。(49)鐵騎：勁鍊之騎卒。(50)衞從：護衞隨從。(51)適：恰。(52)扣：猶攔。(53)為虜餌：謂為虜之誘餌。(54)幸：僥幸。(55)見從：相從。(56)四海：與天下意同。(57)身沒：身亡。(58)曰去：謂令其離開。(59)傳呼：猶傳語。(60)令公：子儀時為中書令，故傳呼令公。(61)都督藥葛羅：按《舊唐書・回紇傳》，皆作藥羅葛。(62)注矢：謂加箭於弓弦之上。(63)胄：兜鍪。(64)甲：鎧甲。(65)投槍：投槍於地。(66)顧：顧視。(67)羅拜：羅列而拜。(68)讓：責，惟程度較輕。(69)報：報酬。(70)薄：菲薄。(71)奈何：如何。(72)負約：違負盟約。(73)畿縣：胡三省曰：「唐京都屬縣，附城之縣為赤，為次赤，如昭應、奉天，醴泉等縣為次赤，餘為畿縣。」(74)何其愚也：意謂誠甚愚也。(75)懷恩叛君棄母：謂懷恩阻兵汾絳，既而叛歸靈武，棄母於汾州。(76)於汝國何有：謂於汝國何益之有。(77)致死：致死力。(78)天可汗：胡三省曰：「自貞觀中，四夷君長請太宗為天可汗，是後夷人率謂天子為天可汗。」(79)晏駕：死之代語。(80)捐館：亦死之代語。(81)上都：謂長安。(82)舅甥之親：吐蕃尚唐公主，為舅甥之國。(83)焚蕩：焚燒搖蕩。(84)勝載：猶勝計。(85)長：謂綿亘。(86)瀰漫：徧滿。(87)全師而繼好：謂保全師旅，而繼續友好之誼。(88)孰便於此：謂何有便於此者。(89)不可失也：謂此機不可失也。(90)所誤：所遺誤。(91)酹：以酒沃地曰酹。(92)身隕陣前：謂身死於戰陣之前。(93)滅絕：滅亡斷絕。(94)隱：讀曰穩，唐代安穩多書作安隱。(95)靈臺西原：按《舊唐書・回紇傳》作：「靈臺縣西五十里赤山嶺。」(96)迎扈：迎駕及扈從。(97)北軍：謂北門六軍。(98)齒：並列。(99)寖：漸。(100)廂：邊。(101)北軍之右：

謂北軍之上。㉛驍將：驍勇之將軍。㉜送之：謂送還之。㉝諭：曉諭。㉞負專殺之罪：謂殺張璘及杜冕家屬之罪。㉟回紇胡祿都督等：按上文作大帥合胡祿，《舊唐書・回紇傳》亦同，當從添合字。

卷二百二十四　唐紀四十

司馬光編集
曲守約　註

起旃蒙大荒落閏月，盡昭陽赤奮若，凡八年有奇。（乙巳至癸丑，西元七六五年至七七三年）

代宗睿文孝武皇帝中之上

永泰元年（西元七六五年）

㈠閏十月，乙巳，郭子儀入朝。子儀以靈武初復，百姓彫弊㈠，戎落未安，請以朔方軍糧使㈡、三原路嗣恭鎮之；河西節度使楊志烈既死㈢，請遣使巡撫㈣河西，及置涼、甘、肅、瓜、沙等州長史㈤，上皆從之。

㈡丁未，百官請納職田充軍糧㈥，許之。

㈢戊申，以戶部侍郎路嗣恭為朔方節度使，嗣恭披荊棘，立軍府㈦，威令大行。

㈣己酉，郭子儀還河中。

㈤初，劍南節度使嚴武奏將軍崔旰為利州㈧刺史，時蜀中新亂，山賊塞路(九)，旰討平之，及武再鎮劍南，賂山南西道節度使張獻誠以求旰，獻誠使旰移疾(一〇)自解(一一)，詣武，武以為漢州(一二)刺史，使將兵擊吐蕃於西山，連拔其數城，攘地(一三)數百里，武作七寶輿(一四)，迎旰入成都，以寵(一五)之。武薨，行軍司馬杜濟知(一六)軍府事，都知兵馬使郭英幹，英乂之弟也，與都虞候郭嘉琳共請英乂為節度使。旰時為西山都知兵馬使，與所部共請大將王崇俊為節度使，會(一七)朝廷已除英乂，英乂由是銜之，至成都數日，即誣崇俊以罪，而誅之，召旰還成都，旰辭以備吐蕃(一八)，未可歸；英乂愈怒，絕其餽餉(一九)以困之。旰轉徙入深山，英乂自將兵攻之，聲言(二〇)助旰拒守，會大雪，山谷深數尺，士馬凍死者甚眾，旰出兵擊之，英乂大敗，收餘兵纔及千人而還，英乂為政嚴暴驕奢，不恤(二一)士卒，眾心離怨(二二)。玄宗之離蜀也，以所居行宮為道士觀，仍鑄金為真容(二三)，英乂愛其竹樹茂美，奏為軍營，因徙去真容，自居之。旰宣言：「英乂反，不然，何以徙真容自居其處？」於是帥所部五千餘人襲成都，辛巳，戰於城西，英乂大敗，旰遂入成都，屠英乂家，英乂單騎奔簡州㉔，普州㉕刺史韓澄殺英乂，送首於旰㉖。邛州㉗牙將栢茂琳、瀘州㉘牙將楊子琳、劍州㉙牙將李昌巎，各舉兵討旰，蜀中大亂。旰，衞州人也。

㈥華原令顧繇上言：「元載子伯和等招權㉚受賄㉛。」十二月，戊戌，繇坐流錦州㉜。

㈦自安史之亂，國子監室堂頹壞，軍士多借居之，祭酒蕭昕上言：「學校不可遂廢㉝。」

【今註】㈠彫弊：彫落困弊。㈡軍糧使：即糧料使。㈢楊志烈既死：志烈死見上卷廣德二年。㈣巡撫：巡行安撫。㈤等州長史：《舊唐書・職官志》三：「上州長史一人，從五品上，中州長史一人，正六品上。別駕、長史、司馬掌貳府州之事，以綱紀眾務，通判列曹，歲終則更入奏計。」㈥百官請納職田充軍糧：《新唐書・食貨志》五：「武德元年，文武官、一品有職分田十二頃，二品十頃，三品九頃，四品七頃，五品六頃，六品四頃，七品三頃五十畝，八品二頃五十畝，九品二頃，皆給百里內之地。諸州都督、都護、親王府官，二品十二頃，三品十頃，四品八頃，五品七頃，六品五頃，七品四頃，八品三頃，九品二頃五十畝。鎮戍、關津、岳瀆官，五品五頃，六品三頃五十畝，七品三頃，八品二頃，九品一頃五十畝。三衞、中郎將、上府折衝都尉六頃，中府五頃五十畝，下府及郎將五頃；上府果毅都尉四頃，中府三頃五十畝，下府三頃，上府長史別將三頃，中府下府二頃五十畝，親王府典軍五頃五十畝，副典軍四頃，千牛備身、左右太子千牛備身三頃，折衝上府兵曹二頃，中府下府一頃五十畝，外軍校尉一頃二十畝，旅帥一頃，隊正副八十畝。」㈦立軍府：據《舊唐書・地理志》一，朔方節度使統經略、豐安、定遠、西受降城、東受降城、安北都護、振武等七軍。所云軍府，即指此而言，雖永泰時諸地已多淪失，而其名稱，當仍如舊時也。㈧利州：據《舊唐書・地理志》二，利州屬山南西道，治綿谷。㈨塞路：謂壅絕道路。㈩移疾：移奏稱疾。⑪自解：自解印綬。⑫漢州：《舊唐書・地理志》四：「劍南道、漢州，垂拱二年，分益州五縣置漢州，天寶元年改為德陽郡，乾元元年復為漢州。」⑬攘地：奪占土地。⑭七寶輿：以係七種珍寶所鑲飾之車，故名。⑮寵：榮寵。⑯知：掌管。⑰會：逢。⑱辭以備吐蕃：謂以備吐蕃為藉辭。⑲餽餉：餽亦餉也，音喟。⑳聲言：猶揚言。㉑恤：存恤。㉒離怨：攜離怨望。㉓真容：肖像。㉔簡州：《舊唐書・地理志》四：「劍南道、簡州，隋蜀郡之陽安縣，武德三年分益州置，取界內賴簡池為名。」㉕普州：同志四：「劍南道、普州，隋資陽郡之安岳縣，武德二年，分資州之岳隆、康居、普慈四縣，置普州。」㉖時蜀中新亂……韓澄殺英乂，送首於旰：按此段乃錄自《舊唐書・崔寧傳》，字句大致相同。㉗邛州：同書〈地理志〉四：「劍南道、邛州，隋臨邛郡之依政縣，武德元年置邛州。」音ㄑㄩㄥˊ。㉘瀘州：同志四：「劍南道、瀘州，隋瀘川郡，武德元年，改為瀘州。」㉙劍州：同志四：「劍南道、劍州，隋晉安郡，武德元年改為始州，先天二年，改始州為劍州。」

㊂招權：招攬權勢。㊃受賄：納受賄賂。㊄錦州：《舊唐書・地理志》三：「江南道、錦州，垂拱二年，分辰州麻陽縣地並開山洞置，至京師三千五百里。」㊅遂廢：謂竟廢，意為若停廢之，則殊不合理。

大曆元年㈠（西元七六六年）

㈠春，正月，乙酉，敕復補㈡國子學生。

㈡丙戌，以戶部尚書劉晏為都畿、河南、淮南、江南、湖南、荊南、山南東道轉運常平鑄錢鹽鐵等使㈢，侍郎第五琦為京畿、關內、河東、劍南、山南西道轉運等使，分理天下財賦。

㈢周智光至華州㈣，益驕橫，召之不至，上命杜冕從張獻誠於山南以避之，智光遣兵於商山邀㈤之，不獲，智光自知罪重，乃聚亡命㈥無賴子弟，眾至數萬，縱㈦其剽掠，以悅其心，擅㈧留關中所漕米㈨貳萬斛，藩鎮貢獻，往往殺其使者而奪之。

㈣二月，丁亥朔，釋奠於國子監㈩，命宰相帥常參官⑪，魚朝恩帥六軍諸將往聽講，子弟皆服朱紫為諸生，朝恩既貴顯，乃學講經為文⑫，僅能執筆，辨章句⑬，遽⑭自謂才兼文武，人莫敢與之抗。辛卯，命有司修國子監。

㈤元載專權，恐奏事者攻訐⑮其私⑯，乃請百官，凡論事皆先白⑰長官，長官白宰相，然後奏聞，仍以上旨諭⑱百官曰：「比日⑲、諸司奏事煩多，所言多讒毀，故委長官宰相先定⑳其可否㉑。」刑部尚書顏真卿上疏，以為：「郎官㉒御史㉓，陛下之耳目，今使論事者先白宰相，是自掩㉔其耳目也。陛下患㉕羣臣之為讒，何不察其言之虛實，若所言果虛，宜誅之，果實，宜賞之，不務㉖為此，而使天下謂陛下厭㉗聽覽之煩，託㉘此為辭，以塞諫爭之路，臣竊為陛下惜㉙之。太宗著門司式㉚云：『其無門籍㉛人，有急奏者，皆令門司與仗家引奏，無得關礙㉜。』所以防壅蔽也。天寶以後，李林甫為相，深疾㉝言者，道路以目㉞，上意不下逮，下情不上逮㉟，蒙蔽喑嗚㊱，卒成幸蜀之禍，陵夷㊲至於今日，其所從來者漸矣。夫人主大開不諱㊳之路，羣臣猶莫敢盡言，況今宰相大臣裁而抑之㊴，則陛下所聞見者，不過三數㊵人耳，天下之士，從此鉗口結舌(四一)。陛下見無復言者，以為天下無事可論，是林甫復起(四二)於今日也。昔林甫雖擅權，羣臣有不諮(四三)宰相，輒奏事者，則託以他事陰中傷之(四四)，猶不敢明令百司奏事，皆先白宰相也。陛下儻不早寤(四五)，漸成孤立，後雖悔之，亦無及矣。」載聞而恨之，奏真卿誹謗，乙未，貶峽州(四六)別駕。

(六)己亥，命大理少卿楊濟修好於吐蕃。

(七)壬子，以杜鴻漸為山南西道、劍南、東西川副元帥，劍南、西川節度使，以平蜀亂。

(八)以四鎮、北庭行營節度使馬璘兼邠寧節度使。璘以段秀實為三使都虞候(四七)。卒有能引弓重二百四十斤者，【考異】舊傳作能引二十四弓，今從段公別傳。犯盜(四八)當死，璘欲生之，秀實曰：「將有愛憎而法不一(四九)，雖韓彭不能為理(五〇)。」璘善其議，竟殺之。璘處事或不中理(五一)，秀實力爭之，璘有時怒甚，左右戰栗(五二)，秀實曰：「秀實罪若可殺，何以怒為！無罪殺人，恐涉非道(五三)。」璘拂衣起(五四)，秀實徐步而出，良久，璘置酒召秀實謝之，自是軍州事皆咨(五五)秀實而後行，璘由是在邠寧，聲稱(五六)殊美。

(九)癸丑，以山南西道節度使張獻誠兼劍南東川節度使，邛州刺史栢茂琳為邛南防禦使(五七)，以崔旰為茂州刺史，充西山防禦使。三月，癸未，獻誠與旰戰於梓州(五八)，獻誠軍敗，僅以身免，旌節(五九)皆為旰所奪。

(十)夏，五月，河西節度使楊休明徙鎮沙州(六〇)。

(十一)秋，八月，國子監成，丁亥，釋奠，魚朝恩執易升高座，講鼎覆餗以譏宰相(六一)，王縉怒，元載怡然，【考異】是時縉留守東都，而得預此會者。按實錄：「明年二月郭子儀入朝，詔元載王縉宴於其第。」然則，雖守東都，有時朝京師也。朝恩謂人曰：「怒者常情(六二)，笑者不可測(六三)也。」

(十二)杜鴻漸至蜀境，聞張獻誠敗而懼，使人先達意(六四)於崔旰，許以萬全(六五)，旰卑辭重賂以迎之，鴻漸喜，進至成都，見旰但接以溫恭(六六)，無一言責其幹紀(六七)，州府事悉以委旰，又數薦之於朝，因請以節制(六八)讓旰，以栢茂琳、楊子琳、李昌巙各為本州刺史(六九)。上不時已，從之。壬寅，以旰為成都尹、西川節度行軍司馬。

(十三)甲辰，以魚朝恩行內侍監(七〇)、判(七一)國子監事，中書舍人、京兆常袞上言：「成均(七二)之任，當用名儒，不宜以宦者領之。」丁未，命宰相以下送朝恩上(七三)。

(十四)京兆尹黎幹自南山引澗水，穿漕渠，入長安，功竟不成(七四)。

(十五)冬，十月，乙未，上生日(七五)，諸道節度使獻金帛器服(七六)珍玩駿馬為壽，共直緡錢二十四萬，常袞上言：「以為節度使非能男耕女織(七七)，必取之於人(七八)，歛怨求媚(七九)，不可長(八〇)也，請却(八一)之。」上不聽。

(十六)京兆尹第五琦什一稅法，民苦其重，多流亡(八二)。十一月，甲子，日南至(八三)，赦，改元(八四)，悉停什一稅法(八五)。

(十七)十二月，癸卯，周智光殺陝州監軍張志斌。智光素與陝州刺史皇甫溫不協(八六)，志斌入奏事，智光館之(八七)，志斌責其部下不肅(八八)，智光怒曰：「僕固懷恩不反，正由汝輩激(八九)之，我亦不反，今日為汝(九〇)反矣。」叱下(九一)斬之，臠食其肉。朝士舉選人(九二)畏智光之暴，多自同州竊過(九三)，智光遣將將兵邀之於路，死者甚眾。戊申，詔加智光檢校左僕射，遣中使余元仙持告身(九四)授之，智光慢罵(九五)曰：

「智光有大功於天下，國家不與平章事〔九六〕，而與僕射〔九七〕；且同華地狹，不足展材〔九八〕，若益以陝、虢、商、鄜、坊五州，庶〔九九〕猶可耳。」因歷數〔一〇〇〕大臣過失，且曰：「此去長安百八十里，智光夜眠不敢舒足，恐踏破長安城〔一〇一〕，至於挾〔一〇二〕天子，令諸侯，惟周智光能之。」元仙股慄〔一〇三〕，郭子儀屢請討智光，上不許。

(十八)郭子儀以河中軍食常乏，乃自耕百畝，將校以是為差〔一〇四〕，於是士卒皆不勸而耕〔一〇五〕，是歲河中野無曠土，軍有餘糧。

(十九)以隴右行軍司馬〔一〇六〕陳少遊為桂管〔一〇七〕觀察使〔一〇八〕。少遊，博州〔一〇九〕人也，為吏彊敏而好賄，善結權貴，以是得進，既得桂州，惡其道遠多瘴厲〔一一〇〕，宦官董秀掌樞密〔一一一〕，少遊請歲獻五萬緡〔一一二〕，又納賄於元載子仲武，內外引薦〔一一三〕，數日，改宣歙觀察使〔一一四〕。

【今註】㊀大歷元年：是年十一月方改元。㊁補：補充。㊂以戶部尚書劉晏為都畿、河南……轉運等使：按《舊唐書・代宗紀》作：「以劉晏充東都京畿轉運等使，第五琦充京畿關內轉運等使。」是都畿乃東都京畿之省稱，而所指者，乃僅為東都洛陽也。㊃周智光至華州：周智光還華州，見上卷上年。㊄邀：攔截。㊅亡命：謂無名籍者。㊆縱：恣。㊇擅：專輒。㊈漕米：由水路所運之米。⑩釋奠於國子監：《新唐書・禮樂志》五：「其中春中秋，釋奠于文宣王、武成王，皆以上丁上戊，國學以祭酒、司業、博士三獻。」⑪常參官：胡三省曰：「常參官、常朝日常赴朝參者也。唐制，文官五品以上及兩省供奉官、監察御史、員外郎、太常博士日參，號常參官；武官三品以上，三日一朝，號九參官；五品以上及新行當番者，五日一朝，號六參官；弘文、崇文館、國子監學生，四時參。凡諸王入朝及以恩追至者，日參，其文武官職事九品以上及二王後，則朝朔望而已。」⑫講經為文：《舊唐書・魚朝恩傳》作：「講授經籍，作為文章。」是其詳釋。⑬辦章句：辦當作辨。同傳作：「釋義。」是辨章句即解釋意義之謂。⑭遽：立。⑮訐：攻人之陰私，音揭。⑯私：陰私。⑰白：告。⑱諭：告諭。⑲比日：近日。⑳定：判定。㉑可否：謂可否奏聞。㉒郎官：指尚書省所領之二十四司，每司各有郎中及員外郎之官。㉓御：指御史臺侍御史、殿中侍御史及監察御史而言。㉔掩：掩蔽。㉕患：憂。㉖務：事。㉗厭：厭倦。㉘託：假託。㉙惜：惋惜。㉚門司式：胡三省曰：「唐式三十三篇，以尚書省諸曹、及秘書、太常、司農、光祿、太府、太僕、少府、及監門、宿衞、計帳為其篇目。」此門司式當屬於監門式之內。㉛門籍：胡三省曰：「唐制、門籍、流內記官爵姓名，流外記年齒狀貌，月一易其籍，非遷解不除。無門籍者，有急奏，則令門司與仗家引奏。仗家、宿衞五仗之執事者。」㉜關礙：通報及阻礙。㉝疾：恨。㉞道路以目：謂其深疾言者之結果，道路之人，皆只能以目示意，而不敢言語。㉟上意不下逮，下情不上逮：按《舊唐書・顏真卿傳》作：「上意不下宣，下情不上達。」不相重複，較佳。㊱喑嗚：史炤曰：「喑嗚、語暗啞不明。」㊲陵夷：猶陵替。㊳不諱：謂直言無所忌諱。㊴裁而抑之：裁制而抑塞之。㊵三數：謂三四左右，此乃不定數之狀辭也。㊶鉗口結舌：俱謂不敢言也。㊷復起：猶復起用。㊸諮：諮問。㊹陰中傷之：謂暗射傷之。㊺寤：覺寤。㊻峽州：《舊唐書・地理志》二：「山南東道硤州，隋夷陵郡，武德二年置硤州，在京師東南一千八百十八里。」峽硤通。㊼三使都虞候：三使謂四鎮、北庭及邠寧。㊽犯盜：犯盜竊之罪。㊾將有愛憎而法不一：按《舊唐書・段秀實傳》作：「將有私愛，則法令不一。」以法令不一，為私愛之後果，較佳。㊿雖韓彭不能為理：按〈段秀實傳〉，韓彭作韓白，謂韓信與白起也，六朝著述，多以韓白連稱，此亦當從之。(51)中理：猶合理。(52)戰栗：栗通慄，謂戰懼抖慄。(53)非道：謂不合道理。(54)拂衣起：謂不歡而拂衣起身離去。(55)咨：諮詢。(56)聲稱：猶名譽。(57)邛南防禦使：胡三省曰：「邛南、邛水以南也，邛水出嚴道邛崍山，入青衣江。」(58)三月，癸未，獻誠與旰戰於梓州：按《舊唐書・代宗紀》，癸未作辛未。(59)旌節：旌旗符節。(60)河西節度使楊休明徙鎮沙州：胡三省曰：「涼州淪陷故也。」(61)講鼎覆餗以譏宰相：《易・鼎》：「鼎折足，覆公餗。」疏：「餗，糝也，八珍之膳，鼎之實也，鼎足既折，則覆公餗也。」程傳：「鼎折足則傾覆公上之餗，餗，鼎實也。居大臣之位，當天下之任，而所用非人，至於覆敗，猶鼎之折足也。」程傳所言，尤與魚朝恩之含意相合。(62)怒者常情：謂對此生怒，乃人情之常。(63)不可測：謂其胸懷不可測度。(64)達意：通意。(65)萬全：謂絕對擔保無有他虞。(66)溫恭：謂和顏悅色。(67)責其幹紀：斥責其干犯紀綱。(68)節制：謂節度使。(69)以栢茂琳、楊子琳、李昌巎各為本州刺史：據《舊唐書・代宗紀》，係以栢茂琳為邛州刺史，楊子琳為瀘州刺史，李昌巎為劍州刺史。(七〇)行內侍監：謂行內侍監事。《舊唐書・職官志》三：「內侍省，隋為內侍省，煬帝改為長秋監，武德復為內侍，龍朔改為內侍監。」(七一)判：判斷。(七二)成均：胡三省曰：「五帝名學曰成均，垂拱元年，改國子監曰成均，義取此也，尋復其舊。常袞謂國子監為成均，亦猶今人言太學為辟雍耳。」(七三)送朝恩上：謂赴國子監就新職也，亦即上任之意。(七四)京兆尹黎幹自南山引澗水，穿漕渠，入長安，功竟不成：按《舊唐書・代宗紀》：「京兆尹黎幹以京城薪炭不給，奏開漕渠，自南山谷口入京城，至薦福寺東街，北抵景風延喜門，入苑，闊八尺，深一丈，渠成，是日上幸安福門以觀之。」此則言已成，說不相同。(七五)十月、乙未，上生日：胡三省曰：「開元十四年十月十三日，上生，以其日為天興聖節。」(七六)器服：器物衣服。(七七)非能男耕女織：謂非能自耕自織。(七八)於人：猶於民。(七九)歛怨求媚：聚百姓之怨望，以求媚幸於上。(八〇)不可長：謂此風不可令其滋長。(八一)却：退。(八二)流亡：流離逃亡。(八三)日南至：謂冬至。(八四)改元：改元大曆。(八五)悉停什一稅法：行什一稅，見上卷上年。(八六)不協：不合。(八七)志斌入奏事，智光館之：自陝州入奏事，道過華州，故館之。(八八)志斌責其部下不肅：按《舊唐書・周智光傳》作：「智光館給禮慢，志斌責其不肅。」是不肅乃指不敬而言。(八九)激：刺激。(九〇)為汝：為汝之故。(九一)叱下：叱左右牽下。(九二)舉選人：謂鄉縣所貢之士。(九三)竊過：偷自越過。(九四)告身：唐代授官之符，猶近所發之委任狀。(九五)慢罵：通作謾罵，惟《舊唐書》及《通鑑》，則率書作慢罵。(九六)平章事：其全稱為同中書門下平章事，乃宰相之職。(九七)僕射：《舊唐書・職官志》一，尚書左右僕射，從第二品。(九八)展材：施展材能。(九九)庶：庶幾，猶今言差不多。(一〇〇)數：責。(一〇一)不敢舒足，恐踏破長安城：舒，伸也，二句極喻相距之近。(一〇二)挾：挾持。(一〇三)股慄：慄當作慄，謂腿股戰慄。(一〇四)以是為差：謂以此數而分定等差。(一〇五)不勸而耕：謂不須勸督，而自行耕種。(一〇六)行軍司馬：《新唐書・百官志》四下：「行軍司馬掌弼戎政，居則習蒐狩，有役則申戰守之法，器械糧糒、軍籍賜予，皆專焉。」(一〇七)桂管：《舊唐書・地理志》四：「嶺南道、桂管十五州在廣州西，為桂、昭、富、梧、蒙、龔、潯、鬱林、平琴、賓、澄、繡、象、柳、融。」(一〇八)觀察使：《新唐書・百官志》四下：「節度使詣兵部辭見，觀察使亦如之。觀察使以豐稔為上考，省刑為中考，辨稅為下考。」《通鑑》大曆元年注引宋白曰：「乾元元年，停采訪使及諸道黜陟使，置觀察處置使。」(一〇九)博州：據《舊唐書・地理志》二，博州屬河北道。(一一〇)瘴厲：山林間溼熱蒸鬱而成之癘氣，人觸之即病。(一一一)樞密：謂掌樞紐近密之務。(一一二)緡：即貫。(一一三)內外引薦：董秀引薦於內，元載引薦於外。(一一四)宣歙觀察使：《舊唐書・地理志》一，宣州觀察使、治宣州，管宣歙池等州。又同志三，宣州屬江南西道。

二年（西元七六七年）

(一)春，正月，丁巳，密詔郭子儀討周智光，子儀命大將渾瑊、李懷光軍於渭上(一)，智光麾下聞之，皆有離心(二)，己未，智光大將李漢惠自同州帥所部降於子儀。壬戌，貶智光澧州㊂刺史。甲子，華州牙將姚懷、李延俊殺智光，以其首來獻。淮西節度使李忠臣入朝，以收華州為名，帥所部兵大掠，自潼關至赤水㊃，二百里間，財畜㊄殆盡，官吏有衣紙㊅，或數日不食者。己巳，置潼關鎮兵二千人。

㈡壬申，分劍南置東川觀察使㊆，鎮遂州。

㈢二月，丙戌，郭子儀入朝，上命元載、王縉、魚朝恩等互置酒㊇於其第，一會㊈之費至十萬緡，上禮重子儀，常謂之大臣㊉而不名。郭曖嘗與昇平公主爭言⑪，曖曰：「汝倚乃父為天子邪！我父薄天子不為⑫。」公主恚⑬，奔車⑭奏之，上曰：「此非汝所知，彼誠如是，使彼欲為天子，天下豈汝家所有邪！」慰諭令歸。子儀聞之，囚曖入待罪，上曰：「鄙諺有之：『不癡不聾，不作家翁⑮。』兒女子閨房之言，何足聽⑯也！」子儀歸杖曖數十。

㈣夏，四月，庚子，命宰相魚朝恩與吐蕃盟⑰於興唐寺。

㈤杜鴻漸請入朝奏事，以崔旰知西川留後，【考異】舊鴻漸傳云：「鴻漸仍帥旰同入覲。」寧傳云：「鴻漸請旰為行軍司馬，仍賜名寧，鴻漸歸，遂授寧西川節度使，至十四年，始入朝。」實錄亦無隨鴻漸入朝事，鴻漸傳誤也。六月甲戌，鴻漸來自成都，廣為⑱貢獻，因盛陳利害，薦旰才堪寄任，上亦務姑息，乃留鴻漸復知政事⑲。秋，七月，丙寅，以旰為西川節度使，杜濟為東川節度使，旰厚歛以賂權貴，元載擢旰弟寬至御史中丞，寬兄審至給事中。

㈥丁卯，魚朝恩奏以先所賜莊為章敬寺⑳，以資章敬太后冥福㉑，於是窮壯極麗，盡都市之財㉒不足用，奏毀曲江及華清宮館以給之，費逾萬億。衞州進士高郢上書，略曰：「先太后聖德，不必以一寺增輝㉓，國室永圖㉔，無寧以百姓為本㉕，捨人就寺，何福之為㉖！」又曰：「無寺猶可，無人其可乎㉗！」又曰：「陛下當卑宮室，以夏禹為法，而崇塔廟㉘，踵㉙梁武之風㉚乎！」又上書略曰：「古之明王，積善以致福，不費財以求福，修德以消禍，不勞人以禳㉛禍。今興造急促，晝夜不息，力不逮㉜者，隨以榜笞㉝，愁痛㉞之聲，盈於道路，以此望福㉟，臣恐不然。」又曰：「陛下迴正道㊱於內心，求微助於外物，徇左右之過計㊲，傷皇王(38)之大猷(39)，臣竊為陛下惜(40)之。」皆寢(41)不報(42)。【考異】鄴集，前書八月二十五日，後書九月十二日上，今因造寺，終言之。

(七)始上好祠祀(43)，未甚重佛，元載、王縉、杜鴻漸為相，三人皆好佛，縉尤甚，不食葷血(44)，與鴻漸造寺無窮(45)，上嘗問以佛言報應(46)，果為有無。載等奏以：「國家運祚(47)靈長(48)，非宿(49)植福業(50)，何以致之？福業已定，雖時有小災，終不能為害，所以安史悖逆方熾，而皆有子禍(51)，僕固懷恩稱兵(52)內侮(53)，出門病死，回紇吐蕃大舉深入，不戰而退，此皆非人力所及，豈得言無報應也。」上由是深信之，常於禁中飯僧(54)百餘人，有寇至則令僧講仁王經(55)以禳之，寇去則厚加賞賜，胡僧不空，官至卿監(56)，爵為國公(57)，出入禁闥(58)，勢移(59)權貴，京畿良田美利(60)，多歸僧寺。敕天下無得箠曳(61)僧尼，造金閣寺於五臺山(62)，鑄銅塗金為瓦(63)，所費鉅億。縉給中書符牒(64)，令五臺僧數十人，散之四方，求利以營(65)之。載等每侍上，從容(66)多譚佛事，由是中外臣民，承流(67)相化，皆廢人事，而奉佛，政刑日紊(68)矣。

(八)八月，庚辰，鳳翔等道節度使、左僕射平章事李抱玉入朝，固讓僕射，言辭確至(六九)，上許之；癸丑，又讓鳳翔節度使，不許。

(九)丁酉，杜鴻漸飯千僧，以使蜀無恙故也。

(十)九月，吐蕃眾數萬圍靈州，遊騎(七〇)至潘原、宜祿(七一)，詔郭子儀自河中帥甲士三萬鎮涇陽，京師戒嚴，甲子，子儀移鎮奉天。【考異】汾陽家傳：「八月十七日，吐蕃至涇西，二十七日，詔統精卒一萬，與馬璘合攻之。」今從實錄。實錄：「甲寅寇靈州，乙卯寇宜祿。」蓋據奏到日，今從唐歷。

(十一)山獠陷桂州，逐刺史李良。

(十二)冬，十月，戊寅，朔方節度使路嗣恭破吐蕃於靈州城下，【考異】唐歷：「九月、吐蕃圍靈武，戊申，嗣恭破吐蕃。」按長歷：「戊申，九月一日也。」今從實錄。斬首二千餘級，吐蕃引去(七二)。

(十三)十二月，庚辰，盜發郭子儀父冢，捕之不獲，人以為魚朝恩素惡子儀，疑其使之。子儀自奉天入朝，朝廷憂其為變，子儀見上，上語及之，子儀流涕曰：「臣久將兵，不能禁暴(七三)，軍士多發人冢，今日及此，乃天譴(七四)，非人事也。」朝廷乃安(七五)。

(十四)是歲，復以鎮西為安西(七六)。

(十五)新羅王憲英卒，子乾運立。

【今註】㊀渭上：渭水之旁。㊁離心：離貳之心。㊂澧州：《舊唐書・地理志》三：「江南道澧州，在京師東南一千八百九十三里。」㊃赤水：《水經注》：「渭水東過鄭縣北，又東與赤水合。」《九域志》：「華州鄭縣有赤水鎮。」㊄財畜：財產牲畜。㊅有衣紙：謂無衣，而僅以紙蔽體而已。㊆分劍南置東川觀察使：合東西川，見上卷廣德二年。㊇互置酒：謂輪流置酒筵。㊈一會：一次宴會。㊉謂之大臣：謂呼之為大臣。⑪爭言：猶爭吵。⑫薄天子不為：謂薄視天子之位而不肯為。⑬恚：怒，音ㄏㄨㄟˋ。⑭奔車：謂駕車速行若奔。⑮不癡不聾，不作家翁：謂不裝癡裝聾，凡事不與計較，則不能充當一家之主人翁也。⑯何足聽：謂何足聽信。⑰命宰相魚朝恩與吐蕃盟：謂命宰相及魚朝恩與吐蕃結盟。⑱廣為：猶多為。⑲復知政事：謂復為宰臣，留朝執政。⑳魚朝恩奏以先所賜莊為章敬寺：《舊唐書・魚朝恩傳》：「大曆二年，朝恩獻通化門外賜莊為寺，以資章敬太后冥福，仍請以章敬為名。」此有關章敬寺之得名及其地址之情形也。㉑以資章敬太后冥福：上母吳后謚章敬。謂以供給為章敬太后祈冥福之用。㉒盡都市之財：按〈魚朝恩傳〉：「以城中材木不足充費。」是財當改作材。㉓增輝：增益其光輝。㉔永圖：永遠之計。㉕無寧以百姓為本：按無寧與其為一雙連接辭，而其重點乃在後者之無寧，意謂寧取後者，斯左傳注之所以云：「無寧，寧也。」此言不如以百姓為國家之本。㉖何福之為：謂何能得福。㉗無人其可乎：正意謂不可也。㉘崇塔廟：謂高閎塔閣寺廟。㉙踵：沿襲。㉚風：猶作風。㉛禳：除。㉜逮：及。㉝榜笞：皆係擊意，笞音癡。㉞愁痛：憂愁痛苦。㉟望福：望求得福。㊱迴正道：改轉正道。㊲過計：誤計。㊳皇王：皇帝君王。㊴大猷：大謀。㊵惜：惋惜。㊶寢：止。㊷報：回答。㊸祠祀：祠禱祭祀。㊹葷血：葷，臭菜，俗則謂肉食；血者，殺六畜而取之。㊺無窮：謂無限極。㊻報應：有原因必有結果，作善作惡，必有善惡之報應，謂之因果報應。㊼運祚：期運福祚。㊽靈長：神靈修長。㊾宿：猶早。㊿福業：謂福德之業行。(51)皆有子禍：胡三省曰：「謂安慶緒殺祿山，史朝義殺思明也。」(52)稱兵：舉兵。(53)內侮：謂犯侮朝廷。(54)飯僧：猶齋僧。(55)仁王經：所謂護國仁王經也，說已見上。(56)官至卿監：據《舊唐書・職官志》一，卿監諸官，多為從第三品。(57)爵為國公：同志一：「嗣王、郡王、國公，從第一品。」(58)禁闥：謂宮禁。(59)勢移：謂威勢可以傾移。(60)美利：美好而有利益者。(61)箠曳：皆謂刑罰。(62)五臺山：在今山西省五臺縣東北。五峯聳立，高出雲表，頂無林木，有如壘土之臺，故名五臺。(63)鑄銅塗金為瓦：謂瓦皆以銅鑄之，而表面塗以黃金。(64)中書符牒：謂中書省所頒發之符牒。(65)營：經營。(66)從容：謂閑談之間。(67)承流：謂承其流風而相感化。(68)紊：紊亂。(69)確至：堅定懇至。(70)遊騎：遊奕之騎兵。(71)潘原、宜祿：據《新唐書・地理志》一，潘原關內道、涇州，宜祿屬邠州。(72)引去：謂率兵而去。(73)不能禁暴：謂不能禁止部下橫暴之行。(74)天譴：謂上天所降之譴責。(75)盜發郭子儀父冢……朝廷乃安：按此段乃錄自《舊唐書・郭子儀傳》，字句大致相同。(76)復以鎮西為安西：改鎮西見卷二百二十，肅宗至德元載。

三年（西元七六八年）

(一)春，正月，乙丑，上幸章敬寺，度(一)僧尼千人。

(二)贈建寧王倓為齊王(二)。

(三)二月，癸巳，商州(三)兵馬使劉洽殺防禦使(四)殷仲卿，尋討平之。

(四)甲午，郭子儀禁無故軍中走馬(五)，南陽夫人(六)乳母之子犯禁(七)，都虞候杖殺之，諸子泣訴於子儀，且言都虞候之橫(八)，子儀叱遣之，明日、以事語僚佐(九)，而歎息曰：「子儀諸子，皆奴材也，不賞(一〇)父之都虞候，而惜母之乳母子，非奴材而何？」

(五)庚子，以後宮獨孤氏為貴妃。

(六)三月，乙巳朔，日有食之。

(七)夏，四月，戊寅，山南西道節度使張獻誠以疾，舉從父弟右羽林將軍獻恭自代，上許之。

(八)壬寅，西川節度使崔旰入朝。

(九)初，上遣中使徵李泌於衡山(一一)，既至，復賜金紫(一二)，為之作書院於蓬萊殿(一三)側，上時衣汗衫(一四)，躡履(一五)過之，自給舍(一六)以上，及方鎮(一七)除拜，軍國大事，皆與之議，又使魚朝恩於白花屯為泌作外院，使與親舊相見。上欲以泌為門下侍郎、同平章事，泌固辭，【考異】鄴侯家傳曰：「固辭，以讓元載。」按載時已為相，何讓之有？又曰：「到山四歲，而二聖登遐，代宗踐阼，命中人手詔馹騎徵先公於衡岳。先是半年前，先公夜遇盜三人，為其所拉而投之於懸澗，及日出乃寤，下藉樹葉丈餘，都無所傷，緣巖攀蘿而出，不敢至舊居，山中人初以為仙去，及中貴將至，先公大懼，沐浴更衣以俟命，乃代宗踐祚之徵也。疑盜為張后輔國所遣，亦竟不知其由。」按玄肅登遐，泌雖在山林，豈容全不知，如家傳所言，是代宗纔立即召泌也，須經幸陝，泌豈得全無一言？召泌必在幸陝之後，李繁誤記耳。上曰：「機務之煩，不得晨夕相見，誠不若且居密近，何必署勅〔一八〕，然後為宰相邪！」後因端午，王公妃主〔一九〕各獻服玩，上謂泌曰：「先生何獨無所獻？」對曰：「臣居禁中，自巾至履，皆陛下所賜，所餘惟一身耳，何以為獻？」上曰：「朕所求，正在此耳。」泌曰：「臣身非陛下有，誰則有之〔二〇〕！」上曰：「先帝欲以宰相屈卿而不能得〔二一〕，自今既獻其身，當惟朕所為，不為卿有矣。」泌曰：「陛下欲使臣何為？」上曰：「朕欲卿食酒肉，有室家，受祿位，為俗人〔二二〕。」泌泣曰：「臣絕粒〔二三〕二十餘年，陛下何必使臣隳〔二四〕其志乎！」上曰：「泣復何益，卿在九重之上〔二五〕，欲何之？」乃命中使為泌葬二親，又為泌娶盧氏女為妻，【考異】鄴侯家傳云：「永泰元年端午，上令泌食肉結婚。」按下云：「阿足師竊氈履置紫宸上，欲使內人護燈燭，泌曰，臣六七年在此。又曰，況新賜婚。」上即位，至永泰纔四年耳。又云：「因此得謗，元載遂因魚朝恩事，排出之。」然則結婚與朝恩誅不相遠，今盡因追贈承天言之。資費皆出縣官〔二六〕，賜第於光福坊，令泌數日宿第中，數日宿蓬萊院。

(十)上與泌語及齊王倓，欲厚加褒贈，泌請用岐薛故事，贈太子(二七)，上泣曰：「吾弟首建靈武之議(二八)，成中興之業，岐薛豈有此功乎！竭誠忠孝，乃為讒人所害，曏使尚存，朕必以為太弟，今當崇(二九)以帝號，成吾夙志(三〇)。」乙卯，制追謚倓曰承天皇帝，庚申，葬順陵(三一)。【考異】鄴侯家傳曰：「命使自彭原迎喪，葬齊陵。」今從實錄葬順陵。

(十一)崔旰之入朝也，以弟寬為留後，瀘州刺史楊子琳帥精騎數千乘虛，突入成都，朝廷聞之，加旰檢校工部尚書，賜名寧，【考異】舊傳，旰初為杜鴻漸行軍司馬，即改名寧，今從實錄。遣還鎮(三二)。

(十二)六月，壬辰，幽州兵馬使朱希彩、經略副使昌平(三三)朱泚，泚弟滔共殺節度使李懷仙，希彩自稱留後。閏月，成德軍節度使李寶臣遣將將兵討希彩，為希彩所敗，朝廷不得已，宥之。庚申，以王縉領盧龍節度使，丁卯，以希彩領幽州留後。

(十三)崔寬與楊子琳戰，數不利。秋，七月，崔寧妾任氏出家財數十萬，募兵得數千人，帥以擊子琳，破之，【考異】實錄：「五月，子琳襲據成都，即日，詔寧還成都。七月壬申，又云子琳寇成都，遂據其城，寧弟寬破之。五月奏據城，七月奏破之，成功雖因任氏，奏時須著寬名故也。」蓋子琳走。

⒁乙亥，王縉如幽州，朱希彩盛兵嚴備㉞，以逆之，縉晏然㉟而行，希彩迎謁㊱甚恭，縉度終不可制㊲，勞軍旬餘日而還。

⒂回紇可敦卒，庚辰，以右散騎常侍蕭昕為弔祭使，回紇庭詰㊳昕曰：「我於唐有大功，唐奈何失信，市我馬不時歸其直。」昕曰：「回紇之功，唐已報之矣，僕固懷恩之叛，回紇助之，與吐蕃連兵入寇，逼我郊畿，及懷恩死，吐蕃走，然後回紇懼而請和，我唐不忘前功，加惠而縱㊴之，不然，匹馬不歸矣。乃回紇負約㊵，豈唐失信邪！」回紇慚，厚禮而歸之㊶。

⒃丙戌，內出盂蘭盆㊷賜章敬寺，設七廟神座，書尊號於旛㊸上，百官迎謁於光順門㊹，自是歲以為常㊺。

⒄八月，壬戌，吐蕃十萬眾寇㊻靈武，丁卯，吐蕃尚贊摩二萬眾寇邠州，京師戒嚴，邠寧節度使馬璘擊破之。

⒅庚午，河東節度使同平章事辛雲京薨，以王縉領河東節度使，餘如故。

(廿九)九月，壬申，命郭子儀將兵五萬屯奉天，以備吐蕃。

(卅)丁丑，濟王環㊼薨。

(卅一)壬午，朔方騎將白元光擊吐蕃，破之，壬辰，元光又破吐蕃二萬眾於靈武。【考異】實錄：「戊戌，郭子儀奏靈州破吐蕃六萬餘眾，百僚入賀，京師解嚴。」蓋即壬辰，白元光所破也，子儀合前後所破而奏之耳。鳳翔節度使李抱玉使右軍都將、臨洮㊽李晟將兵五千擊吐蕃，晟曰：「以力㊾，則五千不足用，以謀㊿，則太多。」乃將千人出大震關(五一)，至臨洮，屠吐蕃定秦堡(五二)，焚其積聚，虜堡帥慕容谷種而還。吐蕃聞之，釋(五三)靈州之圍而去(五四)。戊戌，京師解嚴。

(卅二)潁州(五五)刺史李岵以事忤(五六)滑亳節度使狐彰，彰使節度判官姚奭按行(五七)潁州，因代岵領(五八)州事，且曰：「岵不受代(五九)，即殺之。」岵知之，因激怒將士，使殺奭，與奭同死者百餘人，岵走依河南節度使田神功於汴州。冬，十月，乙巳，彰表言(六十)其狀，岵亦上表自理(六一)，上命給事中賀若察往按(六二)之。【考異】實錄：「十月乙巳，潁州刺史李岵殺本道節度判官姚奭及奭之弟岵，棄州奔汴州，本道節度使令狐彰以聞，岵亦抗表上聞。初岵以公務為彰所怒，因遣奭巡按境內，便留知潁州事，岵聞之，遂與親吏潛謀，詐為奭書，將為變，使將士遺於路中，潁州守將得之，懼乃與岵同謀殺奭。詔給事中賀若察使於潁按覆。」唐歷曰：「十月，潁州將士怒，殺亳州判官魏奭。初令狐彰怒潁州刺史李岵，遣奭代之，且告之曰，若岵不受替，即殺之。岵覺之，以告將吏，怒而殺奭幷弟。」統紀作滑亳州判官姚奭，又曰：「彰表先至，遣給事中賀若察往滑州宣詔，決李岵配流夷州，尋賜自盡。」今姓名從實錄、統紀，事則參取諸書。

(廿三)丁卯，郭子儀自奉天入朝。

(廿四)十一月，丁亥，以幽州留後朱希彩為節度使。

(廿五)郭子儀還河中，元載以吐蕃連歲入寇，馬璘以四鎮兵屯邠寧，力不能拒，而郭子儀以朔方重兵鎮河中，深居腹中〔六三〕無事之地，乃與子儀及諸將議徙璘鎮涇州，而使子儀以朔方兵鎮邠州，曰：「若以邊土荒殘，軍費不給〔六四〕，則以內地租稅及運金帛以助之。」諸將皆以為然。十二月，己酉，徙馬璘為涇原節度使，以邠、寧、慶三州隸朔方，【考異】實錄：「己酉，以吐蕃歲犯西疆，增修鎮守，乃以邠寧節度馬璘鎮涇州，仍為涇原節度使，以邠寧慶等州隸朔方。」汾陽家傳：「四年五月，詔集兵於邠郊，六月，公自河中遣一萬兵，二十八日，公如邠州。」舊子儀傳：「時以西蕃侵寇，京師不安，馬璘雖在邠州，力不能拒，乃以子儀兼邠寧慶節度，自河中移鎮邠州，徙馬璘涇原節度使。」邠志：「初吐蕃既退，諸侯入覲，是時馬鎮西以四鎮兼邠寧，李公軍澤潞，以防秋軍盩厔。丞相元公載使人諷諸將，使責己曰，今四郊多壘，中外未寧，公執國柄有年矣，安危大計，一無所聞，如之何？載曰，非所及也。他日，又言，且曰，得非曠職乎？載莞然曰，安危繫於大臣，非獨宰臣也，先王作兵，置之四境，所以禦戎狄也，今內地無虞，朔方兵在河中，澤潞軍在盩厔，遊軍伺寇，不遠京室，王畿之外，豈假是邪！必令損益，須自此始，故曰非所及也。郭李曰，宰臣但圖之。載曰，今若徙四鎮於涇，朔方於邠，澤潞於岐，則內地無虞，三邊有備，三賢之意何如？三公曰，惟所指揮。既而相謂曰，我曹既為所冊，得無行乎？十二月，詔馬公兼領涇原，尋以鄭潁資之，李公兼領山南，猶以澤潞資之，郭公兼領邠寧，亦以河中資之，三將皆如詔。朔方軍自此大徙于邠，郭公雖連統數道，軍之精甲，悉聚邠府，其它子弟，分居蒲靈，各置守將，以專其令，蒲之餘卒，稍遷於邠，十年之間，無遺甲矣。」段公別傳曰：「馬公朝於京師，以公掌留事，馬公懇奏請以邠寧慶三州讓副元帥子儀，令以朔方河中之軍鎮之，自帥四鎮北庭之眾，遷赴涇州，將以拓西境，代宗壯而許之。十二月二日，朝廷以馬公為涇原節度使。」蓋三年在此議，至四年，子儀始遷邠，今參取諸書。

璘先往城涇州(六五)，以都虞候段秀實知邠州留後。初四鎮北庭兵，遠赴中原之難(六六)，久羈旅，數遷徙，四鎮歷汴、虢、鳳翔，北庭歷懷、絳、鄜，然後至邠，頗積勞弊(六七)，及徙涇州，眾皆怨誹(六八)，刀斧兵馬使(六九)王童之謀作亂，期以辛酉、旦警嚴(七〇)而發，前夕有告之者，秀實陽召掌漏者(七一)，怒之以其失節(七二)，令每更來白，輒延之數刻，遂四更而曙(七三)，童之不果發。秀實欲討之，而亂迹未露，恐軍中疑其冤。告者又云：「今夕欲焚馬坊草(七四)，因救火，謀作亂。」中夕(七五)，火果起，秀實命軍中，行者皆止，坐者勿起，各整部伍，嚴守要害，童之白請救火，不許，及旦捕童之及其黨八人，皆斬之，下令曰：「後徙者族(七六)，流言者(七七)刑。」遂徙於涇。

(廿六)癸亥，西川破吐蕃萬餘眾。

(廿七)平盧行軍司馬許杲【考異】舊傳作許杲，今從韓愈順宗實錄。將卒三千人駐濠州(七八)不去，有窺淮南意。淮南節度使崔圓令副使、元城張萬福攝(七九)濠州刺史，杲聞，即提(八〇)卒去，止當塗(八一)。是歲，上召萬福以為和州(八二)刺史、行營防禦使，討杲，萬福至州，杲懼，移軍上元(八三)，又北至楚州(八四)大掠，淮南節度使韋元甫命萬福追討之，未至淮陰(八五)，杲為其將康自勸所逐，自勸擁兵(八六)繼掠，循淮而東，萬福倍道追而殺之，免者什二三。元甫將厚賞將士，萬福曰：「官健(八七)常虛費衣糧，無所事(八八)，今方立(八九)小功，不足過賞(九〇)，請用三分之一。」

【今註】㈠度：剃度。㈡贈建寧王倓為齊王：倓死，見卷二百十九至德二載。㈢商州：據《新唐書・地理志》一，商州屬關內道。㈣防禦使：唐至德以後，於大郡要害之地置防禦使，以治軍事，刺史兼之。㈤走馬：謂馳馬。㈥南陽夫人：子儀妻封南陽夫人。㈦犯禁：違犯禁令。㈧橫：凶橫。㈨僚佐：猶僚屬。㈩賞：賚賞。(一一)徵李泌於衡山：泌歸衡山，見卷二百二十至德二載。(一二)復賜金紫：胡三省曰：「泌從肅宗於靈武，已賜金紫，既歸衡山，反其初服，今復賜之。」(一三)蓬萊殿：胡三省曰：「蓬萊殿在紫宸殿北，蓬萊殿北有太液池，池中有蓬萊山。」(一四)汗衫：胡三省曰：「汗衫，宴居之常服也，今通貴賤皆服之，惟天子以黃為別。炙轂子曰：『燕朝衮冕，有白紗中單，有明衣，皆汗衫之象，以行祭接神。漢高祖與項羽交戰，汗透中單，改名汗衫，貴賤通服。』」(一五)躡履：謂將履拖之，而未全著上。(一六)給舍：謂給事中及中書舍人，皆正五品上。(一七)方鎮：指節度使等言。(一八)署敕：凡敕制皆由宰相簽署，故云然。(一九)妃主：妃嬪公主。(二〇)臣身非陛下有，誰則有之：謂實為陛下所有。(二一)先帝欲以宰相屈卿而不能得：見卷二百一十八肅宗至德元載七月。(二二)為俗人：謂為塵俗之人。㉓絕粒：謂絕穀。㉔隳：毀。㉕九重之上：謂天子所居之地。㉖縣官：謂天子。㉗請用岐薛故事，贈太子：岐王範贈惠文太子，薛王業贈惠宣太子，皆在玄宗朝。㉘吾弟首建靈武之議：事見卷二百一十九肅宗至德元載。㉙崇：尊崇。㉚夙志：素志。㉛順陵：據《新唐書・地理志》一，順陵在京兆府咸陽、咸陽原。㉜遣還鎮：謂遣寧還所鎮之成都。㉝昌平：今河北省昌平縣。㉞嚴備：嚴加戒備。㉟晏然：安然。㊱迎謁：迎迓參謁。㊲制：控制。㊳庭詰：於大庭廣眾之中，加以詰責。㊴縱：縱捨。㊵負約：違負誓約。㊶回紇可敦卒……回紇慟，厚禮而歸之：按此段乃錄自《舊唐書・蕭昕傳》，字句大致相同。㊷盂蘭盆：《盂蘭盆經》：「是佛弟子修孝順者，應念念中憶父母乃至七世父母，年年七月十五日，常以孝慈憶所生父母，為作盂蘭盆，施佛及僧，以報父母長養之恩。」㊸旛：旗幅之下垂者。㊹光順門：閣本大明宮圖，光順門在紫宸門之西，光順門內則明義殿、承歡殿。㊺為常：謂為常例。㊻寇：侵犯。㊼濟王環：環，玄宗子。㊽臨洮：今甘肅省岷縣治。㊾以力：謂以兵力。㊿以謀：謂用計謀。(五一)大震關：在陝西省隴縣西隴山之下，亦曰隴關。(五二)定秦堡：胡三省曰：「吐蕃志吞秦土，故築堡於洮州，以定秦為名。」(五三)釋：解。(五四)鳳翔節度使李抱玉使右軍都將、臨洮李晟……釋靈州之圍而去：按此段乃錄自《舊唐書・李晟傳》，字句大致相同。(五五)穎州：按穎當作潁，據《新唐書・地理志》二，穎州屬河南道。(五六)忤：違逆。(五七)按行：按察巡行。(五八)領：領錄。(五九)代：代替。(六〇)表言：上表奏言。(六一)理：申理。(六二)按：按驗。(六三)腹中：通多作腹心。(六四)不給：謂不足供給。(六五)城涇州：築城於涇州。(六六)初四鎮北庭兵，遠赴中原之難：事見卷二百十九至德元載。(六七)頗積勞弊：積猶久，謂勞弊頗久。(六八)誹：謗。(六九)刀斧兵馬使：謂領兵士持刀斧之官員。(七〇)旦警嚴：胡三省曰：「旦警嚴者，將旦嚴鼓以警眾也。」(七一)掌漏者：謂掌報時刻者。(七二)失節：失度。(七三)遂四更而曙：本五更始曙，此以每更延數刻故，遂四更而天已明。(七四)馬坊草：地上壘草，以為飼馬用者，故曰馬坊草。(七五)中夕：夜半。(七六)族：謂夷其全族。(七七)流言者：謂製造及傳播流言者。(七八)濠州：據《新唐書・地理志》二，濠州屬河南道，治鍾離。故城在今安徽省鳳陽縣東北。(七九)攝：代理。(八〇)提：率領。(八一)當塗：今安徽省當塗縣。(八二)和州：據《舊唐書・地理志》三，和州屬淮南道。(八三)上元：今江蘇省江寧縣。(八四)又北至楚州：謂又自上元度江，而北掠楚州。(八五)淮陰：今江蘇省淮陰縣。(八六)擁兵：猶率兵。(八七)官健：官健謂官家所養之健兒也。《唐六典》卷五：「衛士之外，天下諸軍有健兒，舊健兒在軍，皆有年限，更來往，頗為勞弊。開元二十五年，勅以為天下無虞，宜與人休息，自今已後，諸軍鎮量閑劇利害置兵防，健兒於諸色征行人內及客戶中召募，取丁壯情願充健兒，長住邊軍者，每年加常例給賜，兼給永年優復，其家口情願同去者，聽至軍州，各給田地屋宅。」此有關健兒之種切也。(八八)無所事：即無所事事。(八九)方立：猶始立。(九〇)過賞：謂過度賞賜。

四年（西元七六九年）

㈠春，正月，丙子，郭子儀入朝，魚朝恩邀之遊章敬寺，元載恐其相結，密使子儀軍吏告子儀曰：「朝恩謀㈠不利於公。」子儀不聽，吏亦告諸將，將士請衷甲㈡以從㈢者，三百人，子儀曰：「我國之大臣，彼無天子之命，安敢害我？若受命而來，汝曹欲何為。」乃從家僮數人而往，朝恩迎之，驚其從者之約㈣，子儀以所聞告，且曰：「恐煩公經營㈤耳。」朝恩撫膺㈥捧手流涕曰：「非公長者㈦，能㈧無疑乎！」

㈡壬午，流李岵於夷州。

㈢乙酉，郭子儀還河中。

㈣辛卯，賜李岵死。

㈤二月，壬寅，以京兆之好畤、鳳翔之麟遊、普潤隸㈨神策軍，從魚朝恩之請也。楊子琳既敗還瀘州，招聚亡命，得數千人，沿㈩江東下，聲言㈡入朝，涪州守捉使王守仙伏兵黃草峽㈢，子琳悉擒之，擊守仙於忠州，守仙僅以身免㈢，子琳遂殺夔州㈣別駕張忠，據其城。荊南節度使衞伯玉欲結以為援，以夔州許之，為之請於朝，陽曲人劉昌裔說子琳，遣使詣闕請罪，子琳從之，乙巳，以子琳為峽州團練使⑮。

㈥初，僕固懷恩死，上憐其有功，置其女宮中，養以為女，回訖請以為可敦⑯。夏，五月，辛卯，冊為崇徽公主，嫁回紇可汗。壬辰，遣兵部侍郎李涵送之，涵奏祠部郎中、虞鄉⑰董晉為判官，六月、丁酉，公主辭行，至回紇牙帳⑱，回紇來言曰⑲：「唐約我為市⑳，馬既入而歸我賄㉑不足，我於使人乎㉒取之。」涵懼，不敢對，視晉㉓，晉曰：「吾非無馬，而與爾為市，為爾賜㉔不既㉕多乎，爾之馬歲至，吾數皮而歸資㉖，邊吏請致詰㉗也，天子念爾有勞㉘，故下詔禁侵犯㉙，諸戎畏我大國之爾與㉚也，莫敢校焉㉛，爾之父子寧㉜而畜馬蕃㉝者，非我誰使之㉞？」於是其眾皆環㉟晉拜，既又相帥㊱南面序拜㊲，皆舉兩手曰：「不敢有意大國㊳。」

㈦戊申，王縉表讓副元帥、都統、行營使。

㈧辛酉，郭子儀自河中遷於邠州，其精兵皆自隨，餘兵使裨將㊴將之，分守河中、靈州，軍士久家河中，頗不樂徙，往往自邠逃歸，行軍司馬嚴郢領留府（四〇），悉捕得，誅其渠（四一）帥，眾心乃定。

（九）秋，九月，吐蕃寇靈州，丁丑，朔方留後常謙光擊破之。

（十）河東兵馬使王無縱、張奉璋等恃功驕蹇（四二），以王縉書生易之（四三），多違約束（四四），縉受詔發兵詣鹽州防秋（四五），遣無縱、奉璋將步騎三千赴之，奉璋逗遛（四六）不進，無縱托（四七）它事擅（四八）入太原城，縉悉擒斬之，幷其黨七人，諸將悍戾（四九）者殆盡，軍府始安。

（十一）冬，十月，常謙光奏吐蕃寇鳴沙（五〇），首尾四十里（五一），郭子儀遣兵馬使渾瑊將銳兵（五二）五千救靈州，子儀自將，進至慶州，聞吐蕃退，乃還。

（十二）黃門侍郎同平章事杜鴻漸以疾辭位，壬申，許之，乙亥，薨（五三）。鴻漸病甚，令僧削髮（五四），遺令為塔以葬（五五）。

（十三）丙子，以左僕射裴冕同平章事。初，元載為新平（五六）尉，冕嘗薦（五七）之，故載舉以為相，亦利其老病易制，受命之際（五八），蹈舞仆地（五九），載趨而扶（六〇）之，代為謝詞（六一）。十二月，戊戌，冕薨（六二）。

【今註】（一）謀：圖謀。（二）衷甲：謂著甲於衣中。（三）從：隨從。（四）約：猶少。（五）經營：謂經營飲食。〔六〕膺：胸。〔七〕長者：謂忠厚長者，亦即君子。〔八〕能：豈能。〔九〕隸：屬。〔一〇〕沿：同沿。〔一一〕聲言：揚言。〔一二〕涪州守捉使王守仙伏兵黃草峽：胡三省曰：「水經注：『涪州之西有黃葛峽，山高險絕，無人居。』意即此峽也。按杜甫詩有：『黃草峽西船不歸。』之句，注云：『黃草峽在涪州之西。』」涪音ㄈㄨˊ。〔一三〕僅以身免：謂僅本人得免。〔一四〕夔州：據《新唐書・地理志》四，夔州屬山南東道。〔一五〕團練使：《舊唐書・職官志》三：「至德後，大郡要害之地置防禦使，以治軍事。上元後改防禦使為團練守捉使，又與團練兼置防禦使名。」〔一六〕回訖請以為可敦：按此及以下諸回訖，皆係回紇之誤。〔一七〕虞鄉：據《新唐書・地理志》三，虞鄉屬河東道、河中府。〔一八〕牙帳：回紇可汗所居之帳。〔一九〕回紇來言曰：謂可汗使人來言曰。〔二〇〕唐約我為市：謂唐與我結市易之約。〔二一〕歸我賄：謂歸我馬所值之錢。〔二二〕使人乎：按此乎古常如此用之，乃係語助，無義。〔二三〕視晉：謂以目視晉，欲其言也。〔二四〕為爾賜：猶予爾之賜。〔二五〕既：已。〔二六〕吾數皮而歸資：胡三省曰：「言不計其生死，皆賞馬直也。」〔二七〕致詰：致責。〔二八〕勞：功勞。〔二九〕侵犯：指上之致詰言。〔三〇〕爾與：即與爾，謂合好。〔三一〕莫敢校焉：謂莫敢與爾相校，相校乃係抗衡之意。〔三二〕寧：安寧。〔三三〕蕃：蕃殖。〔三四〕非我誰使之：全文當作非我而誰使之，意為實我使之。〔三五〕環：環繞於四周。〔三六〕帥：率領。〔三七〕序拜：依次序而拜。〔三八〕有意大國：謂不敢有不敬之意於大國。〔三九〕裨將：偏將。〔四〇〕領留府：謂領留府事。〔四一〕渠：大。〔四二〕驕蹇：驕傲偃蹇。〔四三〕易之：輕易之。〔四四〕約束：猶命令。〔四五〕防秋：唐代以至秋日，吐蕃常舉兵入侵，遂屯兵關內隴右以禦之，名曰防秋。〔四六〕逗遛：謂稽延。〔四七〕托：假託。〔四八〕擅：專。〔四九〕戾：凶戾。

(五〇)鳴沙：據《新唐書・地理志》一，鳴沙縣屬關內道、靈州，咸亨三年，於其地置威州。(五一)首尾四十里：謂部伍綿延凡四十里。(五二)銳兵：精銳之兵。(五三)黃門侍郎同平章事杜鴻漸以疾辭位，壬申，許之，乙亥，薨：按《舊唐書・代宗紀》：「十一月，辛未，禁畿內弋獵。」是於壬申上，當從添十一月三字。(五四)削髮：即剃髮。(五五)為塔以葬：將屍骨葬於塔下。(五六)新平：據《舊唐書・地理志》一，新平縣屬關內道、邠州。(五七)薦：引薦。(五八)際：時間。(五九)蹈舞仆地：唐代大臣陛見時，皆須蹈舞以致敬，而體力不支者，常因而絕倒於地。(六〇)扶：扶起。(六一)代為謝詞：代為致感謝除任之詞。(六二)初，元載為新平尉……冕薨：按此段乃錄自《舊唐書・裴冕傳》，字句大致相同。

五年（西元七七〇年）

㈠春，正月，己巳，羌酋白對蓬等各帥部落內屬，觀軍容、宣慰處置使、左監門衛大將軍兼神策軍使、內侍監魚朝恩，專典禁兵㊀，寵任㊁無比，上常與議軍國事，勢傾㊂朝野。朝恩好於廣座，恣談㊃時政，陵侮㊄宰相，元載雖彊辯，亦拱默不敢應㊅。神策都虞候劉希暹、都知兵馬使王駕鶴皆有寵於朝恩，希暹說朝恩於北軍置獄㊆，使坊㊇市惡少年，羅告㊈富室，誣以罪惡㊉，捕擊地牢(十一)，訊掠取服[一二]，籍沒其家貲[一三]入軍，幷分賞告捕者，地在禁密[一四]，人莫敢言。朝恩每奏事，以必允為期[一五]，朝廷政事有不豫[一六]者，輒怒曰：「天下事有不由我者邪。」上聞之，由是不懌[一七]。朝恩養子令徽尚幼，為內給使，衣綠[一八]，與同列忿爭[一九]，歸告朝恩，朝恩明日見上，曰：「臣子官卑，為儕輩[二〇]所陵[二一]，乞賜之紫衣。」上未應，有司已執紫衣[二二]於前，令徽服之，拜謝，上強笑[二三]曰：「兒服紫衣[二四]，宜稱心[二五]。」愈不平[二六]。元載測知上指[二七]，乘閒奏朝恩專恣不軌[二八]，請除[二九]之，上亦知天下共[三〇]怨怒，遂令載為方略，朝恩每入殿，常使射生將周皓將百人自衞，又使其黨陝州節度使皇甫溫握兵於外[三一]，以為援，載皆以重賂結[三二]之，故朝恩陰謀密語，上一一聞之，而朝恩不之覺[三三]也。辛卯，載為上謀，徙李抱玉為山南西道節度使，以溫為鳳翔節度使，外重其權，實內[三四]溫以自助也；載又請割郿、虢、寶鷄、鄠、盩厔[三五]隸抱玉，興平、武功[三六]、天興、扶風[三七]隸神策軍。朝恩喜於得地，殊不以載為虞[三八]，驕橫如故。

(二)壬辰，加河南尹張延賞為東京留守，罷河南等道副元帥，以其兵屬留守㊴。延賞，嘉貞之子㊵也。

數日乃定。

㈢二月，戊戌，李抱玉徙鎮盩厔，軍士憤怒，大掠鳳翔坊市㊶，

㈣劉希暹頗覺上意異㊷，以告魚朝恩，朝恩始㊸疑懼，然上每見之，恩禮益隆，朝恩亦以此自安。皇甫溫至京師，元載留之，未遣，因與溫及周皓密謀誅朝恩，【考異】邠志：「五年春，詔以寒食召郭公，豐年令節，恩與大臣為樂。時欲誅朝恩，因喻郭公朔方一軍，有社稷勞，宜以功卒數千人入朝，朕因宴賞，得以相識。正月，郭公以組甲三千人入覲，魚朝恩請公遊章敬寺，公許之。丞相元公意其相得，使諷邠吏，請公無往，邠吏自中書馳告郭公曰，軍容將不利於公，亦告諸將。須臾，朝恩使至，郭公將行，士之衷甲請從者三百人，願備非常。郭公怒曰，我大臣也，彼非有密旨，安敢害我？若天子之命，爾曹胡為？獨與僮僕十數人赴之，朝恩候之，驚曰，何車騎之省！公以所聞對，且曰，恐勞思慮耳。軍容撫胸擇手，嗚咽雪涕，曰，非公長者，得無疑乎。」按汾陽家傳，子儀五月入朝，七月至邠州，或是四年正月入朝時事，於時未有誅朝恩之謀，今不取。家傳又曰：「三月，公上言魚朝恩潛結周智光為外應，久掌禁兵，若不早圖，禍將作矣。」亦不取。既定計，載白上，上曰：「善圖之，勿反受禍。」三月，癸酉，寒食㊹，上置酒宴貴近㊺於禁中，載守中書省，宴罷，朝恩將還營，上留之議事，因責其異圖，朝恩自辯，語頗悖慢㊻，皓與左右擒而縊殺之，【考異】實錄：「是日，初詔罷朝恩觀軍容等使，更加實封，留於禁中。朝恩既奉詔，知負恩，乃自縊。」又曰：「載遣腹心京兆尹崔昭等候朝恩出處，會寒食宴近臣，朝恩入謁，有詔留之，朝恩乃懼，言頗悖戾。上以舊恩矜貸，不加嚴刑，朝恩遂自縊。」新傳曰：「載用左常侍崔昭尹京兆，厚以財結其黨皇甫溫周皓。」按實錄：「去年十一月乙卯，孟皞為京兆尹，今年三月辛卯，為左常侍。」未嘗言崔昭為京兆也。奉詔自縊，殆非其實。新傳云：「周皓與左右擒縊之。」今從之。外無知者。上下詔，罷

朝恩觀軍容等使，內侍監如故，詐云：「朝恩受詔，乃自縊。」以尸還其家，賜錢六百萬，以葬。丁丑，加劉希暹、王駕鶴御史中丞，以慰安北軍之心。丙戌，赦京畿繫囚，命盡釋(四七)朝恩黨與，且曰：「北軍將士皆朕爪牙(四八)，並宜仍舊(四九)，朕今親御禁旅，勿有憂懼。」

(五)己丑，罷度支使及關內等道轉運、常平、鹽鐵使，其度支事委宰相領(五〇)之。勅皇甫溫還鎮於陝。

(六)元載既誅魚朝恩，上寵任益厚(五一)載遂志氣驕溢(五二)，每眾中(五三)大言，自謂有文武才略，古今莫及，弄權舞(五四)智，政以賄成，僭侈(五五)無度。吏部侍郎楊綰典(五六)選平允(五七)，性介直(五八)，不附載；嶺南節度使徐浩貪而佞(五九)，傾(六〇)南方珍貨以賂載，載以綰為國子祭酒，引浩代之。浩，越州(六一)人也。載有丈人(六二)自宣州(六三)來，從載求官，載度(六四)其人不足任事，但贈河北一書而遣(六五)之，丈人不悅，行至幽州，私(六六)發書視之，書無一言(六七)，惟署名而已，丈人大怒，不得已，試謁院僚(六八)，判官(六九)聞有載書，大驚，立白節度使，遣大校(七〇)以箱受書，館之上舍㈦，留宴數日，辭去，贈絹千匹，其威權動人㈦如此。

㈦夏，四月，庚子，湖南兵馬使臧玠殺觀察使崔灌，澧州刺史楊子琳起兵討之，取賂而還。

㈧涇原節度使馬璘屢訴本鎮荒殘㈦，無以贍軍㈦，上諷㈦李抱玉以鄭、穎㈦二州讓之，乙巳，以璘兼鄭、穎節度使。

㈨庚申，王縉自太原入朝。癸未，以左羽林大將軍辛京杲為湖南觀察使㈦。

㈩荊南節度使衞伯玉遭母喪。六月，戊戌，以殿中監王昂代之，伯玉諷大將楊鉥等拒昂留己，甲寅，詔起復伯玉，鎮京南如故㈦。

㈩秋，七月，京畿㈦饑，米斗千錢。

㈩劉希暹內常自疑，有不遜語，王駕鶴以聞。九月、辛未，賜希暹死。

㈩吐蕃寇永壽㈧。

㈩冬，十一月，郭子儀入朝。

㈩上悉知㈧元載所為，以其任政日久，欲全始終，因獨見㈧，深戒之，載猶不悛(八三)，上由是稍(八四)惡之。載以李泌有寵於上，忌之，言：「泌常與親故(八五)，宴於北軍，與魚朝恩親善，宜知其謀。」上曰：「北軍、泌之故吏也(八六)，故朕使之就見(八七)親故，朝恩之誅，泌亦預謀，卿勿以為疑。」載與其黨攻之不已，會江西觀察使魏少遊求參佐(八八)，上謂泌曰：「元載不容卿，朕今匿卿於魏少遊所，俟朕決意除載，當有信(八九)報卿，可束裝(九〇)來。」乃以泌為江西判官(九一)，且屬(九二)少遊使善待之。

【今註】(一)禁兵：即神策軍。(二)寵任：寵幸任遇。(三)傾：傾移。(四)恣談：縱恣而談。(五)陵侮：欺陵侮狎。(六)應：對答。(七)於北軍置獄：胡三省曰：「左右神策軍、左右羽林軍、左右龍武軍，皆謂之北軍。」(八)坊：唐長安城中，劃分為若干坊，以為城區單位。(九)羅告：羅織其罪而告之。(一〇)罪惡：猶罪過。(一一)地牢：於地中掘坎，以實囚人，謂之地牢。(一二)取服：令其首服。(一三)貲：資。(一四)地在禁密：以北軍在玄武門內，故云然。(一五)為期：猶為限。(一六)不豫：不參豫。(一七)懌：悅，音ㄧˋ。(一八)內給使，衣綠：《舊唐書・職官志》三：「內侍省、宮闈局，內給使無常員，凡宮人無官品者，稱內給使，掌諸門進物出納之曆。」又同書輿服志：「六品服深綠，七品服淺綠，並銀帶。」(一九)同列忿爭：與同位列之人，因忿怒而發生爭執。(二〇)儕輩：猶同列。(二一)陵：陵侮。(二二)紫衣：《舊唐書・輿服志》：「貞觀四年，又置三品已上服紫，五品已下服緋。」故賜之紫衣，乃謂賜以三品已上之官爵也。㉓強笑：勉強作笑。㉔兒服紫衣：謂汝兒已服紫衣。㉕稱心：猶滿意。㉖愈不平：謂上愈不平。㉗指：意指。㉘不軌：猶不法。㉙除：除去。㉚共：共同。㉛於外：於京城之外。㉜結：交結。㉝覺：覺悟。㉞內：通納。㉟郿、虢、寶雞、鄠、盩厔：據《新唐書・地理志》一，諸縣皆屬關內道、鳳翔府。鄠音戶。㊱興平、武功：據同志一，二縣皆屬京兆府。㊲天興、扶風：據同志一，二縣並屬鳳翔府。㊳虞：憂。㊴屬留守：隸屬於留守。㊵延賞、嘉貞之子：張嘉貞開元中為相。㊶坊市：謂民居及市肆。㊷上意異：謂上意有異。㊸始：方。㊹寒食：《荊楚歲時記》：「冬至後一百四日、一百五日、一百六日斷火，謂之寒食。」㊺貴近：權貴近幸。㊻悖慢：荒悖傲慢。㊼釋：捨。㊽爪牙：本謂鷹犬，此言親信之人。㊾仍舊：即一仍舊貫之省，謂因依舊事。㊿領：綜理。(51)厚：猶重。(52)驕溢：驕傲滿溢。(53)每眾中：謂每眾中。(54)舞：亦弄。(55)僭侈：僭分奢侈。(56)典：知掌。(57)平允：公平允當。(58)介直：鯁介正直。(59)佞：諂佞。(60)傾：竭。(61)越州：據《舊唐書・地理志》三，越州屬江南道。(62)丈人：《漢書音義》：「丈人，尊老之稱。」(63)宣州：據《舊唐書・地理志》三，宣州屬江南西道。(64)度：度量。(65)遣：遣發。(66)私：猶竊。(67)一言：謂一字。(68)院僚：使院僚屬。(69)判官：節度判官。(70)校：將校。(71)上舍：謂上等之舍。(72)動人：謂使人驚動。(73)荒殘：荒涼殘破。(74)贍軍：贍給軍士。(75)諷：諷示。(76)穎：當作潁。(77)癸未，以左羽林大將軍辛京杲為湖南觀察使：按《舊唐書・代宗紀》，癸未上有五月二字，當從添。

(七八)鎮京南如故：按上文及《舊唐書・衞伯玉傳》，俱作荊南，當改從。(七九)京畿：唐以京兆、同、華、商、邠、岐為京畿。(八〇)永壽：據《舊唐書・地理志》一，永壽縣屬關內道、邠州。(八一)悉知：俱知。(八二)因獨見：藉獨見之時。(八三)悛：改，音ㄑㄩㄢ。(八四)稍：漸。(八五)親故：親舊。(八六)北軍、泌之故吏也：胡三省曰：「李泌從肅宗，自靈武至鳳翔，軍謀大事，泌皆預決，故言北軍將校，皆其故吏。」(八七)就見：即其地而見之，(八八)參佐：猶僚佐，以其參預謀議，故又云參佐。(八九)信：此謂信使。(九〇)束裝：猶治裝。(九一)江西判官：即江西觀察判官。(九二)屬：屬託。

六年（西元七七一年）

(一)春，二年，壬寅㊀，河西、隴右、山南西道副元帥，兼澤、潞、山南西道節度使李抱玉上言：「凡所掌㊁之兵，當自訓練，今自河隴達於扶文，綿亘二千餘里，撫御至難，若吐蕃道㊂岷隴俱下，臣保固㊃汧隴㊄，則不救㊅梁岷㊆，進兵扶文㊇，則寇㊈逼關輔㊉，首尾不贍(十一)，進退無從(十二)，願更擇能臣，委以山南，使臣得專備隴坻(十三)。」詔許之。

(二)郭子儀還邠州。

㈢嶺南蠻酋梁崇牽自稱平南十道大都統，據容州⑭，與西原蠻張侯、夏永等，連兵攻陷城邑，前容管經略使⑮元結等皆寄治蒼梧⑯，經略使王翃至滕州⑰，以私財⑱募兵⑲，不數月，斬賊帥歐陽珪，馳詣廣州，見節度使李勉，請兵⑳以復容州，勉以為難，翃曰：「大夫如未暇㉑出兵，但乞移牒㉒諸州，揚言出千兵為援，冀藉聲勢，亦可成功。」勉從之，翃乃與義州㉓刺史陳仁璀、藤州刺史李曉庭等，結盟討賊，翃募得三千餘人，破賊數萬眾，攻容州拔之，擒梁崇牽，前後大小百餘戰，盡復容州故地，分命諸將襲西原蠻㉔，復鬱林㉕等諸州。先是番禺賊帥馮崇道、桂州叛將朱濟時，皆據險為亂，陷十餘州，官軍討之，連年不克，李勉遣其將李觀與翃併力㉖攻討，悉斬之。三月，五嶺皆平。

㈣河北旱，米斗千錢。

㈤夏，四月，己未，澧州刺史楊子琳入朝，上優接㉗之，賜名猷。

㈥庚申，以典內董秀為內常侍㉘。

㈦吐蕃請和，庚辰，遣兼御史大夫吳損使於吐蕃。

（八）成都司錄㉙李少良上書，言元載姦贓陰事，上置少良於客省，少良以上語告友人韋頌，殿中侍御史陸珽以告載，載奏之，上怒，下少良、頌、珽御史臺獄㉚御史奏：「少良、頌、珽凶險比周㉛，離間㉜君臣。」五月，戊申，敕付京兆，皆杖死。

（九）秋，七月，丙午，元載奏：「凡別敕除文武六品以下官，乞令吏部兵部無得檢勘㉝。」從之。時載所奏擬㉞，多不遵法度，恐為有司所駁㉟故也。

（十）八月，丁卯，淮西節度使李忠臣將兵二千屯奉天防秋。

（十一）上益厭㊱元載所為，思得士大夫之不阿附㊲者為心腹，漸收載權，丙子，內出制書，以淛㊳西觀察使李栖筠為御史大夫，宰相不知，載由是稍絀㊴。

（十二）九月，吐蕃下青石嶺，軍於那城㊵，郭子儀使人諭㊶之，明日引退。

（十三）是歲，以尚書右丞韓滉為戶部侍郎判度支，自兵興以來，所在賦斂㊷無度㊸，倉庫出入無法，國用㊹虛耗，滉為人廉勤㊺，精於

簿領㊻，作賦斂出入之法，御下㊼嚴急，吏不敢欺，亦值年歲豐穰㊽，邊境無寇，自是倉庫蓄積始充㊾。滉，休之子㊿也(51)。

【今註】①春，二年，壬寅：按二年乃二月之訛。②所掌：猶所領。③道：謂取道，亦即由也。④保固：保持固守。⑤汧隴：《新唐書・地理志》一：「隴州：汧陽郡上，本隴東郡，天寶元年，更郡曰汧陽。」是汧隴乃合指一地而言。汧音牽。⑥不救：謂不能救。⑦梁岷：據《新唐書・地理志》四，梁州屬山南西道，岷州屬隴右道。⑧扶文：據同志四，扶州、文州俱屬山南西遣。⑨寇：寇敵。⑩關輔：猶京畿。⑪不贍：不能贍給。⑫無從：無所依從。⑬隴坻：坻、阪，音邸，此指隴右之地而言。⑭容州：據《舊唐書・地理志》四，容州屬嶺南道。⑮容管經略使：據同志四，容管領容、辯、白、牢、欽、禺、湯、瀼、巖、古十州，在桂管西南。⑯寄治蒼梧：謂治所寄寓於蒼梧縣界。據同志四，蒼梧屬梧州。⑰滕州：據《新唐書・地理志》七，滕州屬嶺南道。⑱私財：以己之財產。⑲募兵：召募兵士。⑳馳詣廣州，見節度使李勉請兵：胡三省曰：「嶺南節度使治廣州，兼統五管，故詣之請兵。」㉑未暇：猶無暇。㉒移牒：移送文牒。㉓義州：據《新唐書・地理志》七，義州屬嶺南道。㉔西原蠻：《新唐書・西原蠻傳》：「西原蠻居廣容之南，邕桂之西，其地西按南詔。」㉕鬱林：據《舊唐書・地理志》四，鬱林州屬嶺南道、桂州下都督府所管。㉖併力：合力。㉗優接：優予延接。㉘典內董秀為內常侍：《新唐書・百官志》二：「太子內坊局、令二人。初內坊隸東宮，開元二十七年隸內侍省，為局，改典內曰令。」又：「內常侍六人，正五品下，通判省事。」㉙成都司錄：《舊唐書・職官志》三：「京兆、河南、太原等府，司錄參軍二人，正七品。」㉚下少良、頌、斑御史臺獄：謂下少良於御史臺獄中。㉛比周：謂與惡人相親近。㉜離間：猶離隔。㉝檢勘：檢察勘驗。㉞擬：擬注。㉟駁：駁回。㊱厭：惡。㊲阿附：阿私隨附。㊳淛：同浙。㊴絀：屈，音ㄔㄨˋ。㊵下青石嶺，軍於那城：胡三省曰：「青石嶺在原州西，那城即漢朝那，故城在原州花石川。」㊶諭：譬諭。㊷賦斂：徵收賦稅。㊸無度：無法度。㊹國用：國家財用。㊺廉勤：廉潔勤勉。㊻簿領：治理簿籍。㊼御下：猶治下。㊽穰：豐熟。㊾充：充滿。㊿滉，休之子：韓休，開元中為相，有直聲。(51)以尚書右丞韓滉為戶部侍郎……滉，休之子也：按此段乃錄自《舊唐書・韓滉傳》，字句大致相同。

七年（西元七七二年）

㈠春，正月，甲辰，回紇使者擅出鴻臚寺㊀，掠人子女㊁，所司㊂禁之，毆擊所司，以三百騎犯金光、朱雀門㊃，是日，宮門皆閉㊄，上遣中使劉清潭諭㊅之，乃止㊆。

㈡三月，郭子儀入朝，丙午，還邠州。

㈢夏，四月，吐蕃五千騎至靈州，尋⑧退。

㈣五月，乙未，赦天下。

㈤秋，七月，癸巳，回紇又擅出⑨鴻臚寺，逐長安令邵說至含光門⑩街，奪其馬，說乘它馬而去，弗敢爭。

㈥盧龍節度使朱希彩既得位，悖慢朝廷，殘虐將卒，孔目官李懷瑗因眾怒，伺間⑪殺之，眾未知所從，經略副使朱泚營於城北，其弟滔將牙內兵⑫，潛使百餘人於眾中大言曰：「節度使非朱副使不可。」眾皆從之，泚遂權⑬知留後，遣使言狀。冬，十月，辛未，以泚為檢校左常侍⑭、幽州盧龍節度使。

㈦十二月，辛未，置永平軍於滑州⑮。

【今註】 ㊀鴻臚寺：胡三省曰：「唐鴻臚寺在朱雀街西第二街，北來第一坊，又北即西內宮城。」㊁掠人子女：謂掠民家之子女。㊂所司：謂所管之官吏。㊃金光、朱雀門：據《唐六典》卷七，金光門為京城西面之中門，朱雀門為皇城南面之中門。㊄宮門皆閉：《舊唐書・回紇傳》作：「皇城諸門盡閉。」是宮門乃指皇城之諸門也。㊅諭：勸諭。㊆回紇使者擅出鴻臚寺……劉清潭諭之，乃止：按此段乃錄自《舊唐書・回紇傳》，字句大致相同。㊇尋：不久。㊈擅出：謂未獲允許而擅輒自出。⑩含光門：據《唐六典》卷七，含光門為皇城南面之右門。⑪伺間：伺候間隙。⑫牙內兵：古行軍有牙旗，置營則立旗以為軍門，謂之牙門，牙內即牙門之內。在唐含親兵之意。⑬權：猶暫。⑭檢校左常侍：左常侍、左散騎常侍。唐代方鎮大員多兼帶朝廷官職，謂之檢校。⑮滑州：據《舊唐書・地理志》一，滑州屬河南道。

八年（西元七七三年）

㈠春，正月，昭義節度使、相州刺史薛嵩薨，子平年十二，將士脅①以為帥，平偽許之，既而讓其叔父崿，夜奉父喪，逖②歸鄉里。壬午，制以崿知留後。

㈡二月，壬申，永平節度使令狐彰薨。彰承滑亳離亂之後，治軍勸農③，府廩④充實，時藩鎮率皆跋扈⑤，獨彰貢賦⑥未嘗闕，歲遣兵三千詣京西防秋，自齎⑦糧食，道路供饋⑧皆不受，所過秋毫不犯⑨，疾亟⑩，召掌書記高陽⑪齊映與謀後事，映勸彰請代人，遣子歸私第，彰從之，遣表⑫稱：「昔魚朝恩破史朝義，欲掠滑州，臣不聽，由是有隙，及朝恩誅，值臣寢疾⑬，以是未得入朝，生死愧負⑭，臣今必不起，倉庫畜牧⑮先已封籍⑯，軍中將士，州縣官吏，按堵⑰待命。伏見吏部尚書劉晏、工部尚書李勉，可委大事，願速以代臣，臣男建等今勒歸⑱東都私第。」彰薨，將士欲立建，建誓死⑲不從，舉家⑳西歸㉑。三月，丙子，以李勉為永平節度使。

㈢吏部侍郎徐浩、薛邕皆元載王縉之黨，浩妾弟侯莫陳怤為美原㉒尉，浩屬㉓京兆尹杜濟虛以知驛奏優㉔，又屬邕擬長安尉㉕，怤參臺㉖，御史大夫李栖筠劾㉗奏其狀㉘，敕禮部侍郎、萬年㉙于劭等按之，劭奏邕罪在赦前，應原除㉚，上怒。夏，五月，乙酉，貶浩明州㉛別駕，邕歙州㉜刺史。丙戌，貶濟杭州㉝刺史，邵桂州㉞長史，朝廷稍肅㉟。【考異】實錄云：「侯莫陳怤為美原尉。」舊李栖筠傳云：「華原尉侯莫陳怤以王鄆傳優，改長安尉。」又曰：「栖筠劾奏怤等，上依違未決，屬月蝕，上問其故，對曰，臣聞日蝕修德，月蝕修刑，今誣上行私之罪未理，此天之所以儆戒於明聖，由是感寤，坐怤者皆貶謫，自此朝綱益振，百度肅然。」按己丑，月乃蝕於未時也，今不取。

㈣辛卯，鄭王邈㊱薨，贈召靖太子。

㈤回紇自乾元以來，歲求和市㊲，每一馬易四十縑，動至㊳數萬匹，馬皆駑瘠㊴無用，朝廷苦之㊵，所市多不能盡其數㊶，回紇待遣繼至者㊷，常不絕於鴻臚，至是，上欲悅其意，命盡市之。秋，七月，辛丑，回紇辭歸，載賜遺㊸及馬價㊹，共用車千餘乘㊺。

㈥八月，己未，吐蕃六萬騎寇靈武，踐㊻秋稼而去。【考異】汾陽家傳：「八月，吐蕃五千騎至靈武南之七渠，公遣溫儒雅、從政等，連兵救之，九月大破之。」今從實錄。

㈦辛未，幽州節度使朱泚遣弟滔將五千精騎詣涇州防秋，自安祿山反，幽州兵未常㊼為用，滔至，上大喜，勞賜甚厚。

㈧壬申，回紇復遣使者赤心，以馬萬匹來求互市㊽。

㈨九月，壬午，循州㊾刺史哥舒晃殺嶺南節度使呂崇賁，據嶺南反。

㈩癸未，晉州㊿男子郇模以麻辮髮(五一)，持竹筐葦席，哭東市(五二)，人問其故，對曰：「願獻三十字，一字為一事(五三)，若言無所取，請以席裹尸，貯筐中，棄於埜(五四)。」京兆以聞，上召見，賜新衣，館於客省(五五)。其言團者，請罷諸州團練使也，監者，請罷諸道監軍使也。

(十一)魏博節度使田承嗣為安史父子立祠堂，謂之四聖，且求為相，上令內侍孫知古因奉使諷(五六)令毀之。冬，十月，甲辰，加承嗣同平章事以褒（五七）之。

（十二）靈州破吐蕃萬餘眾，吐蕃眾十萬寇涇、邠，郭子儀遣朔方兵馬使渾瑊將步騎五千拒之，庚申，戰於宜祿（五八），【考異】實錄作甲子，蓋奏到之日也。邠志云十八日，與唐歷合，今從之。瑊登黃菼原（五九），望虜，命據險布拒馬（六〇），以備（六一）其馳突（六二），宿將（六三）史抗、溫儒雅等意輕（六四）瑊，不用其命（六五），瑊召使擊虜，則已醉矣，見拒馬曰：「野戰烏用（六六）此為？」命撤之，叱（六七）騎兵衝虜陳，不能入而返，虜躡而乘之（六八），官軍大敗，士卒死者什七八，居民為吐蕃所掠千餘人。甲子，馬璘與吐蕃戰於鹽倉（六九），又敗。【考異】邠志曰：「十月，西戎寇邠，涇原節度使馬公襲之，郭公使其將渾瑊，率步騎五千為之掎角，十八日，師登黃菼原，望見吐蕃，瑊急引其眾前據乘險，仍設拒馬槍，以遏馳突之勢，史抗、溫儒雅等宿將五六人，任氣自負，輕侮都將，置酒高飲，使人召之，至則皆醉矣，見拒馬槍曰，野地見賊，須擊，設此，何為？命去之，戎眾既陳，抗等叱馬軍使馳賊，及回，自衝其軍，吐蕃躡背而入，我師大敗，卒之不死者什二三。」汾陽家傳：「十月吐蕃四節度歷涇川，過閣川南，於渭河合軍，公遣渾瑊等前後相接以待之，二十四日，大戰於長武城，我師敗績，瑊等突出，乃免。」唐歷：「十八日，吐蕃寇邠州，瑊與戰於宜祿，官軍大敗。二十二日，馬璘出兵擊之，又敗，二十七日己巳，璘遣軍斫吐蕃營，破之，二十八日庚午，詔追諸道兵屯西郊，十一月一日，吐蕃退。」段公別傳曰：「八年冬十月二十三日，犬戎入寇，大戰於鹽倉，我軍與朔方兵馬司渾瑊之眾，併力齊攻，防秋諸軍，望賊而退，於是我師不利。」今日從邠志、唐歷、段公家傳，事從實錄、舊傳，兼采諸書。璘為虜所隔（七〇），逮（七一）暮未還，涇原兵馬使焦令諶等與敗卒爭門而入，或勸行軍司馬段秀實，乘城（七二）拒守，秀實曰：「大帥未知所在，當前擊虜，豈得苟自全乎（七三）！」召令諶等讓(七四)之曰：「軍法，失大將，麾下(七五)皆死，諸君忘其死邪！」令諶等惶懼，拜請命(七六)，秀實乃發城中兵未戰者(七七)，悉出，陳(七八)于東原，且收散兵，為將力戰狀，吐蕃畏之，稍却，既夜，璘乃得還(七九)。

㈢郭子儀召諸將謀曰：「敗軍之罪在我，不在諸將，然朔方兵精聞天下(八〇)，今為虜敗，何策可以雪恥？」莫對(八一)，渾瑊曰：「敗軍之將，不當復預議(八二)，然願一言，今日之事，惟理(八三)瑊罪，不(八四)則再見任。」子儀赦其罪，使將兵趣(八五)朝那，虜既破官軍，欲掠汧隴，鹽州刺使李國臣曰：「虜乘勝，必犯郊畿，我掎(八六)其後，虜必返顧。」乃引兵趣秦原(八七)，鳴鼓而西，虜聞之，至百城(八八)返。渾瑊邀之於隘(八九)，盡復得其所掠，馬璘亦出精兵襲虜輜重於潘原(九〇)，殺數千人，虜遂遁去。

㈣乙丑，以江西觀察使路嗣恭討哥舒晃。

㈤初，元載嘗為西州刺史，知河西隴右山川形勢，是時吐蕃數為寇，載言於上曰：「四鎮北庭既治涇州(九一)，無險要可守，隴西高峻，南連秦嶺，北抵(九二)大河，今國家西境盡(九三)潘原，而吐蕃戍摧沙堡，原州居其中間，當隴山之口，其西皆監牧(九四)故地，草肥水美，平涼(九五)在其東，獨耕一縣，可給軍食，故壘(九六)尚存，吐蕃弃(九七)而不居，每歲盛夏，吐蕃畜牧青海，去塞(九八)甚遠，若乘閑(九九)築之，二旬可畢，移京西軍戍原州，移郭子儀軍戍涇州，為之根本，分兵守石門、木峽(一〇〇)，漸開隴右，進達安西，據吐蕃腹心，則朝廷可高枕(一〇一)矣。」幷圖地形獻之，密遣人出隴山，商度功用(一〇二)。會汴宋節度使田神功入朝，上問之，對曰：「行軍料敵(一〇三)，宿將所難，陛下奈何用一書生語，欲舉國(一〇四)從之乎！」載尋得罪，事遂寢(一〇五)(一〇六)。

(十六)有司以回紇赤心馬多，請市千匹，郭子儀以為如此，逆(一〇七)其意太甚，自請輸(一〇八)一歲俸為國市之，上不許(一〇九)。十一月，戊子，命市六千匹。

【今註】(一)脅：脅迫。(二)迯：同逃。(三)勸農：謂勸課農桑。(四)府廩：謂府庫倉廩。(五)跋扈：暴橫。(六)貢賦：貢獻賦稅。(七)齎：攜帶，音ㄐㄧ。(八)供饋：供給饋贈。(九)犯：侵犯。(一〇)亟：急。(一一)高陽：據《新唐書・地理志》三，高陽屬河北道、瀛州。(一二)遺表：死時所遺留之表疏。(一三)寢疾：臥疾。(一四)愧負：慚愧負疚。(一五)畜牧：指羊馬牛畜。(一六)封籍：謂已封存亦登於簿籍。(一七)按堵：猶安靜。(一八)勒歸：強使之歸。(一九)誓死：謂以死自誓。(二〇)舉家：合家。(二一)永平節度使令狐彰薨……舉家西歸：按此段乃錄自《舊唐書・令狐彰傳》，字句大致相同。(二二)美原：據《新唐書・地理志》一，美原縣屬京兆府。(二三)屬：屬託。(二四)虛以知驛奏優：胡三省曰：「奏優者，言郵驛往來，供給車馬薪芻糧用，皆無闕乏，優於餘縣也。」虛者，謂此乃不實之揑報也。(二五)擬長安尉：據《新唐書・李栖筠傳》，知此乃為擬侯莫陳忿為長安尉。(二六)參臺：謂參謁御史臺。(二七)劾：彈劾。(二八)狀：罪狀。(二九)萬年：據《舊唐書・地理志》一，萬年屬京兆府。(三〇)原除：謂原免。(三一)明州：據《舊唐書・地理志》三，江南道、明州，在京師東南四千一百里。(三二)歙州：胡三省曰：「歙州在京師東南三千六百六十七里。」(三三)杭州：據《舊唐書・地理志》三，江南道杭州，在京師東南三千五百五十六里。(三四)桂州：據同志四，嶺南道、桂州，至京師，水陸路四千七百六十里。(三五)肅：肅整。(三六)鄭王邈：代宗子。(三七)和市：謂雙方同意而互相市易也。(三八)動至：謂一交易每至。(三九)駑瘠：駑劣瘠瘦。(四〇)苦之：謂甚以為苦。(四一)盡其數：謂盡易其馬。(四二)回紇待遣繼至者：謂回紇使者之待遣發及繼來者。(四三)賜遺：謂贈賜之物。(四四)馬價：指以馬所易之縑帛。(四五)回紇自乾元以來……共用車千餘乘：按此段乃本於《舊唐書・回紇傳》。(四六)踐：蹂踐。(四七)未常：常通嘗。(四八)互市：亦即上之和市。(四九)循州：據《舊唐書・地理志》四，循州為嶺南道、南海節度使所領。(五〇)晉州：據《新唐書・地理志》三，晉州屬河東道。(五一)以麻辮髮：居喪者之飾。(五二)東市：長安之東市。(五三)一字為一事：謂一字所言者乃為一事。(五四)埜：同野。(五五)客省：胡三省曰：「唐於右銀臺門置客省，或四方奏計未遣者，上書言事者，及四夷使客未報者，皆館於其中，常數百人，度支廩給之。」(五六)諷：示。(五七)褒：褒寵。(五八)宜祿：據《舊唐書・地理志》一，宜祿縣屬邠州。(五九)黃蓎原：胡三省曰：「黃蓎、草名，蓋其地多黃蓎草，因以名原。」按《舊唐書・渾瑊傳》，黃蓎作黃菩。(六〇)拒馬：戰時防守之具，用以抵禦敵人之馬隊者。按其制與行馬頗相類，至行馬之為狀，可參閱辭海行馬條，此不具。(六一)備：防。(六二)馳突：馳驟衝突。(六三)宿將：猶老將。(六四)輕：輕藐。(六五)命：命令。(六六)烏用：何用。(六七)叱：呵令。(六八)躡而乘之：踵繼而陵乘之。(六九)鹽倉：胡三省曰：「鹽倉、在涇州城西。」(七〇)隔：隔絕。(七一)逮：及。(七二)乘城：登城。(七三)苟自全乎：謂苟且自全身家乎。(七四)讓：責。(七五)麾下：猶部下。(七六)拜請命：拜請貸其性命。(七七)乃發城中兵未戰者：謂乃發城中兵之未曾出戰者。(七八)陳：讀曰陣。(七九)馬璘與吐蕃戰於鹽倉……璘乃得還：按此段乃錄自《舊唐書・段秀實傳》，字句大致相同。(八〇)朔方兵精聞天下：謂朔方兵精銳之名，聞於天下。(八一)莫對：按莫對上當添一眾字。(八二)預議：參預謀議。(八三)理：治。(八四)不：讀曰否。(八五)趣：《說文通訓定聲》：「趣通趨。」(八六)掎：偏持其足，音羈。(八七)秦原：《括地志》：「秦州、清水縣，有秦亭、秦谷，非子所封地也。」(八八)百城：胡三省曰：「百城即涇州、靈臺縣之百里城。」(八九)隘：險隘。(九〇)潘原：據《新唐書・地理志》一，潘原縣屬涇州。(九一)既治涇州：既以涇州為治所。(九二)抵：至。(九三)盡：猶訖於。(九四)監牧：唐於羣牧之地，設上牧監及中牧監以掌之，故曰監牧。(九五)平涼：胡三省曰：「平涼縣屬原州，西南即隴山之六盤關。」(九六)壘：營壘。(九七)弃：同棄。(九八)塞：邊塞。(九九)乘閑：指乘夏季農閑之時。(一〇〇)石門、木峽：《新唐書・地理志》一：

「原州平高縣西南有木峽關，州境又有石門關。」㉑高枕：謂高枕無憂。㉒商度功用：《舊唐書・元載傳》：「載密使人踰隴山，入原州，量井泉，計徒庸、車乘畚鍤之器。」商度功用，即指此言。㉓料敵：料度敵勢。㉔舉國：謂全國。㉕寢：止。㉖初，元載嘗為西州刺史……事遂寢：按此段乃錄自《舊唐書・元載傳》，字句大致相同。㉗逆：違逆。㉘輸：輸納。㉙有司以回紇赤心馬多……上不許：按此段乃錄自《舊唐書・郭子儀傳》，字句大致相同。

卷二百二十五　唐紀四十一

司馬光編集
曲守約註

起閼逢攝提格，盡屠維協洽七月，凡五年零七月。（甲寅至己未，西元七七四年至七七九年）

代宗睿文孝武皇帝中之下

大曆九年（西元七七四年）

㈠春，正月，壬寅，田神功薨於京師。

㈡澧朗㊀鎮遏使楊猷自澧州沿江而下，擅出㊁境至鄂州，詔聽入朝，猷遂泝㊂漢江㊃而上，復州、郢州㊄皆閉城自守，山南東道節度使梁崇義發兵備之。

㈢二月，辛未，徐州軍亂，刺史梁乘逾城㊅走。

㈣諫議大夫吳損使吐蕃，留之累年㊆，竟病死虜中。

㈤庚辰，汴宋兵防秋者千五百人，盜庫財㊇，潰歸㊈，【考異】唐曆作十日己酉。按長歷，是月庚午朔，十日乃己卯也，今從實錄。田神功薨故也，己丑，以神功弟神玉知汴宋留後。

（六）癸巳，郭子儀入朝，上言：「朔方，國之北門，中間戰士耗散〔一〇〕，什纔有一，今吐蕃兼〔一一〕河隴之地，雜羌渾〔一二〕之眾，勢強十倍〔一三〕，願更於諸道各發精卒，成〔一四〕四五萬人，則制勝之道必矣〔一五〕。」

（七）三月，戊申，以皇女永樂公主許妻魏博節度使田承嗣之子華，上意欲固結〔一六〕其心，而承嗣益驕慢。

（八）以澧朗鎮遏使楊猷為洮州刺史〔一七〕、隴右節度兵馬使。

（九）夏，四月，甲申，郭子儀辭還邠州，【考異】唐歷作癸未，今從實錄。復為上言邊事，至涕泗交流。

（十）壬辰，赦天下。

（十一）五月，丙午，楊猷自澧州入朝〔一八〕。

（十二）涇原節度使馬璘入朝，諷將士為己表求〔一九〕平章事，丙寅，以璘為左僕射。

（十三）六月，盧龍節度使朱泚遣弟滔奉表請入朝，且請自將步騎五千防秋，上許之，仍為先築大第於京師，以待〔二〇〕之。

（十四）癸未，興善寺胡僧不空卒，贈開府儀同三司、司空，賜爵肅國公，謚曰大辯正廣智不空三藏㉑和尚。

(十五)京師旱，京兆尹黎幹作土龍祈雨㉒，自與巫覡更舞㉓，彌月㉔不雨，又禱於文宣王。上聞之，命撤土龍，減膳節用。秋，七月，戊午，雨。

(十六)朱泚入朝，至蔚州㉕有疾，諸將請還，俟間而行㉖，泚曰：「死則輿尸而前㉗。」諸將不敢復言。九月，庚子，至京師，士民觀者如堵㉘。辛丑，宴泚及將士於延英殿㉙，犒賞之盛，近時未有㉚。

(十七)壬寅，回紇擅出鴻臚寺，白晝殺人，有司擒之，上釋不問。

(十八)甲辰，命郭子儀、李抱玉、馬璘、朱泚分統諸道防秋之兵。

(十九)冬，十月，壬申，信王瑝薨，乙亥，梁王璿薨㉛。

(廿)魏博節度使田承嗣誘昭義將吏㉜，使作亂。

【今註】㊀灃朗：據《舊唐書・地理志》三，灃朗二州屬江南西道。㊁擅出：謂未奉命令而擅自出行。㊂泝：謂逆水而行。㊃漢江：謂漢水與長江。㊄復州、郢州：復州郢州皆濱漢水，此時乃為山南東道領地。㊅逾城：越城。㊆諫議大夫吳損使吐蕃，留之累年：損出使、見上卷六年。㊇盜庫財：偷盜倉庫之財物。㊈潰歸：潰散而歸。㊉耗散：耗謂死，散謂逃。⑪兼：兼有。⑫羌渾：

史炤曰：「羌，党項之屬；渾，吐谷渾也。」③勢強十倍：謂勢強於昔十倍。④成：謂合成。⑤制勝之道必矣：謂必可操制勝之道矣。⑥固結：牢結。⑦楊猷為洮州刺史：胡三省曰：「洮州時已陷吐蕃，楊猷特領刺史耳。」⑧楊猷自澧州入朝：此言其方至京師。⑨表求：上表請求。⑩待：等待。⑪三藏：佛家謂經、律、論也。此三者包藏一切法義，故名三藏。經說定學，律說戒學，論說慧學，因之而通三藏，達三學者，稱為三藏。按玄奘之號三藏，即係取此義。由之可知唐代和尚之取三藏以為號者，固甚多也。⑫作土龍祈雨：土龍謂摶土作龍。《淮南子・說林》：「土龍致雨。」《後漢書・禮儀志》載漢代求雨時，有興土龍立土人之事，知以土龍求雨之俗，其所由來久矣。⑬更舞：更番舞蹈。⑭彌月：滿月。⑮朱泚入朝，至蔚州：胡三省曰：「此自幽州西出山後，取太原路入朝。」⑯俟間而行：待病有間而行，有間、亦即愈也。⑰死則輿尸而前：示絕不還回之意。⑱如堵：謂人屹立道之兩旁，如墻壁然。⑲延英殿：程大昌曰：「高宗初剏蓬萊宮，諸門殿亭，皆已立名，至上元二年，延英殿當御座生玉芝。則是初有大明宮即有延英殿，顧召對宰臣，則始于代宗耳。代宗以苗晉卿年老蹇甚，聽入閤不趨，為御延英，此優禮也。」又《唐六典》卷七：「大明宮、右曰西上閤，次西曰延英門，其內之左曰延英殿。」⑳近時未有：按近時乃指撰者之時言，而此事距宋頗遠，用近時二字未免欠妥，可改作時所未有，或當時未有一類之語，則可免此失。㉑信王瑝薨，乙亥，梁王璿薨：二王皆玄宗子。㉒誘昭義將吏：《舊唐書・地理志》一，昭義軍節度使治潞州，領潞、澤、邢、洺、磁五州。」

十年（西元七七五年）

㈠春，正月，丁酉，昭義兵馬使裴志清逐留後薛嵎，帥其眾歸承嗣，承嗣聲言救援，引兵襲相州，取之，嵎奔洺州，上表請入朝，許之。

㈡辛丑，郭子儀入朝。

㈢壬寅，壽王瑁㊀薨。

㈣乙巳，朱泚表請留闕下㊁，以弟滔知幽州盧龍留後，許之。

㈤昭義裨將薛擇為相州刺史，薛雄為衞州刺史，薛堅為洺州刺史，皆薛嵩之族也。戊申，上命內侍㊂魏知古如㊃魏州，諭田承嗣，使各守封疆㊄，承嗣不奉詔，癸丑，遣大將盧子期取洺州，楊光朝攻魏州。

㈥乙卯，西川節度使崔寧奏破吐蕃數萬於西山，斬首萬級，捕虜數千人。

㈦丙辰，詔諸道兵有逃亡者，非承㊅制勅，無得輒㊆召募。

(八)二月，乙丑，田承嗣誘〔八〕衞州刺史薛雄，雄不從，使盜殺之〔九〕，屠〔一〇〕其家，盡擄〔一一〕相衞四州之地，自置長吏〔一二〕，掠其精兵良馬，悉歸魏州，逼魏知古與共巡〔一三〕磁相二州，使其將士割耳剺面〔一四〕，請承嗣為帥。

(九)辛未，立皇子逑為睦王，逾為彬王〔一五〕，連為恩王，遘為鄜王，迅為隨王，造為忻王，暹為韶王，運為嘉王，遇為端王，遹為循王，通為恭王，達為原王，逸為雅王。

(十)丙子，以華州刺史李承昭知昭義留後。

(十一)河陽三城使〔一六〕常休明苛刻少恩，其軍士防秋者歸，休明出城勞之，防秋兵與城內兵合謀攻之，休明奔東都，軍士奉兵馬使王惟恭為帥，大掠數日，乃定，上命監軍冉庭蘭慰撫之。

(十二)三月，甲午，陝州軍亂，逐兵馬使趙令珍，【考異】唐歷：「三月二十八日辛卯，陝州軍亂。」實錄、唐統紀云：「甲午朔。」今從之。觀察使李國清不能禁，卑辭〔一七〕偏拜將士，乃得脫去，軍士大掠庫物。會淮西節度使李忠臣入朝過陝，上命忠臣按之〔一八〕，將士畏忠臣兵威〔一九〕，不敢動，忠臣設棘圍，令軍士匿名投庫物⑳，日獲萬緡㉑，盡以給其從兵㉒為賞。

(十三)乙巳，薛㟨、常休明皆詣闕請罪，上釋不問。

(十四)初，成德節度使李寶臣、淄青節度使李正己皆為田承嗣所輕，寶臣弟寶正娶承嗣女，在魏州與承嗣子維擊毬㉓，馬驚，誤觸維死㉔，承嗣怒，囚寶正，以告寶臣，寶臣謝教勅㉕不謹，封杖㉖授承嗣所，撻㉗之，承嗣遂杖殺寶正，由是兩鎮交惡㉘㉙。及承嗣拒命，寶臣正己皆上表請討之，上亦欲因其隙討承嗣。夏，四月，乙未，勅貶承嗣為永州㉚刺史，仍命河東、成德㉛、幽州、淄青、淮西、永平、汴宋、河陽、澤潞諸道發兵，前臨㉜魏博；若承嗣尚或稽違㉝，即令進討，罪止承嗣及其姪悅，自餘將士弟姪，苟能自拔㉞，一切不問。時朱滔方㉟恭順，與寶臣及河東節度使薛兼訓攻其北，正己與淮西節度使李忠臣等攻其南。五月，乙未，承嗣將霍榮國以磁州降。丁未，李正己攻德州，拔之。李忠臣統永平、河陽、懷澤步騎四萬，進攻衞州。六月，辛未，田承嗣遣其將裴志清等攻冀州，志清以其眾降李寶臣。甲戌，承嗣自將圍冀州，寶臣使高陽軍㊱使張孝忠將精騎四千禦之，寶臣大軍繼至，承嗣燒輜重而遁。孝忠，本奚也㊲。

(十五)田承嗣以諸道兵四合，部將多叛，而懼。秋，八月，遣使奉表，請束身㊳歸朝。

(十六)辛巳，郭子儀還邠州。【考異】汾陽家傳作丁丑，今從實錄。子儀嘗奏除㊴州縣官一人，不報㊵，僚佐相謂曰：「以令公勳德㊶，奏一屬吏，而不從，何宰相之不知體㊷！」子儀聞之，謂僚佐曰：「自兵興以來，方鎮㊸武臣多跋扈㊹，凡有所求，朝廷常委曲從之，此無它㊺，乃疑之也。今子儀所奏事，人主以其不可行而置㊻之，是不以武臣相待，而親厚之也，諸君可賀㊼矣，又何恠㊽焉！」聞者皆服。

(十七)己丑，田承嗣遣其將盧子期寇磁州。

(十八)九月，戊申，回紇白晝刺市人腸出，有司執之，繫萬年獄㊾，其酋長赤心馳入縣獄，斫傷獄吏，劫囚而去，上亦不問。

(十九)壬子，吐蕃寇臨涇㊿，癸丑，寇隴州及普潤(五一)，大掠人畜而去，百官往往遣家屬出城竄匿(五二)。丙辰，鳳翔節度使李抱玉奏破吐蕃於義寧㊾。

(廿)李寶臣、正已會於棗強(五四)，進圍貝州，田承嗣出兵救之，兩軍各饗士卒(五五)，成德賞厚，平盧(五六)賞薄，既罷，平盧士卒有怨言，正己恐其為變，引兵退，寶臣亦退(五七)。李忠臣聞之，釋衞州(五八)，南度河，屯陽武(五九)。寶臣與朱滔攻滄州，承嗣從父弟庭玠守之，寶臣不能克(六〇)。

(廿一)吐蕃寇涇州，涇原節度使馬璘破之於百里城。【考異】汾陽家傳：「九月，吐蕃略潘原西而還，八日，至小石門白草川，十八日，下朝那川，二十三日，至里城營支磨原，入華亭，十月，公遣渾瑊、李懷光與幽州義寧汴宋軍會於故平涼縣，三日，詰朝，大破之。」今從實錄。戊子，命盧龍節度使朱泚出鎮奉天行營(六一)。

(廿二)冬，十月，辛酉朔，日有食之。

(廿三)盧子期攻磁州，【考異】舊李寶臣傳作攻邢州，今從實錄。城幾陷，李寶臣與昭義留後李承昭共救之，大破子期於清水(六二)，擒子期送京師，斬之。河南諸將又大破田悅於陳留(六三)，田承嗣懼。初李正己遣使至魏州，承嗣囚之，至是禮而遣之(六四)，遣使盡籍(六五)境內戶口甲兵穀帛之數以與之，曰：「承嗣今年八十有六【考異】按承嗣卒時，年七十五，此云八十六，蓋欺正己。溘死(六六)無日(六七)，諸子不肖，悅亦孱弱(六八)，凡今日所有(六九)，為公守耳，豈足以辱公之師旅乎！」立使者於庭，南向拜而授書(七〇)，又圖正己之像，焚香事之，正己悅，遂按兵不進。於是河南諸道兵皆不敢進(七一)，承嗣既無南顧之虞(七二)，得專意北方。上嘉李寶臣之功，遣中使(七三)馬承倩齎詔勞之，將還，寶臣詣其館(七四)，遺之百縑，承倩詬(七五)詈，擲出道中(七六)，寶臣慙其左右(七七)，兵馬使王武俊說寶臣曰：「今公在軍中，新立功，豎子尚爾(七八)，況寇平之後，以一幅詔書，召歸闕下，一匹夫耳(七九)，不如釋承嗣以為己資(八〇)。」寶臣遂有玩寇(八一)之志(八二)。

(廿四)承嗣知范陽寶臣鄉里(八三)，心常欲之，因刻石作讖(八四)云：「二帝(八五)同功勢萬全，將田為侶入幽燕。」密令瘞(八六)寶臣境內，使望氣者言彼(八七)有玉氣，寶臣掘而得之，又令客說之曰：「公與朱滔共取滄州，得之，則地歸國(八八)，非公所有，公能捨承嗣之罪，請以滄州歸公，仍願從公取范陽以自効(八九)，公以精騎前驅，承嗣以步卒繼之，蔑(九〇)不克矣。」寶臣喜，謂事合符(九一)讖，遂與承嗣通謀(九二)，密圖范陽，承嗣亦陳兵(九三)境上。寶臣謂滔使者曰：「聞朱公儀貌(九四)如神(九五)，願得畫像觀之。」滔與之，寶臣置於射堂(九六)，與眾將共觀之，曰：「真神人也。」滔軍於瓦橋(九七)，寶臣選精騎二千，通夜(九八)馳三百里襲之，戒曰：「取貌如射堂者。」時兩軍方睦，滔不虞(九九)有變，狼狽出戰而敗，會(一〇〇)衣它服得免(一〇一)。寶臣欲乘勝取范陽，滔使雄武軍使、昌平(一〇二)劉怦守留府，寶臣知有備，不敢進，承嗣聞幽恒兵交(一〇三)，即引軍南還，使謂寶臣曰：「河內(一〇四)有警(一〇五)，不暇從公，石上讖文，吾戲為之耳。」寶臣慙怒而退。【考異】舊王武俊傳曰：「代宗嘉其功，使中貴人馬承倩齎詔宣勞，承倩將歸，止傳舍，寶臣親遺百縑，承倩詬罵，擲出道中，王武俊勸玩養承嗣，以為己資。寶臣曰，今與承嗣有釁矣，可推腹心哉？武俊曰，勢同患均，轉寇讎為父子，欬唾間耳，若傳虛言，無益也。今中貴人劉清譚在驛，斬首送承嗣，承嗣立質妻孥矣。寶臣曰，吾不能如此。武俊曰，朱滔為國屯兵滄州，請擒送承嗣，以取信，許之。」按承嗣方求解於寶臣，何必擒滔以取信？且承倩尚在傳舍，武俊何不勸斬承倩，而斬清譚乎！寶臣自以承嗣誘之，共取幽州，故襲朱滔，非因承倩之辱也。今從唐紀。寶臣既與朱滔有隙，以張孝忠為易州刺史，使將精騎七千以備之。

(七五)丙寅，貴妃獨孤氏薨，丁卯，追謚貞懿皇后。

(七六)十一月，丁酉，田承嗣將吳希光以瀛州降。

(七七)嶺南節度使路嗣恭擢流人(一〇六)孟瑤、敬冕為將，【考異】鄴侯家傳作敬俛，今從舊傳。討哥舒晃，瑤以大軍當其衝(一〇七)，冕自間道輕入，丁未，克廣州，斬哥舒晃，【考異】唐嗣恭傳曰：「嗣恭平廣州，商舶之徒多因晃事誅之，嗣恭前後沒其家財寶數百萬貫，盡入私室，不以貢獻，代宗心甚銜之，故嗣恭雖有平方面功，止轉檢校兵部尚書，無所酬勞。」建中實錄曰：「自兵興以來，諸軍殺將帥而要君者，多矣，皆因授其任以苟安之。其王師征討，不失有罪，始斯役也。既而有謗，其收南海府庫，閱上不實，不得用，久之。」按代宗以嗣恭附元載，遺載琉璃盤，惡之，故不用耳，事見鄴侯家傳。或當時亦有人迎合，以匿貨謗嗣恭，不可知也，今不取。李肇國史補云㉘：「路嗣恭初平五嶺，元載奏嗣恭多取南人金寶，是欲為亂，陛下不信，試召，必不入朝，三伏中追詔至，嗣恭不慮，請待秋涼以脩覲禮。江西判官柳渾入，雨泣曰，公有功方暑而追，是為執政所中，今少遷延，必旋滅也。嗣恭懼曰，為之奈何？渾曰，健步追還表緘，公今日過江，宿石頭驛，乃可，從之。代宗謂元載曰，嗣恭不俟駕行矣，載無以對。」按嗣恭素附元載，載誅，賴李泌營救得免，事見鄴侯家傳，載豈有譖嗣恭云欲為亂之理，蓋載已被誅，而召嗣恭，適在三伏，渾有此疑，時人因以為渾美事耳。今不取。及其黨萬餘人㉙，嗣恭之討晃也，容管經略使㉚王翃遣將將兵助之，西原賊帥覃問乘虛襲容州，翃伏兵擊擒之。

(廿八)十二月，回紇千騎寇夏州，【考異】此事出汾陽家傳，實錄、新舊紀皆無之。按實錄，明年二月，加朔方戍兵，以備回紇。則是回紇嘗入寇也。州將梁榮宗破之於烏水㉛，郭子儀遣兵三千救夏州，回紇遁去。

(廿九)元載王縉奏魏州鹽貴，請禁鹽入其境，以困之，上不許曰：「承嗣負㉜朕，百姓何罪。」田承嗣請入朝，李正己屢為之上表，乞許其自新㉝。

【今註】㊀壽王瑁：瑁，玄宗子。㊁留闕下：謂留於京師。㊂內侍：《舊唐書・職官志》三：「內侍省，內侍二員，從四品上。」㊃如：至。㊄封疆：疆界。㊅承：承受。㊆輒：專輒。㊇誘：

召誘。㊈使盜殺之：按此盜即通常所云之刺客也。唐中葉後，藩鎮養刺客以暗殺仇敵之風甚盛，此乃其一。⑩屠：殺。⑪擒：擒獲。⑫自置長吏：指刺史縣令而言。⑬巡：巡視。⑭使其將士剺耳剺面：剺面謂以刀劃面，為此舉者，乃以示不惜犧牲之決心也。⑮述為彬王：按《舊唐書・代宗紀》及代宗諸子傳，彬皆作郴，當改從之。⑯河陽三城使：胡三省曰：「河陽縣本屬懷州，顯慶二年，分屬河南府，城臨大河，長橋架水，古稱設險。此城後魏之北中城也，東西魏兵爭，又築中潬及南城，謂之河陽三城。乾元中，史思明再陷東京，李光弼以重兵守河陽，及雍王平賊，令魚朝恩守河陽，乃以河南之河清、濟、原、溫四縣租稅，入河陽三城，使河南尹但禮領其縣額，尋又以汜水軍賦屬之。」⑰卑辭：言辭卑遜。⑱按之：按治之。⑲兵威：兵之威勢。⑳設棘圍，令軍士匿名投庫物：謂設棘四圍周之，令不具名而投所掠庫物於其中。㉑萬緡：亦即萬貫。㉒從兵：隨從之兵士。㉓與承嗣子維擊毬：按《舊唐書・李寶臣傳》，擊毬作擊鞠。知二文雖殊，而所指者，實係一物。㉔誤觸維死：按亦即〈李寶臣傳〉所云之「馬馳駭觸殺維。」㉕教勅：謂教導訓勅。㉖封杖：〈寶臣傳〉作：「緘杖。」是封杖者，乃以杖緘於囊中，而送於對方，以聽其用此杖以撻之也。㉗撻：打，音ㄊㄚˋ。㉘交惡：猶相仇恨。㉙初，成德節度使李寶臣……由是兩鎮交惡：按此段乃錄自《舊唐書・李寶臣傳》，字句大致相同。㉚永州：據《舊唐書・地理志》三，永州屬江南西道。㉛成德：〈李寶臣傳〉：「乃以恒州為成德軍。」是成德軍府乃在恒州。㉜臨：猶至。㉝稽違：稽遲違命。㉞自拔：謂自拔於罪。㉟方：正。㊱高陽軍：胡三省曰：「高陽軍當置於瀛州高陽縣。兵志，橫海、北平、高陽等軍，皆屬平盧道。蓋安史之亂，以兵授張孝忠統制，而屬於李寶臣，因授高陽軍使耳。」㊲孝忠、本奚也：《舊唐書・張孝忠傳》：「孝忠、本奚之種類，代為乙失活部落酋帥。」㊳束身：縛身，以示有罪之意。㊴除：任命。㊵不報：亦即不許。㊶勳德：勳業德望。㊷不知體：謂不知事之緊要。㊸方鎮：謂鎮守四方。㊹跋扈：暴橫。㊺此無它：謂此無它故。㊻置：擱置不予處理。㊼可賀：謂可向我致賀。㊽恠：同怪。㊾萬年獄：萬年縣之牢獄。㊿臨涇：據《新唐書・地理志》一，臨涇縣屬涇州。(51)普潤：據同志一，普潤縣屬鳳翔府。(52)竄匿：謂逃竄藏匿。(53)義寧：同志一：「隴州、汧源，華亭有義寧軍，大曆八年置。」(54)棗強：據同志三，棗強縣屬河北道、冀州。(55)兩軍各饗士卒：《舊唐書・李寶臣傳》作：「會軍於棗強，椎牛釃酒，犒勞將士，仍頒優賞。」此饗士之通常情形也。又此饗字，實可以犒勞釋之。(56)平盧：亦即上文之淄青，蓄其所管之地為淄青，而軍名則為平盧。(57)李寶臣、正已會於棗強……寶臣亦退：按此段乃錄自《舊唐書・李寶臣傳》，字句大致相同。(58)釋儋州：謂釋儋州之圍。(59)陽武：據《新唐書・地理志》二，陽武縣屬河南道、鄭州。(60)不能克：猶不能下。(61)戊子，命盧龍節度使朱泚出鎮奉天行營：按《舊唐書・代宗紀》，戊子作戊午，以下之十月辛酉推之，作戊午是。(62)清水：胡三省曰：「按新唐書田承嗣傳，清水作臨水，永泰元年，薛嵩表於臨水故城置昭義縣，屬磁州。」(63)陳留：據《舊唐書・地理志》一，陳留縣屬河南道、汴州。(64)遣之：遣歸之。(65)盡籍：謂盡行籍錄。(66)溘死：謂奄然而死，亦即速死。(67)無日：無幾日。(68)孱弱：劣弱。(69)凡今日所有：指上之戶口、甲兵、穀帛言。

(七〇)南向拜而授書：以正已在南，故南向拜以示敬，授書謂授書疏。(七一)初李正己遣使至魏州……河南諸道兵皆不敢進：按此段乃錄自《舊唐書・李寶臣傳》：字句大致相同。(七二)虞：憂。(七三)中使：《舊唐書・王武俊傳》作「中貴人。」蓋以中貴人而為使者，故或稱中貴人，或稱中使，其實皆宦官也。(七四)詣其館：〈王武俊傳〉作：「止傳舍。」是唐代使者至州鎮，所居之館，即傳舍也。(七五)詬：怒罵，音茍。(七六)擲出道中：謂由館中擲出，而落於道上。(七七)寶臣慙其左右：〈王武俊傳〉作：「寶臣顧左右有愧色。」正可用釋本文。(七八)爾：如此。(七九)一匹夫耳：謂則不過一匹夫耳。(八〇)己資：己之資藉。(八一)玩寇：謂玩養寇敵而不消滅之。(八二)上嘉李寶臣之功……遂有玩寇之志：按此段乃錄自《舊唐書・王武俊傳》，字句大致相同。(八三)范陽、寶臣鄉里：《舊唐書・李寶臣傳》：「寶臣，范陽城旁奚族也。」(八四)讖：讖緯係言將來之驗，音ㄔㄣˋ。(八五)二帝：〈李寶臣傳〉：「二帝，指寶臣、正己也。」(八六)瘞：埋藏。(八七)彼：謂彼處。(八八)歸國：謂歸天子所有。(八九)以自効：謂以自効力。(九〇)蔑：無。(九一)符：符命。(九二)通謀：合謀。(九三)陳兵：列兵。(九四)儀貌：謂儀表容貌。(九五)如神：如神明。(九六)射堂：習射之堂。(九七)瓦橋：胡三省曰：「瓦橋，古易京之地，在莫州北三十里，唐置瓦橋關。」(九八)通夜：謂晝夜相連。(九九)不虞：猶不慮。(一〇〇)會：適遇。(一〇一)承嗣知范陽寶臣鄉里……會衣它服得免：按此段乃錄自《舊唐書・李寶臣傳》，字句大致相同。(一〇二)昌平：今河北省昌平縣。(一〇三)兵交：謂交戰。(一〇四)河內：今河南省黃河以北地，舊時通稱曰河內，漢置郡以河內名，即本於此。(一〇五)警：警急。(一〇六)流人：流徙之人。(一〇七)當其衝：謂當其要衝。(一〇八)考異曰：「李肇國史補云」：胡三省曰：「余按去年命路嗣恭為嶺南節度使，討哥舒晃，嗣恭既誅晃，而平廣州，則當在廣州。柳渾若以江西判官從嗣恭，亦當在廣州。今諫嗣恭請奉詔就道，乃言過江宿石頭驛。石頭驛在豫章江之西岸，嗣恭自江西觀察赴召，可言宿石頭驛，自嶺南節度赴召，安得宿石頭驛哉?亦可以明李肇之誤。」㉙嶺南節度使路嗣恭……及其黨萬餘人：按此段乃錄自《舊唐書・路嗣恭傳》，字句大致相同。㉚容管經略使：據《舊唐書・地理志》四，嶺南道、容管十州為容、辯、白、牢、欽、禺、湯、瀼、巖、古，在桂管西南。㉛烏水：胡三省曰：「烏水在夏州朔方縣，貞觀七年，開延化渠，引烏水入庫狄驛。」㉜負：違負。㉝自新：謂改過自新。

十一年（西元七七六年）

㈠春，正月，壬辰，遣諫議大夫杜亞使魏州宣慰。

㈡辛亥，西川節度使崔寧奏破吐蕃四節度㈠及突厥、吐谷渾、氐、羌羣蠻眾二十餘萬，斬首萬餘級。

㈢二月，庚辰，田承嗣復遣使上表請入朝，上乃下詔赦承嗣罪，復其官爵，聽與家屬入朝，其所部拒朝命者，一切不問。

㈣辛巳，增朔方五城㈡戍兵以備回紇。

(五)三月，戊子，河陽軍亂，逐監軍冉庭蘭出城，大掠三日，庭蘭成備㊂而入，誅亂者數十人，乃定。

(六)五月，汴宋留後田神玉卒，都虞候李靈曜殺兵馬使、濮州刺史孟鑒，北結㊃田承嗣為援。癸巳，以永平節度使李勉兼汴宋等八州㊄留後。乙未，以靈曜為濮州刺史，靈曜不受詔。六月，戊午，以靈曜為汴宋留後，遣使宣慰。

(七)秋，九月，田承嗣遣兵寇滑州㊅，敗李勉。

(八)吐蕃寇石門，入長澤川㊆。

(九)八月，丙寅，加盧龍節度使朱泚同平章事。【考異】實錄：「閏八月己亥，遣朱泚如奉天行營。」按去年已云，泚出鎮奉天行營，至此又云，明年九月又云。蓋泚每年往奉天防秋，至春還京師，但實錄不載其入朝耳。

(十)李靈曜既為留後，益驕慢㊇，悉以其黨為管內八州刺史縣令，欲效㊈河北諸鎮。甲申，詔淮西節度使李忠臣、永平節度使李勉、河陽三城使馬燧討之，淮南節度使陳少遊、淄青節度使李正己皆進兵擊靈曜。汴宋兵馬使攝節度副使李僧惠，【考異】汾陽家傳作李思惠，今從舊傳。靈曜之謀主也，宋州牙門將⑩劉昌遣僧神表㈡潛㈢說僧惠，僧惠召問計，昌為之泣陳⑬逆順，僧惠乃與汴宋牙將高憑、石隱金遣神表奉表詣京師，請討靈曜⑭。九月，壬戌，以僧惠為宋州刺史，憑為曹州刺史，隱金為鄆州刺史。乙丑，李忠臣、馬燧軍於鄭州，靈曜引兵逆戰⑮，兩軍不意其至，退軍滎澤⑯，淮西軍士潰去者什五六，鄭州士民皆驚，走入東都，忠臣將歸淮西，燧因執不可，曰：「以順討逆，何憂不克，奈何自弃⑰功名！」堅壁不動，忠臣聞之稍收⑱散卒，數日皆集⑲，軍勢復振。戊辰，李正己奏克鄆濮二州，壬申，李僧惠敗靈曜兵於雍丘⑳。冬，十月，李忠臣、馬燧進擊靈曜，忠臣行汴南㉑，燧行汴北，屢破靈曜兵，壬寅，與陳少遊前軍合，與靈曜大戰於汴州城西，靈曜敗，入城固守。癸卯，忠臣等圍之，田承嗣遣田悅將兵救靈曜，敗永平淄青兵於匡城㉒，乘勝進軍汴州，營於城北數里。丙午，忠臣遣裨將李重倩將輕騎數百，夜入其營，縱橫貫穿㉓，斬數十人而還，營中大駭，忠臣燧因以大軍乘㉔之，鼓譟而入，悅眾不戰而潰，悅脫身北走，將士死者相枕藉㉕，不可勝數，靈曜聞之，開門夜遁，汴州平。重倩，本奚也。丁未，靈曜至韋城(二六)，永平將杜如江擒之。燧知忠臣暴戾，以己功讓之，不入汴城，引軍西屯板橋，忠臣入城，果專其功，宋州刺史李僧惠與之爭功，忠臣因會(二七)，擊殺(二八)之，又欲殺劉昌，昌遁逃得免。甲寅，李勉械送李靈曜至京師，斬之。

(十)十二月，丁亥，李正己、李寶臣並加同平章事。

(十一)涇原節度使馬璘疾亟，以行軍司馬段秀實知節度事，付以後事，秀實嚴兵以備非常，丙申，璘薨，【考異】實錄，庚寅璘薨。段公別傳曰：「十二月丙申，馬公薨，十二年正月八日，奉制除涇州刺史，知節度事。」實錄又云：「丁酉，以段秀實知河東留後。」按時馬璘新薨，秀實涇原留後，備禦吐蕃，豈可輟之使攝河東？蓋奏報木至，有斯命，尋聞璘薨，遂除涇原耳。軍中奔哭者數千人，喧咽(二九)門屏(三〇)，秀實悉不聽入，命押牙馬頔治喪事於內(三一)，李漢惠接賓客於外，妻妾子孫位(三二)於堂，宗族位於庭，將佐位於前牙(三三)，士卒哭於營伍，百姓各守(三四)其家，有離立偶語(三五)於衢路，輒執而囚(三六)之，非護喪從行者，無得遠送，致祭拜哭，皆有儀節(三七)，送喪近遠，皆有定處，違者以軍法從事(三八)。都虞候史廷幹、兵馬使崔珍、十將(三九)張景華謀因喪作亂，秀實知之，奏廷幹入宿衛，徙珍屯靈臺(四〇)，補景華外職，不戮一人，軍府晏然(四一)。

家富有無筭㊷，治第京師，甲於勳貴㊸，中堂㊹費二十萬緡，它室所減無幾㊺，其子孫無行㊻，家貲尋盡。

⒀戊戌，昭義節度使李承昭表稱疾篤㊼，以澤潞行軍司馬李抱真兼知磁邢兩州留後。

⒁庚戌，加淮西節度使李忠臣同平章事，仍領汴州刺史，治汴州。

【今註】 ㈠破吐蕃四節度：按節度之全稱為節度使，然亦常簡稱節度。㈡朔方五城：胡三省曰：「朔方先統三受降城，幷振武、豐安、定遠為六城，時三受降城屬振武軍使，朔方統豐安、定遠、新昌、豐寧、保寧，謂之塞下五城。」㈢成備：完成軍備。㈣結：連結。㈤汴宋等八州：八州為汴、宋、曹、濮、兗、鄆、徐、泗。㈥秋，九月，田承嗣遣兵寇滑州：按下文有八月九月之文，知此九乃係七之訛。㈦長澤川：胡三省曰：「長澤川後魏置闡熙郡，隋郡廢，長澤縣屬夏州，為吐蕃寇原州，遂北入夏州界也。」㈧驕慢：驕傲怠慢。㈨效：仿效。㈩牙門將：按通簡稱作牙將。⑾遣僧神表：按《舊唐書・劉昌傳》，僧作曾。⑿潛：暗。⒀泣陳：謂哭泣陳告。⒁汴宋兵馬使攝節度副使李僧惠……請討靈曜：按此段乃錄自《舊唐書・劉昌傳》，字句大致相同。⒂逆戰：迎戰。⒃滎澤：據《新唐書・地理志》二，滎澤縣屬鄭州。⒄弃：古棄字。⒅稍收：漸收。⒆集：合。⒇雍丘：據《新唐書・地理志》二，雍丘縣屬汴州。㉑行汴南：經行於汴州城之南。㉒匡城：據《新唐書・地理志》二，匡城縣屬滑州。㉓縱橫貫穿：謂隨意而行，無人能禦之也。㉔乘：陵壓。㉕相枕藉：喻死者之多。㉖韋城：據《新唐書・地理志》二，韋城縣屬滑州。㉗因會：因籍宴會。㉘擊殺：扑殺。㉙喧咽：謂哭泣雜亂之聲。㉚門屏：朱駿聲云：「屏亦謂之塞門，亦謂之蕭墻，如今之照墻也。」㉛內：指內衙。㉜位：猶處。㉝牙：通衙。㉞守：猶留。㉟離立偶語：謂有兩人立而偶語者。㊱囚：囚禁。㊲儀節：禮儀節度。㊳以軍法從事：謂以軍法論處。㊴十將：乃唐官職之名，中葉節度使府，常見此官稱。㊵靈臺：據《新唐書・地理志》一，靈臺縣屬涇州。㊶晏然：安然。㊷無筭：無數。㊸勳貴：以功勳致貴顯，故曰勳貴。㊹中堂：乃室宇中之最重要者，率用以宴會賓客。㊺所減無幾：所減少者亦不甚多。㊻無行：無善行。㊼疾篤：病重。

十二年（西元七七七年）

㈠春，二月，乙卯，兵部尚書同平章事、鳳翔，懷、澤、潞、秦、隴節度使李抱玉薨，弟抱真仍領懷澤潞留後。

㈡癸亥，以河東行軍司馬鮑防為河東節度使。防，襄州人也。

㈢田承嗣竟不入朝，又助李靈曜，上復命討之，承嗣乃復上表謝罪，上亦無如之何，庚午，悉復承嗣官爵，仍令不必入朝。

㈣中書侍郎同平章事元載專横，黄門侍郎同平章事王縉附之，二人俱貪，載妻王氏及子伯和、仲武、縉弟妹及尼出入者㊀，爭納賄賂，又以政事委㊁羣吏，士之求進者，不結㊂其子弟及主書㊃卓英倩等，無由自達。上含容㊄累年，載縉不悛㊅，上欲誅之，恐左右漏泄，無可與言者，獨與左金吾大將軍吳湊謀之。湊，上之舅㊆也。會有告載縉夜醮㊇，圖為不軌者，庚辰，上御延英殿，命湊收載縉於政事堂㊈，又收仲武及卓英倩等繫獄，命吏部尚書劉晏與御史大夫李涵等同鞫之，問端㊉皆出禁中⑪，仍遣⑫中使，詰⑬以陰事，載縉皆伏罪⑭。是日，先杖殺左衞將軍、知內侍省事董秀於禁中，乃賜載自盡於萬年縣⑮，載請主者⑯願得快死，主者曰：「相公須受少汙辱⑰，勿恠。」乃脫穢韈塞其口，而殺之。王縉初亦賜自盡，劉晏謂李涵等曰：「故事、重刑覆奏，況大臣乎！且法有首從⑱，宜更禀進止⑲。」涵等從之，上乃貶縉栝州⑳刺史，載妻王氏，忠嗣之女也，及子伯和、仲武、季能皆伏誅。有司籍載家財，胡椒㉑至八百石，它物稱是㉒。

㈤夏，四月，壬午，以太常卿楊綰為中書侍郎，禮部侍郎常衮為門下侍郎，並同平章事。綰性清儉簡素㉓，制下之日，朝野相賀，郭子儀方宴客，聞之，減坐中聲樂㉔五分之四，京兆尹黎幹騶從甚盛㉕，即日省之，止存㉖十騎，中丞崔寬第舍宏侈㉗，亟毀撤之㉘。

㈥癸未，貶吏部侍郎楊炎、諫議大夫韓洄、包佶、起居舍人韓會等，皆載黨也。炎，鳳翔人，載常引有文學才望者一人，親厚之，異日欲以代己，故炎及於貶。洄，滉之弟；會，南陽人也。上初欲盡誅炎等，吳湊諫救百瑞㉙，始貶官㉚。

㈦丁酉，吐蕃寇黎、雅州㉛，西川節度使崔寧擊破之。

㈧元載以仕進者多樂京師㉜，惡其逼己㉝，乃制俸祿厚外官而薄京官，京官不能自給，常從外官乞貸㉞，楊綰常衮奏京官俸太薄，己酉，詔加京官俸，歲約十五萬六千餘緡㉟。

㈨五月，辛亥，詔自都團練使外，悉罷諸州團練守捉使；又令諸使非軍事要急，無得擅召刺史，及停其職務，差人權攝㊱；又定諸州兵皆有常數，其召募給家糧㊲春冬衣者，謂之官健，差點土人㊳，春夏歸農，秋冬追集㊴，給身糧㊵醬菜者，謂之團結。自兵興以來，州縣官俸給不一，重以元載王縉隨情狥私㊶，刺史月給或至千緡，或數十緡，至是始定節度使以下至主簿尉俸祿㊷，掊多㊸益寡，上下有敍㊹，法制粗立。

(十)庚午，上遣中使發元載祖父墓，斲棺棄尸，毀其家廟，焚其木主㊺。戊寅，卓英倩等皆杖死，英倩之用事也，弟英璘橫於鄉里㊻，及英倩下獄，英璘遂據險作亂，上發禁兵討之，乙巳，金州㊼刺史孫道平擊擒之。

(十一)上方倚楊綰，使釐革㊽弊政，會綰有疾。秋，七月，己巳，薨，上痛悼之甚，謂羣臣曰：「天不欲朕致太平，何奪朕楊綰之速㊾！」

(十二)八月，癸未，賜東川節度使鮮于叔明姓李氏㊿。

(十三)元載，王縉之為相也，上日賜以內廚御饌，可食十人，遂為故事。癸卯，常袞與朱泚上言餐錢(五一)已多，乞停賜饌，許之。袞又欲辭堂封(五二)，同列不可，而止。時人譏袞，以為朝廷厚祿，所以養賢，不能當辭位，不當辭祿。

臣光曰：「君子恥食浮於人(五三)，袞之辭祿，廉恥存焉(五四)，與夫固位(五五)貪祿者，不猶愈乎！詩云：『彼君子兮，不素餐兮(五六)。』如袞者，亦未可以深譏也。」

(十四)楊綰常袞薦湖州(五七)刺史顏真卿，上即日召還，甲辰，以為刑部尚書。綰袞又薦淮南判官、汲(五八)人關播，擢為都官員外郎(五九)。

(十五)九月，辛酉，以四鎮北庭行營兼涇原、鄭、潁節度副使段秀實為節度使，【考異】段公別傳曰：「自授鉞三五年間，西鄰無烽燧之警。」又曰：「戎帥論乞力陀慕公清德，不敢侵陵我疆。」舊傳亦曰：「三四年間，吐蕃不敢犯塞。」按是月，吐蕃寇原州，十二月，朱泚拒吐蕃，自涇州還，明年九月，吐蕃逼涇州。云三四年間，不敢犯塞，蓋史家溢美之辭耳。秀實軍令簡約(六〇)，有威惠(六一)，奉身(六二)清儉，室無姬妾，非公會(六三)，未嘗飲酒聽樂(六四)。

(十六)吐蕃八萬眾，軍於原州北長澤監(六五)，己巳，破方渠(六六)，入拔谷，郭子儀使裨將(六七)李懷光救之，吐蕃退，庚午，吐蕃寇坊州。

(十七)冬，十月，乙酉，西川節度使崔寧奏大破吐蕃於望漢城(六八)。

(十八)先是，秋霖，河中府池鹽(六九)多敗(七〇)，戶部侍郎判度支韓滉恐鹽戶減稅，丁亥，奏雨雖多，不害鹽(七一)，仍有瑞鹽生(七二)。上疑其不然，遣諫議大夫、義興(七三)蔣鎮往視之。

(十九)吐蕃寇鹽夏州，又寇長武(七四)，郭子儀遣將拒却之。

(廿)以永平軍(七五)押牙(七六)、匡城劉洽為宋州刺史，【考異】舊劉玄佐傳云：「李靈曜據汴州，洽將兵乘其無備，徑入宋州。」按劉昌以宋州牙門將說李僧惠歸順，則是僧惠先已為靈曜守宋州，朝廷因授宋州刺史耳。若僧惠未降，則洽不能得宋州，已降，則不敢取宋州，蓋僧惠已為李忠臣所殺，洽因引兵據宋州耳。舊傳欲以為洽功，故云然，其實非也。永平軍治滑州。仍以宋泗二州隸永平軍。

(廿一)京兆尹黎幹奏秋霖損稼，韓滉奏幹不實(七七)上命御史按視(七八)丁未，還奏所損凡三萬餘項，渭南令劉澡(七九)阿附度支(八〇)，稱縣境苗獨不損，御史趙計奏與澡同。上曰：「霖雨溥博(八一)，豈得渭南獨無？」更命御史朱敖視之，損(八二)三千餘頃，上歎息久之，曰：「縣令，字(八三)人之官，不損猶應言損，廼不仁如是乎！」貶澡南浦(八四)尉，計澧州(八五)司戶，而不問滉。

(廿二)十一月，壬子，山南西道節度使張獻恭奏破吐蕃萬餘眾於岷州。

(廿三)丙辰，蔣鎮還，奏言瑞鹽實如韓滉所言，仍(八六)上表賀，請宣付史臣，錫以嘉名，上從之，賜號寶應靈應池(八七)，時人醜之。

(七四)十二月，丙戌，朱泚自涇州還京師。

(七五)丁亥，崔寧奏破吐蕃十餘萬眾，斬首八千餘級。

(七六)庚子，以朱泚兼隴右節度使，知河西澤潞行營。

(七七)平盧節度使李正己先有淄、青、齊、海、登、萊、沂、密、德，棣十州之地，及李靈曜之亂，諸道合兵攻之，所得之地，各為己有，正己又得曹、濮、徐、兗、鄆五州，因自青州徙治(八八)鄆州，使其子前淄州刺史納守青州。【考異】實錄：「此年二月丙戌，以納為青州刺史、兗淄青留後。」至此，又云為青州刺史。舊正己傳云：「正己自青州徙居鄆州，使子納及腹心之將，分理其地。」納傳云：「正己擊田承嗣，署奏留後，尋遷青州刺史。」今從之。正己用刑嚴峻，所在不敢偶語，然法令齊一，賦均(八九)而輕，擁兵十萬，雄據東方，鄰藩皆畏之(九〇)。是時田承嗣據魏、博、相、衞、洺、貝、澶七州，李寶臣據恒、易、趙、定、深、冀、滄七州，各擁眾五萬，梁崇義據襄、鄧、均、房、復、郢六州，有眾二萬，相與根據蟠結(九一)，雖奉事朝廷，而不用其法令，官爵甲兵(九二)租賦刑殺，皆自專之，上寬仁一聽(九三)其所為，朝廷或完(九四)一城，增一兵(九五)，輒有怨言，以為猜貳(九六)，常為之罷役，而自於境內築壘(九七)繕兵(九八)無虛日(九九)，以是雖在中國，名藩臣㉚，而實如蠻貊異域焉。

【今註】㈠尼出入者：謂尼出入其家門者。㈡委：任。㈢結：交納。㈣主書：官職名，猶今之秘書。㈤含容：包含容忍。㈥悛：改，音ㄑㄩㄢ。㈦湊、上之舅：吳湊、章敬皇后弟。㈧醮：謂僧道設壇祈禱，音ㄐㄧㄠˋ。㈨政事堂：胡三省曰：「政事堂在東省，屬門下，自中宗後，徙堂於中書省，則堂在右省也。案裴炎傳，故事，宰相於門下省議事，謂之政事堂，故長孫無忌為司空，房玄齡為僕射，魏徵為太子太師，皆知門下省事，至中宗時，裴炎為中書令，執政事筆，故徙政事堂於中書省。」⑩問端：謂問其端緒。⑪皆出禁中：謂言皆出禁中。⑫仍遣：因遣。⑬詰：詰問。⑭伏罪：謂服認其罪。⑮萬年縣：謂萬年縣獄。⑯主者：謂主行刑者。⑰少汚辱：謂一點汚辱。⑱首從：為首者及隨從者。⑲稟進止：謂稟請處理意旨。⑳栝州：《舊唐書・地理志》三：「溫州、隋永嘉郡之永嘉縣，武德五年置嘉州，貞觀元年，廢嘉州，以縣屬括州。上元二年，分括州之嘉、安固二縣，置溫州。在京師東南四千七百三十七里。」據上文，是栝當作括。㉑胡椒：《本草》：「胡椒生西戎，形如鼠李子，調食用之，味甚辛辣。」㉒稱是：謂與此相稱。㉓簡素：簡易樸素。㉔聲樂：按《舊唐書・楊綰傳》，聲樂作音樂，知二者之意相同，此乃指樂妓而言。㉕騶從甚盛：騶從指貴人出行，前後侍從之騎卒。據〈楊綰傳〉：「黎幹以承恩，每出入騶馭百餘。」亦可謂盛多矣。㉖存：存留。㉗宏侈：宏壯奢侈。㉘綰性清儉簡素……亟毀撤之：按此段乃錄自《舊唐書・楊綰傳》，字句大致相同。㉙百端：謂使盡各種辦法。㉚始貶官：謂方得貶免官職。㉛黎、雅州：據《舊唐書・地理志》四，黎州、雅州，俱屬劍南道。㉜多樂京師：謂多樂在京師為官。㉝逼己：謂威脅己之官位。㉞乞貸：求乞貸借。㉟詔加京官俸，歲約十五萬六千餘緡：《唐會要》：「開元二十四年，勅百官料錢，宜合為一色，都以月俸為名，各據本官，隨月給付。一品三十千，二品二十四千，三品十七千，四品十一千，五品九千二百，六品五千三百，七品四千五百，八品二千四百七十五，九品一千九百一十七。至大曆十二年，加京官俸，三師、三公、侍中、中書令，每月各一百二十貫文，中書、門下侍郎，月各一百貫文，東宮三太、左右僕射，各八十貫文，東宮三少各七十貫文，尚書、御史大夫、太常卿，各六十貫文，常侍、宗正卿、太子詹事、國子祭酒，各五十貫文，左右丞及諸司侍郎、給、舍、中丞、賓客，殿中、秘書監、司農等卿、將作等監，各四十五貫文，太子二庶子、太常少卿，各四十貫文，諫議諸司、少卿、少監，各三十五貫文，國子司業、內侍、東宮三卿，各三十貫文，郎中、侍御史、司天監、少詹事、諸王傅、國子博士、諭德、中允、中舍、殿中、秘書、太常、宗正卿，各二十五貫文，殿中侍御史、著作郎、大理正、都水使者、總監、內常侍、內給事，各二十貫文，員外郎、通政舍人、起居、王府長史，各十八貫文，監察御史臺主簿、補闕、王府司馬、司天少監、太子典內、太常博士、主簿、宗正主簿、門下錄事、中書主書，各十五貫文，拾遺、司議、太子文學、秘書、著作佐郎、國子、太學、四門、廣文博士、大理司直、詹事府丞、及諸寺監丞、謁者監、中書門下主事，各十二貫文，洗馬、贊善、諸寺監主簿、詹事府司直，各十貫文，評事八貫文，諸校正各六貫文，諸奉御、九成總監、諸王諮議、友、諸陵令，各六貫二百文，城門、符寶、國子助教、六局郎、王府掾屬、太常、侍醫、文學、錄事參軍、主簿、記室、諸衛及六軍長史、兩市令、諸副總監、武庫署令、太公廟令，各五貫三百文，太子通事舍人、東宮三寺丞、太學廣文助教、內坊丞諸直長、內寺伯、千牛衛、及諸率府長史、諸陵丞、諸陵置、諸王府判司、司竹、溫泉監、尚書都事、都水及諸總監丞司、天臺丞、太子侍醫、諸司上局署令、王府國令、苑四面副監、公主邑司令，各四貫一百一十六文，國子四門助教、律醫學博士、協律郎、內謁者、諸衛六軍左右衛率府等衛佐、諸王府參軍、大農都省兵吏禮房考功主事、春坊錄事、司竹副軍、諸司中局署令、都水主簿、諸司上局署、及監廟司丞、司天臺、靈臺郎、保章、挈壺正、太常針醫、及醫監、尚醫局司醫，各二貫四百七十文，太祝、奉禮省中諸行主事、門下典議、御史臺、殿中、秘書、內侍省、春坊詹事府主事、諸寺監諸衛、六軍諸司錄事、諸司中局署丞、及大理獄丞、諸司監作監事、諸率府錄事、殿中省醫佐、食醫、奉輦、司庫、司稟、奉乘、鴻臚寺掌客司儀、太僕、主乘、內坊典直司、天臺司辰、司曆監、內侍省宮教博士、東宮三寺主簿、太常太樂、鼓吹丞、醫正、按摩、呪禁、卜筮博士、及針醫、十助教、國子書算博士及助教、諸王府國丞尉、諸總監主簿，各一貫九百一十七文，武官、左右金吾大將軍，各四十五貫文，六軍大將軍、左右金吾將軍，各四十貫文，諸衛大將軍、六軍將軍，各三十貫文，諸衛將軍，各二十五貫文，諸衛及六軍中郎將、諸率府率副率，各一十貫五百六十七文，諸衛及六軍郎將、諸王府典軍副，各九貫二百文，諸衛及六軍司階、千牛、及左右備身，各五貫三百文，諸衛及六軍中候、太子千牛，各四貫一百六十六文，諸衛及六軍司戈、太子備身，各二貫四百七十五文，諸衛及六軍執戟、及長上，各二貫九百一十七文，京兆及諸府尹，各八十貫文，少尹、兩縣令，各五十貫文，奉先、昭應、醴泉等縣令、司錄，各四十五貫文，畿令各四十貫文，判司、兩縣丞，各三十五貫文，兩縣簿尉、奉先等縣丞，各三十貫文，奉先縣簿尉、諸畿令，各二十五貫文，畿簿尉各二十貫文，參軍、文學博士、錄事，各三十貫文，應給百司正員文武官月料錢外，檢校官同中書門下平章事，每月一百二十貫文，內侍省監每月四十五貫文，每年約加一十五萬六千貫文。」㊱詔自都團練使外，悉罷諸州團練守捉使；又令諸使非軍事要急，無得擅召刺史，及停其職務，差人權攝：按此段資料，甚為重要，將新、舊《唐書》及此文合而比之，則團練使之職掌，得明悉無遺。《舊唐書・職官志》云：「防禦團練使、至德後中原置節度使，又大郡要害之地，置防禦使以治軍事，刺史兼之，不賜旌節，上元後，改防禦使為團練守捉使，又與團練兼置防禦使名，前使各有副使、判官，皆天寶後置，未見品秩。」《新唐書・百官志》云：「團練使以安民為上考，懲姦為中考，得情為下考。防禦使以無虞為上考，清苦為中考，政成為下考。」據上二文所載，復益以《通鑑》此文，則關於團練使之權位及一切，豈非頗完盡乎！㊲給家糧：謂給其家人以官家之糧食。㊳差點土人：謂本地丁壯，合於應差及點召者。㊴追集：即召集，唐人率言召曰追，亦一時之風習也。㊵給身糧：給被追集者本人之糧食，此與上給家糧多少有殊。㊶隨情狥私：謂隨己之情好而狥其私親。㊷至是始定節度使以下至主簿尉俸祿：胡三省曰：「自是年定俸之後，至於會昌，則又倍之。

節度使三十萬，都防禦使、副使、監軍，十五萬，觀察使十萬，諸府尹、大都督府長史、都團練使副使、上州刺史，八萬五千，長史、中下州刺史知軍事，七萬七千，別駕五萬五千，長史司馬五萬，觀察團練判官、掌書記，五萬，諸大都督府司錄、參軍事、鵃赤縣令，四萬五千，節度推官、支使、防禦判官、上州錄事參軍、畿縣上縣令，四萬，諸大都督府判官、赤縣丞，三萬五千，觀察、防禦、團練推官、巡官、鵃赤縣丞、兩赤縣主簿、尉、上州功曹參軍以下、上縣丞，三萬，畿縣丞、鵃赤縣簿尉，一萬五千，畿縣上縣主簿、尉，二萬，由會昌以前，其間世有增減，不可詳也。」㊸掊多：謂減多。㊹紋：通序。㊺木主：一名神主。㊻橫於鄉里：謂為橫暴於鄉里。㊼金州：據《新唐書・地理志》四，金州屬山南東道。㊽釐革：釐訂改革。㊾上方倚楊綰……何奪朕楊綰之速：按此段乃錄自《舊唐書・楊綰傳》，字句大致相同。㊿八月，癸未，賜東川節度使鮮于叔明姓李氏：按《舊唐書・代宗紀》，癸未作癸巳，以下之癸卯推之，作癸巳是。(五一)餐錢：胡三省曰：「蓋所謂食料錢也。」(五二)堂封：胡三省曰：「唐制、堂封歲三千六百縑，興元後纔千一百，德宗尋復舊。」(五三)食浮於人：謂所食之祿過於其所任之事。(五四)廉恥存焉：謂尚存有廉恥之念。(五五)固位：謂營求職位之牢固。(五六)彼君子兮，不素餐兮：詩伐檀之辭，素餐、謂不作事而白吃飯也。(五七)湖州：據《舊唐書・地理志》三，湖州屬江南東道。(五八)汲：今河南省汲縣。(五九)都官員外郎：《舊唐書・職官志》二：「刑部都官員外郎一員，從六品上，掌配役隸，簿錄俘囚，以給衣糧藥療，以理訴競雪冤，凡公私良賤，必周知之。」(六〇)簡約：謂不煩瑣。(六一)威惠：威嚴恩惠。(六二)奉身：猶自奉。(六三)公會：謂正式宴會。

(六四)以四鎮北庭行營……段秀實為節度使……未嘗飲酒聽樂：按此段乃錄自《舊唐書・段秀實傳》，字句大致相同。(六五)長澤監：蓋長澤川、唐舊置馬監於此。(六六)方渠：《舊唐書・地理志》一：「關內道、慶州、方渠縣，景龍元年分馬嶺置。」(六七)裨將：偏將。(六八)望漢城：胡三省曰：「吐蕃築城於西山以望蜀，因名望漢城。」(六九)河中府池鹽：河中府管下安邑、解縣，皆有鹽池。(七〇)敗：敗壞。(七一)不害鹽：謂不害鹽之生產。(七二)仍有瑞鹽生：宋白曰：「大曆初，韓滉進漫生鹽，以為靈瑞，後又奏乳鹽生。」(七三)義興：據《新唐書・地理志》五，義興縣屬江南道常州。(七四)長武：胡三省曰：「邠州宜祿縣有長武城，時郭子儀遣李懷光築長武城，據原首，臨涇水，俯瞰通道，吐蕃自是不敢輕犯。」(七五)永平軍：治滑州。(七六)押牙：按《舊唐書・代宗紀》作：「牙將。」是押牙即牙將之首領也。(七七)京兆尹黎幹奏秋霖損稼，韓滉奏幹不實：按《舊唐書・代宗紀》作：「京兆尹黎幹奏，『水損田三萬一千頃。』度支使韓滉奏，『所損不多。』」是不實乃指所奏之田數而言，既若此，則自當如〈代宗紀〉，於損稼下添書三萬一千頃五字。然後上下文意方為連貫。(七八)按視：按驗省視。(七九)渭南令劉澡：據《舊唐書・地理志》一，渭南縣屬京兆府。又同書代宗紀，澡作藻。(八〇)阿附度支：謂阿附韓滉。(八一)溥博：普遍廣博，溥通普。(八二)損：謂損稼。(八三)字：養育。(八四)南浦：據《新唐書・地理志》四，南浦縣屬山南東道。(八五)澧州：《舊唐書・地理志》三：「江南道、澧州，在京師東南一千八百九十三里。」(八六)仍：因。(八七)賜號寶應靈應池：按《舊唐書・代宗紀》，所賜封號乃為解縣之兩鹽池。(八八)徙治：徙治所。(八九)賦均：賦稅均平。(九〇)平盧節度使李正己……鄰藩皆畏之：按此段乃錄自

《舊唐書・李正己傳》，字句大致相同。㊈蟠結：謂屈曲纏結，牢不可拔。㊈甲兵：指軍事。㊈一聽：全聽。㊈完：完治。㊈增一兵：增添一兵士。㊈猜貳：謂猜疑及非一心待之。㊈壘：營壘。㊈繕兵：繕治兵械。㊈無虛日：謂無空閑之時。㊀名藩臣：名義上為藩鎮之臣。

十三年（西元七七八年）

㈠春，正月，辛酉，勅毀白渠支流碾磑㊀以溉田，昇平公主㊁有二磑，入見於上，請存㊂之，上曰：「吾欲以利蒼生，汝識㊃吾意，當為眾先㊄。」公主即日毀之。

㈡戊辰，回紇寇太原，河東押牙、泗水㊅李自良曰：「回紇精銳，遠來求鬪，難與爭鋒，不如築二壘於歸路，以兵戍㊆之，虜至，堅壁勿與戰，彼師老㊇自歸，乃出軍乘之，二壘抗㊈其前，大軍躡㊉其後，無不捷矣。」留後鮑防不從，遣大將焦伯瑜等逆戰，癸酉，遇虜於陽曲，大敗而還，死者萬餘人，回紇縱兵㊁大掠，二月，代州都督張光晟擊破之於羊武谷，乃引去，上亦不問回紇入寇之故，待之如初。

(三)己亥，吐蕃遣其將馬重英帥眾四萬寇靈州，奪填漢、御史、尚書三渠水口，以弊㊂屯田。

(四)三月，甲戌，回紇使還，過河中，朔方軍士㊃掠其輜重，因大掠坊市㊄。

(五)夏，四月，甲辰，吐蕃寇靈州，朔方留後常謙光擊破之。

(六)六月，戊戌，隴右節度使朱泚獻貓鼠同乳㊅不相害者，以為瑞㊆，常袞帥百官稱賀，中書舍人崔祐甫獨不賀，曰：「物反常為妖㊇，貓捕鼠，乃其職也，今同乳，妖也，何乃賀為！宜戒法吏之不察奸㊈，邊吏之不禦寇者，以承天意㊉。」上嘉之。祐甫，沔之子㊊也。秋七月，以祐甫知吏部選事，祐甫數以公事與常袞爭，由是惡之。

(七)戊午，郭子儀奏以回紇猶在塞上，邊人恐懼，請遣邠州刺史渾瑊將兵鎮振武軍㊋，從之，回紇始去。

(八)辛未，吐蕃將馬重英二萬眾寇鹽慶二州，郭子儀遣朔方都虞候李懷光擊却之。

㈨八月，乙亥，成德節度使李寶臣請復姓張㉒，許之。

㈩吐蕃二萬眾寇銀、麟州，略党項雜畜，郭子儀遣李懷光擊破之。

(十一)上悼念貞懿皇后㉓不已，殯於內殿，累年不忍葬，丁酉，始葬於莊陵㉔。

(十二)九月，庚午，吐蕃萬騎下青石嶺㉕，逼涇州，詔郭子儀朱泚與段秀實共卻之。

(十三)冬，十二月，丙戌，以吏部尚書轉運鹽鐵等使劉晏為左僕射，知三銓㉖及使職如故。

(十四)郭子儀入朝，命判官、京兆杜黃裳㉗主㉘留務，李懷光陰謀代子儀，矯㉙為詔書，欲誅大將溫儒雅等，黃裳察其詐㉚，以詰㉛懷光，懷光流汗服罪，於是諸將之難制㉜者，黃裳矯子儀之命皆出之於外，軍府乃安㉝。

(十五)以給事中杜亞為江西觀察使，上召江西判官李泌入見，語以元載事，曰：「與卿別八年，乃能誅此賊，賴太子發其陰謀，不然，幾不見卿。」對曰：「臣昔日固嘗言之，陛下知羣臣有不善，則去之，含容大過㉞，故至於此。」上曰：「事亦應十全㉟，不可輕發。」上因言：「朕面屬㊱卿於路嗣恭，而嗣恭取載意㊲，奏卿為虔州別駕，嗣恭初平嶺南，獻琉璃盤，徑九寸，朕以為至寶，及破載家，得嗣恭所遺載琉璃盤，徑㊳尺，俟其至，當與卿議之㊴。」泌曰：「嗣恭為人小心，善事人，畏權勢，精勤㊵吏事，而不知大體，昔為縣令，有能名㊶，陛下未暇知之，而為載所用，故為之盡力，陛下誠知而用之，彼亦為陛下盡力矣。虔州別駕、臣自欲之，非其罪也。且嗣恭新立大功㊷，陛下豈得以一琉璃盤罪之邪！」上意乃解㊸，以嗣恭為兵部尚書。

(十六)郭子儀以朔方節度副使張曇性剛率㊹，謂其以武人輕己，銜之，孔目官㊺吳曜為子儀所任，因而構㊻之，子儀怒，誣奏曇扇動軍眾㊼，誅之，掌書記高郢力爭之，子儀不聽，奏貶郢猗氏㊽丞。既而僚佐多以病求去，子儀悔之，悉薦之於朝，曰：「吳曜誤我。」遂逐之。

(十七)常袞言於上曰：「陛下久欲用李泌，昔漢宣帝欲用人為公卿，必先試理人㊾，請且以為刺史，使周知人間利病，俟報政而用之㊿。」

【今註】㊀碾磑：碾，磨；磑，礱。音ㄋㄧㄢˇ ㄨㄟˋ。㊁昇平公主：據《新唐書・諸公主傳》，昇平公主乃代宗女，下嫁郭曖。㊂存：存留。㊃識：知。㊄當為眾先：謂當為眾人之先導，〈諸公主傳〉作：「可為諸戚倡。」亦係此意。㊅泗水：今山東省泗水縣。㊆戍：戍守。㊇彼師老：彼師旅疲老。㊈抗：抵抗。㊉蹙：迫。⑪縱兵：縱恣兵士。⑫弊：弊害。⑬回紇使還，過河中，朔方軍士：此乃朔方軍士之留屯河中者。⑭坊市：指住宅及市肆而言。⑮貓鼠同乳：謂貓鼠共同飲乳。⑯瑞：祥瑞。⑰妖：妖孽。⑱奸：奸邪。⑲以承天意：謂以奉承天意之所昭示。⑳祐甫、沔之子：崔沔開元名臣，音ㄇㄧㄢˇ。㉑振武軍：宋白曰：「振武軍即漢定襄郡之盛樂縣也，在陰山之陽，黃河之北。」㉒成德節度使李寶臣請復姓張：寶臣賜姓見卷二百二十二寶應元年。㉓悼念貞懿皇后：貞懿皇后，獨孤妃也，十年薨。㉔八月丁酉，始葬於莊陵：按《舊唐書・代宗紀》作：「冬十月丁酉，葬貞懿皇后於莊陵。」舊紀明書冬十月，知月份當以舊紀所載為正。又據《新唐書・地理志》一，莊陵在京兆府、三原縣西北五里。㉕青石嶺：宋白曰：「臨涇城直涇州西北九十里，其界有青石嶺。」㉖三銓：《新唐書・選舉志》下：「凡選有文武，文選吏部主之，武選兵部主之，皆為三銓，尚書侍郎分主之。」㉗命判官、京兆杜黃裳：《舊唐書・杜黃裳傳》：「黃裳，京兆杜陵人也。」核稱人籍貫，最好言其鄉邑，蓋如此，則於地域之闊狹，較為適宜，故京兆以改作杜陵為是。㉘主：主持。㉙矯：假託。㉚察其詐：謂察知其詐偽。㉛詰：責問。㉜制：制服。㉝郭子儀入朝……軍府乃安：按此段乃錄自《舊唐書・杜黃裳傳》，字句大致相同。㉞含容大過：大讀作太，謂包含容忍，太過限度。㉟十全：謂十分完備。㊱面屬：親自囑託。㊲取載意：謂聽取載之意見。㊳徑：直徑。㊴當與卿議之：謂當與卿議處置彼罪之法。㊵精勤：精練勤敏。㊶昔為縣令，有能名：《新唐書・路嗣恭傳》：「始名劍客，席豫黜陟河朔，表為蕭關令，連徙神烏、姑臧二縣，考績為天下最，玄宗以為可嗣漢魯恭，因賜名。」㊷且嗣恭新立大功：謂平嶺南之功。㊸解：寬解。㊹剛率：剛強直率。㊺孔目官：胡三省曰：「諸鎮州皆有孔目官，以綜理眾事，吏職也，言一孔一目，皆所綜理也。」㊻構：謂讒構。㊼軍眾：即軍卒。㊽猗氏：今山西省猗氏縣。㊾理人：治人，唐以避高宗諱，率改治為理。㊿俟報政而用之：胡三省曰：「太公治齊，五月而報政，伯禽治魯，三年而報政，常袞用此語也。」報政謂報有政績。

十四年（西元七七九年）

㈠春，正月，壬戌，以李泌為澧州刺史。

㈡二月，癸未，魏博節度使田承嗣薨，有子十一人，以其姪中軍兵馬使悅為才，使知軍事，而諸子佐之，甲申，以悅為魏博留後。

㈢淮西節度使李忠臣貪殘好色，將吏妻女美者，多逼淫之㈠，悉以軍政委妹壻節度副使張惠光，惠光挾勢暴横，軍州苦之㈡，忠臣復以惠光子為牙將，暴横甚於其父。

㈣左廂㈢都虞候李希烈、忠臣之族子，為眾所服，希烈因眾心怨怒，三月，丁未，與大將丁暠等殺惠光父子，而逐忠臣，忠臣單騎奔京師，上以其有功，使以檢校司空同平章事，留京師㈣，以希烈為蔡州刺史、淮西留後，以永平節度使李勉兼汴州刺史，增領汴潁二州，徙鎮汴州㈤。

㈤辛酉，以容管經略使王翃為河中少尹，知府事，河東副元帥留後部將凌正暴横，翃抑㈥之，正與其徒乘夜作亂，翃知之，故㈦縮漏水數刻㈧以差㈨其期，賊驚潰走，擒正誅之，軍府乃安㈩。

㈥成德節度使張寶臣既請復姓，又不自安，更請賜姓。夏，四月，癸未，復賜姓李。

㈦五月，癸卯，上始有疾，辛酉，制皇太子監國，是夕，上崩於紫宸之內殿㈡，遺詔以郭子儀攝冢宰。癸亥，德宗即位，在諒陰中，動遵㉑禮法，嘗召韓王迴㉒食，食馬齒㉓羹，不設鹽酪㉕。

(八)常袞性剛急，為政苛細㉖，不合眾心，時羣臣朝夕臨㉗，袞哭委頓㉘，從吏或扶之，中書舍人崔祐甫指以示眾曰：「臣哭君前，有扶禮㉙乎！」袞聞益恨之。會議羣臣喪服，袞以為：「禮、臣為君斬衰三年，漢文權制，猶三十六日㉚，高宗以來皆遵漢制，及玄宗肅宗之喪，始服二十七日，今遺詔云：『天下吏人，三日釋服㉛。』古者卿大夫從君而服，皇帝二十七日而除，在朝羣臣亦當如之。」祐甫以為：「遺詔無朝臣庶人之別，朝野內外，莫非天下，凡百執事，孰非吏人，皆應釋服。」相與力爭，聲色陵厲㉜，袞不能堪㉝，乃奏祐甫率情㉞變禮，請貶潮州刺史，上以為太重。閏月，壬申，貶祐甫為河南少尹。初肅宗之世，天下務殷㉟，宰相常有數人，更直㊱決事，或休沐各歸私第，詔直事者代署其名而奏之，自是踵㊲為故事，時郭子儀朱泚雖以軍功為宰相，皆不預朝政，袞獨居政事堂㊳，代二人署名，奏祐甫，祐甫既貶，二人表言其非罪，上問：「卿向言可貶，今云非罪，何也？」二人對初㊴不知。上初即位，以衮為欺罔(三〇)，大駭，甲辰(三一)，百官衰絰，序立(三二)於月華門(三三)，有制貶衮為潮州(三四)刺史，以祐甫為門下侍郎同平章事，聞者震悚(三五)，祐甫至昭應(三六)而還。既而羣臣喪服，竟用衮議。上時居諒陰，庶政皆委於祐甫，所言無不允(三七)。

(九)初至德以後，天下用兵，諸將競論(三八)功賞，故官爵不能無濫(三九)；及永泰以來，天下稍(四〇)平，而元載王縉秉政，四方以賄求官者相屬(四一)於門，大者出於載縉(四二)，小者出於卓英倩等，皆如所欲而去。及常衮為相，思革其弊，杜絕(四三)僥幸(四四)，四方奏請，一切(四五)不與，而無所甄別(四六)，賢愚同滯(四七)；崔祐甫代之，欲收時望，推薦引拔(四八)，常無虛日，作相未二百日，除官八百人，【考異】舊紀云(四九)：「祐甫作相未逾年，凡除吏幾八百員，多稱允當。」今從建中實錄。前後相矯(五〇)，終不得其適(五一)。上嘗謂祐甫曰：「人或謗卿所用，多涉(五三)親故，何也？」對曰：「臣為陛下選擇百官，不敢不詳慎(五二)，苟平生未之識，何以諳(五四)其才行而用之？」上以為然(五五)。

臣光曰：「臣聞用人者無親疏新故之殊，惟賢不肖之為(五六)，察其人未必賢也，以親故而取之(五七)，固非公也。苟賢矣、以親故而捨之，亦非公也。夫天下之賢，固非一人所能盡㊄也，若必待素識㊄，熟其才行㊅而用之，所遺㊅亦多矣。古之為相者則不然，舉之以眾，取之以公㊅，眾曰賢矣，己雖不知其詳，固用之，待其無功，然後退㊅之，有功則進之，所舉得其人則賞之，非其人則罰之，進退賞罰，皆眾人所共然㊅也，己不置豪髮之私㊅於其間，苟推是心以行之，又何遺賢曠官㊅之足病㊅哉！」

㈩詔罷省四方貢獻之不急者，又罷梨園使㊅及樂工三百餘人，所留者，悉隸㊅太常。

㈩郭子儀以司徒中書令領河中尹、靈州大都督、單于鎮北大都護、關內河東副元帥、朔方節度、關內支度鹽池六城㊆水運大使、押蕃部及營田及河陽道觀察等使，權任既重，功名復大，性寬大，政令頗不肅㊆，代宗欲分其權而難之㊆，久不決，甲申，詔尊子儀為尚父㊆，加太尉兼中書令，增實封滿二千戶㊆，月給千五百人糧，二百馬食㊆，子弟諸壻遷官者十餘人，所領副元帥諸使悉罷之，以其裨將河東朔方都虞候李懷光為河中尹，邠、寧、慶、晉、絳、慈、隰節度使，以朔方留後兼靈州長史常謙光為靈州大都督、西受降城、定遠、天德、鹽、夏、豐等軍州節度使，振武軍使渾瑊為單于大都護、東中二受降城、振武、鎮北、綏、銀、麟、勝等軍州節度使，分鎮(七六)其任。

（十二）丙戌，詔曰：「澤州刺史李鷃上慶雲圖，朕以時和年豐為嘉祥(七七)，以進賢顯忠為良瑞，如卿雲(七八)、靈芝、珍禽、奇獸、恠草、異木，何益於人，布告天下，自今有此，無得上獻。」內莊宅使(七九)上言，諸州有官租(八〇)萬四千餘斛，上令分給所在(八一)，充軍儲(八二)。

（十三）先是諸國屢獻馴象，凡四十有二，上曰：「象費豢養(八三)，而違物性(八四)，將安用之？」命縱於荊山之陽(八五)，及豹貀(八六)鬬鷄獵犬之類，悉縱之，又出宮女數百人。於是中外皆悅，淄青軍士至投兵(八七)相顧曰：「明王出矣，吾屬(八八)猶反乎！」

（十四）戊子，以淮西留後李希烈為節度使。

（十五）辛卯，以河陽鎮遏使馬燧為河東節度使。河東承百井之敗(八九)，騎士單弱(九〇)，燧悉召牧馬廝役得數千人，教之數月，皆為精騎，造甲必為長短三等(九一)，稱其所衣(九二)，以便進趨，又造戰車，行則載兵甲，止則為營陳，或塞險(九三)以遏(九四)奔衝(九五)，器械無不精利(九六)，居一年，得選兵(九七)三萬(九八)，辟(九九)兗州人張建封為判官，署(一〇〇)李自良代州刺史，委任之。

(十六)兵部侍郎黎幹狡險諛佞(一〇一)，與宦官特進劉忠翼相親善，忠翼本名清潭，恃寵貪縱，二人皆為眾所惡，時人或言：「幹忠翼嘗勸代宗立獨孤貴妃為皇后，妃子韓王迥為太子。」上即位，幹密乘輿詣忠翼謀事，事覺(一〇二)，丙申，幹忠翼並除名(一〇三)，長流(一〇四)，至藍田(一〇五)，賜死。

(十七)以戶部侍郎判度支韓滉為太常卿，以吏部尚書劉晏判度支。先是，晏滉分掌天下財賦(一〇六)，晏掌江南、山南、江淮、嶺南，滉掌關內，河東、劍南，至是晏始兼之。上素聞滉掊克(一〇七)過甚，故罷其利權(一〇八)，尋出為晉州(一〇九)刺史。至德初，第五琦始榷鹽以佐軍用(一一〇)，及劉晏代之，法益精密(一一一)，初歲入錢六十萬緡，末年所入逾十倍，而人不厭苦(一一二)，大曆末，計一歲所入，總一千二百萬緡，而鹽利居其太半[一三]，以鹽為漕傭[一四]，自江淮至渭橋[一五]，率[一六]萬斛傭七千緡，自淮以北，列置[一七]巡院[一八]，擇能吏主[一九]之，不煩[二〇]州縣而集事[二一][二二]。

(十八)六月，己亥朔，赦天下。西川節度使崔寧、永平節度使李勉並同平章事。

(十九)詔天下冤滯[二三]，州府不為理，聽詣三司使[二四]，以中丞、舍人、給事中各一人，日於朝堂受詞，推決尚未盡者[二五]，聽撾登聞鼓[二六]，自今無得復奏置[二七]寺觀，及請度僧尼[二八]，於是撾登聞鼓者甚眾。右金吾將軍裴諝上疏，以為：「訟者所爭皆細故[二九]，若天子一一親之[三〇]，則安用吏理乎！」上乃悉歸之有司。

(二十)制應山陵制度[三一]，務從[三二]優厚，當竭帑藏[三三]，以供其費。刑部員外郎令狐恒[三四]上疏諫，其略曰：「臣伏讀遺詔，務從儉約，若制度優厚，豈顧命[三五]之意邪！」上答詔，畧曰：「非唯中朕之病，抑[三六]亦成朕之美，敢不聞義而徙[三七]！」恒，德棻之玄孫[三八]也[三九]。

(廿一)庚子，立皇子誦為宣王，謨為舒王，諶為通王，諒為虔王，詳為肅王。乙巳，立皇弟廼為益王，傀為蜀王。

(廿二)丙午，舉先天㊵故事，六品以上清望官㊶，雖非供奉侍衛之官，日令二人更直待制，以備顧問㊷。

(廿三)庚戌，以朱泚為鳳翔尹。

(廿四)代宗優寵㊸宦官，奉使四方者，不禁其求取，嘗遣中使賜妃族，還問所得頗少，代宗不悅，以為輕我命㊹，妃懼，遽㊺以私物㊻償㊼之，由是中使公求㊽賂遺，無所忌憚。宰相嘗貯錢於閤中㊾，每賜一物，宣一旨，無徒還㊿者；出使所歷州縣，移文(五一)取貨，與賦稅同，皆重載(五二)而歸。上素知(五三)其弊，遣中使邵光超賜李希烈旌節(五四)，希烈贈之僕馬(五五)及縑七百匹、黃茗(五六)二百斤，上聞之怒，杖光超六十而流之。於是中使之未歸者，皆潛棄(五七)所得於山谷，雖與之，莫敢受。

(廿五)甲子，以神策都知兵馬使、右領軍大將軍王駕鶴為東都園苑使(五八)，以司農卿白琇珪代之，更名志貞，駕鶴典(五九)禁兵十餘年，權行(六〇)中外，上恐其生變，崔祐甫召駕鶴與語，留連(六一)久之，琇珪已視事(六二)矣(六三)。

(二六)李正己畏上威名，表獻錢(六四)三十萬緡，上欲受之，恐見欺，却之，則無辭(六五)。崔祐甫請遣使慰勞淄青將士，因以正己所獻錢賜之，使將士人人戴(六六)上恩；又諸道聞之(六七)，知朝廷不重貨財。上悅，從之。正己大慚服。天下以為太平之治，庶幾(六八)可望焉(六九)。

(二七)秋，七月，戊辰朔，日有食之。

(二八)禮儀使、吏部尚書顏真卿上言：「上元中，政在宮壼(七〇)，始增祖宗之謚，玄宗末，姦臣竊命(七一)，累聖之謚，有加至十一字者(七二)。按周之文武，稱文不稱武，言武不稱文，豈盛德所不優(七三)乎！蓋羣臣稱其至(七四)者故也。故謚多不為褒，少不為貶，今累聖謚號太廣(七五)，有逾(七六)古制，請自中宗以上，皆從初謚(七七)，睿宗曰聖真皇帝，玄宗曰孝明皇帝，肅宗曰宣皇帝，以省文(七八)尚質，正名敦本(七九)。」上命百官集議，儒學之士皆從真卿議，獨兵部侍郎袁傪官以兵進(八〇)，奏言：「陵廟玉冊木主，皆已刊勒(八一)，不可輕改。」事遂寢，不知陵中玉冊所刻，乃初謚也(八二)。

(二九)初代宗之世，事多留滯(八三)，四夷使者及四方奏計(八四)，或連歲不遣(八五)，乃右銀臺門(八六)，置客省以處(八七)之，及上書言事，失職未敍(八八)，亦寘其中，動經(八九)十歲，常有數百人，幷部曲畜產，動以千計，度支(九〇)稟給(九一)，其費甚廣(九二)。上悉命疏理(九三)，拘者出之，事竟者遣之，當敍者任之，歲省穀萬九千二百斛。

(卅)壬申，毀元載、馬璘、劉忠翼之第。初，天寶中，貴戚(九四)第舍，雖極奢麗，而垣(九五)屋高下(九六)，猶存制度，然李靖家廟已為楊氏馬廄矣。及安史亂後，法度墮(九七)弛(九八)，大臣將帥競治第舍，各窮其力(九九)而後止，時人謂之木妖。上素疾(一〇〇)之，故毀其尤者(一〇一)，仍命馬氏獻其園，隸宮司(一〇二)，謂之奉成園(一〇三)(一〇四)。

(卅一)癸丑，減常貢宮中服用錦千匹(一〇五)，服玩數千事(一〇六)。

(卅二)庚辰，詔回紇諸胡在京師者，各服其服(一〇七)，無得效(一〇八)華人。先是，回紇留京師者常千人，商胡偽服(一〇九)而雜居者又倍之，縣官(一一〇)日給饔餼(一一一)，殖(一一二)貲產，開(一一三)第舍，市肆美利皆歸之，日縱(一一四)貪橫(一一五)，吏不敢問，或衣華服，誘取妻妾，故禁之。

(卅三)辛卯，罷天下榷酒(一一六)收利。

(卅四)上之在東宮也，國子博士、河中張涉為侍讀㊲，即位之夕，召涉入禁中，事無大小皆咨㊳之，明日，置於翰林為學士㊴，親重㊵無比，乙未，以涉為右散騎常侍，仍為學士。

【今註】㊀逼淫之：逼迫淫汙之。㊁軍州苦之：謂軍府之將士及州中之吏民，皆以為苦。㊂左廂：謂左面或左邊。㊃淮西節度使李忠臣……使以檢校司空同平章事，留京師：按此段乃錄自《舊唐書・李忠臣傳》，字句大致相同。㊄徙鎮汴州：永平軍本治滑州。㊅抑：抑制。㊆故：故意。㊇漏水數刻：即刻漏數刻。㊈差：差錯。㊉以容管經略使王翃……軍府乃安：按此段乃錄自《舊唐書・王翃傳》，字句大致相同。⑪上崩於紫宸之內殿：上年五十二。紫宸殿在東內宣政殿之北，蓬萊殿之南。⑫動遵：謂一舉一動皆遵。⑬韓王迥：德宗弟。⑭馬齒：莧也。⑮酪：乳酪。⑯苛細：苛察瑣細。⑰臨：哭。⑱委頓：謂仆於地。⑲扶禮：攙扶之禮制。⑳漢文權制，猶三十六日：權制，謂權宜之制，事見卷十五前漢文帝後十年。㉑釋服：除去喪服。㉒陵厲：陵亢嚴厲。㉓堪：任忍。㉔率情：猶任情。㉕務殷：事務殷繁。㉖更直：謂更番直事。㉗踵：接續。㉘政事堂：胡三省曰：「唐初政事堂在門下省，裴炎自侍中遷中書令，乃徙政事堂於中書省，三省長官議事於此。」㉙初：猶向。㉚欺罔：欺蒙罔誣。㉛甲辰：按《舊唐書・德宗紀》，作甲戌，以下之丙子推之，作甲戌是。㉜序立：依次序而立。㉝月華門：程大昌曰：「按六典，宣政殿前有兩廡，兩廡各自有門，其東曰日華，日華之東則門下省也，西廊有門曰月華，月華之西則中書省也。」（三四）潮州：胡三省曰：「潮州去京師五千許里。」（三五）震悚：震動驚悚。（三六）昭應：據《舊唐書・地理志》一，昭應縣屬京兆府。（三七）允：允從。（三八）競論：爭言。（三九）濫：紊濫。（四〇）稍：漸。（四一）屬：猶絡繹。（四二）大者出於載縉：謂求大官者，出於載縉之門。（四三）杜絕：杜塞斷絕。（四四）僥幸：謂不應得而得者。（四五）一切：猶一概。（四六）甄別：甄察別擇。（四七）同滯：謂皆淹滯不進。（四八）引拔：引進拔擢。（四九）考異曰舊紀云：按此乃《舊唐書・崔祐甫傳》之文，舊紀當改作舊傳為是。（五〇）矯：矯正。（五一）適：適當。（五二）涉：猶係。（五三）詳慎：詳密審慎。（五四）諳：熟悉。（五五）常衮性剛急……何以諳其才行而用之，上以為然：按此段乃錄自《舊唐書・崔祐甫傳》，字句大致相同。（五六）惟賢不肖之為：按上句作殊，此以避重複而改作為，此為亦即殊或別也。（五七）以親故而取之：謂以親故之故而取之。（五八）能盡：謂能盡知。（五九）素識：平素所知。（六〇）熟其才行：謂熟知其才行。（六一）遺：遺棄。（六二）以公：猶上句之以眾。（六三）退：退黜。（六四）共然：謂共以為是。（六五）私：私意。（六六）曠官：官吏不能勝其職責，如無官同，故曰曠官。（六七）病：患。（六八）罷梨園使：胡三省曰：「梨園事始卷二百一十一玄宗開元二年。」程大昌曰：「梨園在光化門北，光化門者，禁苑南面西頭第一門。」（六九）隸：隸屬。（七〇）鹽池六城：胡三省曰：「河中靈夏皆有鹽池，朔方塞下六城。」（七一）肅：嚴肅。（七二）而難之：謂而以為難。（七三）尚父：《詩・大雅・大明》：「維師尚父。」傳：「尚父，可尚可師。」按此乃以尊崇呂望者。（七四）增實封滿二千戶：按《舊唐書・郭子儀傳》作：「增實封通計二千戶。」是滿乃通計之意。（七五）二百馬食：謂二百匹馬之草料。（七六）分鎮：

謂分別鎮守。又此分鎮若改作分領，似較佳勝。(七七)嘉祥：猶祥瑞。(七八)卿雲：即慶雲。(七九)內莊宅使：謂掌帝室之莊宅者。(八〇)官租：謂莊田所出之租賦。(八一)分給所在：分給所在之官府。(八二)充軍儲：以充當軍旅之糧儲。(八三)象費豢養：謂象耗費豢養之資。(八四)而違物性：此指宜任其居於山野，而不應牢畜之。(八五)命縱於荊山之陽：縱、放。胡三省曰：「此禹貢所謂導汧及岐，至於荊山者也。唐屬京兆府、富平縣界。」(八六)貀：《爾雅義疏》：「異物志云：『貀出朝鮮，似猩猩，蒼黑色，無前兩足，能捕鼠。』」(八七)投兵：投兵器於地，以示不用之意。(八八)吾屬：吾輩。(八九)百井之敗：胡三省曰：「謂去年鮑防之敗也。按東都事略張齊賢傳：『柏井在幷州城北四十里。』」(九〇)單弱：單薄羸弱。(九一)三等：三種等級。(九二)稱其所衣：謂稱其身材而衣之。(九三)或塞險：謂以戰車塞險。(九四)遏：阻止。(九五)奔衝：奔騰衝突。(九六)精利：精良犀利。(九七)選兵：挑選之精兵。(九八)以河陽鎮遏使馬燧……得選兵三萬：按此段乃錄自《舊唐書・馬燧傳》，字句大致相同。(九九)辟：辟召。(一〇〇)署：任命。(一〇一)諛佞：阿諛佞給。(一〇二)事覺：事情發覺。(一〇三)除名：除去名籍。(一〇四)長流：永遠流放。(一〇五)藍田：今陝西省藍田縣。(一〇六)先是、晏滉分掌天下財賦：按《舊唐書・韓滉傳》：「大曆六年，改戶部侍郎判度支。」分掌財賦，當在此時。(一〇七)掊克：《詩・大雅・蕩朱》傳：「掊克，聚斂也。」(一〇八)利權：謂勢利權柄。(一〇九)晉州：據《舊唐書・地理志》二，晉州在京師東北七百二十五里。(一一〇)至德初，第五琦始榷鹽以佐軍用：事見卷二百一十九至德元載。佐，助也。(一一一)精密：精良周密。(一一二)不厭苦：不厭惡及以為痛苦。(一一三)太半：謂三分之二。(一一四)漕傭：漕運之傭直。(一一五)渭橋：指東渭橋言。(一一六)率：大率。(一一七)列置：沿漕運而相次置之。㉘巡院：巡視監督漕運之衙院。㉙主：主持。㉚煩：煩勞。㉛集事：成事。㉜至德初，第五琦始榷鹽……不煩州縣而集事：按此段乃錄自《舊唐書・劉晏傳》，字句大致相同。㉝冤滯：冤枉抑滯。㉞三司使：據下文，即御史中丞、中書舍人、及門下省給事中也，三人者各以一司官來朝堂受詞，故謂之三司。㉟推決尚未盡者：謂推斷尚未盡其實情者。㊱撾登聞鼓：撾，擊也。胡三省曰：「唐時登聞鼓在西朝堂之前。」㊲置：建置。㊳度僧尼：謂剃度平民為僧尼也。㊴細故：細小事故。㉚親之：謂親理之。㉛制應山陵制度：按應即後來所言之一應，謂一切也，此謂詔一切山陵制度。㉜務從：猶力從。㉝帑藏：貯藏貨財之庫，音儻。㉞令狐恒：按《新唐書・令狐德棻附峘傳》，恒作峘。《舊唐書・德宗紀》大曆十四年文，亦作令狐峘，是恒當作峘。㉟顧命：所託付之命令。㊱抑：猶且。㊲敢不聞義而徙：〈德棻傳〉，徙作從，意俱可通。㊳恒，德棻之玄孫：按〈德棻傳〉作：「峘，德棻五世孫。」㊴制應山陵制度……德棻之玄孫也：按此事，《新唐書》令狐德棻附峘傳亦載列之。㊵先天：乃睿宗傳位太子隆基所改元之號。㊶清望官：清高而有德望之官員。㊷日令二人更直待制，以備顧問：謂更番當值，以待制問。關於此制之沿革，《新唐書・百官志》二曾有述及，文云：「初太宗即位，命京官五品以上，更宿中書門下兩省，以備訪問。永徽中，命弘文館學士一人，日待制於武德殿西門。文明元年，詔京官五品以上清官，日一人，待制于章善明福門。先天末，又命朝集使六品以上二人，隨仗待制。永泰時，勳臣罷節制，無職事，皆待制於集賢門，凡十三人。崔祐甫為相，建議文官一品以上，更直待制，其後著令，正衙待制官，日二人。」宋白曰：「時祐甫奏准元勅，文官一品以下，更直待制。其待制官待奏事官盡，然後趨出，便於內廊賜待制進止，至酉時，然後放。」(四三)優寵：優待寵幸。(四四)我命：我之命令。(四五)遽：立。(四六)私物：私房所有之物。(四七)償：補償。(四八)公求：公然求取而無所顧忌。(四九)閤中：謂省閤之中。(五〇)徒還：空還。(五一)移文：猶通牒。(五二)重載：猶滿載。(五三)素知：早知。(五四)旌節：乃以賜為節制者。《新唐書・百官志》四下：「節度使辭日，賜雙旌雙節，行則建節樹六纛，入境，州縣築節樓，迎以鼓角。」由之可知對旌節之尊重矣。(五五)僕馬：僮僕及良馬。(五六)茗：茶之晚取者。(五七)潛棄：暗棄。(五八)東都園苑使：《舊唐書・職官志》三：「司農寺、京都苑總監，監各一人，從五品下，苑總監掌宮苑內館園池之事。」此東都園苑使當與京都苑總監之職位相類。(五九)典：掌。(六〇)權行：權勢通行。(六一)留連：謂留而不忍分離。(六二)視事：一曰聽事，視事聽事，皆係任職之意。(六三)以神策都知兵馬使王駕鶴……琇珪已視事矣：按此段乃錄自《舊唐書・崔祐甫傳》，字句大致相同。(六四)表獻錢：謂上表疏獻錢。(六五)則無辭：謂無辭語以却之。(六六)戴：感荷。(六七)又諸道聞之：按《舊唐書・崔祐甫傳》，諸道上有令字，較合，可從添。(六八)庶幾：謂近，猶差不多。(六九)李正己畏上威名……庶幾可望焉：按此段乃錄自《舊唐書・崔祐甫傳》，字句大致相同。(七〇)上元中，政在宮壸：按壸當作壼，壼，宮中道也，音ㄎㄨㄣˇ。查咸亨五年八月十五日改元上元，是日，追尊高祖太宗。政在宮壼，謂武后當政也。(七一)竊命：竊權。(七二)累聖之謚，有加至十一字者：胡三省曰：「按天寶十三載，加祖宗謚號並廟號，皆為九字，而羣臣上玄宗尊號凡十四字，未知顏真卿所謂加至十一字，何帝也。」(七三)優：優長。(七四)至：

猶極。〔七五〕累聖謚號太廣：按《舊唐書・德宗紀》作：「列聖謚號，文字繁多。」是其詳釋。〔七六〕逾：越。〔七七〕請自中宗以上，皆從初謚：初謚，高祖太武皇帝，太宗文皇帝，高宗天皇太帝，中宗孝和皇帝。〔七八〕省文：省去文華。〔七九〕敦本：重視根本。〔八〇〕官以兵進：謂以軍功而進爵。〔八一〕刊勒：〈德宗紀〉作：「已刻。」是刊勒即鐫刻也。〔八二〕不知陵中玉冊所刻，乃初謚也：胡三省曰：「按唐陵中玉冊，自睿宗聖真皇帝以上，所刻皆初謚。然玄宗謚冊曰至道大聖大明孝皇帝，肅宗謚冊曰文明武德大聖大宣孝皇帝，袁傪所謂木主玉冊皆已刻勒，乃有見乎此耳。」〔八三〕留滯：停留遲滯。〔八四〕奏計：進奏計簿。〔八五〕不遣：謂不遣歸。〔八六〕右銀臺門：《唐六典》卷七：「大明宮紫宸殿之南面曰紫宸門，殿之東曰左銀臺門，西曰右銀臺門。」〔八七〕處：居處。〔八八〕失職未敍：謂失職而未敍用者。〔八九〕動經：謂一動即經，按亦即常也。〔九〇〕度支：謂戶部。〔九一〕稟給：供給之糧料。〔九二〕甚廣：甚多，通鑑喜以廣為多，此特其一耳。〔九三〕疏理：謂疏通處理。〔九四〕貴戚：權貴國戚。〔九五〕垣：牆。〔九六〕高下：猶高矮。〔九七〕墮：讀曰隳。〔九八〕弛：廢弛。〔九九〕各窮其力：各盡其財力。〔一〇〇〕疾：惡。〔一〇一〕其尤者：謂其尤奢麗者。〔一〇二〕宮司：胡三省曰：「宮司，禁宮禁園籞者也。」〔一〇三〕謂之奉成園：《雍錄》：「奉成園在安邑坊。自丹鳳門南出東街第六坊為安邑坊。」〔一〇四〕初，天寶中，貴戚第舍……謂之奉成園：按此段乃錄自《舊唐書・馬璘傳》，字句大致相同。〔一〇五〕癸丑，減常貢宮中服用錦千匹：按《舊唐書・德宗紀》，癸丑作癸酉，以上之壬申推之，作癸酉是。〔一〇六〕數千事：猶數千件。〔一〇七〕各服其服：謂各服其本國之服。〔一〇八〕效：仿效。〔一〇九〕偽服：指服華服言。〔一一〇〕縣官：指天子言，亦即國家之意。〔一一一〕饔餼：熟曰饔，生曰餼。〔一一二〕殖：

購殖。㉝開：開置。㉞縱：縱恣。㉟貪橫：貪婪橫暴。㊱罷天下榷酒：胡三省曰：「唐初無酒禁，乾元元年，京師酒貴，肅宗以稟食方屈，乃禁京師酤酒，期以麥熟如初。二年饑，復禁酤。廣德二年，定天下酤戶，以月收稅。」㊲侍讀：胡三省曰：「太宗時晉王府有侍讀，及為太子，亦置焉。」㊳咨：諮詢。㊴置於翰林為學士：《翰林故事》：「翰林院者，在銀臺門內，以藝能伎術召見者之所處也。玄宗所置翰林待詔，掌四方表疏批答、應和文章，又以詔勅文告，悉由中書，多壅滯，始選朝官有才藝學識者入居翰林，供奉別旨，然亦未定名，制詔事勅，猶或分在集賢，開元二十六年，始以翰林供奉改稱學士，別建學士院于翰林苑之南，俾專內命，其後又置東翰林院于金鑾殿之西，隨上所在。凡學士無定員，下自校書郎，上及諸曹尚書皆為之。入院，一歲則遷知制誥，未知制誥者，不作文書，久次者一人為承旨。」㊵親重：親信寵重。

卷二百二十六　唐紀四十二

司馬光編集
曲守約註

起屠維協洽八月，盡重光作噩五月，凡一年有奇。（己未至辛酉，西元七七九年至七八一年）

代宗睿文孝武皇帝下

大曆十四年（西元七七九年）

(一)八月甲辰，以道州司馬楊炎為門下侍郎，懷州刺史喬琳為御史大夫，並同平章事。【考異】崔祐甫與炎皆自門下遷中書，是時中書在上也。憲宗以後，門下在上，中書在下，不知何時遷改。上方勵精㊀求治，不次㊁用人，卜相㊂於崔祐甫，祐甫薦炎器業㊃，上亦素聞其名，故自遷謫中用之。琳，太原人，性粗率㊄，喜詼諧㊅，無它長，與張涉善，涉稱其才可大用，上信涉言而用之，聞者無不駭愕㊆。

(二)代宗之世，吐蕃數遣使求和，而寇盜不息，代宗悉留其使者，前後八輩㊇，有至老死不得歸者，俘獲其人㊈，皆配㊉江嶺⑪。上欲以德懷⑫之，乙巳，以隨州司馬韋倫太常少卿，使於吐蕃，悉集⑬

其俘五百人，各賜襲衣[14]而遣之[15]。

㈢協律郎[16]沈既濟上選舉議[17]，以為：「選用之法，三科[18]而已：曰德也，曰才也，勞[19]也。今選曹皆不及[20]焉。考校之法，皆在書判簿歷，言詞俯仰而已[21]。夫安行[22]徐言，非德也，麗藻芳翰[23]，非才也，累資積考[24]，非勞也，執此以求天下之士，固未盡矣[25]。今人未土著[26]，不可本於鄉閭[27]，鑒[28]不獨明[29]，不可專[30]於吏部，臣謹詳酌古今，謂五品以上羣司[31]長官，宜令宰臣進敍[32]，吏部兵部得參[33]議焉；其六品以下或僚佐[34]之屬，許州府[35]辟用，其牧守[36]將帥，或選用非公，則吏部兵部得察[37]而舉[38]之，罪其私冒[39]不慎舉者，小加譴黜[40]大正刑典[41]，責成[42]授任，誰不敢勉！夫如是，則賢者不獎而自進，不肖者不抑[43]而自退，眾才並進，而官無不治矣[44]。今選法，皆擇才於吏部，試能[45]於州郡，若才職不稱，紊亂無任[46]，責於刺史，則曰[47]：『命官[48]出於吏曹，不敢廢也[49]。』責於侍郎[50]，則曰：『量書判資考[51]而授之[52]，不保其往[53]也。』責於令史[54]，則曰：『按由歷出入[55]而行之，不知[56]其它也。』黎庶徒弊(五七)，誰任其咎。若牧守自用，則罪將焉逃(五八)，彼州郡之濫，獨換(五九)一刺史則革矣；如吏部之濫，雖更其侍郎，無益也。蓋人物浩浩(六〇)，不可得而知，法使之然，非主司(六一)之過。今諸道節度、都團練、觀察租庸等使，自判官副將以下，皆使自擇，縱其間或有情故(六二)，大舉其例(六三)，十猶七全(六四)，則辟吏之法已試於今，但未及於州縣耳，利害之理，較然(六五)可觀(六六)。曏令諸使僚佐盡受(六七)於選曹，則安能鎮(六八)方隅之重，理財賦之殷(六九)乎！」既濟，吳人(七〇)也。

(四)初衡州刺史曹王皋有治行(七一)，湖南觀察使辛京杲疾(七二)之，陷以法(七三)，貶潮州刺史，時楊炎在道州，知其直(七四)，及入相，復擢為衡州刺史。始皋之遭誣在治(七五)，念太妃(七六)老，將驚而戚(七七)，出則囚服就辨(七八)，人則擁笏垂魚(七九)，即(八〇)貶於潮，以遷入賀(八一)，及是，然後跪謝(八二)告實。皋，明之玄孫(八三)也。

(五)朔方邠寧節度使李懷光既代郭子儀，邠府宿將(八四)史抗、溫儒雅、龐仙鶴、張獻明、李光逸，功名素出懷光右，皆怏怏(八五)不服，懷光發兵防秋，屯長武城(八六)，軍期進退，不時應令(八七)，監軍翟文秀勸懷光奏宿衛，既離營，使人追捕(八八)，誣以它罪，且曰：「黃萯之敗，職(八九)爾之由。」盡殺之。

(六)九月，甲戌，改淮西曰淮寧(九〇)。

(七)西川節度使同平章事崔寧在蜀十餘年(九一)，恃地險兵彊，恣為淫侈，朝廷患之，而不能易(九二)。至是、入朝，加司空兼山陵使。南詔王閤羅鳳卒，子鳳迦異前死，孫異牟尋立。冬，十月，丁酉朔，吐蕃與南詔合兵十萬，三道入寇，一出茂州，一出扶文(九三)，一出黎陽(九四)，【考異】建中實錄、裴垍德宗實錄，此月，吐蕃三道入寇，皆在梁益之境，而來年四月，乃云：「去冬，吐蕃三道來侵，一自靈武，一自山南，一自蜀。」又云：「贊普謂韋倫曰，今靈武之師，聞命輟矣，而山南已入扶文，蜀師已趣灌口，追且不及。」與此自相違，今不取。曰：「吾欲取蜀，以為東府(九五)。」崔寧在京師，所留諸將不能禦，虜連陷州縣，刺史棄城走，士民竄匿(九六)山谷，上憂之，趣(九七)寧歸鎮，寧已辭，楊炎言於上曰：「蜀地富饒(九八)，寧據有之，朝廷失其外府(九九)，十四年矣，寧雖入朝，全師尚守(一〇〇)，其後貢賦不入，與無蜀同，且寧本與諸將等夷(一〇一)，因亂得位，威令不行，今雖遣之，必恐無功，若其有功，則義不可奪(一〇二)，是蜀地敗固失之，勝亦不得也，願陛下熟察。」上曰：「然則，奈何？」對曰：「請留寧，發朱泚所領范陽兵數千人，雜㉓禁兵往擊之，何憂不克！因而得內㉔親兵㉕於其腹中，蜀將必不敢動，然後更授㉖他帥，使千里沃㉗壤，復為國有，是因小害，而收大利也。」上曰：「善。」遂留寧。

㈧初馬璘忌涇原都知兵馬使李晟功名，遣入宿衞，為右神策都將，上發禁兵四千人使晟將之，發邠、隴㉘、范陽兵五千，使金吾大將軍、安邑㉙曲環將之以救蜀，東川出兵，自江油㉚趨白埧㉛，與山南兵㉜合擊吐蕃南詔，破之，范陽兵追及於七盤㉝，又破之，遂克維茂二州；李晟追擊於大度河㉞外，又破之。吐蕃南詔饑寒，隕㉟於崖谷，死者八九萬人，吐蕃悔怒㊱，殺誘導使之來者，異牟尋懼，築苴咩城㊲，延袤㊳十五里，徙居之，吐蕃封之為日東王。

㈨上用法嚴，百官震悚，以山陵近，禁人屠宰㊴，郭子儀之隸人㊵潛殺羊，載以入城，右金吾將軍裴諝奏之，或謂諝曰：「郭公有社稷大功，君獨不為之地㊶乎！」諝曰：「此乃吾所以為之地也。郭公勳高望重，上新即位㊷，以為羣臣附之者眾，吾故發㊸其小過，以明郭公威權㉔不足畏也，如此上尊天子，下安大臣，不亦可乎！」

㈩己酉，葬睿文孝武皇帝於元陵㉕，廟號代宗，將發引㉖，上送之，見轀輬車㉗不當馳道㉘，稍指丁未之間㉙，【考異】按車指丁未之間，則行出道外矣，蓋出門欲斜就道西，不當道之中間行耳。問其故，有司對曰：「陛下本命在午，不敢衝㉚也。」上哭曰：「安有枉㉛靈駕，而謀身利㉜乎！」命改轅直午㉝而行。肅宗代宗皆喜陰陽鬼神，事無大小，必謀之卜祝，故王嶼黎幹皆以左道㉞得進，上雅不之信，山陵但取七月之期㉟，事集而發㊱，不復擇日。

(十一)十一月，丁丑，以晉州刺史韓滉為蘇州刺史、浙江東西觀察使。喬琳衰老耳聵㊲，上或時訪問，應對失次㊳，所謀議復疏闊㊴，壬午，以琳為工部尚書，罷政事，上由是疏張涉。

(十二)楊炎既留崔寧，二人由是交惡㊵，炎託以北邊須大臣鎮撫，癸巳，以京畿觀察使崔寧為單于鎮北大都護、朔方節度使，鎮坊州，以荊南節度使張延賞為西川節度使，又以靈鹽節度都虞候、醴泉㊶

杜希全知靈鹽州留後，代州刺史張光晟知單于、振武等城綏、銀、麟、勝州留後，【考異】舊傳云王雄為振武(四二)，今從實錄。延州刺史李建徽知鄜、坊，丹州留後。時寧既出鎮(四三)，不當更置留後(四四)，炎欲奪寧權，且窺(四五)其所寫，令三人皆得自奏事(四六)，仍諷(四七)之使伺(四八)寧過失。【考異】舊傳：「初寧代喬琳為御史大夫平章事，寧以為選擇御史，當出大夫，不謀及宰相，乃奏請以李衡于結等數人為御史，楊炎大怒，其狀遂寢。炎又數讒毀劉晏，寧又救鮮之，因此大怒，其年十月，南蠻大至，上遣寧還鎮，炎懼怨己，入蜀難制，奏止之。」按寧為御史大夫，在吐蕃南蠻寇蜀後，舊傳恐誤。

(十三)十二月，乙卯，立宣王誦為皇太子。

(十四)舊制，天下金帛皆貯於左藏(四九)，太府四時上其數，比部覆其出入(五〇)，及第五琦為度支鹽鐵使，時京師多豪將(五一)，求取無節(五二)，琦不能制(五三)，乃奏盡貯於大盈內庫(五四)，使宦官掌之，天子亦以取給(五五)為便，故久不出。由是以天下公賦為人君私藏，有司不復得窺(五六)其多少，校(五七)其贏縮(五八)，殆二十年，宦官領(五九)其事者三百餘員，皆蠶食(六〇)其中，蟠結根據(六一)，牢不可動(六二)。楊炎頓首於上前曰：「財賦者，國之大本，生民之命(六三)，重輕安危，靡不由之，是以前世皆使重臣(六四)掌(六五)其事，猶或耗亂(六六)不集(六七)，今獨使中人出入盈虛(六八)，大臣皆不得知，政之蠹敝(六九)，莫甚於此。請出之以歸有司，度(七〇)宮中歲用幾何，量數奉入(七一)，不敢有乏，如此然後可以為政！」上即日，下詔，凡財賦皆歸左藏，一用舊式(七二)，歲於數中(七三)擇精好者三五千匹，進入大盈。【考異】德宗實錄作三五十萬匹，今從建中實錄。炎以片言移(七四)人主意，議者稱之(七五)。

(十五)丙寅晦，日有食之。

(十六)湖南賊帥王國良阻山(七六)為盜，上遣都官員外郎(七七)關播招撫之，辭行，上問以為政之要，對曰：「為政之本，必求有道賢人，與之為理。」上曰：「朕比(七八)以下詔求賢，又遣使臣廣加搜訪，庶幾可以為理乎！」對曰：「下詔所求，及使者所薦，惟得文詞干進(七九)之士耳，安有有道賢人，肯隨牒(八〇)舉選乎！」上悅。

(十七)崔祐甫有疾，上令肩輿(八一)入中書，或休假在第，大事、令中使咨決(八二)。

【今註】(一)勵精：謂勉勵銳意。(二)不次：謂不依次第。(三)卜相：謂選求宰相。(四)器業：謂器識行業。(五)粗率：粗疏簡率。(六)詼諧：戲謔。(七)駭愕：驚駭詫愕。(八)八輩：猶八夥。(九)俘獲其人：

指作戰而俘虜者。⑩配：流配。⑪江嶺：謂大江之南，及五嶺之外。⑫懷：懷柔。⑬集：徵集。⑭襲衣：謂衣一襲，衣一稱為一襲。⑮代宗之世……各賜襲衣而遣之：按此段乃本於《舊唐書・吐蕃傳》。⑯協律郎：《舊唐書・職官志》三：「太常寺，協律郎二人，正八品上，掌和六呂六律，辨四時之氣，八風五音之節。」⑰議：議論。⑱三科：三門。⑲勞：勞效。⑳不及：謂未作到。㉑考校之法，皆在書判簿歷，言詞俯仰而已：胡三省曰：「唐擇人之法有四：曰身言書判，身取其體貌豐偉，言取其言詞辯正，書取其楷法遒美，判取其文理優長，簿歷所言，著其資考殿最，俯仰則觀諸身言之間。」㉒安行：謂行動穩重。㉓芳翰：謂芳美之文筆。㉔累資積考：謂累積之資歷及考績。㉕固未盡矣：謂固未盡其材。㉖土著：謂著於本土之簿籍。㉗不可本於鄉閭：不可本據鄉閭之品評，此二句言今有人土著且無，何鄉閭品評之可本。㉘鑒：人倫之鑒識。㉙獨明：謂獨特之明鑒。㉚專：專操。㉛羣司：諸司。㉜進敍：進舉敍用。㉝參：參與。㉞僚佐：指軍州之屬員。㉟州府：謂州署軍府。㊱牧守：州曰牧、郡曰守。㊲察：按察。㊳舉：糾舉。㊴私冒：謂徇私冒濫。㊵小加譴黜：謂小罪則加譴謫黜免。㊶刑典：刑法。㊷責成：謂責求其成效。㊸抑：亦退。㊹而官無不治矣：謂而官務無不治矣。㊺試能：甄試能幹。㊻無任：謂不克勝任。㊼責於刺史，則曰：謂責於刺史，刺史則辨曰。㊽命官：猶選官。㊾不敢廢也：謂不敢廢而不命。㊿侍郎：此指吏部侍郎。(51)量書判資考：謂核量被舉者之書判資歷考績。(52)授之：謂授以官。(53)不保其往：不擔保其以往之優劣。(54)令史：按令史在主事之下，主事從九品上，故令史乃吏胥之屬，而未入流者。(五五)按由歷出入：謂按據事由資歷之經過。(五六)不知：猶不管。(五七)黎庶徒弊：謂百姓空受其弊害。(五八)迯：同逃。(五九)獨換：只換。(六〇)浩浩：謂眾多。(六一)主司：主持之有司。(六二)情故：謂隱情事故。(六三)大舉其例：猶舉其大比。(六四)十猶七全：謂十者之中，尚有七者完全。(六五)較然：猶灼然。(六六)可觀：謂可觀而知之。(六七)受：承受。(六八)鎮：鎮守。(六九)殷：殷繁。(七〇)吳人：《舊唐書・地理志》三：「江南道、蘇州、吳縣，春秋時吳都，漢為吳縣，隋平陳，置蘇州，取州西姑蘇山為名。」(七一)治行：治績行業。(七二)疾：惡。(七三)陷以法：謂陷害之以違法律。(七四)知其直：知其理直。(七五)在治：胡三省曰：「在治者謂獄吏治其事，皐以囚服在列。」(七六)太妃：《舊唐書・李皐傳》：「奉太妃鄭氏以孝聞。」蓋皐乃曹王明玄孫，嗣王戢之子，故其母得封為太妃也。(七七)戚：憂戚。(七八)就辨：謂就辨治。(七九)擁笏垂魚：胡三省曰：「唐高宗給五品以上隨身魚銀袋，以防召命之詐，三品以上金飾袋，天授二年，改佩魚為龜，中宗罷龜，復給以魚。郡王嗣王亦佩金魚袋。」(八〇)即：就。(八一)以遷入賀：謂入向其母致賀，言得陞遷。(八二)跪謝：跪地謝罪。(八三)皐，明之玄孫：曹王明，太宗之子。(八四)宿將：舊將。(八五)快快：心不滿足。(八六)屯長武城：《舊唐書・李懷光傳》：「先是懷光頻歲率師城長武，以處軍士，城據原首，臨涇水，俯瞰通道，吐蕃自是不敢南侵。」(八七)應令：猶遵命。(八八)誣：誣陷。(八九)職：主，謂主要也。(九〇)改淮西曰淮寧：按《舊唐書・德宗紀》作：「以淮西節度為淮寧軍。」此二者之全稱也。(九一)崔寧在蜀十餘年：永泰元年崔旰入成都，至是凡十四年。(九二)易：更易。(九三)一出茂州，一出扶文：據《舊唐書・地理志》四，三州皆屬劍南道。(九四)一出黎陽：按《舊唐書・德宗紀》及〈吐蕃傳〉，皆作黎雅，是陽當作雅，黎雅二州，俱屬劍南道。(九五)東府：東面之府藏。(九六)竄匿：逃竄藏匿。(九七)趣：讀曰促。(九八)富饒：富庶饒足。(九九)外府：京師外之府藏。(一〇〇)全師尚守：謂所有師旅尚為之把守。(一〇一)等夷：齊平。(一〇二)則義不可奪：謂依照義理，自不可奪取其地。(一〇三)雜：同。(一〇四)內：通納。(一〇五)親兵：親信之兵士。(一〇六)更授：改授。(一〇七)沃：肥沃。(一〇八)邠隴：謂邠寧隴右二鎮之兵。(一〇九)安邑：今山西省安邑縣。(一一〇)江油：今四川省江油縣。(一一一)白埧：胡三省曰：「利州管下景谷縣西北有白埧鎮城，蜀人謂平川為埧。」音具。(一一二)山南兵：謂山南道之兵卒。(一一三)七盤：據《新唐書・地理志》四，七盤縣屬山南西道、巴州。(一一四)大度河：《寰宇記》：「大度河自吐蕃界，經雅州諸部落，至黎州東界，流入通望界。於黎州為南邊要害之地。」(一一五)隕：墜。(一一六)悔怒：悔恨惱怒。(一一七)苴咩城：胡三省曰：「自瀘州南渡瀘水六百五十里，至羊苴咩城。舊史陽苴咩城南去大和城十餘里，東北至成都二千四百里，去雲南城三百里。」(一一八)延袤：延長，此指城之周回言。(一一九)屠宰：皆係殺意。(一二〇)隸人：僮僕。(一二一)為之地：謂為之地步，亦即卸脫之。(一二二)新即位：猶初即位。(一二三)發：舉發。(一二四)威權：謂權勢。(一二五)元陵：《新唐書・地理志》一：「京兆府、富平縣，元陵在西北二十五里檀山。」(一二六)引：謂引而登路。(一二七)轀輬車：《漢書・霍光傳》注：「轀輬本安車，可以臥息，後因載喪，飾以柳翣，故遂為喪車耳。轀者，密閉，輬者，旁開窗牖，各別一乘，隨事為名；後人既專以載喪，又去其一總為藩飾，而合二名呼之耳。」音溫涼。(一二八)馳道：天子出所行之道。(一二九)稍指丁未之間：考異曰：「按車指丁未之間，則行出道外矣。蓋出門欲斜就道西，不當道之中間行耳。」查考異所言，率為殊文異事之並列與考訂，而此則專釋丁未車之方向，可謂考異中性質獨特之僅見者。㉚衝：向。㉛枉：繞轉。㉜身利：己身之利益。㉝直午：謂直向子午之方位。㉞左道：旁門左道，謂邪道也。㉟山陵但取七月之期：禮，天子七月而葬。㊱事集而發：謂事備而發引。㊲瞶：聵，音ㄎㄨㄟˋ。㊳應對失次：猶語無倫次。㊴疏闊：謂疏闊而不切事實。㊵交惡：交相仇惡。㊶醴泉：據《舊唐書・地理志》一，醴泉縣屬京兆府。㊷考異曰「舊傳云王雄為振武」：按《舊唐書・崔寧傳》，雄當作翃。㊸出鎮：謂出至鎮守之地。㊹留後：按留後乃節制遇事故或外出時，始擇將帥以統馭其眾，此既自出鎮，自無設置之必要。㊺窺：窺伺。㊻自奏事：自行奏事於朝廷。㊼諷：諷示。㊽伺：伺察。㊾左藏：《舊唐書・職官志》三：「太府寺、左藏署，皇家左藏有東庫、西庫、朝堂庫，又有東都庫。凡天下賦調，先於輸場，簡其合尺度觔兩者，卿及御史監閱，然後納於庫藏，皆題以州縣年月，所以別粗良，辨新舊。」㊿比部覆其出入：同志二：「刑部比部郎中一員，掌勾諸司百寮俸料，公廨贓贖，調斂徒役課程逋懸數物，周知內外之經費，而總勾之。」覆，謂覆核也。(51)豪將：有權勢之將軍。(52)節：節制。(53)制：制止。(54)大盈內庫：百寶大盈庫，始於玄宗朝，詳見卷二百二十八德宗建中四年十月注。(55)取給：支取供給。(56)窺：窺知。(57)校：考校。(58)羸縮：按羸當作贏，贏謂有餘，縮謂不足。(59)領：管領。(60)蠶食：如蠶之食桑葉，務求其盡。(61)蟠結根據：謂叢根蟠結，而牢不可拔。(62)動：謂動搖而去之。(63)財賦者，國之大本，生民之命：按《舊唐書・楊炎傳》作：「夫財賦，邦國之大本，生人之喉命。」通鑑既加點定，則生民之命，不如改作民之生命，似此，更與上句互相偶對。(六四)重臣：貴重之大臣。(六五)掌：知掌。(六六)耗亂：損耗紊亂。(六七)集：成。(六八)盈虛：猶上文之贏縮。(六九)蠹斁：害蠹弊病。(七〇)度：量。(七一)奉入：猶納入。(七二)舊式：舊法。(七三)數中：全數之中。(七四)移：轉移。(七五)舊制、天下金帛……議者稱之：按此段乃錄自《舊唐書・楊炎傳》，字句大致相同。(七六)阻山：以山為險阻。(七七)都官員外郎：《舊唐書・職官志》二：「刑部尚書、都官員外郎一員，從六品上，掌配役隸，簿錄俘囚，以給衣糧藥療，以理訴競雪冤。」(七八)比：近。(七九)干進：求進。(八〇)牒：州縣之文書曰牒。(八一)肩輿：轎輿由二人以肩抬之，名曰肩輿。(八二)諮決：諮詢決斷之意見。

德宗神武聖文皇帝一

建中元年（西元七八〇年）

(一)春，正月，丁卯朔，改元，羣臣上尊號曰聖神文武皇帝，赦天下。始用楊炎議，命黜陟使與觀察刺史(一)約(二)百姓丁產(三)，定等級，改作兩稅法(四)，比來(五)新舊徵科(六)色目(七)，一切罷之，二稅外，輒率(八)一錢者，以枉法(九)論。唐初賦斂之法曰租庸調，有田則有租，有身(一〇)則有庸，有戶則有調，玄宗之末，版籍(一一)浸(一二)壞，多非其實[13]，及至德兵起，所在賦歛，迫趣[14]取辦[15]，無復常準，賦歛之司[16]增數，而莫相統攝[17]，各隨意增科，自立色目，新故相仍[18]，不知紀極[19]，民富者丁多，率為官[20]為僧，以免課役[21]，而貧者丁多，無所伏匿[22]，故上戶優[23]而下戶勞[24]，吏因緣蠶食，旬輸月送[25]，不勝困弊，率皆逃徙為浮戶[26]，其土著[27]百無四五。至是，炎建議作兩稅法，先計州縣，每歲所應[28]費用，及上供[29]之數，而賦[30]於人，量出以制入[31]，戶無主客[32]，以見[33]居為簿[34]，人無丁中[35]，以貧富為差[36]，為行商者，在所[37]州縣稅三十之一，使與居者均無僥利[38]，居人之稅，秋夏兩徵之[39]，其租庸調雜徭悉省，皆總統於度支[40]。上用其言，因赦、令行之[41]。初左僕射劉晏為吏部尚書，楊炎為侍郎，不相悅[42]，元載之死，晏有力焉，及上即位，晏久典利權[43]，眾頗疾[44]之，多上言轉運使可罷，又有風言[45]晏嘗密表勸代宗立獨孤妃為皇后者。楊炎為宰相，欲為元載報仇，因為上流涕言：「晏與黎幹、劉忠翼同謀，臣為宰相，不能討[46]，罪當萬死。」崔祐甫言：「茲事曖昧[47]，陛下已曠然[48]大赦，不當復究尋[49]虛語。」炎乃建言：「尚書省、國政之本，比置諸使，分奪其權，今宜復舊(五〇)。」上從之。甲子(五一)，詔天下錢穀皆歸金部、倉部(五二)，罷晏轉運租庸青苗鹽鐵等使。【考異】建中實錄曰：「初大曆中，上居東宮，貞懿皇后方為妃，有寵，生韓王回，帝又鍾愛，故門官劉清潭、京兆尹黎幹與左右嬖幸，欲立貞懿為皇后，且言，韓王所居，獲黃蛇以為符，動搖儲宮，而晏附其謀，冀立殊効，圖為宰輔。時宰臣元載獨保護上，以為最長而賢，且嘗有功，義不當移。王縉亦謂人曰，晏黠者也，今所圖，無乃過黠乎！後其議漸定，貞懿卒不立。上憾之，至是，以晏大臣，而附邪為姦，不去，將為亂，託陳奏不實，謫為忠州刺史。」沈既濟楊炎所薦，蓋附炎為說，今從舊傳。

(二)二月，丙申朔，命黜陟使(五三)十一人分巡(五四)天下。先是、魏博節度使田悅事朝廷，猶恭順，河北黜陟使洪經綸【考異】建中實錄，黜陟使十一人，而無名，德宗實錄有十人名，而無河北道及經綸名，蓋脫誤也。不曉(五五)時務，聞悅軍七萬人，符(五六)下罷其四萬，令還農，悅陽(五七)順命，如符罷之，既而(五八)集應罷者，激怒之(五九)曰：「汝曹(六〇)久在軍中，有父母妻子，今一旦為黜陟使所罷，將何資(六一)以自衣食乎？」眾大哭，悅乃出家財以賜之，使各還部伍(六二)，於是軍士皆德悅而怨朝廷。

(三)崔祐甫以疾多不視事，楊炎獨任大政，專以復恩讎(六三)為事，奏用元載遺策城原州(六四)，又欲發兩京關內丁夫(六五)浚(六六)豐州陵陽渠(六七)，以興(六八)屯田。上遣中使詣涇原節度使段秀實，訪(六九)以利害，秀實以為今邊備尚虛(七〇)，未宜興事，以召寇；炎怒以為沮(七一)己，徵秀實為司農卿。丁未，邠寧節度使李懷光兼四鎮北庭行營涇原節度使，使移軍原州，以四鎮北庭留後劉文喜為別駕。京兆尹嚴郢奏：「按朔方五城舊屯，沃饒之地，自喪亂以來，人功(七二)不及，因致荒廢，十不耕一(七三)，若力可墾闢，不俟浚渠。今發兩京關輔人於豐州浚渠營田(七四)，計所得不補(七五)所費，而關輔之人，不免流散，是虛畿甸(七六)而無益軍儲(七七)也。」疏奏，不報，既而陵陽渠竟不成，棄之。

㈣上用楊炎之言，託以奏事不實，己酉，貶劉晏為忠州刺史。

癸丑，以澤潞留後李抱真為節度使。

㈤楊炎欲城原州，以復秦原，命李懷光居前督作，朱泚、崔寧各將萬人翼其後，詔下涇州為城具，涇之將士怒曰：「吾屬為國家西門之屏，十餘年矣，始居邠州，甫營耕桑，有地著之安，徙屯涇州，披荊榛立軍府，坐席未暖，又投之塞外，吾屬何罪而至此乎！」李懷光始為邠寧帥，即誅溫儒雅等，軍令嚴峻，及兼涇州，諸將皆懼曰：「彼五將何罪而為戮？今又來此，吾屬能無憂乎！」劉文喜因眾心不安，據涇州不受詔，上疏復求段秀實為帥，不則朱泚，癸亥，以朱泚兼四鎮北庭行營涇原節度使，代懷光。

㈥三月，翰林學士、左散騎常侍張涉受前湖南觀察使辛京杲金，事覺，上怒欲寘於法，李忠臣以檢校司空同平章事奉朝請，言於上曰：「陛下貴為天子，而先生以乏財犯法，以臣愚觀之，非先生之過也。」上意解，辛未，放涉歸田里。辛京杲以私忿杖殺部曲，有司奏京杲罪當死，上將從之，李忠臣曰：「京杲當死久矣。」上問其故，忠臣曰：「京杲諸父兄弟皆戰死，獨京杲至今尚存，臣故以為當死久矣。」上憫然，左遷京杲諸王傅，忠臣乘機救人，多此類。

㈦楊炎罷度支轉運使，命金部倉部代之，既而省職久廢，耳目不相接，莫能振舉，天下錢穀無所總領，癸巳，復以諫議大夫韓洄為戶部侍郎、判度支，以金部郎中、萬年杜佑權江淮水陸轉運使，皆如舊制。

㈧劉文喜又不受詔，欲自邀㊈旌節。夏，四月，乙未朔，據涇州叛，遣其子質於吐蕃以求援，上命朱泚、李懷光討之，又命神策軍使(七九)張巨濟將禁兵二千助之。

(九)吐蕃始聞韋倫歸其俘，不之信，及俘入境，各還部落，稱新天子出宮人，放禽獸，英威聖德，洽(八〇)於中國，吐蕃大悅，除(八一)道迎倫，替普即發使隨倫入貢，且致賻贈(八二)，癸卯，至京師，上禮接之。既而蜀將上言：「吐蕃豺狼，所獲俘不可歸。」上曰：「戎狄犯塞則擊之，服則歸之，擊以示威(八三)，歸以示信，威信不立，何以懷遠(八四)！」悉命歸之(八五)。【考異】建中實錄曰：「及境，境上守陴者焚樓櫓，棄城壁而去。初吐蕃既得河湟之地，土宇日廣，守兵勞弊，以國家始因用胡為邊將而致禍，故得河隴之士約五十萬人，以為非族類也，無賢愚，莫敢任者，悉以為奴僕，故其人苦之。及見倫歸國，皆毛裘蓬首，窺覦墻隙，或搥心隕泣，或東向拜舞，及密通章疏，言蕃之虛實，望王師之至若歲焉。君子曰，惜乎人心之可乘也，若逾代之後，斯人既沒，後主安於所習，難乎哉？」此恐沈既濟之溢美，且欲附楊炎復河隴之說耳，今不取。

(十)代宗之世，每元日(八六)、冬至、端午、生日(八七)，州府於常賦之外，競(八八)為貢獻，貢獻多者則悅之，武將姦(八九)利，緣此侵漁(九〇)下民。癸丑，上生日(九一)，四方貢獻皆不受，李正己、田悅各獻縑三萬匹，上悉歸之度支，以代租賦。

(十一)五月，戊辰，以韋倫為太常卿，乙酉，復遣倫使吐蕃，倫請上自為載書(九二)，與吐蕃盟，楊炎以為非敵(九三)，請與郭子儀輩為載書，以聞，令上畫可而已，從之。

(十一)朱泚等圍劉文喜於涇州，杜(九四)其出入，而閉壁不與戰，久之不拔，天方旱，徵發餽(九五)運，內外騷(九六)然，朝臣上書，請赦文喜，以蘇(九七)疲人者，不可勝紀，上皆不聽，曰：「微孽不除，何以令天下(九八)！」文喜使其將劉海賓入奏。海賓言於上曰：「臣乃陛下藩邸部曲，豈肯附(九九)叛臣，必為陛下梟其首以獻，但文喜今所求者，節(一〇〇)而已，願陛下姑(一〇一)與之，文喜必怠(一〇二)，則臣計得施(一〇三)矣。」上曰：「名器不可假人(一〇四)，爾能立效(一〇五)，固善，我節不可得也。」使海賓歸以告文喜，而攻之如初，減御膳以給軍士，城中將士當受春服者，賜予如故，於是眾知上意不可移。時吐蕃方睦(一〇六)於唐，不為發兵，城中勢窮，庚寅，海賓與諸將共殺文喜傳首，【考異】邠志曰：「詔李懷光朱泚幷軍誅之，師圍涇城，數月不拔，文喜使其子求救於吐蕃，蕃眾將至，二將議退軍以避之，都遊奕使韓遊瓌爭之曰，西戎若來，涇眾必變，義不為文喜沒身於戎虜。秋七月，西蕃遊騎登高麾涇人，涇人果曰，始吾為文喜求節度耳，王師致討，困則歸之，安能赤土塗面，為異方之人乎！劉海賓因之殺文喜，以眾降泚，泚無所戮，涇人德之，萌泚之亂，亦自此始。」按是時，吐蕃通好，無入援文喜事，又此月涇州平，而邠志云，七月西蕃至，皆相違，今從建中實錄。而原州竟不果城。自上即位，李正己內(一〇七)不自安，遣參佐⑱入奏事，會涇州捷奏至，上使觀文喜之首而歸，正己益懼。

(十三)六月，甲午朔，門下侍郎同平章事崔祐甫薨。

(十四)術士桑道茂上言：「陛下不出數年，暫有離宮之厄⑲，臣望奉天有天子氣⑳，宜高大其城，以備非常㉑。」辛丑，命京兆發丁夫數千，雜㉒六軍之士，築奉天城。【考異】舊傳云：「道茂待詔翰林，建中初，神策脩奉天城，道茂請高其垣牆，大為制度，德宗不之省。及朱泚之亂，帝蒼猝出幸，至奉天，方思道茂之言，時道茂已卒，命祭之。」今從實錄文及袁光庭幸奉天傳。

(十五)初回紇風俗朴厚㉓，君臣之等㉔不甚異㉕，故眾志專一，勁健無敵，及有功於唐，唐賜遺甚厚，登里可汗始自尊大，築宮殿以居婦人㉖，有粉黛㉗文繡㉘之飾，中國㉙為之虛耗㉚，而虜俗亦壞。及代宗崩，上遣中使梁文秀往告哀，登里驕㉛不為禮，九姓胡附回紇者，說登里以中國富饒，今乘喪伐之，可有大利。【考異】既云乘喪入寇，當在去年，今因源休冊命，追敘之耳。登里從之，欲舉國㉜入寇。其相頓莫賀達干、登里之從父兄也，諫曰：「唐，大國也，無負㉝於我。吾前年侵太原，獲羊馬數萬，可謂大捷，而道遠糧乏，比歸㉞，士卒多徒行者㉟。今舉國深入，萬一不捷，將安㊱歸乎？」登里不聽，頓莫賀乘人心之不欲南寇也，舉兵(二七)擊殺之，幷九姓胡二千人(二八)，自立為合骨咄祿毗伽可汗，遣其臣聿達干(二九)與梁文秀俱入見，願為藩臣，垂髮不翦，以待詔命。乙卯，命京兆少尹、臨漳(三〇)源休冊頓莫賀為武義成力可汗。【考異】舊傳曰：「休妻，即吏部侍郎王翊女也，因補忿而離，妻族上訴，下御史臺驗理，休遲留不答款狀，除名，配流溱州，久之移岳州。建中初，楊炎執政，以京兆尹嚴郢威名稍著，心欲傾之，郢即王翊甥婿也。休與王氏離絕之時，炎風聞休郢有隙，遂擢休，自流人為京兆少尹，俾令伺郢過失。休既在職久，與郢親善，炎怒之，奏令以本官兼御史中丞，奉使回紇。」按休奉使時，回紇方恭順，張光晟未殺董突(三一)，炎安知回紇欲殺休而遣之？今不取。

（十六）秋，七月，丙寅，邵州賊帥王國良降，國良、本湖南牙將，觀察使辛京杲使戍武岡(三二)，以扞西原蠻(三三)，京杲貪暴，國良家富，京杲以死罪加之，國良懼，據縣叛，與西原蠻合，聚眾千人，侵掠州縣，瀕(三四)湖千里，咸(三五)被其害，詔荊、黔、洪、桂(三六)諸道合兵討之，連年不能克。及曹王皋為湖南觀察使，曰：「驅(三七)疲甿(三八)，誅反仄(三九)，非策之得者也。」乃遣國良書，言：「將軍非敢為逆，欲救死(四〇)耳，我與將軍俱為辛京杲所構(四一)，我已蒙聖朝湔洗(四二)，何心復加兵刃於將軍乎！將軍遇我不速降，後悔無及。」國良且喜且懼，遣使乞降，猶疑不決。皋乃假為使者，從(四三)一騎，越(四四)五百里，抵國良壁㊺，鞭其門㊻，大呼曰：「我曹王也，來受降㊼。」舉軍大驚，國良趨出，迎拜請罪，皐執其手，約㊽為兄弟，盡焚攻守之具，散其眾，使還農，詔赦國良罪，賜名惟新。

㈦辛巳，遙尊上母沈氏為皇太后㊾。

㈧荊南節度使庾準希㊿楊炎指，奏忠州(51)刺史劉晏與朱泚書，求營救，辭多怨望，又奏召補(52)州兵，欲拒朝命，炎證成(53)之。上密遣中使就忠州縊殺之，己丑，乃下詔賜死，天下冤之。

㈨初，安史之亂，數年間，天下戶口，什亡八九，州縣多為藩鎮所據，貢賦不入，朝廷府庫耗竭(54)，中國多故，戎狄每歲犯邊，所在宿(55)重兵，仰給縣官(56)，所費不貲(57)，皆倚辦於宴(58)，晏初為轉運使，獨領陝東諸道(59)，陝西皆度支領之，末年兼領，未幾而罷(60)。晏有精力(61)，多機智(62)，變通有無，曲盡其妙(63)，常以厚直(64)，募善走(65)者，置遞相望(66)，覘(67)報四方物價，雖遠方，不數日，皆達使司(68)，食貨(69)輕重之權，悉制(70)在掌握，國家獲利，而天下無甚貴甚賤之憂。常以為辦集(71)眾務，在於得人，故必擇通敏(72)精悍(73)廉勤(七四)之士而用之，至於句檢(七五)簿書(七六)，出納錢穀，必委之士類(七七)，吏惟書(七八)符牒(七九)，不得輕出一言。常言：「士陷贓賄，則淪棄於時，名重於利(八〇)，故士多清修(八一)，吏雖潔廉，終無顯榮(八二)，利重於名，故吏多貪汚。」然惟晏能行之，他人效(八三)者，終莫能逮(八四)。其屬管(八五)雖居數千里外，奉教令如在目前，起居語言無敢欺紿(八六)。當時權貴或以親故(八七)屬(八八)之者，晏亦應之，使俸給多少，遷次(八九)緩速皆如其志，然無得親職事(九〇)。其場院(九一)要劇之官，必盡一時之選(九二)，故晏沒之後，掌財賦有聲(九三)者，多晏之故吏也。晏又以為戶口滋(九四)多，則賦稅自廣，故其理財，以愛民為先，諸道各置知院官(九五)，每旬月具州縣雨雪豐歉(九六)之狀，白(九七)使司，豐則貴糴(九八)，歉則賤糶(九九)，或以穀易雜貨供官用，及於豐處賣之，知院官始見不稔(一〇〇)之端，先申至某月須如干(一〇一)蠲(一〇二)免，某月須如干救助，及期晏不俟州縣申請，即奏行之，應民之急，未嘗失時，不待其困弊流亡餓殍(一〇三)，然後賑之也，由是民得安其居業(一〇四)，戶口蕃息(一〇五)。晏始為轉運使，時天下見(一〇六)戶不過二百萬，其季年，乃三百餘萬(一〇七)，在晏所統則增，非晏所統[18]則不增也。其初財賦歲入不過四百萬緡，季年乃千餘萬緡。晏專用榷鹽法，充軍國之用，時自許、汝、鄭、鄧之西，皆食河東池鹽，度支主之，汴、滑、唐、蔡[19]之東，皆食海鹽，晏主之，晏以為官多則民擾[20]，故但於出鹽之鄉置鹽官，收鹽戶所煑之鹽，轉鬻於商人，任其所之，自餘州縣，不復置官。其江嶺間去鹽鄉遠者，轉官鹽[21]於彼貯[22]之，或商絕[23]鹽貴，則減價鬻之，謂之常平鹽，官獲其利，而民不乏鹽。其始江淮鹽利，不過四十萬緡，季年，乃六百餘萬緡，由是國用充足，而民不困弊，其河東鹽利不過八十萬緡，而價復貴於海鹽。

(廿)先是，運關東穀入長安者，以河流湍悍[24]，率一斛得八斗，至者則為成勞[25]，受優賞。晏以為江汴河渭，水力[26]不同，各隨便宜造運船，教[27]漕卒，江船達揚州，汴船達河陰[28]，河船達渭口[29]，渭口達太倉，其間緣水置倉，轉相受給[30]，自是，每歲運穀或至百餘萬斛，無斗升沈覆者。船十艘為一綱[31]，使軍將領[32]之，十運無失，授優勞[33]官，其人數運之後，無不斑白[34]者。晏於楊子[35]置十場造船㊱，每艘給錢千緡，或言所用實不及半，虛費㊲太多，晏曰：「不然，論大計者固不可惜㊳小費，凡事必為永久之慮，今始置船場，執事者至多，當先使之私用無窘㊴，則官物堅牢矣。若遽與之屑屑㊵校計錙銖㊶，安能久行乎？異日、必有患㊷吾所給多而減之者，減半以下猶可也，過此，則不能用矣㊸。」其後五十年，有司果減其半，及咸通中，有司計費㊹以給之，無復羨餘㊺，船益脆薄易壞，漕運遂廢矣。晏為人勤力㊻，事無閑劇，必於一日中決㊼之，不使留宿㊽，後來言財利者，皆莫能及之。

(廿)八月，甲午，振武留後張光晟殺回紇使者董突等九百餘人，董突者、武義可汗之叔父也，代宗之世，九姓胡常冒㊾回紇之名，雜居京師，殖貨㊿縱暴，與回紇共為公私(51)之患，上即位，命董突盡帥其徒歸國，輜重甚盛，至振武，留數月，厚求(52)資給，日食肉千斤，它物稱是，縱樵牧者暴踐果稼(53)，振武人苦之，光晟欲殺回紇，取其輜重，而畏其眾彊，未敢發。九姓胡聞其種族為新可汗(54)所誅，多道亡，董突防之甚急，九姓胡不得亡，又不敢歸，乃密獻策於光晟，請殺回紇，光晟喜其黨自離，許之。上以陜州之辱㉕，心恨回紇，光晟知上旨，乃奏稱：「回紇本種非多㉖，所輔以彊者、羣胡耳，今聞其自相魚肉㉗，頓莫賀新立，移地健㉘有孽子，及國相梅錄㉙各擁兵數千人相攻，國未定㉚，彼無財，則不能使其眾，陛下不乘此際㉛除之，乃歸其人與之財，正所謂借寇兵齎盜糧㉜者也，請殺之。」三奏，上不許，光晟乃使副將過其館㉝門，故㉞不為禮，董突怒，執而鞭之數十，光晟勒兵㉟掩擊㊱，幷羣胡盡殺之，聚為京觀㊲，獨留二胡使歸國為證㊳曰：「回紇鞭辱大將，且謀襲據振武，故先事㊴誅之。」上徵光晟為右金吾將軍，遣中使王嘉祥往致信幣，回紇請得專㊵殺者以復讎，上為之貶光晟為睦王㊶傅，以慰其意。

(廿)加盧龍、隴右、涇原節度使朱泚兼中書令盧龍隴右節度如故，以舒王謨為四鎮北庭行軍涇原節度大使，以涇州牙前兵馬使、河中姚令言為留後，【考異】舊傳：「孟皞尋歸朝，遂拜令言為四鎮北庭行營涇原節度使。」按實錄：「建中三年八月，以涇原節度留後姚令言為節度使。」此年必始為留後也。謨，邈之子㊷也，早孤，上子之。

(廿三)癸丑，詔贈太后父祖兄弟官，及自餘(263)宗族男女拜官封邑者告第(264)告身，凡百二十有七通(265)，中使以馬負而賜之。九月，壬午，將作(266)奏宣政殿廊壞，十月魁岡(267)，未可修，上曰：「但不妨公害人(268)，則吉矣，安問時日！」即命修之。

(廿四)大曆以前，賦斂出納俸給，皆無法(269)，長吏得專之，重以元王(270)秉政，貨賂公行，天下不按(271)贓吏者，殆二十年，【考異】建中實錄云，三十年，蓋字之誤也。惟江西觀察使路嗣恭按虔州刺史源敷翰，流之(272)，上以宣歙觀察使薛邕文雅舊臣，徵為左丞，邕去宣州，盜隱官物(273)以巨萬(274)計，殿中侍御史員寓發(275)之。冬，十月，己亥，貶連山(276)尉，於是州縣始畏朝典(277)，不敢放縱。上初即位，疏斥(278)宦官，親任朝士，而張涉以儒學入侍，薛邕以文雅登朝(279)，繼以贓貶，宦官武將得以藉口(280)曰：「南牙(281)文臣，贓動至巨萬，而謂我曹濁亂(282)天下，豈非欺罔(283)邪！」於是上心始疑，不知所倚仗(284)矣。

(廿五)中書舍人高參請分遣諸沈，訪求太后，庚寅，以睦王述為奉迎使，工部尚書喬琳副之，又命諸沈四人為判官，與中使分行諸道，求之。

(廿六)十一月，初令待制官外，更引朝集使(二六五)二人，訪以時政得失，遠人疾苦。

(廿七)先是，公主下嫁者，舅姑拜之，婦不荅(二六六)，上命禮官定公主拜見舅姑及壻之諸父兄姊之儀(二六七)，舅姑坐受於中堂，兄姊立受於東序(二六八)，如家人禮。有縣主將嫁，擇用丁丑，是日，上之從父妹卒，命罷之，有司奏供張(二六九)已備，且殤服(二七〇)不足廢事，上曰：「爾愛其費(二七一)，我愛其禮。」卒罷之。至德以來，國家多事，公主、郡縣主(二七二)多不以時嫁，有華髮(二七三)者，雖居禁中，或十年不見天子，上始引見諸宗女(二七四)，尊者致敬，卑者存慰，悉命嫁之，所賫(二七五)小大之物，必經心目(二七六)。己卯、庚辰二日，嫁岳陽等凡十一縣主。

(廿八)吐蕃見韋倫再至，益喜。十二月，辛卯朔，倫還，吐蕃遣其相論欽明思等入貢。

(廿九)是歲，冊太子母王氏為淑妃。

(卅)天下稅戶(二七七)三百八萬五千七十六，籍兵(二七八)七十六萬八千餘人，稅錢一千八十九萬八千餘緡，穀二百一十五萬七千餘斛。

【今註】㊀觀察刺史：即觀察使刺史。㊁約：約計。㊂丁產：丁口及田產。㊃兩稅法：炎作之兩稅法，夏稅無過六月，秋稅無過十一月，以大曆十四年墾田之數為準，見《舊唐書・楊炎傳》。㊄比來：近來。㊅徵科：猶徵稅。㊆色目：種類名目。㊇率：猶徵斂。㊈枉法：猶違法。㊉有身：謂有人。⑪版籍：戶口之簿籍。⑫浸：漸。⑬實：真實。⑭趣：讀曰促。⑮取辦：含立辦意。⑯司：官司。⑰統攝：統轄攝理。⑱仍：因仍。⑲不知紀極：《舊唐書・楊炎傳》作：「不知其涯。」是其換釋。⑳為官：謂為官及吏。㉑課役：稅役。㉒伏匿：謂藏匿。㉓優：優逸。㉔勞：勞困。㉕句輸月送：指輸送租賦言。㉖浮戶：猶流戶，意為飄浮不定之戶口。㉗土著：著於本土者。㉘所應：所須。㉙上供：謂供於天子。㉚賦：賦斂。㉛量出以制入：謂量度所出之數，以制定須收之賦。㉜主客：即上文之土著及浮戶。㉝見：通現。㉞為簿：謂登入簿籍。㉟丁中：《舊唐書・食貨志》上：「武德七年，以男女始生者為黃，四歲為小，十六為中，二十一為丁，六十為老……天寶三年，又降優制，以十八為中男，二十二為丁。」㊱差：差別。㊲在所：與所在之意相類。㊳僥利：僥倖之利。㊴秋夏兩徵之：謂於秋夏兩次徵收。㊵總統於度支：謂由度支總領其事。㊶始用楊炎議……因赦、令行之：按此段乃錄自《舊唐書・楊炎傳》，字句大致相同。㊷不相悅：謂不相融洽。㊸利權：財利之權。㊹疾：憎惡。㊺風言：胡三省曰：「風言為得於風聞，而言之者也。」〔四六〕討：討治。〔四七〕曖昧：不明。〔四八〕曠然：宏大。〔四九〕究尋：窮尋。〔五〇〕今宜復舊：謂今宜復歸於尚書省。〔五一〕甲子：按《舊唐書・德宗紀》，甲子作甲午，以下二月丙申推之，作甲午是。〔五二〕金部倉部：《唐六典》卷三：「戶部金部郎中，掌庫藏出納之節，金寶財貨之用，權衡度量之制，皆總其文籍而頒其節制。倉部郎中掌判天下倉儲受納，租稅出給，祿廩之事。」〔五三〕黜陟使：胡三省曰：「黜陟使始置於太宗貞觀八年。」〔五四〕巡：巡省。〔五五〕不曉：謂不通。〔五六〕符：符命，為公文之一種。〔五七〕陽：表面。〔五八〕既而：已而。〔五九〕激怒之：謂刺激而使之惱怒。〔六〇〕汝曹：汝輩。〔六一〕資：資藉。〔六二〕部伍：謂軍隊。〔六三〕復恩讎：謂報恩復讎。〔六四〕元載遺策城原州：元載策見卷二百二十四代宗大曆八年。〔六五〕丁夫：壯丁及夫役。〔六六〕浚：疏浚。〔六七〕陵陽渠：《新唐書・地理志》一：「豐州、九原縣，有陵陽渠，建中三年浚之，以溉田置屯，尋棄之。」〔六八〕興：舉辦。〔六九〕訪：訪問。〔七〇〕虛：空虛。〔七一〕沮：敗壞。〔七二〕人功：猶人力。〔七三〕十不耕一：極言其荒廢之情形。〔七四〕營田：經營屯田。〔七五〕補：補償。〔七六〕饑甸：同上文之闕輔。〔七七〕軍儲：謂軍隊之糧儲。〔七八〕邀：請。〔七九〕神策軍使：其全稱為神策軍兵馬使。〔八〇〕洽：合也，和也。〔八一〕除：除治。〔八二〕致賻贈：致代宗之賻贈。〔八三〕威：威嚴。〔八四〕懷遠：懷安遠人。〔八五〕悉命歸之：又悉歸劍南所獲之俘。〔八六〕元日：即元旦。〔八七〕元日、冬至、端午、生日：胡三省曰：「自代宗迄於五代，正、至、端午、降誕，州府皆有貢獻，謂之四節進奉。」〔八八〕競：爭。〔八九〕姦：干求。〔九〇〕侵漁：侵犯漁肉。〔九一〕上生日：上生於天寶元年四月十九日，不置節名。〔九二〕載書：盟誓之書。〔九三〕非敵：非敵對之體，亦即非同等也。〔九四〕杜：塞絕。〔九五〕餽：餉。〔九六〕騷：騷亂。〔九七〕蘇：困而得息。

(98)今天下：命令於天下。(99)附：附從。(100)節：旌節。(101)姑：姑且。(102)怠：懈怠。(103)施：施行。(104)名器不可假人：左傳成二年所載孔子之言。(105)立效：立功。(106)方睦：正親睦。(107)內：心中。(108)參佐：參隨之僚佐。(109)離宮之厄：離別宮禁之厄運。(110)氣：氣象。(111)非常：謂非常之變。(112)雜：雜同。(113)朴厚：朴質淳厚。(114)等：等差。(115)異：殊異。(116)媍人：同婦人。(117)粉黛：粉白黛黑，猶今之化粧品。(118)文繡：文彩刺繡。(119)中國：當作國中。(120)虛耗：空虛凋耗。(121)驕：驕慢。(122)舉國：全國。(123)無負：無違負。(124)比歸：猶及歸。(125)士卒多徒行者：胡三省曰：「道遠糧乏，士卒殺馬食之，故多徒行。」(126)安：何。(127)舉兵：興兵。(128)抃九姓胡二千人：據《舊唐書・回紇傳》作：「抃殺九姓胡所誘來者凡二千人。」是抃謂抃殺，乃以冒上文之擊殺而省。(129)遣其臣聿達干：按新、舊《唐書・回紇傳》，聿皆作建，當改從。(130)臨漳：今河南省有臨漳縣。(131)考異曰：「按休奉使時，回紇方恭順，張光晟未殺董突」：按《新唐書・回鶻傳》，董突作突董。《舊唐書・德宗紀》則作突董統，此與二書，俱不相同。(132)武岡：據《舊唐書・地理志》三，武岡縣屬江南西道召州。按召音邵。(133)西原蠻：《新唐書・西原蠻傳》：「西原蠻居廣容之南，邕桂之西，地數千里，種落甚眾。乾元以來，累為叛亂，與夷獠梁崇牽、覃問，西原酋長吳功曹，合兵內寇，陷道州，進攻永州，陷邵州。辛京杲遣王國良戍武岡，國良亦叛，建中初，城溆州，以斷西原，國良乃降。」(134)瀕：同濱。(135)咸：皆。(136)荊黔洪桂：胡三省曰：「荊南節度使治荊州，黔中觀察使治黔州，江南西道觀察使治洪州，桂管經略觀察使治桂州。」(137)驅：驅逐。(138)甿：田民，音萌。(139)反仄：圖謀不軌之人。(四〇)救死：猶免死。(四一)構：構陷。(四二)湔洗：湔滌洗盪。(四三)從：隨從。(四四)越：經越。(四五)壁：營柵。(四六)鞭其門：謂以鞭敲擊其門。(四七)來受降：謂前來接受降者。(四八)約：要約。(四九)辛巳，遙尊上母沈氏為皇太后：按《舊唐書・德宗紀》，七月辛巳作八月丁巳，月日有異。胡三省曰：「沈氏以開元末，選入代宗宮，安祿山之亂，玄宗避賊，諸王妃妾不及從者，皆為賊所得，拘之東都之掖庭。代宗克東都，入宮，得沈氏，留之東都宮中，史思明再陷東都，遂失所在。」(五〇)希：承望。(五一)忠州：為荊南節度使所管，故得奏其刺史所為之事。(五二)召補：徵召補充。(五三)證成：證明而確定之。(五四)耗竭：消耗枯竭。(五五)宿：屯駐。(五六)縣官：謂朝廷。(五七)不貲：無數。(五八)倚辦於晏：謂倚晏辦理。(五九)晏初為轉運使，獨領陝東諸道：胡三省曰：「寶應元年，劉晏充度支轉運等使，代宗廣德二年，始以晏為河南江淮以東轉運使，乃疏浚汴水，以開漕運之利。」(六〇)末年兼領，未幾而罷：大曆十四年，晏兼判度支，建中元年罷。(六一)有精力：謂精力飽滿。(六二)機智：謂智慧敏捷。(六三)妙：精妙。(六四)厚直：猶今言高薪金。(六五)善走：即疾足。(六六)置遞相望：遞謂遞鋪，相望謂綿亘不絕。(六七)覘：視察。(六八)使司：謂轉運使司。(六九)食貨：糧食財貨。(七〇)制：猶操。(七一)辦集：辦理完成。(七二)通敏：謂通達事理而敏捷者。(七三)精悍：謂精明強幹。(七四)廉勤：廉潔勤勉。(七五)句檢：句讀曰勾，謂勾稽檢點。(七六)簿書：簿籍文書。(七七)士類：士流。(七八)書：繕寫。(七九)符牒：文書之二種名稱。(八〇)常言士陷贓賄，則淪棄於時，名重於利：按《新唐書・劉晏傳》，嘗言士有爵祿，則名重於利。是所謂名者，乃指爵祿而言。蓋任一士人，皆不肯以營贓賄故，而斷送其宦途及前程也。(八一)清修：清廉修飭。(八二)顯榮：《新唐書》作榮進，是乃指遷陞而言，蓋唐代為胥吏者，永不得進調為流內之官職也。(八三)效：效法。(八四)逮：及。(八五)其屬管：謂其所屬所管者。(八六)紿：詐，音殆。(八七)親故：親戚故舊。(八八)屬：屬託。(八九)遷次：遷陞之秩次。(九○)親職事：親掌職事。(九一)場院：場謂交場、船場；院謂巡院。(九二)一時之選：謂一時之人選。(九三)聲：聲譽，聲稱。(九四)滋：滋生。(九五)知院官：掌諸道巡院者。(九六)歉：謂收成欠佳。(九七)白：告。(九八)貴糴：以高價買入穀物。(九九)賤糶：以低價賣出穀物。(一○○)稔：禾穀成熟。(一○一)如干：猶若干。(一○二)蠲：除，音ㄐㄩㄢ。(一○三)殍：餓死，音ㄆㄧㄠˇ。(一○四)居業：居處生業。(一○五)蓄息：蓄殖生息。(一○六)見：通現。(一○七)乃三百餘萬：謂竟至三百餘萬。(一○八)統：統轄之區。(一○九)蔡：《舊唐書・地理志》一：「河南道、蔡州，隋汝南郡，武德三年置豫州，寶應元年，改為蔡州。」(一一○)民擾：民易被煩擾。(一一一)轉官鹽：轉運官鹽。(一一二)貯：貯存。(一一三)商絕：商販斷絕。(一一四)湍悍：猶湍急。(一一五)成勞：完成之勞效。(一一六)水力：謂水流之緩急。(一一七)教：教練。(一一八)汴船達河陰：胡三省曰：「汴船自清口達河陰。開元二十二年，分汜水、武涉、滎澤置河陰縣，屬河南府，有河陰倉。」(一一九)渭口：渭水之口。(一二○)轉相受給：謂輾轉相受納及發給。(一二一)綱：初為十船由一綱繩維繫之，後則成為一幫之意。(一二二)領：管領。(一二三)優勞：優績。(一二四)斑白：謂頭髮有白有黑。(一二五)楊子：據《新唐書・地理志》五，楊子縣屬淮南道、揚州。(一二六)置十場造船：此場今謂之造船場。(一二七)虛費：猶白費。(一二八)惜：愛惜。(一二九)窘：困窘。(一三○)屑屑：苛細。(一三一)錙銖：八銖為錙，十絫為銖。(一三二)患：病。(一三三)過此，則不能用矣：謂過此，則所修之船，窳陋而不堪使用矣。(一三四)計費：按計費用。(一三五)羨餘：贏餘。羨音ㄒㄧㄢˋ。(一三六)勤力：勤勉用力。(一三七)決：

解決。(二八)留宿：停留過夜。(二九)冒：頂。(三〇)殖貨：猶殖產業。(三一)公私：謂官家及百姓。(三二)厚求：多求。(三三)果稼：果蔬禾稼。(三四)新可汗：指頓莫賀言。(三五)上以陝州之辱：事見卷二百二十二寶應元年。(三六)本種非多：謂本種之人數非多。(三七)魚肉：猶侵害。(三八)移地健：乃登里可汗之名。(三九)梅錄：宋白曰：「梅錄、回鶻將軍號，柳公綽帥河東時，有梅錄將軍李暢入貢。」(四〇)國未定：謂國內秩序未定。(四一)此際：此時間。(四二)借寇兵齎盜糧：謂借盜兵而復給之以糧，則禍必不振矣。(四三)館：客館。(四四)故：故意。(四五)勒兵：率兵。(四六)掩擊：伺其無備而擊之。(四七)京觀：京，高丘，觀謂如闕形。(四八)證：證明。(四九)先事：謂於事未發之前。(五〇)專：擅專。(五一)睦王：睦王述，上弟也。(五二)謨，邈之子：邈，太宗子，大曆八年薨。(五三)自餘：猶其餘。(五四)告第：胡三省曰：「第恐當作策。」(五五)通：猶軸或件。(五六)將作：《舊唐書・職官志》三：「將作監、大匠一員，從三品，掌供邦國修建土木工匠之政令，總四署、三監百工之官屬，以供其職事。」(五七)十月魁罡：胡三省曰：「陰陽家拘忌，有天罡河魁，凡魁罡之月及所繫之地，忌修造。」史炤曰：「魁罡者，北斗魁星之氣，十月在戌為魁罡。」(五八)害人：即害民。(五九)皆無法：皆無定法。(六〇)元王：胡三省曰：「謂元載、王縉。」(六一)按：按治。(六二)流之：流配之。(六三)盜隱官物：謂盜竊隱匿公家之財物。(六四)巨萬：謂萬萬。(六五)發：舉發。(六六)連山：據《新唐書・地理志》七，連山縣屬嶺南道、連州。(六七)朝典：朝廷之典章。(六八)疏斥：疏遠斥退。(六九)登朝：登用於朝廷。(七〇)藉口：謂言語有憑藉也。(七一)南牙：指尚書、中書、門下省所在。(七二)濁亂：謂混亂。(七三)欺罔：欺詐誣罔。(七四)倚仗：倚恃仗賴。(七五)朝集使：各州府所遣之朝會及上計者。(七六)不荅：謂不答拜。㉗儀：禮儀。㉘東序：東墻。㉙供張：謂供設。㉚殤服：《說文》：「未成人而死者為殤。」《儀禮・喪服傳》：「年十九至十六為長殤，十五至十二為中殤，十一至八歲為下殤，不滿八歲以下為無服之殤。」按殤服當指無服之殤而言。㉛費：指供張之費。㉜公主、郡縣主：《唐六典》卷二：「外命婦之制，皇姑封大長公主，皇姊妹封長公主，皇女封公主，皆視正一品；太子之女封郡主，視從一品；王之女封縣主，視正二品。」㉝華髮：白髮。㉞宗女：宗室之女。㉟齎：攜帶。㊱必經心目：謂上必親自經心過目，以示鄭重親切之意。㊲稅戶：納稅之戶。㊳籍兵：兵之著籍者。

二年（西元七八一年）

㈠春，正月，戊辰，成德節度使李寶臣薨，【考異】建中實錄云：「二月丁巳，寶臣卒。」疑奏到之日也，今從德宗實錄。谷況燕南記曰：「忠志末年，惟納妖妄之人，兼陰陽術數諂媚苟且之輩，爭獻圖讖，稱有尊位，詐作朱草靈芝，鑿石上作名字，又於後堂院結壇場，清齋菜食，置金杯玉斝銀盤，云甘露神酒，自至其內，又言天符下降。忠志自謂命符上天，將吏罔有諫者，使行文牒，布告州縣，云靈芝朱草，王者之瑞，輒生壇上，香滿院中，靈石呈祥，天符飛應，甘露如蜜，神酒盈杯，匪我所求，不期自至，各牒管內郡縣，宜令知委，同為喜慶也。既而日為妖妄者，更相矯云，不日，當有天神下降，持金箱玉印而至，然後即大位，為天所授也，四方皆自歸伏，不待征討，海內坐而定矣。忠志大悅，多方金銀羅錦異物賞之。陰陽妖妄者自知虛偽，恐事泄見誅，共言相公宜服甘露靈芝草湯，即天神降速。忠志一任妖者，遂於湯中密著毒藥，既飲畢，便失音，三日而卒。」舊傳亦以為然。按方士妖妄，必為一府所疾，所憑恃者，寶臣一人耳，若酖殺寶臣，身在府中，逃無所之，安能免死乎！計方士雖愚，必不為此，蓋時人見寶臣曾飲其湯，遇疾而死，以為方士所酖，谷況承而書之耳。寶臣欲以軍府傳其子行軍司馬惟岳，以其年少闇弱㊀，豫誅諸將之難制㊁者，深州刺史張獻誠等，至有十餘人同日死者，寶臣召易州刺史張孝忠，孝忠不往，使其弟孝節召之，孝忠使孝節謂寶臣曰：「諸將何罪，連頸㊂受戮，孝忠懼死，不敢往，亦不敢叛，正如公不入朝之意㊃耳。」孝節泣曰：「如此，孝節必死。」孝忠曰：「往則併命㊄，我在此，必不敢殺汝。」遂歸，寶臣亦不之罪也。兵馬使王武俊位卑而有勇，故寶臣特親愛之，以女妻其子士真，士真復厚結其左右，故孝忠、武俊獨全。及薨，孔目官胡震、家僮王它奴勸惟岳匿喪㊅二十餘日，詐為寶臣表，求令惟岳繼襲㊆，上不許，遣給事中、汲㊇人班宏往問㊈寶臣疾，且諭㊉之，惟岳厚賂宏，宏不受，還報，惟岳乃發喪，自為留後，使將佐共奏求旌節⑪，上又不許。

㈡初，寶臣與李正己、田承嗣、梁崇義相結，期以土地傳之子孫，故承嗣之死，寶臣力為之請於朝，使以節⑫授田悅，代宗從之。悅初襲位，事朝廷，禮甚恭，河東節度使馬燧表其⑬必反，請先為備⑭，至是悅屢為惟岳請繼襲，上欲革⑮前弊，不許。或諫曰：「惟岳已據父業，不因(一六)而命之，必為亂。」上曰：「賊本無資(一七)以為亂，皆藉我土地，假我位號(一八)，以聚其眾耳，曏日因其所欲而命之，多矣，而亂日益滋(一九)，是爵命(二〇)不足以已亂，而適足以長亂也。然則，惟岳必為亂，命(二一)與不命等(二二)耳。」竟不許。

(三)悅乃與李正己各遣使詣惟嶽，潛謀勒兵拒命，魏博節度副使田庭玠謂悅曰：「爾藉伯父(二三)遺業(二四)，但謹事朝廷，坐享(二五)富貴，不亦善乎！奈何無故與恒鄆(二六)共為叛臣？爾觀兵興以來，逆亂者誰能保其家(二七)乎！必欲行爾之志，可先殺我，無使我見田氏之族滅也。」因稱病臥家(二八)，悅自往謝之，庭玠閉門不內(二九)，竟以憂卒。

(四)成德判官邵真聞李惟岳之謀，泣諫曰：「先相公(三〇)受國厚恩，大夫衰絰(三一)之中，遽(三二)欲負國(三三)，此甚不可。」勸惟岳執李正己使者送京師，且請討之，曰：「如此，朝廷嘉大夫之忠，則旄節庶幾可得。」惟岳然之，使真草奏(三四)。長史畢華曰：「先公與二道結好二十餘年，奈何一旦棄之！且雖執其使，朝廷未必見信，正己忽來襲(三五)我，孤軍無援，何以待(三六)之！」惟岳又從之。前定州刺史谷從政、惟岳之舅也，有膽略(三七)，頗讀書，王武俊等皆敬憚之，為寶臣所忌(三八)，從政乃稱病杜門(三九)，惟岳亦忌之，不與圖(四〇)事，日夜獨與胡震、王它奴等計議(四一)，多散(四二)金帛，以悅將士(四三)，從政往見惟岳曰：「今海內無事，自上國(四四)來者，皆言天子聰明英武，志欲致(四五)太平，深不欲諸侯子孫專地，爾今首違詔命，天子必遣諸道致討(四六)，將士受賞，皆言為大夫盡死，苟一戰不勝，各惜其生(四七)，誰不離心？大將有權者，乘危伺便(四八)，咸思取爾，以自為功矣。且先相公所殺高班(四九)大將，殆以百數，撓敗(五〇)之際，其子弟欲復仇者，庸(五一)可數乎！又相公與幽州有隙，朱滔兄弟常切齒(五二)於我，今天子必以為將，滔與吾擊柝相聞(五三)，計其聞命疾驅，若虎狼之得獸(五四)也，何以當(五五)之！昔田承嗣從安史父子同反，身經(五六)百戰，凶悍聞於天下，違詔舉兵，自謂無敵，及盧子期就擒，吳希光歸國，承嗣指天(五七)垂泣，身無所措(五八)，賴先相公按兵(五九)不進，且為之祈請，先帝寬仁，赦而不誅，不然，田氏豈有種(六〇)乎！況爾生長富貴，齒髮尚少(六一)，不更(六二)艱危，乃信左右之言，欲效(六三)承嗣所為乎！為爾之計，不若辭謝將佐，使惟誠攝領(六四)軍府，身自(六五)入朝，乞留宿衛(六六)，因言惟誠且留攝事，恩命(六七)決於聖志，上必悅爾忠義，縱無大位，不失榮祿(六八)，永無憂矣。不然，大禍將及，吾亦知爾素疏忌(六九)我，顧以舅甥之情，事急，不得不言耳！」惟岳見其言切(七〇)，益惡之，從政乃復歸，杜門稱病(七一)。惟誠者，惟岳之庶兄也，謙厚(七二)好書(七三)，得眾心，其母妹(七四)為李正己子婦，是日惟岳送惟誠於正己，正己使復姓張，遂仕淄青。惟岳遣王它奴詣從政家，察其起居，從政飲藥而卒，且死，曰：「吾不憚死，哀張氏(七五)今族滅矣。」劉文喜之死也，李正己田悅等皆不自安，劉晏死，正己等益懼，相謂曰：「我輩罪惡，豈得與劉晏比乎！」會(七六)汴州城隘(七七)，廣之，東方人訛言(七八)上欲東封(七九)，故城汴州，正己懼，發兵萬人屯曹州(八〇)，田悅亦完聚(八一)為備，與梁崇義、李惟岳遙相應助(八二)，河南士民，騷然驚駭。

(五)永平舊領汴、宋、滑、亳、陳、穎、泗七州(八三)，丙子，分宋亳穎別為節度使，以宋州刺史劉洽為之，以泗州隸淮南，又以東都留守路嗣恭為懷、鄭、汝、陝四州、河陽三城節度使。旬日，又以永平節度使李勉都統(八四)洽、嗣恭二道，仍割鄭州隸(八五)之，選嘗為將者，為諸州刺史，以備正己等。

(六)初，高力士有養女，嫠(八六)居東京，頗能言宮中事，女官李真一意(八七)其為沈太后，詣使者(八八)，具言其狀(八九)，上聞之，驚喜，時沈氏故老已盡(九〇)，無識太后者，上遣宦官宮人往驗視(九一)之，年狀(九二)頗同，宦官宮人不審識(九三)太后，皆言是，高氏辭稱(九四)實非太后，驗視者益疑之，強迎入上陽宮，上發宮女百餘人，齎乘輿服御物(九五)，就上陽宮供奉，左右誘諭百方(九六)，高氏心動，乃自言是，驗視者走馬(九七)入奏，上大喜。二月，辛卯，上以偶日御殿(九八)，羣臣皆入賀，詔有司草儀(九九)奉迎，高氏弟承悅在長安，恐不言，久獲罪(一〇〇)，遽自言本末，上命力士養孫樊景超往覆(一〇一)視，景超見高氏居內殿，以太后自處(一〇二)，左右侍衞甚嚴，景超謂高氏曰：「姑何自置身於俎上(一〇三)！」左右叱景超使下，景超抗聲(一〇四)曰：「有詔，太后詐偽，左右可下(一〇五)。」左右皆下殿，高氏乃曰：「吾為人所強(一〇六)，非己出也(一〇七)。」以牛車(一八)載還其家。上恐後人不復敢言太后，皆不之罪，曰：「吾寧受百欺(一九)，庶幾得之(二〇)。」自是四方稱得太后者數四(二一)，皆非是，而真太后竟不知所之(二二)。

(七)御史中丞盧杞，奕之子(二三)也，貌醜色如藍，有口辯(二四)，上悅之，丁未，擢為大夫(二五)，領京畿觀察使。郭子儀每見賓客，姬妾不離側(二六)，杞嘗往問疾，子儀悉屏侍妾(二七)，獨隱几(二八)待之。或問其故，子儀曰：「杞貌陋而心險，婦(二九)人輩見之，必笑，它日，杞得志，吾族無類矣(三〇)。」楊炎既殺劉晏，朝野側目(三一)，李正己累表請晏罪，譏斥(三二)朝廷，炎懼，遣腹心分詣諸道，以宣慰為名(三三)，實使之密諭(三四)節度使云：「晏昔朋附(三五)姦邪，請立獨孤后，上自惡而殺之。」上聞而惡之，由是有誅炎之志(三六)，隱而未發(三七)。乙巳，遷炎為中書侍郎，擢盧杞為門下侍郎，並同平章事，不專任炎矣。杞蕞(三八)陋無文學，炎輕之，多託疾(三九)不與會食(四〇)，杞亦恨之，杞陰狡，欲起勢(四一)立威，小(四二)不附者，必欲寘之死地，引太常博士裴延齡為集賢殿直學士(四三)，親任之。

(八)丙午，更汴宋軍曰宣武(三四)。

(九)振武節度使彭令芳苛虐，監軍劉惠光貪婪(三五)，乙卯，軍士共殺之。

(十)發京西防秋兵萬二千人戍關東(三六)，上御望春樓(三七)，宴勞(三八)將士，神策軍士獨不飲，上使詰(三九)之，其將楊惠元對曰：「臣等發奉天，軍帥張巨濟戒(四〇)之曰：『此行大建功名，凱還之日，相與為歡(四一)。』故不敢奉詔。」及行，有司緣道設酒食，獨惠元所部，缾罌不發(四二)，上深歎美，賜書勞之。惠元，平州(四三)人也。

(十一)三月，置溵州於郾城(四四)。

(十二)辛巳，以汾州刺史王翃為振武軍使、鎮北綏銀等州留後。

(十三)遣殿中少監崔漢衡使於吐蕃。

(十四)梁崇義雖與李正己等連結，兵勢寡弱(四五)，禮數(四六)最恭，或勸其入朝，崇義曰：「來公(四七)有大功於國，上元中為閹宦所讒，遷延稽命(四八)，及代宗嗣位，不俟駕(四九)入朝，猶不免族誅。吾歲久釁(五〇)積，何何往也！」淮寧節度使(五一)李希烈屢請討之，崇義懼，益修武備(五二)，流人郭昔告崇義為變，崇義聞之，請罪，上為之杖昔，遠流之，使金部員外郎李舟詣襄州諭旨(五三)，以安之。舟嘗奉使詣劉文喜，為陳(五四)禍福，文喜囚之，會帳下殺文喜以降，諸道跋扈(五五)者聞之，謂舟能覆城(五六)殺將，至襄州，崇義惡之，舟又勸崇義入朝，言頗切直(五七)，崇義益不悅，及遣使宣慰諸道，舟復詣襄州，崇義拒境不內(五八)，上言：「軍中疑懼，請易(五九)以它使。」時兩河諸鎮方猜阻(六〇)，上欲示恩信以安之(六一)。夏，四月，庚寅，加崇義同平章事，妻子悉加封賞，賜以鐵券，遣御史張著齎(六二)手詔(六三)徵之，仍以其裨將(六四)藺杲為鄧州刺史。

(十五)五月，丙寅，以軍興(六五)，增商稅為什一(六六)。

(十六)田悅卒與李正己、李惟岳定計(六七)，連兵(六八)拒命(六九)，遣兵馬兵孟祐將步騎五千助惟岳。薛嵩之死也，田承嗣盜據洺相二州，朝廷獨得邢磁二州及臨洺(七〇)縣，悅欲阻山為境(七一)，曰：「邢磁如兩眼，在吾腹中(七二)，不可不取。」乃遣兵馬使康愔將八千人圍邢州，別將楊朝光將五千人，柵於(七三)邯鄲(七四)西北，以斷昭義(七五)救兵，悅自將兵數萬圍臨洺，【考異】馬燧傳：「悅自將兵三萬圍邢州，次臨洺。」燕南記：「悅自統馬步五千人應接。」今從舊傳。邢州刺史李共㉖、臨洺將張伾堅壁㉗拒守。

㈦貝州刺史邢曹俊，田承嗣舊將也，老而有謀，悅寵信牙官㉘扈崿而疏之，及攻臨洺，召曹俊問計，曹俊曰：「兵法，十圍五攻，尚書以逆犯順，勢更不侔㉙，今頓兵㉚堅城之下，糧竭卒盡㉛，自亡之道也，不若置萬兵於崞口㉜，以遏西師㉝，則河北二十四州㉞，皆為尚書有矣。」諸將惡其異己，共毀㉟之，悅不用其策。

【今註】㈠闒弱：庸闒懦弱。㈡制：控制。㈢連頸：猶連駢。㈣如公不入朝之意：謂慮禍而已，無有他忘。㈤併命：謂併死。㈥匿喪：謂不發喪。㈦繼襲：繼承。㈧汲：今河南省汲縣。㈨問：探問。㈩諭：曉諭。⑪旌節：節度使所擁持者。⑫節：謂旌節。⑬表其：謂上表言其。⑭備：防備。⑮革：革除。⑯因：從。⑰資：資藉。⑱位號：謂官位軍號。⑲滋：滋長。⑳爵命：官爵秩命。㉑命：任命。㉒等：相等。㉓伯父：指田承嗣言。㉔遺業：遺留之基業。㉕坐享：謂安坐而享。㉖恒鄆：成德節度使治恒州，淄青節度使治鄆州。㉗家：家室。㉘臥家：謂臥於家中。㉙內：通納。㉚相公：以為宰相，故尊稱之曰相公。㉛衰絰：皆喪服，此謂居喪。㉜遽：突。㉝負國：違負國家。㉞草奏：謂撰奏疏之草稿。㉟襲：襲擊。㊱待：對待。㊲膽略：膽氣謀略。㊳忌：

忌嫉。㊴杜門：謂塞門而不交賓客。㊵圖：圖謀。㊶計議：計劃商議。㊷多散：多分散。㊸以悅將士：謂以悅將士之心。㊹上國：胡三省曰：「時藩鎮竊據，自比古諸侯，謂京師為上國。」㊺致：獲致。㊻致討：伸討。㊼惜其生：愛惜其生命。㊽伺便：窺伺便利。㊾高班：高列。㊿撓敗：折敗。(51)庸：豈。(52)切齒：深恨貌。(53)擊柝相聞：《左傳》：「魯擊柝聞於邾。」謂接境也。(54)虎狼之得獸：謂必盡全力迅以赴之。(55)當：抵當。(56)經：經歷。(57)指天：猶向天。(58)措：安置。(59)按兵：謂停兵。(60)種：指種族或子孫言。(61)齒髮尚少：謂年齡尚小。(62)更：經歷。(63)效：效法。(64)攝領：謂代管。(65)身自：親自。(66)乞留宿衛：謂乞留京師而宿衛天子。(67)恩命：任命某人是對某人有恩，故曰恩命。(68)榮祿：謂祿位。(69)疏忌：疏遠忌憚。(70)切：直切。(71)稱病：自言患病。(72)謙厚：謙謹厚重。(73)好書：猶好學。(74)母妹：謂同母之妹。(75)張氏：李寶臣本名張忠志，故云張氏。(76)會：適遇。(77)隘：狹隘。(78)訛言：誤言。(79)上欲東封：胡三省曰：「東封非東封泰山之謂，蓋用左傳燭之武說秦伯，既東封鄭，又欲肆其西封之語。」(80)屯曹州：曹州、李正已巡屬，與汴州接壤。(81)完聚：《左傳》注：「完聚者，完城郭，聚人民。」(82)應助：呼應援助。(83)永平舊領汴、宋、滑、亳、陳、穎、泗七州：穎當作潁。胡三省曰：「此平李靈曜後，永平軍所領巡屬也。按代宗大曆七年，賜滑亳軍號永平，十一年平李靈曜，增領宋泗二州，十四年增領汴潁二州，滑亳未賜軍號之前，已領陳州，共七州。」(84)都統：猶總統。(85)隸：隸屬。(86)嫠：無夫為嫠。(87)意：料度。(88)指使者：去年遣使訪求太后。(89)狀：情況。(90)沈氏故老已盡：謂沈家之舊人老輩已無存者。(九一)驗視：按驗視察。(九二)年狀：年齡狀貌。(九三)審識：明確認識。(九四)辭稱：謝辭而言。(九五)乘輿服御物：謂天子所服用之物品。(九六)百方：猶百端。(九七)走馬：馳馬。(九八)上以偶日御殿：胡三省曰：「唐制、天子以隻日受朝賀，今喜於得太后，故以偶日御殿而受賀。」御殿謂登殿。(九九)草儀：草制禮儀。(一〇〇)久獲罪：謂久後將獲罪。(一〇一)覆：通複。(一〇二)自處：自居。(一〇三)置身於俎上：胡三省曰：「謂將以詐偽伏罪，如置身俎上，以俟刀也。」(一〇四)抗聲：高聲。(一〇五)下：猶去。(一〇六)強：強迫。(一〇七)非己出也：謂非出己意。(一〇八)牛車：唐代民間多用牛車，故此亦用之。(一〇九)吾寧受百欺：謂吾寧願受盡所有欺騙。(一一〇)庶幾得之：謂如此，尚可望尋得之。(一一一)數四：謂頗多。(一一二)所之：所往。(一一三)盧杞，奕之子：天寶十四載，安祿山陷洛陽，李憕、盧奕死之。(一一四)口辯：口才辯給。(一一五)擢為大夫：擢為御史大夫。(一一六)不離側：謂不離左右。(一一七)悉屏侍妾：謂悉令侍妾，遠至他處。(一一八)隱几：憑几。(一一九)媍：同婦。(一二〇)吾族無類矣：謂吾族無噍類矣，亦即無生存者之意。(一二一)側目：怒恨之狀。(一二二)譏斥：譏刺斥責。(一二三)為名：為名義。(一二四)諭：告諭。(一二五)朋附：朋黨從附。(一二六)志：謂意。(一二七)發：發作。(一二八)蕞：藐小，音ㄗㄨㄟˋ。(一二九)託疾：謂假託有病。(一三〇)不與會食：唐制、諸宰相日會食於政事堂。(一三一)起勢：謂興建勢力。(一三二)小：稍。(一三三)集賢殿直學士：《舊唐書・職官志》二：「集賢學士，初定制，以五品已上官為學士，六品已下為直學士。」(一三四)更汴宋軍曰宣武：按是時李勉以永平軍節度使鎮汴州，則宣武軍不得屬有汴州。查《舊唐書・德宗紀》作：「以宋亳節度為宣武軍。」是汴宋當改作宋亳。(一三五)貪婪：婪亦貪，音ㄌㄢˊ。(一三六)發京西防秋兵萬二千人戍關東：胡三省曰：「時吐蕃通和，西邊無警，而河南北諸鎮，連兵拒命，關東騷然，故抽京西防秋之兵，以戍關東。」(三七)望春樓：胡三省曰：「望春樓在灞水之西，臨廣運潭。」(三八)宴勞：款宴慰勞。(三九)詰：詰問。(四〇)戒：告誡。(四一)為歡：為歡飲。(四二)缾罌不發：缾同瓶，罌、缶器之大者。缾罌不發，謂不飲酒也。(四三)平州：據《舊唐書・地理志》二，平州屬河北道，隋為北平郡。(四四)置溵州於郾城：據《舊唐書・地理志》一，偃城縣屬河南道、蔡州。(四五)寡弱：單寡薄弱。(四六)禮數：猶禮秩。(四七)來公：來瑱。(四八)稽命：稽，緩，謂未即奉行命令。(四九)不俟駕：不待車之駕，喻速行也。(五〇)舋：同釁。(五一)淮寧節度使：《新唐書・方鎮表》二：「大曆十四年，淮西節度使復治蔡州，是年賜號淮寧軍節度使。」(五二)武備：猶軍備。(五三)諭旨：宣諭天子旨意。(五四)陳：陳說。(五五)跋扈：橫暴。(五六)覆城：謂傾城。(五七)切直：懇切質直。(五八)內：通納。(五九)易：換。(六〇)猜阻：猜疑阻隔。(六一)以安之：謂以安其心。(六二)齎：奉。(六三)手詔：天子親筆詔書。(六四)裨將：偏將。(六五)以軍興：謂以興軍故。(六六)增商稅為什一：楊炎定稅法，商賈三十稅一，今增之。(六七)定計：議定計策。(六八)連兵：連結各鎮之兵。(六九)拒命：拒絕王命。(七〇)臨洺：據《舊唐書・地理志》二，臨洺縣屬河北道、洺州。(七一)阻山為境：謂以關山之險阻，以為邊境。(七二)在吾腹中：謂為吾心腹之患。(七三)柵於：謂為營柵於。(七四)邯鄲：今河北省邯鄲縣。(七五)昭義：《新唐書・方鎮表》三：「大曆元年，相衛六州節度，賜號昭義軍節度，治相州。」(七六)邢州刺史李共：按《舊唐書・田承嗣傳》及〈馬燧傳〉，共皆作洪，當改從之。(七七)堅壁：堅守營壁。(七八)牙官：按〈田承嗣傳〉，牙官作判官，查諸傳有牙將，判官，而無牙官之稱，疑以作判官為是。(七九)侔：等。(八〇)頓兵：停頓兵士。(八一)卒盡：卒謂卒力。㈢嶂口：胡三省曰：「嶂口，當西山之下，直相州之西，音郭。」㈣西師：謂澤潞、河東之師。㈤河北二十四州：胡三省曰：「河北二十四州，即玄宗所謂河朔二十四郡也。自至德改郡為州，安史既平之後，河北又有分置之州，若以開元天寶河北道采訪使所統，大界言之，此時河北不止二十四州，邢曹俊之說，蓋因時俗傳習古語耳。」㈥毀：讒毀。

卷二百二十七　唐紀四十三

起重光作噩六月，盡玄黓閹茂，凡一年有奇。（辛酉至壬戌，西元七八一年至七八二年）

司馬光編集
曲守約註

德宗神武聖文皇帝二

建中二年（西元七八一年）

㈠六月，庚寅，以浙江東西觀察使、蘇州刺史韓滉為潤州刺史㊀、浙江東西節度使，名其軍曰鎮海。

㈡張著至襄陽，梁崇義益懼，陳兵㊁而見之，藺杲得詔㊂不敢發，馳見崇義，請命㊃，崇義對著號泣，竟不受詔，著復命。癸巳，進李希烈爵南平郡王㊄，加漢南漢北兵馬招討使，督諸道兵討之。

【考異】德宗實錄：「五月己巳，加淮寧節度李希烈南平郡王，漢南漢北通知諸道兵馬使，招撫處置使。」希烈傳曰：「山南東道節度使梁崇義拒捍朝命，迫脅使臣，二年六月，詔諸道節度率兵討之，加希烈南平郡王兼漢南北都知諸道兵馬招撫處置使。」今從建中實錄。

㈢楊炎諫曰：「希烈為董秦養子㊅，親任無比，卒逐秦而奪其位，為人狼戾㊆無親，無功猶倔強㊇不法，使平崇義，何以制之？」

上不聽，炎固爭之，上益不平[九]。荊南牙門將[一〇]吳少誠以取梁崇義之策干[一一]李希烈，希烈以少誠為前鋒。少誠，幽州潞人也。時內自關中，西暨[一二]蜀漢，南盡江淮閩越，北至太原，所在出兵，而李正己遣兵扼徐州甬橋渦口[一三]，梁崇義阻兵襄陽[一四]，運路皆絕，人心震恐。江淮進奉船[一五]千餘艘，泊渦口不敢進。上以和州刺史張萬福為濠州刺史，萬福馳至渦口，立馬岸上，發進奉船，淄青將士停岸[一六]睥睨[一七]，不敢動。

㈣辛丑，汾陽忠武王郭子儀薨。子儀為上將，擁彊兵，程元振魚朝恩讒毀[一八]百端，詔書一紙徵之，無不即日就道[一九]，由是讒謗不行。嘗遣使至田承嗣所，承嗣西望拜之，曰：「此膝不屈於人[二〇]，若干[二一]年矣。」李靈曜據汴州作亂，公私物過汴者皆留之，惟子儀物，不敢近[二二]，遣兵衛送[二三]出境。校中書令考凡二十四月，入俸錢二萬緡，私產不在[二四]焉，府軍珍貨山積，家人三千人，八子[二五]七壻，皆為朝廷顯官[二六]，諸孫數十人，每問安，不能盡辯[二七]，頷[二八]之而已。僕固懷恩、李懷光、渾瑊皆出麾下[二九]，雖貴為王公，常頤指(三〇)役使，趨走於前，家人亦以僕隸視之，天下以其身為安危(三一)，殆三十年(三二)，功蓋天下，而主不疑，位極人臣(三三)，而眾不疾(三四)，窮奢極欲，而人不非之，年八十五而終，其將佐(三五)至大官為名臣者甚眾。

(五)壬子，以懷鄭河陽節度副使李芃為河陽、懷州節度使，割東畿五縣(三六)隸焉。

(六)北庭安西自吐蕃陷河隴(三七)，隔絕不通，伊西北庭節度使(三八)李元忠、四鎮留後郭昕帥將士閉境拒守，數遣使奉表，皆不達，聲問(三九)絕者十餘年，至是遣使間道(四〇)歷諸胡，自回紇中來，上嘉之。秋，七月，戊午朔，加元忠北庭大都護，賜爵寧塞郡(四一)王，以昕為安西大都護、四鎮節度使，賜爵武威郡王(四二)，將士皆遷七資(四三)。元忠姓名，朝廷所賜也，本姓曹，名令忠；昕，子儀弟也。

(七)李希烈以久雨不進軍，上怪之，盧杞密言於上曰：「希烈遷延(四四)，以楊炎故也，陛下何愛炎一日之名(四五)，而隳(四六)大功！不若暫免炎相，以悅之，事平復用，無傷(四七)也。」上以為然，庚申，以炎為左僕射，罷政事。【考異】舊傳曰：「初炎之南來，途經襄漢，固勸梁崇義入朝，崇義不能從，已懷反側，尋又使其黨李舟，奉使馳說，崇義因而拒命，遂圖叛逆，皆炎迫而成之。至是，德宗欲假希烈兵勢，以討崇義，炎又固言不可，上不能平。會德宗嘗訪宰相羣臣中可以大任者，盧杞薦張鎰、嚴郢，而炎舉崔昭、趙惠伯，上以炎論議疎闊，遂罷炎相。」建中實錄曰：「炎與盧杞同執大政，杞形神詭陋，夙為人所褻，而炎氣岸高峻，罕防細故，方病，飲食無節，或為糜餐，別食閤中，每登堂會食，辭不能偶，讒者乘之，謂杞曰，楊公鄙公，不欲同食，杞銜之。舊制，中書舍人分署尚書六曹，以平奏報，中廢其職，杞議復之，以疏其煩，炎不可。杞曰，杞不才，幸措足於斯，亦當有運用以答天造，寧常拳杞之手乎！因密啓中書主書有過局者，有詔逐之。炎怒曰，中書，吾局也，政之不修，吾自理之，設不理，當共議，何陰訴而越官邪，因不相平。時淮西節度使李希烈寵任方盛，上欲以之平襄陽，炎以為不可。上曰，卿勿復言，遂以希烈統之。時夏潦方壯，澶漫數百里，故希烈軍久不得發，會炎病請急累日，杞啓免炎相，以悅之。上以為然，使中官朱如玉就第先諭旨，翌日遷左僕射，謁謝之日，恩旨甚渥，杞大懼。」按沈既濟為炎所引，故建中實錄言炎罷相，與德宗實錄頗異，今取其可信者書之。然舊傳云：「梁崇義之反，炎迫而成之。」亦近誣也。以前永平節度使張鎰為中書侍郎同平章事。鎰，齊丘之子㊽也。以朔方節度使崔寧為右僕射。

(八)丙子，贈故伊州刺史袁光庭工部尚書，光庭天寶末為伊州㊾刺史，吐蕃陷河隴，光庭堅守累年，吐蕃百方㊿誘之，不下(五一)，糧竭兵盡，城且陷，光庭先殺妻子，然後自焚，郭昕使至，朝廷始知之，故贈官(五二)。

(九)辛巳，以邠寧節度使李懷光兼朔方節度使。

(十)癸未，河東節度使馬燧、昭義節度使李抱真、神策先鋒都知兵馬使李晟，大破田悅於臨洺。時悅攻臨洺，累月不拔，城中食且盡，府庫竭，士卒多死傷，張伾飾其愛女，使出拜將士曰：「諸君守戰(五三)甚苦，伾家無它物，請鬻(五四)此女為將士一日之費。」眾皆哭曰：「願盡死力(五五)，不敢言賞。」李抱真告急於朝，詔馬燧將步騎二萬，與抱真討悅，又遣李晟將神策兵與之俱，又詔幽州留後朱滔討惟岳，燧等軍未出險(五六)，先遣使持書諭悅，為好語，悅謂燧畏之，不設備，燧與抱真合兵八萬，東下壺關，【考異】舊田晟傳曰：「七月三日，師自壺關東下，收賊盧家砦。」燧傳云：「十一月，師次邯鄲。」恐誤，今從悅傳、燕南記。軍於邯鄲，擊悅支軍(五七)，破之，悅方急攻臨洺，分李惟岳兵五千助楊朝光，明日燧等進攻朝光柵，悅將萬餘人救之，燧命大將李自良等禦之於雙岡(五八)，令之曰：「悅得過(五九)，必斬爾。」自良等力戰，悅軍卻，燧推火車(六〇)焚朝光柵，斬朝光，獲首虜五千餘級。居五日，燧等進軍至臨洺，悅悉眾力戰，凡百餘合(六一)，悅兵大敗，斬首萬餘級，【考異】舊李晟傳：「戰於臨洺，諸軍皆卻，晟引兵度洺水，乘水而濟(六二)橫擊悅軍，王師復振，擊悅大破之。」據此，則是臨洺戰在冬也，與馬燧傳：「十一月，師次邯鄲相應。」實錄：「十二月庚寅，馬燧加左僕射。」又云：「先是，悅遣將康愔領兵圍邢州，楊朝光圍臨洺，燧與抱真及神策將李晟合勢救之，大敗賊於雙岡，斬楊朝光，擒其大將盧子昌，乘勝進軍，又破悅於臨洺，故燧等加官。」按實錄，此戰無月日，但於馬燧加官時言之，今據燧傳，先敗悅於雙岡，斬楊朝光，居五日，乃進至臨洺，即實錄此月癸未，眾軍破悅於臨洺也。實錄在此年冬，與此相違，燕南記亦云：「七月；燧與抱真兵八萬，自潞府東下壺關，先收邯鄲盧家砦，朝光戰死臨洺城，又大破悅，悅退走，在李正己死前。」與實錄此月相應。臨洺之戰疑諸軍已集，燧等若未至，張伾必不能獨破悅軍，新本紀：「十一月丁丑，馬燧及田悅戰於雙岡，敗之。」不知此日何出，亦與諸書相違，今止從七月。悅引兵夜遁，邢州圍亦解。

(十一)時平盧節度使李正己已薨，子納祕(六三)之，擅領(六四)軍務，悅求救於納及李惟岳，納遣大將衛俊將兵萬人，惟岳遣兵三千人救之，悅收合散卒得二萬餘人，軍於洹水(六五)，淄青(六六)軍其東，成德軍其西，首尾相應，馬燧帥諸軍，進屯鄴(六七)，奏求河陽兵自助(六八)，詔河陽節度使李艽將兵會之。

(十二)八月，李納始發喪，奏請襲父位，上不許。

(十三)梁崇義發兵攻江陵，至四望(六九)，大敗而歸，乃收兵襄鄧(七〇)。李希烈引軍循(七一)漢而上，與諸道兵會，崇義遣其將翟暉、杜少誠逆戰於蠻水，希烈大破之，追至疎口(七二)，又破之，二將請降，希烈使將其眾先入襄陽，慰諭(七三)軍民，崇義閉城拒守，守者開門爭出，不可禁(七四)，崇義與妻赴井死，傳首京師。

(十四)范陽節度使朱滔將討李惟岳，軍於莫州，張孝忠將精兵八千守易州，滔遣判官蔡雄說孝忠曰：「惟岳乳臭兒(七五)，敢拒朝命，今昭義河東軍已破田悅，淮寧李僕射(七六)克襄陽，計(七七)河南諸軍，朝夕北向，恒魏之亡，可佇立㈦而須㈨也。使君誠能首舉㈧易州，以歸朝廷，則破惟岳之功，自使君㈠始，此轉禍為福之策也。」孝忠然之㈡，遣牙官程華詣滔，遣錄事參軍㈢董稹奉表詣闕，滔又上表薦之，上悅。九月，辛酉，以孝忠為成德節度使；命惟岳護喪歸朝，惟岳不從，孝忠德滔㈣，為子茂和娶滔女，深相結㈤。

㈤壬戌，加李希烈同平章事。

㈥初李希烈請討梁崇義，上對朝士，亟㈥稱其忠，黜陟使李承自淮西還，言於上曰：「希烈必立微功，但恐有功之後，偃蹇㈦不臣，更煩㈧朝廷用兵耳。」上不以為然。希烈既得襄陽，遂據之為己有，上乃思承言，時承為河中尹，甲子，以承為山南東道節度使。上欲以禁兵送上㈨，承請單騎赴鎮，至襄陽㈩，希烈寘之外館㈠，迫脅萬方㈡，承誓死不屈，希烈乃大掠闔境㈢所有而去，承治之朞年㈣，軍府稍完㈤。希烈留牙將於襄州，守其所掠財，由是數有使者往來，承亦遣其腹心臧叔雅往來許蔡㈥，厚結希烈腹心周曾等，與之陰圖希烈。

(十七)初，蕭嵩家廟臨曲江，玄宗以娛遊之地，非神靈所宅〔九七〕，命徙〔九八〕之。楊炎為相，惡京兆尹嚴郢，左遷大理卿，盧杞欲陷炎，引郢為御使大夫。先是炎將營家廟，有宅在東都，憑〔九九〕河南尹趙惠伯賣之，惠伯買以為官廨〔一〇〇〕，郢按之，以為有羨利〔一〇一〕，杞召大理正〔一〇二〕田晉議法，晉以為律：「監臨〔一〇三〕官市，買有羨利〔一〇四〕，以乞取論〔一〇五〕，當奪官〔一〇六〕。」杞怒，貶晉衡州〔一〇七〕司馬；更召它吏議法〔一〇八〕，以為：「監主〔一〇九〕自盜，罪當絞。」炎廟正直〔一一〇〕蕭嵩廟〔一一一〕地，杞因譖炎云：「茲〔一一二〕地有王氣〔一一三〕，故玄宗令嵩徙之，炎有異志，故於其地建廟。」冬，十月，乙未，炎自左僕射貶崖州〔一一四〕司馬，未至崖州百里，縊殺之，惠伯自河中尹貶費州多田〔一一五〕尉，尋亦殺之。

(十八)辛巳，冊太子妃蕭氏。

(十九)癸卯，祫太廟。先是，太祖既正東向之位，獻懿二祖皆藏西夾室，不饗，至是，復奉獻祖東嚮而饗之〔一一六〕。

(廿)徐州刺史李洧，正己之從父兄〔一一七〕也。李納寇宋州，彭城〔一一八〕令、太原白季庚說洧舉州〔一一九〕歸國，洧從之，遣攝巡官崔程奉表詣闕，且使口奏㉚，幷白㉛宰相，以：「徐州不能獨抗納，乞領徐海沂三州觀察使，況海沂二州今皆為納有，洧與刺史王涉、馬萬通素㉜有約㉝，【考異】此據舊傳也。實錄：「萬通以密州降，」蓋自沂移密。苟得朝廷詔書，必能成功。」程自外來㉞，以為宰相一也㉟，先白張鎰，鎰以告盧杞，杞怒其不先白己，不從其請，戊申，加洧御史大夫，充㊱招諭使。

（廿）十一月，戊午，以永樂公主適檢校比部郎中田華，上不欲違先志故也㊲。

（廿一）蜀王傀更名遂㊳。

（廿二）辛酉，宣武節度使劉洽、神策都知兵馬使曲環、滑州刺史襄平李澄㊴、朔方大將唐朝臣，大破淄青魏博之兵於徐州。先是、李納遣其將王溫會魏博將信都崇慶，共攻徐州，李洧遣牙官、溫㊵人王智興詣闕告急，智興善走，不五日而至㊶，上為之發朔方兵五千人，以朝臣將之，與洽、環、澄共救之，時朔方軍資裝㊷不至，旗服弊惡㊸，宣武人嗤㊹之曰：「乞子㊺，能破賊乎！」朝臣以其言激怒士卒，且曰：「都統㊻有令，先破賊營者，營中物悉與之。」

士皆憤怒爭奮㊲，崇慶、溫攻彭城二旬，不能下，請益兵於納，納遣其將石隱金將萬人助之，【考異】實錄前作隱金，後作隱全，今從其前。與劉洽等相拒於七里溝，日向暮㊳，洽引軍稍却，朔方馬軍使楊朝晟言於唐朝臣曰：「公以步兵負山㊴而陳，以待兩軍，我以騎兵伏於山曲，賊見懸軍㊵勢孤，必搏㊶之，我以伏兵絕其腰，必敗之。」朝臣從之，崇慶等果將騎二千踰橋㊷而西，追擊官軍，伏兵發，橫擊㊸之，崇慶等兵中斷，狼狽而返，阻橋㊹以拒官軍，其兵有爭橋不得，涉水而度者，朝晟指之曰：「彼可涉，吾何為不涉㊺！」遂涉水，擊據橋者皆走，崇慶等兵大潰㊻，洽等乘之，斬首八千級，溺死過半。朔方軍盡得其輜重，旗服鮮華㊼，乃謂宣武人曰：「乞子之功，孰㊽與宋㊾多？」宣武人皆慙。官軍乘勝逐北，至徐州城下，魏博淄青軍解圍走，江淮漕運始通㊿。

(七四)己丑，詔削(五一)李惟岳官爵，募(五二)所部降者，赦而賞之。

(七五)甲申，淮南節度使陳少遊遣兵擊海州，其刺史王涉以州降。

(七六)十二月，李納密州(五三)刺史馬萬通乞降，丁酉，以為密州刺史。

(七七)崔漢衡至吐蕃，贊普以勅書稱貢獻及賜㊹，全以臣禮見處㊺，又雲州之西，當以賀蘭山為境㊻，邀漢衡更請㊼之，丁未，漢衡遣判官與吐蕃使者入奏，上為之改勅書㊽，境土皆如其請。

(七八)加馬燧魏博招討使。

【今註】㈠以蘇州刺史韓滉為潤州刺史：據《舊唐書・地理志》三，蘇州治吳縣，潤州治丹徒。㈡陳兵：陳列兵士。㈢藺杲得詔：得除鄧州之詔。㈣請命：請免其死。㈤南平郡王：《新唐書・地理志》六：「劍南道、渝州、南平郡，本巴郡，天寶元年更名。」㈥希烈為董秦養子：據《舊唐書・李忠臣傳》，董秦後賜姓名為李忠臣。㈦狼戾：胡三省曰：「狼當作狠。」㈧倔強：梗戾貌。㈨不平：猶不滿。㈩牙門將：亦簡稱曰牙將。⑪干：干謁。⑫暨：至。⑬徐州甬橋渦口：胡三省曰：「甬橋在徐州南界汴水上，後置宿州於此；渦口，渦水入淮之口。」渦音ㄍㄨㄛ。⑭阻兵襄陽：猶占據襄陽。⑮進奉船：上供之船。⑯停岸：停立岸上。⑰睥睨：斜視，音ㄆㄧˋ ㄋㄧˋ。⑱讒毀：猶讒謗。⑲就道：上道。⑳此膝不屈於人：即不跪拜人。㉑若干：猶許多。㉒不敢近：謂靠近且不敢，至扣留之念，自不敢萌存矣。㉓衞送：猶護送。㉔不在：謂不在其內。㉕八子：為曜、晞、旰、晤、曖、曙、映。㉖顯官：顯要之官。㉗辯：通辨，別也。㉘頷：點頭。㉙麾下：旗下，亦即部下。㉚頤指：以頤之筋肉伸縮而作指示。㉛天下以其身為安危：猶以身繫天下之安危。

㉜殆三十年：胡三省曰：「殆，近也、將也，郭子儀奮自朔方，是年肅宗至德元載也，至建中二年而薨，凡二十六年，故云殆三十年。」㉝位極人臣：謂極人臣之官位。㉞疾：嫉妬。㉟將佐：裨將僚佐。㊱東畿五縣：東畿、東都畿也，五縣為：河陽、河清、濟源、溫、王屋。㊲自吐蕃陷河隴：陷河隴見卷二百二十三代宗廣德元年。㊳伊西北庭節度使：據《新唐書・方鎮表》四，北庭伊西節度使治北庭都護府。㊴聲問：猶音信。㊵間道：小道。㊶寧塞郡：《舊唐書・地理志》三：「隴右道、廓州，天寶元年改為寧塞郡，乾元元年復為廓州。」㊷武威郡王：同志三：「隴右道、涼州，天寶元年，改為武威郡，乾元元年，復為涼州。」㊸七資：七階。㊹遷延：徘徊遲延。㊺何愛炎一日之名：謂何必令炎多一日之名。㊻墮：讀曰隳。㊼無傷：無妨害。㊽鎰、齊丘之子：張齊丘、玄宗時為朔方節度使。㊾伊州：《舊唐書・地理志》三：「隴右道伊州，在京師西北四千四百一十六里，治伊吾，在燉煌之北，大磧之外。」㊿百方：猶百端。(51)不下：不降。(52)贈故伊州刺史袁光庭……故贈官：按此段乃錄自《舊唐書・忠義袁光庭傳》，字句大致相同。(53)守戰：拒守戰爭。(54)鬻：賣。(55)死力：猶死命。(56)未出險：謂未出壺關險要之地。(57)支軍：別軍。(58)雙岡：胡三省曰：「雙崗在邯鄲西北，臨洺之西，亦名盧家疃。」(59)得過：得通過。(60)火車：謂車上置薪而以火點燃之。(61)合：交鋒。(62)考異曰：「舊李晟傳……『晟引兵度洺水，乘水而濟』」：按《舊唐書》，乘水之水，當改作冰。(63)祕：匿。(64)擅領：謂未奉王命而專領之。(65)洹水：據《新唐書・地理志》三，洹水縣屬河北道、魏州，以洹水而得名，音袁。(66)淄青：即平盧軍。(67)鄴：故城在今

河南省臨漳縣西。(六八)自助：謂以助己。又自係語助，與相同類，自助猶相助也。(六九)四望：胡三省曰：「今隨州、隨縣之東有四望山，其山最高，四望皆可見。」(七〇)收兵襄鄧：謂收合兵卒而屯守襄鄧。(七一)循：沿。(七二)逆戰於蠻水，追至疎口：《水經》：「漢水自襄陽東流，又屈而西南流，又東南流，逕黎丘故城西，又南與疎水合。疎水出中廬縣西南，東流，至邔縣北界，東入漢水，謂之疎口。漢水又南過宜城東，夷水出自縣，東流注之，桓溫以其父名彝，改曰蠻水。」(七三)慰諭：安慰告諭。(七四)禁：禁止。(七五)乳臭兒：謂乳臭未乾之小兒，極喻其幼稚也。(七六)淮寧李僕射：淮寧，軍名，李僕射謂李希烈。(七七)計：計算。(七八)佇立：停立。(七九)須：待。(八〇)首舉：謂首先以。(八一)使君：漢稱州牧刺史曰使君。(八二)然之：以為是。(八三)錄事參軍：《舊唐書・職官志》三：「上州刺史屬錄事參軍事一人，從七品上，中州、正八品上，下州、從八品上。錄事參軍掌勾稽省署抄目，監符印。」(八四)德滔：謂感滔之恩德。(八五)相結：相交結。(八六)亟：屢。(八七)偃蹇：驕傲。(八八)煩：煩勞。(八九)送上：謂送之上任，此為唐代常用之語。(九〇)襄陽：據《新唐書・方鎮表》四，山南東道節度使治襄州。(九一)外館：指驛館言。(九二)萬方：猶萬端，此與百方之意相同，萬百皆係多意。(九三)闔境：全境，此謂襄陽之全境。(九四)朞年：滿一年。(九五)稍完：稍得完備。(九六)往來許蔡：胡三省曰：「李希烈既自襄陽還蔡州，尋徙鎮許州，故李承陰遣人至許蔡，結其諸將以圖之。」(九七)非神靈所宅：謂非祖先神位所處之地。(九八)徙：移徙。(九九)憑：憑託。(一〇〇)官廨：官家之署廨。(一〇一)羨利：謂有多餘之利益，亦即獲利甚厚之意。(一〇二)大理正：《舊唐書・職官志》三：「大理寺、正二人，從五品下，掌參議刑辟，詳正科條之事。」(一〇三)監臨：猶監知。㉔買有羨利：按《舊唐書・楊炎傳》，買作賈，謂買賣也，當改從之。㉕以乞取論：謂其所獲之羨利，以乞取之科論罪。㉖奪官：猶免官。㉗衡州：《舊唐書・地理志》三，江南西道衡州，在京師東南三千四百三里。㉘議法：猶評罪。㉙監主：監守之主持人。㉚正直：正對。㉛蕭嵩廟：即蕭嵩家廟之省。㉜茲：此。㉝有王氣：有王者之氣象。㉞崖州：《舊唐書・地理志》四：「嶺南道、崖州，至京師七千四百六十里。」㉟費州、多田：同志三：「江南西道、費州、多田縣，武德四年，務州刺史奏置，以土地稍平，墾田盈畛，故以多田為名。費州在京師南四千七百里。」

㊱祫太廟，先是，太祖既正東向之位，獻懿二祖皆藏西夾室，不饗，至是，復奉獻祖東嚮而饗之：胡三省曰：「獻祖宣皇帝熙，太祖之祖也；懿祖光皇帝天賜，太祖之父也；太祖景皇帝虎，始封於唐者也。唐初饗四廟，宣光二帝、太祖、世祖也。貞觀九年，祔高祖於太廟，朱子奢請準禮立七廟，三昭三穆，各置神主，太祖依晉宋已來故事，虛其位，待遞遷方處之東向位，於是始祔弘農府君重耳及高祖為六室，虛太祖之位，而行禘祫。至二十三年，太宗祔廟，遷弘農府君，乃藏於西夾室。文明元年，高宗祔廟，始遷宣皇帝于西夾室。至開元十年，玄宗特立九廟，於是追尊宣皇帝為獻祖，復列於正室，光皇為懿祖，以備九室，禘祫猶虛太祖之位，祝文於三祖不稱臣，明全廟數而已。至德二載，剋復後，新作九室神主，遂不作弘農府君神主，明禘祫不及故也。至寶應二年，祔玄宗肅宗於廟，遷獻懿二祖於西夾室，始以太祖當東向位，至是年將祫饗，禮儀使顏真卿奏，合出獻懿二祖行事，其在位次第，於東向之位，請準東晉蔡謨議為定，遂以獻祖當東向，懿祖於昭位南向，太祖於穆位北向，

左昭右穆，陳列行事。」㉗從父兄：亦簡稱為從兄。㉘彭城：今江蘇省銅山縣。㉙舉州：謂將所管之州。㉚口奏：謂口頭奏陳。㉛白：告。㉜素：舊。㉝約：要約。㉞自外來：謂自外方來。㉟以為宰相一也：謂以為宰相之地位及所職掌者，皆盡相同。㊱充：猶為。㊲以永樂公主適檢校比部郎中田華，上不欲違先志故也：永樂公主許降田華，見卷二百二十五代宗大曆九年。適，出嫁。檢校，攝代。㊳蜀王傀更名遂：按新、舊《唐書・代宗諸子傳》，皆作：「蜀王遡本名遂，建中二年改今名。」當改從之。㊴襄平李澄：胡三省曰：「按新書李澄傳：『澄，遼東襄平人。』唐自高宗世，遼東之地已棄而不有，李澄時以本貫在遼東襄平耳。」㊵溫：今河南省溫縣。㊶智興善走，不五日而至：《舊唐書・地理志》一：「徐州在京師東二千六百里。」㊷資裝：資物裝備。㊸弊惡：弊陋惡劣。㊹嗤：嗤笑。音ㄔ。㊺乞子：乞兒，今稱叫化子。㊻都統：謂李勉。㊼爭奮：謂爭先奮勇。㊽向暮：近暮。㊾負山：背山。㊿懸軍：懸絕之軍。(51)搏：搏擊。(52)踰橋：乃踰七里溝之橋。(53)橫擊：亦即攔腰擊之。(54)阻橋：猶據橋。(55)吾何為不涉：全文為吾何為不可涉。(56)潰：潰敗。(57)鮮華：鮮明華麗。(58)孰：誰。(59)宋：指宣武。(60)始通：方通。(61)削：削除。(62)募：召募。(63)密州：《新唐書・地理志》二：「河南道、密州，高密郡，治諸城。」(64)勅書稱貢獻及賜：《舊唐書・吐蕃傳》下：「贊普先命取國信勅，既而使謂漢衡曰：『來勅云，所貢獻物並領訖，今賜外甥少信物，至領取。』」此即稱貢獻及賜之原文實例也。(65)見處：相處。(66)雲州之西，當以賀蘭山為境：胡三省曰：「五代志、靈武弘靜縣有賀蘭山，弘靜縣唐改為保靜，雲州當作靈州，史誤也。」

㉗更請：再請。㉘上為之改勑書：《舊唐書．吐蕃傳》：「為改勑書、以貢獻為進，以賜為寄，以領取為領之。」

三年（西元七八二年）

㈠春，正月，河陽節度使李艽㈠引兵逼衞州，田悅守將任履虛詐降，既而復叛。

㈡馬燧等諸軍屯於漳濱，田悅遣其將王光進築月城，以守長橋㈡，諸軍不得度，燧以鐵鎖連車數百，實以土囊㈢，塞其下流㈣，水淺，諸軍涉度㈤。時軍中乏糧，悅等深壁㈥不戰，燧命諸軍持十日糧，進屯倉口，與悅夾洹水㈦而軍。李抱真李艽問曰：「糧少而深入，何也？」燧曰：「糧少則利速戰。今三鎮㈧連兵不戰，欲以老㈨我師，我若分軍擊其左右，悅必救之，則我腹背㈩受敵，戰必⑪不利，故進軍逼悅，所謂攻其所必救也。彼苟出戰，必為諸君破之。」乃為三橋，逾⑫洹水，日往挑戰，悅不出，燧令諸軍夜半起食，潛師⑬循洹水直趨魏州，令曰：「賊至則止為陳，留百騎擊鼓鳴角㉔，於營中仍抱薪持火，俟諸軍畢㉕發，則止鼓角㉖，匿其旁，俟悅軍畢度，焚其橋。」軍行十里所㉗，悅聞之，帥淄、青、成德步騎四萬，踰橋掩其後，乘風縱火，鼓譟㉘而進，燧按兵不動，先除其前草莽百步為戰場，結陳㉙以待之，募勇士五千餘人為前列㉚，悅軍至，火止氣衰㉛，燧縱兵擊之，悅軍大敗；神策、昭義、河陽軍小却，見河東軍捷，還鬬又破之，追奔至三橋㉜，已焚，悅軍亂，赴水溺死，不可勝紀，斬首二萬餘級，捕虜㉝三千餘人，尸相枕藉㉞三十餘里。【考異】實錄：「閏月庚戌，馬燧等破田悅於洹水。」按舊馬燧傳：「洹水之戰，李惟岳救兵與田悅兵猶連營相拒。」又燕南記：「惟岳見悅在圍，故謀歸順。」然則洹水戰，在惟岳死前，實錄誤也。燕南記又曰：「燧與抱真雖頻破悅，聞李納助軍到，乃駐軍候勢，畫必取之計，去悅軍三十里，下營，夜坐帳中，使心手人潛領悅兵，及小將等五十餘人立帳外，燧因矯與兵馬衙官已下高語曰，昨日所以頻破田悅兵馬者，蓋偶然之事，本亦不料有此勝也。看悅兵雖敗，其將健皆能死戰，亦天下之強敵矣，今更得李納兵助，其勢不小，我雖頻利，利則有鈍，他日田悅更戰，大將必須審看便宜，如悅直進，不可當鋒耳。悅帳外兵將，往往共聞燧語，良久曰，昨日陣上，獲得田悅將健所由領過，既至，燧大罵曰，田悅小賊，菽麥未分，敢肆猖狂，妄動兵馬，你有何所解，與我相敵，汝皆不自由，被驅入陣，又何過也！今矜汝，放去。兵等大歡叫，拜謝而去。具燧前後言見悅，悅召大將，喜而謂曰，馬燧放言懼我，對人罵我，此可知矣。吾再戰必捷也。又恃李納助軍新到，乃引兵出洹水，又陳，燧先伏兵要處，佯不勝引退，悅使兵盡出逐燧，燧引至伏兵處，伏兵齊發，橫截悅軍兩段，與抱真縱兵擊之，大破悅軍三萬餘人。」今從馬燧傳。悅收餘兵千餘人，走㉟魏州，馬燧與李抱真不協㊱，頓兵㊲平邑浮圖㊳，悅夜至南郭㊴，大將李長春閉關㊵不內㊶，以俟官軍，久之天且明，長春乃開門內之，悅殺長春，嬰城㉜拒守，城中士卒不滿數千，死者親戚號哭滿街，悅憂懼，乃持佩刀乘馬立府門外㉝，悉集軍民，流涕言曰：「悅不肖，蒙淄青成德二丈人㉞保薦，嗣守伯父㉟業，今二丈人即世㊱，其子不得承襲，悅不敢忘二丈人大恩，不量其力，輒㊲拒朝命，喪敗至此，使士大夫肝腦塗地㊳，皆悅之罪也。悅有老母，不能自殺，願諸公以此刀斷悅首，持出城，降馬僕射㊴，自取富貴，無為與悅俱死也。」因從馬上自投㊵地，將士爭前抱持悅曰：「尚書舉兵徇義㊶，非私己㊷也，一勝一負，兵家之常，某輩㊸累世受恩，何忍聞此㊹！願奉尚書一戰㊺，不勝，則以死繼之㊻。」悅曰：「諸公不以悅喪敗而棄之，悅雖死，敢忘厚意於地下㊼！」乃與諸將各斷髮，約為兄弟，誓同生死㊽，悉出府庫所有，及斂㊾富民之財，得百餘萬，以賞士卒，眾心始定。復召貝州刺史邢曹俊，使之整部伍㊿，繕(51)守備，軍勢復振。

㈢李納軍於濮陽，為河南軍所逼，奔還濮州，【考異】時濮州治鄄城，別有濮陽縣。按九域志，濮陽縣東至濮州九十里。徵援兵於魏州，田悅遣軍使符璘將三百騎送之，璘父令奇謂璘曰：「吾老矣，歷觀安史輩叛亂者，今皆安在，田氏能久乎？汝因此棄逆從順，是汝揚父名於後世也。」齧(52)臂而別，璘遂與其副李瑤，帥眾降於馬燧，悅收族(53)其家，令奇慢罵而死。瑤父再春，以博州降，悅從兄昂以洺州降，王光進以長橋降，悅入城旬餘日，馬燧等諸軍始至城下，攻之不克。

(四)丙寅，李惟岳遣兵與孟祐守束鹿(54)，朱滔、張孝忠攻拔之，進圍深州，惟岳憂懼，掌書記邵真復說惟岳，密為表，先遣弟惟簡入朝，然後誅諸將之不從命(55)者，身自(56)入朝，使妻父冀州刺史鄭詵權知(57)節度事，以待朝命。惟簡既行，孟祐知其謀，密遣告田悅，悅大怒，使衙官扈岌往見惟岳，讓(58)之曰：「尚書舉兵，正為大夫求旌節(59)耳，非為己也，今大夫乃信邵真之言，遣弟奉表，悉以反逆之罪歸尚書，自求雪(60)身，尚書何負於大夫，而至此邪(61)！若相為(62)斬邵真，則相待如初，不然，當與大夫絕(63)矣。」判官畢華言於惟岳曰：「田尚書以大夫之故，陷身重圍，大夫一旦負(64)之，不義甚矣。且魏博淄青兵彊食富(65)，足抗天下(66)，事未可知，奈何遽(六七)為二三(六八)之計乎！」惟岳素怯，不能守(六九)前計，乃引邵真對扆岌斬之，發成德兵萬人，與孟祐俱圍束鹿，丙寅，朱滔張孝忠與戰於束鹿城下，惟岳大敗，燒營而遁。【考異】實錄及舊惟岳傳，止言惟岳一敗。按滔傳曰：「滔與孝忠征之，大破惟岳於束鹿，滔命偏師守束鹿，進圍深州，惟岳乃統萬餘眾，及田悅援兵圍束鹿，惟岳將王武俊，以騎三千，方陳橫進，滔續帛為狻猊象，使猛士百人蒙之，鼓譟奮馳。賊馬驚亂，隨擊大破之，惟岳焚營而遁。」據此，則是惟岳再敗也。燕南記，孟祐先敗，惟岳又敗，與滔傳相應，今從之。

(五)兵馬使王武俊為左右所構(七〇)，惟岳疑之，惜(七一)其才，未忍除(七二)也，束鹿之戰，使武俊為前鋒，私自謀曰：「我破朱滔，則惟岳軍勢大振，歸殺我必矣。」故戰不甚力(七三)而敗。

(六)朱滔欲乘勝攻恒州，張孝忠引軍西北，軍於義豐(七四)，滔大驚，孝忠將佐皆怪之，孝忠曰：「恒州宿將(七五)尚多，未易可輕(七六)，迫(七七)之，則幷力(七八)死鬭(七九)，緩之，則自相圖(八〇)，諸君第(八一)觀之，吾軍義豐，坐待惟岳之殄滅(八二)耳。且朱司徒言大而識淺，可與共始，難與共終也。」於是滔亦屯束鹿，不敢進。

(七)惟岳將康日知以趙州歸國，惟岳益疑王武俊，武俊甚懼。或謂惟岳曰：「先相公(八三)委腹心(八四)於武俊，使之輔佐大夫，又有骨肉之親（八五），武俊勇冠（八六）三軍，今危難之際（八七），復加猜阻（八八），若無武俊，欲使誰為大夫却（八九）敵乎？」惟岳以為然，乃使步軍使衛常寧與武俊共擊趙州，又使王士真將兵宿（九〇）府中，以自衛。

(八)癸未，蜀王遂更名遡。

(九)淮南節度使陳少遊拔（九一）海密二州，李納復攻陷之。

(十)王武俊既出恒州，謂衛常寧曰：「武俊今幸出（九二）虎口，不復歸矣，當北歸張尚書（九三）。」常寧曰：「大夫闇弱，信任左右，觀其勢（九四）終為朱滔所滅，今天子有詔，得大夫首者以其官爵與之，中丞（九五）素（九六）為眾所服，與其出亡（九七），曷若（九八）倒戈以取大夫，轉禍為福，特反掌（九九）耳，事苟不捷，歸張尚書未晚也。」武俊深以為然，會惟岳使要藉（一〇〇）謝遵至趙州城下，武俊引遵同謀取惟岳，遵還密告王士真。閏月，甲辰，武俊常寧自趙州引兵還襲惟岳，遵與士真矯（一〇一）惟岳命，啓城門內之，黎明，武俊帥數百騎突入府門（一〇二），士真應之於內，殺十餘人，武俊令曰：「大夫叛逆，將士歸順，敢違拒者族（一〇三）。」眾莫敢動，遂執惟岳，收鄭詵、畢華、王它奴等，皆殺之。武俊以惟岳舊使㉔之子，欲生送之長安，常寧曰：「彼見天子，將復以叛逆之罪，歸咎㉕於中丞。」乃縊殺之，傳首京師。深州刺史楊榮國，惟岳姊夫也，降於朱滔，滔使復其位。

(十)復榷天下酒㉖，惟西京㉗不榷。

(十一)二月，戊午，李惟岳所署㉘定州刺史楊政義降，時河北略定，惟魏州未下，河南諸軍攻李納於濮州，納勢日蹙㉙，朝廷謂天下不日可平，甲子，以張孝忠為易、定、滄三州節度使，王武俊為恒、冀都團練觀察使，康日知為深、趙都團練觀察使，以德棣二州隸朱滔，令還鎮，滔固請深州，不許，由是怨望㉚，留屯深州。

(十二)王武俊素輕張孝忠，自以手誅李惟岳，功在康日知上，而孝忠為節度使，已與康日知俱為都團練使，又失趙定二州，亦不悅；又詔以糧三千石給朱滔，馬五百匹給馬燧，武俊以為朝廷不欲使故人㉛為節度使，魏博既下，必取恒冀，故分其糧馬以弱之，疑㉜未肯奉詔。田悅聞之，遣判官王侑、許士則間道至深州，說朱滔曰：「司徒奉詔討李惟岳，旬朔㉝之間，拔束鹿，下深州，惟岳勢蹶⑭，故王大夫因司徒勝勢，得以梟惟岳之首，此皆司徒之功也。又天子明⑮下詔書，令司徒得惟岳城邑，皆隸本鎮，今乃割深州以與日知，是自棄其信⑯也。且今上志欲掃清河朔⑰，不使藩鎮承襲⑱，將悉以文臣代武臣，魏亡則燕趙為之次⑲矣。若魏存，則燕趙無患。然則，司徒果有意矜⑳魏博之危而救之，非徒㉑得存亡繼絕㉒之義，亦子孫萬世之利也。」又許以貝州賂滔，滔素有異志，聞之大喜，即遣王侑歸報魏州，使將士知有外援，各自堅㉓，又遣判官王郅【考異】舊傳，王郅作王郅，今從燕南記。與許士則俱詣恆州，說王武俊曰：「大夫出㉔萬死之計㉕，誅逆首，拔㉖亂根，康日知不出趙州，豈得與大夫同日論功！而朝廷褒賞㉗略同，誰不為大夫憤邑㉘者。今又聞有詔支㉙糧馬與鄰道，朝廷之意，蓋以大夫善戰，恐為後患，先欲貧弱㉚軍府，俟平魏之日，使馬僕射㉛北首㉜，朱司徒南向，共相滅耳。朱司徒亦不敢自保㉝，使郅等效㉞愚計，欲與大夫共救田尚書而存㉟之，大夫自留糧馬以供軍，朱司徒不欲以深州與康日知，願以與大夫，請早定㊱刺史以守之，三鎮㊲連兵，若耳目手足之相救，則它日永無患㊳矣。」武俊亦喜，許諾，即遣判官王巨源使於滔，且令知㊴深州事，相與刻日㊵舉兵南向。滔又遣人說張孝忠，孝忠不從。

(十四)宣武節度使劉洽攻李納於濮州，克其外城，納於城上涕泣，求自新㊶，李勉又遣人說之，癸卯㊷，納遣其判官房說以其母弟㊸經及子成務入見。會中使宋鳳朝稱納勢窮蹙，不可捨㊹，上乃囚說等於禁中，納遂歸鄆州，復與田悅等合。朝廷以納勢未衰。三月，乙未，始以徐州刺史李洧兼徐、海、沂都團練觀察使，海、沂已為納所據，洧竟無所得。李納之初反也，其所署德州刺史李西華備守甚嚴，都虞候李士真密毀㊺西華於納，納召西華還府，以士真代之，士真又以詐㊻召棣州刺史李長卿，長卿過德州，士真劫之，與同歸國。夏，四月，戊午，以士真、長卿為二州刺史。【考異】燕南記云：「授士真德棣兩州觀察團練使。」今從實錄。士真求援於朱滔，滔已有異志，遣大將李濟時將三千人，聲言助士真守德州，且召士真詣深州議軍事㊼，至則留之，使濟時領㊽州事。

(十五)庚申，吐蕃歸曏(四九)日所俘掠兵民八百人。

(十六)上遣中使發盧龍、恒、冀、易、定兵萬人，詣魏州討田悅，王武俊不受詔，執使者送朱滔，滔言於眾曰：「將士有功者，吾奏求官勳(五〇)，皆不遂(五一)，今欲與諸君勑(五二)裝，共趨魏州，擊破馬燧，以取溫飽，何如？」皆不應，三問，乃曰：「幽州之人，自安史之反，從而南者(五三)，無一人得還，今其遺人(五四)，痛入骨髓(五五)，況太尉(五六)司徒皆受國寵榮(五七)，將士亦各蒙官勳，誠且願保目前(五八)，不敢復有僥冀(五九)。」滔默然而罷，乃誅大將數十人，厚撫循(六〇)其士卒。

(十七)康日知聞其謀，以告馬燧，燧以聞，上以魏州未下，王武俊復叛，力未能制滔，壬戌，賜滔爵通義郡(六一)王，冀以安之。滔反謀益甚，分兵營於趙州以逼康日知，以深州授王巨源，武俊以其子士真為恒冀深三州留後，將兵圍趙州。涿州(六二)刺史劉怦聞滔欲救田悅，以書諫之曰：「今昌平(六三)故里，朝廷改為太尉鄉司徒里，此亦丈夫不朽之名(六四)也，但以忠順自持(六五)，則事無不濟(六六)。竊思近日，務大(六七)樂戰，不顧成敗，而家滅身屠(六八)者，安史是也。怦忝密親(六九)，默而無告，是負(七〇)重知(七一)，惟司徒圖之，無貽(七二)後悔。」滔雖不用其言，亦嘉其盡忠，卒無疑貳(七三)。滔將起兵，恐張孝忠為後患，復遣牙官蔡雄往說之，孝忠曰：「昔者司徒發幽州，遣人語孝忠曰：『李惟岳負恩為逆，謂孝忠歸國，即為忠臣。』孝忠性直(七四)，用司徒之教(七五)，今既為忠臣矣，不復助逆也。且孝忠與武俊皆出夷落(七六)，深知其心，最喜翻覆(七七)，司徒忽忘鄙言，它日必相念矣(七八)。」雄復欲以巧辭說之，孝忠怒，欲執送京師，雄懼逃歸，滔乃使劉怦將兵屯要害(七九)，以備之。孝忠完城礪(八〇)兵，獨居彊寇之間，莫之能屈(八一)。滔將步騎二萬五千發深州，至束鹿，詰旦(八二)將行，吹角未畢，士卒忽大亂，諠譟(八三)曰：「天子令司徒歸幽州，奈何違敕，南救田悅。」滔大懼，走入驛後堂避匿，蔡雄與兵馬使宗頊等矯謂士卒曰：「汝輩勿喧，聽司徒傳令。」眾稍止。雄又曰：「司徒將發范陽(八四)，恩旨(八五)令得李惟岳州縣即有之，司徒以幽州少絲纊(八六)，故與汝曹竭力血戰，以取深州，冀得其絲纊，以寬(八七)汝曹賦率(八八)，不意(八九)國家無信，復以深州與康日知，又朝廷以汝曹有功，賜絹人十匹(九〇)，至魏州西境，盡為馬僕射所奪，司徒但處范陽，富貴足矣(九一)，今茲(九二)南行，乃為汝曹，非自為也(九三)。汝曹不欲南行，任(九四)自歸北，何用喧悖(九五)，乖失(九六)軍禮(九七)！」眾聞言，不知所為，乃曰：「勅使何得不為軍士守護賞物。」遂入勅使院(九八)，擘裂(九九)殺之，又呼曰：「雖知司徒此行為士卒(一〇〇)，終不如(一〇一)且奉詔(一〇二)歸鎮。」雄曰：「然則汝曹各還部伍，詰朝復往深州，休息數日，相與歸鎮耳。」眾然後定(一〇三)，滔即引軍還深州，密令諸將訪察(一〇四)唱率(一〇五)為亂者，得二百餘人，悉斬之，餘眾股慄(一〇六)，乃復引軍而南，眾莫敢前却(一〇七)，進取寧晉(一〇八)，留屯以待王武俊。武俊將步騎萬五千取元氏，東趣寧晉。

(十八)武俊之始誅李惟岳也，遣判官孟華入見，華性忠直，有才略(一〇九)，應對慷慨，上悅，以為恒冀團練副使，會武俊與朱滔有異謀，上遽(一一〇)遣華歸諭旨，華至，武俊已出師，華諫曰：「聖意(一一一)於大夫甚厚，苟盡忠義，何患官爵之不崇(一一二)，土地之不廣(一一三)？不日天子必移康中丞(一一四)於它鎮，深趙終為大夫之有，何苦遽自同於逆亂乎！異日無成，悔之何及。」華鼏在李寶臣幕府，以直道㉟已為同列㊱所忌㊲，至是為副使，同列尤疾之，言於武俊曰：「華以軍中陰事㊳奏天子，請為內應，故得超遷㊴，是將覆㊵大夫之軍，大夫宜備之。」武俊以其舊人，不忍殺，奪職㊶使歸私第。田悅恃援兵將至，遣其將康愔將萬餘人出城西，與馬燧等戰於御河㊷上，大敗而還。

【考異】悅傳曰：「悅以救軍將至，盡率其眾出戰於御河之上，大敗而還。」燧傳曰：「悅恃燕趙之援，又出兵二萬，背城而陳，燧復與諸軍擊破之。」今從實錄。

【今註】①李艽：按當作李芃。②築月城，以守長橋：長橋在漳水上，月城、兩頭抱河，形如半月。③實以土囊：謂車箱中裝以土囊。④下流：謂長橋之下流。⑤涉度：涉水而度過。⑥深壁：深指營壁外之壕溝言，謂浚之加深，使敵人不得度越。⑦洹水：胡三省曰：「洹水與漳水分流，又在漳水之東。」⑧三鎮：謂魏博、淄青、成德。⑨老：疲老。⑩腹背：猶前後。⑪必：猶定。⑫逾：越過。⑬潛師：暗中行軍。⑭角：軍中吹器。⑮畢：盡。⑯止鼓角：謂不擊鼓鳴角。⑰十里所：謂十里左右，亦即約十里也。⑱鼓譟：擊鼓及叫譟。⑲結陳：構陣。⑳前列：猶前鋒。㉑氣衰：氣力衰歇。㉒三橋：即在洹水上者。㉓虜：俘虜。㉔枕藉：如人之臥，互相枕著及憑藉也。㉕走：逃。㉖不協：不和協。㉗頓兵：停兵。㉘平邑浮圖：據《舊唐書・田承嗣傳》，平邑浮圖在魏州南，浮圖、佛寺也。㉙南郭：指魏州南郭，郭、外城也。㉚闕：門。㉛內：通納。㉜嬰城：猶據城。(三三)府門外：謂軍府之門外。(三四)淄青成德二丈人：淄青李正己，成德李寶臣，田悅以丈人行事之。(三五)伯父：謂田承嗣。(三六)即世：沒世。(三七)輒：便。(三八)塗地：塗抹地上。(三九)馬僕射：謂馬燧。(四〇)投：投擲。(四一)徇義：猶行義。(四二)私己：謂為己之私利。(四三)某輩：謂我輩，唐時常稱我曰某。(四四)聞此：謂聞此言。(四五)願奉尚書一戰：謂願奉從尚書，而決一死戰。(四六)以死繼之：謂以死承之。(四七)悅雖死，敢忘厚意於地下：按此即《左傳》僖公三十三年孟明所言：「寡君之以為戮，死且不朽，」之意譯，然杜注釋云：「謂此心感恩，終不朽腐。」如此，則既合事實，又為圓通，較之敢忘厚意於地下，佳勝多矣。(四八)乃與諸將各斷髮，約為兄弟，誓同生死：按此種盟約之儀式，自古無有，甚為特殊。推測其意，或係以為斷剪之髮，可交結一起，而用示永不分離之狀。抑或受蘇武詩（詩載文選）：「結髮為夫妻，恩愛兩不疑，」之影響，而穿鑿附會，將結髮之本為始成人也之義，而改為結髮即將髮交結一起，以構成最親密之關係。遂斷髮以為此盟約之儀式焉。此說雖頗牽強，然民間許多行為及風俗，固多僅由表面某點關係而行製成，故此說亦不無其道理在也。(四九)歛：賦歛。(五〇)整部伍：謂整頓部伍。(五一)繕：繕治。(五二)齧：咬。(五三)收族：收錄而族滅。(五四)束鹿：據《舊唐書．地理志》二，束鹿屬深州。(五五)從命：謂聽從命令。(五六)身自：親自。(五七)權知：猶暫知。(五八)讓：責，惟程度輕。(五九)旌節：旌旄符節。(六〇)雪：雪洗。(六一)而至此邪：邪通耶，謂而大夫竟至此耶。(六二)相為：此相乃係語助，無義，中古頗喜用之。(六三)絕：絕交。(六四)負：背違。(六五)食富：猶糧足。(六六)足抗天下：謂足抗天下之兵。(六七)遽：突。(六八)二三：謂反覆不定。(六九)守：謂固守。(七〇)構：讒構。(七一)惜：愛惜。

(七二)除：去除。(七三)不甚力：謂不甚用力。(七四)義豐：據《舊唐書・地理志》二，義豐縣屬定州。(七五)宿將：舊將。(七六)未易可輕：疑當作未可輕易，謂未可輕易視之。(七七)迫：逼迫。(七八)并力：合力。(七九)死鬭：謂決死戰鬭。(八〇)圖：圖謀。(八一)第：但。(八二)殄滅：絕滅，音去一ㄢˇ。(八三)先相公：謂李寶臣。(八四)委腹心：謂任以為腹心，亦即極端相信之意。(八五)又有骨肉之親：謂武俊子士真壻於李氏。(八六)冠：猶蓋。(八七)際：間。(八八)猜阻：猜疑阻隔。(八九)却：退。(九〇)宿：止。(九一)拔：猶取。(九二)幸出：謂幸運得出。(九三)張尚書：謂張孝忠。(九四)勢：形勢。(九五)中丞：謂王武俊。(九六)素：平常。(九七)出亡：謂出境逃亡。(九八)曷若：猶何及。(九九)反掌：謂若反覆手掌，以喻易也。(一〇〇)要藉：胡三省曰：「要藉官亦唐時節度衙前之職。中宗景雲二年，解琬為朔方大總管，分遣隨軍要藉官河陽丞張冠宗、肥鄉令韋景駿、普安令於處忠，校料三城兵募。則唐邊鎮有要藉官，尚矣。又據新書忠義傳：『朱泚統幽州行營，為涇原鳳翔節度使，詔蔡廷玉以大理少卿為司馬，朱體微為要藉。』則要藉乃節度使之腹心也。」核由字面觀之，要藉謂重要之依藉，亦即腹心之意。(一〇一)矯：假託。(一〇二)府門：軍府之門。(一〇三)族：謂族滅之。(一〇四)舊使：猶故使。(一〇五)咎：罪咎。(一〇六)復榷天下酒：罷榷酒見卷二百二十五大曆十四年七月。(一〇七)西京：謂長安。(一〇八)署：署任。(一〇九)蹙：縮。(一一〇)怨望：望亦怨。(一一一)故人：舊人。(一一二)疑：猜疑。(一一三)旬朔：謂旬月，蓋朔指月初言，而月初亦即代表一月之意。(一一四)蹴：同蹙。(一一五)明：謂明明。(一一六)自棄其信：謂不守信。(一一七)河朔：謂河北。(一一八)不使藩鎮承襲：謂不使藩鎮之子孫，承襲旌節。(一一九)為之次：猶為之繼。(一二〇)矜：矜憫。(一二一)徒：但。(一二二)存亡繼絕：謂使亡者存，而絕者得有所繼續。(一二三)各自堅：

謂各自堅守。（二四）出：猶行。（二五）萬死之計：甚危險之計。（二六）拔：去。（二七）褒賞：褒獎封賞。（二八）憤邑：邑通悒，謂憤恨不平。（二九）支：支付。（三〇）貧弱：使之貧乏及羸弱。（三一）馬僕射：謂馬燧。（三二）北首：北向。（三三）自保：謂自保無虞。（三四）效：致獻。（三五）存：存留。（三六）早定：早速派定。（三七）三鎮：謂范陽、恒冀、魏博。（三八）患：憂患。（三九）知：知掌。（四〇）刻日：指定時日。（四一）自新：謂改過自新。（四二）癸卯：胡三省曰：「通鑑本文作癸卯，然自上文二月戊午推至下之三月乙未，其間不容有癸卯，當作己卯。」（四三）母弟：同母之弟。（四四）捨：捨放。（四五）密毀：秘密毀謗。（四六）又以詐：謂又以詐命。（四七）議軍事：謂商議軍事。（四八）領：管領。（四九）鄉：通嚮。（五〇）官勳：唐制，官有品，勳有級。（五一）遂：成。（五二）勅：通飭，治也。（五三）從而南者：謂從而南行者。（五四）遺人：遺餘之人。（五五）痛入骨髓：痛、悲痛，此以喻其悲痛之烈。（五六）太尉：胡三省曰：「太尉謂滔兄泚。」（五七）寵榮：恩寵榮祿。（五八）保目前：謂保持現狀。（五九）僥冀：僥倖希冀。（六〇）撫循：猶撫賞。（六一）通義郡：《舊唐書・地理志》四：「劍南道、眉州，天寶元年改為通義郡，乾元元年復為眉州。」（六二）涿州：同志二：「河北道、涿州，大曆四年，幽州節度使朱希彩奏請於范陽縣置涿州，仍割幽州之范陽、歸義、固安三縣以隸涿。」（六三）昌平：今河北省昌平縣。（六四）此亦丈夫不朽之名：謂此亦可垂丈夫不朽之名。（六五）持：持守。（六六）濟：成。（六七）務大：謂專務大舉。（六八）屠：屠滅。（六九）忝密親：謂辱蒙在密親之列。（七〇）負：孤負。（七一）重知：猶厚知。（七二）貽：貽留。（七三）無疑貳：謂無不親信之意。（七四）性直：賦性質直。（七五）教：教言。（七六）夷落：謂夷之部落。（七七）翻覆：謂變化。（七八）司徒忽忘鄙言，它日必相念矣：按《舊唐書・張孝忠傳》作：「語司徒，當記鄙言，忽有蹉跌，始相憶也。」《通鑑》改易後，與原文幾全不相同。今若據《通鑑》文釋之，當為司徒若忽視鄙言，則至它日必當憶及之也。（七九）要害：謂險要之處。（八〇）礪：磨礪兵器。（八一）莫之能屈：謂未有能屈之者。（八二）詰旦：平旦。（八三）諠譟：謂諠譁叫譟。（八四）將發范陽：謂於范陽將出發之時。（八五）恩旨：指聖旨言。（八六）纊：絮，音曠。（八七）寬：謂寬減。（八八）賦率：猶賦歛。（八九）不意：不料。（九〇）人十匹：謂每人十匹。（九一）富貴足矣：謂富貴已足。（九二）茲：此，謂此次也。（九三）非自為也：謂非為己也。（九四）任：聽任。（九五）喧悖：喧譟悖亂。（九六）乖失：猶違犯。（九七）軍禮：軍之禮制。（九八）敕使院：胡三省曰：「軍中別置館舍，以居敕使，謂之敕使院。」（九九）擘裂：以手撕裂。（一〇〇）此行為士卒：謂此行乃為士卒。（一〇一）不如：不及。（一〇二）奉詔：謂遵奉詔旨。（一〇三）眾然後定：謂兵卒方始安定。（一〇四）訪察：訪問調查。（一〇五）唱率：唱導率領。（一〇六）股慄：股肱戰慄。（一〇七）前却：率先退却。（一〇八）寧晉：據《舊唐書・地理志》二，寧晉縣屬河北道、趙州。《九域志》：「寧晉縣在趙州東南四十一里。」（一〇九）才略：才幹謀略。（一一〇）遽：立即。（一一一）聖意：謂天子之意。（一一二）崇：高。（一一三）廣：多。（一一四）康中丞：謂康日知。（一一五）以直道：謂以直道而行。（一一六）同列：猶同僚。（一一七）忌：忌嫉。（一一八）陰事：此謂秘密之事。（一一九）超遷：謂不次之陞遷。（一二〇）覆：覆敗。（一二一）奪職：奪去其職位。（一二二）御河：杜佑曰：「御河在魏州魏縣，煬帝引白溝水為永濟渠，即此。」

㈠時兩河㊀用兵，月費百餘萬緡㊁，府庫不支數月㊂，大常博士韋都賓、陳京建議㈣，以為：「貨利㈤所聚，皆在富商，請括㈥富商錢，出萬緡者借其餘㈦以供軍㈧，計天下不過借一二千商，則數年之用足矣。」上從之，甲子，詔借商人錢，令度支條上㈨，判度支杜佑大索長安中商賈所有貨㈩，意其不實，輒加搒捶⑪，人不勝苦⑫，有縊死者，長安囂然，如被⑬寇盜，計所得纔八十餘萬緡。又括僦櫃質錢⑭，凡蓄積錢帛粟麥者，皆借四分之一，封其櫃窖⑮，百姓為之罷市，相帥遮⑯宰相馬自訴，以千萬數，盧杞始慰諭⑰之，勢不可遏⑱，乃疾驅，自他道歸，計并借商⑲所得纔二百萬緡，【考異】實錄：「借商統計田宅奴婢等估，纔餘八萬貫。」今從舊盧杞傳。杞傳又曰：「杜佑計京師帑藏，不支數月，且得五百萬貫，可支半歲，用則兵濟矣。於是戶部侍郎判度支趙贊與韋都賓等謀行括借，約罷兵後，以公錢還，勅既下，京兆少尹韋貞督責頗峻，長安尉薛萃荷校乘車，搜人財貨，計富戶田宅奴婢等估，纔及八十八萬貫，又借僦匱質錢，共纔及二百萬貫。」今從實錄。人已竭⑳矣。京，叔明之五世孫㉑也。

㈡甲戌，以昭義節度副使、磁州刺史盧玄卿為洺州刺史，兼魏博招討副使。初李抱真為澤潞節度使，馬燧領河陽三城，抱真欲殺懷州刺史楊鉥，鉥奔燧，燧納之，且奏其無罪，抱真怒，及同討田悅，數以事相恨望㉒，二人怨隙㉓遂深，不復相見，由是諸軍逗撓㉔，久無成功，上數遣中使和解㉕之。及王武俊逼趙州，抱真分麾下二千人戍邢州，燧大怒曰：「餘賊未除，宜相與戮力㉖，乃分兵自守其地㉗。」欲引兵歸，李晟說燧曰：「李尚書以邢趙連壤㉘，分兵守之，誠未有害㉙，今公遽自引去，眾謂公何㉚？」燧悅，乃單騎造㉛抱真壘，相與釋憾結歡㉜，會洺州刺史田昂請入朝，燧奏以洺州隸抱真，請玄卿為刺史，兼充招討之副，李晟軍先隸抱真，又請兼隸燧，以示協和㉝，上皆從之。

(三)盧龍節度行軍司馬蔡廷玉惡判官鄭雲逵，奏貶莫州參軍，雲逵妻，朱滔之女也，滔復奏為掌書記，雲逵深構㉞廷玉於滔，廷玉又與檢校㉟大理少卿朱體微言於泚曰：「滔在幽鎮，事多專擅㊱，其性非長者㊲，不可以兵權付之。」滔知之，大怒，數與泚書，請殺二人者，泚不從，由是兄弟頗有隙。及滔拒命，上欲歸罪於廷玉等，以悅滔，甲子，貶廷玉柳州㊳司戶，體微萬州南浦㊴尉。

(四)宣武節度使劉洽攻李納之濮陽，降其守將高彥昭。

(五)朱滔遣人以蠟書㊵置髻中，遺朱泚，欲與同反，馬燧獲之，并使者送長安，泚不之知，上驛召泚於鳳翔，至以蠟書幷使者示之，泚惶恐(四一)，頓首請罪。上曰：「相去千里，初(四二)不同謀，非卿之罪也。」因留之長安私第，【考異】幸奉天錄曰：「上命還私第，但絕朝謁，日給酒肉而已。以內侍一人監之。」今從實錄及舊傳。賜名園腴田(四三)、錦綵金銀甚厚(四四)，以安其意(四五)，其幽州盧龍節度、太尉、中書令幷如故。上以幽州兵在鳳翔，思得重臣代之，盧杞忌張鎰忠直，為上所重，欲出之於外，已得專總(四六)朝政，乃對曰：「朱泚名位素崇，鳳翔將校，班秩(四七)已高，非宰相信臣(四八)無以鎮撫，臣請自行。」上俛(四九)首未言，杞又曰：「陛下必以臣貌寢(五〇)，不為三軍所伏，固惟陛下神筭(五一)。」上乃顧鎰曰：「才兼文武，望重內外，無以易卿(五二)。」鎰知為杞所排(五三)而無辭以免，因再拜受命，戊寅，以鎰兼鳳翔尹、隴右節度等使。

(六)初，盧杞與御史大夫嚴郢共構楊炎、趙惠伯之獄，炎死，杞復忌郢，會蔡廷玉等貶官，殿中侍御史鄭詹誤遞文符(五四)，至昭應送之，廷玉等行已至藍田，召還而東，廷玉等以為執已送朱滔，至靈寶(五五)西，赴河(五六)死，上聞之駭異(五七)，盧杞因奏朱泚必疑，以為詔旨〔五八〕，請遣三司使〔五九〕案〔六〇〕詹，又言御史所為，必禀大夫〔六一〕，請並郢案之，獄未具〔六二〕，壬午，杞奏杖殺詹於京兆府，貶郢費州〔六三〕刺史，【考異】舊盧杞傳云：「貶郢驩州刺史。」今從舊傳。卒於貶所。上初即位，崔祐甫為相，務崇〔六四〕寬大，故當時政聲藹〔六五〕然，以為有貞觀之風〔六六〕，及盧杞為相，知上性多忌，因以疑似〔六七〕，離間羣臣，始勸上以嚴刻御〔六八〕下，中外失望。

(七)淮南節度使陳少遊奏本道〔六九〕稅錢〔七〇〕，每千請增二百。五月，丙戌，詔增它道稅錢，皆如淮南，又鹽每斗，價皆增百錢。

(八)朱滔、王武俊自寧晉南救魏州。

(九)辛卯，詔朔方節度使李懷光將朔方及神策步騎萬五千人東討田悅，且拒滔等，滔行至宗城〔七一〕，掌書記鄭雲逵、參謀田景仙棄滔來降。

(十)丁酉，加河東節度使馬燧同平章事。辛亥，置義武軍節度於定州，以易、定、滄三州隸之。

(十一)張光晟之殺突董也，上欲遂絕回紇，召冊可汗使源休還太原，久之，乃復遣休送突董及翳密施大小梅錄等四喪〔七二〕還其國，可汗遣其宰相頡子斯迦㊆㊂等迎之，頡子斯迦坐大帳，立休等於帳前雪中，詰以殺突董之狀，欲殺者數四㊆㊃，供待㊆㊄甚薄，留五十餘日，乃得歸。可汗使人謂之曰：「國人皆欲殺汝以償怨㊆㊅，我意則不然，汝國已殺突董等，我又殺汝，如以血洗血，污益甚耳。今吾以水洗血㊆㊆，不亦善乎！唐負㊆㊇我馬直百八十萬匹，當速歸之。」遣其散支將軍康赤心隨休入見，休竟不得見可汗而還，己卯，至長安，詔以帛十萬匹，金銀十萬兩償其馬直。休有口辯，盧杞恐其見上得幸㊆㊈，乘其未至，先除光祿卿。

㈦朱滔、王武俊軍至魏州，田悅具牛酒㊇〇出迎，魏人懽㊇㊀呼動地㊇㊁，滔營於愜山。是日，李懷光軍亦至，馬燧等盛軍容㊇㊂迎之，滔以為襲㊇㊃己，遽出陳㊇㊄，懷光勇而無謀，欲乘其營壘未就㊇㊅擊之，燧請且休㊇㊆將士，觀釁㊇㊇而動，懷光曰：「彼營壘既立，將為後患，此時㊇㊈不可失也。」遂擊滔在愜山㊈〇之西，殺步卒千餘人，滔軍崩沮㊈㊀，懷光按轡㊈㊁觀之，有喜色，士卒爭入滔營取寶貨㊈㊂，王武俊引二千騎橫衝懷光軍，軍分為二，滔引兵繼之，官軍大敗，蹙㊈㊃入永濟渠溺死者，不可勝數，人相蹈藉（九五），其積如山，水為之不流，馬燧等各收軍保壘。是夕，滔等堰永濟渠入王莽故河（九六），絕官軍糧道及歸路，明日，水深三尺餘，馬燧懼，遣使卑辭謝滔，求與諸節度歸本道，奏天子，請以河北事委五郎（九七）處之；滔欲許之，王武俊以為不可，滔不從。秋，七月，燧與諸軍涉水而西，退保魏縣（九八）以拒滔，滔乃謝武俊，武俊由是恨滔，後數日，滔等亦引兵營魏縣東南（九九），與官軍隔水相拒。【考異】實錄：「六月辛巳，朱滔王武俊兵至魏州，是日，李懷光之師亦至。七月庚子，馬燧等四節度兵退保魏縣。」又曰：「田悅等築堰，欲決御河水，灌王莽故河，以絕我糧道。燧令白懷光，欲退軍，懷光不可，抱真晟亦欲決死守之。賊築堰愈急，勢迫，會夜，乃俱引退。」燕南記曰：「六月，朱滔、武俊、懷光俱至，懷光即欲戰，馬燧抱真不得已從之，七月六日，懷光等擊滔，勝之，尋為王武俊所敗，其夜，決河水，絕懷光等西歸之路，明日，水深三尺餘，馬燧與朱滔有外族之親，呼滔為表姪，使人說滔曰，老夫不度氣力，與李相公等昨日先陳，王大夫善戰，海內所知也，司徒五郎與商議，放老夫等却歸太原，諸節度亦各歸本道，當為聞奏，河北地任五郎收取。滔見武俊戰勝，私心忌其勝己，乃謂武俊曰，大夫二兄破懷光等，氣已沮喪，馬司徒既屈服如此，且放去，漸圖未晚。武俊曰，豈有四五節度，兵逾十萬，使打賊，始經一陣，被殺却五萬人，將何面目歸見天子？今窮蹙詐求退去，料不過到洛州界，必築壘相待，悔難及也。滔心明知其事，竟絕水，放燧等，既離魏府城下，退行三十里，遂連魏縣河列營相拒，滔雖慙謝，武俊終有恨意。又同進軍魏橋河東南，去懷光營五里。」移營在七月中旬也。邠志曰：「三年夏，詔懷光率邠甲五千，兼統諸軍東征，六月，師及魏郛戰焉，陷燕人之眾，師入賊營，收其寶貨，馬公燧曰，我三年困此賊，彼旦至而夕破之，人其謂我何？乃稍抽戰，卒以孤其勢。田悅曰，馬太原妬功也，朔方軍可襲矣。乃使步卒七百人，負刀而趨，乘我失度，擠之于河，死者數百人，皆精騎也。馬公遽命平射三百人，爭橋以出，我軍故步軍，不敗，軍勢大衂，詔唐朝臣自河南引軍會之。」舊田悅傳曰：「王武俊以二千騎橫擊懷光陳，滔軍繼踵而進，禁軍大敗，人相蹈藉，投尸於河三十里，河水為之不流。馬燧收軍保壘，是夜王武俊決河水入王莽故河，欲隔官軍，水已深三尺，糧餉路絕，王師計無從出，乃遣人告朱滔云云。」時武俊戰勝，滔心忌之，即曰，大夫二兄已敗官軍，馬司徒早屈若此，不宜迫人於險也。武俊曰，燧等連兵十萬，皆是國之名臣，一戰而北，貽國之恥，不知此等何面目見天子邪！然吾不惜放還，但不行五十里，必反相拒。」按長歷，六月壬子朔，七月壬午朔，然則辛巳六月三十日，庚子七月十九日也。滔與懷光至魏之日，滔營壘猶未立，懷光即與之戰，豈得至七月六日邪！戰於愜山之夜，武俊決水，明日，燧等即退保魏縣，豈得至十九日邪！實錄、燕南記所載日，皆不可據也。然實錄多據奏到之日，不知戰與移營，的在何日，要之，必在六七月之際，故但記七月，退保魏縣耳。朱滔與王武俊同舉兵，志在破馬燧軍，豈有一戰纔勝，遽忌武俊，縱燧令去，自貽後患邪！直是滔無遠識，謂燧等不足畏，得其卑辭，而縱去耳。又舊悅傳云：「決河水，若決黃河，不須築堰，決水經日，不止三尺，既決之後，不可復壅。」今從實錄，決御河水，灌王莽河耳。李納求救於滔等，滔遣魏博兵馬使信都承慶將兵助之，納攻宋州不克，遣兵馬使李克信、李欽遙戍濮陽(100)、南華(101)，以拒劉洽。

(十三)甲辰，以淮寧節度使李希烈兼平盧、淄、青、兗、鄆、登、萊、齊州節度使，討李納，又以河東節度使馬燧兼魏、博、澶、相節度使，加朔方邠寧節度使李懷光同平章事。

(十四)神策行營招討使李晟請以所將兵(102)北解趙州之圍，與張孝忠合勢圖范陽，上許之，晟自魏州引兵北趨趙州，王士真解圍去，晟留趙州三日，與孝忠合兵，北略(103)恒州。

(十五)演州(104)司馬李孟秋舉兵反，自稱安南節度使，安南都護(105)輔良交討斬之。

(十六)八月，丁未，置汴東西水陸運兩稅鹽鐵使二人，度支總其大要㉖而已。

（十七）辛酉，以涇原留後姚令言為節度使。

（十八）盧杞惡太子太師顏真卿，欲出之於外，真卿謂杞曰：「先中丞傳首至平原㉗，真卿以舌舐面血㉘，今相公忍不相容乎！」杞矍然㉙起拜，然恨之益甚。

（十九）九月，癸卯，殿中少監崔漢衡自吐蕃歸，贊普遣其臣區頰贊隨漢衡入見。

（廿）冬，十月，辛亥，以湖南觀察使曹王皐為江南西道節度使，皐至洪州，悉集⑳將佐，簡閱其才，得牙將伊慎、王鍔等，擢為大將，引荊襄判官許孟容置幕府。慎，兗州人；孟容，長安人也。慎常從李希烈討梁崇義，希烈愛其才欲留之，慎逃歸，希烈聞皐用慎，恐為己患，遺㉑慎七屬甲㉒，詐為復書，墜之境上，上聞之，遣中使即㉓軍中斬慎，皐為之論雪㉔，未報，會江賊㉕三千餘眾入寇，皐遣慎擊賊自贖㉖，慎擊破之，斬首數百級而還，由是得免㉗。

(廿一)盧杞秉政㉘，知上必更立㉙相，恐其分己權，乘間薦吏部侍郎關播儒厚㉚，可以鎮風俗，丙辰，以播為中書侍郎同平章事，【考異】舊關播傳曰：「播為吏部侍郎，轉刑部尚書，十月，拜銀青光祿大夫、中書侍郎、同中書門下平章事。」今實錄自吏侍郎為相，與傳不同，疑傳誤。明年罷相，乃改刑部尚書。政事皆決於杞，播但斂衽㉛，無所可否㉜。上嘗從容與宰相論事，播意有所不可，起立欲言，杞目之而止，還至中書㉝，杞謂播曰：「以足下端愨㉞少言，故相引至此，曩者奈何發口㉟欲言邪！」播自是不復敢言。

(廿二)戊辰，遣都官員外郎樊澤使於吐蕃，告以結盟之期。

(廿三)丙子，肅王詳㊱薨。

(廿四)十一月，己卯朔，加淮南節度使陳少遊同平章事。

(廿五)田悅德朱滔之救，與王武俊議㊲奉滔為主，稱臣事之，滔不可，曰：「愜山之捷，皆大夫二兄㊳之力，滔何敢獨居尊位！」於是幽州判官李子千、恒冀判官鄭濡等【考異】舊傳作李子牟、鄭儒，今從燕南記。共議：「請與鄆州李大夫為四國，俱稱王，而不改年號，如昔諸侯奉周家㊴正朔，築壇同盟，有不如約㊵者，眾共伐之；不然，豈得常為叛臣，茫然㉛無主，用兵既無名㉜，有功無官爵為賞，使將吏何所依歸㉝乎？」滔等皆以為然，滔乃自稱冀王，田悅稱魏王，王武俊稱趙王，仍請李納稱齊王。是日，滔等築壇於軍中，告天而受之㉞。【考異】實錄於十一月末云：「是月朱滔僭稱大冀王。」燕南記云：「十月十一日，於下營處各築壇場，設儀注告天，稽首稱名，同日，偽立為王。」舊本紀朱滔、王武俊傳，皆云十一月，而無日，惟田悅傳云十一月一日，今從之。滔為盟主，稱孤，武俊、悅、納稱寡人，所居堂曰殿，處分曰令，羣下上書曰牋，妻曰妃，長子曰世子，各以其所治州為府，置留守兼元帥，以軍政委之；又置東西曹，視中書、門下省，左右內史視㉟侍中、中書令，餘官皆倣天朝㊱，而易其名。武俊以孟華為司禮尚書㊲，華竟不受，嘔血死。以兵馬使衞常寧為內史監㊳，委以軍事，常寧謀殺武俊，武俊腰斬之。武俊遣其將張終葵寇趙州，康日知擊斬之。李希烈帥所部三萬徙鎮許州，遣所親詣李納，與謀共襲汴州，遣使告李勉云：「已兼領淄青，欲假道㊴之官。」勉為之治橋具饌㊵以待之，而嚴㊶為之備，希烈竟不至。又密與朱滔等交通，納亦數遣遊兵㊷度汴，以迎希烈，由是東南轉輸者，皆不敢由汴渠，自蔡水㊸而上。

(七六)十二月，丁丑，李希烈自稱天下都元帥、太尉，建興王，時朱滔等與官軍相拒累月，官軍有度支饋糧㊹，諸道益兵㊺，而滔與王武俊孤軍深入，專仰給㊻於田悅，客主㊼日益困弊，聞李希烈軍勢甚盛，頗怨望，乃相與謀遣使詣許州，勸希烈稱帝，希烈由是自稱天下都元帥㊽。

(七七)司天少監㊾徐承嗣請更造建中正元曆㊿，從之。

【今註】 ㈠兩河：謂河南北。㈡緡：亦即貫。㈢不支數月：謂不敷數月之用。㈣建議：謂建立議論。㈤貨利：謂貨殖之利益。㈥括：搜括。㈦出萬緡者借其餘：謂留萬貫為業，有餘則官借之。㈧以供軍：謂以供軍用。㈨條上：謂逐條列上所借商人之姓名及數目等。㈩所有貨：所有貨財。⑪搒捶：擊捶。⑫勝苦：勝苦楚。⑬被：遭。⑭僦櫃質錢：胡三省曰：「民間以物質錢，異時贖出，於母錢之外，復還子錢，謂之僦櫃。」⑮封其櫃窖：封謂封緘，使其不得開啓及移徙。櫃則以蓄錢帛，窖則以積粟麥。⑯遮：攔。⑰慰諭：安慰曉諭。⑱遏：止。⑲幷借商：并合借商諸法。⑳竭：窮竭。㉑京、叔明之五世孫：陳叔明陳宣帝子，封宜都王。㉒恨望：猶怨望。㉓怨隙：怨恨釁隙。㉔逗撓：逗留撓阻。㉕和解：調和解勸。㉖戮力：合力。㉗自守其地：謂守其自己之地。㉘邢趙連壤：《九域志》，趙州南至邢州界七十四里，自界首至邢州七十里。㉙害：妨害。

〔三〇〕眾謂公何：言眾將謂公為何人。〔三一〕造：詣。〔三二〕結歡：交歡。〔三三〕協和：謂協調和洽。〔三四〕構：構陷。〔三五〕檢校：攝代。〔三六〕專擅：擅亦專，為複合辭。〔三七〕非長者：猶非君子。〔三八〕柳州：《舊唐書・地理志》四：「嶺南道、柳州，至京師水陸相乘五千四百七十里。」〔三九〕萬州南浦：同志二：「山南東道萬州，在京師西南二千六百二十四里。南浦縣，萬州治所。」〔四〇〕蠟書：謂以帛書內蠟丸中。〔四一〕惶恐：惶怖恐懼。〔四二〕初：始。〔四三〕腴田：膏腴之田地。〔四四〕厚：猶多。〔四五〕以安其意：謂以安其心。〔四六〕總：總領。〔四七〕班秩：班列秩命。〔四八〕信臣：謂親信之臣。〔四九〕俛：同俯。〔五〇〕寢：寢陋。〔五一〕固惟陛下神筭：謂固惟有由陛下之籌畫。〔五二〕易卿：謂無以換代卿者。〔五三〕排：排傾。〔五四〕文符：文書。〔五五〕靈寶：據《舊唐書・地理志》一，靈寶縣屬河南道陝州。〔五六〕赴河：謂投河。〔五七〕駭異：驚駭怪異。〔五八〕以為詔旨：謂以為此乃詔旨如此。〔五九〕三司使：此謂御史中丞、中書舍人及門下省給事中，三司、謂三司官也。〔六〇〕案：案鞫。〔六一〕必稟大夫：謂必稟承御史大夫。〔六二〕獄未具：謂獄未具結。〔六三〕費州：《舊唐書・地理志》四：「費州在京師南四千七百里。」〔六四〕崇：崇尚。〔六五〕藹：盛茂。〔六六〕有貞觀之風：謂有貞觀之遺風。〔六七〕以疑似：謂以疑似之事。〔六八〕御：猶治。〔六九〕淮南節度使陳少遊奏本道：胡三省曰：「舊志淮南道督揚、滁、常、潤、和、宣、歙七州，此貞觀中之制也。以今觀之，唐中世以後，當統揚、楚、滁、和、濠、廬、壽、光、蘄、黃、申、安、舒等州。」按胡後說乃本《新唐書・地理志》五淮南採訪使訪區之文。〔七〇〕稅錢：謂田稅及商稅之錢。〔七一〕宗城：據《舊唐書・地理志》二，宗城屬河北道、貝州。〔七二〕四喪：亦即四尸。〔七三〕頡子斯迦：按《舊唐書・源休傳》，子作干，《新唐書・回鶻傳》亦同，當改從之。(七四)欲殺者數四：謂屢欲殺之。(七五)供待：供給待遇。(七六)償怨：謂補償怨恨。(七七)以水洗血：謂如此，則汙可去。(七八)負：欠。(七九)幸：寵幸。(八〇)牛酒：謂牛及酒，以備椎之而飲酒也。(八一)懽：同歡。(八二)動地：謂震動天地。(八三)盛軍容：謂以盛大之軍隊儀容。(八四)襲：掩襲。(八五)遽出陳：謂立出列陣。(八六)就：成。(八七)休：休息。(八八)舋：通釁。(八九)時：謂時機。(九〇)恆山：胡三省曰：「魏氏土地記云：『渤海高城縣東北五十里有恆山。』余按此恆山當在魏州界，近永濟渠。」(九一)崩沮：謂崩潰沮喪。(九二)按轡：謂騎馬按轡徐行。(九三)寶貨：珍寶財貨。(九四)蹙：迫。(九五)蹈藉：蹈踏壓藉。(九六)堰永濟渠入王莽故河：堰謂築堰以阻塞之。入，謂使入。《水經注》：「漢溝洫志云：『河為中國害尤甚，故禹導河自積石，歷龍門，釃二渠，以引河，一則漯川，今河所流也；一則北瀆，王莽時絕，故世俗名是瀆為王莽河。』」(九七)五郎：胡三省曰：「朱滔第五，故稱之為五郎。」(九八)魏縣：《九域志》：「魏縣在魏州城西三十五里。」(九九)營魏縣東南：謂結營於魏縣東南。(一〇〇)濮陽：據《舊唐書・地理志》一，濮陽縣屬濮州。(一〇一)南華：據同志一，南華縣屬曹州。(一〇二)所將兵：猶所領兵。(一〇三)略：略取。(一〇四)演州：《舊唐書・地理志》四：「嶺南道，驩州、懷驩縣，隋為咸歡縣，貞觀九年改為演州，二十六年廢演州，改咸歡為懷驩。廣德二年，分驩州復置。」(一〇五)安南都護：《新唐書・方鎮表》六：「廣德二年，改安南節度使為鎮南大都護都防禦觀察經略使，永泰元年，更鎮南曰安南。」(一〇六)大要：猶大綱。(一〇七)先中丞傳首至平原：謂杞父弈也，事見卷二百一十七天寶十四載。(一〇八)以舌舐面血：《舊唐書・顏真卿傳》：「中丞傳首至平原，面上血真卿不敢衣拭，以舌舐之。」此所以用舌舐之原因也。⑨矍然：視遽貌，音ㄐㄩㄝˊ。⑩集：集合。⑪遺：贈遺。⑫七屬甲：《周禮・考工記》：「函人為甲，犀甲七屬。」鄭注：「屬讀如灌注之注，謂上旅下旅，扎屬之數凡七也。」⑬即：就。⑭論雪：謂申論而雪洗之。⑮江賊：謂江中羣盜。⑯自贖：自己贖罪。⑰得免：得免於罪。⑱秉政：謂執政。⑲更立：再立。⑳儒厚：儒雅厚重。㉑斂衽：衽，袖；袂、斂衽與垂拱頗相似，皆以示無為之意。㉒無所可否：謂對事皆不表示意見。㉓還至中書：謂還至中書省，亦即還至政事堂。㉔愨：謹愿，音ㄑㄩㄝˋ。㉕發口：謂開口。㉖肅王詳：詳，皇子。㉗議：商議。㉘二兒：胡三省曰：「二兒、謂王武俊也，武俊第二。」㉙周家：亦即周室，蓋室家意類，故文士常任意用之。㉚約：盟約。㉛茫然：無目的貌。㉜名：名義。㉝依歸：依從歸隨。㉞受之：謂受其王號。㉟視：比。㊱天朝：此指唐朝言，天謂天子。㊲司禮尚書：視天朝禮部尚書。㊳內史監：胡三省曰：「彼所謂內史監，當位於左右內史之上。」㊴假道：借道。㊵饌：飲食。㊶嚴：嚴密。㊷遊兵：遊奕之兵。㊸蔡水：宋白曰：「建中初，杜佑改漕路，自浚儀西十里，路其南涯，引流入琵琶溝，經蔡河，至陳州合潁，是秦漢故道，自隋開汴河，利涉經楊楚，故官漕不復由此道，佑始開之。」㊹饋糧：送運糧食。㊺益兵：增添兵卒。㊻仰給：仰賴供給。㊼客主：客謂滔、武俊之軍，主謂田悅。㊽都元帥：猶總元帥。㊾司天少監：《舊唐書・職官志》二：「秘書省、司天臺監一人，從三品，少監二人，從四品上。掌觀察天文，稽定曆數，凡日月星辰之變，風雲氣色之異，率其屬而占候之。」㊿建中正元曆：《新唐書・曆志》五：「寶應元年，代宗以至德曆不與天合，詔司天臺官屬郭獻之等復用麟德元紀，更立歲差，增損遲疾交會，及五星差數，以寫大衍術，曰五紀曆。德宗時，五紀曆氣朔加時稍後，天推測星度與大衍差率頗異，詔司天徐承嗣與夏官正楊景風等，雜麟德大衍之旨，治新曆，建中四年，曆成，名曰正元。」

卷二百二十八　唐紀四十四

起昭陽大淵獻正月，盡十月，不滿一年。（癸亥，西元七八三年）

司馬光編集
曲守約註

德宗神武聖文皇帝三

建中四年（西元七八三年）

㈠春，正月，丁亥，隴右節度使張鎰與吐蕃尚結贊盟於清水㈠。

㈡庚寅，李希烈遣其將李克誠襲陷汝州，執別駕李元平，元平，本湖南判官，薄㈡有才藝，性疏傲㈢，敢大言，好論兵㈣，關播奇之，薦於上，以為將相之器㈤，以汝州距許州最近㈥，擢元平為汝州別駕，知州事。元平至汝州，即募工徒㈦治城，希烈陰使壯士應募執役㈧，入數百人，元平不之覺，希烈遣克誠將數百騎突至城下，應募者應之㈨於內，縛元平馳去，元平為人眇㈩小無須⑪，見希烈恐懼，便液⑫汙地，希烈罵之曰：「盲宰相⑬，以汝當我，何相輕⑭也！」以判官周晃為汝州刺史，又遣別將董待名等四出抄掠⑮，取尉氏(一六)，圍鄭州，官軍數為所敗，邏騎(一七)西至彭婆(一八)，東都士民震駭，竄匿山谷，留守鄭叔則入保西苑(一九)。

(三)上問計於盧杞，對曰：「希烈年少驍將(二〇)，恃功驕慢，將佐莫敢諫止，誠得儒雅重臣，奉宣(二一)聖澤，為陳逆順禍福，希烈必革心悔過(二二)，可不勞軍旅而服(二三)。顏真卿三朝舊臣(二四)，忠直剛決(二五)，名重海內，人所信服，真其人也(二六)。」上以為然，甲午，命真卿詣許州宣慰希烈，詔下，舉朝失色(二七)。真卿乘驛(二八)至東都，鄭叔則曰：「往必不免，宜少留，須(二九)後命。」真卿曰：「君命也，將焉(三〇)避之？」遂行。李勉表言(三一)：「失一元老，為國家羞。」請留之，又使人邀真卿不及。真卿與其子書，但勑以奉家廟(三二)，撫(三三)諸孤而已。至許州，欲宣詔旨，希烈使其養子千餘人環繞慢罵，拔刃擬(三四)之，為將剸(三五)啗之勢，真卿足不移，色不變，希烈遽(三六)以身蔽(三七)之，麾(三八)眾令退，館真卿而禮之。希烈欲遣真卿還，會李元平在座，真卿責之，元平慙而起，以密啓(三九)白希烈，希烈意遂變，留真卿不遣。朱滔、王武俊、田悅、李納各遣使詣希烈，上表稱臣，勸進，使者拜舞於希烈前，說希烈曰：「朝廷誅滅功臣，失信天下，都統英武自天[40]，功烈蓋世[41]，已為朝廷所猜忌，將有韓白之禍[42]，願亟稱尊號，使四海臣民，知有所歸[43]。」希烈召顏真卿，示之曰：「今四王遣使見推，不謀而同[44]，太師觀此事勢，豈吾獨為朝廷所忌[45]，無所自容邪！」真卿曰：「此乃四凶，何謂四王！相公不自保功業，為唐忠臣，乃與亂臣賊子相從，求與之同覆滅[46]邪！」希烈不悅，扶真卿出，它日，又與四使同宴，四使曰：「久聞太師重望[47]，今都統將稱大號，而太師適至，是天以宰相賜都統也。」真卿叱之曰：「何謂宰相？汝知有罵安祿山而死者，顏杲卿乎[48]！乃吾兄也，吾年八十，知守節[49]而死耳，豈受汝輩誘脅[50]乎。」四使不敢復言，希烈乃使甲士[51]十人守[52]真卿於館舍，掘坎[53]於庭，云：「欲阬之。」真卿怡然[54]見希烈曰：「死生已定，何必多端[55]，亟以一劍相與[56]，豈不快公心事[57]邪！」希烈乃謝之。【考異】顏氏行狀，以為公至許州，希烈前後詐為公表奏，請汴州者數十，上知而寢之。舊真卿傳，以為希烈逼為章表，令雪己，願罷兵馬，累遣真卿兄子峴與從吏凡數輩，繼來京師，上皆不報。希烈大宴逆黨，倡優斥黷朝政，真卿拂衣起。後張伯儀敗績，令以首級夸示，真卿號慟，周曾謀奉真卿，遂送真卿於龍興寺。按滔等推尊希烈在去年，真卿使許在今年正月，蓋滔等始勸希烈稱帝，希烈但稱都元帥建興王，故今年滔等再遣樊播等勸進，稱為都統也。

真卿剛烈，守之以死，希烈豈能逼之，使為章表雪己。行狀云詐為表奏，是也。

㈣戊戌，以左龍武大將軍哥舒曜為東都、汝州節度使（五八），將鳳翔、邠寧、涇原、奉天、好畤行營兵（五九）萬餘人討希烈，又詔諸道共討之。曜行至郟城（六〇），遇希烈前鋒將陳利貞，擊破之，希烈勢小沮（六一）。曜，翰之子（六二）也。希烈使其將封有麟據（六三）鄧州南路，遂絕貢獻，商旅皆不通。壬寅，詔治上津山路（六四），置郵驛。

㈤二月，戊申朔，命鴻臚卿崔漢衡送區頰贊還吐蕃。

㈥丙寅，以河陽三城、懷、衛州為河陽軍。

㈦丁卯，哥舒曜克汝州，擒周晃。

㈧三月，戊寅，江西節度使曹王皐敗李希烈將韓霜露於黃梅（六五），斬之，辛卯，拔黃州，時希烈兵柵蔡山（六六），險不可攻，皐聲言（六七）西取蘄州，引舟師泝（六八）江而上，希烈之將引兵循江隨戰（六九），去蔡山三百餘里，皐乃復放舟（七〇）順流而下，急攻（七一）蔡山，拔之，希烈兵還，救之不及而敗，皐遂進拔蘄州，表伊慎為蘄州刺史，王鍔為江州刺史。

(九)淮寧都虞候周曾、鎮遏[七二]兵馬使王玢、押牙姚憺、韋清密輸款[七三]於李勉，李希烈遣曾與十將[七四]康秀琳將兵三萬攻哥舒曜，至襄城[七五]，曾等密謀還軍襲希烈，奉顏真卿為節度使，使玢、憺、清為內應，希烈知之，遣別將李克誠將騾軍[七六]三千人，襲曾等，殺之，幷殺玢、憺及其黨，甲午，詔贈曾等官。始韋清與曾等約，事泄不相引[七七]，故獨得免，清恐終及禍，說希烈請詣朱滔乞師，希烈遣之，行至襄邑[七八]，逃奔劉洽，希烈聞周曾等有變，閉壁[七九]數日，其黨寇尉氏[八〇]鄭州者，聞之，亦遁歸。希烈乃上表歸咎於周曾等，引兵還蔡州[八一]，外示[八二]悔過從順，實待朱滔等之援也。

(十)置顏真卿於龍興寺[八三]。丁酉，荊南節度使張伯儀與淮寧兵戰於安州，官軍大敗，伯儀僅[八四]以身免，亡其所持節，希烈使人以其節及俘馘[八五]示顏真卿，真卿號慟[八六]投地[八七]，絕而復蘇[八八]，自是不復與人言。

(十一)夏，四月，上以神策軍使白志貞為京城召募使，募禁兵以討李希烈，志貞請諸嘗為節度觀察都團練使者，不問存沒，並勒[八九]其子弟，帥奴馬(九〇)，自備資裝(九一)，從軍，授以五品官，貧者甚苦之，人心始搖(九二)。

(十二)上命宰相尚書與吐蕃區頰贊盟於豐邑里，區頰贊以清水之盟，疆場未定(九三)，不果盟，己未，命崔漢衡入吐蕃，決於贊普(九四)。

(十三)庚申，加永平、宣武、河陽都統李勉淮西招討使，東都、汝州節度使哥舒曜為之副(九五)，以荊南節度使張伯儀為淮西應援招討使，山南東道節度使賈耽、江西節度使(九六)曹王皐為之副。上督哥舒曜進兵，曜至潁橋(九七)，遇大雨，還保襄城，李希烈遣其將李光輝攻襄城，曜擊却之。

(十四)五月，乙酉，潁王璬(九八)薨。

(十五)乙未，以宣武節度使劉洽兼淄青招討使。

(十六)李晟謀取涿莫二州，以絕幽魏往來之路，與張孝忠之子升雲圍朱滔所署易州刺史鄭景濟於清苑(九九)，累月不下，滔以其司武尚書(一〇〇)馬實為留守，將步騎萬餘守魏營(一〇一)，自將步騎萬五千救清苑，李晟軍大敗，退保易州，滔還軍瀛州，張升雲奔滿城(一〇二)，會(一〇三)晟病甚，引軍還保定州。【考異】燕南記曰：「晟與張昇雲等團鄭景濟於清苑，自二月至四月，滔自統馬步萬五千人，救清苑，四月二日，發館陶砦，五月內到，晟出戰不利，城中又出攻晟，晟敗去，滔乘勝逐晟等，大破之，晟奔易州，染病，不復更出。」實錄曰：「庚子，李晟自清苑，退保易州。」舊晟傳曰：「自正月至於五月，會晟病甚，不知人者數焉，軍吏合謀，乃以馬輿還定州，今從之。」實錄所云庚子，蓋奏到之日也。

㈦王武俊以滔既破李晟，留屯瀛州，未還魏橋，遣其給事中宋端趣㉔之，端見滔言頗不遜㉕，滔怒，使謂武俊曰：「滔以熱疾㉖，暫未南還，大王二兄遽有云云㉗，滔以救魏博之故，叛君棄兄，如脫屣㉘耳，二兄必相疑，惟二兄所為。」端還報，武俊自辨㉙於馬實，實以狀白滔，言：「趙王知宋端無禮於大王，深加㉚責讓，實無它志㉛。」武俊亦遣承令官鄭和隨實使者見滔，謝之，滔乃悅，相待如初㉜。然武俊以是益恨滔矣。

㈧六月，李抱真使參謀㉝賈林詣武俊壁，詐降，武俊見之，林曰：「林來奉詔，非降也㉞。」武俊色動，問其故，林曰：「天子知大夫宿著誠効㉟，及登壇之日㊱，撫膺顧左右曰：『我本徇忠義㊲，天子不察㊳。』諸將亦嘗共表大夫之志，天子語使者曰：『朕前事誠誤，悔之無及，朋友失意㊴尚可謝㊵，況朕為四海之主乎(二一)！』」武俊曰：「僕胡人也，為將，尚知愛百姓，況天子豈專以殺人為事乎！今山東連兵(二二)，暴(二三)骨如莽(二四)，就使(二五)克捷，與誰守之？僕不憚(二六)歸國，但已與諸鎮結盟，胡人性直，不欲使曲在己，天子誠能下詔赦諸鎮之罪，僕當首唱從化(二七)，諸鎮有不從者，請奉辭(二八)伐之，如此，則上不負(二九)天子，下不負同列，不過五旬，河朔定矣。」使林還報抱真，陰(三〇)相約結。

(九)庚戌，初行稅間架、除陌錢法，時河東、澤潞、河陽、朔方四軍屯魏縣，神策、永平、宣武、淮南、浙西、荊南、江西(三一)、沔鄂、湖南、黔中、劍南、嶺南諸軍環(三二)淮寧之境，舊制，諸道軍出境(三三)，皆仰給度支(三四)，上優恤(三五)士卒，每出境加給酒肉，本道糧仍給其家(三六)，一人兼三人之給，故將士利之，各出軍，纔逾境(三七)而止，月費錢百三十餘萬緡，常賦不能供，判度支趙贊乃奏行二法(三八)。所謂稅間架者，每屋兩架為間(三九)，上屋(四〇)稅錢二千，中，稅千(四一)，下，稅五百，吏執筆握筭(四二)，入人室廬(四三)計其數(四四)，或有宅屋多而無它資(四五)者，出錢動數百緡(四六)，敢匿一間杖六十，賞告者錢五十緡。所謂除陌錢者，公私給與及賣買，每緡官留五十錢，給它物(四七)及相貿易(四八)者，約錢為率(四九)，敢隱錢百(五〇)杖六十，罰錢二千，賞告者錢十緡。其賞錢皆出坐事之家(五一)，於是愁怨之聲，盈(五二)於遠近。

(廿)丁卯，徙郴王逾為丹王，鄜王遘(五三)為簡王。

(廿一)庚午，吐蕃判官(五四)監察御史于頔與吐蕃使者論刺沒藏至自青海，言疆埸(五五)已定，請遣區頰贊歸國。秋，七月，甲申，以禮部尚書李揆為入蕃會盟使，壬辰，詔諸將相與區頰贊盟於城西。李揆有才望(五六)，盧杞惡之，故使之入吐蕃，揆言於上曰：「臣不憚遠行，恐死於道路，不能達詔命(五七)。」上為之惻然(五八)，謂杞曰：「揆無乃太老。」杞曰：「使遠夷非諳練(五九)朝廷故事者不可，且揆行，則自今年少於揆者(六〇)，不敢辭遠使(六一)矣。」

(廿二)八月，丁未，李希烈將兵三萬圍哥舒曜於襄城，詔李勉及神策將劉德信將兵救之，乙卯，希烈將曹季昌以隨州降，尋復為其將康叔夜所殺。

【今註】㈠清水：據《舊唐書・地理志》三，清水縣屬隴右道、秦州。㈡薄：稍。㈢疏傲：粗疏驕傲。（四）論兵：談論兵事。（五）器：材。（六）以汝州距許州最近：《九域志》：「汝州東南至許州二百七十里。」（七）工徒：工匠徒役。（八）執役：謂執行役事。（九）應之：響應之。（一〇）眇：亦小。（一一）須：通鬚。（一二）便液：謂屎溺。（一三）盲宰相：以不知人，故謂之盲宰相。（一四）輕：輕視。（一五）抄掠：抄奪刦掠。（一六）尉氏：據《舊唐書・地理志》一，尉氏縣屬汴州。（一七）邏騎：巡邏遊奕之騎兵。（一八）彭婆：據《九域志》，河南府河南縣有彭婆鎮；金人疆域圖，洛陽縣有彭婆鎮。（一九）西苑：東都西苑在東都城西。（二〇）驍將：似以作驍勇為勝。（二一）奉宣：奉使宣敕。（二二）悔過：謂改過。（二三）而服：謂而服從朝廷。（二四）三朝舊臣：真卿歷事玄、肅、代三朝。（二五）剛決：剛毅果決。（二六）真其人也：謂真其人選。（二七）失色：變色。（二八）乘驛：乘傳車。（二九）須：待。（三〇）焉：安。（三一）表言：上表言。（三二）奉家廟：謂掃祭家廟。（三三）撫：撫養。（三四）擬：擬比。（三五）剸：細割。（三六）遽：突。（三七）蔽：障蔽。（三八）麾：指揮。（三九）密啓：秘密之牋啓。（四〇）自天：猶天降。（四一）蓋世：謂蓋於宇宙。（四二）韓白之禍：謂韓信斬於鍾室，白起死於杜郵。（四三）所歸：所歸依。（四四）同：合。（四五）忌：忌憚。（四六）覆滅：傾覆滅亡。（四七）太師重望：顏真卿為太子太師，故皆以其官稱之。重望，謂德望隆重。（四八）汝知有罵安祿山而死者，顏杲卿乎：顏杲卿事見卷二百一十七肅宗至德元載。（四九）守節：守為臣之節操。（五〇）誘脅：史炤曰：「以利動之曰誘，以威迫之曰脅。」（五一）甲士：武裝精備之軍士。（五二）守：看守。（五三）坎：地下陷處。（五四）怡然：安和貌。（五五）多端：猶多方。（五六）以一劍相與：謂與之以劍，而令自殺。（五七）快公心事：謂滿足公之意圖。（五八）以……哥舒曜為東郡、汝州節度使：按《舊唐書・德宗紀》，東郡汝作東都畿汝。查《新唐書・地理志》二，河南府及汝州，設有都畿採訪使，則此東郡自係東都之訛無疑，東郡汝州應改書作東都畿汝州為是。(五九)鳳翔、邠寧、涇原、奉天、好時行營兵：胡三省曰：「鳳翔、邠寧、涇原，三節鎮之兵，奉天、好時，神策屯兵也。」(六〇)郟城：據《新唐書・地理志》二，郟城縣屬汝州，郟音夾。(六一)小沮：謂稍為沮挫。(六二)曜，翰之子：天寶末，安祿山反，哥舒翰敗沒於潼關。(六三)據：據守。(六四)上津山路：《新唐書・地理志》一：「關內道、商州，領上津縣。貞元七年，刺史李西華自藍田至內鄉，開新道七百餘里，迴山取塗，人不病涉，謂之偏路，行旅便之。」李西華所開者，雖在建中之後，然其路線及規模，兩者有相同處，當無可置疑也。(六五)黃梅：據《新唐書・地理志》五，黃梅縣屬淮南道、蘄州。(六六)蔡山：《九域志》：「蔡山在黃梅界，即江左新蔡郡治所，魯悉達保聚之地。」(六七)聲言：猶揚言。(六八)泝：逆水而行曰泝。(六九)隨戰：相隨交戰。(七〇)放舟：謂解維而行駛也。(七一)急攻：加緊攻擊。(七二)鎮遏：謂鎮守防止。(七三)款：誠款。(七四)十將：唐自中葉後，置有十將之官名。(七五)襄城：據《新唐書・地理志》二，襄城縣屬河南道、汝州。(七六)騾軍：胡三省曰：「淮西地少馬，乘騾以戰，號騾子軍，尤為驍銳。」(七七)不相引：謂不相牽連。(七八)襄邑：據《新唐書・地理志》二，襄邑屬河南道、宋州，劉洽時以宣武節度鎮宋州。(七九)壁：營柵。(八〇)尉氏：據同志二，尉氏縣屬汴州。(八一)蔡州：淮寧軍之本鎮。(八二)示：表示。(八三)龍興寺：胡三省曰：「龍興寺蓋在蔡州。」(八四)僅：只。(八五)馘：截耳，音幗。(八六)慟：哀痛。(八七)投地：以身倒投地上。(八八)蘇：活。(八九)勒：勒令。(九〇)奴馬：家奴及馬匹。(九一)資裝：此指鎧甲武器言。(九二)搖：搖動。(九三)以清水之盟，疆場未定：按場當作場，謂畔也，界也，音一ˋ。核張鎰與吐蕃清水之盟，其劃定疆埸之文，具載《舊唐書・張鎰傳》，文云：「今國家所守界，涇州西至彈箏峽西口，隴州西至清水縣，鳳州西至同谷縣，暨劍南西山大度河東為漢界，蕃國守鎮在蘭、渭、原、會、西至臨洮，又東至成州抵劍南，西界磨些諸蠻，大渡水西南為蕃界。」(九四)命崔漢衡入吐蕃，決於贊普：胡三省曰：「是年二月，命崔漢衡送區頰贊，蓋欲與之盟而遣之，久而盟未定，又命漢衡入吐蕃決於贊普。此時中國疲於兵，彼固有以窺唐矣。」(九五)加永平、宣武、河陽都統李勉淮西招討使，東都、汝州節度使哥舒曜為之副：按此為顧及下句哥舒曜為之副之行文計，加字宜改作以字，又於李勉下應添一為字。且如此，又可與以下諸句之文例相符。(九六)江西節度使：按度使二字，應單行而大字書之。(九七)潁橋：據《九域志》，襄城縣有潁橋鎮。(九八)潁王璬：璬，玄宗子。(九九)清苑：《舊唐書・地理志》二：「河北道、莫州、清苑縣，武德四年屬蒲州，貞觀元年改屬瀛州，景雲二年屬莫州。」(〇〇)司武尚書：猶唐之兵部尚書。(〇一)魏營：魏州之營壘。(〇二)滿城：據《新唐書・地理志》三，滿城縣屬易州。(〇三)會：適逢。(〇四)趣：讀曰促。(〇五)遜：謙遜。(〇六)熱疾：猶今之感冒。(〇七)云云：謂如此如此之言語。(〇八)如脫屣：履不躡跟曰屣，脫屣以喻輕易。(〇九)辨：辨別。(一〇)深加：甚加。(一一)它志：它意。(一二)如初：如昔。(一三)參謀：節度參謀，關預軍中機密。(一四)林來奉詔，非降也：按《舊唐書・王武俊傳》作：「是來傳詔，非降也。」語意為合，當改從。(一五)誠効：忠誠之功。(一六)登壇之日：謂稱王時。(一七)徇忠義：徇忠義之節。(一八)察：省察。(一九)失意：謂意見錯誤。(二〇)謝：向之謝罪。(二一)況朕為四海之主乎：〈王武俊傳〉作：「朕四海主，毫芒安可復念哉！」乃此意表達之全式。(二二)連兵：

謂戰爭相連不解。㉓暴：暴露。㉔莽：杜預曰：「草之生於廣野莽莽然，故曰草莽。」㉕就使：即使。㉖憚：畏。㉗從化：謂歸從王化。㉘奉辭：此謂奉天子之詔書。㉙負：違負。㉚陰：暗。㉛江泗：胡三省曰：「泗當作西，江西、謂江南西道。」㉜環：環繞。㉝出境：謂出離本軍所鎮守之境。㉞仰給度支：謂皆由度支供給。㉟恤：存恤。㊱本道糧仍給其家：謂本道所給其家之糧，仍照給之。㊲適境：越境。㊳二法：即所謂稅間架及除陌錢。㊴每屋兩架為間：蓋屋一間，必為兩架，若接連二間，則三架足矣，餘依此例推。㊵上屋：謂上等房屋。㊶中，稅千：謂中屋，稅錢一千。㊷握筭：謂握籌算。史炤曰：「其法，用竹徑一分，長六寸，二百七十枚而成六觚，為一握。」㊸入人室廬：謂入人家之室廬。㊹計其數：謂計其間數及應付之間架稅錢。㊺它資：謂其它資產。㊻緡：千錢為緡。㊼給它物：謂給與它物。㊽貿易：亦即上之買賣。㊾約錢為率：謂以錢數約計之，而依率徵收。㊿敢隱錢百：謂敢有隱匿制錢百者。(51)坐事之家：謂遭事而被罰之家。(52)盈：充盈。(53)郴王逾、鄜王遘：二王皆上弟。(54)荅蕃判官：胡三省曰：「荅蕃判官因當時出使者署置，以為官名。」(55)疆場：按場當作埸，說見上。(56)揆有才望：《舊唐書・李揆傳》：「揆美風儀，善奏對，每有敷陳，皆符獻替。肅宗賞歎之，嘗謂揆曰：『卿門地人物文章，皆當代所推。』故時人稱為三絕。」所云有才望，乃指此也。(57)詔命：謂天子之命令。(58)惻然：傷憫。(59)諳練：諳悉熟練。(60)年少於揆者：謂年較揆為小者。(61)遠使：謂至遠方為使人者。

(一)初，上在東宮，聞監察御史、嘉興(一)陸贄名，即位，召為翰林學士(二)，數問以得失，時兩河(三)用兵久不決(四)，賦役日滋(五)，贄以兵窮民困，恐別(六)生內變，乃上奏，其略曰：「克敵之要，在乎將得其人，馭(七)將之方，在乎操(八)得其柄(九)。將非其人者，兵雖眾不足恃，操失其柄者，將雖材不為用。」又曰：「將不能使兵，國不能馭將，非止(一〇)費財翫寇(一一)之弊，亦有不戢自焚(一二)之災(一三)。」又曰：「今兩河淮西為叛亂之帥者，獨四五凶人而已，尚恐其中或遭詿誤(一四)，內蓄(一五)危疑(一六)，蒼黃(一七)失圖(一八)，勢(一九)不得止，況其餘眾，蓋並脅從(二〇)，苟知全生(二一)，豈願為惡！」又曰：「無紓(二二)目前之虞(二三)，或興(二四)意外之變，人者，邦之本也，財者，人之心也，其心傷則其本傷，其本傷則枝幹顛瘁(二五)矣。」又曰：「人搖不寧(二六)，事變難測，是以兵(二七)貴拙速，不貴巧遲，若不靖於本(二八)，而務救於末(二九)，則救之所為，乃禍之所起也。」又論關中形勢，以為：「王者蓄威(三〇)以昭(三一)德，偏廢(三二)則危，居重以馭輕，倒持則悖(三三)。王畿者，四方之本也，太宗列置(三四)府兵，分隸(三五)禁衛，大凡諸府八百餘所，而在關中者殆[36]五百焉，舉天下[37]不敵關中，則居重馭輕[38]之意明矣。承平漸久，武備浸[39]微[40]，雖府衛[41]具存，而卒乘[42]罕[43]習[44]，故祿山竊倒持之柄，乘外重之資[45]，一舉滔天[46]，兩京不守，尚賴西邊有兵，諸牧有馬[47]，每州有糧，故肅宗得以中興。乾元之後，繼有外虞，悉師[48]東討，邊備既弛[49]，禁戎[50]亦空，吐蕃乘虛，深入為寇，故先皇帝莫與為禦[51]，避之東遊，是皆失居重馭輕之權[52]，忘深根固柢[53]之慮[54]，內寇[55]，則殽函失險[56]，外侵[57]、則汧渭為戎[58]，於斯之時雖有四方之師，寧[59]救一朝之患。陛下追想及此，豈不為之寒心[60]哉！今朔方太原之眾，遠在山東[61]，神策六軍之兵，繼出關外[62]，儻有賊臣啗寇[63]，黠虜覦邊，伺隙乘虛[64]，微犯[65]亭障[66]，此愚臣所竊憂也。未審陛下其何以禦之？側聞伐叛之初，議者多易其事[67]，僉[68]謂有征無戰，役[69]不踰時[70]，計[71]兵[72]未甚多，度費未甚廣[73]，於事為無擾[74]，於人為不勞[75]；曾不料兵連禍拏[76]，變故[77]難測[78]，日引[79]月長，漸乖[80]始圖[81]。往歲為天下所患[82]，咸謂除之則可致升平者，李正己、李寶臣、梁崇義、田悅是也；往歲[83]為國家所信，咸謂任之則可除禍亂者，朱滔、李希烈是也。既而正己死，李納繼之，寶臣死，惟岳繼之，崇義平，希烈叛，惟岳戮，朱滔攜(八四)，然則往歲之所患者，四去其三矣，而患竟不衰(八五)，往歲之所信，今則自叛矣，而餘又難保(八六)。是知立國之安危在勢，任事之濟(八七)否在人，勢苟安(八八)，則異類同心(八九)也，勢苟危，則舟中敵國(九〇)也。陛下豈可不追鑒(九一)往事，惟新令圖(九二)，修偏廢之柄(九三)以靖人，復倒持之權(九四)以固國，而乃孜孜(九五)汲汲，極思(九六)勞神，徇(九七)無已之求(九八)，望難必(九九)之效(一〇〇)乎！今關輔之間，徵發(一〇一)已甚，宮苑之內，備衛不全(一〇二)，萬一將帥之中，又如朱滔、希烈，或負固邊壘(一〇三)，誘致(一〇四)豺狼，或竊發郊畿，驚犯城闕(一〇五)，此亦愚臣所竊為憂者也(一〇六)，未審陛下復何以備之？陛下儻過聽(一〇七)愚計，所遣神策六軍李晟等及節將(一〇八)子弟，悉可追還，明敕涇隴、邠寧，但令嚴備封守(一〇九)，仍云更不徵發，使知各保安居(一一〇)，又降德音(一一一)，罷京城及畿縣間架等雜稅，則冀已輸者弭(一一二)怨，見處者(一一三)獲寧(一一四)，人心不搖，邦本自固。」上不能用。

(二)壬戌，以汴西運使㉕崔縱兼魏州四節度㉖都糧料使㉗。縱，渙之子㉘也。

(三)九月，丙戌，神策將劉德信、宣武將唐漢臣與淮寧將李克誠戰，敗於滬澗。【考異】徐岱奉天記曰：「大將唐漢臣、劉德信、高秉哲合統兵一萬，屯於汝州，三帥各領一軍，城小卒眾，教令不一，軍進至薛店，更無它路，又不設支軍，賊諜知之，乘霧而進，三帥望敵大潰，戈楯資實山積，馬萬餘蹄，皆沒焉。汝州遂陷，攝刺史李元平為寇所獲，賊邏兵北至彭婆。」今從實錄。時李勉遣漢臣將兵萬人救襄城，上遣德信帥諸將家應募者㉙三千人助之，勉奏：「李希烈精兵皆在襄城，許州空虛，若襲許州，則襄城圍自解㉚。」遣二將趣許州，未至數十里，上遣中使責其違詔，二將狼狽㉛而返，無復斥候㉜，克誠伏兵邀㉝之，殺傷太半，漢臣奔大梁，德信奔汝州，希烈遊兵㉞剽掠至伊闕㉟，勉復遣其將李堅帥四千人助守東都，【考異】新傳作李堅華，今從實錄。希烈以兵絕其後，堅軍不得還，汴軍㊱由是不振㊲，襄城益危。

(四)上以諸軍討淮寧者不相統壹，庚子，以舒王謨㊳為荊襄等道行營都元帥，更名誼，以戶部尚書蕭復為長史，右庶子孔巢父為左司馬，諫議大夫樊澤為右司馬，自餘將佐，皆選中外之望㊴，未行，會涇師作亂而止。復，嵩之孫(三〇)也；巢父，孔子三十七世孫也。

(五)上發涇原諸道兵救襄城。冬，十月，丙午，涇原節度使姚令言將兵五千至京師，【考異】舊傳云：「令言率本鎮兵五萬赴援。」按奉天記曰：「哥舒曜表請加師，上使涇州節度使姚令言赴援，令言本領三千，請加至五千。」今從之。軍士(三一)雨寒甚，多攜子弟而來，冀得厚賜遺(三二)其家，既至，一無所賜。丁未，發至滻水(三三)，詔京兆尹王翃犒(三四)師，惟糲食(三五)菜餤(三六)，眾怒，蹴而覆之(三七)，因揚言(三八)曰：「吾輩將死於敵，而食且不飽，安能以微命拒(三九)白刃邪！聞瓊林大盈二庫(四〇)，金帛盈溢(四一)，不如相與取之。」乃擐甲(四二)張旗(四三)鼓譟，還趣(四四)京城，令言入辭(四五)，尚在禁中，聞之，馳至長樂阪(四六)遇之，軍士射令言，令言抱馬鬣(四七)突入亂兵，呼曰：「諸君失計(四八)，東征立功，何患不富貴，乃為族滅之計乎！」軍士不聽，以兵擁令言而西(四九)，上遽命(五〇)賜帛人二匹(五一)，眾益怒，射中使，又命中使宣慰，賊已至通化門(五二)外，中使出門，賊殺之，又命出金帛二十車賜之，賊已入城，喧聲浩浩(五三)，不復可遏(五四)，百姓狼狽駭走(五五)，賊大呼告之曰：「汝曹勿恐，不奪汝商貨僦質(五六)矣，不稅汝間架陌錢(五七)矣。」上遣普王誼、翰林學士姜公輔出慰諭之，賊已陳於丹鳳門[五八]外，小民[五九]聚觀者以萬計。初神策軍使白志貞掌召募，禁兵東征死亡者，志貞皆隱不以聞，但受市井富兒[六〇]賂而補之，名在軍籍[六一]，受給賜[六二]，而身居市廛[六三]為販鬻[六四]，司農卿段秀實上言：「禁兵不精，其數全少[六五]，卒[六六]有患難，將何待[六七]之？」不聽。至是，上召禁兵以禦賊，竟無一人至者，賊已斬關[六八]而入，上乃與王貴妃、韋淑妃、太子諸王、唐安公主自苑北門出，王貴妃以傳國寶[六九]繫衣中[七〇]以從，後宮諸王公主不及從者什七八。初，魚朝恩既誅，宦官不復典兵[七一]，有竇文場、霍仙鳴者，嘗事上於東宮，至是帥宦官左右僅百人[七二]以從，使普王誼前驅，太子執兵[七三]以殿[七四]，司農卿郭曙以部曲數十人獵苑中[七五]，聞蹕[七六]，謁道左，遂以其眾從。曙，曖之弟[七七]也。右龍武軍使令狐建方教射於軍中，聞之，帥麾下[七八]四百人從，乃使建居後為殿。姜公輔叩馬言曰：「朱泚嘗為涇帥，坐弟滔之故，廢處[七九]京師[八〇]，心嘗怏怏[八一]，臣謂陛下既不能推心待之[八二]，則不如殺之，毋貽後患。今亂兵若奉以為主，則難制矣。請召使從行。」上倉猝不暇用其言，曰：「無及(八三)矣。」遂行，夜至咸陽，飯數七而過(八四)。時事出非意(八五)，羣臣皆不知乘輿所之(八六)，盧杞關播踰中書垣(八七)而出，白志貞、王翃及御史大夫于頎、中丞劉從一、戶部侍郎趙贊、翰林學士陸贄、吳通微等，追及上於咸陽。頎，頔之從父兄弟；從一，齊賢之從孫(八八)也。

(六)賊入宮，登含元殿(八九)，大呼曰：「天子已出，宜人自求富。」遂讙譟爭入府庫運金帛，極力而止(九〇)，小民因(九一)之亦入宮盜庫物，通夕(九二)不已，其不能入者，剽奪於路，諸坊居民各相帥自守(九三)。姚令言與亂兵謀曰：「今眾無主，不能持久，朱太尉閑居私第，請相與奉之。」眾許諾，乃遣數百騎迎泚於晉昌里第(九四)【考異】舊泚傳，作招國里，今從實錄。夜半泚按轡(九五)列炬(九六)，傳呼(九七)入宮，居含元殿，設警嚴(九八)，自稱權知(九九)六軍，戊申旦，泚徙居白華殿(一〇〇)，出榜(一〇一)於外，稱：「涇原將士久處邊陲，不閑(一〇二)朝禮，輒(一〇三)入宮闕，致驚乘輿西出巡幸，太尉已權臨(一〇四)六軍，應(一〇五)神策軍士及文武百官，凡有祿食(一〇六)者，悉詣行在，不能往者，即詣本司(一〇七)，若出三日，撿勘(一〇八)彼此(一〇九)無名者，皆斬。」於是百官出見泚，或勸迎乘輿，泚不悅，百官稍稍(一一〇)遁去。源休以使回紇還，賞薄，怨朝廷，入見泚，屏人㉑密語移時㉒，為泚陳成敗㉓，引符命㉔，勸之僭逆，泚喜，然猶未決㉕，宿衞諸軍舉白幡降者㉖，列於闕前甚眾，泚夜於苑門出兵，旦自通化門入，駱驛㉗不絕，張弓露刃㉘，欲以威眾㉙。上思桑道茂之言㉚，自咸陽幸奉天㉛，縣僚聞車駕猝至，欲逃匿山谷，主簿蘇弁止之。弁，良嗣之兄孫㉜也。文武之臣稍稍繼至，己酉，左金吾大將軍渾瑊至奉天，瑊素㉝有威望，眾心恃之稍安。

(七)庚戌，源休勸朱泚禁十城門㉞，毋得出朝士，朝士往往易服㉟為傭僕潛出㊱，休又為泚說誘㊲文武之士，使之附泚。檢校司空同平章事李忠臣久失兵柄㊳，太僕卿張光晟自負㊴其才，皆鬱鬱㊵不得志，泚悉起而用之，工部侍郎蔣鎮出亡㊶，墜馬傷足，為泚所得。先是休以才能，光晟以節義，鎮以清素㊷，都官員外郎彭偃以文學，太常卿敬釭以勇略㊸，皆為時人所重㊹，至是皆為泚用。

(八)鳳翔涇原將張廷芝、段誠諫將數千人救襄城，未出潼關，聞朱泚據長安，殺其大將隴右兵馬使戴蘭潰㊺歸於泚，泚於是自謂眾心所歸，謀反遂定，以源休為京兆尹判度支，李忠臣為皇城使㊱，百司供億㊲，六軍宿衛，咸擬㊳乘輿。

(九)辛亥，以渾瑊為京畿渭北節度使，行在都虞候白志貞為都知兵馬使，令孤建為中軍鼓角使，以神策都虞候侯仲莊為左衛將軍兼奉天防城使。朱泚以司農卿段秀實久失兵柄㊴，意其必怏怏，遣數十騎召之，秀實閉門拒之，騎士踰垣入，劫之以兵㊵，秀實自度不免㊶，乃謂子弟曰：「國家有患㊷，吾於何避之，當以死徇社稷，汝曹宜人自求生㊸。」乃往見泚，泚喜曰：「段公來，吾事濟矣。」延坐㊹問計，秀實說之曰：「公本以忠義著聞天下，今涇軍以犒賜不豐㊺，遽有披猖㊻，使乘輿播越㊼，夫犒㊽賜不豐，有司之過也，天子安得知之？公宜以此開諭㊾將士，示以禍福，奉迎乘輿，復歸宮闕，此莫大之功也。」泚默然不悅，然以秀實與己皆為朝廷所廢，遂推心委之㊿。左驍衛將軍劉海賓、涇原都虞候何明禮、孔目官(五一)岐靈岳，皆秀實素所厚也，【考異】舊傳曰：判官岐靈岳。今從段公別傳。秀實密與之謀誅泚，迎乘輿。

㈩上初至奉天，詔徵近道兵入援，有上言：「朱泚為亂兵所立，且來攻城，宜早修守備。」盧杞切齒(二三二)言曰：「朱泚忠貞，羣臣莫及，奈何言其從亂，傷大臣心(二三三)，臣請以百口(二三四)保(二三五)其不反。」上亦以為然。又聞羣臣勸泚奉迎(二三六)，乃詔諸道援兵至者，皆營於三十里外。姜公輔諫曰：「今宿衞單寡(二三七)，防慮(二三八)不可不深，若泚竭忠(二三九)奉迎，何憚於兵多，如其不然，有備無患(二四〇)。」上乃悉召援兵入城，盧杞及白志貞言於上曰：「臣觀朱泚心迹(二四一)，必不至為逆，願擇大臣入京城宣慰，以察之。」上以問從臣，皆畏憚，莫敢行，金吾將軍吳漵獨請行，上悅，漵退而告人曰：「食其祿而違(二四二)其難，何以為臣！吾幸託肺附(二四三)，非不知往必死，但舉朝無蹈難(二四四)之臣，使聖情(二四五)慊慊(二四六)耳。」遂奉詔詣泚，泚反謀已決，雖陽(二四七)為受命，館漵於客省(二四八)，尋殺之。漵，湊之兄也。

【今註】 ㈠嘉興：今浙江省嘉興縣。㈡召為翰林學士：按唐代頗重翰林學士之選，而德宗為尤甚。此具述於《舊唐書・職官志》二翰林院條，文曰：「玄宗即位，張說、陸堅、張九齡、徐安貞、張洎等召入禁中，謂之翰林待詔。王者尊極，一日萬機，四方進奏，中外表疏批答，或詔從中出，宸翰所揮，亦資其檢討，謂之視草，故嘗簡當代士人，以備顧問。至德已後，天下用兵，軍國多務，深謀密詔，皆從中出，尤擇名士，翰林學士得充選者，文士為榮，亦如中書舍人，例置學士六人，內擇年深德重者一人為承旨，所以獨承密命故也。德宗好文，尤難其選，貞元已後，為學士承旨者，多至宰相焉。」③兩河：謂河南河北。④久不決：謂久未決勝負。⑤滋：猶增。⑥別：更。⑦馭：謂駕馭。⑧操：持。⑨柄：謂權柄。⑩止：猶只。⑪翫寇：此謂寇不得平。⑫不戢自焚：《左傳》隱公四年：「兵猶火也，不戢將自焚。」杜注：「戢，止也。」⑬災：災禍。⑭詿誤：為他人欺蒙牽累而犯罪也，音卦。⑮蓄：含。⑯危疑：謂危疑震撼。⑰蒼黃：遑遽。⑱圖：謀。⑲勢：形勢。⑳脅從：史炤曰：「脅從者，為威力所迫脅，不得已而從於逆，非同心為逆者也。」㉑全生：謂得全性命。㉒紓：緩。㉓虞：憂虞。㉔興：起。㉕顛瘁：謂垂萎枯瘁。㉖人搖不寧：謂人心動搖，則不安寧。㉗兵：謂用兵。㉘不靖於本：謂不求根本之平靖。㉙末：標末。㉚威：威勢。㉛昭：著。㉜偏廢：謂或偏或廢。㉝悖：謬。㉞列置：猶設置。㉟分隸：分屬。㊱殆：大概。㊲舉天下：謂以全天下。㊳居重馭輕：謂重多者聚於一處，以駕馭他處之輕寡者。㊴浸：漸。㊵微：微薄。㊶府衛：謂府兵禁衛之制。㊷卒乘：此謂步卒及騎兵。㊸罕：稀少。㊹習：教習。㊺乘外重之資：謂憑依外鎮兵力強大之資藉。㊻滔天：以喻禍亂之巨大。㊼諸牧有馬：唐於隴右設有牧苑，以牧孳戰騎，其官員則曰牧監。㊽悉師：全師。㊾弛：鬆弛。㊿禁戎：謂禁衛。(51)莫與為禦：謂無與之以事抵禦。(52)權：勢。(53)柢：木根，音抵。(54)慮：思慮。(55)內寇：謂國內所發生之寇盜。（五六）殽函失險：謂殽函之險，不足以阻之。（五七）外侵：謂外國入侵。（五八）為戎：謂淪為戎狄之地。（五九）寧：豈。（六〇）寒心：謂心戰慄。（六一）朔方太原之眾，遠在山東：謂李懷光以朔方軍，馬燧以太原軍討田悅，兵不解也。（六二）神策六軍之兵，繼出關外：胡三省曰：「左右羽林、左右龍武、左右神策為六軍。又曰，左右羽林、龍武、神武為六軍，神策軍最盛，在六軍之右。時李晟、哥舒曜、劉德信等，皆以禁兵，出關討賊。」（六三）啗寇：謂以餌誘寇。（六四）虛：空虛。（六五）微犯：不敢斥言其犯，故用微以帶過之。（六六）亭障：皆駐兵以防敵之軍事設備。（六七）多易其事：謂多以其事為易。（六八）僉：皆。（六九）役：行役。（七〇）時：指季言。（七一）計：估計。（七二）兵：謂所用之兵卒。（七三）廣：亦多。（七四）擾：煩擾。（七五）勞：煩勞。（七六）拏：牽連。（七七）變故：變化事故。（七八）測：度。（七九）引：延伸。（八〇）乖：違。（八一）圖：謀。（八二）患：病。（八三）往歲：昔年，昔日。（八四）攜：攜離，攜貳。（八五）衰：歇。（八六）保：保信。（八七）濟：成。（八八）安：安穩。（八九）異類同心：謂異類將成為同心之人。（九〇）則舟中敵國：謂則舟中之客，將成為敵國之人。（九一）鑒：鑒戒。（九二）令圖：善謀。（九三）柄：謂權柄。（九四）復倒持之權：《漢書・梅福傳》：「倒持泰阿，授楚其柄。」（九五）孜孜：亦汲汲，不息貌。（九六）極思：謂窮極思慮。（九七）徇：徇求。（九八）求：慾求。（九九）難必：謂難以必得。（一〇〇）效：功。（一〇一）徵發：謂徵調發遣士卒。（一〇二）宮苑之內，備衞不全：備，防也。北軍皆屯苑中，時悉在行營。（一〇三）負固邊壘：謂或負恃邊營之險固。（一〇四）誘致：引誘召致。（一〇五）城闕：謂京城。（一〇六）此亦愚臣所竊為憂者也：按憂下或添慮字，或將上之為字點去，則似較流暢整齊。（一〇七）過聽：猶辱聽。（一〇八）節將：執旌節之將帥。（一〇九）封守：封疆之守禦。（一一〇）使知各保安居：使知各人定能安居。（一一一）德音：詔書之一種。㉒弭：止。㉓見處者：謂被徵收及處罰者。㉔寧：寧息。㉕汴西運使：其全銜乃為汴西水陸運兩稅鹽鐵使。㉖魏州四節度：河東節度使馬燧、澤潞節度使李抱真、河陽節度使李芃、朔方節度使李懷光，四軍時並在魏州行營。㉗都糧料使：糧謂糧食，料謂物料。宋白曰：「建中用兵，諸道行營出境者，皆仰給度支，謂之食出界糧。又於諸軍各以臺省官一人，司其供億，謂之糧料使。」㉘縱，渙之子：崔渙者，玄暐之孫，玄宗幸蜀以為相。㉙諸將家應募者：即上文言之節將子弟。㉚自解：謂自然解開。㉛狼狽：謂事乖而失意貌。㉜無復斥候：此謂不設斥候，以資戒備。㉝邀：截擊。㉞遊兵：遊奕之兵。㉟伊闕：縣名，屬河南府。㊱汴軍：即宣武軍。㊲不振：不復振作。㊳舒王謨：德宗子。㊴中外之望：謂中外之孚眾望者。㉚復，嵩之孫：蕭嵩，開元中為相。㉛冒：犯。㉜遺：給。㉝滏水：在長安東。㉞犒：犒勞師旅。㉟糲食：粗糲之飯。㊱餤：餅，音淡。㊲蹴而覆之：謂以腳踢而傾覆之。㊳揚言：謂大聲言曰。㊴拒：抗拒。㊵瓊林大盈二庫：胡三省曰：「玄宗時、王鉷為戶口邑役使，徵剝財貨，每歲進錢百億，寶貨稱是，入百寶大盈庫，以供人主宴私賞賜之用，則玄宗時已有大盈庫。陸贄諫帝曰：『瓊林大盈，自古悉無其制，傳諸耆舊之說，皆云創自開元，聚歛之臣，貪權飾巧求媚，乃言郡國貢獻，所合區分，賦稅當委於有司，以給經用，貢獻宜歸於天子，以奉私求。玄宗悅之，新置是二庫，蕩心侈欲，萌禍於茲，始乎失邦，終以餌寇。』則庫始於玄宗明矣。」宋白曰：「大盈庫、內庫也，以中人主之。至德中，第五琦始悉以租賦進入大盈庫，天子以出納為便，故不復出。」㊶盈溢：盈滿充溢。㊷擐甲：貫甲。㊸張旗：

張樹旌旗。〔四四〕趣：通趨。〔四五〕入辭：入宮中辭別天子。〔四六〕長樂阪：胡三省曰：「在滻水西，本滻坂也，隋文帝惡其名，取其北對長樂，改曰長樂坂。」〔四七〕馬鬣：馬頸上之長毛也。〔四八〕失計：謂計劃錯誤。〔四九〕擁令言而西：擁，抱持，謂自長樂坂西入京城。〔五〇〕遽命：立命。〔五一〕人二匹：謂每人帛二匹。〔五二〕通化門：通化門，京城東面北來第一門。〔五三〕浩浩：謂浩大。〔五四〕遏：止。〔五五〕駭走：驚駭竄走。〔五六〕僦質：謂僦櫃質庫。〔五七〕陌錢：即上之除陌錢。〔五八〕丹鳳門：程大昌曰：「自通化門北去丹鳳門，止兩坊。」《唐六典》卷七：「大明宮南面五門，正南曰丹鳳門。」〔五九〕小民：平民。〔六〇〕富兒：謂富人。〔六一〕軍籍：軍戎之簿籍。〔六二〕受給賜：受國家之給賜。〔六三〕市廛：猶市肆。〔六四〕販鬻：販賣。〔六五〕其數全少：謂神策六軍之兵，每軍之人數，皆缺少也。〔六六〕卒：通猝。〔六七〕待：對待。〔六八〕斬關：謂斬開門之管鑰。〔六九〕傳國寶：即傳國璽。〔七〇〕繫衣中：謂繫於身上所著之衣內。〔七一〕典兵：掌兵。〔七二〕僅百人：謂共百人，僅含共意，乃唐代之特殊用法。〔七三〕執兵：執兵器。〔七四〕殿：殿後。〔七五〕獵苑中：胡三省曰：「禁苑在京城之北，東至灞水，西連故長安城，南連京城，北枕渭水。」〔七六〕蹕：謂止行人以清道。〔七七〕曙，曖之弟：曖、曙皆郭子儀之子。〔七八〕麾下：部下。〔七九〕廢處：廢居。〔八〇〕京帥：按帥當係師之誤。〔八一〕怏怏：心不滿足。〔八二〕推心待之：猶對之親信。〔八三〕無及：謂時已不及。〔八四〕飯數七而過：按七當作匕，用以取飯，即今之飯匙。意謂進飯數匙，即蒼黃而去。〔八五〕非意：謂非意中所料。〔八六〕之：往。〔八七〕中書垣：中書省之垣牆。〔八八〕從一，齊賢之從孫：劉齊賢，祥道之子，以方正為高宗所重。〔八九〕含元殿：《唐六典》七：「大明宮南面五門，正南曰丹鳳門，丹鳳門內正殿曰含元殿。階上高於平地四十餘尺，東西廣五百步，今元冬至，於此聽朝也。」（九〇）極力而止：謂窮力之所能，方始罷休。（九一）因：猶乘。（九二）通夕：全夜。（九三）諸坊居民各相帥自守：謂各坊之坊民，皆聚合於其坊內，以保護其宅室也。（九四）晉昌里第：按長安圖，自京城啓夏門北入東街第二坊，曰晉昌坊。（九五）按轡：謂乘馬徐行。（九六）列炬：陳列火炬。（九七）傳呼：謂騶卒遞相呼喊。（九八）設警嚴：胡三省曰：「設鼓角以警嚴。一曰：『設卒以警備嚴衞。』」（九九）權知：謂遵從權宜而行知掌。（一〇〇）白華殿：胡三省曰：「考李晟收復京城次第，白華殿蓋近光泰門內，大明宮東北隅。」程大昌曰：「晟收長安，亦自白華門入，諸家不載何地，以晟兵所屆言之，當在大明東苑之東。」（一〇一）榜：榜告。（一〇二）閑：習。（一〇三）輒：擅輒。（一〇四）權臨：謂權臨而知掌也。（一〇五）應：謂一應。（一〇六）祿食：猶職位。（一〇七）本司：謂本職司。（一〇八）撿勘：謂檢驗勘察。（一〇九）彼此：指行在及本司言。（一一〇）稍稍：漸漸。（一一一）屏人：謂屏除左右。（一一二）移時：謂多時。（一一三）陳成敗：謂陳說成敗之策。（一一四）符命：謂天所示之符瑞命令。（一一五）決：決定。（一一六）舉白幡降者：降者率舉白幡，以示降意。（一一七）駱驛：陸續。（一一八）張弓露刃：與箭上弦，刀出鞘之意相類。（一一九）威眾：謂使眾畏威而懾伏也。（一二〇）上思桑道茂之言：道茂言見卷二百二十六元年。（一二一）奉天：《新唐書・地理志》一：「京兆府、奉天縣，次赤，文明元年，析醴泉、始平、好畤、武功、豳州之永壽置，以奉乾陵。」（一二二）弁，良嗣之兄孫：蘇良嗣武后初為相。（一二三）素：平常。（一二四）十城門：唐都長安京城，東面通化、春明、延興三門，南面啓夏、明德、安化三門，西延秋、金光、開遠三門，北光化一門，凡十門。（一二五）易服：更換衣服。（一二六）潛出：猶偷出。（一二七）誘：引誘。（一二八）兵柄：即兵權。（一二九）負：負恃。（一三〇）鬱鬱：不得志貌。

(31)出亡：偷出長安而逃亡。(32)清素：清高雅素。(33)勇略：勇敢謀略。(34)所重：所敬重。(35)潰：潰散。(36)皇城使：《唐六典》卷七：「皇城在京城之中，東西五里一百一十五步，南北三里一百四十步。其中左宗廟，右社稷，百僚廨署，列乎其間。」(37)供億：謂供給而以億安。(38)擬：比擬。(39)以段秀實久失兵柄：段秀實失兵柄，見卷二百二十六建中元年。(40)劫之以兵：謂以兵器劫持之。(41)不免：謂不能免於行。(42)患：患難。(43)人自求生：猶各自求生。(44)延坐：請坐。(45)豐：豐富。(46)披猖：飛颺貌。(47)播越：猶播遷。(48)犒：犒勞。(49)開諭：開導曉諭。(50)推心委之：親信委任之。(51)孔目官：胡三省曰：「唐藩鎮吏職，使院有孔目官，軍府事無細大，皆經其手，言一孔一目，無不綜理也。」(52)切齒：深恨貌。(53)心：猶意。(54)百口：指全家人而言，中古常言一家人為百口。(55)保：猶今之擔保。(56)奉迎：謂奉迎乘輿。(57)單寡：單薄寡弱。(58)防慮：防備考慮。(59)竭忠：盡忠。(60)有備無患：謂有備則得無憂患。(61)心迹：謂存心及行迹。(62)違：猶避。(63)吾幸託肺附：瀲，章敬皇后弟。王念孫曰：「肺附皆謂木皮，肺為柹之假借字，言己為帝室微末之親，如木皮之託於木也。」(64)蹈難：猶赴難。(65)聖情：謂天子之心情。(66)慊慊：恨不足之意。(67)陽：表面。(68)客省：客省位於大明宮右銀臺門。

㈠泚遣涇原兵馬使韓旻將銳兵三千，聲言㊀迎大駕，實襲奉天，時奉天守備單弱㊁，段秀實謂岐靈岳曰：「事急矣，使靈岳詐為姚令言符(三)，令旻且(四)還，當(五)與大軍俱發。」竊令言印未至，秀實倒用司農印印符(六)，募(七)善走者追之，旻至駱驛(八)，得符而還，秀實謂同謀曰：「旻來，吾屬無類矣(九)，我當直搏(一〇)泚，殺之，不克(一一)則死，終不能(一二)為之臣也。」乃令劉海賓、何明禮陰(一三)結軍中之士，欲使應之於外，旻兵至，泚、令言大驚，岐靈岳獨承(一四)其罪而死，不以及秀實等。是日泚召李忠臣、源休、姚令言及秀實等議稱帝事，秀實勃然(一五)起，奪休象笏(一六)，前唾泚面，大罵曰：「狂賊，吾恨不斬汝萬段，豈從汝反邪！」因以笏擊泚，泚舉手扞(一七)之，纔中其額，濺(一八)血灑地，泚與秀實相搏恟恟(一九)，左右猝愕(二〇)，不知所為，海賓不敢進，乘亂而逸，忠臣前助泚，泚得匍匐(二一)脫走，秀實知事不成，謂泚黨曰：「我不同汝反，何不殺我。」眾爭前殺之，泚一手承血(二二)，一手止其眾曰：「義士也，勿殺。」秀實既死，泚哭之甚哀，以三品禮葬之(二三)，海賓縗服(二四)而逃，後二日，捕得殺之。【考異】段公別傳曰：「五日夜，泚使涇原將李忠臣、高昂等統銳兵五千，以襲奉天，六日，賊泚又令兵馬使韓旻領馬步二千以繼之。」奉天記曰：「秀實與海賓密謀誅泚，佯入，請問計事，而海賓置匕首於靴，欲以相應，為閽者見覺，秀實遽奪源休笏，挺而擊之。」舊泚傳曰：「秀實與劉海賓謀誅泚，且虞叛卒之震驚法駕，乃潛為賊符，追所發兵，至六日，兵及駱驛而回。因與海賓同入見泚，為陳逆順之理，而海賓於靴中取匕首，為其所覺，遂不得前。秀實知不可以義動，遽奪源休象笏，挺而擊泚。」秀實傳曰：「與海賓約，事急為繼，而令明禮應於外，及秀實擊泚，而海賓等不至。」按李忠臣等，若已將五千人襲奉天，則秀實雖追還旻兵，無益矣。又海賓若於靴中取匕首，為賊所覺，則登時死矣，焉能復逃；若為閽者所覺，亦應時被擒，事跡諠著，賊為之備，秀實亦不得發矣。此數者，皆恐難信，今但取段公行狀、幸奉天錄及舊傳可信者，存之。亦不引㉕何明禮，明禮從泚攻奉天，復謀殺泚，亦死。上聞秀實死，恨委用不至㉖，涕泗久之。

(二)壬子，以少府監李昌巙為京畿渭南節度使。

(三)鳳翔節度使同平章事張鎰性儒緩㉗，好修飾邊幅㉘，不習㉙軍事，聞上在奉天，欲迎大駕，具服用㉚貨財，獻於行在，後營將李楚琳為人剽悍，軍中畏之，嘗事朱泚，為泚所厚㉛，行軍司馬齊映與同幕齊抗言於鎰曰：「不去楚琳，必為亂首㉜。」鎰命楚琳出戍隴州㉝，楚琳託事㉞不時發㉟，鎰方以迎駕為憂㊱，謂楚琳已去矣，楚琳夜與其黨作亂，鎰縋城㊲而走，賊追及，殺之，判官王沼等皆死，映自水竇㊳出，抗為傭保㊴負荷㊵而逃，皆免。【考異】舊映傳曰：「鎰不從映言，乃示寬大，召楚琳語之曰，欲令公使於外，楚琳恐，是夜作亂，殺鎰以應泚。」今從鎰傳。

(四)始上以奉天迫隘㊶，欲幸鳳翔，戶部尚書蕭復聞之，遽請見，曰：「陛下大誤㊷，鳳翔將卒皆朱泚故部曲，其中必有與之同惡者，臣尚憂張鎰不能久，豈得以鑾輿蹈不測之淵乎！」上曰：「吾行計已決㊸，試為卿留一日。」明日聞鳳翔亂，乃止，齊映齊抗皆詣奉天，以映為御史中丞，抗為侍御史。楚琳自為節度使，降於朱泚，隴州刺史郝通奔於楚琳。

㈤商州團練兵殺其刺史謝良輔。

㈥朱泚自白華殿入宣政殿㊹，自稱大秦皇帝，改元應天。癸丑，泚以姚令言為侍中、關內元帥，李忠臣為司空兼侍中，源休為中書侍郎同平章事、判度支，蔣鎮為吏部侍郎，樊系為禮部侍郎，彭偃為中書舍人，自餘張光晟等各拜官有差㊺，立弟滔為皇太弟。姚令言與源休共掌㊻朝政，凡泚之謀畫遷除，軍旅資糧，皆稟㊼於休，休勸泚誅翦宗室在京城者，以絕人望㊽，殺郡王㊾、王子、王孫凡七十七人。尋又以蔣鎮為門下侍郎，李子平為諫議大夫，並同平章事，鎮憂懼，每懷刀欲自殺，又欲亡竄，然性怯，竟不果㊿。源休勸泚誅朝士之竄匿者，以脅其餘(51)，鎮力救之，賴以全者甚眾。樊系為泚譔冊文，既成，仰藥(52)而死。大理卿、膠水(53)蔣沇詣行在，為賊所得，沇絕食稱病，潛竄得免。

(七)哥舒曜食盡，棄襄城奔洛陽，李希烈陷襄城。

(八)右龍武將軍李觀將衞兵千餘人，從上於奉天，上委(五四)之召募，數日得五千餘人，列之通衢，旗鼓嚴整，城人為之增氣。姚令言之東出也，以兵馬使、京兆馮河清為涇原留後(五五)，判官河中姚況知涇州事，河清況聞上幸奉天，集將士大哭，激(五六)以忠義，發甲兵(五七)器械百餘車，通夕(五八)輸行在，城中方苦(五九)無甲兵，得之士氣大振(六〇)，詔以河清為四鎮北庭行營涇原節度使，況為行軍司馬。

(九)上至奉天數日，右僕射同平章事崔寧始至，上喜甚，撫勞有加(六一)，寧退謂所親(六二)曰：「主上聰明英武，從善如流(六三)，但為盧杞所惑(六四)，以至於此。」因潸(六五)然出涕。杞聞之，與王翃謀陷(六六)之，翃言於上曰：「臣與寧俱出京城，寧數下馬便液(六七)，久之不至，有顧望(六八)意。」會朱泚下詔，以左丞柳渾同平章事，寧為中書令。渾，襄湯人(六九)也。時亡在山谷，翃使盩厔(七〇)尉康湛詐為寧遺朱泚書，獻之，杞因譖(七一)寧與朱泚結盟，約為內應，故獨後至。乙卯，上遣中使引寧就幕下，云宣(七二)密旨，二力士自後縊殺之，中外皆稱其冤，上聞之，乃赦其家。

(十)朱泚遣使遺朱滔書，稱：「三秦之地，指日(七三)克平，大河之北，委卿除殄(七四)，當與卿會於洛陽。」滔得書，宣示軍府，移牒(七五)諸道，以自誇大。

(十一)上遣中使告難於魏縣行營(七六)，諸將相與慟哭，李懷光帥眾赴長安，馬燧、李芃各引兵歸鎮(七七)，李抱真退屯臨洺。

(十二)丁巳，以戶部尚書蕭復為吏部尚書，吏部郎中劉從一為刑部侍郎，翰林學士姜公輔為諫議大夫，並同平章事。

(十三)朱泚自將逼奉天，軍勢甚盛，以姚令言為元帥，【考異】奉天記：「十月十日，賊泚自統眾攻奉天，以姚令言為都統。」今從實錄、舊泚傳。張光晟副之，以李忠臣為京兆尹、皇城留守，仇敬忠為同華等州節度拓東(七八)王，以扞(七九)關東之師，李日月為西道先鋒經略使，邠寧留後韓遊瓌、慶州刺史論惟明、監軍翟文秀，受詔將兵三千拒泚於便橋(八〇)，與泚遇於醴泉，遊瓌欲還趣奉天，文秀曰：「我向奉天，賊亦隨至(八一)，是引賊以迫天子也，不若留壁（八二）於此，賊必不敢越我向奉天，若不顧（八三）而過，則與奉天夾攻之。」遊瓌曰：「賊彊我弱，若賊分軍以綴（八四）我，直趣奉天，奉天兵亦弱，何夾攻之有（八五）！我今急趣奉天，所以衞（八六）天子也。且吾士卒饑寒，而賊多財，彼以利（八七）誘吾卒，吾不能禁（八八）也。」遂引兵入奉天，泚亦隨至，官軍出戰不利，泚兵爭門（八九）欲入，渾瑊與遊瓌血戰（九〇）竟日，門內有草車數乘，瑊使虞候高固帥甲士，以長刀斫賊，皆一當百，曳車（九一）塞門，縱火（九二）焚之，眾軍乘火擊賊，賊乃退。會夜（九三），泚營於城東二里，擊柝張火（九四），布滿原野，使西明寺（九五）僧法堅造攻具，毀佛寺以為梯衝（九六）。韓遊瓌曰：「寺材皆乾薪，但具火以待之。」固，侃之玄孫（九七）也。泚自是日來攻城，瑊、遊瓌等晝夜力戰，幽州兵救襄城者，聞泚反，突入潼關，歸泚於奉天，普潤戍卒（九八）亦歸之，有眾數萬。

（十四）上與陸贄語及亂故（九九），深自克責（一〇〇），贄曰：「致今日之患，皆羣臣之罪也。」上曰：「此亦天命，非由人事。」贄退上疏，以為：「陛下志壹區宇（一〇一），四征不庭（一〇二），兇渠稽（一〇三）誅，逆將繼亂，兵連禍結，行及三年(四)，徵師日滋(五)，賦斂日重，內自京邑(六)，外洎(七)邊陲，行者有鋒刃之憂(八)，居者有誅求之困(九)，是以叛亂繼起，怨黷(一〇)幷(一一)興，非常之虞(一二)，億兆(一三)同慮。唯陛下穆(一四)然凝邃(一五)，獨不得聞，至使凶卒鼓行(一六)，白晝犯闕(一七)，豈不以乘我間隙，因人攜離(一八)哉！陛下有股肱(一九)之臣，有耳目之任(二〇)，有諫諍之列(二一)，有備衞(二二)之司(二三)，見危不能竭其誠(二四)，臨難不能效其死(二五)，臣所謂致(二六)今日之患，羣臣之罪者(二七)，豈徒言(二八)歟！聖旨又以國家興衰，皆有天命(二九)，臣聞天所視聽，皆因於人(三〇)，故祖伊責紂之辭曰：『我生不有命在天(三一)。』武王數紂之罪曰：『乃曰吾有命，罔懲其侮(三二)。』此又捨人事而推天命，必可之理也。易曰：『視履考祥(三三)。』又曰：『吉凶者，失得之象(三四)。』此乃天命由人(三五)，其義(三六)明矣。然則聖哲(三七)之意，六經會通(三八)，皆謂禍福由人，不言盛衰有命(三九)，蓋人事理(四〇)而天命降亂(四一)者，未之有也；人事亂，而天命降康(四二)者，亦未之有也。自頃征討頗頻(四三)，刑網稍密，物力(四四)耗竭(四五)，人心驚疑(四六)，如居風濤，洶洶(四七)靡(四八)定，上自朝列(四九)，下達蒸黎(五〇)，日夕(五一)

族黨[五二]聚謀，咸憂必有變故，旋屬[五三]涇原叛卒，果如眾庶所虞[五四]，京師之人，動逾億計，固非悉知筭術[五五]，皆曉[五六]占書[五七]，則明[五八]致寇之由[五九]，未必盡關[六〇]天命。臣聞理[六一]或生亂，亂或資[六二]理，有以無難而失守[六三]，有以多難而興邦，今生亂失守之事，則既往[六四]而不可復追[六五]矣，其資理[六六]興邦之業[六七]，在陛下克勵[六八]而謹脩之，何憂乎亂人[六九]？何畏於厄運[七〇]？勤勵不息，足致[七一]升平，豈止盪滌[七二]妖氛[七三]，旋復[七四]宮闕而已。」

（十五）田悅說王武俊使與馬寔共擊李抱真於臨洺，抱真復遣賈林說武俊曰：「臨洺兵精而有備，未易輕也[七五]，今戰勝得地，則利[七六]歸魏博，不勝，則恒冀大傷[七七]，易、定、滄、趙[七八]，皆大夫之故地也，不如先取之。」武俊乃辭悅與馬寔北歸，壬戌，悅送武俊於館陶[七九]，執手泣別，下至將士，贈遺[八〇]甚厚。先是，武俊召回紇兵，使絕李懷光等糧道，懷光等已西去，而回紇達干將回紇千人、雜虜二千人，適至幽州北境，朱滔因說之，欲與俱詣河南，取東都，應接朱泚，許以河南子女[八一]賂[八二]之，滔娶回紇女為側室[八三]，回紇謂之朱郎，且利其俘掠(八四)，許之。賈林復說武俊曰：「自古國家有患，未必不因之(八五)更興，況主上九葉(八六)天子，聰明英武，天下誰肯捨之共事(八七)朱泚乎？滔自為盟主以來，輕蔑(八八)同列，河朔古無冀國，冀乃大夫之封域也(八九)，今滔稱冀王，又西倚其兄，北引回紇，其志欲盡吞河朔而王之，大夫雖欲為之臣，不可得矣。且大夫雄勇(九〇)善戰，非滔之比(九一)，又本以忠義，手(九二)誅叛臣，當時宰相處置失宜，為滔所誑誘(九三)，故蹉跌(九四)至此，不若與昭義併力(九五)取滔，其勢(九六)必獲，滔既亡，則泚自破矣，此不世(九七)之功，轉禍為福之道(九八)也。今諸道輻湊(九九)攻泚，不日當平，天下已定，大夫乃悔過而歸國，則已晚矣。」時武俊已與滔有隙，因攘袂(一〇〇)作色曰：「二百年天子，吾不能臣，豈能臣此田舍兒(一〇一)乎！」遂與抱真及馬燧相結(一〇二)，約(一〇三)為兄弟，然猶外事滔，禮甚謹(一〇四)，與田悅各遣使見滔於河間(一〇五)，賀朱泚稱尊號，且請馬實之兵，共攻康日知於趙州。

(十六)汝鄭應援使劉德信將子弟軍(一〇六)在汝州，聞難引兵入援，與泚眾戰於見子陵(一〇七)，破之，以東渭橋有轉輸積粟，癸亥，進屯東渭橋(一〇八)。

㈦朱泚夜攻奉天東西南三面，甲子，渾瑊力戰却之，左龍武大將軍呂希倩戰死。乙丑，泚復攻城，將軍高重捷與泚將李日月戰於梁山㉙之隅，破之，乘勝逐北，身先士卒，賊伏兵擒之，其麾下十餘人奮不顧死㉚，追奪之，賊不能拒，乃斬其首，棄其身㉛而去，麾下收之入城，上親撫㉜而哭之，盡哀㉝，結蒲㉞為首而葬之，贈司空。朱泚見其首，亦哭之曰：「忠臣也。」束蒲為身而葬之。李日月，泚之驍㉟將也，戰死於奉天城下，泚歸㊱其尸於長安，厚葬之，其母竟不哭，罵曰：「奚奴，國家何負於汝而反，死已晚矣。」及泚敗，賊黨皆族誅，獨日月之母不坐㊲。己巳，加渾瑊京畿、渭南北、金商節度使。

㈧壬申，王武俊與馬實至趙州城下。

㈨初，朱泚鎮鳳翔，遣其將牛雲光將幽州兵五百人戍隴州，以隴右營田判官韋皐領隴右留後，【考異】奉天記作鳳翔節度判官，今從實錄。及郝通奔鳳翔，牛雲光詐疾㉘，欲俟皐至，伏兵執之以應泚，事泄㉙，帥其眾奔泚，至汧陽㉚，遇泚遣中使蘇玉齎詔書加皐中丞㉛，玉說雲光曰：

「韋皐書生也，君不如與我俱之隴州，皐幸㉒而受命㉓，乃吾人㉔也，不受命，君以兵誅之，如取孤豘㉕耳。」雲光從之。皐從城上問雲光曰：「曏㉖者不告而行，今而復來，何也？」雲光曰：「曏者未知公心，今公有新命㉗，故復來，願託腹心。」皐乃先納蘇玉，受其詔書，謂雲光曰：「大使苟無異心，請悉納甲兵㉘，使城中無疑，眾乃可入。」雲光以皐書生易之，乃悉以甲兵輸㉙之而入，明日皐宴玉，雲光及其卒於郡舍㉚，伏甲誅之，築壇盟將士曰：「李楚琳賊虐本使㉛，既不事上，安能卹㉜下，宜相與討之。」遣兄平弁㉝詣奉天㉞，復遣使求援於吐蕃。

【今註】㈠聲言：謂揚聲言，凡揚聲者，其言多與其心所持者相違。㈡單弱：與上之單寡相似，謂單薄寡弱也。㈢符：符令。㈣且：姑且。㈤當：猶俟。㈥印符：謂以司農印蓋於符上。㈦募：募求。㈧駱驛：當在長安奉天之間，為一小郵驛之名。㈨無類矣：謂無遺類，或無噍類。㈩搏：擊。⑪不克：猶不成。⑫終不能：謂始終不能，亦即決不能也。⑬陰：暗。⑭承：招承。⑮勃然：興起貌。⑯象笏：胡三省曰：「武德初，因隋舊制，五品已上執象笏，三品已下前挫後直，五品已上後屈，自時厥後，一例上圓下方，曾不分別。」⑰扞：扞格。⑱濺：涌流。⑲恟恟：喧擾之狀。⑳猝愕：謂蒼黃驚愕。㉑匍匐：此謂俯身。㉒承血：謂承接其額上之流血。㉓以三品禮葬之：《舊唐書・職官志》三：「司農寺、卿一員，從三品上。」㉔縗服：以麻布為之，被於胸前者，音ㄘㄨㄟ。㉕引：牽引。㉖委用不至：謂委用不盡其材。㉗懦緩：柔緩。《舊唐書・齊映傳》，則作懦緩，意更明顯。㉘修飾邊幅：謂講究衣飾。㉙習：閑習。㉚服用：衣服用物。㉛所厚：所重。㉜亂首：禍亂之首。㉝隴州：《九域志》：「鳳翔府西至隴州，一百五十里。」㉞託事：謂託有他事。㉟不時發：謂不立時出發。㊱為憂：謂為慮。㊲縋城：於城垣處，以繩縋下。㊳水竇：謂城墻根排水之洞口。㊴傭保：猶僮僕。㊵負荷：背負。㊶迫隘：迫促狹隘。㊷大誤：謂甚誤。㊸行計已決：謂出行之計畫已定。㊹宣政殿：大明宮含元殿之北為宣政殿。㊺有差：有等差。㊻掌：知掌。㊼稟：稟承。㊽人望：百姓之冀望。㊾郡王：《唐六典》卷二：「皇兄弟、皇子皆封國，謂之親王，皇太子諸子並為郡王，親王之子承恩澤者，亦封郡王。郡王從一品，食邑五千戶。」㊿不果：謂未成。(51)以脅其餘：謂以威脅其餘之人，使不敢逃竄。(52)仰藥：服毒。(53)膠水：據《新唐書・地理志》二，膠水縣屬河南道，萊州。(54)委：委任。(55)經原留後：按經當改作涇。(56)激：激勵。(57)甲兵：鎧甲兵器。(58)通夕：謂通夕而行，自晚至旦。(59)苦：猶憂。(60)大振：謂大為振作。(61)上至奉天數日，……崔寧始至，上喜甚，撫勞有加：胡三省曰：「崔寧鎮西川，有威名，危難之中見其至，可以鎮安人心，故喜甚，而撫勞加於他人。」(62)所親：謂所親近之人。(63)如流：謂如流水然，喻其速也。(64)惑：惑誤。(65)潸：涕流貌，音刪。(66)陷：陷害。(67)便液：小便。(68)顧望：謂顧望不前。(六九)渾、襄湯人：按襄湯當係襄陽之訛，襄陽唐屬山南東道襄州。(七〇)盩厔：按盩當作盩，盩厔唐屬鳳翔府，今陝西省盩厔縣。(七一)譖：誣訴，音ㄗㄣˋ。(七二)宣：宣敷。(七三)指日：謂不久。(七四)除殄：蕩除殄滅。(七五)移牒：猶通牒。(七六)魏縣行營：為馬燧諸軍。(七七)馬燧、李芃各引兵歸鎮：馬燧歸太原，李芃歸河陽。(七八)拓東：謂開拓東方。(七九)扞：扞禦。(八〇)便橋：在渭水上。(八一)隨至：隨我後而至。(八二)留壁：留營。(八三)不顧：猶不管。(八四)綴：謂綴之而使其不能行動。(八五)何夾攻之有：謂豈能夾攻乎。(八六)衞：保衞。(八七)利：指上之財言。(八八)禁：止。(八九)爭門：爭城門。(九〇)血戰：謂流血戰鬬。(九一)曳車：拖車。(九二)縱火：放火。(九三)會夜：謂遇夜。(九四)張火：張設火炬。(九五)西明寺：胡三省曰：「西明寺在長安城中延康坊，本隋楊素宅也。」(九六)梯衝：謂雲梯衝車。(九七)固，侃之玄孫：高侃事太宗高宗，為將有功。(九八)普潤戍卒：神策兵也。(九九)亂故：變亂之原故。(一〇〇)克責：猶檢責。(一〇一)志壹區宇：志欲統壹區宇。(一〇二)不庭：杜預曰：「不庭、謂不朝也。」(一〇三)稽：延。(一〇四)行及三年：行及謂將及，建中二年兵端始起，至是將及三年。(一〇五)日滋：猶日多。(一〇六)京邑：即京師、京城。(一〇七)洎：至。(一〇八)鋒刃之憂：謂有作戰之憂。(一〇九)誅求之困：謂賦歛無度之困。(一一〇)怨黷：謂怨望褻慢。(一一一)幷：猶皆。(一一二)虞：憂。(一一三)億兆：即兆民。(一一四)穆：肅穆。(一一五)凝邃：凝靜邃遠。(一一六)鼓行：擊鼓而行，謂明目張膽也。(一一七)闕：宮闕。(一一八)因人攜離：謂因人心之攜貳離異。(一一九)股肱：猶心膂，謂親信也。(一二〇)耳目之任：謂為君王聽察事物之官。(一二一)列：亦官。(一二二)備衞：猶防衞。(一二三)司：有司。(一二四)不能竭其誠：謂不能盡其忠。古常以忠誠互用，尤以隋代，以避忠諱故，凡用忠字處，多改用誠，故誠更愈含忠意矣。㉕效其死：謂致其死力。㉖致：召致。㉗羣臣之罪者：謂為羣臣之罪者。㉘徒言：謂空言。㉙天命：天之命數。㉚天所視聽，皆因於人：《尚書・泰誓》：「天視自我民視，天聽自我民聽。」因猶自也。㉛故祖伊責紂之辭曰：「我生不有命在天」：文見《尚書・西伯戡黎篇》，祖伊姓祖名伊，為祖乙之後。我生一句為紂嘆息謂，民雖欲亡我，我之生，獨不有命在天乎。㉜武王數紂之罪曰：「乃曰吾有命，罔懲其侮」：文見《尚書・泰誓》上，意謂我有天命，而無有懲戒其侮慢之意。㉝易曰：「視履考祥」：乃履卦上九爻辭。王弼注：「禍福之祥，生於所履，處履之極，履道成矣，故可以視履而考祥。」㉞吉凶者，失得之象：乃《易・大傳》之辭。㉟由人：謂由人所致。㊱義：義理。㊲聖哲：猶聖賢。㊳六經會通：謂六經會聚通貫之理。㊴有命：有天命。㊵理：治。㊶亂：喪亂。㊷康：康泰。㊸頻：頻繁。㊹物力：猶財力。㊺耗竭：損耗枯竭。㊻驚疑：驚駭疑懼。㊼洶洶：喧擾。㊽靡：不。㊾朝列：朝列之臣。㊿蒸黎：眾庶。(51)日夕：晝夜。(52)族黨：宗族鄉黨。(53)屬：遇。(54)虞：度。(55)筭術：推筭之術。(56)曉：曉悉。(57)占書：記述占卜之書。(58)明：猶知。(59)由：原由。(60)關：關係。(61)理：治也，唐人避高宗諱，皆以治為理。(62)資：資藉。(63)有以無難而失守：謂有時因無內憂外患而失國。(64)既往：已往。(65)追：謂追悔。(66)資理：謂憑以為治。(67)業：事。(68)克勵：謂能以勉勵。(69)亂人：即亂民。(70)厄運：困厄之運會。(71)致：獲致。(72)盪滌：盪除滌去。(73)妖氛：妖孽之氛靄。(74)旋復：還復。(75)未易輕也：疑易當作宜，謂不宜輕視之。(76)利：利益。(77)大傷：大為傷損。(78)易、定、滄、趙：時張孝忠據易、定、滄，康日知據趙州。(五九)館陶：今山東省館陶縣。(六〇)贈遺：贈送餽遺。(六一)子女：指女子言。(六二)賂：遺。(六三)側室：謂妾。(六四)俘掠：俘虜搶掠。(六五)因之：由之。(六六)九葉：自高祖、太宗、高宗、中宗、睿宗、玄宗、肅宗、代宗、至帝，凡九世。(六七)共事：謂供奉侍事。(六八)蔑：藐視。(六九)河朔古無冀國，冀乃大夫之封域也：胡三省曰：「滔稱冀王，蓋奄禹跡冀州之域以自大，而王武俊巡屬有冀州，故林以是間之。」(七〇)雄勇：雄偉英勇。(七一)之比：猶之類。(七二)手：親。(七三)誑誘：誑惑引誘。(七四)蹉跌：失誤。(七五)併力：合力。(七六)其勢：謂按其形勢。(七七)不世：謂非每世所皆有者。(七八)道：道術。(七九)輻湊：謂合集。(八〇)攘袂：謂挽起衣袖，而露出臂肱，以示決心之意。(八一)田舍兒：乃詈人之辭。(八二)結：結連。(八三)約：猶結。(八四)謹：恭謹。(八五)河間：據《新唐書・地理志》三，河間縣為瀛州治所。(八六)將子弟軍：是年四月，募諸嘗為節度觀察都團練使子弟，帥奴馬從軍，使劉德信將之，以救襄城。(八七)見子陵：胡三省曰：「新書本紀作思子陵。水經注：『閿鄉縣西皇天原上，有漢武帝思子臺。』又：『漢薄太后陵在霸陵之南，近文帝陵，故薄太后曰，南望吾子，北望吾夫，故俗呼為見子陵也。』」(八八)東渭橋：程大昌曰：「東渭橋在萬年縣北五十里，灞水合渭之地。」(八九)梁山：據《新唐書・地理志》一，京兆府奉天縣，梁山在城北五里，乾陵在焉。(九〇)不顧死：謂不管生死。(九一)身：軀體。(九二)撫：撫摩。(九三)盡哀：猶極哀。(九四)結蒲：束結蒲草。(九五)驍：勇。(九六)歸：送歸。(九七)不坐：不連坐罪。(九八)詐疾：詐稱疾。(九九)泄：洩漏。(一〇〇)汧陽：據《新唐書・地理志》一，汧陽縣屬隴州。(一〇一)中丞：即御史中丞。(一〇二)幸：僥幸。(一〇三)命：詔命。(一〇四)吾人：謂同夥之人。(一〇五)豘：豘，同豚，豕子也。(一〇六)鄉：同嚮，謂以前。㉗新命：謂中丞之命。㉘悉納甲兵：謂將甲兵悉行交納。㉙輸：輸入。㉚郡舍：郡之官舍。

㉛李楚琳賊虐本使：胡三省曰：「本使、謂張鎰也，李楚琳、鎰之部將、而殺鎰從逆，故云然。」

㉜恤：存恤。㉝遣兄平弇：按《舊唐書・韋皐傳》作：「遣從兄平及弇，繼入奉天城。」是平弇乃係二人，平下當添一及字，以示其非一人。㉞詣奉天：請命於行在所。

卷二百二十九　唐紀四十五

司馬光編集
曲守約註

起昭陽大淵獻十一月，盡閼逢困敦正月，不滿一年。（癸亥至甲子，西元七八三年至七八四年）

德宗神武聖文皇帝四

建中四年（西元七八三年）

㈠十一月，乙亥，以隴州為奉義軍，擢皐為節度使，泚又使中使劉海廣許皐鳳翔節度使，皐斬之。

㈡靈武留後杜希全、鹽州刺史戴休顏、夏州刺史時常春㊀，會渭北節度使㊁李建徽，合兵萬人入援，將至奉天，上召將相議道所從出㊂，關播渾瑊曰：「漠谷㊃道險狹㊄，恐為賊所邀㊅，不若自乾陵㊆北過附柏城㊇而行，營於城東北雞子堆，與城中犄角㊈相應，且分賊勢。」盧杞曰：「漠谷道近，若為賊所邀，則城中出兵應接可也，儻出乾陵，恐驚陵寢㊉。」瑊曰：「自泚攻城，斬乾陵松柏，以夜繼晝，其驚㊁多矣，今城中危急，諸道救兵未至，惟希全等來，所繫⑫非輕，若得營據要地，則泚可破也。」杞曰：「陛下行師，豈比逆賊，若令希全等過之，是自驚陵寢。」上乃命希全等自漠谷進，丙子，希全等軍至漠谷，果為賊所邀，乘高⑬以大弩⑭巨石擊之，死傷甚眾，城中出兵應接，為賊所敗，是夕，四軍潰⑮，退保邠州。泚閱⑯其輜重於城下，從官相視失色⑰，休顏、夏州人也。泚攻城益急，穿塹環⑱之，泚移帳⑲於乾陵下，視城中動靜，皆見之，時遣使環城，招誘士民，笑其不識天命⑳。

㈢神策河北行營節度使李晟疾愈㉑，聞上幸奉天，帥眾將奔命㉒，張孝忠迫㉓於朱滔、王武俊，倚晟為援，不欲晟行，數沮止㉔之。晟乃留其子憑使娶孝忠女為婦，又解玉帶㉕，賂孝忠親信，使說之，孝忠乃聽晟西歸，遣大將楊榮國將銳兵㉖六百，與晟俱；晟引兵出飛狐道㉗，晝夜兼行㉘，至代州，丁丑，加晟神策行營節度使。

㈣王武俊馬實攻趙州，不克，辛巳，實歸瀛州，武俊送之五里，犒贈㉙甚厚，武俊亦歸恒州。

㈤上之出幸奉天也，陝虢觀察使姚明敭㉚以軍事委都防禦副使張勸，去詣行在，勸募兵得數萬人，甲申，以勸為陝虢節度使。

(六)朱泚攻圍奉天經月(三一)，城中資糧俱盡，上嘗遣健步(三二)出城覘賊，其人懇以苦寒為辭(三三)，跪奏乞一襦(三四)袴，上為之尋求不獲，竟憫默(三五)而遣(三六)之。時供御(三七)止有糲米(三八)二斛，每伺(三九)賊之休息，夜縋人於城外，采蕪菁(四〇)根而進之。上召公卿將吏謂曰：「朕以不德，自陷危亡，固其宜也，公輩無罪，宜早降以救室家(四一)。」羣臣皆頓首流涕，期(四二)盡死力，故將士雖困急(四三)，而銳氣(四四)不衰。上之幸奉天也，糧料使崔縱(四五)勸李懷光令入援(四六)，懷光從之，縱悉斂(四七)軍資，與懷光皆來(四八)，懷光晝夜倍道(四九)，至河中，力疲，休兵三日，河中尹李齊運傾力(五〇)犒宴(五一)，軍尚欲遷延(五二)，崔縱先輦(五三)貨財度河，謂眾曰：「至河西(五四)，悉以分賜。」眾利之，西屯蒲城(五五)，有眾五萬。齊運，惲之孫(五六)也。

(七)李晟行且收兵(五七)，亦自蒲津濟軍於東渭橋，其始有卒四千，晟善於撫御(五八)，與士卒同甘苦，人樂從之，旬月(五九)間至萬餘人。

(八)神策兵馬使尚可孤討李希烈，將三千人在襄陽，自武關入援，軍於七盤[六〇]，敗泚將仇敬[六一]，遂取藍田，可孤、宇文部之別種也。

(九)鎮國軍[六二]副使駱元光，其先安息[六三]人，駱奉先養以為子[六四]，將兵守潼關，近十年，為眾所服，朱泚遣其將何望之襲華州，刺史董晉棄州走行在，望之據其城，將聚兵以絕東道，元光引關下兵襲望之，走還長安[六五]，元光遂軍華州[六六]，召募士卒，數日得萬餘人，泚數遣兵攻元光，元光皆擊却之，賊由是不能東出，上即以元光為鎮國軍節度使，元光乃將兵二千，西屯昭應。

(十)馬燧遣其行軍司馬王權及其子彙將兵五千人入援，屯中渭橋[六七]，於是泚黨所據，惟長安而已，援軍遊騎[六八]時至望春樓[六九]下，李忠臣等屢出兵，皆敗，求援於泚，泚恐民間乘弊[七〇]抄[七一]之，所遣兵皆晝伏夜行，泚內以長安為憂，乃急攻奉天，使僧法堅造雲梯，高廣各數丈，**【考異】**劇談錄曰：「高九十餘尺，下臨城中。」今從實錄。裹以兕革[七二]，下施巨輪，上容壯士五百人，城中望之，恟懼[七三]。上以問羣臣，渾瑊、侯仲莊對曰：「臣觀雲梯勢甚重[七四]，重則易陷[七五]，臣請迎其所來[七六]，鑿地道，積薪蓄[七七]火，以待之。」神武軍使[七八]韓澄曰：「雲梯小伎，不足上勞聖慮，臣請禦之，」乃度梯之所傃[七九]，廣[八〇]城東北隅三十步，多儲膏油[八一]松脂[八二]薪葦[八三]於其上，丁亥，泚盛兵鼓譟攻南城，韓遊瓌曰：「此欲分吾力[八四]也。」乃引兵嚴備東北。戊子，北風甚迅[八五]，泚推雲梯，上施濕氈，懸水囊，載壯士攻城，翼[八六]以轒轀[八七]，置人其下，抱薪負土，填塹[八八]而前，矢石火炬[八九]所不能傷，賊併兵[九〇]攻城東北隅，矢石如雨，城中死傷者不可勝數，賊已有登城者。上與渾瑊對泣，羣臣惟仰首祝天[九一]，上以無名告身[九二]，自御史大夫實食[九三]五百戶以下千餘通[九四]，授瑊，使募敢死士禦之，仍賜御筆[九五]，使視其功之大小，書名給之，告身不足，則書其身[九六]，且曰：「今便與卿別。」瑊俯伏流涕，上拊[九七]其背，歔欷[九八]不自勝。時士卒凍餒，又乏甲冑，瑊撫諭[九九]激[一〇〇]以忠義，皆鼓譟[一〇一]力戰，瑊中流矢，進戰不輟，初不言痛[一〇二]。會雲梯輾[一〇三]地道，一輪偏陷[一〇四]，不能前却[一〇五]，火從地中出[一〇六]，風勢亦回[一〇七]，城上人投葦炬[一〇八]，散松脂，沃[一〇九]以膏油，讙[一一〇]呼震地[一一一]，須臾，雲梯及梯上人皆為灰燼，臭[一一二]聞數里，賊乃引退，於是三門[一一三]皆出兵，太子親督戰，賊徒大敗，死者數千人，將士傷者，太子親為裹瘡[14]。入夜，泚復來攻城，矢及御前[15]三步而墜[16]，上大驚。

(十一)李懷光自蒲城引兵趣涇陽[17]，並[18]北山而西，先遣兵馬使張韶微服[19]間行[20]詣行在；藏表於蠟丸[21]，韶至奉天，值[22]賊方[23]攻城，見韶以為賤人[24]，驅之使與民俱填塹，韶得間[25]踰塹抵[26]城下，呼曰：「我朔方軍使者也。」城上人下繩，引之，比登[27]，身中數十矢，得表於衣中[28]而進之，上大喜，舁[29]韶以徇城[30]四隅[31]，歡聲如雷。癸巳，懷光敗泚兵於澧泉，泚聞之，懼，引兵遁歸長安，眾以為懷光復三日[32]不至，則城不守[33]矣。泚既退，從臣皆賀，汴滑行營兵馬使賈隱林進言：「陛下性太急，不能容物[34]，若此性未改，雖朱泚敗亡，憂未艾[35]也。」上不以為忤[36]，甚稱之[37]。侍御史萬俟[38]著開金商運路[39]，重圍既解，諸道貢賦[40]繼至，用度始振[41]。

(十二)朱泚至長安，但為城守之計，時[42]遣人自城外來，周走[43]呼曰：「奉天破矣。」欲以惑[44]眾。泚既據[45]府庫之富，不愛金帛，以悅將士，公卿家屬在城者，皆給月俸，神策及六軍從車駕及哥舒曜李晟者，泚皆給其家糧，加以繕完(四六)器械，日費甚廣，及長安平，府庫尚有餘蓄，見者皆追怨有司之暴斂焉。或謂泚曰：「陛下既受命，唐之陵廟(四七)，不宜復存。」泚曰：「朕嘗北面事唐，豈忍為此！」又曰：「百官多缺，請以兵脅(四八)士人補之。」泚曰：「強授之，則人懼，但欲仕者則與之，何必叩戶(四九)拜官邪！」泚所用者，惟范陽神策團練兵(五〇)，涇原卒驕，皆不為用，但守其所掠資貨(五一)，不肯出戰，又密謀殺泚，不果而止。

(十三)李懷光性粗疏，自山東來赴難(五二)，數與人言盧杞、趙贊、白志貞之姦佞，且曰：「天下之亂，皆此曹所為也，吾見上，當請誅之。」既解奉天之圍，自矜(五三)其功，謂上必接以殊禮。或說王翃趙贊曰：「懷光緣道憤歎(五四)，以為宰相謀議乖方(五五)，度支賦斂煩重，京尹犒賜刻薄(五六)，致乘輿播遷者，三臣之罪也。今懷光新立大功，上必披襟布誠(五七)，詢(五八)得失，使其言入(五九)，豈不殆哉！」翃贊以告盧杞，杞懼，從容言於上曰：「懷光勳業(六〇)，社稷是賴，賊徒破膽，皆無守心(六一)，若使之乘勝取長安，則一舉可以滅賊，此破竹(六二)

之勢也。今聽其入朝，必當賜宴，留連累日〔一六三〕，使賊入京城，得從容成備〔一六四〕，恐難圖〔一六五〕矣。」上以為然，詔懷光直〔一六六〕引軍屯便橋〔一六七〕，與李建徽、李晟及神策兵馬使楊惠元，刻期〔一六八〕共取長安。懷光自以數千里竭誠〔一六九〕赴難，破朱泚，解重圍，而咫尺〔一七〇〕不得見天子，意殊怏怏〔一七一〕，曰：「吾今已為姦臣所排〔一七二〕，事可知矣〔一七三〕。」遂引兵去至魯店〔一七四〕，留二日，乃行。

(七四)劍南西山兵馬使〔一七五〕張朏以所部兵作亂，入成都，西川節度使張延賞棄城奔漢州〔一七六〕，鹿頭〔一七七〕戍將叱干遂等討之，斬朏及其黨，延賞復歸成都。

(七五)淮南節度使陳少遊將兵討李希烈，屯盱眙〔一七八〕，聞朱泚作亂，歸廣陵〔一七九〕，修塹壘〔一八〇〕，繕甲兵〔一八一〕，浙江東西節度使韓滉閉關梁〔一八二〕，禁馬牛出境，築石頭城〔一八三〕，穿井近百所，繕館第數十，修塢壁〔一八四〕，起建業，抵京峴〔一八五〕，樓堞〔一八六〕相屬〔一八七〕，以備車駕度江，且自固〔一八八〕也。少遊發兵三千，大閱〔一八九〕於江北，滉亦發舟師三千，曜武〔一九〇〕於京江〔一九一〕以應之。鹽鐵使包佶有錢帛八百萬〔一九二〕，將輸京師，陳少遊以為賊據長安，未期收復，欲彊取之，佶不可，少遊欲殺之，佶懼，匿妻子於案牘(九三)中，急濟江，少遊悉收其錢帛。【考異】奉天記曰：「佶以財幣一百八十萬，欲轉輸入城，少遊彊收之。」今從舊傳。佶有守財卒(九四)三千，少遊亦奪之，佶纔與數十人俱至上元(九五)，復為韓滉所奪。時南方藩鎮，各閉境自守，惟曹王皐數遣使間道貢獻。李希烈攻逼汴鄭，江淮路絕，朝貢皆自宣饒荊襄趣武關，皐治郵驛(九六)，平(九七)道路，由是往來之使，通行無阻。

【今註】㈠靈武留後杜希全、鹽州刺史戴休顏、夏州刺史時常春：靈武節度使治靈州，夏州治朔方縣，鹽州治五原縣，皆鄰境相接。㈡渭北節度使：胡三省曰：「渭北節度使本治坊州，時徙治鄜州。」㈢道所從出：謂所宜取之道。㈣漠谷：胡三省曰：「漠谷在奉天城西北。」㈤險狹：險阻狹窄。㈥邀：截。㈦乾陵：《新唐書・地理志》一，乾陵在奉天城北五里梁山。㈧附柏城：胡三省曰：「山陵樹柏成行，以遮迾陵寢，故謂之柏城。」宋白曰：「唐諸陵皆栽柏環之，貞元六年十一月，勅諸陵柏城，四面各三里內，不得安葬。」㈨掎角：謂執其角，戾其足，音ㄐㄧˇ。㈩陵寢：謂山陵及寢殿。(一一)驚：驚動。(一二)繫：謂關係。(一三)乘高：踞高。(一四)以大弩：謂以大弩射箭。(一五)潰：敗潰。(一六)閱：檢閱。(一七)從官相視失色：謂皆甚驚懼。(一八)環：圍繞。(一九)帳：即牙帳。(二〇)不識天命：謂不知天命所歸。(二一)李晟疾愈：前年五月，李晟疾甚，自易州還保定州，事見上卷。(二二)奔命：謂奔赴命令。㉓迫：迫脅。㉔沮止：沮亦止。㉕玉帶：天子所賜大臣者。㉖銳兵：精銳之兵。㉗飛狐道：沈存中曰：「北岳常岑，謂之大茂山者是也。半屬契丹，以大茂山脊為界。飛狐路在茂之西，自銀冶寨北出倒馬關，度虜界，却自石門子令水鋪，入缾形、梅回兩寨之間，至代州，今此路已不通，惟北寨西出承天關路，可至河東，然路極峭狹。」㉘晝夜兼行：謂晝夜皆行而不停。㉙犒贈：犒賞贈遺。㉚敭：同揚。㉛經月：謂經過一月之久。㉜健步：猶善走。㉝懇以苦寒為辭：謂殷切以畏寒為言。㉞襦：短衣。㉟憫默：憫者矜其寒，默者無以為辭。㊱遣：謂遣歸。㊲供御：謂供奉天子。㊳糲米：粗米。㊴伺：候。㊵蕪菁：《本草》：「蕪菁及蘆菔，南北通有之，蕪菁即蔓菁。」㊶室家：猶妻子。㊷期：期望，亦即願也。按期若作誓，則更恰切。㊸困急：謂困窘危急。㊹銳氣：猶勇氣。㊺糧料使崔縱：崔縱為魏縣行營糧料使。㊻令入援：謂使入援。㊼歛：收聚。㊽皆來：疑當作偕來。㊾倍道：猶兼程，兼行。㊿傾力：竭力。(51)犒宴：犒勞款宴。(52)遷延：遲留。(53)輂：謂以車運送。(54)河西：《新唐書・地理志》三：「河中府、河西縣，大曆五年，析同州之朝邑及河中府之河東，別置。」(55)蒲城：同志三：「河西縣有蒲津關，一名蒲坂。」是蒲城即蒲坂也。(56)齊運，惲之孫：蔣王惲為太宗子。(57)行且收兵：謂且行且沿途收兵。(58)撫御：謂安撫駕御。(59)旬月：謂十日以至一月。(60)七盤：胡三省曰：「七盤即古繞霤之險。」(61)仇敬：胡三省曰：「仇敬即仇敬忠，此因舊史書之。」(62)鎮國軍：肅宗上元元年，置鎮國軍於華州。(63)安息：安息古波斯國名。《新唐書・波斯傳》：「波斯居達遏水西，距京師萬五千里而贏，東與吐火羅、康接，北鄰突厥可薩部，西南皆瀕海。」(六四)養以為子：即所謂養子也。(六五)走還長安：乃望之走還長安，因上有望之，下句遂省略之，然古書於此，亦有不省者，故於此等處，實有省與不省之兩文例焉。(六六)軍華州：謂駐軍華州。(六七)中渭橋：程大昌曰：「此橋舊止單名渭橋。水經敍渭曰，『水上有梁謂之橋』者是也。後世加中以冠橋上者，為長安之西，別有便門橋度渭，萬年縣之東更有東渭橋，故不得不以中別之也。」宋敏求長安志謂：「此橋之廣，至及六丈，其柱之多，至於七百五十。」由之可知此橋規模之恢弘，而為往來渭水之孔道矣。(六八)遊騎：遊奕之騎兵。(六九)望春樓：胡三省曰：「望春樓近長樂城，臨廣運潭，玄宗所立。」(七〇)乘弊：乘其困弊。(七一)抄：掠略。(七二)裹以兕革：裹當作裏，謂包裹也。《爾雅‧釋獸》：「兕似牛。」郭注：「一角，青色，重千斤。」《周禮‧考工記》：「犀甲壽百年，兕甲壽二百年。」足知其堅固矣。(七三)恟懼：大懼。(七四)勢甚重：其形勢甚為沈重。(七五)易陷：易於下陷。(七六)迎其所來：謂按度其所來之處。(七七)蓄：貯蓄。(七八)神武軍使：《新唐書‧百官志》四：「左右神武軍、開元二十六年，分羽林置左右神武軍，尋廢，至德二年復置。」(七九)傃：鄭玄注：「傃，猶嚮也。」(八〇)廣：謂清除地上存放之他物，而使其空曠也。(八一)膏油：此謂雜種油類。(八二)松脂：謂松樹所滲出之油脂。(八三)葦：蘆葦。(八四)分吾力：謂分吾兵力。(八五)迅：疾。(八六)翼：輔。(八七)轒轀：攻城車。(八八)塹：城下之濠塹。(八九)火炬：火把。(九〇)併兵：合兵。(九一)仰首祝天：謂仰首向天祈禱，求天保佑，以使城不破。(九二)無名告身：即空名告身，有功者則書填姓名以授之。(九三)實食：謂食實封者。(九四)千餘通：《舊唐書‧渾瑊傳》作：「千餘軸。」是告身之單位，可稱通亦可稱軸也。(九五)御筆：天子所用之筆。(96)告身不足，則書其身：胡三省曰：「謂若立功者多，所給告身千餘通，酬功而不足，則書陳前所喝轉階勳於其身，以為照驗，出給告身。」(97)拊：拍，以示親密意。(98)歔欷：謂悲泣氣咽而抽息也。(99)撫諭：謂安撫曉諭。(100)激：激勵。(101)鼓譟：此謂大聲喊叫。(102)初不言痛：謂始終不言痛楚。(103)輾：輪所到處曰輾。(104)偏陷：猶獨陷。(105)不能前却：謂不能向前及退後。(106)火從地中出：火乃渾瑊等所蓄，以待雲梯者。(107)回：回轉。(108)葦炬：蘆葦所縛之火把。(109)沃：澆。(110)讙：喧。(111)震地：震動天地。(112)臭：臭味。(113)三門：指東南北三面言。(114)裹瘡：裹束瘡傷。(115)御前：天子之前。(116)墜：猶落。(117)涇陽：據《新唐書・地理志》一，涇陽縣屬京兆府。(118)並：讀曰傍。(119)微服：謂非朝服。(120)間行：由小道行。(121)於蠟丸：謂於蠟丸內。(122)值：遇。(123)方：猶正。(124)賤人：卑賤之人。(125)得間：獲得間隙，亦即獲得機會。(126)抵：至。(127)比登：及登。(128)得表於衣中：應作得表於蠟丸中，以期與上述相符。(129)舁：共舉，音餘。(130)徇城：此謂徇示城上下之人。(131)四隅：謂全城。(132)復三日：謂再有三日。(133)不守：謂守不住。(134)容物：猶容人。(135)艾：止息。(136)忤：逆忤。(137)稱之：稱美之。(138)萬俟：胡三省曰：「萬當作万，莫北翻；俟，渠之翻。万俟，虜複姓也。」(139)開金商運路：為轉江淮財賦，以至奉天。(140)貢賦：貢獻賦稅。(141)振：舉，亦即足也。(142)時：時常。(143)周走：謂遍行各地。(144)惑：誑惑。(145)據：據有。(146)繕完：繕脩完治。(147)陵廟：山陵宗廟。(148)脅：脅迫。(149)叩戶：謂敲門。(150)團練兵：即團結兵。(151)資貨：珍寶財貨。(152)自山東來赴難：唐太行山以東，亦稱山東，此指自魏縣行營來赴奉天之難。(153)矜：矜伐。(154)憤歎：憤恨慨歎。(五五)乖方：謂乖違正道。(五六)刻薄：苛刻寡薄。(五七)披襟布誠：謂開懷用誠。(五八)詢：詢問。(五九)使其言入：謂使其言得入。(六〇)動業：謂庸勳功業。(六一)無守心：謂無固守之意。(六二)破竹：謂其速。(六三)累日：此謂數日。(六四)成備：完成防備。(六五)圖：圖謀。(六六)直：直接。(六七)便橋：程大昌曰：「長安之西，別有便門橋度渭。」是便橋乃便門橋之簡稱，乃在長安城便門之外。(六八)刻期：猶指日。(六九)竭誠：盡誠。(七〇)咫尺：以喻相距甚近。(七一)怏怏：心不滿貌。(七二)排：排斥。(七三)事可知矣：謂天下大事，可以知矣，此語乃以示無望之意。(七四)魯店：胡三省曰：「魯店在奉天東南，咸陽陳濤斜西北。」(七五)劍南西山兵馬使：劍南以備吐蕃，故常駐重兵於西山，而設有兵馬使之職。(七六)漢州：《九域志》：「成都北至漢州九十五里。」(七七)鹿頭：《新唐書・地理志》六：「劍南道、漢州、德陽縣，有鹿頭關。」(七八)盱眙：今安徽省盱眙縣，音吁怡。(七九)廣陵：《新唐書・地理志》五：「揚州廣陵郡，武德九年更置揚州，天寶元年更郡名。」(八〇)塹壘：濠塹營壘。(八一)甲兵：鎧甲兵器。(八二)關梁：關塞津梁。(八三)石頭城：故城在今南京市西石頭山後。(八四)塢壁：通俗文：「營居曰塢。」壁，壁壘。(八五)起建業，抵京峴：胡三省曰：「京峴山在潤州州治東五里。」此全文乃為西起建業，東抵京峴。(八六)樓堞：樓閣雉堞。(八七)相屬：相連接。(八八)自固：自己固守。(八九)閱：校閱兵卒。(九〇)曜武：謂揚威耀武。(九一)京江：大江逕京口城北，謂之京江。(九二)有錢帛八百萬：按《舊唐書・陳少遊傳》作：「八百萬貫。」是其單位乃為貫也，貫字不可省，當從添。(九三)案牘：猶簿書。(九四)守財卒：此財乃指錢帛言。(九五)上元：《舊唐書・地理志》三：「江南東道、潤州、上元縣，楚金陵邑，秦為秣陵，吳名建業，晉武改為江寧，唐上元二年，復為上元縣。」(九六)郵驛：郵亦驛，二者為複合辭。(九七)平：平治。

(一)上問陸贄以當今切務(一)，贄以曏日致亂，由上下之情不通(二)，勸上接下(三)從諫，乃上疏，其略曰：「臣謂當今急務(四)，在於審察(五)羣情(六)，若羣情之所甚欲者，陛下先行之，所甚惡者，陛下先去之，欲惡與天下同，而天下不歸(七)者，自古及今，未之有也。夫理(八)亂之本(九)，繫於人心，況乎當變故(一〇)動搖之時，在危疑向背之際(一一)，人之所歸則植(一二)，人之所去則傾(一三)，陛下安可不審察羣情，同其欲惡，使億兆歸趣(一四)，以靖(一五)邦家(一六)乎！此誠當今之所急也。」又曰：「頃者竊聞輿議(一七)，頗究(一八)羣情，四方則患於中外意乖(一九)，百辟(二〇)又患於君臣道隔(二一)，羣國(二二)之志(二三)，不達於朝廷，朝廷之誠(二四)，不升於軒陛(二五)，上澤(二六)闕(二七)於下布，下情壅(二八)於上聞，實事(二九)不必知，知事不必實，上下否隔(三〇)於其際，真偽雜糅(三一)於其間，聚怨囂囂(三二)，騰謗籍籍(三三)，欲無疑阻(三四)，其可得乎？」又曰：「總天下之智以助聰明，順(三五)天下之心以施教(三六)令，則君臣同志(三七)，何有不從，遠邇(三八)歸心，孰(三九)與為亂！」又曰：「慮(四〇)有愚而近道，事有要而似迂(四一)。」疏奏旬日，上無所施行，亦不詰(四二)問。

(二)贄又上疏，其略曰：「臣聞立國之本，在乎得眾，得眾之要，在乎見情(四三)，故仲尼以謂(四四)：『人情者，聖王之田(四五)。』言理道(四六)所生(四七)也。」又曰：「易、乾下坤上曰泰，坤下乾上曰否，損上益下曰益，損下益上曰損。夫天在下而地處上，於位乖(四八)矣，而反謂之泰者，上下交(四九)故也。君在上而臣處下，於義(五〇)順矣，而反謂之否者，上下不安故也。上約己(五一)而裕於人(五二)，人必說(五三)而奉(五四)上矣，豈不謂之益(五五)乎！上蔑人(五六)而肆諸己(五七)，人必怨而叛上矣，豈不謂之損(五八)乎！」又曰：「舟即君道，水即人情，舟順水之道(五九)乃浮，違(六〇)則沒(六一)，君得人之情乃固(六二)，失則危(六三)。是以古先聖王之居人上也，必以其欲(六四)從天下之心(六五)，而不敢以天下之人從其欲(六六)。」又曰：「陛下憤習俗以妨理(六七)，任削平而在躬(六八)，以明威照臨(六九)，以嚴法制斷(七〇)，流弊自久，浚恒太深(七一)，遠者驚疑而阻命(七二)，逃死之禍(七三)作，近者畏懾(七四)而偷容(七五)，避罪之態(七六)生，君臣意乖(七七)，上下情隔，君務致理，而下防誅夷(七八)，臣將納忠(七九)，又上慮欺誕(八〇)，故睿誠(八一)不布於羣物〔八二〕，物情不達於睿聰，臣於往年曾任御史〔八三〕，獲奉朝謁〔八四〕，僅欲〔八五〕半年，陛下嚴邃〔八六〕高居〔八七〕，未嘗降旨臨問〔八八〕，羣臣跼蹐〔八九〕趨退〔九〇〕，亦不列事〔九一〕奏陳，軒陛之間，且未相諭〔九二〕，宇宙之廣〔九三〕，何由自通！雖復例對使臣〔九四〕，別延宰輔〔九五〕，既殊師錫〔九六〕，且異公言，未行者，則戒以樞密勿論〔九七〕，已行者，又謂之遂事不諫〔九八〕，漸生拘礙〔九九〕，動涉猜嫌〔一〇〇〕，由是人各隱情〔一〇一〕，以言為諱〔一〇二〕，至於變亂將起，億兆同憂，獨陛下恬然〔一〇三〕不知，方謂太平可致〔一〇四〕，陛下以今日之所覩，驗〔一〇五〕往時之所聞，孰〔一〇六〕真孰虛〔一〇七〕？何得何失？則事之通塞〔一〇八〕，備詳之矣，人之情偽，盡知之矣。」

㈢上乃遣中使諭〔一〇九〕之曰：「朕本性甚好推誠〔一一〇〕，亦能納諫，將謂君臣一體〔一一一〕，全不隄防〔一一二〕，緣推誠不疑，多被姦人賣弄〔一一三〕，今所致患害，朕思亦無它〔一一四〕，其失〔一一五〕反〔一一六〕在推誠。又諫官論事，少能慎密〔一一七〕，例自矜衒〔一一八〕，歸過於朕，以自取名〔一一九〕，朕從即位以來，見奏對論事者甚多，大抵皆是雷同〔一二〇〕，道聽塗說〔一二一〕，試加質〔一二二〕問，遽即辭窮〔一二三〕，若有奇才異能，在朕豈惜拔擢。朕見從前已來，事祇如此，所以近來[二四]，不多取次[二五]對人[二六]，亦非倦於接納[二七]，卿宜深悉[二八]此意。」

(四)贄以人君臨下[二九]，當以誠信為本，諫者雖辭情鄙拙[三〇]，亦當優容[三一]，以開言路[三二]，若震之以威[三三]，折[三四]之以辯，則臣下何敢盡言，乃復上疏，其略曰：「天子之道與天同方[三五]，天不以地有惡木而廢發生[三六]，天子不以時有小人而廢聽納。」又曰：「唯信與誠，有失無補[三七]，一不誠，則心莫之保[三八]，一不信，則言莫之行，陛下所謂失於誠信[三九]，以致患害者，臣竊以斯言為過[四〇]矣。」又曰：「馭[四一]之以智則人詐，示之以疑則人偷[四二]，上行之，則下從之，上施[四三]之，則下報之，若誠不盡於己，而望盡於人[四四]，眾必怠[四五]而不從矣，不誠於前，而曰誠於後[四六]，眾必疑而不信矣。是知誠信之道，不可斯須而去身[四七]，願陛下慎守而行之有加[四八]，恐非所以為悔者也。」又曰：「臣聞仲虺贊揚成湯，不稱其無過，而稱其改過[四九]，吉甫歌誦周宣，不美其無闕，而美其補闕[五〇]，是則聖賢之意，較然[五一]著明，惟以改過為能，不以無過為貴。蓋為人之行己，必有過差[五二]，上智下愚，俱所不免，智者改過而遷善，愚者恥過而遂[五三]

非，遷善則其德[五四]日新，遂非則其惡彌積。」又曰：「諫官不密自矜，信非忠厚，其於聖德，固亦無虧，陛下若納諫不違，則傳之適足[五五]增美，陛下若違諫不納，又安能禁之勿傳？」又曰：「侈言無驗[五六]不必用，質言[五七]當理[五八]不必違，辭拙而效[五九]速者不必愚，言甘而利重[六〇]者不必智，是皆考之以實[六一]，慮之以終[六二]，其用無它[六三]，唯善所在。」又曰：「陛下所謂：『比見奏對論事，皆是雷同道聽塗說者。』臣竊以眾多之議，足見人情必有可行，亦有可畏，恐不宜一概[六四]輕侮，而莫之省[六五]納也。陛下又謂：『試加質問，即便辭窮。』臣但以[六六]陛下雖窮其辭，而未窮其理，能服其口，而未服其心。」又曰：「為下者莫不願忠，為上者莫不求理[六七]，然而下每苦上之不理[六八]，上每苦下之不忠，若是者何？兩情不通[六九]故也。下之情莫不願達於上，上之情莫不求知於下，然而下恒苦上之難達[七〇]，上恒苦下之難知，若是者何？九弊不去故也。所謂九弊者，上有其六，而下有其三，好勝人，恥聞過，騁[七一]辯給，眩[七二]聰明，厲[七三]威嚴，恣彊愎[七四]，此六者，君上之弊也；諂諛、顧望、畏愞[七五]，此三者，臣下之弊也。上好勝，必甘[76]於佞辭，上恥過，必忌[77]於直諫，如是，則下之諂諛者順指[78]，而忠實之語不聞矣；上騁辯，必剿說[79]而折人以言，上眩[80]明，必臆度[81]而虞人以詐[82]，如是，則下之顧望者自便，而切磨[83]之辭不盡[84]矣；上厲威[85]，必不能降情[86]以接物，上恣愎，必不能引咨以受規[87]，如是，則下之畏愞者避辜[88]，而情理之說[89]不申[90]矣。夫以區域[91]之廣大，生靈之眾多，宮闕之重深[92]，高卑[93]之限隔[94]，自黎獻[95]而上，獲覩至尊之光景[96]者，踰[97]億兆而無一焉，就[98]獲覩之，中[99]得接[100]言議者，又千萬不一[101]，幸而得接者，猶有九弊居其間，則上下之情，所通鮮矣。上情不通於下，則人惑，下情不通於上，則君疑，疑則不納其誠，惑則不從其令，誠而不見納，則應之以悖，令而不見從，則加之以刑，下悖[102]上刑，不敗何待[103]！是使亂多理[104]少，從古以然[105]。」又曰：「昔趙武吶吶[106]，而為晉賢臣，絳侯[107]木訥[108]，而為漢元輔[109]，然則口給[110]者事或非信，辭屈[111]者理或未窮[112]，人之難知，堯舜所病[113]，胡可以一訕[114]一詰[115]，而謂盡其能哉！以此察天下之情，固多失實，以此輕天下之士，必有遺才。」又曰：「諫者多，表⑯我之能好，諫者直，示我之能容，諫者之狂誣⑰，明⑱我之能恕，諫者之漏泄，彰我之能從，是則人君與諫者交相益之道也。諫者有爵賞之利，君亦有理安⑲之利，諫者得獻替⑳之名，君亦得采納㉑之名，然猶諫者有失中㉒，而君無不美，惟恐讜言㉓之有不切㉔，天下之不聞，如此，則納諫之德光㉕矣。」上頗采用其言。

㈤李懷光頓兵不進，數上表暴揚㉖盧杞等罪惡，眾論諠騰㉗，亦咎杞等，上不得已。十二月，壬戌，貶杞為新州㉘司馬，白志貞為恩州㉙司馬，趙贊為播州㉚司馬，宦者翟文秀，上所信任也，懷光又言其罪，上亦為殺之。

㈥乙丑，以翰林學士、祠部員外郎陸贄為考功郎中㉛，金部員外郎吳通徵為職方郎中。贄上奏，辭以：「初到奉天扈從㉜將吏，例加兩階，今翰林獨遷官㉝，夫行罰先貴近而後卑遠㉞，則令不犯㉟，行賞先卑遠而後貴近，則功不遺㊱，望先錄大勞㊲，次徧羣品㊳，則臣亦不敢獨辭。」上不許。

(七)上在奉天，使人說田悅、王武俊、李納赦其罪，【考異】燕南記，十二月二十四日前，已云赦武俊等罪，而實錄明年正月改元，乃赦武俊等，蓋上先已諭旨赦罪，及赦書出，始明言之耳。厚賂以官爵，悅等皆密歸款（三九），而猶未敢絕朱滔，各稱王如故。滔使其虎牙將軍（四〇）王郅說悅曰：「日者、八郎（四一）有急，滔與趙王不敢愛其死（四二），竭力赴救，幸而解圍，今太尉三兄受命關中，滔欲與回紇共往助之，願八郎治兵，與滔度河，共取大梁（四三）。」悅心不欲行，而未忍絕滔，乃許之，滔復遣其內史舍人（四四）李琯見悅，審（四五）其可否，悅猶豫不決，密召扈粤議之，司武侍郎（四六）許士則曰：「朱滔昔事李懷仙為牙將，與兄泚及朱希彩共殺懷仙而立希彩，【考異】燕南記作朱寀，今從舊傳。希彩所以寵信其兄弟至矣，滔又與判官李子瑗謀（四七），殺希彩而立泚，泚既為帥，滔乃勸泚入朝，而自為留後，雖勸以忠義，實奪之權（四八）也。平生與之同謀共功（四九），如李子瑗之徒，負而殺之者二十餘人，今又與泚東西相應（五〇），使滔得志，泚亦不為所容，況同盟乎！滔為人如此，大王何從得其肺腑（五一）而信之邪？彼引幽陵（五二）回紇十萬之兵，屯於郊坰（五三），大王出迎則成擒矣，彼囚大王，兼（五四）魏國之兵，南向度河，與關中相應，天下其孰(255)能當之。大王於時(256)，悔之無及，為大王計，不若陽(257)許偕行，而陰為之備，厚加迎勞，至則託以它故，遣將分兵而隨之，如此、大王外不失報德之名(258)，而內無倉猝(259)之憂矣。」扈㟁等皆以為然。王武俊聞李瑄適魏，遣其司刑員外郎(260)田秀馳見悅曰：「武俊鄙以宰相處事失宜，恐禍及身(261)，又八郎困於重圍，故與滔合兵救之，今天子方在隱憂，以德綏(262)我，我曹何得不悔過而歸之邪！捨九葉天子(263)不事，而事滔乎！且泚未稱帝之時，滔與我曹比肩(264)為王，固已輕我曹矣，況使之南平汴洛，與泚連衡，吾屬皆為虜(265)矣。八郎慎勿與之俱南，但閉城拒守，武俊請伺其隙，連昭義之兵，擊而滅之，與八郎再清河朔，復為節度使，共事天子，不亦善乎？」悅意遂決，紿(266)滔云：「從行，必如前約(267)。」丁卯，滔將范陽步騎五萬人、私從者(268)復(269)萬餘人、回紇三千人，發河間(270)而南，輜重首尾四十里(271)。

(八)李希烈攻李勉於汴州，驅民運土木，築壘道(272)，以攻城，忿其未就(273)，并人(274)填之，謂之濕薪，勉城守累月，外救不至，將其眾萬餘人奔宋州(三五)。庚午，希烈陷大梁，滑州刺史李澄以城降希烈，希烈以澄為尚書令、兼永平節度使(三六)。勉上表請罪，上謂其使者曰：「朕猶失守宗廟，勉宜自安(三七)。」待之如初。劉洽遣其將高翼將精兵五千保襄邑(三八)，希烈攻拔之，翼赴水死，希烈乘勝攻寧陵(三九)，江淮大震(四〇)，陳少遊遣參謀(四一)溫述送款(四二)於希烈曰：「濠、壽、舒、廬(四三)，已令弛備(四四)，韜戈卷甲(四五)伏俟指麾(四六)。」又遣巡官趙詵結李納於鄆州。

(九)中書侍郎同平章事關播罷為刑部尚書。

(十)以給事中孔巢父為淄青宣慰使，國子祭酒董晉為河北宣慰(四七)使。

(土)陸贄言於上曰：「今盜遍天下，輿駕播遷，陛下宜痛自(四八)引過，以感人心。昔成湯以罪己勃興(四九)，楚昭以善言復國(五〇)，陛下誠能不吝(五一)改過，以言謝天下(五二)，使書詔(五三)無所避忌(五四)，臣雖愚陋，可以仰副(五五)聖情，庶令反側之徒，革心向化(五六)。」上然之，故奉天所下書詔，雖驕將悍卒聞之，無不感激揮涕(五七)。術者上言：「國家厄運，宜有變更，以應時數(五八)。」羣臣請更加尊號一二字，上以問贄，贄上奏，以為不可，其略曰：「尊號之興，本非古制(一九)，行於安泰(二〇)之日，已累(二一)謙冲(二二)，襲(二三)乎喪亂之時，尤傷事體。」又曰：「嬴秦德衰，兼皇與帝，始總稱之(二四)，流(二五)及後代，昏僻之君，乃有聖劉天元之號(二六)，是知人主輕重，不在名稱，損之有謙光(二七)稽古(二八)之善，崇之獲矜能(二九)納諂之譏(三〇)。」又曰：「必也俯稽術數，須有變更，與其增美稱(三一)而失人心，不若黜(三二)舊號以祗(三三)天戒。」上納其言，但改年號(三四)而已。

(十一)上又以中書所撰赦文示贄，贄上言，以為：「動(三五)人以言，所感已淺，言又不切(三六)，人誰肯懷(三七)？今茲德音(三八)，悔過之意，不得不深，引咎之辭，不得不盡，洗刷疵垢(三九)，宣暢鬱堙(四〇)。使人人各得所欲，則何有不從者乎！應須改革事條(四一)，謹具別狀同進，捨此之外，尚有所虞(四二)。竊以知過非難，改過為難，言善非難，行善為難。假使赦文至精(四三)，止於知過言善(四四)，猶願聖慮，更思所難。」上然之。

【今註】(一)切務：謂切要之機務。(二)不通：不相通達。(三)接下：接見臣下。(四)急務：謂急切之務。⑤審察：猶熟察。⑥羣情：謂眾庶之情。⑦不歸：謂不歸附。⑧理：治。⑨本：原本。⑩變故：猶事變或變化。⑪際：間。⑫植：立。⑬傾：傾倒。⑭趣：嚮。⑮靖：安定。⑯邦家：即國家。⑰輿議：眾論。⑱究：窮悉。⑲意乖：志意乖阻。⑳百辟：謂百官。㉑道隔：道里間隔。㉒羣國：即諸國。㉓志：與上四方則患於中外意乖之意，恰正相同，故志及意，皆係志意之謂。㉔誠：誠肫。㉕軒陛：軒檻階陛。㉖上澤：君上之恩澤。㉗闕：猶未能。㉘壅：阻塞。㉙實事：真實之事。㉚否隔：隔絕不通。㉛雜糅：雜亂絞揉。㉜囂囂：喧亂貌。㉝籍籍：紛紛。㉞疑阻：猜疑離阻。㉟順：順適。㊱教：教為令之一種。㊲同志：猶同心。㊳邇：近。㊴孰：誰。㊵慮：思慮。㊶迂：迂闊。㊷詰：亦問。㊸見情：謂洞見人情。㊹謂：猶為。㊺人情者，聖王之田：見《禮記・禮運》。㊻理道：即治道。㊼所生：謂所由生。㊽乖：乖違。㊾交：謂交互。㊿義：義理。(51)約己：謂躬自儉約。(52)裕於人：謂使百姓充裕。(53)說：通悅。(54)奉：侍奉。(55)益：增益。(56)蔑人：謂輕蔑百姓。(57)肆諸己：謂自己恣意縱肆。(58)損：減損。(59)水之道：猶水之性。(60)違：謂不順。(61)沒：沈沒。(62)乃固：謂位乃穩固。(63)危：危殆。(64)欲：嗜欲。(65)從天下之心：其全文乃為從天下人之心。(66)必以其欲從天下之心，而不敢以天下之人從其欲：胡三省曰：「此二句祖左傳臧文仲所謂：『以欲從人則可，以人從欲鮮濟。』之語之意。」(67)慣習俗以妨理：胡三省曰：「理，治也，言德宗慣強藩之跋扈，習以成俗，有妨為治。」(68)任削平而在躬：謂躬自任削平強藩之責。(69)以明威照臨：即照臨之以明威。(70)制斷：裁制決斷。(71)浚恒太深：《易・恒》之初六：「浚恆貞凶無攸利。」象曰：「浚恆之凶，始求深也。」王弼注：「始求深者，求深窮底，令物無餘蘊，漸以至此，人猶不堪，而況始求深者乎！以此為恆，無所施而利也。」〔七二〕阻命：謂違阻命令。〔七三〕禍：猶亂。〔七四〕懾：懼。〔七五〕偷容：謂竊求苟容。〔七六〕態：猶行為。〔七七〕意乖：謂意志乖違。〔七八〕誅夷：誅滅。〔七九〕納忠：猶盡忠。〔八〇〕欺誕：欺詐妄誕。〔八一〕睿誠：聖誠。〔八二〕羣物：猶眾人。〔八三〕臣於往年曾任御史：德宗初年，陸贄為監察御史。〔八四〕朝謁：上朝參謁。〔八五〕僅欲：猶僅將。〔八六〕嚴邃：嚴莊深邃。〔八七〕高居：猶高坐。〔八八〕臨問：猶下問。〔八九〕跼蹐：恐懼貌。〔九〇〕趨退：謂急趨而退，趨乃對尊長示恭敬之態。〔九一〕列事：猶陳事。〔九二〕相諭：謂相通言。〔九三〕宇宙之廣：此謂處於夐遠之臣。〔九四〕例對使臣：胡三省曰：「謂功臣節度及諸軍使待制者，得隨例以次對也。」〔九五〕別延宰輔：謂朝謁之外，別延之，與議天下事也。〔九六〕師錫：謂眾賜。〔九七〕樞密勿論：謂事關中樞機密，勿得議論。〔九八〕遂事不諫：謂已成之事，不須諫爭。〔九九〕拘礙：拘束阻礙。〔一〇〇〕猜嫌：猜疑嫌惡。〔一〇一〕隱情：謂隱其情志。〔一〇二〕以言為諱：謂以出言為忌諱。〔一〇三〕恬然：安然。〔一〇四〕致：獲致。〔一〇五〕驗：考驗。〔一〇六〕孰：何。〔一〇七〕虛：虛偽。〔一〇八〕通塞：謂事之可通可塞。〔一〇九〕諭：曉諭。〔一一〇〕推誠：猶開誠佈公。〔一一一〕一體：謂猶同一軀體。〔一一二〕隄防：謂設隄以防備之。〔一一三〕賣弄：謂出賣及捉弄。〔一一四〕亦無它：謂亦無它故。〔一一五〕失：失錯。〔一一六〕反：猶倒。〔一一七〕慎密：周慎嚴密。〔一一八〕矜衒：矜誇衒耀。〔一一九〕取名：致取名聲。〔一二〇〕雷同：謂人云亦云。〔一二一〕道聽塗說：《論語·陽貨》疏：「若聽之於道路，則於道路傳而說之。」〔一二二〕質：亦問。〔一二三〕辭窮：謂無辭可對。〔一二四〕近來：謂自近以來。〔一二五〕取次：猶造次，即草率。〔一二六〕對人：謂接對人臣。〔一二七〕接納：接見受納。(二八)悉：知。(二九)臨下：猶御下。(三〇)鄙拙：鄙陋拙劣。(三一)優容：謂優予寬容。(三二)言路：謂進言之路。(三三)威：威嚴。(三四)折：挫撓。(三五)同方：猶同道。(三六)發生：謂萌發生長。(三七)唯信與誠，有失無補：胡三省曰：「言人君所為，有失於誠信，則無補於治道。」(三八)莫之保：謂莫敢保證其為是也。(三九)失於誠信：即上文之朕本性甚好推誠，是此失乃過之意。(四〇)過：誤。(四一)馭：駕馭，亦即使也。(四二)偷：偷薄。(四三)施：亦行。(四四)而望盡於人：謂而望人之盡誠。(四五)怠：懈怠。(四六)而曰誠於後：謂而曰以後必誠。(四七)去身：謂離身。(四八)而行之有加：謂而行之努力有加。(四九)臣聞仲虺贊揚成湯，不稱其無過，而稱其改過：《尚書・仲虺之誥》：「惟王改過不吝。」(五〇)吉甫歌誦周宣，不美其無闕，而美其補闕：《詩・烝民》：「袞職有闕，惟仲山甫補之。」(五一)皎然：昭明。(五二)過差：過失差錯。(五三)遂：成。(五四)德：德行。(五五)適足：恰足。(五六)無驗：謂而無驗證。(五七)質言：樸質之言。(五八)當理：猶合理。(五九)效：效驗。(六〇)利重：得利重者。(六一)以實：以事實。(六二)以終：以結果。(六三)其用無它：謂其用意無它，亦即其著眼點無它。(六四)一概：猶全。(六五)省：察。(六六)但以：胡三省曰：「但以若依上文作竊以，又覺文從字順。」(六七)求理：謂求治。(六八)不理：謂不求治。(六九)不通：不相交通。(七〇)上之難達：依上文，此即難達於上之意。(七一)騁：馳騁。(七二)眩：按當作炫，謂炫耀。(七三)厲：加厲。(七四)愎：狠，音ㄅㄧˋ。(七五)愞：怯弱，音輭。(七六)甘：猶喜。(七七)忌：畏。(七八)順旨：迎順意旨。(七九)剿說：胡三省曰：「此所謂剿說者，人言未竟，剿絕其說，而伸己之說也。」(八〇)眩：當作炫。(八一)臆度：以胸臆之見料度人。(八二)而虞人以詐：虞，備，謂而防備人以詐進之。(八三)切磨：切磋琢磨。(八四)不盡：

不得竭盡。〔八五〕厲威：厲其威嚴。〔八六〕降情：猶屈懷。〔八七〕規：規勸。〔八八〕辜：罪。〔八九〕情理之說：謂合情合理之說。〔九〇〕申：謂申陳。〔九一〕區域：指國土言。〔九二〕重深：重，層，通稱天子所居為九重，即所居為九層也。深，深邃。〔九三〕高卑：指天子與臣下言。〔九四〕限隔：限制間隔。〔九五〕黎獻：謂眾賢。〔九六〕光景：猶形狀。〔九七〕踰：踰過。〔九八〕就：即，乃假設語。〔九九〕中：其中。〔一〇〇〕接：交接。〔一〇一〕不一：即無一。〔一〇二〕悖：悖逆。〔一〇三〕不敗何待：意謂其必敗也。〔一〇四〕理：治。〔一〇五〕以然：以通已，謂自古已經如此。〔一〇六〕趙武吶吶：胡三省曰：「晉趙文子名武，其言吶吶然，如不出其口，為晉正卿，晉國以強，諸侯不叛。吶吶，舒小貌。」〔一〇七〕絳侯：周勃。〔一〇八〕木訥：木，質樸；訥，遲鈍。〔一〇九〕元輔：謂首相。〔一一〇〕口給：口辯給。〔一一一〕辭屈：猶無辭可對。〔一一二〕窮：盡。〔一一三〕人之難知，堯舜所病：《尚書・皐陶謨》：「皐陶曰：『在知人，在安民。』禹曰：『吁！惟帝其難之。』」〔一一四〕詶：同酬。〔一一五〕詰：問。〔一一六〕表：表示。〔一一七〕狂誣：謂狂放罔誣。〔一一八〕明：與下之彰同意，謂彰明也。〔一一九〕理安：治安。〔一二〇〕獻替：謂進獻替。獻，獻納；替，廢除。〔一二一〕采納：謂采納諫言。〔一二二〕然猶諫者有失中：謂雖諫者不免有失中正之處。〔一二三〕讜言：善言，音黨。〔一二四〕有不切：不切、不切直。按下句為天下之不聞，為整齊計，或下句添一有字，或將此句之有字刪去，二者皆可行之。〔一二五〕光：光大。〔一二六〕暴揚：暴露聲揚。〔一二七〕諠騰：諠譁騰涌。〔一二八〕新州：《舊唐書・地理志》四：「嶺南道新州，至京師五千五十二里。」〔一二九〕恩州：同志四：「嶺南道恩州，在京師東南六千五百里。」〔一三〇〕播州：同志四：「劍南道播州，在京師南四千四百五十里。」〔一三一〕祠部員外郎陸贄為考功郎中：據《舊唐書・職官志》一，員外郎從六品上，郎中從五品上。〔一三二〕扈從：謂隨從天子車駕之人。(三三)例加兩階，今翰林獨遷官：胡三省曰：「唐自至德以後，勳階輕而職事官重，故云然。」(三四)卑遠：謂卑賤遐遠。(三五)則令不犯：謂則詔令不違事理。(三六)則功不遺：謂功勳不見遺漏。(三七)大勞：猶大功。(三八)羣品：猶羣官。(三九)歸款：歸誠款。(四〇)虎牙將軍：胡三省曰：「按唐書，滔等之相王也，以左將軍曰虎牙，右將軍曰豹略。」(四一)八郎：田悅第八，故稱曰八郎。(四二)愛其死：謂愛其死力。(四三)大梁：汴州，宣武節度治所。(四四)內史舍人：猶唐之中書舍人。(四五)審：審詳。(四六)司武侍郎：猶唐之兵部侍郎。(四七)滔又與判官李子瑗謀：按《舊唐書・李懷仙傳》作：「孔目官李瑗。」(四八)奪之權：按之，猶其也。(四九)共功：猶共事。(五〇)應：呼應。(五一)得其肺腑：謂得其真心。(五二)幽陵：即幽州。(五三)郊坰：《爾雅・釋地》：「邑外謂之郊，野外謂之林，林外謂之坰。」音扃。(五四)兼：併。(五五)孰：誰。(五六)於時：謂於該時。(五七)陽：表面。(五八)名：名稱。(五九)倉猝：指倉猝所起之事而言。(六〇)司刑員外郎：猶唐之刑部員外郎。(六一)及身：謂及己。(六二)綏：安撫。(六三)九葉天子：九葉謂九代，自高祖至德宗，共為九代。(六四)比肩：並肩。(六五)為虜：為其俘虜。(六六)紿：詐，音殆。(六七)前約：以前之盟約。(六八)私從者：指軍士所攜之子弟。(六九)復：又。(七〇)發河間：謂自河間出發。(七一)首尾四十里：謂首尾綿亘四十里。(七二)壘道：此謂高亢之道。(七三)就：成就。(七四)幷人：合人。(七五)奔宋州：勉奔宋州，乃依劉洽。(七六)永平節度使：《新唐書・方鎮表》二：「大歷七年，賜滑亳節度為永平節度。」(七七)宜自安：謂勿須惶恐請罪。(七八)襄邑：據《新唐書・地理志》二，襄邑屬河南道宋州。《九域志》：「襄邑在汴州東南一百七十里。」(七九)寧陵：《九域志》：「寧陵縣在宋州西四十五里。」（二八〇）大震：謂大為震動。（二八一）參謀：唐中葉後，節度使府設有參謀之職，參預軍政謀議。（二八二）送款：送誠款。（二八三）濠、壽、舒、廬：據《新唐書・地理志》五，壽、舒、廬俱屬淮南採訪使巡屬；濠州則屬河南道。（二八四）弛備：弛解戒備。（二八五）韜戈卷甲：謂藏捲戈甲，以示不抵拒也。（二八六）指麾：猶指揮。（二八七）宣慰：謂宣王命以慰安之。（二八八）痛自：猶切自。（二八九）昔成湯以罪己勃興：《左傳》：「臧文仲曰：『禹湯罪己，其興也勃焉。』」（二九〇）楚昭以善言復國：《穀梁傳》定公五年：「昭王之軍敗而逃，父老送之，曰：『寡人不肖，亡先君之邑，父老反矣，何憂無君！寡人且用此入海矣。』父老曰：『有君如此其賢也，以眾不如吳，以必死不如楚。』相與擊之，一夜而三敗吳人，復立。」（二九一）吝：惜。（二九二）謝天下：謂謝罪於天下。（二九三）書詔：謂書及詔。（二九四）避忌：躲避忌諱。（二九五）副：猶稱。（二九六）革心向化：謂改心而歸向王化。（二九七）揮涕：散涕。（二九八）時數：謂時運之次數。（二九九）尊號之興，本非古制：胡三省曰：「上尊號事，始於開元元年。」（三〇〇）安泰：平安康泰。（三〇一）累：為累。（三〇二）謙沖：謙虛。（三〇三）襲：因襲。（三〇四）兼皇與帝，始總稱之：見卷七秦始皇二十六年。（三〇五）流：流傳。（三〇六）聖劉天元之號：聖劉見卷三十四漢哀帝建平二年，天元見卷一百七十三陳宣帝太建十一年。（三〇七）謙光：《易・謙》：「謙尊而光。」疏：「謂尊者有謙而更光明也。」（三〇八）稽古：稽謂考，言考稽古道而效法之。（三〇九）矜能：矜誇才能。（三一〇）納謟之譏：謂有納謟之譏。（三一一）增美稱：指增加尊號之字言。（三一二）黜：罷去。（三一三）祇：敬。（三一四）但改年號：謂改明年年號為興元。（三一五）動：感動。（三一六）切：懇切。（三一七）懷：懷念。（三一八）德音：天子詔書之一種。（三一九）疵垢：瑕疵汚垢。（三二〇）鬱堙：抑鬱堙塞，堙音ㄧㄣ。（三二一）事條：謂一條一條之事。（三二二）虞：憂。（三二三）至精：至精美。(三四)止於知過言善：謂亦止於知過言善而已。

興元元年（西元七八四年）

㈠春，正月，癸酉朔，赦天下，改元。制曰：「致理興化(一)，必在推誠，忘己濟人，不吝改過。朕嗣服(二)丕構(三)，君臨(四)萬邦，失守宗祧(五)，越(六)在草莽，不念率德(七)，誠莫追於既往(八)，永言思咎，期有復於將來(九)，明徵其義(一〇)，以示天下。小子懼德弗嗣(一一)，罔(一二)敢怠荒(一三)，然以長(一四)於深宮之中，暗(一五)於經國之務(一六)，積習易溺(一七)，居安忘危，不知稼穡(一八)之艱難，不恤(一九)征戍(二〇)之勞苦，澤(二一)靡下究(二二)，情(二三)未上通，事既擁(二四)隔，人懷疑阻(二五)，猶昧(二六)省己(二七)，遂用興戎(二八)，徵師四方，轉餉(二九)千里，賦車籍馬(三〇)，遠近騷然(三一)，行齎居送(三二)，眾庶勞止(三三)。或一日屢交鋒刃(三四)，或連年不解甲冑(三五)，祀奠乏主(三六)，室家靡依(三七)，死生流離(三八)，怨氣(三九)凝結(四〇)，力役不息，田萊多荒(四一)，暴令峻於誅求(四二)，疲甿空於杼軸(四三)轉死溝壑(四四)，離去鄉閭，邑里(四五)丘墟(四六)，人煙(四七)斷絕，天譴(四八)於上，而朕不寤(四九)，人怨於下，而朕不知，馴致亂階(五〇)，變興都邑(五一)，萬品(五二)失序(五三)，九廟(五四)震驚，上累(五五)於祖宗，下負於蒸庶(五六)，痛心靦貌(五七)，罪實在予，永言愧悼(五八)，若墜泉谷(五九)。自今中外所上書奏，不得更言聖神文武之號(六〇)，李希烈、田悅、王武俊、李納等，咸以勳舊，各守藩維(六一)。朕撫御乖方(六二)，致其疑懼，皆由上失其道，而下罹(六三)其災，朕實不君，人則何罪！宜并(六四)所管將吏等，一切待之如初。朱滔雖緣朱泚連坐，路遠必不同謀，念其舊勳，務在弘貸(六五)，如能效順(六六)，亦與惟新(六七)。朱泚反易天常(六八)，盜竊名器(六九)，暴犯陵寢(七〇)，所不忍言，獲罪祖宗，朕不敢赦，其脅從(七一)將吏百姓等，但官軍未到京城以前，去逆效順，并(七二)散歸本道本軍者，并從(七三)赦例。諸軍諸道應赴(七四)奉天及進收京城將士，并賜名奉天定難(七五)功臣，其所加墊(七六)陌錢、稅間架、竹木茶漆榷鐵之類，悉宜停罷。」赦下，四方人心大悅，及上還長安，明年，李抱真入朝為上言：「山東宣佈赦書(七七)，士卒皆感泣(七八)，臣見人情如此，知賊不足平也。」命兵部員外郎李充為恒冀宣慰使。

(二)朱泚更國號曰漢，自號漢元天皇，改元天皇。

㈢王武俊、田悅、李納見赦令，皆去王號，上表謝罪，惟李希烈自恃兵彊財富(七九)，遂謀稱帝，遣人問儀(八〇)於顏真卿，真卿曰：「老夫嘗為禮官，所記(八一)惟諸侯朝天子禮耳。」希烈遂即皇帝位，【考異】希烈稱帝，實錄、舊希烈傳、顏真卿傳，皆無年月，今據奉天記、幸奉天錄，皆云：「赦令既行，諸方莫不向化，惟李希烈長惡不悛，國號大楚。」又實錄，今年閏月庚午詔曰：「朕苟存拯物，不憚屈身，故於歲首，特布新令，赦其殊死，待以初誠，使臣纔及於郊畿，巨猾已聞於僭竊。」然則希烈稱帝，必在正月初也。國號大楚，改元武成，置百官，以其黨鄭賁為侍中，孫廣為中書令，李緩(八二)、李元平同平章事，以汴州為大梁府，分其境內為四節度。希烈遣其將辛景臻謂顏真卿曰：「不能屈節(八三)，當自焚。」積薪灌油於其庭，真卿趨赴火，景臻遽(八四)止之。

㈣希烈又遣其將楊峯【考異】舊傳作楊一，今從奉天記(八五)。齎赦賜陳少遊及壽州刺史張建封，建封執峯徇於軍，腰斬於市，少遊聞之駭懼，建封具以少遊與希烈交通之狀聞，上悅，以建封為濠、壽、廬三州都團練使。希烈乃以其將杜少誠為淮南節度使，使將步騎萬餘人先取壽州(八六)，後之江都，建封遣其將賀蘭元均、邵怡守霍丘(八七)秋柵，少誠竟不能過，遂南寇蘄黃，欲斷江路。

㈤時上命包佶自督(八八)江淮財賦，泝(八九)江詣行在，至蘄口(九〇)，遇少誠入寇，曹王皐遣蘄州刺史伊慎將兵七千拒之，戰於永安戍(九一)，大破之，少誠脫身走，斬首萬級，包佶乃得前。後佶入朝，具奏陳少遊奪財賦事，少遊懼，厚斂所部(九二)以償之。李希烈以夏口(九三)上流要地，使其驍將董侍募死士(九四)七千，襲鄂州(九五)，刺史李兼偃旗(九六)臥鼓(九七)，閉門以待之，侍撤屋材(九八)以焚門，兼帥士卒出戰，大破之，上以兼為鄂岳沔都團練使。於是希烈東畏曹王皐，西畏李兼，不敢復有窺江淮之志矣。

㈥朱滔引兵入趙境，王武俊大具犒享，入魏境，田悅供承(九九)倍豐(一〇〇)，使者迎候，相望於道(一〇一)，丁丑，滔至永濟(一〇二)，遣王郅見悅，約會館陶(一〇三)，偕行度河，悅見郅曰：「悅固願從五兄南行，昨日將出軍，將士勒兵(一〇四)，不聽悅出，曰：『國兵新破(一〇五)，戰守踰年，資儲(一〇六)竭矣，今將士不免凍餒，何以全軍遠征？大王日自撫循(一〇七)，猶不能安，若捨城邑而去，朝出暮必有變。』悅之志，非敢有貳也，如將士何(一〇八)？已令孟祐備步騎五千，從五兄供芻牧之役(一〇九)。」因遣其司禮侍郎⑳裴抗等往謝滔，滔聞之，大怒曰：「田悅逆賊，曏在重圍，命如絲髮㉑，使我叛君棄兄，發兵晝夜赴之，幸而得存，許我貝州，我辭不取，尊我為天子，我辭不受，今乃負恩，誤我遠來㉒，飾辭不出。」即日遣馬寔攻宗城㉓經城㉔，楊榮國攻冠氏㉕，皆拔之，又縱回紇掠館陶頓㉖幄帟㉗、器皿㉘、車牛以去，悅閉城自守。壬午，滔遣裴抗等還，分兵置吏，守平恩㉙、永濟。

㈦丙戌，以吏部侍郎盧翰為兵部侍郎同平章事，【考異】實錄、新舊紀、表，皆同，蓋翰罷領選，故自吏部遷兵部耳。翰，義僖之七世孫㉚也。

㈧朱滔引兵北圍貝州，引水環㉛之，刺史邢曹俊嬰城㉜拒守，縱范陽及回紇兵大掠諸縣；又拔武城㉝，通德棣二州㉞，使給軍食，遣馬寔將步騎五千屯冠氏，以逼魏州。

㈨以給事中杜黃裳為江淮宣慰副使。【考異】實錄，去年十二月癸酉已云，黃裳使江淮，此又有之。按舊紀，去年十二月，黃裳為給事耳㉟，實錄誤也。

㈩上於行宮廡㊱下貯諸道貢獻之物，牓曰㊲瓊林大盈庫，陸贄以為戰守之功，賞賚㊳未行，而遽私別庫㊴，則士卒怨望，無復鬭志，上疏諫，其略曰：「天子與天同德(三〇)，以四海為家(三一)，何必橈(三二)廢公方(三三)，崇聚(三四)私貨，降至尊(三五)而代有司之守(三六)，辱萬乘(三七)以效(三八)匹夫之藏，虧法失人(三九)，誘姦聚慝(四〇)，以斯制事(四一)，豈不過(四二)哉！」又曰：「頃者六師初降(四三)，百物無儲，外扞(四四)兇徒，內防危堞(四五)，晝夜不息，殆將五旬，凍餒交侵(四六)，死傷相枕(四七)，畢命(四八)同力，竟夷(四九)大艱(五〇)，良以(五一)陛下不厚(五二)其身，不私(五三)其欲，絕甘(五四)以同卒伍，輟食以啗(五五)功勞(五六)，無猛制(五七)而人不攜(五八)，懷(五九)所感(六〇)也，無厚賞而人不怨，悉(六一)所無也。今者攻圍已解，衣食已豐，而謠讟(六二)方興(六三)，軍情稍阻(六四)，豈不以勇夫恒性，嗜利矜(六五)功，其患難既與之同憂，而好樂(六六)不與之同利(六七)，苟異恬默(六八)，能無怨咨(六九)！」又曰：「陛下誠能近想重圍之殷憂(七〇)，追戒平居之專欲，凡在二庫貨賄(七一)，盡令出賜有功，每獲珍華(七二)，先給軍賞，如此、則亂必靖(七三)，賊必平，徐駕六龍，旋(七四)復都邑(七五)。天子之貴，豈當憂貧，是乃散其小儲而成其大儲，損其小寶(七六)而固其大寶(七七)也。」上即命去其牓。

(十)蕭復嘗言於上曰：「宦官自艱難以來，多為監軍，恃恩縱橫，此屬但應掌宮掖(七八)之事，不宜委以兵權國政。」上不悅。又嘗言：「陛下踐阼之初，聖德光被(七九)，自楊炎盧杞黷亂朝政，以致今日(八〇)，陛下誠能變更睿志(八一)，臣敢不竭力(八二)？儻使臣依阿(八三)苟免(八四)，臣實不能。」又嘗與盧杞同奏事，杞順上旨，復正色曰：「盧杞言不正。」上愕然，退謂左右曰：「蕭復輕朕(八五)。」戊子，命復充山南東西、荊湖、淮南、江西、鄂岳、浙江東西、福建、嶺南等道宣慰安撫使，實疏(八六)之也。既而劉從一及朝士往往奏留復，上謂陸贄曰：「朕思遷幸(八七)以來，江淮遠方，或傳聞過實(八八)，欲遣重臣宣慰，謀於宰相及朝士，僉(八九)謂宜然，今乃反覆如是，朕為之悵恨(九〇)累日，意(九一)復悔行，使之論奏邪！卿知蕭復何如人，其不欲行，意趣(九二)安在？」贄上奏，以為：「復痛自(九三)脩勵(九四)，慕為清貞，用雖不周(九五)，行(九六)則可保，至於輕詐如此，復必不為，借使(九七)復欲逗留，從一安肯附會！今所言矛楯(九八)，願陛下明加辯詰(九九)。若蕭復有所請求，則從一何容(一〇〇)為隱？若從一自有回互(一〇一)，則蕭復不當受疑。陛下何憚而不辯明，乃直(一〇二)為此悵恨也。夫明則罔(一〇三)惑，辯則罔冤，惑莫甚於逆詐㉔而不與明㉕，冤莫痛於見疑而不與辯，是使情偽相糅㉖，忠邪靡㉗分，茲實居上御下之要樞㉘，惟陛下留意。」上亦竟不復辯也。

(十二)辛卯，以王武俊為恒、冀、深、趙節度使。壬辰，加李抱真、張孝忠並同平章事。丙申，加田悅檢校左僕射。以山南東道行軍司馬樊澤為本道節度使，前深趙觀察使康日知為同州刺史、奉誠軍節度使㉙，曹州刺史李納為鄆州刺史、平盧節度使。

(十三)戊戌，加劉洽汴、滑、宋、亳都統副使，知都統事，李勉悉以其眾授之。

(十四)辛丑，六軍㉚各置統軍，【考異】實錄云：「詔六軍各置軍使二員。」又云：「因置統軍。」按舊紀、獨置統軍耳，今從之。秩從三品，以寵㉛勳臣。

(十五)吐蕃尚結贊請出兵，助唐收京城，庚子，遣秘書監崔漢衡使吐蕃，發其兵。

【今註】 ㈠致理興化：《舊唐書・德宗紀》作：「立政興化。」兩者均佳，理即治字之改。㈡服：服事，亦即為也。㈢丕構：丕，大；構，立屋。㈣君臨：猶君御。㈤宗祧：宗，百世不毀之廟；

祧，遠廟。㊅越：播越，亦即播遷。㊆率德：遵守德化。㊇誠莫追於既往：謂已往者已不能追悔。㊈期有復於將來：謂望於將來能復德化。㊉明徵其義：胡三省曰：「徵，證也，明徵其義，言無所掩覆也。」⑪懼德弗嗣：謂懼己德弗能嗣承先業。⑫罔：不。⑬怠荒：怠惰荒淫。⑭長：生長。⑮暗：昧。⑯經國之務：謂經營國家事物。⑰溺：沈溺。⑱稼穡：種曰稼，斂曰穡。⑲恤：憂。⑳征戍：征役屯戍。㉑澤：恩澤。㉒究：盡。㉓情：謂民情。㉔擁：德宗紀，擁作壅，謂壅塞也，當改從。㉕疑阻：猜疑阻貳。㉖昧：暗。㉗省己：自己省察。㉘戎：兵。㉙轉餉：謂轉輸糧餉。㉚籍馬：謂依籍簿所載之馬而征調之。㉛騷然：亂貌。㉜行齎居送：行役之人，則齎荷軍實，家居者，則徵而輸送之。㉝勞止：止，語助，無義；勞止謂勞苦也。㉞屢交鋒刃：謂數度交鋒。㉟不解甲冑：謂長事戰爭。㊱乏主：謂無主持者。㊲室家靡依：謂妻子無所依靠。㊳死生流離：謂死生流離，而不得相會。㊴怨氣：怨忿之氣。㊵凝結：謂凝結而不消散。㊶田萊多荒：陸德明曰：「田廢生草曰萊。」此謂田生眾草，而多陷荒蕪。㊷峻於誅求：謂於責求之事，甚為嚴峻。㊸空於杼軸：杼、持緯器，布帛已織成者以機軸卷之，此謂婦女無紡織者。㊹轉死溝壑：謂輾轉死於溝壑之中。此與下一句，其全文乃為或轉死溝壑，或離去鄉閭。㊺邑里：邑，縣也，里乃邑所轄之單位。此處與鄉里之意頗相類。㊻丘墟：空虛。㊼人煙：煙乃指燒飯之炊煙言，故人煙亦即住民之意。㊽譴：譴責。㊾寤：覺寤。㊿馴致亂階：馴，從；階，梯。謂從此而致亂也。(51)變興都邑：謂變亂興起於京師。(52)萬品：謂萬眾。(53)序：秩序。(54)九廟：《新唐書・禮樂志》三：「書云：『七世之廟，可以觀德。』而禮家之說，世數不同。然自禮記王制、祭法、禮器，大儒荀卿、劉歆、班固、王肅之徒，以為七廟者多。蓋自漢魏以來，創業之君特起，其上世微，又無功德，以備祖宗，故其初皆不能立七廟。唐武德元年，始立四廟，高祖崩，朱子奢請立七廟，虛太祖之室，以待。尚書八座議禮曰：『天子三昭三穆，與太祖之廟而七，晉宋齊梁皆立親廟六，此故事也。』於是宣簡公、懿王、景元二帝四廟，更祔弘農府君及高祖為六室。太宗崩，弘農以世遠毀，而祔太宗，高宗崩，又遷宣簡，而祔高宗，皆為六室。中宗神龍初，以景帝為始祖，而元帝不遷，而祔孝敬帝，由是為七室。中宗崩，孝敬別立廟，而祔中宗，遂為七室。至睿宗崩，中宗立別廟，而祔睿宗。開元十年，詔宣皇帝復祔正室，謚為獻祖，幷謚光帝為懿祖，又以中宗還祔太廟，於是太廟為九室。寶應二年，祧獻懿而祔玄宗肅宗，代宗崩，又遷元皇帝而祔代宗，自是常為九室。」(五五)累：連累。(五六)蒸庶：眾庶，亦即百姓。(五七)靦貌：德宗紀作：「靦面。」謂顏面慚恧。(五八)愧悼：慚愧哀悼。(五九)泉谷：唐避高祖諱，改淵為泉。(六〇)更言聖神文武之號：更、再。建中元年，羣臣上尊號曰聖神文武皇帝，見卷二百二十六。(六一)藩維：猶藩翰，藩籬。(六二)乖方：違道。(六三)罹：遭。(六四)幷：合。(六五)弘貸：謂大加寬假。(六六)效順：致順。(六七)惟新：謂惟求其以後新作之事。(六八)天常：君臣上下，天秩有典之常。(六九)名器：謂天子之名號及重器。(七〇)陵寢：山陵寢廟。(七一)脅從：脅迫隨從。(七二)幷：兼。(七三)並從：皆從。(七四)應赴：謂一應赴往。(七五)定難：謂克定患難。(七六)加墊：謂所加及墊付。(七七)山東宣佈赦書：全文乃為當於山東宣佈赦書時。(七八)感泣：謂感激泣下。(七九)財富：財貨富饒。(八〇)儀：儀禮。(八一)所記：

謂所記者。(八二)李緩：新、舊《唐書・李希烈傳》，皆作李綬，當改從之。(八三)屈節：謂屈折自己之節操。(八四)遽：急。(八五)考異曰：「舊傳作楊一，今從奉天記」：按《舊唐書・陳少遊及張建封傳》，楊一俱作楊丰，未審如何竟言作楊一？(八六)壽州：據《新唐書・地理志》五，壽州治壽春，今安徽省壽縣。(八七)霍丘：同志五，霍丘縣屬壽州。(八八)自督：猶親督。(八九)泝：逆流而上。(九〇)蘄口：《水經注》：「蘄水原出蘄春縣北大浮山，南過其縣西，又南至蘄口入于江。」(九一)永安戍：胡三省曰：「永安戍在黃州黃岡縣界，梁嘗置永安郡，後廢為戍。」(九二)厚歛所部：謂重稅管內州縣。(九三)夏口：今湖北省漢口市。(九四)死士：敢死之士。(九五)鄂州：領有武昌、漢陽諸縣，故其轄區乃在今武昌一帶地區。(九六)偃旗：臥旗。(九七)臥鼓：此語通作偃旗息鼓，息鼓不擊鼓，臥鼓之意亦大致似之。(九八)撤屋材：謂拆撤建屋之木材。(九九)供承：供應承接。(一〇〇)倍豐：謂加倍豐厚。(一〇一)相望於道：猶絡繹於道。(一〇二)永濟：宋白曰：「大曆七年，田承嗣奏分臨清置永濟縣，屬貝州，以縣西臨永濟渠為名。」(一〇三)館陶：《新唐書・地理志》三，館陶縣屬河北道、魏州。(一〇四)勒兵：率兵。(一〇五)國兵新破：謂先為馬燧等所破。(一〇六)資儲：資糧儲蓄。(一〇七)日自撫循：謂每日親自安撫環視。(一〇八)如將士何：意謂然無如將士何。(一〇九)芻牧之役：謂採薪牧馬之役。(一一〇)司禮侍郎：猶唐之禮部侍郎。(一一一)命如絲髮：謂生命猶千鈞之懸一髮，喻甚危殆。(一一二)誤我遠來：謂遺誤我而使我遠來。(一一三)宗城：據《新唐書・地理志》三，宗城屬河北道、魏州。(一一四)經城：同志三，經城屬河北道、貝州。(一一五)冠氏：同志三，冠氏屬河北道、魏州。(一一六)頓：以頓息而得名，與鋪驛略相類。(一一七)幄帟：《三禮圖》：「在上曰帟，四旁及上曰帷，上下四旁悉周曰幄。」帟音亦。〔一八〕器皿：容盛食品之具，音ㄇㄧㄣˇ。〔一九〕平恩：《新唐書・地理志》三，平恩屬河北道、洺州。〔二〇〕翰、義僖之七世孫：盧義僖仕元魏靈后。〔二一〕環：圍繞。〔二二〕嬰城：猶據城。〔二三〕武城：《新唐書・地理志》三，武城屬河北道、貝州。〔二四〕通德棣二州：謂通使於德棣二州。〔二五〕考異曰：「按舊紀去年十二月，黃裳為給事耳」：按《舊唐書・德宗紀》，給事耳當改作給事中。〔二六〕廡：堂下周屋，音舞。〔二七〕牓曰：謂匾額題曰。〔二八〕賚：賜，音ㄌㄞˋ。〔二九〕遽私別庫：謂立私有而藏於別庫。〔三〇〕同德：謂同其德行。〔三一〕以四海為家：謂以天下為己之家。〔三二〕橈：折。〔三三〕公方：大公之道。〔三四〕崇聚：崇積斂聚。〔三五〕降至尊：謂降至尊之份。〔三六〕守：職守。〔三七〕萬乘：謂天子。〔三八〕效：仿效。〔三九〕失人：失去百姓之心。〔四〇〕慝：姦慝。〔四一〕制事：創制事務。〔四二〕過：誤。〔四三〕頃者六師初降：胡三省曰：「天子之行，必有六師，以為營衞，不敢指言自京師出居奉天，故微其辭曰六師初降。」〔四四〕扞：扞禦。〔四五〕危堞：猶危城。〔四六〕交侵：互侵。〔四七〕相枕：相枕藉。〔四八〕畢命：盡死命。〔四九〕夷：平。〔五〇〕大艱：即大難。〔五一〕良以：誠以。〔五二〕厚：優厚。〔五三〕私：偏私。〔五四〕絕甘：謂斷絕甘旨。〔五五〕啗：同啖。〔五六〕功勞：謂有功勞之人。〔五七〕制：法制。〔五八〕攜：攜貳。〔五九〕懷：懷念。〔六〇〕所感：謂所感之恩。〔六一〕悉：詳體。〔六二〕讟：怨謗。〔六三〕興：起。〔六四〕稍阻：謂漸行阻貳。〔六五〕矜：矜伐。〔六六〕好樂：猶歡樂。〔六七〕同利：猶同享。〔六八〕苟異恬默：謂苟若不能恬默。〔六九〕能無怨咨：咨，咨嗟，謂豈能無怨望咨嗟。〔七〇〕殷憂：深憂。〔七一〕貨賄：即貨財。〔七二〕珍華：珍奇華麗之物。〔七三〕靖：平定。〔七四〕旋：還。〔七五〕都邑：即京師。〔七六〕小寶：指財物言。〔七七〕大寶：指帝位言。〔七八〕宮掖：猶宮禁。〔七九〕光被：大被。〔八〇〕以致今日：

謂以致今日之患。㊁睿志：睿乃稱天子之辭，謂聖也；志、意志。㊂揭力：揭，疑當作竭，謂盡力也。㊃依阿：依從阿順。㊄苟免：猶偷免。㊅蕭復嘗言於上曰……蕭復輕朕一段：胡三省曰：「史因德宗命復出使，而序其事於此耳。」㊆疏：疏遠。㊇遷幸：即播遷，特此又加一幸字耳。㊈過實：謂失實。㊉僉：皆。㊉恨恨：悵惘怨恨。㊉意：意料。㊉意趣：意思旨趣。㊉痛自：苦自。㊉脩勵：脩飭砥礪。㊉用雖不周：謂事用雖不周美。㊉行：行為。㊉借使：假使。㊉矛楯：亦書作矛盾，謂相衝突。㊉辯詰：辯通辨，謂辨別詰責。㊉容：容許。㊉回互：回轉差互。㊉直：但。㊉罔：無。㊉逆詐：胡三省曰：「逆者，未至而迎之也；詐，謂人欺己也，未見其詐而逆以為詐，謂之逆詐。」㊉明：與下之辯，皆係辨明之意。㊉糅：糅雜。㊉靡：無。㊉要樞：重要樞紐，亦即重要關鍵。㊉為同州刺史、奉誠軍節度使：乾元初，以同州為匡國軍節度使，今又為奉誠軍。㊉六軍：此北門左右羽林、龍武、神武六軍也。㊉寵：尊寵。

卷二百三十　唐紀四十六

司馬光編集
曲守約註

起閼逢困敦二月，盡四月，不滿一年。（甲子，西元七八四年）

德宗神武聖文皇帝五

興元元年（西元七八四年）

㈠二月，戊申，詔贈段秀實太尉㊀，謚曰忠烈，厚恤㊁其家。時賈隱林已卒，贈左僕射，賞㊂其能直言也。

㈡李希烈將兵五萬圍寧陵㊃，引水灌之，濮州刺史劉昌以三千人守之，滑州刺史李澄密遣使請降，上許以澄為汴滑節度使，澄猶外事希烈，希烈疑之，遣養子六百人戍白馬㊄，召澄共攻寧陵，澄至石柱，使其眾陽㊅驚，燒營而遁，又諷㊆養子令剽掠，澄悉收斬之，以白㊇希烈，希烈無以罪也。劉昌守寧陵，凡四十五日，不釋甲，韓滉遣其將王栖曜將兵助劉洽拒希烈，栖曜以彊弩㊈數千游汴水㊉，夜入寧陵城，【考異】新書柏良器傳曰：「良器為武衞中郎將，以兵隸浙西，希烈圍寧陵，遏水灌之，親令軍中，明日拔城，良器以救兵至，擇弩手善游者，泝河渠夜入，及旦，伏弩發，乘城者皆死。」疑韓滉遣栖曜及良器同救寧陵。舊栖曜傳曰：「將強弩數千，夜入寧陵。」與此共是一事，今參取之。明日從城上射希烈，及其坐幄⑪，希烈驚曰：「宣潤⑫弩手至矣。」遂解圍去。

㈢朱泚自奉天敗歸，李晟謀取長安，劉德信與晟俱屯東渭橋，不受晟節制⑬，晟因德信至營中，數以滬澗之敗及所過剽掠之罪，斬之，因以數騎馳入德信軍，勞⑭其眾，無敢動者，遂幷將之，軍勢益振。

㈣李懷光既脅⑮朝廷逐盧杞等，內⑯不自安，遂有異志，又惡李晟獨當一面，恐其成功，奏請與晟合軍，詔許之。晟與懷光會於咸陽西陳濤斜，築壘⑰未畢，泚眾大至，晟謂懷光曰：「賊若固守宮苑⑱，或曠日⑲持久，未易攻取，今去其巢穴，敢出求戰，此天以賊賜明公，不可失也。」懷光曰：「軍適至⑳，馬未秣，士㉑未飯，豈可遽㉒戰邪！」晟不得已，乃就壁㉓。晟每與懷光同出軍，懷光軍士多掠人牛馬㉔，晟軍秋毫不犯，懷光軍士惡其異己㉕，分所獲與之，晟軍終不敢受。

㈤懷光屯咸陽，累月逗留㉖不進，【考異】實錄云：「懷光堅壁自守，凡八十餘日。」按懷光以十一月癸巳，解奉天圍，李晟以二月戊申，徙東渭橋，其間纔七十六日，實錄所言，謂懷光奔河中以前耳，今但云累月。上屢遣中使趣㉗之，辭以士卒疲弊，且當休息觀釁㉘，諸將數勸之攻長安，懷光不從，密與朱泚通謀。李晟屢奏恐其有變，為所併㉙，請移軍東渭橋㉚，上猶冀懷光革心㉛，收其力用㉜，寢㉝晟奏不下。懷光欲緩戰期，且激怒諸軍，奏言：「諸軍糧賜薄，神策獨厚，厚薄不均，難以進戰。」上以財用方窘㉞，若糧賜皆比神策，則無以給之，不然又逆㉟懷光意，恐諸軍觖望㊱，乃遣陸贄詣懷光營宣慰，因召李晟參議其事，懷光意欲晟自乞減損，使失士心，沮敗㊲其功，乃曰：「將士戰鬬同，而糧賜異，何以使之協力㊳？」贄未有言，數顧晟，晟曰：「公為元帥，得專㊴號令，晟將一軍，受指蹤㊵而已，至於增減衣食，公當裁㊶之。」懷光默然，又不欲自減之，遂止。

㈥時上遣崔漢衡詣吐蕃發兵，吐蕃相尚結贊言：「蕃法，發兵以主兵大臣為信㊷，今制書無懷光署名，故不敢進。」上命陸贄諭懷光，懷光固執以為不可，曰：「若克京城，吐蕃必縱㊸兵焚掠，誰能遏㊹之，此一害㊺也。前有敕旨，募士卒，克城者人㊻賞百緡，彼發兵五萬，若援勅求賞，五百萬緡何從可得？此二害也。虜騎雖來，必不先進，勒兵(四七)自固(四八)，觀我兵勢，勝則從而分功，敗則從而圖(四九)變，譎(五〇)詐多端，不可親信，此三害也。」竟不肯署勅(五一)，尚結贊亦不進軍。

(七)陸贄自咸陽還，上言：「賊泚稽(五二)誅，保聚宮苑，勢窮援絕，引日(五三)偷生，懷光總(五四)仗順之師，乘制勝之氣，鼓行芟(五五)翦，易若摧枯(五六)，而乃寇奔不追，師老(五七)不用，諸帥每欲進取，懷光輒沮(五八)其謀，據茲事情，殊不可解(五九)。陛下意在全護(六〇)，委曲聽從，觀其所為，亦未知感(六一)，若不別務(六二)規略(六三)，漸思制持(六四)，惟以姑息(六五)求安，終恐變故(六六)難測，此誠事機危迫(六七)之秋(六八)也，固不可以尋常容易處之。今李晟奏請移軍，適遇臣銜命宣慰，懷光偶論此事，臣遂汎問(六九)所宜，懷光乃云：『李晟既欲別行，某(七〇)亦都(七一)不要藉(七二)。』臣猶慮有翻覆，因美(七三)其軍盛彊，懷光大自矜誇，轉有輕晟之意。臣又從容問云：『回日或聖旨顧問事之可否，決定何如？』懷光已肆(七四)輕言(七五)，不可中變，遂云：『恩命許去，事亦無妨(七六)。』要約再三，非不詳審(七七)，雖欲追悔，固難為辭(七八)。伏望即以李晟表出付中書，勅下依奏(七九)，別賜懷光手詔，示以移軍事由(八〇)，其手詔大意云：『昨得李晟奏請移軍城東(八一)，以分賊勢，朕本欲委卿商量(八二)，適會陸贄回奏云，見卿語及於此，仍(八三)言許去，事亦無妨，遂勅本軍(八四)允其所請。』如此則詞婉(八五)而直，理順而明，雖蓄異端，何由起怨！」上從之。

(八)晟自咸陽結陳而行，歸東渭橋，時鄜坊節度使李建徽、神策行營節度使楊惠元猶與懷光聯營，陸贄復上奏曰：「懷光當管(八六)師徒(八七)，足以獨制兇寇，逗留未進，抑有它由，所患太彊，不資(八八)傍助。比者(八九)又遣李晟、李建徽、楊惠元三節度之眾附麗(九〇)其營，無益成功，祇足生事(九一)。何則？四軍接壘，羣帥異心，論勢力則懸絕高卑(九二)，據職名則不相統屬(九三)，懷光輕晟等兵微(九四)位下，而忿其制不從心(九五)，晟等疑懷光養寇蓄(九六)姦，而怨其事多陵(九七)己，端居(九八)則互防飛謗(九九)，欲戰則遞(一〇〇)恐分功(一〇一)，齟齬(一〇二)不和，嫌釁遂構(一〇三)，俾(一〇四)之同處，必不兩全。彊者惡積而後亡(一〇五)，弱者勢危而先覆(一〇六)，覆亡之禍，翹足可期[一七]，舊寇未平，新患方起[一八]，憂歎所切[一九]，實堪疚[二〇]心。太上[二一]消慝[二二]於未萌[二三]，其次救失於始兆[二四]，況乎事情已露[二五]，禍難垂[二六]成，委[二七]而不謀[二八]，何以寧亂[二九]？李晟見機慮[三〇]變，先請移軍，建徽惠元勢轉孤弱，為其吞噬，理在必然。它日雖有良圖，亦恐不能自拔[三一]，拯[三二]其危急，唯在此時，今因李晟願行，便遣合軍同往，託言[三三]晟兵素少[三四]，慮為賊泚所邀[三五]，藉此兩軍，迭[三六]為掎角[三七]，仍先諭旨，密使促裝[三八]，詔書至營，即日進路[三九]，懷光意雖不欲，然亦計無所施[四〇]，是謂先人有奪人之心[四一]，疾雷不及掩耳[四二]者也。解鬬[四三]不可以不離，救焚不可以不疾，理盡於此，惟陛下圖之。」上曰：「卿所料[四四]極善，然李晟移軍，懷光不免悵望[四五]，若更遣建徽惠元就東[四六]，恐因此生辭[四七]，轉難調息[四八]，且更俟旬時[四九]。」

㈨辛酉，加王武俊同平章事兼幽州盧龍節度使。

㈩李晟以為懷光反狀已明，緩急宜有備[五〇]，蜀漢之路[五一]不可壅[五二]，請以裨將[五三]趙光銑等為洋、利、劍三州刺史[五四]，各將兵五百，以防未然[五五]。上疑未決，欲親總禁兵幸咸陽，以慰撫為名，趣[五六]諸將進討。或謂懷光曰，「此漢祖遊雲夢之策也(四七)。」懷光大懼，反謀益甚，上垂(四八)欲行，懷光辭益不遜(四九)，上猶疑讒人間(五〇)之，甲子，加懷光太尉，增實食(五一)，賜鐵券(五二)，遣神策右兵馬使李汴等往諭旨。【考異】邠志曰：「十六日，詔加懷光大尉。」按實錄，甲子二十三日，邠志誤。幸奉天錄、舊傳，李弁作李昪，今從奉天錄(五三)。懷光對使者投鐵券於地曰：「聖人(五四)疑懷光邪！人臣反，賜鐵券，懷光不反，今賜鐵券，是使之反也！」辭氣甚悖(五五)，朔方左兵馬使張名振當軍門大呼曰：「太尉視(五六)賊不許擊，待天使(五七)不敬，果欲反邪！功高太山，一旦弃(五八)之，自取族滅，富貴它人(五九)，何益哉(六〇)！我今日必以死爭之。」懷光聞之，謂曰：「我不反，以賊方彊，故須蓄銳(六一)俟時(六二)耳。」懷光又言：「天子所居，必有城隍(六三)。」乃發卒城咸陽，未幾，移軍據之，張名振曰：「乃者(六四)言不反，今日拔軍此來(六五)，何也？何不攻長安，殺朱泚，取富貴，引軍還邪(六六)！」懷光曰：「名振病心(六七)矣。」命左右引去，拉殺之。

(十一)右武鋒兵馬使石演芬、本西域胡人，懷光養以為子，懷光潛與朱泚通謀，演芬遣其客郜成義詣行在告之，請罷其都統之權，成義至奉天告懷光子璀，璀密白[六八]其父，懷光召演芬責之曰：「我以爾為子，奈何欲破[六九]我家！今日負我，死甘心乎！」演芬曰：「天子以太尉為股肱[七〇]，太尉以演芬為心腹，太尉既負太子，演芬安得不負太尉乎！演芬胡人，不能異心，惟知事一人[七一]，苟免賊名而死，死甘心矣。」懷光使左右臠食之，皆曰：「義士也，可令快死。」以刀斷其喉而去[七二]。【考異】邠志曰：「懷光投鐵券於地，使者懼焉，名振呼於軍門。」又曰：「二月二十一日，懷光拔其軍，居咸陽。」又曰：「三月三日，懷光巡咸陽城，名振曰，昨日言不反，今悉軍此來，何也？」又曰：「懷光既殺名振，召演芬責之。」按名振云：「昨日言不反，今何此來。」則是呼軍門之明日，懷光即移軍咸陽，若至咸陽，已十三日，因巡城而名振言之，何得云昨日？又何得云悉軍此來？又名振與演芬同日死，按舊傳云：「郜成義至奉天，乃反其言，告懷光子璀，璀密告其父懷光。」若三月三日，則車駕已幸梁洋，不在奉天，且是時，反狀已明灼如此，豈能尚欺人，云不反邪！今從幸奉天錄，悉因投鐵券言之。

(十二)李卞等還，言懷光驕慢[七三]之狀，於是行在始嚴門禁[七四]，從臣皆密裝[七五]以待。乙丑，加李晟河中同絳節度使，上猶以為薄，丙寅，又加同平章事。

(十三)上將幸梁州[七六]，山南節度使、鹽亭[七七]嚴震聞之，遣使詣奉天奉迎，又遣大將張用誠將兵五千至盩厔，以來迎衛[七八]，用誠為懷光所誘，陰與之通謀，上聞而患[七九]之；會震繼遣牙將馬勛奉表，上語之故，勛請亟(八〇)詣梁州，取嚴震符(八一)召用誠還府，若不受召，臣請殺之。上喜曰：「卿何時復至此？」勛刻日時(八二)而去，既得震符，請壯士五人與之俱，出駱谷(八三)，用誠不知事泄，以數百騎迎之，勛與之俱入驛(八四)，時天寒，勛多然(八五)藁(八六)火於驛外，軍士皆往附火(八七)，勛乃從容出懷中符，以示用誠曰：「大夫(八八)召君。」用誠錯愕(八九)起走，壯士自後執其手擒之，用誠子在勛後，斫傷勛首，壯士格殺(九〇)其子，仆用誠於地，跨(九一)其腹以刀擬其喉，曰：「出聲則死。」勛入其營，士卒已擐甲(九二)執兵矣。勛大言曰：「汝曹父母妻子皆在漢中(九三)，一朝棄之，與張用誠同反，於汝曹何利乎(九四)？大夫令我取用誠，不問汝曹，無自取族滅(九五)。」眾皆讋(九六)服。勛送用誠詣梁州，震杖殺之，命副將領其眾，勛裹(九七)其首，復命於行在，愆期(九八)半日。

(十四)李懷光夜遣人襲奪李建徽楊惠元軍，建徽走免，惠元將奔奉天，懷光遣兵追殺之。懷光又宣言曰：「吾今與朱泚連和，車駕且當遠避(九九)。」懷光以韓遊瓌朔方將也(一〇〇)，掌兵(一〇一)在奉天，與遊瓌書，約使為變，遊瓌密奏之；明日又以書趣(一〇二)之。上稱其忠義，因問策安出，對曰：「懷光總諸道兵，故敢恃眾為亂，今邠寧有張昕，靈武有寧景璿，河中有呂鳴岳，振武有杜從政，潼關有唐朝臣，渭北有竇覦，皆守將也㉓，陛下各以其地及其眾授之，尊㉔懷光之官，罷其權，則行營諸將各授本府指麾矣㉕，懷光獨立，安能為亂？」上曰：「罷懷光兵權，若朱泚何？」對曰：「陛下既許將士以克城殊賞㉖，將士奉天子之命以討賊，取富貴，誰不願之！邠府兵以萬數㉗，借使㉘臣得而將之，足以誅泚，況諸道必有杖義㉙之臣，泚不足憂也。」上然之。

(七五)丁卯，懷光遣其將趙昇鸞入奉天，約其夕使別將達奚小俊燒乾陵，【考異】邠志作達奚小進，今從實錄。令昇鸞為內應，以驚脅㉚乘輿；昇鸞詣渾瑊自言，瑊遽以聞，且請決㉛幸梁州，【考異】邠志：「二十六日，懷光又使持書趣遊瓌，渾公獲而奏之，且使其卒物色我軍，遊瓌不知，不得以聞，又怒瑊之虞已也，慢罵於途。上疑其變，即日幸梁州。」今從實錄。奉天記曰：「上初拔奉天，而車駕至宜壽縣渭水之陽，謂侍臣曰，朕之此行，莫同永嘉之勢，因潸然流涕。渾瑊對曰，臨大難，無憂懼者，聖人之勇也。言訖，濟河。」按新傳，李惟簡追及上於盩厔西，然後渾瑊繼至，則上至渭陽時，瑊猶未來，今不取。上命瑊戒嚴㉜，瑊出，部勒㉝未畢，上已出城西，命戴休顏守奉天，朝臣將士狼狽扈從㉞，戴休顏徇㉟於軍中曰：「懷光已反。」遂乘城㊱拒守。朱泚之稱帝也，兵部侍郎劉迺臥病在家，泚召之，不起，使蔣鎮自往㉗說之，凡再往，知不可誘脅㉘，乃歎曰：「鎮亦忝列曹㉙，不能捨生㉚，以至於此，豈可復以己之腥臊，汙漫㉛賢者乎！」歔欷而返，迺聞帝幸山南㉜，搏膺㉝大呼，自投於牀，不食數日，而卒。

⒃太子少師喬琳從上至盩厔，稱老疾㉞，不堪山險㉟，削髮㊱為僧，匿於仙遊寺，泚聞之，召至長安，以為吏部尚書，於是朝士之竄匿者，多出仕泚矣。

【今註】㊀二月，戊申，詔贈段秀實太尉：按《舊唐書・德宗紀》，戊申作戊寅。㊁恤：存恤。㊂賞：獎賞。㊃寧陵：據《新唐書・地理志》二，寧陵屬河南道、宋州。㊄白馬：據同志二，白馬屬河南道、滑州。㊅陽：猶佯。㊆諷：暗示。㊇白：告。㊈彊弩：即彊弩手。㊉游汴水：謂游渡汴水。⑪坐幄：所坐之幄帳。⑫宣潤：二州名。⑬節制：謂節度管制。⑭勞：慰勞。⑮脅：脅迫。⑯內：猶心。⑰壘：營。⑱宮苑：謂宮城及苑城。⑲曠日：謂多日。⑳適至：纔至。㉑士：士卒。㉒遽：即。㉓壁：亦謂營。㉔人牛馬：謂人家之牛馬，亦即民間之牛馬。㉕異己：謂與己不同。㉖逗留：行程停頓。㉗趣：讀曰促。㉘釁：釁隙。㉙併：吞併。㉚東渭橋：程大昌曰：「東渭橋在萬年縣之東。」㉛革心：改心。㉜力用：兵力效用。㉝寢：止。㉞窘：困窘。㉟逆：

違逆。(三六)觖望：猶怨望，音決。(三七)沮敗：謂喪敗。(三八)協力：合力。(三九)專：專擅。(四〇)指蹤：謂指使追蹤。(四一)裁：裁奪。(四二)為信：為憑信。(四三)縱：縱放。(四四)遏：止。(四五)害：患害。(四六)人：每人。(四七)勒兵：領兵。(四八)自固：謂自己固守。(四九)圖：謀。(五〇)譎：詭詐，音ㄐㄩㄝˊ。(五一)署敕：謂署名於制敕之上。(五二)稽：延。(五三)引日：延日。(五四)總：總領。(五五)芟：除。(五六)摧枯：摧折枯木。(五七)師老：師旅疲老。(五八)沮：止。(五九)解：解釋。(六〇)全護：保全愛護。(六一)感：感激。(六二)別務：另事。(六三)規略：猶方略。(六四)制持：控制掌持。(六五)姑息：謂苟容取安。(六六)變故：謂所發生之變化及事故。(六七)危迫：危急緊迫。(六八)秋：猶時。(六九)汎問：廣汎詢問。(七〇)某：我，唐時多以某為我。(七一)都：全。(七二)要藉：胡三省曰：「要者、須其用，藉者、借其力，當時諸鎮有要藉官，所以名官之意亦如此。」(七三)美：讚美。(七四)肆：縱。(七五)輕言：此謂誇大之言。(七六)恩命許去，事亦無妨：恩命指天子之命令言。謂天子已許李晟去咸陽，則其移軍，於事體亦無妨礙。(七七)詳審：詳密審重。(七八)為辭：猶為言。(七九)敕下依奏：敕下李晟，依其所奏。(八〇)事由：事之因由。(八一)移軍城東：東渭橋在京城東，故云然。(八二)委卿商量：謂委任卿共商量此事。(八三)仍：因。(八四)本軍：指李晟軍。(八五)婉：委婉。(八六)當管：猶言見管。(八七)師徒：猶師卒。(八八)資：藉。(八九)比者：近者。(九〇)附麗：麗亦附意，二者為複合辭。(九一)生事：謂發生事端。(九二)懸絕高卑：言懷光之軍最彊，懷光之官最高，相去懸絕。(九三)據職名則不相統屬：言懷光、晟、建徽、惠元四人，並為節度使，各總一軍，不相統屬。(九四)兵微：兵少。(九五)制不從心：亦即不聽其管制。(九六)蓄：亦養。(九七)陵：欺陵。(九八)端居：猶安居。(九九)飛謗：謂飛言及謗毀。(一〇〇)遞：

亦互意。〔〇一〕分功：謂分據己之功勳。〔〇二〕齟齬：原謂齒不相值，引申為意見不合。〔〇三〕構：構成。〔〇四〕俾：使。〔〇五〕後亡：謂滅亡較後。〔〇六〕先覆：謂先行傾覆。〔〇七〕翹足可期：喻禍來之速。〔〇八〕方起：將起。〔〇九〕所切：謂所關切。〔一〇〕疢：病。〔一一〕太上：謂最上。〔一二〕慝：惡。〔一三〕萌：生。〔一四〕兆：幾事之先見者。〔一五〕已露：已顯露。〔一六〕垂：將。〔一七〕委：棄置。〔一八〕謀：圖謀。〔一九〕寧亂：安定禍亂。〔二〇〕慮：憂慮。〔二一〕自拔：謂自拔於禍難之中。〔二二〕拯：救。〔二三〕託言：假託因由而言。〔二四〕素少：謂平日寡少。〔二五〕邀：截。〔二六〕迭：互相。〔二七〕掎角：猶牽掣。〔二八〕促裝：急促治裝。〔二九〕進路：猶上路。〔三〇〕施：施行。〔三一〕先人有奪人之心：《左傳》文公七年趙宣子之言。〔三二〕疾雷不及掩耳：胡三省曰：「淮南子之言。」〔三三〕解鬭：解除鬭爭。〔三四〕料：料度。〔三五〕悵望：悵恨怨望。〔三六〕就東：謂自咸陽東就李晟。〔三七〕生辭：發生言語。〔三八〕調息：謂調停寧息。〔三九〕旬時：猶旬日。〔四〇〕緩急宜有備：謂無論緩急，皆宜先有準備。〔四一〕蜀漢之路：此指蜀郡漢中郡二郡之路而言。〔四二〕壅：塞。〔四三〕裨將：偏將。〔四四〕趙光銑等為洋利劍三州刺史：三州皆屬入蜀之道。〔四五〕未然：謂尚未如此之事。〔四六〕趣：讀曰促。〔四七〕此漢祖遊雲夢之策也：遊雲夢事見卷十一漢高祖六年。〔四八〕垂：將。〔四九〕遜：遜順。〔五〇〕間：離間。〔五一〕實食：食實封。〔五二〕賜鐵券：鐵券所載，主要者乃為犯死罪時，恕其幾死。〔五三〕考異曰：「幸奉天錄、舊傳，李弁作李昪，今從奉天錄」：按上文作李卞，則此李弁亦當書作李卞，以求一致。〔五四〕聖人：唐之臣子率稱天子曰聖人。〔五五〕悖：荒悖。〔五六〕覘：即見。〔五七〕天使：謂天子所遣之使。〔五八〕弃：同棄。〔五九〕富貴它人：胡三省曰：「言懷光反，是自取族滅，它人平其亂以為功，而得富貴，是富貴它人也。」〔六〇〕何益哉：謂有何益哉。(六一)蓄銳：蓄養精銳。(六二)俟時：俟待時機。(六三)城隍：有水曰池，無水曰隍。(六四)乃者：猶言昨者。(六五)此來：疑當作來此。(六六)引軍還邠：懷光所統朔方軍，本屯邠州。(六七)病心：謂有心疾，亦即精神失常。(六八)白：告。(六九)破：破滅。(七〇)股肱：亦即心腹意。(七一)事一人：謂天子。(七二)而去：猶而死。(七三)驕慢：驕傲怠慢。(七四)嚴門禁：嚴門關出入之禁，以防不虞。(七五)密裝：謂密具行裝，以備移行。(七六)梁州：古漢中。(七七)鹽亭：據《新唐書・地理志》六，鹽亭屬劍南道、梓州。(七八)至盩厔以來迎衛：胡三省曰：「至盩厔以來者，言若迎衛之兵，至盩厔而乘輿未至，則當沿道漸進來前，以迎乘輿，不指定一處也。」然《舊唐書・嚴震傳》，以來作以東，則固無須如此解釋矣。音舟窒。(七九)患：憂。(八〇)亟：速。(八一)符：符書。(八二)刻日時：謂指定日時。(八三)駱谷：漢中取鳳翔之路，南谷曰褒，北谷曰駱。(八四)入驛：即入傳舍。(八五)然：通燃。(八六)藁：禾稈。(八七)附火：謂靠近火旁，而以取煖。(八八)大夫：據嚴震傳，震為山南西道節度使時，又兼有御史大夫之銜，故因稱之曰大夫。(八九)錯愕：謂猝然驚愕。(九〇)格殺：擊殺。(九一)跨：謂以一足踏其腹上。(九二)擐甲：貫甲，亦即披甲之謂。(九三)漢中：即梁州。(九四)於汝曹何利乎：全文為於汝曹有何利乎。(九五)無自取族滅：無自上省汝曹二字。(九六)讋：懼，音摺。(九七)裹：謂包紮。(九八)愆期：誤期。(九九)遠避：謂遠避他方。(一〇〇)懷光以韓遊瓌朔方將也：韓遊瓌初事郭子儀，李懷光東征，遊瓌為邠寧留後。(一〇一)掌兵：管兵。(一〇二)趣：讀曰促。(一〇三)皆守將也：言此諸將，各守其地。(一〇四)尊：尊崇。(一〇五)各授本府指麾矣：胡三省曰：「罷懷光兵權，則諸路兵雖在行營，將不肯稟命於懷光，而各稟本府之命。」按授當改作受。(一〇六)殊賞：殊異之賞。(一〇七)以萬數：謂以萬為單位而計數之，其數目乃為數萬也。⑱借使：假使。⑲杖義：謂以義立身。⑳驚脅：驚恐威脅。㉑決：決定。㉒戒嚴：戒備。㉓部勒：猶部分。㉔扈從：謂隨從大駕。㉕徇：徇行。㉖乘城：登城。㉗自往：猶親往。㉘誘脅：引誘威脅。㉙鎮亦忝列曹：胡三省曰：「蔣鎮仕唐，為工部侍郎，故云亦忝列曹。」㉚捨生：謂捨生取義。㉛漫：塗。㉜幸山南：即幸梁州。㉝搏膺：謂以手擊胸。㉞稱老疾：稱年老有疾。㉟不堪山險：謂不堪山路之艱險。㊱削髮：猶剃髮。

㈠懷光遣其將孟保、【考異】邠志作孟廷寶，今從實錄。惠靜壽、孫福達將精騎趣南山，邀㊀車駕，遇諸軍糧料使張增於盩厔，三將曰：「彼使我為不臣，我以追不及報之，不過不使我將㊁耳。」因目增㊂曰：「軍士未朝食，如何？」增給其眾曰：「此東㊃數里有佛祠㊄，吾貯糧焉。」三將帥眾而東，縱之㊅剽掠，由是百官從行者，皆得入駱谷，以追不及，還報，【考異】實錄曰：「纔入駱穀，懷光遣其將孟保等，以數百騎來襲，為後軍將侯仲莊所拒，而退，遂焚店驛而去。」舊嚴震傳曰：「賴山南兵擊之而退，輿駕無警急之患。」今從邠志。懷光皆黜㊆之。

㈡河東將王權、馬彙引兵歸太原。

㈢李晟得除官制㊇，拜哭受命㊈，謂將佐㊉曰：「長安宗廟所在，天下根本，若諸將皆從行，誰當滅賊者！」乃治城隍，繕㊀甲兵，為復⑫京城之計。先是東渭橋有積粟十餘萬斛，度支給李懷光軍幾盡，是時懷光朱泚連兵，聲勢甚盛，車駕南幸，人情擾擾⑬，晟以孤軍處二彊寇之間，內無資糧，外無救援，徒⑭以忠義感激⑮將士，故其眾⑯雖單弱，而銳氣不衰；又以書遺懷光，辭禮⑰卑遜，雖示尊崇⑱，而諭以禍福，勸之立功補過，故懷光慚恧⑲，未忍擊之。晟曰：「畿內雖兵荒⑳之餘，猶可賦斂，宿兵㉑養寇，患莫大焉。」乃以判官張彧假㉒京兆尹，擇四十餘人，假官以督渭北芻粟㉓，不旬日皆充羨㉔。乃流涕誓眾，決志平賊。

㈣田悅用兵數敗，士卒死者什六七，其下皆厭㉕苦之，上以給事中孔巢父為魏博宣慰使，巢父性辯博㉖，至魏州，對其眾為陳逆順禍福，悅及將士皆喜。兵馬使田緒，承嗣之子也。凶險多過失，悅不忍殺，杖而拘㉗之，悅既歸國，內外撤㉘警備。三月，壬申朔，悅與巢父宴飲，緒對弟姪有怨言，其姪止之，緒怒殺姪，既而悔之曰：「僕射㉙必殺我。」既夕，悅醉歸寢，緒與左右密㉚穿後垣，入殺悅，及其母妻等十餘人，即帥左右執刀立於中門之內夾道㉛，將旦，以悅命召行軍司馬扈崿、判官許士則、都虞候蔣濟議事，府署深邃㉜，外不知有變，士則、濟先至，召入，亂斫殺之。緒恐既明㉝事泄㉞，乃出門㉟，遇悅親將劉忠信方排牙㊱，緒疾呼謂眾曰：「劉忠信與扈崿謀反，昨夜刺殺僕射。」眾大驚諠譁，忠信未及自辨，眾分裂殺之。扈崿來及戟門㊲，遇亂，招諭將士，將士從之者三分之一，緒懼登城而立，大呼謂眾曰：「緒先相公㊳之子，諸君受先相公恩，若能立緒。兵馬使賞緡錢二千，大將半之，下至士卒人賞百緡，竭公私之貨，五日取辦。」於是將士回首，殺扈崿，皆歸緒，軍府乃安㊴。因請命㊵於孔巢父，巢父命緒權㊶知軍府，後數日，眾乃知緒殺其兄，雖悔怒㊷，而緒已立，無如之何。緒又殺悅親將㊸薛有倫等二十餘人。

㈤李抱真、王武俊引兵將救貝州，聞亂不敢進。朱滔聞悅死，喜曰：「悅負恩，天假手㊹於緒也。」即遣其執憲大夫㊺鄭景濟等將步騎五千，助馬寔，合兵萬二千人，攻魏州，寔軍王莽河，縱㊻騎兵及回紇四出剽掠，滔別遣人說緒許以本道節度使，緒方危急，遣隨軍侯臧詣貝州，送款㊼於滔，滔喜，遣臧還報，使亟定盟約。時緒部署㊽城內㊾已定。

㈥李抱真、王武俊又遣使詣緒，許以赴援，如悅存日㊿之約，緒召將佐議之，幕僚(五一)曾穆、盧南史曰：「用兵雖尚威武(五二)，亦本(五三)仁義，然後有功。今幽陵之兵，恣行殺掠，白骨蔽野(五四)，雖先僕射背德，其民何罪！今雖盛彊，其亡可跂立(五五)而待也。況昭義、恒冀(五六)，方相與攻之，奈何以目前之急(五七)，欲從人為反逆乎！不若歸命(五八)朝廷，天子方蒙塵(五九)於外，聞魏博使至必喜，官爵旋踵(六〇)而至矣。」緒從之，遣使奉表詣行在，城守以俟命。

㈦上之發奉天(六一)也，韓遊瓌帥其麾下八百餘人還邠州，【考異】邠志曰：「韓遊瓌使其子欽緒扈從，懷光知之，以戴休顏代領其職，仍假遊瓌邠州刺史，將使其黨張昕害之。遊瓌既失兵柄，未知所從，說客劉南金曰，竊觀人心，莫不戀主，邠有留甲，可以圖變，公得之邠，殆天假也。乃使麾下將范希朝、趙懷誘其軍歸邠，士皆從之。「休顏率麾下卒據城門，士不得盡出，其從遊瓌至邠者八百餘人。」按舊遊瓌傳，無受懷光邠州刺史事。休顏傳云：「及李懷光叛據咸陽，使誘休顏，休顏集三軍斬其使，嬰城自守，懷光大駭，遂自涇陽夜遁，其月，拜檢校工部尚書，奉天行營節度使。」且上幸山南，命休顏留守奉天，遊瓌先發懷光陰謀，二人豈更受懷光節度，蓋當時出幸蒼卒，遊瓌扈從不及，或以與渾瑊有隙，不敢南行，故帥麾下歸邠州耳。李懷光以李晟軍浸(六二)盛，惡之，欲引軍自咸陽襲東渭橋，三其眾，眾不應，竊相謂曰：「若與我曹擊朱泚，惟力是視(六三)，若欲反，我曹有死(六四)，不能從也。」懷光知眾不可強(六五)，問計於賓佐，節度巡官、良鄉(六六)李景略曰：「取長安，殺朱泚，散軍(六七)還諸道，單騎詣行在，如此，臣節亦未虧(六八)，功名猶可保(六九)也。」頓首懇請，至於流涕，懷光許之。都虞候閻晏等勸懷光東保河中，徐圖去就，懷光乃說其眾曰：「今且屯涇陽，召妻拏(七〇)於邠，俟至，與之俱往河中，春裝既辦(七一)，還攻長安，未晚也(七二)，東方諸縣皆富實(七三)，軍發之日，聽爾俘掠(七四)。」眾許之。【考異】幸奉天錄：「李晟至東渭橋，旬日之後，軍用整備，懷光患之，稍移軍涇陽，與朱泚約，同滅晟軍。」舊懷光傳曰：「懷光劫李建徽等軍，移於好時。」又曰：「居一旬，乃驅兵掠涇陽、富平，自同州往河中。」朱泚傳曰：「懷光為泚所賣，慙怒憤恥，移於好時。」按實錄：「三月甲申，懷光自咸陽燒營，走歸河中。」幸奉天錄曰：「三月，懷光拔咸陽，掠三原等十二縣，鷄犬無遺，老小步騎百餘萬。」皆不云移軍好時及涇陽，今從邠志及幸奉天錄。懷光乃謂景略曰：「曏者之議，軍眾(七五)不從，子宜速去，不且(七六)見害。」遣數騎送之，景略出軍門慟(七七)哭曰：「不意(七八)此軍陷於不義(七九)。」

(八)懷光遣使詣邠州，令留後張昕悉發所留兵萬餘人及行營將士家屬，會涇陽，仍遣其將劉禮等將三千餘騎，脅(八〇)遷之。韓遊瓌說昕曰：「李太尉功高，自蹈禍機(八一)，中丞今日可以自求富貴，遊瓌請帥麾下以從。」昕曰：「昕微賤，賴李太尉得至此，不忍負(八二)

也。」遊瓌乃謝病(八三)不出，陰與諸將高固、楊懷賓等相結，時崔漢衡以吐蕃兵營于邠南(八四)，高固曰：「昕以眾去，則邠城空矣。」乃詐為渾瑊書，召吐蕃，使稍逼邠城，昕等懼，竟不敢出。昕等謀殺諸將之不從者，遊瓌知之，先與高固等舉兵殺昕，【考異】邠志曰：「三月二十三日，張昕戒劉禮等，裏甲而入，昕小史李岌密報遊瓌，遊瓌伏甲先起，高固等師家應之，遂斬昕於庭中。遊瓌既據邠府，遣李旻，懷光乃走蒲州。」按實錄：「甲申，懷光自咸陽燒營，走歸河中。」然則遊瓌殺昕，必在其前，今因懷光走見之。遣楊懷賓奉表以聞(八五)，且遣人告崔漢衡，漢衡矯詔(八六)以遊瓌知軍府事，軍中大喜。

(九)懷光子旻在邠，遊瓌遣之，或曰：「不殺旻，何以自明(八七)。」遊瓌曰：「殺旻，則懷光怒，其眾必至，不如釋旻以走之。」時楊懷賓子朝晟在懷光軍中，為右廂兵馬使，聞之泣白懷光曰：「父立功於國，子當誅夷(八八)，不可典兵(八九)。」懷光囚之。於是遊瓌屯邠寧，戴休顏屯奉天，駱元光屯昭應(九〇)，尚可孤屯藍田，皆受李晟節度，晟軍聲(九一)大振。始懷光方彊，朱泚畏之，與懷光書，以兄事之，約分帝關中(九二)，永為鄰國。及懷光決反，逼乘輿南幸，其下多叛之，勢益弱，泚乃賜懷光詔書，以臣禮待之，且徵(九三)其兵。懷光懟怒，內憂麾下為變，外恐李晟襲之，遂燒營東走，掠涇陽(九四)等十二縣，雞犬無遺，【考異】舊高郢傳曰：「懷光將歸河中，郢言西迎大駕，豈非忠乎？懷光不聽。」按德宗因懷光迫逐，遂幸梁州，借使懷光欲迎駕，德宗豈肯來乎！今不取。及富平(九五)，大將孟涉、段威勇將數千人，奔于李晟，將士在道，散亡(九六)相繼，至河中，或勸河中守將呂鳴岳焚橋拒之，鳴岳以兵少，恐不能支，遂納之。河中尹李齊運棄城走，懷光遣其將趙貴先築壘於同州，刺史李紓懼奔行在，募僚裴向攝(九七)州事，詣貴先，責以逆順之理(九八)，貴先感寤(九九)，遂請降，同州由是獲全。向，遵慶之子(一〇〇)也。懷光使其將符嶠襲坊州，據之，渭北守將竇覦帥獵團(一〇一)七百圍之，嶠請降，詔以覦為渭北行軍司馬。

(十)丁亥，以李晟兼京畿、渭北、鄜坊、丹延節度使。

(十一)庚寅，車駕至城固(一〇二)，唐安公主(一〇三)薨，上長女也。

(十二)上在道，民有獻瓜果者，上欲以散試官(一〇四)授之，訪於陸贄，贄上奏，以為：「爵位恒宜慎惜(一〇五)，不可輕用，起端雖微，流弊(一〇六)必大。獻瓜果者，止可賜以錢帛，不當酬(一〇七)以官。」上曰：「試官虛名，無損於事。」贄又上奏，其略曰：「自兵興以來，財賦不足以供賜，而職官之賞⑧興焉，青朱⑨雜沓⑩於胥徒⑪，金紫⑫普施是輿皁⑬，當今所病，方在爵輕⑭，設法貴之，猶恐不重，若又自棄⑮，將何勸人？夫誘⑯人之方⑰，惟名與利，名近虛而於教⑱為重，利近實而於德⑲為輕，專實利而不濟⑳之以虛，則耗匱而物力不給㉑，專虛名而不副㉒之以實，則誕謾㉓而人情不趨㉔，故國家命秩㉕之制，有職事官，有散官，有勳官，有爵號，然掌務㉖而授俸者，唯繫職事之一官也，此所謂施實利而寓㉗虛名者也，其勳、散、爵號，三者所繫，大抵止於服色資蔭㉘而已，此所謂假虛名而佐㉙實利者也。今之員外㉚試官，頗同勳、散、爵號，雖則授無費祿㉛，受不占員㉜，然而突銛鋒㉝，排㉞患難者，則以是賞之，竭筋力，展㉟勞效者，又以是酬之，若獻瓜果者，亦授試官，則彼必相謂曰：『吾以忘軀命㊱而獲官，此以進瓜果而獲官，是乃國家以吾之軀命，同於瓜果矣，視人如草木，誰復為用哉㊲！』今陛下既未有實利以敦勸㊳，又不重虛名而濫施㊴，人無藉焉㊵，則後之立功者，將曷用為賞哉！」

(一三)贄在翰林，為上所親信，居艱難中，雖有宰相，大小之事(四一)，上必與贄謀之，故當時謂之內相(四二)，上行止必與之俱。梁洋道險，嘗與贄相失，經夕(四三)不至，上驚憂涕泣，募得贄者賞千金，久之，乃至，上喜甚，太子以下皆賀。然贄數直諫，迕(四四)上意，盧杞雖貶官，上心庇(四五)之，贄極言杞姦邪致亂，上雖貌從(四六)，心頗不悅，故劉從一、姜公輔皆自下陳登用(四七)，贄恩遇雖隆(四八)，未得為相。

(一四)壬辰，車駕至梁州，山南地薄民貧，自安史以來，盜賊攻剽(四九)，戶口減耗太半，雖節制十五州(五〇)，租賦不及中原(五一)數縣，及大駕駐蹕(五二)，糧用(五三)頗窘(五四)。上欲西幸成都，嚴震言於上曰：「山南地接京畿，李晟方圖收復，藉六軍(五五)以為聲援(五六)，若幸西川，則晟未有收復之期也。」眾議未決，會李晟表至，言：「陛下駐蹕漢中，所以繫億兆之心，成滅賊之勢，若規小捨大(五七)，遷都岷峨(五八)，則士庶失望，雖有猛將謀臣，無所施矣(五九)！」上乃止。嚴震百方(六〇)以聚財賦，民不至困窮，而供億(六一)無乏。牙將嚴礪、震之從祖弟也，震使掌轉餉(六二)，事甚脩辨(六三)。

【今註】 ㊀邀：截。㊁不使我將：謂不使我為將。㊂目增：目增示之以意，欲因其言以紿眾。㊃此東：謂自此以東。㊄佛祠：猶佛廟。㊅縱之：恣之。㊆黜：罷黜，音ㄔㄨˋ。㊇李晟得除官制：謂河中同絳及加同平章事之命。㊈受命：接受任命。㊉將佐：將吏僚佐。⑪繕：繕脩。⑫復：收復。⑬擾擾：惶亂貌。⑭徒：但。⑮感激：感動激勵。⑯眾：即師旅。⑰辭禮：言辭禮節。⑱雖示尊崇：謂雖外示尊崇。⑲恧：慚：音ㄋㄩˋ。⑳兵荒：謂兵馬荒亂。㉑宿兵：謂使兵卒疲老。㉒假：攝代。㉓芻粟：芻蕘糧粟。㉔充羨：充足而有羨餘。㉕厭：厭惡。㉖性辯博：按通作博辯，謂博聞善辯。㉗拘：拘囚。㉘撒：當係撤之誤。㉙僕射：謂田悅，悅以興元元年加檢校尚書右僕射。㉚密：秘密。㉛夾道：兩旁有墻，內有通道，故曰夾道。㉜邃：亦深。㉝既明：謂天色已明。㉞泄：泄漏。㉟乃出門：謂出中門。㊱排牙：胡三省曰：「排牙者，牙前將士各執其物，以立於庭下，俟節度使升廳事，以次參謁也。」㊲戟門：節鎮外門列戟，故謂之戟門。㊳先相公：謂田承嗣。㊴安：定。㊵請命：謂請命令。㊶權：暫且。㊷悔怒：胡三省曰：「怒其殺兄，而悔立之。」㊸親將：親信之將。㊹假手：借手。㊺執憲大夫：猶唐之御史大夫。㊻縱：放縱。㊼款：誠款。㊽部署：部分委署。㊾城內：指魏州城內。㊿存日：謂存在時。(51)幕僚：謂幕府中之僚佐。(52)威武：猶武力。(53)本：謂根依。(54)蔽野：覆蔽原野。(55)跂立：謂舉踵而立，以喻速也。(56)昭義、恒冀：昭義，李抱真；恒冀，王武俊。(57)急：危急。(58)歸命：歸從王命。(59)蒙塵：謂蒙犯風塵，亦即播遷之意。(60)旋踵：轉足，以喻迅速。(61)發奉天：謂自奉天幸山南。(62)浸：漸。(63)惟力是視：謂定將力量盡使出之。(64)我曹有死：謂我曹有死而已。(65)強：勉強。(66)良鄉：今河北省良鄉縣。(67)散軍：謂遣散車士。(68)虧：虧損。(69)保：謂保全。(70)妻孥：按孥乃拏之訛，謂妻子也。(71)辦：治辦。(72)未晚也：謂未為晚也。(73)富實：謂富足充實。(74)俘掠：俘虜搶掠。(75)軍眾：即軍卒。(76)不且：謂不然將且。(77)慟：大哭。(78)意：料。(79)此軍陷於不義：胡三省曰：「朔方軍平安史，拒回紇吐蕃，功高天下，備盡忠力，一旦從懷光反，是陷於不義。」(80)脅：脅迫。(81)禍機：禍患之機阱。(82)負：背負。(83)謝病：猶辭病。(84)邠南：邠城之南。(85)以聞：謂以聞於上。(86)矯詔：謂假託天子之詔書。(87)不殺旻，何以自明：胡三省曰：「言遣旻，則上疑遊瓌與懷光通，將無以自明也。」(88)誅夷：誅滅。(89)典兵：掌兵。(90)昭應：據《新唐書・地理志》一，昭應縣屬京兆府。(91)軍聲：軍之聲勢。(92)分帝關中：謂分在關中為帝。(93)徵：徵調。(94)涇陽：屬京兆府。(95)富平：亦屬京兆府。(96)散亡：謂散離逃亡。(97)攝：攝理。(98)理：道理。(99)感寤：感動覺寤。(100)向，遵慶之子：裴遵慶，肅宗朝為相。(101)獵團：胡三省曰：「團結獵戶為兵，謂之獵團。」(102)城固：今陝西省城固縣。(103)唐安公主：《新唐書・地理志》六，蜀州唐安郡，是以郡名為封號也。(104)散試官：散官即文散階、武散階也。試官事始見卷二百五武后長壽元年。(105)慎惜：謂謹慎愛惜。(106)流弊：流行之弊端。(107)酬：酬報。(108)職官之賞：謂賞之以官職。(109)青朱：《舊唐書・輿服志》：「上元元年制，文武三品已上服紫金玉帶，四品服深緋，五品服淺緋，並金帶，八品服深青，九品服淺青，並鍮石帶。」是青朱乃指四品已下官而言。(110)雜沓：雜多，音踏。(111)胥徒：周禮，六官之屬，大夫士之下有府史胥徒。鄭氏注：「胥徒、民之給徭役者，若今衛士矣，胥讀如諝，謂其有才智為什長。徒給使役。」⑫金紫：見上文，指三品已上之官而言。⑬輿皁：《左傳》昭公七年：「人有十等，王臣公，公臣大夫，大夫臣士，士臣皁，皁臣輿，輿臣僚，僚臣隸，隸臣僕，僕臣臺。」注：「輿，眾也，佐皁舉眾事也。」⑭爵輕：謂爵位之輕。⑮自棄：自己賤棄。⑯誘：誘導。⑰方：方法。⑱教：教化。⑲德：道德。⑳濟：救濟。㉑不給：謂不足供給。㉒副：猶佐。㉓誕謾：誇誕謊謾。㉔不趨：不趨附。㉕命秩：猶命爵。㉖掌務：掌管事務。㉗寓：藏。㉘服色資蔭：胡三省曰：「服色謂紫、緋、淺緋、深綠、淺綠、深青、淺青及黃，其色各以品為差。資蔭謂隨資品得蔭其子若孫及曾孫也。」㉙佐：輔佐。㉚員外：指員額之外者。㉛無費祿：謂不耗費俸祿。㉜不占員：謂不占官員之名額。㉝突銛鋒：銛、利也，謂冒犯利鋒者。㉞排：排除。㉟展：陳列。㊱軀命：身軀性命。㊲誰復為用哉：謂誰復願為君用乎。㊳敦勸：謂重加獎勸。㊴施：施與。㊵人無藉焉：謂人之欲官者，無所準依。㊶大小之事：全文乃為然大小之事。㊷內相：謂內廷宰相。㊸經夕：猶通夕。㊹迕：逆。㊺庇：庇護。㊻貌從：謂表面聽從。㊼故劉從一、姜公輔皆自下陳登用：二人為相，見上卷上年。劉從一自吏部郎中，姜公輔自翰林學士，下陳、猶下列也。㊽隆：隆重。㊾攻剽：攻奪剽掠。㊿節制十五州：十五州為梁、洋、興、鳳、開、通、渠、集、蓬、利、壁、巴、閬、果、金。(51)中原：指河南一帶言。(52)蹕：謂止行者清道。(53)糧用：糧食資用。(54)窘：困窘。(55)六軍：此指天子之軍旅言，蓋天子所領者，共有六軍，故遂以六軍稱天子之師徒焉。(56)聲援：謂以為聲威之援助。(五七)規小捨大：胡三省曰：「規小、謂欲幸成都，以便資用；捨大、謂捨興復之功，而苟安於一隅。」規，圖也。(五八)岷峨：謂岷山及峨嵋山，此指今四川省言。(五九)無所施矣：謂無所施其智勇矣。(六〇)百方：謂千方百計。(六一)供億：謂供給而億安之，此猶供給。(六二)轉餉：轉運糧餉。(六三)脩辨：脩、理，辨、治，或音辨。

㈠初奉天圍既解，李楚琳遣使入貢，上不得已，除鳳翔節度使，而心惡之，議者言：「楚琳凶逆反覆，若不提防(一)，恐生窺伺(二)。」由是楚琳使者數輩至，上皆不引見(三)，留之不遣，甫至漢中，欲以渾瑊代楚琳鎮鳳翔。陸贄上奏，以為：「楚琳殺帥助賊，其罪固大，但以乘輿未復(四)，大憝(五)猶存，勤王(六)之師，悉在畿內，急宣(七)速告，晷刻是爭(八)，商嶺則道迂且遙，駱谷復為盜所扼，僅通王命，唯在褒斜(九)，此路若又阻艱(一〇)，南北遂將夐(一一)絕。以諸鎮危疑之勢，居二逆誘脅之中，洶洶(一二)羣情，各懷向背(一三)，儻或楚琳發憾(一四)，公肆猖狂，南塞要衝(一五)，東延(一六)巨猾，則我咽喉梗(一七)，而心膂分(一八)矣。今楚琳能兩端顧望，乃是天誘其衷(一九)，故通歸塗，將濟大業，陛下誠宜深以為念(二〇)，厚加撫循(二一)，得其遲疑，便足集事(二二)；

必欲精求素行㉓，追抉㉔宿疵㉕，則是改過不足以補愆㉖，自新不足以贖罪㉗，凡今將吏，豈得盡無疵瑕，人皆省思，孰免疑畏㉘。又況阻命㉙之輩，脅從之流㉚，自知負恩，安敢歸化㉛，斯釁非小，所宜速圖㉜。伏願陛下思英主大略㉝，勿以小不忍，虧撓㉞興復之業也。」上釋然㉟開悟㊱，善待楚琳使者，優詔存慰㊲之。

㈡丁酉，加宣武節度使劉洽同平章事。

㈢己亥，以行在都知兵馬使渾瑊同平章事兼朔方節度使、朔方、邠寧、振武、永平、奉天行營兵馬副元帥。

㈣庚子，詔數㊳李懷光罪惡，敍朔方將士忠順功名㊴，猶以懷光舊勳，曲加容貸㊵，其副元帥、太尉、中書令、河中尹、并朔方諸道節度觀察等使，宜並罷免，【考異】舊高郢傳曰：「懷光歸河中，又欲悉眾而西，時渾瑊軍孤，羣帥未集，郢與李鄘，誓死驅之。屬懷光長子璀候郢，郢乃諭以逆順，曰，人臣所宜效順，且自天寶以來，阻兵者今復誰在？況國家自有天命，非獨人力，今若恃眾西向，自絕於天，安知三軍不有奔潰者乎！李璀震懼，流淚氣索。明年，郢與都知兵馬使呂鳴岳，都虞候張延英同謀，問道上表，及受密詔，事泄，二將立死，懷光乃大集將卒，白刃盈庭，引郢詰之，郢挺然抗詞，無所慙隱，憤氣感發，觀者淚下，懷光慙沮而止。」按實錄，懷光以興元元年正月甲申，走歸河中，己亥，以渾瑊為副元帥，四月辛丑朔，始臨軒授瑊節鉞，與郢傳年月全不相應，今不取。授太子太保，其所管兵馬，委㊶本軍自舉一人，功高望重者，便宜㊷統領，速具奏聞，當授旌旄㊸，以從人欲㊹。

㈤夏，四月，壬寅，以邠寧兵馬使韓遊瓌為邠寧節度使。癸卯，以奉天行營兵馬使戴休顏為奉天行營節度使。

㈥靈武守將寧景璿為李懷光治第，別將李如暹曰：「李太尉逐天子，而景璿為之治第，是亦反也。」攻而殺之。

㈦甲辰，加李晟鄜、坊、京畿、渭北、商、華副元帥，晟家百口及神策軍士家屬皆在長安，朱泚善遇之㊺，軍中有言及家者，晟泣曰：「天子何在？敢言家乎！」泚使晟親近以家書遺晟曰：「公家無恙。」晟怒曰：「爾敢為賊為間㊻。」立斬之。軍士未授春衣，盛夏猶衣裘褐，終無叛志㊼。乙巳，以陜虢防遏㊽使唐朝臣為河中、同、絳節度使，前河中尹李齊運為京兆尹，供晟軍糧役㊾。

㈧庚戌，以魏博兵馬使田緒為魏博節度使。

㈨渾瑊帥諸軍出斜谷，崔漢衡勸吐蕃出兵助之，尚結贊曰：「邠軍不出，將襲我後。」韓遊瓌聞之，遣其將曹子達將兵三千往會瑊軍，吐蕃遣其將論莽羅依將兵二萬從之，李楚琳遣其將石鍠將卒七百，從瑊拔武功。庚戌，朱泚遣其將韓旻攻武功，鍠以其眾迎降，瑊戰不利，收兵登西原(五〇)，會曹子達以吐蕃至，擊旻，大破之於武亭川，【考異】邠志云：「十日，破旻等。」而實錄云：「乙丑。」蓋奏到之日也。今從邠志。斬首萬餘級，旻僅以身免；瑊遂引兵屯奉天，與李晟東西相應，以逼長安。

(十)上欲為唐安公主造塔，厚葬之，諫議大夫同平章事姜公輔表諫，以為：「山南非久安(五一)之地，公主之葬，會(五二)歸上都(五三)，此宜儉薄(五四)，以副(五五)軍須(五六)之急。」上使謂陸贄曰：「唐安造塔，其費甚微，非宰相所宜論，公輔正欲(五七)指朕過失，自求名耳，相負如此，當如何處(五八)之？」贄上奏，以為公輔任居宰相，遇事論諫，不當罪之，其略曰：「公輔頃與臣同在翰林，臣今據理辯直(五九)，則涉於私黨之嫌(六〇)，希旨(六一)順成(六二)，則違於匡輔(六三)之義(六四)，涉嫌止貽於身患(六五)，違義實玷(六六)於君恩，狥身忘君，臣之恥也。」又曰：「唯闇惑之主，則怨讟(六七)溢(六八)於下國，而耳不欲聞，腥德(六九)達於上天，而心不求寤(七〇)。迨(七一)乎顛覆，猶未知非。」又曰：「當問理(七二)之是非，豈論事之大小！虞書曰：『兢兢業業，一日二日萬幾(七三)。』唐虞之際，主聖臣賢，慮事之微，日至萬數，然則微(七四)之不可不重也如此，陛下又安可忽而不念乎！」又曰：「若以諫爭(七五)為指過(七六)，則剖心之主，不宜見罪於哲王(七七)，以諫爭為取名，則匪躬之臣，不應垂訓於聖典(七八)。」又曰：「假有意將指過諫以取名(七九)，但能聞善而遷，見諫不逆(八〇)，則所指者，適足以彰(八一)陛下莫大之善，所取者，適足以資(八二)陛下無疆(八三)之休(八四)，因而利焉(八五)，所獲多矣。儻或怒其指過而不改，則陛下招惡直之譏(八六)，黜其取名而不容(八七)，則陛下被(八八)違諫之謗，是乃掩己過而過彌(八九)著，損彼名而名益彰，果(九〇)而行之，所失大矣。」上意猶怒，甲寅，罷公輔為左庶子。

(十一)加西川節度使張延賞同平章事，賞其供億無乏故也。

(十二)朱泚、姚令言數遣人誘涇原節度使馮河清，河清皆斬其使者。大將田希鑒密與泚通，殺河清，以軍府附於泚，泚以希鑒為涇原節度使。【考異】邠志曰：「興元元年四月，渾公受鉞專征，出斜谷，崔公勸吐蕃分軍應援，尚結贊曰，邠軍不出，乘我也，韓公使曹子達，帥甲二千，赴於渾公，吐蕃乃以二萬餘從之。李楚琳使石鍠以卒七百人從渾瑊，進收武功，遂居之。十日，朱泚使韓旻、田旻以卒三千，寇武功，渾公禦之，陳於東郊，石鍠以其卒降旻於陳，渾公軍敗，乃馳登西原，建旗收卒。會邠師以吐蕃至，賊不知，乃悉眾追渾公，遂為吐蕃所覆，皆死焉，田旻以馬逸，獲免。吐蕃既勝泚軍，乃大掠而去。涇人相傳，言吐蕃助國有功，將以叛卒之孥，賞而歸之。涇人曰，不殺馮公，雖吾親族，亦將不免矣。十四日，涇卒殺河清，以田希鑒請命於泚，泚授希鑒涇原節度大使，賜金帛，使和西戎，西戎皆受賂焉。希鑒疏涇將之不與己者，以告朱泚，請殺之，泚曰，我曲彼直，不許。」按希鑒殺河清，必有宿謀，或為此訛言，以搖眾耳。今從實錄。河清死，在三月，今從邠志。

(十三)上問陸贄：「近有卑官(九一)自山北來者(九二)，率非良士，有邢建者，論說賊勢，語最張皇(九三)，察其事情，頗似窺覘(九四)，今已於一所安置(九五)，如此之類，更有數人，若不追尋(九六)，恐成姦計。卿試思之，如何為便(九七)？」贄上奏，以為今盜據宮闕，有涉險(九八)遠來赴行在者，當量加恩賞(九九)，豈得復猜慮拘囚(一〇〇)，其略曰：「以一人之聽覽，而欲窮宇宙之變態(一〇一)，以一人之防慮(一〇二)，而求勝億兆之姦欺(一〇三)，役(一〇四)智彌精，失道彌遠。項籍納秦降卒二十萬，慮其懷詐復叛，一舉而盡阬之，其於防虞(一〇五)，亦已甚矣！漢高豁達(一〇六)大度，天下之士至者，納用不疑，其於備慮，可謂疏(一〇七)矣。然而項氏以滅，劉氏以昌，蓄疑(一〇八)之與推誠，其效(一〇九)固不同也。秦皇嚴肅雄猜，而荊軻奮其陰計(一一〇)，光武寬容博厚，而馬援輸其款誠(一一一)，豈不以虛懷(一一二)待人，人亦思附，任數(一一三)御物(一一四)，物終不親？情思附，則感而悅之(一一五)，雖冠讎化為心膂(一一六)矣，意不親，則懼而阻之，雖骨肉結為仇慝(一一七)矣。」又曰：「陛下智出庶物(一一八)，有輕待人臣之心，思周萬機(一一九)，有獨馭(一二〇)區寓(一二一)之意，謀吞眾略(一二二)，有過慎之防，明照(一二三)羣情，有先事之察㉔，嚴束百辟㉕，有任刑致理㉖之規㉗，威制㉘四方，有以力勝殘㉙之志，由是才能者怨於不任㉚，忠藎㉛者憂於見疑，著勳業者懼於不容㉜，懷反側者迫於及討㉝，馴㉞致離叛，構成禍災。天子所作，天下式瞻㉟，小猶慎之，矧㊱又非小，願陛下以覆車之轍為戒，實宗社㊲無疆之休。」

(十四)丁巳，以前山南東道節度使、南皮㊳賈耽為工部尚書。先是，耽使行軍司馬樊澤奏事行在，澤既復命㊴，方大宴，有急牒至，以澤代耽為節度使，耽內㊵牒懷中，宴飲如故，顏色不改，宴罷召澤告之，且命將吏謁澤。牙將張獻甫怒曰：「行軍為尚書問天子起居㊶，乃敢自圖節鉞㊷，奪尚書土地㊸，事人不忠，請殺之。」耽曰：「是何言也！天子所命，即為節度使矣。」即日離鎮㊹，以獻甫自隨，軍府遂安。

(十五)左僕射李揆自吐蕃還，甲子，薨於鳳州㊺。

(十六)韓遊瓌引兵會渾瑊於奉天。丙寅，加平盧節度使李納同平章事。

(十七)丁卯，義王玭㊻薨。

㈥朱滔攻貝州百餘日，馬寔攻魏州亦踰四旬，皆不能下。賈林復為李抱真說王武俊曰：「朱滔志吞貝魏，復值田悅被害，儻旬日(47)不救，則魏博皆為滔有矣。魏博既下，則張孝忠必為之臣，滔連三道之兵(48)，益以回紇，進臨常山(49)，明公欲保其宗族，得乎(50)？常山不守，則昭義退保西山(51)，河朔(52)盡入於滔矣。不若乘貝魏未下，與昭義合兵救之，滔既破亡，則關中喪氣，朱泚不日梟夷，鑾輿(53)反正，諸將之功，孰有居明公之右者哉！」武俊悅，從之。戊辰，武俊軍於南宮(54)東南，抱真自臨洺引兵會之，與武俊營相距十里，兩軍尚相疑(55)，明日抱真以數騎詣武俊營，賓客共諫止之，抱真命行軍司馬盧玄卿勒兵(56)以俟，曰：「吾之此舉，繫天下安危，若其不還，領(57)軍事以聽朝命，亦惟子(58)，勵將士(59)以雪讎恥，亦惟子。」言終遂行，武俊嚴備以待之。抱真見武俊，敘國家禍難，天子播遷，持武俊哭，流涕縱橫，武俊亦悲不自勝(60)，左右莫能仰視，遂與武俊約(61)為兄弟，誓同滅賊。武俊曰：「相公十兄(62)，名高四海(63)，驟蒙開諭(64)，得棄逆從順，免葅醢之罪，享王公之榮(六五)，今又不間胡虜(六六)，辱(六七)為兄弟，武俊當何以為報乎？滔所恃者，回紇耳，不足畏也。戰日，願十兄按轡(六八)臨視，武俊決(六九)為十兄破之。」抱真退入武俊帳中，酣寢久之，武俊感激，待之益恭，指心仰天曰：「此身已許十兄死矣(七〇)。」遂連營而進。

(九)山南地熱，上以軍士未有春服，亦自御裌衣(七一)。

【今註】(一)提防：謂防備。(二)生窺伺：謂生窺伺之患。(三)引見：謂侍者引領而接見之。(四)乘輿未復：謂乘輿未復回京師。(五)憝：惡，ㄉㄨㄟˋ。(六)勤王：謂王室有難，起兵靖亂。(七)急宣：謂急宣詔命。(八)晷刻是爭：謂片刻皆須爭取。(九)商嶺則道迂且遙，……僅通王命，唯在褒斜：胡三省曰：「據九域志，商州之路，達金洋皆數百里，而洋又遠於金。自商州西至長安，復二百餘里，則其路迂遠，至長安蓋一千一百餘里。自駱谷關至洋州亦五百餘里，惟寶鷄南入大散關至梁州，五百里而近。」宋白曰：「興元府東北至長安，取駱谷路六百五十二里，取斜谷路九百二十三里，驛路一千二百二十三里。」(一〇)阻艱：阻澀艱難。(一一)夐：遠。(一二)洶洶：惶懼。(一三)向背：謂或向朝廷，或欲背之。(一四)發憾：發生憾恨之意。(一五)南塞要衝：謂南塞褒斜。(一六)延：連。(一七)梗：梗塞。(一八)分：分離。(一九)天誘其衷：謂天誘其善衷，而欲為善也。(二〇)深以為念：深以濟大業為念。(二一)撫循：謂撫慰交結。(二二)集事：成事。(二三)素行：夙昔之行為。(二四)抉：發求。(二五)疵：瑕累。(二六)補愆：補救過愆。(二七)贖罪：贖除罪過。㉘孰免疑畏：謂誰能免去疑慮危懼。㉙阻命：阻絕王命。㉚流：亦即輩。㉛歸化：歸從王化。㉜速圖：謂速加圖謀。㉝大略：閎大之謀略。㉞虧撓：虧損折撓。㉟釋然：猶豁然。㊱開悟：開通省悟。㊲存慰：存恤慰問。㊳數：責。㊴忠順功名：謂忠順及所立之功名。㊵容貸：寬容假貸。㊶委：委任。㊷便宜：謂就事之便及宜。㊸旌旄：猶言旌節。㊹人欲：猶人願。㊺善遇之：善待遇之。㊻為間：為間諜。㊼叛志：猶叛意。㊽防遏：防備遏止。㊾糧役：糧草夫役。㊿西原：其地高平，在武功縣西，故曰西原。(51)久安：永久安居。(52)會：合。(53)上都：謂長安。(54)儉薄：儉約菲薄。(55)副：適應。(56)軍須：胡三省曰：「凡行軍資糧器械所須者，皆謂之軍須。」(57)正欲：只欲。(58)處：處理。(59)辯直：辨明其直。(60)嫌：嫌疑。(61)希旨：謂承望風旨。(62)順成：順以成之。(63)匡輔：匡正弼輔。(64)義：猶道理。(65)身患：己患。(66)玷：玷汚。(67)怨讟：怨謗。(68)溢：充溢。(69)腥德：謂腥臊之行。(70)寤：醒寤。(71)迨：及。(72)理：道理。(73)虞書曰：「兢兢業業，一日二日萬幾。」：見《尚書・皋陶謨》。蔡傳：「兢兢、戒謹也，業業、危懼也。一日二日者、言其日之至淺，萬幾者、言其幾事之至多也。蓋一日二日之間，事幾之來，且至萬焉，是可一日而縱欲乎！」(74)微：指幾微言。(75)爭：讀曰諍。(76)指過：指責過錯。(77)剖心之主，不宜見罪於哲王：武王數紂之罪曰：「斮朝涉之脛，剖賢人之心。」（見《尚書・泰誓》下）。哲，賢。(78)匪躬之臣，不應垂訓於聖典：《易・蹇》：「王臣蹇蹇，匪躬之故。」意謂盡忠於君，非以私身之故。(79)假有意將指過諫以取名：謂假設有意，將指責過錯，而用諫諍以取名聲。(80)逆：違逆。(81)彰：

彰明。(八二)資：謂助成。(八三)無疆：無邊。(八四)休：慶。(八五)因而利焉：謂因而有利。(八六)譏：誚。(八七)不容：不容納。(八八)被：蒙。(八九)彌：愈。(九〇)果：堅決。(九一)卑官：小官。(九二)自山北來者：梁州在山南，岐雍在山北。(九三)張皇：謂張大。(九四)窺覘：謂窺覘軍情。(九五)安置：猶禁錮。(九六)追尋：追究尋查。(九七)為便：即為宜。(九八)涉險：跋涉險阻。(九九)恩賞：恩惠封賞。(一〇〇)拘囚：即上之安置。(一〇一)變態：變化之情態。(一〇二)防慮：防備考慮。(一〇三)姦欺：姦詐欺罔。(一〇四)役：使。(一〇五)防虞：謂防備憂虞，與下之備慮，意正相類。(一〇六)豁達：謂開豁通達。(一〇七)疏：粗疏。(一〇八)蓄疑：含疑。(一〇九)效：效驗。(一一〇)秦皇嚴肅雄猜，而荊軻奮其陰計：事見卷七秦始皇二十年。(一一一)光武寬容博厚，而馬援輸其款誠：事見卷四十一漢世祖建武四年。(一一二)虛懷：虛心。(一一三)數：術數。(一一四)御物：此物指人言，謂使人也。(一一五)感而悅之：謂感激而喜悅之。(一一六)心膂：猶心腹。(一一七)仇慝：仇惡。(一一八)智出庶物：謂智慧超出眾人之上。(一一九)思周萬機：謂思慮周及萬機之務。(一二〇)馭：制馭。(一二一)區寓：寰宇，亦即天下。(一二二)謀吞眾略：謂謀略可包裹眾人之所有者。(一二三)明照：明智洞照。(一二四)察：考察。(一二五)百辟：百官。(一二六)致理：即致治。(一二七)規：企圖。(一二八)威制：以威勢制轄。(一二九)勝殘：謂化殘暴之人使不為惡。(一三〇)不任：謂不見任用。(一三一)蓋：《詩》朱傳：「蓋，進也，言其忠愛之篤，進進無已也。」(一三二)不容：謂不見容。(一三三)及討：謂遭受討伐。(一三四)馴：由漸而至。(一三五)式瞻：謂以為瞻仰。(一三六)矧：況。(一三七)宗社：宗廟社稷。(一三八)南皮：今河北省南皮縣。(一三九)復命：謂回而陳述所任使命之經過也。(一四〇)內：通納。(一四一)問天子起居：猶問天子安好。(一四二)節鉞：乃指節度使言，節鉞，他處則率作旌節，蓋二者皆為節度使所執持者。(一四三)奪尚書土地：謂奪尚書所封之地。㊹鎮：謂鎮守之地。㊺李揆自吐蕃還，甲子，薨於鳳州：李揆入吐蕃，見卷二百二十八建中四年，蓋自吐蕃還赴興元，至鳳州而薨。㊻義王玭：玭、玄宗子，音此。㊼旬日：十日。㊽三道之兵：三道、謂幽州、易定、魏博。㊾常山：恒州、常山郡，王武俊居之。㊿得乎：謂豈可得乎。(五一)常山不守，則昭義退保西山：胡三省曰：「自常山南至趙州，皆恒冀巡屬，又西南抵邢州界，即昭義巡屬，阻山以為固。」(五二)河朔：約當今之河北省。(五三)鑾輿：謂天子之車駕。(五四)南宮：今河北省南宮縣。(五五)疑：猜疑。(五六)勒兵：猶率兵。(五七)領：管領。(五八)亦惟子：謂亦惟子所為。(五九)勵將士：謂率勵將士。(六〇)不自勝：謂不勝任也。(六一)約：結約。(六二)相公十兄：李抱真第十，故呼為十兄。(六三)名高四海：謂於四海之中，聲名最高。(六四)開諭：開導譬諭。(六五)榮：謂榮祿。(六六)不間胡虜：不間、猶不分，胡虜、以王武俊本出於夷落。(六七)辱：乃用以尊對方，言結為兄弟，於對方可謂汚辱。(六八)按轡：猶駐馬。(六九)決：決定。(七〇)此身已許十兄死矣：謂此身已許與十兄，而為之盡死力矣。(七一)裌衣：謂衣之有裏者，音夾。

卷二百三十一　唐紀四十七

司馬光編集
曲守約註

起閼逢困敦五月，盡旃蒙赤奮若七月，凡一年有奇。（甲子至乙丑，西元七八四年至七八五年）

德宗神武聖文皇帝六

興元元年（西元七八四年）

㈠五月，鹽鐵判官、萬年王紹以江淮繒㈠帛來至，上命先給將士，然後御衫㈡。韓滉欲遣使獻綾羅㈢四十檐㈣詣行在，幕僚何士幹請行，滉喜曰：「君能相㈤為行，請今日過江㈥。」士幹許諾，歸別家㈦，則家之薪米儲偫㈧，已羅㈨門庭矣，登舟則資裝器用，已充舟中矣，下至廚籌㈩，滉皆手筆⑪記列，無不周備，每擔夫與白金⑫一版，置腰間，又運米百艘⑬，以餉李晟，【考異】柳玭敍訓曰：「上初至梁，省奏，甚悅，又知西平聚兵，必乏糧糗，命運米百艘。」按五月初，梁州尚未春服，月末已克長安，梁潤相去數千里，詔命豈能遽達乎！今不取。自負囊米⑭置舟中，將佐爭舉⑮之，須臾而畢，艘置五弩手，以為防援⑯，有寇則叩舷⑰相警，五百弩已彀⑱矣，比⑲至渭橋，盜不敢近。時關中兵荒⑳，米斗直錢五百，及滉米至，減五之四㉑。滉為人彊力㉒嚴毅㉓，自奉儉素㉔，夫人常衣絹裙，破然後易㉕。

㈡吐蕃既破韓旻等，大掠而去，朱泚使田希鑒厚以金帛賂之，吐蕃受之，韓遊瓌以聞；渾瑊又奏：「尚結贊屢遣人約刻日㉖共取長安，既而不至，聞其眾㉗今春大疫，近已引兵去。」【考異】實錄、舊本紀皆云：「乙丑，渾瑊與蕃將㉘論莽羅衣眾，大破朱泚將韓旻等於武功武亭川。」吐蕃傳亦同。邠志曰：「李懷光竟不署敕，結贊亦不進軍。」又曰：「渾公出斜谷，曹子達赴渾公，吐蕃以二萬騎從之，既勝泚軍，大掠而去。泚使田希鑒以金帛賂之。」蓋尚結贊雖引兵入塞，止屯邠南，但遣論莽羅衣將偏軍助，破泚於武功，大掠而去，既受泚賂，遂引兵歸國，瑊於吐蕃歸國之時，有此奏耳。上以李晟渾瑊兵少，欲倚吐蕃以復京城，聞其去，甚憂之，以問陸贄。贄以為吐蕃貪狡，有害無益，得其引去，實可欣賀㉙，乃上奏，其略曰：「吐蕃遷延顧望㉚，反覆多端，深入郊畿，陰受賊使，致令羣帥進退憂虞㉛，欲捨之獨前，則慮其懷怨乘躡㉜，欲待之合勢，則苦其失信稽延，且戎㉝若未歸，寇終不滅㉞。」又曰：「將帥意㉟陛下不見㊱信任，且患蕃戎之奪其功，士卒恐陛下不恤㊲舊勞，而畏蕃戎之專其利㊳，賊黨懼蕃戎之勝，不死則悉遺人禽㊴，百姓畏蕃戎之來，有財必盡為所掠，是以順於王化者㊵，其心不得不怠㊶，陷於寇境者，其勢不得不堅。」又曰：「今懷光別保蒲絳，吐蕃遠避封疆[42]，形勢既分[43]，腹背無患，瑊晟諸帥才力得伸[44]。」又曰：「但願陛下慎於撫接[45]，勤於砥礪[46]，中興大業，旬月[47]可期，不宜尚眷眷[48]於犬羊之羣，以失將士之情[49]也。」

(三)上復使謂贄曰：「卿言吐蕃形勢，甚善，然瑊晟諸軍，當議規畫[50]，令其進取，朕欲遣使宣慰，卿宜審細[51]，條流[52]以聞。」贄以為賢君選將，委任責成[53]，故能有功。況今秦梁千里[54]，兵勢[55]無常，遙為規畫，未必合宜[56]，彼違命，則失君威[57]從命，則害[58]軍事，進退羈礙[59]，難以成功。不若假以便宜之權[60]待以殊常[61]之賞，則將帥感悅[62]，智勇得伸[63]。乃上奏，其略曰：「鋒鏑[64]交[65]於原野，而決策於九重[66]之中，機會[67]變於斯須[68]，而定計於千里之外，用捨相礙[69]，否臧皆凶[70]，上有掣肘[71]之譏，下無死綏[72]之志。」又曰：「傳聞與指實[73]不同，懸算[74]與臨事[75]有異。」又曰：「設使其中有肆情干命者[76]，陛下能於此時戮其違詔之罪乎！是則違命者既不果[77]行罰，從命者又未必合宜[78]，徒費空言，祗勞睿慮[79]，匪惟無益，其損實多。」又曰：「君上之權，特異㈧臣下，惟不自用㈡，乃能用人。」

㈣癸酉，涇王侹㈢薨。

㈤徐、海、沂、密觀察使高承宗卒，甲戌，使其子明應知軍事。

㈥乙亥，李抱真、王武俊距貝州三十里而軍㈢，朱滔聞兩軍將至，急召馬寔，寔晝夜兼行赴之，或謂滔曰：「武俊善野戰，不可當其鋒㈣，宜徙營稍前逼之，使回紇絕其糧道，我坐食㈤德棣之餫㈥，依營而陳㈦，利則進攻，否則入保㈧，待其饑疲，然後可制㈨也。」滔疑㈩未決，會馬寔軍至，滔命明日出戰，寔言：「軍士冒暑困憊㈠，請休息數日乃戰。」常侍楊布、將軍蔡雄引回紇達干見滔，達干曰：「回紇在國，與鄰國戰，常以五百騎破鄰國數千騎，如掃葉耳㈡。今受大王金帛牛酒，前後無筭㈢，思為大王立效㈣，此其時矣。明日願大王駐馬高丘，觀回紇為大王剪㈤武俊之騎，使匹馬不返。」布、雄曰：「大王英略蓋世㈥，舉㈦燕薊全軍，將掃㈧河南，清㈨關中，今見小敵，冘豫㈩不擊，失遠近之望，將何以成霸業乎？達干請戰是也。」滔喜，遂決意出戰。丙子旦，武俊遣其兵馬使趙琳將五百騎，伏於桑林㉑，抱真列方陳於後，武俊引騎兵居前，自當回紇，回紇縱兵衝㉒之，武俊使其騎控馬㉓避之，回紇突出其後，將還，武俊乃縱兵擊之，趙琳自林中出橫擊之，回紇敗走，武俊急追之，滔騎兵亦走，自踐其步陳，步騎皆東奔，滔不能制，遂走趣其營，抱真武俊合兵追擊之。時滔引三萬人出戰，死者萬餘人，遙㉔潰者亦萬餘人，滔纔與數千人入營堅守，會日暮昏霧㉕，兩軍不能進，抱真軍其營之西北，武俊軍其東北㉖，滔夜焚營，引兵出南門，趣㉗德州遁去，委棄所掠，資財㉘山積，兩軍以霧，不能追也。滔殺楊布蔡雄而歸幽州，心既內慙，又恐范陽留守劉怦因敗圖己，怦悉發留守兵，夾道二十里，具儀仗㉙迎之，入府相對悲喜，時人多之㉚。

㈦初張孝忠以易州歸國，詔以孝忠為義武節度使，以易、定、滄三州隸㉛之，滄州刺史李固烈、李惟岳之妻兄也，請歸恒州，孝忠遣押牙安喜㉜程華交㉝其州事，固烈悉取軍府綾縑㉞珍貨數十車，將行，軍士大譟曰：「刺史掃府庫之實㉕以行，將士於後饑寒，奈何㉖？」遂殺固烈，屠其家，程華聞亂，自竇㉗逃出，亂兵求得之，請知州事，華不得已從之，孝忠聞之，即版㉘華攝㉙滄州刺史。【考異】舊張孝忠傳曰：「遣華往滄州，交檢府藏。」程日華傳曰：「孝忠令華詣固烈交郡，固烈死，孝忠版華知滄州事。」燕南記曰：「孝忠差牙官程華，與固烈交割，固烈死，孝忠聞之，當日差人送文牒，令攝刺史。」按固烈既去，則滄州無主，孝忠豈得但令華交檢府藏？今從華傳及燕南記。華素㉚寬厚，推心以待將士，將士安之。會朱滔王武俊叛，更遣人招華，華皆不從。時孝忠在定州，自滄如㉛定，必過瀛州，瀛隸朱滔，道路阻澁㉜，滄州錄事參軍李宇說華，表陳利害㉝，請別㉞為一軍，華從之，遣宇奉表詣行在，上即以華為滄州刺史、橫海軍副大使、知節度事㉟，賜名日華，令日華歲供義武租錢㊱十二萬緡。王武俊又使人說誘㊲之，時軍中乏馬，日華紿㊳使者曰：「王大夫必欲相屬㊴，當㊵以二百騎相助。」武俊給之，日華悉留其馬，遣其士歸。武俊怒，而方與馬燧等相拒，不能攻取，日華由是獲全。及武俊歸國，日華乃遣人謝過，償㊶其馬價，且賂之㊷，武俊喜，復與交好。

㈧庚寅，李晟大陳兵㊸，諭㊹以收復京城。先是姚令言等屢遣諜人[35]，晛[36]晟進軍之期，皆為邏騎所獲，晟引示以所陳兵，謂曰：「歸語諸賊，努力固守，勿不忠於賊也。」皆飲之酒，給錢而縱之，遂引兵至通化門[37]外，曜武而還，賊不敢出。晟召諸將問兵所從入，皆請先取外城[38]，據坊市，然後北攻宮闕[39]。晟曰：「坊市狹隘[40]，賊若伏兵格鬬[41]，居人驚亂，非官軍之利也。今賊重兵皆聚苑中，不若自苑北攻之，潰[42]其腹心，賊必奔亡，如此，則宮闕不殘[43]，坊市無擾[44]，策之上者也。」諸將皆曰：「善」。乃牒渾瑊及鎮國節度使駱元光、商州節度使尚可孤，刻期[45]集於城下[46]，壬辰，尚可孤敗泚將仇敬忠於藍田西，斬之。乙未，李晟移軍於光泰門[47]外米倉村，丙申，晟方自臨[48]築壘，泚驍將張庭芝、李希倩引兵大至，晟謂諸將曰：「始吾憂賊潛匿[49]不出，今來送死，此天贊我[50]，不可失[51]也。」命副元帥兵馬使吳詵等縱[52]兵擊之。時華州營[53]在北，兵少，賊併力攻之，晟命牙前將李演等帥精兵救之，演等力戰，賊敗走，演等追之，乘勝入光泰門，再戰，又破之，會夜[54]，晟斂兵[55]還，賊餘眾走入白華門[56]，夜聞慟哭，希倩、希烈之弟也。丁酉，晟復出兵，諸將請待西師(五七)至，夾攻之，晟曰：「賊數敗，已破膽，不乘勝取之，使其成備(五八)，非計也(五九)。」賊又出戰，官軍屢捷，駱元光敗泚眾於滻西(六〇)。

(九)戊戌，晟陳兵於光泰門外，使李演及牙前兵馬使王佖將騎兵，牙前將史萬頃將步兵，直抵苑墻神麚村(六一)，晟先使人夜開苑墻二百餘步，比(六二)演等至，賊已樹柵(六三)塞之，自柵中刺射(六四)官軍，官軍不得進，晟怒，叱諸將曰：「縱賊如此，吾先斬公輩矣。」萬頃懼，帥眾先進，拔(六五)柵而入，泌、演引騎兵繼之，賊眾大潰，諸軍分道幷入(六六)。姚令言等猶力戰，晟命決勝軍使唐良臣等步騎蹙(六七)之，且戰且前，凡十餘合，賊不能支，至白華門，有賊數千騎出官軍之背，晟帥百餘騎回禦之，左右呼曰：「相公(六八)來。」賊皆驚潰。先是泚遣張光晟將兵五千屯九曲，去東渭橋十餘里，光晟密輸款(六九)於晟，及泚敗，光晟勸泚出亡，泚乃與姚令言帥餘眾西走，猶近萬人，光晟送泚出城，還降於晟。晟遣兵馬使田子奇以騎兵追泚，晟屯含元殿前，舍於右金吾仗(七〇)，令諸軍曰：「晟賴將士之力，克清(七一)宮禁，長安士庶久陷賊庭，若小有震驚，非弔民(七二)伐罪之意，晟與公等室家，相見非晚，五日內無得通家信。」命京兆尹李齊運等安慰居人，晟大將高明曜取賊妓(七三)，尚可孤軍士擅取賊馬，晟皆斬之，軍中股栗(七四)，公私安堵(七五)，秋毫無犯(七六)，遠坊有經宿(七七)乃知官軍入城者。

(十)是日，渾瑊、戴休顏、韓遊瓌亦克咸陽，敗賊三千餘眾，聞泚西走，分兵邀之(七八)，己亥，晟使京西兵馬使孟涉屯白華門，尚可孤屯望仙門(七九)，駱元光屯章敬寺(八〇)，晟以牙前三千人屯安國寺(八一)，以鎮京城，斬泚黨李希倩、敬釭、彭偃等八人於巿。

(十一)王武俊既破朱滔還恒州，表讓幽州盧龍節度使(八二)，上許之。

(十二)六月，癸卯，李晟遣掌書記、吳(八三)人于公異作露布(八四)，上行在，曰：「臣已肅清宮禁，祗(八五)謁寢園(八六)，鍾簴(八七)不移，廟貌(八八)如故。」上泣下曰：「天生李晟，以為社稷(八九)，非為朕也。」晟在渭橋，熒惑守歲(九〇)，久之，乃退，賓佐皆賀，曰：「熒惑退舍，皇家(九一)之福也，宜速進兵。」晟曰：「天子野次(九二)，臣下知死敵而已(九三)，天象高遠，誰得知之？」既克長安，乃謂之曰：「鼎非相拒也，吾聞五星贏縮無常(九四)，萬一復來守歲，吾軍不戰自潰矣(九五)。」皆謝曰：「非所及也。」朱泚將奔吐蕃，其眾隨道散亡，比(九六)至涇州，纔百餘騎，田希鑒閉城拒之，泚謂之曰：「汝之節，吾所授也，奈何臨危相負(九七)！」使焚其門，希鑒取節(九八)投火中，曰：「還汝節。」泚眾皆哭，涇卒遂殺姚令言，詣希鑒降，泚獨與范陽親兵及宗族賓客北趣驛馬關，寧州刺史夏侯英拒之，至彭原(九九)西城屯，其將梁庭芬射泚墜阬(一〇〇)中，韓旻等斬之，詣涇州降，源休、李子平奔鳳翔，李楚琳斬之，皆傳首行在。

(十三)上命陸贄草詔賜渾瑊，使訪求奉天所失裹頭內人(一〇一)，贄上奏，以為巨盜始平，疲瘵(一〇二)之民，瘡痍(一〇三)之卒，尚未循拊(一〇四)，而首訪婦人，非所以副(一〇五)惟新之望也。謀始盡善(一〇六)，克終已稀(一〇七)，始而不謀(一〇八)，終則何有(一〇九)？所賜瑊詔，未敢承旨(一一〇)。上遂不降詔，竟遣中使求之。

(十四)乙巳，詔吏部侍郎班宏充宣慰使，勞問將士，撫慰蒸黎(一一一)。丙午，李晟斬文武官受朱泚寵任者崔宣、洪經綸等十餘人，【考異】

袁皓興元聖功錄載李晟奏宥郭晞狀曰：「晞頃因鑾輿順動，山谷潛藏，逆賊所知，舁致城邑，迫脅授任，前後極多，蒼黃之中，偽令仍及，堅臥當節，即懼嚴刑，隨俗從官，又傷素業。然晞已染汚俗，尚可昭明，子儀勳勞，書在王府，父為中興之佐，子有疑謗之名，非止在於一身，實恐玷於先烈。況臣總領士馬，孤立渭橋，頻有帛書，累陳誠效。」按晞舊傳：「泚欲令掌兵，晞陽瘖，泚以兵脅之，終不語，賊知其不可用，乃止。晞潛奔奉天，從駕還京。」不云終臣事泚，而皓載晟此狀，恐非其實，今不取。又表守節不屈者劉迺、蔣沇等。己酉，以李晟為司徒中書令，駱元光、尚可孤各遷官有差㉓。以檢校御史中丞田希鑒為涇原節度使。

㈤詔改梁州為興元府㉒。

㈥甲寅，以渾瑊為侍中，韓遊瓌、戴休顏各遷官有差㉔。

㈦朱泚之敗也，李忠臣奔樊川㉕，擒獲，丙辰，斬之。

【今註】㈠緡：帛之總名，音增。㈡御衫：衫，單衣，謂始改著單衣。㈢綾羅：綾、文繒，羅、綺。㈣檐：負荷為擔，其規定之數量若何，則各代各地，多不相同，故難具言之。㈤相：語助，無義。㈥過江：謂度江，猶陸行之起程也。㈦歸別家：謂歸與家人作別。㈧儲偫：謂儲具，音峙。㈨羅：羅列。㈩廚籌：胡三省曰：「廚籌當作廁籌。」⑪手筆：謂親筆。⑫白金：指銀言。⑬百艘：謂一百艘船。⑭囊米：米以囊盛之，故曰囊米。⑮爭舉：舉即上之負，謂爭負也。⑯防援：防備救援。⑰叩舷：叩、擊，船邊曰舷。⑱彀：謂弩已引滿。⑲比：及。⑳兵荒：謂戰爭荒亂。㉑減五之四：謂減賤五分之四。㉒彊力：強幹用力。㉓嚴毅：嚴肅堅毅。㉔儉素：猶儉樸。㉕易：

更換。㉖刻日：限定時日。㉗眾：謂士卒。㉘考異：「實錄舊本紀皆云：『乙丑，渾瑊與蕃將』」：按蕃上當添一吐字。㉙欣賀：欣喜慶賀。㉚遷延顧望：皆係稽遲不進之意。㉛憂虞：猶憂慮。㉜乘躡：胡三省曰：「謂乘其虛，躡其後。」㉝戎：指吐蕃言。㉞減：謂減消。㉟意：料度。㊱見：猶相，語助，無義。㊲恤：顧。㊳專其利：謂專據其利。㊴悉遺人禽：謂皆遺留而為人所擒俘。㊵順於王化者：謂隨唐天子之臣民。㊶怠：懈怠。㊷遠避封疆：猶遠離封疆之界。㊸分：分明。㊹伸：伸展。㊺撫接：安撫引接。㊻砥礪：磨厲。㊼旬月：謂一旬或一月。㊽眷眷：謂戀戀不捨。㊾情：情懷，亦即心也。㊿當議規畫：謂當議定計畫。(51)審細：謂審慎仔細。(52)條流：胡三省曰：「條、分也；流、派也。」連言之，亦即分別之謂。(53)責成：謂責求其成績。(54)秦梁千里：秦謂咸陽、長安，古秦中之地，梁謂梁州。宋白曰：「興元府東北至長安，取斜谷路九百二十三里，驛路一千二百二十三里。」是皆在千里左右也。(55)兵勢：兵之形勢。(56)合宜：謂合於事之機宜。(57)君威：君之威嚴。(58)害：妨害。(59)羈礙：謂羈絆妨礙。(60)便宜之權：謂便宜行事之權。(61)殊常：即異常。(62)感悅：感動喜悅。(63)得伸：謂得伸展其能。(64)鋒鏑：兵鋒箭鏃。(65)交：相交，亦即作戰之意。(66)九重：指宮禁言。(67)機會：謂機遇時會。(68)斯須：猶須臾。(69)用捨相礙：謂用與捨，皆於戰事有礙。(70)否臧皆凶：否、惡，臧、善，謂惡與善，皆於兵事皆凶。(71)掣肘：謂牽掣其肘，使不得盡其能也。(72)死綏：《左傳》文公十二年疏：「舊說：『綏，却也。』言軍却將當死。」(73)指實：謂指出真實事物。(74)懸筭：謂懸空設計。(75)臨事：謂親治其事。(76)肆情干命者：

謂放肆情意，干犯王命。〔七七〕不果：謂不能果然。〔七八〕合宜：猶適宜。〔七九〕睿慮：謂聖慮，睿乃係恭維辭。〔八〇〕特異：猶甚異。〔八一〕惟不自用：謂惟不自用其能。〔八二〕涇王侹：侹，肅宗子。〔八三〕軍：謂駐其軍旅。〔八四〕鋒：兵鋒。〔八五〕坐食：謂坐甲而食。〔八六〕餫：糧運曰餫，音運。〔八七〕陳：讀曰陣。〔八八〕入保：謂入營以自保。〔八九〕制：制服。〔九〇〕疑：猶疑。〔九一〕困憊：困乏疲憊。〔九二〕如掃葉耳：謂如秋風掃落葉耳。
〔九三〕無筭：無數。〔九四〕立效：立功效。〔九五〕剪：剪滅。〔九六〕蓋世：謂高於一世。〔九七〕舉：發。〔九八〕掃：掃蕩。
〔九九〕清：肅清。〔一〇〇〕冘豫：胡三省曰：「冘讀與猶同。按後漢書馬援傳：『計冘豫未決。』章懷太子賢注曰：『冘，行貌也，義見說文；豫，亦未定也。』」〔一〇一〕桑林：胡三省曰：「桑林之地，在經城西南。」〔一〇二〕衝：衝突。〔一〇三〕控馬：猶勒馬。〔一〇四〕迯：同逃。〔一〇五〕昏霧：謂天色昏暗且又有霧。〔一〇六〕軍其東北：謂軍其營之東北，乃承上文而省。〔一〇七〕趣：趣向。〔一〇八〕資財：謂資物財帛。〔一〇九〕儀仗：儀節兵仗。
〔一一〇〕多之：猶稱之。〔一一一〕隸：屬。〔一一二〕安喜：據《新唐書・地理志》三，安喜縣屬河北道、定州。〔一一三〕交：即燕南記所云之交割。〔一一四〕縑：縑、駢絲為之，雙絲繒也，音兼。〔一一五〕掃府庫之實：謂掃盡府庫中之物。〔一一六〕奈何：謂將如何以濟之。〔一一七〕竇：孔穴。〔一一八〕版：未奏知朝廷而自委署者，曰版。〔一一九〕攝：攝代。〔一二〇〕素：平素。〔一二一〕如：至。〔一二二〕阻澁：謂阻隔艱澀。〔一二三〕表陳利害：謂上表天子，陳述利害。〔一二四〕別：另。〔一二五〕橫海軍副大使、知節度事：按橫海軍，前曾設之，中廢，今又復置。〔一二六〕租錢：田租之錢。
〔一二七〕說誘：遊說引誘。〔一二八〕紿：詐。〔一二九〕相屬：謂相連屬。〔一三〇〕當：應。〔一三一〕償：補償。〔一三二〕賂之：賄賂之。
〔一三三〕陳兵：陳列兵士。〔一三四〕諭：告。〔一三五〕諜人：即間諜。〔一三六〕覘：窺視。〔一三七〕通化門：《唐六典》卷七：

「京城東面三門：中曰春明，北曰通化，南曰延興。」（三八）外城：即京城。（三九）宮闕：指皇城、宮城及大明宮言。（四〇）狹隘：狹窄隘塞。（四一）格鬬：拒鬬。（四二）潰：擊潰。（四三）殘：殘破。（四四）擾：騷擾。（四五）刻期：指定日期。（四六）城下：京城之下。（四七）光泰門：程大昌曰：「光泰門在通化門北，小城之東門，門東七里有長樂坂。」呂大防《長安圖》：「光泰門者、京城東門大明宮東苑之東。」（四八）自臨：謂親臨。（四九）潛匿：潛伏藏匿。（五〇）贊：助。（五一）不可失：謂不可失此良機。（五二）縱：放。（五三）華州營：乃駱元光之兵。（五四）會夜：遇夜。（五五）斂兵：收兵。（五六）白華門：白華殿門。（五七）西師：謂渾瑊之師。（五八）成備：完成防備。（五九）非計也：謂非計之得者。（六〇）滻西：滻水之西。（六一）苑墻神麚村：據《新唐書・李晟傳》，神麚村在苑北。（六二）比：及。（六三）樹柵：樹立木柵。（六四）刺射：謂以戈刺，以箭射。（六五）拔：拔去。（六六）幷入：齊入。（六七）蹙：迫蹙。（六八）相公：謂李晟。（六九）款：誠款。（七〇）屯含元殿前，舍於右金吾仗：胡三省曰：「含元殿、唐東內之前殿也，左金吾仗在殿之東，右金吾仗在殿之西。」（七一）克清：克復肅清。（七二）弔民：謂憐憫不聊生之民。（七三）妓：女樂。（七四）股栗：栗通慄，謂腿股戰慄，以喻懼也。（七五）安堵：猶安居。（七六）犯：侵犯。（七七）經宿：過宿。（七八）邀之：截之。（七九）望仙門：《唐六典》卷七：「大明宮南面五門：正南曰丹鳳門，東曰望僊門，次曰延政門；西曰建福門，次曰興安門。」（八〇）章敬寺：程大昌曰：「章敬寺在東城之外。」（八一）安國寺：程大昌曰：「安國寺在大明宮東南。」（八二）表讓幽州盧龍節度使：王武俊兼幽州盧龍節度使，見上卷，是年二月。（八三）吳：今江蘇省吳縣。（八四）露布：《封演聞見記》：「露布，捷書之別名也，諸軍破賊則以帛書建諸竿，上兵部，謂之露布。」按除上說外，亦有指詔書簡牘等之不緘封者。《後漢書・李雲傳》：「李雲憂國將危，心不能忍，乃露布上書。」此即本文露布之意也。（八五）祗：恭。（八六）寢園：亦即園陵。（八七）鍾簴：《說文》：「簴，鍾鼓之跗也，飾為猛獸。」《釋名》：「簴，天上神獸，鹿頭龍身，象之為簴，以架鍾鼓。」音巨。（八八）廟貌：謂宗廟及神像。（八九）以為社稷：謂以護持社稷。（九〇）熒惑守歲：胡三省曰：「歲星所在，其國有福，熒惑守之，是為罰星。」（九一）皇家：猶皇室。（九二）野次：謂次於野。（九三）臣下知死敵而已：《舊唐書・李晟傳》作：「人臣但當死節。」二者措辭雖異，而命意則同。（九四）吾聞五星贏縮無常：《漢書・天文志》：「凡五星，早出為贏，贏為客，晚出為縮，縮為主人。」《晉書・天文志》：「失次而上為贏，失次而下為縮。」（九五）萬一復來守歲，吾軍不戰自潰矣：按〈李晟傳〉作：「懼復來守歲，則我軍不戰而自潰。」文較緊湊，可改從之。（九六）比：及。（九七）相負：相背負。（九八）節：旌節。（九九）彭原：據《新唐書・地理志》一，彭原縣屬寧州。（一〇〇）阬：同坑。（一〇一）裏頭內人：胡三省曰：「裏頭內人、在宮中給使令者也，內人給使令者，皆冠巾，故謂之裹頭內人。」據注文，則裏字皆當改作裹為是。（一〇二）瘵：病，音債。（一〇三）瘡痍：創傷，痍音夷。（一〇四）循拊：拊通撫，謂慰撫也。（一〇五）副：稱。（一〇六）謀始盡善：謂設謀時雖始時盡善。（一〇七）克終已稀：謂能善終者已甚稀少。（一〇八）始而不謀：謂始而不為善謀。（一〇九）終則何有：謂終則毫無所有。（一一〇）未敢承旨：謂未敢承旨草之。（一一一）蒸黎：眾庶。（一一二）差：差等。（一一三）改梁州為興元府：以紀元為府號，始此。（一一四）韓遊瓌戴休顏各遷官有差：據《舊唐書・德宗紀》，所遷者，為加韓遊瓌檢校左僕射，戴休顏檢校右僕射。（一一五）樊川：《水經注》：「樊川即杜縣之樊鄉，漢高祖還定三秦，以樊噲灌廢丘最，賜邑於此鄉也。」程大昌曰：「樊川在萬年縣南三十五里。」

㈠上問陸贄：「今至鳳翔，有迎駕諸軍，形勢甚盛，欲因此遣人代李楚琳，何如？」贄上奏：「以為如此，則事同脅執㊀，以言乎㊁除亂，則不武㊂，以言乎務理㊃，則不誠㊄，用是時巡㊅，後將安入㊆！議者或謂之權㊇，臣竊㊈未諭㊉其理。夫權之為義，取類⑪權衡⑫，今輦路所經，首行脅奪⑬，易一帥，而虧萬乘之義⑭，得一方⑮，而結四海之疑⑯，乃是重其所輕，而輕其所重，謂之權也，不亦反⑰乎！以反道⑱為權，以任數⑲為智，君上行之必失眾⑳，臣下用之必陷身㉑，歷代之所以多喪亂而長㉒姦邪，由此誤㉓也。不如奠枕㉔京邑，徵授㉕一官，彼喜於恩宥㉖，將奔走不暇㉗，安敢輒有旅拒㉘，復勞誅鉏哉㉙！」戊午，車駕發漢中。

㈡李晟綜理㉚長安，以備百司㉛，自請至鳳翔迎扈㉜，上不許。內常侍尹元貞奉使同華，輒詣㉝河中招諭李懷光，晟奏元貞矯制㉞，擅㉟赦元惡，請理㊱其罪。

㈢秋，七月，丙子，車駕至鳳翔，斬喬琳、蔣鎮、張光晟等，李晟以光晟雖臣賊，而滅賊亦頗有力，欲全之，上不許。

㈣副元帥判官高郢數勸李懷光歸款，懷光遣其子璀詣行在謝罪。請束身㊲歸朝㊳，庚辰，詔遣給事中孔巢父齎先除懷光太子太保勅㊴，詣河中，宣慰朔方將士㊵，悉復官爵如故。

㈤壬午，車駕至長安，渾瑊、韓遊瓌、戴休顏以其眾扈從，李晟、駱元光、尚可孤以其眾奉迎，步騎十餘萬，旌旗數十里㊶，晟謁見上於三橋，先賀平賊，後謝收復之晚㊷，伏路左請罪。上駐馬慰撫，為之掩涕㊸，命左右扶上馬。至宮，每閒日㊹輒宴勳臣，賞賜豐渥㊺，李晟為之首㊻，渾瑊次之，諸將相又次之。

㈥曹王皐遣其將伊慎、王鍔圍安州㊼，李希烈遣其甥劉戒虛將步騎八千救之，皐遣其別將李伯潛逆之於應山㊽，斬首千餘級，生擒戒虛，徇㊾於城下，安州遂降，以伊慎為安州刺史，又擊希烈將康叔夜於厲鄉㊿，走之。

㈦丁亥，孔巢父至河中，李懷光素服(51)待罪，巢父不之止，懷光左右多胡人，皆歎曰：「太尉無官矣(52)。」巢父又宣言(53)於眾曰：

「軍中誰可代太尉領軍者？」於是懷光左右發怒誼譟，宣詔未畢，眾殺巢父及中使啖守盈，懷光亦不之止。【考異】邠志曰：「七月十二日，駕還長安，上使諫議大夫孔巢父中官譚懷仙持詔赦懷光，曰，奉天之時，非卿不能救朕，今日之事，非朕不能容卿，宜委軍赴闕，以保官爵。使者將至，懷光陰導其卒，使留己，卒之蕃渾希懷光意，輒害二使，欲食其肉，懷光翼而覆之，全尸以聞。」今從實錄。復治兵為拒守之備(五四)。

(八)辛卯，赦天下。

(九)初肅宗在靈武，上為奉節王，學文於李泌，代宗之世，泌居蓬萊書院(五五)，上為太子，亦與之遊(五六)，及上在興元，泌為杭州刺史，上急詔徵之，與睦州刺史杜亞俱詣行在，乙未，以泌為左散騎常侍，亞為刑部侍郎，命泌日直西省(五七)以候對(五八)，朝野皆屬目附之(五九)。上問泌：「河中密邇(六〇)京城，朔方兵素稱(六一)精銳，如達奚小俊等皆萬人敵(六二)，朕晝夜憂之，奈何？」對曰：「天下事甚有可憂者，若(六三)惟河中，不足憂也。夫料敵(六四)者，料將不料兵，今懷光將也，小俊之徒乃兵耳(六五)，何足為言(六六)！懷光既解奉天之圍，視朱泚垂亡之虜，不能取，乃與之連和，使李晟得取以為功。今陛下已還宮闕。懷光不束身歸罪，乃虐殺使臣(六七)，鼠伏(六八)河中，如夢魘(六九)

之人耳，但恐不日（七〇）為帳下所梟，使諸將無以藉手（七一）也。」

（十）初，上發吐蕃以討朱泚，許成功以伊西（七二）北庭（七三）之地與之，及泚誅，吐蕃來求地，上欲召兩鎮節度使郭昕、李元忠還朝，以其地與之。李泌曰：「安西北庭人性驍悍，控制（七四）西域五十七國，及十姓突厥（七五），又分吐蕃之勢，使不能併兵（七六）東侵（七七），奈何拱手與之（七八）！且兩鎮之人，勢孤地遠，盡忠竭力，為國家固守，近二十年（七九），誠可哀憐，一旦棄之以與戎狄，彼其心必深怨中國，它日從吐蕃入寇，如報私讎矣。況日者（八〇）吐蕃觀望不進，陰持兩端，大掠武功，受賂而去（八一），何功之有？」眾議亦以為然，上遂不與。

（十一）李希烈聞李希倩伏誅，忿怒。八月，壬寅，遣中使至蔡州殺顏真卿，【考異】顏氏行狀：「其年八月二十四日，又使辛景臻等害公於龍興寺。」又曰：「初遭難後，嗣曹王皐上表曰，臣見蔡州歸順脚力張希璨，王仕顒等說，去年八月二十四日，蔡州城中，見封有鄰兒，不得名字，云希烈令偽皇城使辛景臻、右軍安華，於龍興寺殺顏真卿。」實錄及舊傳云三日，今從之。中使曰：「有勅。」真卿再拜，中使曰：「令賜卿死。」真卿曰：「老臣無狀（八二），罪當死，不知使者幾日發長安（八三）？」使者曰：「自大梁來，非長安也。」真卿曰：「然則賊耳，何謂勅邪！」遂縊殺之。

(十二)李晟以涇州倚邊(八四)，屢害軍帥，常為亂根，奏請往理不用命(八五)者，力田(八六)積粟，以攘(八七)吐蕃。癸卯，以晟兼鳳翔隴右節度等使、及四鎮、北庭、涇原行營副元帥，進爵西平王。時李楚琳入朝，晟請與俱至鳳翔而斬之，以懲逆亂；上以新復京師，務安反仄(八八)，不許。

(十三)先是上命渾瑊、駱元光討李懷光軍於同州，懷光遣其將徐庭光以精卒六千，軍於長春宮(八九)，以拒之，瑊等數為所敗，不能進。時度支用度不給(九〇)，議者多請赦懷光，上不許，李懷光遣其妹壻要廷珍守晉州(九一)，牙將毛朝敭守隰州(九二)，鄭抗守慈州(九三)，馬燧皆遣人說下之(九四)。上乃加渾瑊河中、絳州節度使，充河中，同、華、陝、虢行營副元帥，加馬燧奉誠軍(九五)晉、慈、隰節度使，充管內諸軍行營副元帥，與鎮國節度使(九六)駱元光、鄜坊節度使唐朝臣，合兵討懷光。

(十四)初王武俊急攻康日知於趙州，馬燧奏請詔武俊與李抱真同擊朱滔，以深趙隸武俊，改日知為晉慈隰節度使，上從之。日知未至，而三州降燧，故上使燧兼領之，燧表讓三州於日知，且言因降而授，恐後有功者，踵(九七)以為常，上嘉而許之，燧遣使迎日知，既至，籍府庫(九八)而歸之。

(十五)甲辰，以鳳翔節度使李楚琳為左金吾大將軍。

(十六)丙午，加渾瑊朔方行營元帥。

(十七)李晟至鳳翔，治殺張鎰之罪，斬裨將(九九)王斌等十餘人。

(十八)朱滔為王武俊所攻，殆(一〇〇)不能軍，上表待罪。

(十九)癸未，馬燧將步騎三萬攻絳州。

(二十)度支以李懷光所部將士數萬，與懷光同反，不給冬衣。上曰：「朔方軍累代忠義(一〇一)，今為懷光所制(一〇二)耳，將士何罪(一〇三)！」冬，十月，詔朔方及諸軍在懷光所者，冬衣及賞錢，皆當別貯，俟道路稍通，即時給之。

(廿一)李勉累表乞自貶(一〇四)，辛丑，罷勉都統節度使，其檢校司徒、同平章事如故。

(廿二)丙辰，李懷光將閻晏寇同州，官軍敗於沙苑(一〇五)，詔徵邠州之軍，韓遊瓌將甲士六千赴之。

(七三)乙丑，馬燧拔絳州，分兵取聞喜、萬泉、虞鄉、永樂、猗氏(一六)。

(七四)初，魚朝恩既誅，代宗不復使宦官典兵(一七)，上即位，悉以禁兵委白志貞，志貞得罪，上復以宦官竇文場代之，從幸山南，兩軍(一八)稍集，上還長安，頗忌(一九)宿將(二〇)，握兵多者稍稍(二一)罷之，戊辰，以文場監神策軍左廂(二二)兵馬使，王希遷監右廂兵馬使，始令宦官分典禁旅(二三)。【考異】舊竇文場傳云：「文場與霍仙鳴分統禁旅。」蓋希遷尋罷，而仙鳴代之也，今從實錄。

(七五)閏月，丙子，以涇原節度使田希鑒為衞尉卿。李晟初至鳳翔，希鑒遣使參候(二四)，晟謂使者曰：「涇州逼近吐蕃，萬一入寇，州兵能獨禦之乎！欲遣兵防援(二五)，又未知田尚書意(二六)。」使者歸，以告希鑒，希鑒果請援兵，晟遣腹心將彭令英等戍涇州，晟尋託(二七)巡邊，詣涇州，希鑒出迎，晟與之幷轡(二八)而入，道舊(二九)結歡(三〇)，希鑒妻李氏以叔父事晟，晟謂之田郎，晟命具三日食，曰：「巡撫(三一)畢，即還鳳翔。」希鑒不復疑，晟置宴，希鑒與將佐俱至晟營，晟伏甲於外廡(三二)，既食而飲，彭令英引涇州諸將下堂，晟曰：「我與汝曹久別，各宜自言姓名。」於是得為亂者石奇等三十餘人，讓㉓之曰：「汝曹屢為逆亂，殘害忠良，固天地所不容㉔。」悉引出斬之。希鑒尚在座，晟顧曰：「田郎亦不得無過，以親知㉕之故，當使身首得完。」希鑒曰：「唯。」遂引出縊殺之，幷其子萼，【考異】舊晟傳曰：「晟至涇州，希鑒迎謁，於座執而誅之，還鎮，表李觀為涇原節度使。」幸奉天錄：「十月丁丑，李晟誅田希鑒於涇州。」實錄：「閏月癸酉，除李觀涇原節度使，丙子，以希鑒為衞尉卿，丁丑，晟誅希鑒。」今從之。晟入其營，諭㉖以誅希鑒之意，眾股栗㉗，無敢動者。

（七六）李希烈遣其將翟崇暉悉眾圍陳州，久之不克，李澄知大梁兵少，不能制滑州，遂焚希烈所授旌節，誓眾㉘歸國，甲午，以澄為汴滑節度使。【考異】二月已云上以澄為滑州節度使，蓋於時但許之耳。

（七七）宋亳節度使劉洽遣馬步都虞候劉昌㉙與隴右幽州行營節度使曲環等將三萬救陳州。十一月，癸卯，敗翟崇暉於州西，斬首三萬五千級，擒崇暉以獻，乘勝進攻汴州，李希烈懼，奔歸蔡州，李澄引兵趣汴州，至城北，恇怯㉚不敢進，劉洽兵至城東，戊午，李希烈守將田懷珍開門納之，明日，澄入舍於浚儀㉛，兩軍之士，日有忿鬩㉜，會希烈鄭州守將孫液降於澄，澄引兵屯鄭州，詔以都統司馬㉝、寶鼎㉞薛珏為汴州刺史。

（廿八）李勉至長安，素服待罪，議者多以勉失守大梁，不應尚㉟為相。李泌言於上曰：「李勉公忠雅正，而用兵非其所長㊱，及大梁不守，將士棄妻子而從之者，殆二萬人，足以見其得眾心矣；且劉洽出勉麾下㊲，勉至睢陽㊳，悉舉其眾以授之，卒平大梁，亦勉之功也。」上乃命勉復其位。

（廿九）議者又言：「韓滉聞鑾輿在外，聚兵脩石頭城，陰蓄異志。」上疑之，以問李泌，對曰：「滉公忠清檢，自車駕在外，滉貢獻不絕，且鎮江東十五州㊴，盜賊不起，皆滉之力也。所以脩石頭城者，滉見中原板蕩㊵，謂陛下將有永嘉之行㊶，為迎扈㊷之備㊸耳。此乃人臣忠篤㊹之慮㊺，奈何更以為罪乎？滉性剛嚴㊻，不附權負，故多謗毀，願陛下察之，臣敢保㊼其無它。」上曰：「外議洶洶㊽，章奏㊾如麻㊿，卿弗聞乎？」對曰：「臣固聞之，其子皐為考功員外郎，今不敢歸省(五一)其親，正以謗語沸騰(五二)故也。」上曰：「其子猶懼如此，卿奈何保之？」對曰：「滉之用心，臣知之至熟(五三)，願上章明其無它，乞宣示中書，使朝眾(五四)皆知之。」上曰：「朕方欲用卿，人亦何易(五五)可保，慎勿違眾(五六)，恐幷(五七)為卿累(五八)也。」泌退，遂上章，請以百口保滉。它日，上謂泌曰：「卿竟上章，已為卿留中(五九)，雖知卿與滉親舊(六〇)，豈得不自愛(六一)其身(六二)乎！」對曰：「臣豈肯私於親舊，以負(六三)陛下，顧(六四)滉實無異心，臣之上章，以為朝廷，非為身(六五)也。」上曰：「如何其為朝廷？」對曰：「今天下旱蝗，關中米斗千錢，倉廩耗竭(六六)，而江東豐稔(六七)，願陛下早下臣章，以解朝眾之惑，面諭韓皐使之歸覲(六八)，令滉感激無自疑之心，速運糧儲(六九)，豈非為朝廷邪！」上曰：「善，朕深諭(七〇)之矣。」即下泌章，令韓皐謁告(七一)歸覲，面賜緋衣(七二)，諭以：「卿父比(七三)有謗言，朕今知其所以，釋然(七四)不復信矣。」因言關中乏糧，歸語卿父，宜速致(七五)之。」皐至潤州，滉感悅流涕，即日自臨水濱，發米百萬斛，聽皐留五日即還朝，皐別其母，啼聲聞於外，滉怒，召出撻之，自送至江上(七六)，冒(七七)風濤而遣之。既而陳少遊聞滉貢米，亦貢二十萬斛(七八)。上謂李泌曰：「韓滉乃能化(七九)陳少遊貢米矣。」對曰：「豈惟(八〇)少遊，諸道將爭入貢矣。」

(卅)吏部尚書同平章事蕭復奉使自江淮還(八一)，與李勉、盧翰、劉從一俱見上，勉等退，復獨留，言於上曰：「陳少遊任兼將相，首敗臣節，韋皐幕府下僚，獨建忠義，請以皐代少遊鎮淮南。」上然之，尋遣中使馬欽緒揖劉從一，附耳語(八二)而去，諸相還閤(八三)，從一詣復曰：「欽緒宣旨，令從一與公議朝來(八四)所言事，即奏行之，勿令李盧(八五)知，敢問何事也？」復曰：「唐虞黜陟(八六)，岳牧(八七)僉諧(八八)，爵人於朝，與士共之(八九)，使李盧不堪(九〇)為相，則罷之，既在相位，朝廷政事，安得不與之同議，而獨隱(九一)此事乎？此最當今之大弊。朝來，主上已有斯言，復已面陳其不可，不謂(九二)聖意尚爾，復不惜(九三)與公奏行之，但恐浸(九四)以成俗(九五)，未敢以告。」竟不以語從一，從一奏之，上愈不悅，復乃上表辭位，乙丑，罷為左庶子。

(卅一)劉洽克汴州，得李希烈起居注云：「某月日，陳少遊上表歸順。」少遊聞之，慙懼(九六)發疾。十二月，乙亥，薨，贈太尉，賻祭如常儀(九七)。淮南大將王韶欲自為留後，令將士推己知軍事，且欲大掠，韓滉遣使謂之曰：「汝敢為亂，吾即日全軍度江誅汝矣。」韶等懼而止。上聞之喜，謂李泌曰：「滉不惟安江東，又能安淮南，真大臣之器(九八)，卿可謂知人。」庚辰，加滉平章事江淮轉運使，滉運江淮粟帛入貢，府無虛月(九九)，朝廷賴之，使者勞問(一〇〇)相繼，恩遇始深矣。

(卅二)是歲，蝗徧遠近，草木無遺，惟不食稻，大饑，道殣相望(一〇一)。

【今註】(一)脅執：謂脅迫而執制之。(二)乎：語助，無義。(三)武：勇武。(四)務理：為治。(五)誠：誠信。(六)時巡：《尚書・周官》：「又六年，王乃時巡，考制度于四岳，諸侯各朝于方岳。」孔安國注：「春東、夏南、秋西、冬北，故謂之時巡。」(七)後將安入：謂以後將能至何地，蓋任至何地，均將啓節鎮之疑懼焉。(八)或謂之權：謂或言此乃從權之計。(九)竊：私。(一〇)諭：曉。(一一)取類：取比類。(一二)權衡：衡以平物，權則權物之輕重，揆之以衡平。(一三)脅奪：以兵力脅迫而奪其官職。(一四)義：道義。(一五)得一方：得一方之地。(一六)四海之疑：謂四海牧守之疑。(一七)反：相反。(一八)以反道：謂以反乎道義之事。(一九)以任數：謂以任使術數。(二〇)眾：民眾。(二一)必陷身：謂必陷害其身家。(二二)長：滋長。(二三)誤：錯誤。(二四)奠枕：安枕，亦即安臥安居之意。(二五)徵授：徵召而命授之。(二六)恩宥：恩遇宥赦。㉗將奔走不暇：謂將奔走之時不暇給。㉘旅拒：史炤曰：「旅，眾也；拒，捍也。謂率眾以相捍也。」㉙復勞誅鉏哉：謂復煩勞誅鉏之乎，鉏通作鋤。㉚綜理：史炤曰：「綜，機縷也；理，治也。謂整治其事，使皆有紀，若機之綜縷也。」㉛以備百司：謂以備百司之職。㉜迎扈：謂迎接扈從。㉝輒詣：謂未獲允許，而擅自詣赴。㉞矯制：謂假託制詔。㉟擅：專擅。㊱理：乃治之避諱而改。㊲束身：束縛其肢體，以示有罪之狀。㊳歸朝：歸赴朝廷。㊴齎先除懷光太子太保敕：齎，攜。懷光除見上卷本年三月。㊵朔方將士：為懷光所部。㊶旌旗數十里：謂旌旗綿亘數十里。㊷後謝收復之晚：謂後謝收復遲晚之罪。㊸掩涕：謂掩面垂涕。㊹閒日：胡三省曰：「閒讀曰閑，唐世、天子以隻日視朝，雙日謂之閑日。」㊺豐渥：豐厚優渥。㊻為之首：謂為其首。㊼安州：據《新唐書・地理志》五，安州屬淮南道。㊽應山：胡三省曰：「應山、梁置永陽縣，隋改為應山，以縣北山為名，唐屬隨州。」㊾徇：徇示。㊿厲鄉：《九域志》：「隨州厲鄉村有厲山，今自棗陽至厲鄉，道路交錯，號九十九岡。」(51)素服：白色之衣，乃喪服也。(52)太尉無官矣：胡三省曰：「胡人不習朝章，見懷光素服待罪，故以為無官。」(53)宣言：謂宣佈其言辭。(54)拒守之備：抗拒及防守之設備。(55)代宗之世，泌居蓬萊書院：見卷二百二十四永泰元年。(56)遊：交遊。(57)日直西省：日直，謂每日值侍；西省，謂中書省。(58)以候對：謂以伺候答對。(59)屬目附之：謂皆注目視之，而競行歸附。(60)邇：近。(61)稱：號稱。(62)萬人敵：謂一能敵萬。(63)若：至。(64)料敵：料度敵情。(65)乃兵耳：乃兵卒耳。(66)何足為言：猶何值言之。(67)虐殺使臣：謂殺孔巢父、啖守盈。(68)鼠伏：

如鼠之伏，謂懼人也。(六九)夢魘：凡人氣窒心懼神亂則魘。夢魘，謂夢中而驚懼也。(七〇)不日：謂無幾日。(七一)藉手：猶下手。(七二)伊西：據《新唐書・地理志》四，伊西當指伊州以西之地而言，伊州伊吾縣條云：「伊吾在大磧外，南去玉門關八百里，東去陽關二千七百三十里，有折羅漫山，亦曰天山。」(七三)北庭：同志四：「北庭大都護府，本庭州，貞觀十四年，平高昌，以西突厥泥伏沙鉢羅葉護、阿史那賀魯部落置，幷置蒲昌縣。長安二年，為北庭都護府。」(七四)揆制：按揆當係控字之訛。(七五)十姓突厥：西突厥有五弩矢畢、五咄六，凡十姓，見《舊唐書・西突厥傳》。(七六)併兵：併合兵力。(七七)東侵：謂東侵涇、邠、岐、隴諸州。(七八)拱手與之：謂拱手而讓與人。(七九)為國家固守，近二十年：代宗初，吐蕃陷河隴，獨安西北庭為唐固守。(八〇)日者：謂往日。(八一)大掠武功，受賂而去：事見上卷本年四月。(八二)無狀：謂無善狀。(八三)發長安：謂自長安出發。(八四)倚邊：倚靠邊界。(八五)不用命：謂不聽用命令。(八六)力田：謂努力耕種。(八七)攘：攘除。(八八)仄：通側。(八九)長春宮：據《新唐書・地理志》一，長春宮在同州朝邑縣。(九〇)不給：謂不足供給。(九一)晉州：《新唐書・地理志》三，晉州屬河東道。(九二)隰州：同志三，隰州屬河東道。(九三)慈州：同志三，慈州屬河東道。(九四)說下之：猶說降之。(九五)奉誠軍：是年正月置奉誠軍於同州，以授康日知事，見卷二百二十九。(九六)鎮國節度使：肅宗上元二年，置鎮國節度於華州，廣德元年罷，今復置。(九七)踵：繼襲。(九八)籍府庫：謂將府庫所存之物，登錄簿籍，而移交之。(九九)裨將：偏將。(一〇〇)殆：幾。(一〇一)朔方軍累代忠義：自肅宗以來，朔方軍輸力王室，功高天下。(一〇二)制：控制。(一〇三)將士何罪：謂將士何罪之有。(一〇四)李勉累表乞自貶：胡三省曰：「以討李希烈，喪師失守也。」⑤沙苑：據《新唐書・地理志》一，同州、馮翊縣有沙苑。⑥分兵取聞喜、萬泉、虞鄉、永樂、猗氏：據同志三，聞喜屬河東道絳州，萬泉、虞鄉、永樂、猗氏則皆屬河中府。⑦典兵：知兵。⑧兩軍：謂左右神策軍。⑨忌：忌憚。⑩宿將：舊將。⑪稍稍：漸漸。⑫左廂：猶左邊或左面。⑬禁旅：亦即禁軍。⑭參候：參謁侍候。⑮防援：防禦援助。⑯又未知田尚書意：謂又未知田尚書之意下如何。⑰託：假託。⑱丼轡：猶丼騎。⑲道舊：謂話舊事。⑳結歡：締結歡好。㉑巡撫：巡視安撫。㉒廡：堂下周屋，音舞。㉓讓：責。㉔容：容納。㉕親知：猶親交。㉖諭：曉諭。㉗栗：通慄。㉘誓眾：謂率眾盟誓。㉙劉洽遣馬步都虞候劉昌：按《舊唐書・劉玄佐傳》，劉昌作劉昌言，當從添。㉚恇怯：恐懼畏縮，音匡。㉛浚儀：《新唐書・地理志》二，浚儀為汴州治所，李澄蓋舍於縣治。㉜閱：鬩，音ㄒㄧˋ。㉝都統司馬：指宋、滑、河陽都統司馬。㉞寶鼎：據《新唐書・地理志》三，寶鼎縣屬河東道、河中府。㉟尚：猶。㊱所長：所擅長。㊲麾下：部下。㊳睢陽：《舊唐書・地理志》一：「河南道、宋州，天寶元年改為睢陽郡，乾元元年復為宋州。」㊴江東十五州：胡三省曰：「唐時浙江東西道所統，惟潤、昇、常、湖、蘇、杭、睦、越、明、台、溫、衢、處、婺十四州，前此，滉遣宣潤弩手援寧陵，蓋兼統宣州為十五州也。」㊵板蕩：謂喪亂也。㊶謂陛下將有永嘉之行：引晉永嘉之亂，元帝南度以為言。㊷迎扈：迎接扈從。㊸備：準備。㊹忠篤：猶忠貞。㊺慮：憂慮。㊻剛嚴：剛毅嚴正。㊼保：保證。㊽洶洶：猶洶涌。㊾章奏：麥章疏奏。㊿如麻：喻其多且亂也。(51)省：覲省。(52)沸騰：與上之洶洶，意頗相類。〔五三〕至熟：猶至諗。〔五四〕朝眾：謂在朝之眾官。〔五五〕何易：謂何輕易。〔五六〕違眾：謂行動與眾人異。〔五七〕拚：拚且。〔五八〕累：連累。〔五九〕留中：謂留於禁中，而不批駁及報可也。〔六〇〕親舊：亦即親故。〔六一〕愛：愛惜。〔六二〕其身：謂其身家性命。〔六三〕負：孤負。〔六四〕顧：但。〔六五〕身：猶己。〔六六〕耗竭：虛耗罄竭。〔六七〕稔：歲熟。〔六八〕歸覲：謂歸而覲省父母。〔六九〕糧儲：糧米及儲物。〔七〇〕深諭：謂深知。〔七一〕謁告：謂參謁天子而告假也。〔七二〕緋衣：《舊唐書・輿服志》：「上元元年，制，『文武三品已上服紫、金玉帶，四品服深緋，五品服淺緋，並金帶。』」是緋衣，乃四品五品秩之所服者。〔七三〕比：近。〔七四〕釋然：解袪。〔七五〕致：送致。〔七六〕江上：謂江濱。〔七七〕冒：冒犯。〔七八〕陳少遊……亦貢二十萬斛：陳少遊時鎮淮南。〔七九〕化：感化。〔八〇〕豈惟：豈但。〔八一〕蕭復奉使自江淮還：蕭復出使，見卷二百二十九興元元年四月。〔八二〕附耳語：附耳語乃期他人不得聞知。〔八三〕還閤：胡三省曰：「諸相在省中，坐政事堂，既退，各居閤子。」〔八四〕朝來：來為語助，無義，唐人言時間時，常喜綴加此字，朝來即朝間也。〔八五〕李盧：即上之李勉、盧翰。〔八六〕黜陟：謂罷免陞遷。〔八七〕岳牧：四岳及九州牧。〔八八〕僉諧：謂皆同意。〔八九〕爵人於朝，與士共之：胡三省曰：「禮記王制之言。」〔九〇〕不堪：不勝任。〔九一〕隱：隱匿。〔九二〕不謂：不料。〔九三〕惜：吝惜。〔九四〕浸：漸。〔九五〕俗：習俗。〔九六〕慙懼：慙愧畏懼。〔九七〕常儀：亦即常禮。〔九八〕器：材器。〔九九〕府無虛月：謂使府無月不進貢奉。〔一〇〇〕勞問：慰勞存問。〔一〇一〕道殣相望：餓殍為殣，謂道中之餓死者，相繼不絕。

貞元元年（西元七八五年）

㈠春，正月，丁酉朔，赦天下，改元㊀。

㈡癸丑，贈顏真卿司徒，謚曰文忠。

㈢新州司馬盧杞遇赦，移吉州㊁長史，謂人曰：「吾必再入。」未幾，上果用為饒州㊂刺史。給事中袁高應草制，執以白盧翰、劉從一，曰：「盧杞作相，致鑾輿播遷，海內瘡痍㊃，奈何遽遷大郡！願相公執奏㊄。」翰等不從，更命它舍人草制，乙卯，制出，高執之不下㊅，且奏杞極惡窮凶，百辟㊆疾之㊇若讎，六軍思食其肉，何可復用！」上不聽，補闕陳京、趙需等上疏曰：「杞三年擅權，百揆失敍㊈，天地神祇所知，華夏蠻貊同棄，儻加巨姦之寵㊉，必失萬姓之心。」丁巳，袁高復於正牙⑪論奏，上曰：「杞已再更赦⑫。」高曰：「赦者，止⑬原⑭其罪，不可為刺史。」陳京等亦爭之不已，曰：「杞之執政，百官常如兵在其頸⑮，今復用之，則姦黨皆唾掌⑯而起。」上大怒，左右辟易⑰，諫者稍引却⑱，京顧曰：「趙需等勿退，此國大事，當以死爭之。」上怒稍解。戊午，上謂宰相：「與杞小州刺史，可乎？」李勉曰：「陛下欲與之，雖大州亦可，其如天下失望何！」壬戌，以杞為澧州別駕，使謂袁高曰：「朕徐思卿言，誠為至當。」又謂李泌曰：「朕已可[一九]袁高所奏。」泌曰：「累日[二〇]外人竊議，比陛下於桓靈，今承德音，乃堯舜之不逮也。」上悅，杞竟卒於澧州。高，恕己之孫也。

(四)三月，李希烈陷鄧州。

(五)戊午，以汴滑節度使李澄為鄭滑節度使[二一]。

(六)以代宗女嘉誠公主[二二]妻田緒。李懷光都虞候呂鳴岳密[二三]通款[二四]於馬燧，事泄，懷光殺之，屠[二五]其家，事連幕僚高郢、李鄘，懷光集將士[二六]而責之，郢鄘抗言逆順[二七]，無所慙隱[二八]，懷光囚之，鄘、邕之姪孫也。馬燧軍寶鼎[二九]，敗懷光兵於陶城[三〇]，斬首萬餘級，分兵會渾瑊，逼河中。

(七)夏，四月，丁丑，以曹王皐為荊南節度[三一]，李希烈將李思登以隨州[三二]降之。

(八)壬午，馬燧、渾瑊破李懷光兵於長春宮㉝南，遂掘塹㉞圍宮城，懷光諸將相繼來降，詔以燧瑊為招撫使。

(九)五月，丙申，劉洽更名玄佐。

(十)韓遊瓌請兵於渾瑊，共取朝邑㉟，李懷光將閻晏欲爭之，士卒指邠軍㊱曰：「彼非吾父兄，則吾子弟，奈何以白刃相向乎！」語甚囂㊲，晏遽引兵去，懷光知眾心不從，乃詐稱欲歸國，聚貨財，飾㊳車馬，云俟路通入貢，由是得復踰㊴旬月。

(十一)六月，辛巳，以劉玄佐兼汴州刺使。

(十二)辛卯，以金吾大將軍韋皐為西川節度使。

(十三)朱滔病死，將士奉前涿州刺史劉怦知軍事。

(十四)時連年旱蝗，度支資糧匱竭㊵，言事者多請赦李懷光，李晟上言：「赦懷光，有五不可：河中距長安纔三百里，同州當其衝㊶，多兵、則未為示信，少兵、則不足隄防㊷，忽驚東偏㊸，何以制之？一也。今赦懷光，必以晉、絳、慈、隰還之，渾瑊既無所詣，康日知又應遷移㊹，土宇不安㊺，何以獎勵㊻？二也。陛下連兵一年，討除小醜，兵力未窮㊼，遽㊽赦其反逆之罪，今西有吐蕃，北有回紇，南有淮西，皆觀我彊弱，不謂陛下施德澤，愛黎元㊾，乃謂兵屈㊿於人，而自罷耳，必競起窺覦(51)之心，三也。懷光既赦，則朔方將士，皆應敍勳行賞(52)，今府庫方虛，賞不滿望(53)，是愈激(54)之使叛，四也。既解河中，罷諸道兵，賞典不舉(55)，怨言必起，五也。今河中斗米五百，芻藁(56)且盡，牆壁之間，餓殍(57)甚眾，且軍中大將，殺戮略盡(58)，陛下但勅諸道，圍守旬時(59)，彼必有內潰(60)之變，何必養腹心之疾，為它日之悔(61)哉！」又請發兵二萬，自備資糧(62)，獨討懷光。

(75)秋，七月，甲午朔，馬燧自行營入朝，奏稱懷光凶逆尤甚，赦之無以令天下(63)，願更得一月糧，必為陛下平之。【考異】鄴侯家傳：「稱李泌語曰，臣但恐梟於帳下太速，何足憂也。臣能為陛下取之。上曰，未諭卿意何故以太速為憂，而卿能取也。對曰，臣為陛下憂，不在河中，乃在太原。今馬燧亦蹭蹬矣，領河東十萬之師，遣王權領五千赴難，及再幸梁洋，遂抽歸本道，男暢在奉天，亦使北歸，陛下更收復後，宜慰云，王權擅抽兵馬，暢不扈從，并宜釋放，此則尤不安矣。臣比年曾與之言，甚有心路，今之雄傑也。若使之有異志，則不比希烈朱泚之徒，或能旰食，伏望陛下聽臣之言，援鞚遠馭以羈之。上曰，卿所欲，何也？對曰，馬燧保有河東十餘州，以待陛下還宮，此亦功也。臣為常侍，與其兄炫同列，然其兄弟素不相能，其語無益，臣重表兄鄭叔規為賓佐，臣令以炫意請至京城，欲與相見，即至，臣激燧令其取懷光自効，必可致也。因令燧為忠臣矣。又曰，貞元元年，上因郊天改元時，馬燧在太原，遣其行軍司馬鄭叔規奏事，請因鴻恩，以雪懷光。并致書與先公，先公不與之報，留其信物，且令叔規語之曰，比年展奉，得接語言，心期以為丈夫，且河東節度，以破靈曜之功，上所與也，奉天之難，握十萬彊兵，而令懷光解圍，及懷光圖危社稷，車駕幸梁洋，逢此際會，又令它人立蓋代之功，今聖主已歸宮闕，懷光蹭蹬在於近畿，旦夕為帳下所梟，乃尸居也，不速出軍收取以自解，而快上心，恐即不及矣。若河中既平，公即如懷光之蹭蹬矣，欲於滔俊之下，作倔彊之臣，亦必不成。不言公才略不及也，緣腹中有三二百卷書，蹭蹬至此，必自內慙，是進不立忠勳，退不能効夷狄，既而持疑，則舟中帳下，皆敵國矣。可惜八尺之軀，聲氣如鍾，而心不果決，乃婦人也，著裙可矣，欲奉答以裙衫，而家累在江東，未至，今聖上收復之後，含垢匿瑕，與人更始，某又特蒙聽信，已於上前保薦，可使司徒以取懷光。令弟來，又請雪之，大失所望，且望弟速去，為說若河中既平，司徒何面目更來朝，而與士人相見。今雖請雪，昨勅書亦許束身入朝矣。若以建中同征之故，當發一使諭之，準赦歸朝，必為保全，如不奉詔，當領全師問罪，因速上表，求自征之，至河中，輕騎入朝，親稟廟略，乃天與之便也。能如是，當與司徒為中朝應接，有須陳奏，必聞聖聽，若不能，何敢有書也。叔規既去，具奏於上，上每憂河中驍將達奚小俊等，突犯宮闕，居常不安。會東面苑牆忽有崩倒者，上大驚，以為有應之者，將啓賊。上顧問泌，對曰，此賊不足憂也，乃猶機上肉耳，但恐梟懸太速，不得與馬燧藉手為憂。上曰，古人云，輕敵者亡，今卿心輕敵如是，朕甚憂之。對曰，陛下初經難危，憂慮太過，輕敵者亡，誠如聖旨，至如懷光豈可謂之敵乎？陛下比在梁洋，元惡據宮闕，渠以朔方全軍在河中，李晟在東渭橋，此時可以傍助逆順之勢，不然，苟欲偷安，脅為遲暮亦可，而竟如醉如魔，都不能動。今陛下復歸宮闕，又安足慮之哉！臣伏計馬燧請討之章即至，若以宗社之靈，此賊且未為帳下所圖，得河東軍，有以藉手，陛下無憂矣。不喜於平懷光，喜於得馬燧也。既而馬燧表至，請全軍南收河中，仍自供糧。上大悅，召先公對曰，馬燧果請全軍討懷光來矣，兼請至行營已來，自備軍糧，何其畏伏卿如此也！對曰，此乃畏伏天威而然，於臣何有，而能使其畏伏。臣曾與之言，諳其為人，頗見機識勢，今之雄傑也。臣昨故令叔規傳詞以激怒之，且曰，欲寄婦人之服，當艱虞之時，握十萬彊兵，收復功在它人，今聖主已還宮闕，惟有懷光，不速收取，以立功自解，它時復何面目至朝廷，與公卿相見，則蹭蹬之勢，又不及懷光猶有解重圍之功，料以此告之，燧必能覺悟，果得如此，既以師至河中，旬月當平，而燧因此有功，便為忠臣矣。上曰，當盡用卿言。初叔規至太原，具以先公言告燧，燧搏髀驚曰，有是哉，賴子之至京也，不然燧幾為懷光矣，非賢表兄，豈有告燧者乎！即日上表請行，叔規又請如泌言，先寫表本示懷光，勸其束身歸朝，彼必不從，然後表請全軍往討，則聖上信司徒誠心，又可以忠義告四鄰，不然，朝救而夕請誅，恐中外尤疑。燧曰，誠然，乃令叔規草書寫表本，馳驛以告懷光，果不從，於是乃請全軍南討，尋發太原，使者相繼奏事，及與先公書言征討之謀，及須上聞者，先公因對，皆為奏之，又諷令下營訖，輕騎由臨晉度朝謁，燧皆然之。七月，乃自臨晉度夏陽來朝，上大悅，遂具告以先公言卿才略，必可使圖懷光。初見卿請雪，朕所未諭，今乃果然，比亦有人毀卿，言詞百端，聞於遠近，惟先公保卿於朕，朕信其言，今見卿，益知先公忠讜豁然，體至誠奉國矣。燧謝恩出，而請先公至中書，具說上言，泣下，拜謝。後對上曰，馬燧昨對，其器質意趣，固不易有，且甚有心路，感而用之，必有成筭，皆如卿言，信雄豪也。」按泌到長安數日，即除常侍，興元元年七月乙未也，八月癸卯，加燧晉慈隰節度使，然則癸卯之前，燧已取晉慈隰三州矣，故朝廷命為副元帥，以討懷光，十月，已拔絳州及猗氏等諸縣矣。貞元元年正月，改元赦，於時燧豈得猶在太原，雪懷光邪？自乙未至癸卯，纔九日，自長安至晉陽，千餘里，若因泌諷諭鄭叔規，始來京師，又令叔規還激勸燧，又使燧以書諭懷光，懷光不從，然後上表，興師伐之，事多如此，豈九日之內，所能容也，此直李繁欲取馬燧平河中之功，皆歸於其父耳，今從舊燧傳。李肇國史補曰：「馬司徒面雪李懷光，上曰，惟卿不合雪人，惶恐而退，李令聞之，請全軍，自備資糧，以討兇逆，由此，李馬不平。」邠志曰：「七月，馬公朝於京師，請赦懷光，隴右節度李公晟聞之，上表請發兵二萬，獨討懷光，芻糧之費，軍中自備。上以李公表示馬公，因曰，朱泚之反，不得已也，懷光勃逆，使朕再遷，此而可赦，何者為罪，馬公雨泣曰，十日之內，請獻其首。上遣之。」按是時懷光垂亡，燧功已成八九，故自入朝爭之，豈肯面雪懷光邪！今從舊傳。

(十六)陝虢都兵馬使達奚抱暉鴆殺節度使張勸，代總軍務，邀求(六四)旌節，且陰(六五)召李懷光將達奚小俊為援。上謂李泌曰：「若蒲陝連衡(六六)，則猝(六七)不可制，且抱暉據陝，則水陸之運皆絕(六八)矣，不得不煩(六九)卿一往。」辛丑，以泌為陝虢都防禦水陸運使，上欲以神策軍送泌之官，問須幾何人(七〇)，對曰：「陝城三面懸絕(七一)，攻之未可以歲月(七二)下也，臣請以單騎入之。」上曰：「單騎如何可入？」對曰：「陝城之人，不貫(七三)逆命(七四)，此特抱暉為惡耳，若以大兵臨之，彼閉壁定矣(七五)，臣今單騎抵其近郊，彼舉大兵則非敵(七六)，若遣小校(七七)來殺臣，未必不更(七八)為臣用也。且今河東全軍屯安邑(七九)，馬燧入朝，願敕燧與臣同辭皆行，使陝人欲加害於臣，則畏河軍移軍討之，此亦一勢(八〇)也。」上曰：「雖然，朕方大用卿，寧失陝州，不可失卿(八一)，當更使(八二)它人往耳。」對曰：「它人必不能入，今事變之初，眾心未定，故可出其不意，奪其姦謀，它人猶豫(八三)遷延(八四)，彼既成謀(八五)，則不得前(八六)矣。」上許之，泌見陝州進奏官(八七)及將吏在長安者，語之曰：「主上以陝虢饑，故不授泌節(八八)而領運使，欲令督江淮米以賑之耳，陝州行營在夏縣(八九)，若抱暉可用，當使將之，有功則賜旌節(九〇)矣。」抱暉覘者(九一)馳告之，抱暉稍自安，泌具以語白上曰：「欲使其士卒思米，抱暉思節，必不害臣矣。」上曰：「善。」

(七)戊申，泌與馬燧俱辭行。庚戌，加泌陝虢觀察使，泌出潼關，鄜坊節度使唐朝臣以步騎三千布(九二)於關外，曰：「奉密詔，送公至陝。」泌曰：「辭日，奉進止(九三)，以便宜從事(九四)，此(九五)一人不可相躡(九六)而來，來則吾不得入陝矣。」唐臣(九七)以受詔不敢去，泌寫宣以却之(九八)，因疾驅而前，抱暉不使將佐出迎，惟偵者(九九)相繼，泌宿曲沃，將佐不俟抱暉之命來迎，泌笑曰：「吾事濟(一〇〇)矣。」去城十五里，抱暉亦出謁(一〇一)，泌稱(一〇二)其攝事(一〇三)保完城隍(一〇四)之功，曰：「軍中煩言㉕，不足介意㉖，公等職事，皆按堵㉗如故。」抱暉出而喜，泌既入城視事，賓佐有請屏人㉘白事者，泌曰：「易帥之際，軍中煩言，乃其常理㉙，泌到自妥貼㉚矣，不願聞也。」由是反仄㉛者皆自安，泌但索簿書，治糧儲，明日召抱暉至宅㉜，語之曰：「吾非愛汝而不誅，恐自今有危疑之地㉝，朝廷所命將帥，皆不能入，故匄㉞汝餘生，汝為我齎版幣㉟祭前使，慎㊱無入關，自擇安處㊲，潛來取家㊳，保無它㊴也。」泌之辭行也，上籍陝將預㊵於亂者七十五人，授泌，使誅之，泌既遣㊶抱暉，日中宣慰使至，泌奏已遣抱暉，餘不足問。上復遣中使至陝，必使誅之，泌不得已，械兵馬使林滔等五人送京師，懇請赦之，詔謫戍天德㊷，歲餘竟殺之，而抱暉遂亡命㊸，不知所之。達奚小俊引兵至境，聞泌已入陝而還。

(十八)壬辰，以劉怦為幽州盧龍節度使。

(十九)大旱，灞滻㊹將竭，長安井皆無水，度支奏中外經費，纔支㊺七旬。

【今註】 ㊀改元：改元為貞元。㊁吉州：據《新唐書．地理志》五，吉州屬江南西道，治廬陵，在今江西省境。㊂饒州：據同志五，饒州屬江南西道，治鄱陽，今江西省鄱陽縣。㊃瘡痍：創傷。㊄執奏：執以奏諫。㊅不下：謂不下於中書省。㊆百辟：百官。㊇疾之：恨之。㊈百揆失敍：《尚書・舜典》：「納於百揆，百揆時敍。」孔安國曰：「舜舉八愷，使揆度百事，百事時敍，無廢事業。」今云失敍，謂事業廢也。㊉寵：寵幸。⑪正牙：胡三省曰：「唐謂大明宮含光殿為正牙，亦謂之南牙。」⑫更赦：經赦。⑬止：猶只。⑭原：原宥。⑮兵在其頸：謂刀在其頸，喻無時無刻，不在恐懼之中。⑯唾掌：吐唾液於其掌而摩擦之，與摩拳擦掌之命意頗相似。⑰辟易：辟通避，謂避離而更易其故處。⑱引却：引退。⑲可：許可。⑳累日：多日。㉑以汴滑節度使李澄為鄭滑節度使：汴州歸劉洽，李澄得鄭州，故以鄭滑節度授之。㉒嘉誠公主：據《新唐書・地理志》六，嘉誠縣為劍南道、松州治所，蓋以地名為封號也。㉓密：秘密。㉔款：誠款。㉕屠：屠戮。㉖集將士：集合將士於一處。㉗抗言逆順：謂直言逆順之道。㉘慙隱：慙懼隱遁。㉙寶鼎：據《新唐書・地理志》三，寶鼎縣屬河東道、河中府。㉚陶城：同志三，河中府有府三十三，其一曰陶城府。《水經注》：「陶城在蒲坂城西北，即舜所都也，舜陶河濱，蓋即此地。」㉛以曹王皋為荊南節度：節度之下，當有使字。㉜隨州：據《新唐書・地理志》四，隨州屬山南東道。㉝長春宮：據同志一，長春宮在關內道、同州、朝邑縣界。㉞塹：壕溝。㉟朝邑：見上長春宮條。㊱邠軍：指韓遊瓌所將之軍。㊲囂：喧。㊳飾：猶飭，謂整飭也。㊴踰：越。㊵匱竭：匱乏罄竭。㊶衝：要衝。㊷隄防：謂防備。㊸忽驚東偏：以同州在長安東北，故曰東偏。謂若猝然驚動同州。㊹今赦懷光，必以晉、絳、慈、隰還之，渾瑊既無所詣，康日知又應遷移：胡三省曰：「先已命渾瑊為蒲絳節度使，康日知為晉慈隰節度使，故云然。」㊺士宇不安：謂所屬之州邑不定。㊻獎勵：謂獎勵功勳之士。㊼未窮：謂尚未窮盡。㊽遽：突。㊾黎元：百姓。㊿兵屈：兵折。(51)窺覦：窺伺覬覦。(52)朔方將士，皆應敍勳行賞：謂解奉天圍勳賞也。(53)滿望：滿足願望。(54)激：刺激。(55)賞典不舉：謂頒賞之章程不立。(56)芻藁：芻蕘藁草。(57)殍：餓死，音ㄆㄧㄠˇ。(58)略盡：幾盡。(59)旬時：時或指季言，或指日言，而以作旬日，為較常見。(60)內潰：內部崩潰。(61)悔：悔恨。(62)自備資糧：乃針對前文，而此則不由度支供給。(63)令天下：謂號令天下。(64)邀求：請求。(65)陰：暗。(66)連衡：猶連合。(67)猝：倉卒之間。(68)抱暉據陝，則水陸之運皆絕：江淮水陸之運，皆經陝州而後至長安。(69)煩：煩勞。(70)幾何人：謂多少人。(71)懸絕：謂峭絕而不可登。(72)歲月：謂一年或數月。(73)貫：通慣。(74)逆命：違逆命令。(75)彼閉壁定矣：謂彼定閉營而不出戰。(76)彼舉大兵則非敵：謂僅餘一騎，則必以為非其敵手而不舉大兵。(77)小校：小將。(78)更：轉。(79)安邑：今山西省安邑縣。(80)一勢：胡三省曰：「以形臨之謂之勢。」(81)寧失陝州，不可失卿：寧為二事之挑選辭，言寧可失陝州，而不可失卿。(82)更使：換使。(83)猶豫：猶疑。(84)遷延：稽延。(85)既成謀：猶謀既成。(86)不得前：即上之不能入。(87)進奏官：胡三省曰：「唐諸鎮皆置進奏院在長安，以進奏官主之。」(88)故不授泌節：按上文，授李泌者，乃為陝虢都防禦使，而非陝虢節度使，故文云不授泌節也。(89)夏縣：《九域志》：「夏縣在陝州北九十八里。」(90)旌節：乃指節度使言。(91)覘者：覘偵者。(九二)布：佈置。(九三)奉進止：胡三省曰：「自唐以來，率以奉聖旨為奉進止，蓋言聖旨使之進則進，使之止則止也。」程大昌曰：「今奏箚言取進止，猶言此箚之或留或却，合禀承可否也。唐中葉遂以處分為進止，而不曉文義者，習而不察，概謂有行為進止，如玉堂宣底所載，凡宣旨皆云有進止者，相承之誤也。」(九四)以便宜從事：謂按據事之便宜，專自行事，而不待奏請也。(九五)此：謂此間。(九六)相躡：相繼。(九七)唐臣：其全名為唐朝臣，此當簡稱作朝臣。(九八)寫宣以却之：沈存中曰：「唐故事，中書舍人職掌，詔誥皆寫四本，一本為底，一本為宣，此宣謂行出耳，未以名書也。晚唐樞密使自禁中受旨，出付中書，即謂之宣，中書承受錄之於籍，謂之宣底，如今之聖語簿也。余謂宣者，因奉宣上旨而得名，或以口傳為宣，或以行文書為宣，口傳為宣，多命中臣，而宰相亦有之，劉栖楚之叩墀也，牛僧孺宣曰，『所奏知，門外俟進止。』此宰相之口宣也。李泌寫宣，以却還唐朝臣之兵，此宰相行文書為宣也。」(九九)偵者：即上之覘者。(一〇〇)濟：成。(一〇一)謁：以下見上曰謁。(一〇二)稱：稱譽。(一〇三)攝事：指攝代軍務。(一〇四)城隍：猶城池。(一〇五)煩言：煩亂之言。(一〇六)介意：謂耿耿於心。(一〇七)按堵：猶按部就班。(一〇八)屏人：謂屏去左右。(一〇九)常理：尋常道理。(一一〇)妥貼：妥，安；貼，伏。(一一一)仄：猶側。(一一二)宅：胡三省曰：「宅者，觀察所居也，唐諸鎮將吏，謂節度觀察所居者為使宅。」(一一三)危疑之地：即危疑之處。(一一四)匄：與，音ㄍㄞˋ。(一一五)版幣：版以祝，幣以燎。(一一六)慎：謂千萬。(一一七)安處：安全之處。(一一八)取家：取家口。(一一九)它：它故。(一二〇)預：參預。(一二一)遣：遣放。(一二二)天德：宋白曰：「天寶八年，張齊丘於可敦城置橫塞軍，十二年，安思順奏廢橫塞軍，請於大同城西築城置軍，玄宗賜名天安軍，乾元後改為天德軍。緣居人校少，遂南移四里，權居永清柵，其城則隋大同城之故墟，在牟那山、鉗耳觜之北。」㉓亡命：謂所屬縣簿籍上無姓名也。㉔灞滻：乃二水名。㉕支：支持。

卷二百三十二　唐紀四十八

起旃蒙赤奮若八月，盡彊圉單閼七月，凡二年。（乙丑至丁卯，西元七八五年至七八七年）

司馬光編集
曲守約註

德宗神武聖文皇帝七

貞元元年（西元七八五年）

㈠八月，甲子，詔凡不急之費及人冗食㈠者，皆罷之。

㈡馬燧至行營，與諸將謀曰：「長春宮不下，則懷光不可得，長春宮守備甚嚴，攻之曠日㈡持久，我當身㈢往諭㈣之。」遂徑造㈤城下，呼懷光守將徐庭光，庭光帥將士羅㈥拜城上，燧知其心屈㈦，徐謂之曰：「我自朝廷來，可西向受命。」庭光等復西向拜，燧曰：「汝曹自祿山已來，徇國立功四十餘年㈧，何忽為滅族之計！從吾言非止免禍，富貴可圖㈨也。」眾不對，燧披襟㈩曰：「汝不信吾言，何不射我！」將士皆伏泣，燧曰：「此皆懷光所為，汝曹無罪，弟㈡堅守勿出。」皆曰：「諾。」壬申，燧與渾瑊、韓遊瓌進軍逼河中，至焦籬堡⑫，守將尉珪以七百人降。是夕，懷光舉火，諸營不應，駱元光在長春宮下，使人招徐庭光，庭光素輕元光，遣卒罵之，又為優胡於城上以侮之⑬，且曰：「我降漢將耳。」元光使白燧，燧還至城下，庭光開門降，燧以數騎入城慰撫，其眾大呼曰：「吾輩復為王人⑭矣。」渾瑊謂僚佐曰：「始吾謂馬公用兵，不吾遠也⑮，今乃知吾不逮⑯多矣。」詔以庭光試殿中監兼御史大夫⑰。

㈢甲戌，燧帥諸軍至河西⑱，【考異】舊燧傳曰：「燧帥諸軍濟河，兵凡八萬，陳於城下，是日，牛名俊斬懷光首，以城降。」今從邠志。河中軍士自相驚曰：「西城擐甲矣。」又曰：「東城娖隊矣⑲。」須臾，軍士皆易其號為太平字⑳，懷光不知所為，乃縊而死。初懷光之解奉天圍也，上以其子璀為監察御史，寵待甚厚，及懷光屯咸陽不進㉑，璀密言於上曰：「臣父必負㉒陛下，願早為之備。臣聞君父一也㉓，但今日之勢，陛下未能誅臣父，而臣父足以危陛下，陛下待臣厚，胡人性直，故不忍不言耳。」上驚曰：「知卿大臣愛子㉔，當為朕委曲彌縫㉕，而密奏之㉖。」對曰：「臣父非不愛臣，臣非不愛其父與宗族也，顧臣力竭㉗不能回㉘耳。」上曰：「然則卿以何策自免？」對曰：「臣之進言，非苟求生，臣父敗則臣與之俱死矣，復有何策哉！使臣賣父求生，陛下亦安用之！」上曰：「卿勿死，為朕更至㉙咸陽，諭卿父，使君臣父子俱全㉚，不亦善乎！」璀至咸陽而還，曰：「無益也，願陛下備之，勿信人言㉛，臣今往說諭萬方㉜，臣父言：『汝小子何知，主上無信，吾非貪富貴也，直㉝畏死耳，汝豈可陷吾入死地邪！』」及李泌赴陝㉞，上謂之曰：「朕所以再三欲全懷光者，誠惜㉟璀也，卿至陝，試為朕招之。」對曰：「陛下未幸梁洋，懷光猶可降㊱也，今則不然，豈有人臣迫逐其君，而可復立於其朝乎！縱彼顏厚㊲無慙㊳，陛下每視朝㊴，何心見之。臣得入陝，借使㊵懷光請降，臣不敢受，況招之乎！李璀固賢者，必與父俱死矣，若其不死，則亦無足貴也。」及懷光死，璀先刃㊶其二弟，乃自殺。朔方將牛名俊斷懷光首出降，河中兵猶萬六千人，燧斬其將閻晏等七人，

【考異】邠志云八人，今從舊馬燧傳。

餘皆不問。燧自辭行，至河中平，凡二十七日。

燧出高郢、李鄘於獄(四二)，皆奏置幕下。韓遊瓌之攻懷光也，楊懷賓戰甚力，上命特原其子朝晟(四三)，遊瓌遂以朝晟為都虞候。

(四)上使問陸贄，河中既平，復有何事所宜區處(四四)，令悉條奏。贄以河中既平，慮必有希旨(四五)生事之人，以為王師所向無敵，請乘勝討淮西者，李希烈必誘諭(四六)其所部，及新附諸帥(四七)曰：「奉天息兵之旨(四八)，乃因窘(四九)而言，朝廷稍安，必復誅伐。」如此，則四方負罪(五〇)者，孰不自疑，河朔青齊(五一)固當響應，兵連禍結，賦役繁興，建中之憂(五二)，行將復起。乃上奏，其略曰：「福不可以屢徼(五三)，幸不可以常覬(五四)，臣姑(五五)以生禍為憂，未敢以獲福為賀。」又曰：「陛下懷悔過之深誠(五六)，降非常之大號(五七)，所在宣敭(五八)之際，聞者莫不涕流，假王(五九)叛換(六〇)之夫，削偽號以請罪(六一)，觀釁首鼠(六二)之將，一(六三)純誠以效勤(六四)。」又曰：「曩討之而愈叛，今釋(六五)之而畢來，曩以百萬之師而力殫(六六)，今以咫尺之詔而化洽(六七)，是則聖王之敷理道(六八)，服暴人，任德(六九)而不任兵，明矣。羣帥之悖(七〇)臣禮，拒天誅(七一)，圖活(七二)而不圖王，又明矣。是則好生以及物者(七三)，乃自生之方(七四)，施安(七五)以及物者，乃自安之術，擠(七六)彼於死地，而求此之久生(七七)也，措(七八)彼於危地(七九)，而求此之久安也，從古及今，未之有焉。」又曰：「一夫不率(八〇)，闔境(八一)罹(八二)殃，一境不寧，普天(八三)致擾(八四)。」又曰：「億兆汙(八五)人，四三叛帥，感陛下自新(八六)之旨(八七)，悅陛下盛德之言，革面(八八)易辭(八九)，且脩臣禮(九〇)，其於深言(九一)密議(九二)，固亦未盡坦然(九三)，必當聚心而謀(九四)，傾耳(九五)而聽，觀陛下所行之事，考陛下所誓之言(九六)，若言與事符(九七)，則遷善之心漸固(九八)，儻事與言背，則慮禍之態(九九)復興(一〇〇)。」又曰：「朱泚滅而懷光戮，懷光戮而希烈征，希烈儻平(一〇一)，禍將次及(一〇二)，則彼之蓄素疑(一〇三)，而懷宿負(一〇四)者，能不為之動心(一〇五)哉？」又曰：「皇運(一〇六)中興，天禍將悔(一〇七)，以逆泚之偷居上國(一〇八)，以懷光之竊保中畿(一〇九)，歲未再周(一一〇)，相次梟殄(一一一)，實眾慝(一一二)驚心之日，羣生(一一三)改觀(一一四)之時，威則已行，惠猶未洽(一一五)，誠宜上副(一一六)天眷(一一七)，下收物情(一一八)，布恤(一一九)人之惠以濟威(一二〇)，乘滅賊之威以行惠。」又曰：「臣所未敢保其必從，唯希烈一人而已，揆(一二一)其私心，非不願從也，想其潛慮(一二二)，非不追悔也，但以猖狂失計，已竊大號，雖荷陛下全宥(二三)之恩，然不能不自靦(二四)於天地之間耳，縱未順命(二五)，斯為獨夫(二六)，內則無辭(二七)以起兵(二八)，外則無類(二九)以求助，其計不過厚撫部曲，偷容(三〇)歲時，心雖陸梁(三一)，勢必不致(三二)，陛下但勅諸鎮各守封疆(三三)，彼既氣奪筭(三四)窮，是乃狴牢(三五)之類，不有人禍(三六)，則當鬼誅(三七)，古之不戰而屈人之兵(三八)者，此之謂歟。」

㈤丁卯，詔以李懷光嘗有功，宥(三九)其一男，使續(四〇)其後，賜之田宅，歸其首及尸，使葬。加馬燧兼侍中，渾瑊檢校司空，餘將卒(四一)賞賚各有差(四二)。諸道與淮西連接者，宜各守封疆，非彼侵軼(四三)，不須進討。李希烈若降，當待以不死，自餘將士百姓，一無所問(四四)。

㈥初李晟嘗將神策軍戍成都(四五)，及還以營妓高洪自隨，西川節度使張延賞怒，追而還之，由是有隙(四六)，至是劉從一有疾，上召延賞入相，晟表陳其過惡，上重(四七)違其意，以延賞為左僕射。

㈦駱元光將殺徐庭光，謀於韓遊瓌曰：「庭光辱吾祖考(四八)，吾欲殺之，馬公必怒，公能救其死乎(四九)？」遊瓌曰：「諾。」壬午，遇庭光於軍門(五〇)之外，揖而數(五一)其罪，命左右碎斬之。【考異】實錄：「甲申，駱元光專殺徐庭光，上令宰相諭諫官勿論。」邠志曰：「二十日，駱公謀於韓公曰，徐庭光見詬，辱及祖父，義不同天，是日，遂殺之。」按是月癸亥朔，甲申二十二日，蓋奏到之日也，今從邠志。入見馬燧，頓首請罪，燧大怒曰：「庭光已降，受朝廷官爵，公不告，輒殺之，是無統帥（五二）也。」欲斬之，遊瓌曰：「元光殺裨將（五三），公猶怒如此，公殺節度使，天子其謂何（五四）！」燧默然，渾瑊亦為之請，乃捨之。渾瑊鎮河中，盡得李懷光之眾，朔方軍自是分居邠蒲矣（五五）。

（八）盧龍節度使劉怦疾病。九月，己亥，詔以其子行軍司馬濟權知（五六）節度事，怦尋薨。

（九）己未，中書侍郎、同平章事劉從一罷為戶部尚書，庚申，薨。

（十）冬，十月，癸卯，上祀圜丘（五七），赦天下。

（十一）十二月，甲戌，戶部奏今歲入貢者，凡百五十州（五八）。

（十二）于闐王曜上言，兄勝讓國於臣（五九），今請復立勝子銳；上以銳檢校（六〇）光祿卿，還其國，勝固辭曰：「曜久行國事（六一），國人悅服（六二），銳生長京華（六三），不習其俗（六四），不可往。」上嘉之，以銳為韶王諮議（六五）。

【今註】（一）冗食：冗，閑散。冗食猶今所謂吃閑飯者。（二）曠日：謂曠費時日。（三）身：猶親。（四）論：

告諭。㊄徑造：直至。㊅羅：羅列。㊆心屈：己心屈伏。㊇汝曹自祿山已來，徇國立功四十餘年：胡三省曰：「天寶十四載，安祿山反，郭子儀李光弼皆以朔方軍討賊，立大功；其後回紇吐蕃深入京畿，諸鎮叛亂，外禦內討，亦倚朔方軍以成功，至是年凡三十一年。今曰四十餘年，四字誤也，當作三。」㊈圖：圖謀。㊉披襟：披開當胸處之衣服。⑪弟：通第，但也。⑫焦籬堡：胡三省曰：「焦籬堡、在河中府河西縣西。」⑬又為優胡於城上以侮之：駱元光本安息胡人，故徐庭光為優胡以侮之。優、倡優。⑭復為王人：謂復為天子之民。⑮不吾遠也：《舊唐書・馬燧傳》作：「與予不相遠。」是其的釋。⑯不逮：不及。⑰試殿中監兼御史大夫：胡三省曰：「此謂之試官兼官，以寄祿且憲銜也。」⑱河西：宋白曰：「大曆三年，析朝邑五鄉幷割河東三鄉，依舊為河西縣，縣境東西十四里。」⑲河中軍士自相驚曰：「西城擐甲矣。」又曰：「東城娖隊矣」：胡三省曰：「河中夾河為兩城，西城河西縣，東城河東縣，河中府治焉。」擐，貫；娖，整，音ㄔㄨㄛˋ。⑳皆易其號為太平字：將衣服上所書之原字改為太平，以示不再作戰之意。㉑及懷光屯咸陽不進：事見上卷興元元年。㉒負：背。㉓君父一也：胡三省曰：「人生在三，事之如一，謂君父師也。」㉔知卿大臣愛子：大臣指李懷光言。㉕彌縫：謂彌縫之而使無間隙。㉖而密奏之：此謂而密言以勸改之。㉗顧臣力竭：謂但臣力已盡。㉘回：謂回轉其意。㉙更至：再至。㉚使君臣父子俱全：謂使君臣父子之關係，得俱保全。㉛勿信人言：謂勿聽信他人之言。㉜萬方：猶萬端。㉝直：只。㉞及李泌赴陝：李泌赴陝，見上卷是年七月。㉟惜：愛惜。㊱猶可降：謂猶可招降。㊲顏厚：猶厚臉皮。㊳無慙：不知慚愧。㊴視朝：猶設朝。㊵借使：假使，乃假設語。㊶刃：以刀殺之。㊷出高郢、李鄘於獄：懷光囚郢鄘，見上卷本年。郢音一ㄥˇ。㊸上命特原其子朝晟：懷光囚楊朝晟，見卷二百三十元年三月。㊹區處：猶處分。㊺希旨：謂承望意旨。㊻誘諭：引誘告諭。㊼及新附諸帥：胡三省曰：「新附諸帥，謂李納、王武俊、田緒等。」㊽旨：聖旨。㊾窘：囚窘。㊿負罪：戴罪。(51)河朔青齊：胡三省曰：「河朔，謂王武俊、田緒、劉怦，青齊，謂李納。」(52)憂：憂患。(53)徼：求。(54)覬：覬覦，音ㄐㄧˋ。(55)姑：姑且。(56)誠：實心為誠。(57)降非常之大號：此指興元之赦書言。(58)宣敭：敭與揚同，謂宣敷也。(59)假王：假僭王號之人。(60)叛換：猶跋扈。(61)削偽號以請罪：胡三省曰：「此指王武俊、田悅、李納之去王號。」(62)首鼠：謂首鼠兩端。(63)一：全。(64)效勤：猶致力。胡三省曰：「謂韓滉、陳少遊，讀通鑑者，因其事而觀其心迹，則知之矣。」(65)釋：釋赦。(66)殫：盡。(67)化洽：謂德化遍佈。(68)理道：即治道，乃以避諱而改。(69)任德：猶恃德。(70)悖：違逆。(71)拒天誅：抗拒天子之誅討。(72)圖活：謀圖苟活。(73)好生以及物者：謂己好生存，而使他物亦獲生存。(74)方：與下之術，同意。(75)施安：施行安全之道。(76)擠：排擠。(77)久生：永久生存。(78)措：置。(79)危地：危殆之地。(80)不率：胡三省曰：「率，循也。不率，謂不循上之教令也。」(81)闔境：全境。(82)罹：遭。(83)普天：謂全天下。(84)擾：擾亂。(85)汗：汗下。(86)自新：改過自新。(87)旨：意。(88)革面：改換面目。(89)易辭：更改其言辭。(90)臣禮：人臣之禮容。(91)深言：洞徹之言。(92)密議：周密之論。(93)坦然：謂相信不疑。(94)聚心而謀：謂聚精會神而謀。(95)傾耳：用心聆聽之貌。〔九六〕所誓之言：所誓約之言語。〔九七〕符：合。〔九八〕漸固：漸臻堅固。〔九九〕慮禍之態：謂慮禍之舉動。〔〇〇〕興：起。〔〇一〕平：平定。〔〇二〕次及：依次而及。〔〇三〕蓄素疑：蓄常疑。〔〇四〕懷宿負：抱舊釁。〔〇五〕動心：猶心動。〔〇六〕皇運：大運。〔〇七〕天禍將悔：謂天將悔而降之以禍。〔〇八〕上國：謂上都，亦即長安。〔〇九〕中畿：胡三省曰：「開元八年，以河中為中都，河東河西二縣為次赤縣，諸縣為次畿縣。」〔一〇〕再周：即二年。〔一一〕梟殄：謂梟其首，而殄滅其類。〔一二〕眾慝：眾惡。〔一三〕羣生：猶眾庶。〔一四〕改觀：改易觀聽。〔一五〕洽：遍。〔一六〕副：稱。〔一七〕天眷：蒼天之眷顧。〔一八〕物情：人物之赤情。〔一九〕恤：救。〔二〇〕以濟威：以濟成威信。〔二一〕揆：度。〔二二〕潛慮：內心之思慮。〔二三〕全宥：保全宥赦。〔二四〕自靦：謂自靦面目，亦即自愧。〔二五〕順命：順從王命。〔二六〕獨夫：謂人無親輔之者。〔二七〕無辭：無直辭。〔二八〕起兵：猶興兵。〔二九〕無類：無同類之人。〔三〇〕偷容：猶苟延。〔三一〕陸梁：強梁。〔三二〕不致：不克獲致。〔三三〕封疆：邊境。〔三四〕筭：計。〔三五〕狴牢：謂狴犴牢獄，乃以拘囚有罪之人。〔三六〕人禍：人為之禍，指叛變刺殺等言。〔三七〕鬼誅：謂為鬼神所誅。〔三八〕而屈人之兵：謂而使敵人之兵屈服者。〔三九〕宥：宥赦。〔四〇〕續：繼。〔四一〕餘將卒：通作其餘將卒。〔四二〕賞賚各有差：賞賜各有等差。〔四三〕侵軼：侵突。〔四四〕一無所問：謂每人皆不問其罪。〔四五〕初李晟嘗將神策軍戍成都：乃大曆十四年救蜀之時。〔四六〕隙：間隙。〔四七〕重：難。〔四八〕庭光辱吾祖考：謂為優胡以戲侮之。〔四九〕公能救其死乎：據下文此其乃指駱元光言。〔五〇〕軍門：營門。〔五一〕數：條責之。〔五二〕是無統帥：謂是目無統帥。統帥乃總統諸將帥之意。〔五三〕裨將：偏將。〔五四〕其謂何：言將如何。〔五五〕朔方軍自是分居邠蒲矣：胡三省曰：「自郭子儀以來，朔方軍亦分屯邠蒲，而統於一帥，今居邠者，韓遊瓌帥之，居蒲者，渾瑊帥之，不相統屬，故史言其始分。」㊺權知：猶暫知。㊻冬十月癸卯，上祀圜丘：按此乃於圜丘祀昊天上帝也。又據《舊唐書・德宗紀》，祀圜丘為在冬十一月，考十一月之朔為癸巳，則癸卯正係十一月中之日，十月當添增作十一月。㊼今歲入貢者，凡百五十州：胡三省曰：「時河朔諸鎮、及淄青淮西，皆不入貢，河隴諸州又沒於吐蕃。」㊽于闐王曜上言，兄勝讓國於臣：事見卷二百二十一肅宗上元元年。㊾檢校：攝代。㊿久行國事：謂久執行國王之事。㊀悅服：喜悅而服從之。㊁京華：即京師。㊂其俗：謂於闐之俗。㊃韶王諮議：韶王暹，代宗子。《舊唐書・職官志》三：「親王府咨議參軍一人，正五品上。」

二年（西元七八六年）

㈠春，正月，壬寅，以吏部侍郎劉滋為左散騎常侍，與給事中崔造、中書舍人齊映並同平章事。滋，子玄之孫㊀也。造，少居上元㊁，與韓會、盧東美、張正則為友，以王佐㊂自許，時人謂之四夔㊃。上以造在朝廷敢言，故不次㊄用之，滋映多讓事於造㊅，造久在江外㊆，疾㊇錢穀諸使罔上㊈之弊，奏罷水陸運使、度支、巡院、江淮轉運使等，諸道租賦悉委觀察使、刺史，遣官部㊉送詣京師，令宰相分判尚書六曹⑫，齊映判兵部，李勉判刑部，劉滋判吏部、禮部，造判戶部、工部，又以戶部侍郎元琇判諸道鹽鐵榷酒，吉中孚判度支兩稅。

㈡李希烈將杜文朝寇襄州。二月，癸亥，山南東道節度使⑬樊澤擊擒之。

㈢崔造與元琇善，故使判鹽鐵，韓滉奏論鹽鐵過失，甲戌，以琇為尚書右丞。陝州水陸運使李泌奏自集津至三門⑬，鑿山開車道⑭十八里，以避底柱之險⑮，是月，道成。

㈣三月，李希烈別將寇鄭州，義成節度使李澄⑯擊破之，希烈兵勢日蹙⑰，會⑱有疾。夏，四月，丙寅，大將陳仙奇使醫陳山甫毒殺之，因以兵悉誅其兄弟妻子，舉眾⑲來降。【考異】杜牧竇烈女傳曰：「初希烈入汴州，聞戶曹參軍竇良女美，使甲士至良門，取桂娘以去，將出門，顧其父曰，慎無戚，必能滅賊，使大人取富貴於天子。桂娘以才色在希烈側，復能巧曲取信，凡希烈之密謀，雖妻子不知者，悉皆得聞。希烈歸蔡州，桂娘謂希烈曰，忠而勇，一軍莫如陳先奇，其妻竇氏，先奇寵且信之，願得先往來，以姊妹敍齒，因徐說之，使堅先奇之心。希烈然之。桂娘因以姊事先奇妻，嘗間曰，為賊遲晚必敗，姊宜早圖遺種之地。先奇妻然之。興元元年四月，希烈暴死，其子不發喪，欲盡誅老將校，以卑少者代之，計未決，有獻含桃者，桂娘白希烈子，請分遺先奇妻，且以示無事於外，因為蠟帛書曰，前日已死，殯在後堂，欲誅大臣，須自為計，以朱染帛，丸如含桃，先奇發丸，見之，言於薛育，育曰，兩日希烈稱疾，但怪樂曲雜發，晝夜不絕，此乃有誅未定，示暇於外，事不疑矣。明日，先奇、薛育各以所部，譟於牙門，請見希烈，希烈子迫，出拜曰，願去偽號，一如李納。先奇曰，爾父勃逆，天子有命誅之，因斬希烈及妻子，函七首以獻，暴其尸於市。後兩月，吳少誠殺先奇，知桂娘謀，因亦殺之。」今從實錄及舊傳。甲申，以仙奇為淮西節度使。

(五)關中倉稟⑳竭，禁軍或自脫巾㉑呼於道曰：「拘吾於軍，而不給糧，吾罪人也㉒。」上憂之甚，會韓滉運米三萬斛至陝，李泌即奏之，上喜，遽至東宮謂太子曰：「米已至陝，吾父子得生矣。」時禁中不釀㉓，命於坊市㉔取酒為樂，又遣中使諭神策六軍，軍士皆呼萬歲。時比歲㉕饑饉，兵民率皆瘦黑，至是麥始熟，市有醉人，當時以為嘉瑞㉖，人乍㉗飽食，死者復伍之一，數月，人膚色乃復故㉘。

(六)以橫海軍使程日華為節度使㉙。

(七)秋，七月，淮西兵馬使吳少誠殺陳仙奇，自為留後，少誠素㉚狡險，為李希烈所寵任㉛，故為之報仇。己酉，以虔王諒㉜為申、光、隨、蔡節度大使，以少誠為留後。

(八)以隴右行營節度使曲環為陳許節度使，陳許荒亂之餘㉝，戶口流散，曲環以勤儉率下㉞，政令寬簡㉟，賦役平均㊱，數年之間，流亡復業㊲，兵食皆足。

㈨八月，癸未，義成節度使李澄薨，其子士寧㊳謀總軍務，祕不發喪。

㈩丙戌，吐蕃尚結贊大舉寇涇、隴、邠、寧，掠人畜，芟禾稼，西鄙㊴騷然㊵，州縣各城守㊶，詔渾瑊將萬人，駱元光將八千人，屯咸陽，以備之。

⑪初，上與李泌議復府兵，泌因為上歷敍府兵自西魏以來，興廢之由㊷，且言：「府兵平日皆安居田畝，每府有折衝領之，折衝以農隙教習戰陳㊸，國家有事徵發，則以符契下其州及府㊹，參驗㊺發之㊻，至所期處㊼，將帥按閱㊽，有教習㊾不精者，罪其折衝㊿，甚者罪及刺史，軍還則賜勳加賞，便道罷之(51)。行者近不踰時(52)，遠不經歲(53)。高宗以劉仁軌為洮河鎮守使，以圖吐蕃(54)，於是始有久戍之役(55)，武后以來，承平日久，府兵浸(56)墮(57)，為人所賤，百姓恥之，至蒸熨手足(58)，以避其役。又牛仙客以積財得宰相(59)，邊將效(60)之，山東戍卒，多齎繒(61)帛自隨，邊將誘之，寄於府庫(62)，晝則苦役(63)，夜縶(64)地牢(65)，利其死(66)而沒入其財(67)，故自

天寶以後，山東戍卒，還者什無二三，其殘虐如此。然未嘗有外叛內侮(六八)，殺帥自擅者(六九)，誠以顧戀(七〇)田園，恐累宗族故也。自開元之末，張說始募長征兵，謂之彍騎(七一)，其後益為六軍(七二)，及李林甫為相，奏諸軍皆募人為之(七三)，兵不土著(七四)，又無宗族(七五)，不自重惜(七六)，忘身徇利(七七)，禍亂遂生，自今為梗(七八)。曏使府兵之法，常存不廢，安有如此下陵(七九)上替(八〇)之患哉！陛下思復府兵，此乃社稷之福，太平有日矣。」上曰：「俟平河中，當與卿議之。」

(十一)九月，丁亥，詔十六衛(八一)各置上將軍，以寵(八二)功臣，改神策左右廂為左右神策軍，殿前射生左右廂為殿前左右射生軍，各置大將軍二人，將軍二人(八三)。

(十二)庚寅，李克寧始發父澄之喪，殺行軍司馬馬鉉，墨縗(八四)出視事，增兵城門，劉玄佐出師屯境上以制之，且使告諭切至(八五)，克寧迺不敢襲位。丁酉，以東都留守賈耽為義成節度使，克寧悉取府庫之財，夜出(八六)，軍士從而剽(八七)之，比明殆盡，淄青兵數千，自行營歸過滑州，將佐(八八)皆曰：「李納雖外奉朝命，內蓄(八九)兼并之志，請館其兵於城外。」賈耽曰：「奈何與人鄰道，而野處[九〇]其將士乎！」命館於城中。耽時引百騎獵於納境，納聞之大喜，服其度量，不敢犯[九一]也。

(十四)吐蕃遊騎及好時[九二]，乙巳，京城戒嚴，復遣金吾將軍張獻甫屯咸陽，民間傳言上復欲出幸，以避吐蕃。齊映見上，言曰：「外間[九三]皆言陛下已理裝[九四]具糗[九五]糧，人情恂懼[九六]，夫大福不再[九七]，陛下奈何不與臣等熟計之。」因伏地流涕，上亦為之動容[九八]。李晟遣其將王佖將驍勇三千，伏於汧城[九九]，戒之曰：「虜過城下，勿擊其首[一〇〇]，首雖敗，彼全軍而至，汝弗能當[一〇一]也，不若俟前軍已過，見五方旗虎豹衣[一〇二]，乃其中軍也，出其不意[一〇三]擊之，必大捷。」佖用其言，尚結贊敗走，軍士不識，尚結贊僅而獲免。尚結贊謂其徒曰：「唐之良將李晟、馬燧、渾瑊而已，當以計去之。」入鳳翔境內，無所俘掠[一〇四]，以兵二萬直抵城下曰：「李令公[一〇五]召我來，何不出犒[一〇六]我？」經宿[一〇七]乃引退。冬，十月，癸亥，李晟遣蕃落使野詩良輔與王佖將步騎五千，襲吐蕃摧砂堡，壬申，遇吐蕃眾二萬，與戰破之，乘勝逐北，至堡下，攻拔之，斬其將扂屈律悉蒙，焚其蓄積而還。尚結贊引兵自寧慶(一八)北去，癸酉，軍於合水(一九)之北，邠寧節度使韓遊瓌遣其將史履程夜襲其營，殺數百人，吐蕃追之，遊瓌陳於平川，潛使人鼓於西山，虜驚，棄所掠而去。

(十五)十一月，甲午，立淑妃王氏為皇后。

(十六)乙未，韓滉入朝。

(十七)丁酉，皇后崩。

(十八)辛丑，吐蕃寇鹽州，謂刺史杜彥光曰：「我欲得城，聽爾率人去(二〇)。」彥光悉眾奔鄜州(二一)，吐蕃入據之。【考異】邠志曰：「十二月三日，吐蕃圍鹽州，刺史杜彥光請委城以其眾去，吐蕃許之，分軍竊據。」今據實錄在此月。

(十九)劉玄佐在汴習鄰道故事(二二)，久未入朝，韓滉過汴，玄佐重其才望，以屬吏禮謁之(二三)，滉相約為兄弟，請拜玄佐母，其母喜，置酒(二四)見之，酒半，滉曰：「弟何時入朝？」玄佐曰：「久欲入朝，但力未辦耳。」滉曰：「滉力可及(二五)，弟宜早入朝，丈母(二六)垂白(二七)，不可使更帥諸婦女往填宮(二八)也。」母悲泣不自勝，滉乃遺玄佐錢二十萬緡，備行裝，滉留大梁三日，大出金帛賞勞，【考異】柳氏敘訓云：「以綾二十萬匹犒軍。」今從國史補。一軍為之傾動(二九)，玄佐驚服。既而遣人密聽之，滉問孔目吏：「今日所費幾何？」詰責甚細(三〇)。玄佐笑曰：「吾知之矣。」

壬寅，玄佐與陳許節度使曲環俱入朝，【考異】鄴侯家傳曰：「韓相將入朝覲，先公令人報，比在闕庭已奏表，則必能致大梁入朝，今東所望善諭以致之。十二月，劉玄佐果入朝。」此蓋李繁掠美，今從柳氏敘訓。

(廿)崔造改錢穀法，事多不集(三一)，諸使之職(三二)行之已久，中外安之，元琇既失職，造憂懼成疾，不視事，既而江淮運米大至，上嘉韓滉之功。十二月，丁巳，以滉兼度支諸道鹽鐵轉運等使，造所條奏皆改之。

(廿一)吐蕃又寇夏州，亦令刺史托跋乾暉帥眾去，遂據其城，又寇銀州，州素無城(三三)，吏民皆潰(三四)，吐蕃亦棄之，又陷麟州。

(廿二)韓滉屢短(三五)元琇於上，庚申，崔造罷為右庶子，琇貶雷州司戶(三六)，【考異】實錄曰：「初元琇判度支，關輔旱儉，請運江淮租米以給京師。上以韓滉素著威名，加江淮轉運使，欲令專督運務。琇以滉性剛愎，難與集事，乃條奏令滉督運江南米至楊子，凡一百十八里，自楊子以北皆琇主之。滉深怨於琇，琇以京師錢重貨輕，乃於江東監院收獲見錢四十餘萬，令轉送入關，滉不許，誣奏以為運千錢至京師，費錢萬。上以問琇，琇奏曰，千錢之重，約與一斗米均，自江南水路至京師，所費三二百耳。上然之，遣中使齎手詔，令運錢。滉堅執以為不可。及滉總度支，遂逞宿心，累誣奏琇，至是而貶焉。」舊崔造傳曰：「造與元琇素厚，罷使之後，以鹽鐵委之，而韓滉以司務久行，不可遽改，德宗復以滉為江淮轉運使，餘如造所條奏。其年秋初，江淮漕運大至京師，德宗嘉其功，以滉專領度支諸道鹽鐵轉運等使，造所條奏皆改，乃罷造知政事，貶琇雷州司戶。」鄴侯家傳曰：「時元琇判度支，江淮進米，相次已入汴州，而淄青及魏府，蝗旱尤甚，人皆相食，李納無計，欲束身入朝，元琇廼支米十五萬石與之，納軍遂濟。三月，入河運第一綱米三萬石，自集津車般至三門，十日而畢，造入渭船，亦成米至陝，俄而度支牒至，支充河中軍糧。先公憂迫，不知所為，欲使人聞奏，先令走馬與韓相謀之，韓相報曰，慎不可，奏某判度支，米在外，勢不禁它，反被它更鼓作言語，待其今冬運畢，當請朝覲，此時面奏。時蝗旱，運路阻澁，自四月初後，有一日之內，七奉手詔者，皆為催米，且言軍國糧儲，自今月半後，悉盡此米，所藉公忠，副朕憂，屬星夜發遣，以濟勤，其旨如此。而不知米皆被外支，蓋琇及時宰忌韓相及先公運米功成，而不為朝廷大計，幾至再亂。十月，韓相以饋運功成，請入朝，及對見，上大悅，言無不從，遂奏運事，且言元琇支米與淄青河中，臣在外與先公皆不敢奏，上大驚，即日貶琇為雷州司戶。」二說相違，恐各有所私，今但取其大要。以吏部侍郎班宏為戶部侍郎、度支副使。

(廿三)韓遊瓌奏請發兵攻鹽州，吐蕃救之，則使河東㉗襲其背。丙寅，詔駱元光及陳許兵馬使韓全義將步騎萬二千人會邠寧軍，趣鹽州，又命馬燧以河東軍擊吐蕃，燧至石州㉘，河曲六胡州㉙皆降，遷於雲朔㉚之間。

(廿四)工部侍郎張彧，李晟之壻也，晟在鳳翔，以女嫁幕客㉛崔樞，禮重樞過於彧，彧怒，遂附於張延賞；給事中鄭雲逵嘗為晟行軍司馬，失晟意，亦附延賞。上亦忌晟功名，會吐蕃有離間之言，延賞等騰謗㉜於朝，無所不至㉝，晟聞之，晝夜泣，目為之腫，悉遣子弟詣長安，表請削髮為僧，上慰諭不許。辛未，入朝，見上自陳足疾，懇辭方鎮㉔，上不許。韓滉素與晟善，上命滉與劉玄佐諭旨於晟，使與延賞釋怨㉕，晟奉詔，滉等引延賞詣晟第謝㉖，結為兄弟，因宴飲盡歡，又宴於滉、玄佐之第，亦如之，滉因使晟表薦延賞為相。

【今註】①滋，子玄之孫：劉子玄以史筆事武后中宗。②上元：今江蘇省江寧縣。③王佐：謂將為天子之弼輔。④時人謂之四夔：胡三省曰：「夔者、唐虞之良臣，時人重四人者，以四夔稱之。」⑤不次：謂不依次第。⑥多讓事於造：猶謂多讓職權於造。⑦江外：亦即江南。⑧疚：恨。⑨罔上：欺上。⑩官部：猶官屬。⑪分判尚書六曹：謂分判尚書六曹事，以下之判某某職務後，俱省去一事字。⑫山南東道節度使：其治所為襄州。⑬自集津至三門：胡三省曰：「集津倉在三門東，三門倉在三門西。」⑭車道：乃陸運之道，捨舟而以車也。⑮以避底柱之險：《水經注》：「砥柱、山名也，昔禹治洪水，山陵當水者鑿之，故破山以通河，河水分流包山而過，山見水中若柱然，故曰砥柱也。」底砥常相互用。⑯義成節度使李澄：胡三省曰：「代宗大曆七年，賜滑亳節度為永平節度，貞元元年，永平軍節度更號義成軍節度，興元元年，李澄得鄭州。」⑰蹙：迫、縮。⑱會：適遇。⑲舉眾：謂率全軍。⑳稟：通廩。㉑巾：頭巾。㉒吾罪人也：意謂豈吾為罪人哉。㉓不釀：不自釀酒。㉔坊市：此乃指市肆言。㉕比歲：連歲。㉖至是麥始熟，市有醉人，當時以為嘉瑞：

以比年荒旱之故，長安久已斷釀，故不復有飲酒及酤酊者，即此亦足見京畿米穀之珍缺矣。㉗乍：忽。㉘復故：謂恢復尋常。㉙以橫海軍使程日華為節度使：胡三省曰：「滄州始別為節鎮，以此觀之，則以程日華為橫海軍副大使，上卷衍大字，明矣。」㉚素：夙。㉛寵任：寵幸信任。㉜虔王諒：德宗子。㉝之餘：猶之後。㉞率下：率領屬下。㉟寬簡：寬弘簡易。㊱平均：公平均匀。㊲復業：復歸舊業。㊳李澄薨，其子士寧：按下文及《舊唐書・李澄傳》，皆作克寧，士當改作克。㊴西鄙：西陲。㊵騷然：騷亂。㊶各城守：謂各據城而守。㊷歷敍府兵自西魏以來，興廢之由：胡三省曰：「西魏置府兵，見卷一百六十三梁簡文帝大寶元年，府兵廢，見卷二百一十二玄宗開元十年。」由，因由。㊸陳：讀曰陣。㊹府：謂折衝果毅府。㊺參驗：參考案驗。㊻發之：謂合則然後發之。㊼所期處：謂發兵刻期所會之地。㊽按閱：按察檢閱。㊾教習：教導練習。㊿罪其折衝：《新唐書・兵志》：「貞觀十年，凡天下十道，置府六百三十四，府置折衝都尉一人，左右果毅都尉各一人。」是罪其折衝，即罪其折衝都尉也。(五一)便道罷之：胡三省曰：「罷兵，使各隨便道歸農，不必還至京師而後罷。」(五二)不踰時：謂不踰三月。(五三)遠不經歲：謂遠道者，亦不須經過一年。(五四)高宗以劉仁軌為洮河鎮守使，以圖吐蕃：見卷二百二高宗儀鳳二年。(五五)役：征役。(五六)浸：漸。(五七)墮：讀曰隳。(五八)蒸熨手足：謂燙壞其手足。(五九)牛仙客以積財得宰相：事見卷二百一十四玄宗開元二十四年。(六〇)效：效法。(六一)繒：帛之總名，音增。(六二)寄於府庫：謂將繒帛寄存於府庫之中。(六三)晝則苦役：謂晝則事苦役。(六四)縶：縛。(六五)地牢：掘地為坎，而置人其中，如置於牢獄中然，故曰地牢。(六六)利其死：謂以其死亡為利。(六七)沒入其財：沒入，謂沒收其財，指所齎之繒帛言。(六八)外叛內侮：謂在邊境及內地而行叛亂者。(六九)自擅者：自專擅者。(七〇)顧戀：顧念眷戀。(七一)張說始募長征兵，謂之彍騎：事見卷一百一十二開元十年十三年。按《新唐書・兵志》，長征軍作長從兵，乃為長從宿衛之義，長征當改作長從為是。(七二)六軍：六軍復分左右，為十二軍。(七三)李林甫為相，奏諸軍皆募人為之：見卷二百一十六天寶八載。(七四)兵不土著：謂兵無籍貫。(七五)又無宗族：謂又無宗族之親。(七六)不自重惜：不自重視愛惜。(七七)徇利：求利。(七八)梗：惡。(七九)下陵：侵犯為陵，謂下犯上也。(八〇)上替：替，廢，謂上不得振其紀綱。(八一)十六衛：《舊唐書・職官志》三：「十六衛上將軍，舊無此官，貞元二年九月一日，勅六軍先有勅，各置統軍一人，十六衛宜各置上將軍一員，秩從二品。其左右衛及左右金吾衛上將軍俸料，隨軍人馬等，並同六軍統軍。（同志三：「六軍統軍，興元元年正月，勅左右羽林、左右龍武、左右神武，各置統軍一人，秩從二品。」）其諸衛上將軍，次統軍例支給。」(八二)寵：榮寵。(八三)各置大將軍二人，將軍二人：同志三：「左右神策軍、及神威軍，大將軍正三品，將軍從三品。」(八四)墨縗：以有軍事，而改服墨色之縗，此事始自晉襄公，見《左傳》僖公三十三年文。(八五)切至：嚴切周至。(八六)夜出：《舊唐書・李澄傳》作：「以夜出城。」是其明釋。(八七)剽：剽奪。(八八)將佐：謂滑州之將佐。(八九)蓄：藏。(九〇)野處：指處之於城外。(九一)犯：侵犯。(九二)好時：據《新唐書・地理志》一，好時屬京兆府，音止。(九三)外間：即民間。(九四)理裝：治裝。(九五)糗：乾飯屑。(九六)恂懼：謂恂恂恐懼。(九七)大福不再：謂大福不可再來。(九八)動容：謂容色有所感動。(九九)汧城：胡三省曰：

「隴州之東有汧陽縣，汧城在其旁。」(二〇)擊其首：謂擊其前驅。(二一)當：抵擋。(二二)虎豹衣：言其軍士所服之衣，畫為虎豹文。(二三)不意：謂不意料。(二四)俘掠：俘虜刦掠。(二五)李令公：李晟時為中書令，故稱之為令公。(二六)犒：犒勞。(二七)經宿：經過一夜。(二八)寧慶：乃二州名。(二九)合水：《九域志》：「合水縣在慶州東北四十五里。」(三〇)率人去：謂率城中之居人去。(三一)鄜州：《九域志》：「慶州東至鄜州，三百五十里。」(三二)習鄰道故事：胡三省曰：「習淄青、淮西及河朔故事。」(三三)以屬吏禮謁之：胡三省曰：「韓滉為江淮河南諸道轉運使，玄佐賜履之地，乃漕運之所經，以職分言之，則非屬吏也，特玄佐敬滉，故以屬吏禮修謁。」(三四)置酒：設酒宴。(三五)可及：謂可辦及。(三六)丈母：胡三省曰：「諸父執行謂之丈人行，韓滉與劉玄佐結為兄弟，則視其父為丈人行，故呼其母謂之丈母也。」按《恒言錄》：「顏氏家訓云：『中外丈人之婦，猥俗呼為丈母。』」是丈母之名，興起已甚久矣。(三七)垂白：謂頭髮垂白。(三八)往填宮：凡反者家屬皆沒入掖庭，故云然。(三九)傾動：傾伏感動。(四〇)細：詳細。(四一)集：成。(四二)諸使之職：謂鹽鐵轉運諸使。(四三)素無城：謂早已無城。(四四)潰：潰散。(四五)短：說其短缺。(四六)雷州司戶：《舊唐書・地理志》四：「嶺南道雷州至京師六千五百一十二里。」(四七)使河東：謂使河東之軍。(四八)石州：據《新唐書・地理志》三，石州屬河東道。(四九)河曲六胡州：《新唐書・地理志》一：「關內道、宥州，調露元年，於靈夏南境，以降突厥置魯州、麗州、含州、塞州、依州、契州，以唐人為刺史，謂之六胡州。」(五〇)雲朔：據同志三，雲朔二州，皆屬河東道。(五一)幕客：幕府中之賓客。(五二)騰謗：傳布毀謗。(五三)無所不至：謂毀謗之事，無所不至。(五四)方鎮：謂方鎮之任。㉟釋怨：解除怨憾。㊱謝：謝過。

三年（西元七八七年）

㈠春，正月，壬寅，以左僕射張延賞同平章事。李晟為其子請昏㊀於延賞，延賞不許，晟謂人曰：「武夫㊁性快㊂，釋怨於杯酒間㊃，則不復貯㊄胷中矣，非如文士難犯㊅，外雖和解㊆，內蓄憾㊇如故，吾得無懼哉㊈！」

㈡初，李希烈據淮西，選騎兵尤精者為左右門槍、奉國四將⑩，步兵尤精者為左右克平十將⑪，淮西少馬，精兵皆乘騾，謂之騾軍。陳仙奇舉淮西降，纔數月，詔發其兵於京西防秋，仙奇遣都知兵馬使蘇浦悉將淮西精兵五千人以行，會仙奇為吳少誠所殺，少誠密遣人召門槍兵馬使吳法超等，使引兵歸，浦不之知，法超等引步騎四千自鄜州叛歸，渾瑊使其將白娑勒追之，反為所敗。

㈢丙午，上急遣中使敕陝虢觀察使李泌發兵防遏，勿令濟河⑫，泌遣押牙唐英岸將兵趣靈寶⑬，淮西兵已陳於河南⑭矣，泌乃命靈寶給其食，淮西兵亦不敢剽掠，明月宿陝西七里(一五)，泌不給其食，遣將將選士(一六)四百人，分為二隊，伏於太原倉之隘道(一七)，令之曰：「賊十隊過，東伏(一八)則大呼擊之，西伏亦大呼應之，勿遮(一九)道，勿留行(二〇)，常讓以半道(二一)，隨(二二)而擊之。」又遣虞候(二三)集近村少年，各持弓刀瓦石躡(二四)賊後，聞呼，亦應(二五)而追之，又遣唐英岸將千五百人，夜出南門，陳於澗北。明日四鼓，淮西兵起，行入隘(二六)，兩伏(二七)發，賊眾驚亂，且戰且走，死者四之一，進遇唐英岸，邀(二八)而擊之，賊眾大敗，擒其騾軍兵馬使張崇獻，泌以賊必分兵自山路南遁，又遣都將燕子楚將兵四百，自炭竇谷趣長水(二九)，賊二日不食，屢戰皆敗，英岸追至永寧(三〇)東，賊皆潰入山谷，吳法超果帥其眾太半趣長水，燕子楚擊之，斬法超，殺其士卒三分之二。上以陝兵少，發神策軍步騎五千往助泌，至赤水，聞賊已破而還。上命劉玄佐乘驛歸汴，以詔書緣道誘(三一)之，得百三十餘人，至汴州，盡殺之，其潰兵在道，復為村民所殺，得至蔡者纔四十七人。吳少誠以其少，悉斬之，以聞，且遣使以幣(三二)謝李泌，為其誅叛卒也，泌執張崇獻等六十餘人送京師，詔悉腰斬於鄜州軍門〔三三〕，以令〔三四〕防秋之眾。

(四)初雲南王閤羅鳳陷嶲州〔三五〕，獲西瀘〔三六〕令鄭回。回，相州人，通經術〔三七〕，閤羅鳳愛重之，其子鳳迦異及孫異牟尋、曾孫尋夢湊皆師事之，每授學，回得撻之，及異牟尋為王，以回為清平官，清平官者、蠻相也〔三八〕，凡有六人，而國事專決〔三九〕於回，五人者事回甚卑謹〔四〇〕，有過，則回撻之。雲南有眾數十萬，吐蕃每入寇，常以雲南為前鋒，賦斂重數〔四一〕，又奪其險要，立城堡〔四二〕，歲徵〔四三〕兵助防，雲南苦之。回因說異牟尋復自歸於唐，曰：「中國尚禮義，有惠澤〔四四〕，無賦役〔四五〕。」異牟尋以為然，而無路自致，凡十餘年，及西川節度使韋皐至鎮〔四六〕，招撫境上羣蠻，異牟尋潛遣人因羣蠻求內附，皐奏：「今吐蕃棄好〔四七〕，暴亂鹽夏〔四八〕，宜因雲南及八國生羌〔四九〕有歸化〔五〇〕之心，招納之，以離吐蕃之黨〔五一〕，分其勢〔五二〕。」上命皐先作邊將書〔五三〕以諭〔五四〕之，微〔五五〕觀其趣〔五六〕。

(五)張延與齊映有隙，映在諸相中，頗稱〔五七〕敢言，上浸不悅，延賞言映非宰相器，壬子，映貶夔州(五八)刺史，劉滋罷為左散騎常侍，以兵部侍郎柳渾同平章事。韓滉性苛暴，方為上所任，言無不從，它相充位(五九)而已，百吏救過不贍(六〇)，渾雖為滉所引薦，正色讓之曰：「先相公(六一)以褊察(六二)為相，不滿歲而罷，今公又甚焉，奈何榜(六三)吏於省中(六四)，至有死者。且作福作威，豈人臣所宜(六五)。」滉愧，為之少霽(六六)威嚴。

(六)二月，壬戌，以檢校左庶子崔澣充入吐蕃使。

(七)戊寅，鎮海節度使同平章事、充江淮轉運使韓滉薨，滉久在二浙(六七)，所辟(六八)僚佐，各隨其長，無不得人。嘗有故人(六九)子謁之，考其能，一無所長(七〇)，滉與之宴，竟席，未嘗左右視，及與并坐(七一)交言(七二)，後數日，署為隨軍使，監庫門(七三)，其人終日危坐(七四)，吏卒無敢妄(七五)出入者。分浙江東西道為三，浙西治潤州，浙東治越州，宣歙池治宣州(七六)，各置觀察使以領之。上以果州刺史白志貞為浙西觀察使，柳渾曰：「志貞憸人，不可復用。」會渾疾，不視事，辛巳，詔下用之，渾疾間(七七)，遂乞骸骨(七八)，不許。

(八)甲申，葬昭德皇后於靖陵(七九)。

(九)三月，丁酉，以左庶子李銛充入吐蕃使。初、吐蕃尚結贊得鹽夏州，各留千餘人戍之，退屯鳴沙(八〇)。

(十)自冬入春(八一)，羊馬多死，糧運不繼，又聞李晟克摧沙(八二)，馬燧渾瑊等各舉兵臨之(八三)，大懼，屢遣使求和，上未之許，乃遣使卑辭厚禮(八四)，求和於馬燧，且請脩清水之盟(八五)，而歸侵地，使者相繼於路。燧信其言，留屯石州，不復濟河，為之請於朝。李晟曰：「戎狄無信，不如擊之。」韓遊瓌曰：「吐蕃弱則求盟，彊則入寇，今深入塞內而求盟，此必詐也。」韓滉曰：「今兩河(八六)無虞(八七)，若城(八八)原、鄯、洮、渭四州，使李晟劉玄佐之徒，將十萬眾戍之，河湟(八九)二十餘州可復也，其資糧之費，臣請主辦(九〇)。」上由是不聽燧計，趣(九一)使進兵。燧請與吐蕃使論頰熱俱入朝論之，【考異】邠志作論莽熱，今從實錄。會滉薨，燧延賞皆與晟有隙，欲反其謀，爭言和親便(九二)，上亦恨回紇(九三)，欲與吐蕃和，共擊之，得二人言，正會(九四)己意，計遂定。延賞數言晟不宜久典兵(九五)，請以鄭雲達代之，上曰：「當令自擇代者。」乃謂晟曰：「朕以百姓之故，與吐蕃和親決(九六)矣，大臣(九七)既與吐蕃有怨，不可復之(九八)鳳翔，宜留朝廷，朝夕輔朕，自擇一人可代鳳翔者(九九)。」晟薦都虞候邢君牙，君牙、樂壽(一〇〇)人也，丙午，以君牙為鳳翔尹兼團練使。丁未，加晟太尉中書令，勳封(一〇一)如故，餘悉罷之。

(十)晟在鳳翔，嘗謂僚佐曰：「魏徵好直諫，余竊慕之。」行軍司馬李叔度曰：「此乃儒者所為，非勳德(一〇二)所宜。」晟斂容(一〇三)曰：「司馬失言(一〇四)，晟任(一〇五)兼將相，知朝廷得失不言，何以為臣！」叔度慙而退。及在朝廷，上有所顧問，極言無隱(一〇六)，性沈密(一〇七)，未嘗泄(一〇八)於人。

(十一)辛亥，馬燧入朝，燧既來，諸軍皆閉壁(一〇九)不戰，尚結贊遽(一一〇)自鳴沙引歸，其眾乏馬，多徒行(一一一)者，崔澣見尚結贊，責以負約(一一二)，尚結贊曰：「吐蕃破朱泚，未獲賞，是以來，而諸州各城守，無由自達(一一三)，鹽夏守將，以城授我而遁，非我取之也，今明公來欲踐脩舊好(一一四)，固吐蕃之願也。今吐蕃將相以下，來者二十一人，渾侍中㉕嘗與之共事，知其忠信，靈州節度使杜希全、涇原節度使李觀，皆信厚㉖聞於異域，請使之主盟㉗。」夏，四月，丙寅，澣至長安，辛未，以澣為鴻臚卿，復使入吐蕃，語尚結贊曰：「希全守靈，不可出境，李觀已改官，今遣渾瑊盟於清水㉘。」【考異】實錄：「崔澣至自鳴沙，傳尚結贊言盟會之期及定界之所，唯命是聽，君歸奏決定，當以鹽夏相還。」又云：「清水之會，同盟者少，是以和好輕慢不成，今蕃及元帥已下凡二十一人，赴盟靈州，節度使杜希全，稟性和善，外境所知，請令主此盟會，涇原節度使李觀，亦請同主之。辛未，以澣為鴻臚卿，充入吐蕃使，令澣報尚結贊，希全職在靈州，不可出境，李觀又已改官，遣侍中渾瑊充會盟使，約以五月二十四日，復盟於清水。」按尚結贊本怨渾瑊，故欲劫而執之，然則求瑊主盟，乃吐蕃意，非由唐出也。今從鄴侯家傳。且令先歸鹽夏二州。

(十三)五月，甲申，渾瑊自咸陽入朝，以為清水會盟使。戊子，以兵部尚書崔漢衡為副使，司封員外郎鄭叔矩為判官，特進宋奉朝為都監。己丑，瑊將二萬餘人赴盟所。乙巳，尚結贊遣其屬論泣贊來言，清水非吉地，請盟於原州之土梨樹，既盟，而歸鹽夏二州。上皆許之。神策將馬有麟奏土梨樹多阻險，恐吐蕃設伏兵，不如平涼川㉙坦夷，時論泣贊已還，丁未，遣使追告之。

(十四)申蔡留後吳少誠繕兵完城㉚，欲拒朝命，判官鄭常、大將楊冀謀逐之，詐為手詔㉛賜諸將申州刺史張伯元等，事泄，少誠殺常冀伯元、大將宋旻、曹濟奔長安。

(十五)閏月，己未，韋皐復與東蠻和義王苴那時書㉒，使詗伺㉓導達雲南。

(十六)庚申，大省州縣官員，收其祿㉔以給戰士，張延賞之謀也。時新除官千五百人，而當減㉕者千餘人，怨嗟㉖盈路。

(十七)初韓滉薦劉玄佐可使將兵復㉗河湟，上以問玄佐，玄佐亦贊成之，滉薨，玄佐奏言：「吐蕃方彊，未可與爭㉘。」上遣中使勞問玄佐，玄佐臥而受命㉙，張延賞知玄佐不可用，奏以河湟事委李抱真，抱真亦固辭，皆由延賞罷李晟兵柄，故武臣皆憤怒解體㉚，不肯為用故也。

(十八)上以襄鄧扼㉛淮西衝要，癸亥，以荊南節度使曹王皐為山南東道節度使，以襄、鄧、復、郢、安、隨、唐七州隸之。

(十九)渾瑊之發長安也，李晟深戒之以盟所為備㉜，不可不嚴，張延賞言於上曰：「晟不欲盟好之成；故戒瑊以嚴備，我疑彼之形㉝，則彼亦疑我矣，盟何由成？」上乃召瑊，切戒以推誠待虜，勿自為猜貳[34]，以阻虜情[35]。瑊奏吐蕃決以辛未盟。延賞集百官以瑊表稱詔示之[36]，曰：「李太尉[37]謂吐蕃和好必不成，此渾侍中表也，盟日定矣。」晟聞之，泣謂所親曰：「吾生長西陲[38]，備諳[39]虜情，所以論奏，但恥朝廷為犬戎所侮耳。」上始命駱元光屯潘原，韓遊瓌屯洛口[40]，以為瑊援。元光謂瑊曰：「潘原距盟所且[41]七十里，公有急，元光何從知之，請與公俱[42]。」瑊以詔指[43]固止之，元光不從，與瑊連營相次[44]，距盟所三十餘里，元光壕柵深固，瑊壕柵皆可踰也[45]，元光伏兵於營西，韓遊瓌亦遣五百騎伏於其側，曰：「若有變，則汝曹西趣[46]柏泉[47]，以分其勢[48]。」尚結贊與瑊約，各以甲士三千人，列於壇之東西，常服者四百人，從至壇下。辛未將盟，尚結贊又請各遣遊騎數十，更相覘索[49]，瑊皆許之。吐蕃伏精騎數萬於壇西，遊騎[50]貫穿唐軍，出入無禁[51]，唐騎入虜軍，悉為所擒，瑊等皆不知。入幕易禮服[52]，虜伐鼓[53]三聲，大譟而至，殺宋奉朝等於幕中，瑊自幕後出，偶得它馬，乘之，伏鬣入其銜[54]，馳十餘里，銜方及馬口[55]，故矢過其背而不傷，唐將卒皆東走，虜縱兵(五六)追擊，或殺或擒之，死者數百人，擒者千餘人。崔漢衡為虜騎所擒，渾瑊至其營，則將卒皆遁去，營空矣，駱元光發伏(五七)成陳以待之，虜追騎愕眙(五八)，瑊入元光營，追騎顧見邠寧軍西馳(五九)，乃還。元光以輜重資瑊(六〇)，與瑊收散卒，勒兵(六一)整陳而還。

(廿)是日，上臨朝，謂諸相曰：「今日和戎息兵(六二)，社稷之福。」馬燧曰：「然。」柳渾曰：「戎狄，豺狼也，非盟誓可結(六三)，今日之事，臣竊憂之。」李晟曰：「誠如渾言。」上變色曰：「柳渾書生，不知邊計，大臣亦為此言邪！」皆伏地頓首謝(六四)，因罷朝。是夕，韓遊瓌表言虜劫盟(六五)者，兵臨近鎮(六六)，上大驚，街遞其表(六七)以示渾，明旦謂渾曰：「卿書生，乃能料敵如此其審(六八)乎！」上欲出幸以避吐蕃，大臣諫而止，李晟大安園多竹，復有為飛語(六九)者，云：「晟伏兵大安亭，謀因倉猝為變(七〇)。」晟遂伐其竹。癸酉，上遣中使王子恒齎詔遺尚結贊，至吐蕃境，不納(七一)而還。渾瑊留屯奉天，甲戌，尚結贊至故原州(七二)，引見崔漢衡等曰：「吾飾金械(七三)，欲械瑊以獻贊普，今失瑊，虛致(七四)公輩。」又謂馬燧之姪弇曰：

「胡以馬為命[七五]，吾在河曲，春草未生，馬不能舉足[七六]，當是時，侍中[七七]度河掩[七八]之，吾全軍覆沒矣，所以求和，蒙侍中力，今[七九]全軍得歸，奈何拘其子孫！」命弇與宦官俱文珍、渾瑊將馬寧俱歸[八〇]，分囚崔漢衡等於河、鄜、鄯州。上聞尚結贊之言，由是惡馬燧。

[廿一]六月，丙戌，以馬燧為司徒兼侍中，罷其副元帥節度使。初、吐蕃尚結贊惡李晟、馬燧、渾瑊，曰：「去三人，則唐可圖也。」於是離間李晟，因馬燧以求和，欲執渾瑊以賣燧，使幷獲罪，因縱兵直犯長安。會失渾瑊而止，張延賞慙懼，謝病不視事。

[廿二]以陝虢觀察使為李泌為中書侍郎、同平章事。

[廿三]河東都虞候李自良從馬燧入朝，上欲以為河東節度使，自良固辭曰：「臣事燧日久，不欲代之為帥。」乃以為右龍武大將軍，明日，自良入謝，上謂之曰：「卿於馬燧，存軍中事分[八一]，誠為得禮；然北門之任，非卿不可[八二]。」卒以自良為河東節度使。

[廿四]吐蕃之戍鹽夏者，饋運[八三]不繼[八四]，人多病疫思歸，尚結贊遣三千騎逆[八五]之，悉焚其廬舍，毀其城，驅[八六]其民而去，靈鹽節度使杜

希全遣兵分守之。

(七五)韋皐以雲南頗知書(八七)，壬辰，自以書招諭之，令趣(八八)遣使入見。

(七六)李泌初視事(八九)，壬寅，與李晟、馬燧、柳渾俱入見，上謂泌曰：「卿昔在靈武，已應為此官(九〇)，卿自退讓，朕今用卿，欲與卿有約，卿慎勿報仇，有恩者朕當為卿報之。」對曰：「臣素奉道(九一)，不與人為仇。李輔國、元載皆害臣者，今自斃矣。素(九二)所善及有恩者，率已顯達，或多零落(九三)，臣無可報也(九四)。」上曰：「雖然，有小恩者，亦當報之。」對曰：「臣今日亦願與陛下為約，可乎？」上曰：「何不可(九五)！」泌曰：「願陛下勿害功臣，臣受陛下厚恩，固無形迹(九六)，李晟、馬燧有大功於國，聞有讒之者，雖陛下必不聽，然臣今日對二人言之(九七)，欲其不自疑耳。陛下萬一害之，則宿衞之士，方鎮之臣，無不憤惋(九八)而反仄(九九)，恐中外之變，不日(一〇〇)復生也。人臣苟蒙人主愛信，則幸矣(一〇一)，官於何有(一〇二)？臣在靈武之日，未嘗有官，而將相皆受臣指畫(一〇三)，陛下以李懷光為太尉，而懷光愈懼，遂至於叛，此皆陛下所親見也。今晟燧富貴已足(一〇四)，苟陛下坦然㉕待之，使其自保無虞㉖，國家有事，則出從征伐，無事則入奉朝請㉗，何樂如之？故臣願陛下，勿以二臣功大而忌㉘之，二臣勿以位高而自疑，則天下永無事矣。」上曰：「朕始聞卿言，聳然㉙不知所謂，及聽卿剖析㉚，乃知社稷之至計也，朕謹當書紳㉛，二大臣亦當共保之㉜。」晟燧皆起，泣謝㉝。上因謂泌曰：「自今凡軍旅糧儲事，卿主之㉞，吏禮委延賞㉟，刑法委渾。」泌曰：「不可，陛下不以臣不才，使待罪宰相㊱，宰相之職不可分㊲也，非如給事，則有吏過、兵過㊳，舍人則有六押㊴，至於宰相，天下之事咸共平章，若各有所主，是乃有司㊵，非宰相也。」上笑曰：「朕適失辭㊶，卿言是也。」

(廿七)泌請復所減州縣官，上曰：「置吏以為人㊷也，今戶口減於承平㊸之時三分之二，而吏員更增，可乎？」對曰：「戶口雖減，而事多於承平且十倍，吏得無㊹增乎！」且所減皆有職㊺，而冗官㊻不減，此所以為未當也。至德以來，置額外官㊼，敵㊽正官三分之一，若聽使計日得資，然後停，加兩選，授同類正員官㊾，如此，則不惟不怨，兼㉚使之喜矣。」又請諸王未出閤者，不除府官㉛，上皆從之。乙卯，詔先所減官，幷復故㉜。

【今註】①昏：通婚。②武夫：武人。③性快：性情爽快。④釋怨於杯酒間：謂於飲宴之間，即可釋去怨憾。⑤貯：謂貯怨。⑥難犯：難以干犯。⑦和解：調和而解除舊惡。⑧蓄憾：貯怨。⑨吾得無懼哉：謂吾豈得不畏懼哉。⑩左右門槍、奉國四將：門槍奉國各分左右，凡四將領之。⑪左右克平十將：左右克平軍，則分十將領之。⑫勑陝虢觀察使李泌發兵防遏，勿令濟河：防遏謂防止。胡三省曰：「吳法超等自鄜州即東北濟河下棧，蓋道蒲趨陝，若從同華至陝，則不必濟河矣。」⑬靈寶：《九域志》：「靈寶縣在陝州西四十五里。」⑭河南：此謂黃河之南。⑮陝西七里：陝西者，陝州之西也，距城七里。陝州治為陝縣，今河南省陝縣。⑯選士：簡選其驍勇者。⑰隘道：狹隘之道。⑱東伏：伏於東面者。⑲遮：攔。⑳勿留行：謂留其經行之軍士。㉑半道：謂一半寬之道路。㉒隨：尾隨。㉓虞候：乃官職之稱，意謂監候憂患發生之官。㉔躡：踵。㉕應：響應。㉖入隘：入隘道。㉗兩伏：即上之東西兩伏。㉘邀：截。㉙長水：據《新唐書・地理志》二，長水縣屬河南府。㉚永寧：據同志二，永寧縣屬河南府。㉛誘：招誘。㉜幣：幣帛。㉝軍門：營門。㉞令：號令。㉟初雲南王閤羅鳳陷巂州：肅宗至德元載，巂州陷，事見卷二百一十八。㊱西瀘：據《新唐書・地理志》六，西瀘縣屬劍南道、巂州。㊲經術：亦即儒術。㊳清平官者、蠻相也：《新唐書・南詔傳》：「官曰坦綽，曰布燮，曰久贊，謂之清平官，所以決國事輕重，猶唐宰相也。」(三九)決：決斷。(四〇)甚卑謹：謂甚自卑賤謹敬。(四一)重數：謂既重且頻。(四二)城堡：大曰城，小曰堡。(四三)徵：徵調。(四四)惠澤：猶恩澤。(四五)賦役：賦稅徭役。(四六)至鎮：謂至所鎮守之地。(四七)棄好：捐棄友好。(四八)暴亂鹽夏：謂為暴亂於鹽夏二州。(四九)八國生羌：胡三省曰：「八國生羌為：白狗君、哥鄰君、逋租君、南水君、弱水君、悉董君、清遠君、咄霸君。」(五〇)歸化：謂歸從王化。(五一)離吐蕃之黨：謂分離吐蕃之黨與。(五二)分其勢：謂分散其勢力。(五三)作邊將書：謂作告邊將書。(五四)諭：曉諭。(五五)微：猶暗。(五六)趣：旨趣。(五七)頗稱：頗號稱。(五八)夔州：《舊唐書・地理志》二：「山南東道、夔州，在京師南二千四百四十三里。」(五九)充位：猶備位。(六〇)不贍：不贍給，亦即不遑。(六一)先相公：謂滉父休也。(六二)編察：編狹察察。(六三)榜：榜笞。(六四)省中：臺省之中。(六五)且作威作福，豈人臣所宜：《尚書・洪範》：「臣無有作威作福，其害於而家，凶於而國。」(六六)少霽：謂少開祛。(六七)滉久在二浙：大曆十四年，滉觀察二浙，建中二年建節。(六八)所辟：所辟聘。(六九)故人：即故舊。(七〇)一無所長：謂一無所擅長者。(七一)并坐：謂並肩而坐。(七二)交言：謂交談。(七三)監庫門：監守倉庫之門。(七四)危坐：猶直坐。(七五)妄：隨便。(七六)分浙江東西道為三，……宣歙池治宣州：胡三省曰：「唐初分十道，江南東西道與二浙，總為江南道，乾元置浙江西道觀察使，兼領宣歙饒三州。其後罷領復領不一，自分二浙為三道，而宣歙池三州屬江南東道。」(七七)疾間：謂疾有間，亦即病差。(七八)乞骸骨：謂乞罷官放還田里。(七九)葬昭德皇后於靖陵：王皇后謚昭德。據《新唐書・地理志》一，靖陵在京兆府奉天縣東北十里。(八〇)鳴沙：據《舊唐書·地理志》一，鳴沙縣屬靈州。(八一)入春：至春。(八二)摧沙：其全稱乃為摧沙堡，見上文。(八三)臨之：謂臨而攻之。(八四)厚禮：即厚幣，此與今人言送禮物之禮，涵義相同。(八五)清水之盟：清水盟見卷二百二十八建中四年。(八六)兩河：謂河南河北。(八七)無虞：無憂。(八八)城：謂修繕城池。(八九)河湟：謂黃河與湟水，此指隴右之地而言。(九〇)主辦：謂主持辦理。(九一)趣：讀曰促。(九二)便：便利，亦即有利之意。(九三)上亦恨回紇：謂陝州之辱。(九四)正會：正合。(九五)典兵：掌兵。(九六)決：決定，亦即定也。(九七)大臣：帝敬禮李晟，故謂之大臣。(九八)之：往。(九九)可代鳳翔者：謂可代為鳳翔節度使及尹。(一〇〇)樂壽：《新唐書·地理志》三：「河北道、深州、樂壽縣，本隸瀛州，大曆中來屬。」(一〇一)勳封：勳，上柱國；封，西平王。(一〇二)勳德：謂有勳業德望者。(一〇三)斂容：謂收斂容色，亦即轉為嚴厲之態。(一〇四)失言：謂所言謬誤。(一〇五)任：猶位。(一〇六)極言無隱：謂窮盡言之而無所隱藏。(一〇七)沈密：深沈慎密。(一〇八)泄：洩漏。(一〇九)閉壁：閉營。(一一〇)遽：突。(一一一)徒行：步行。(一一二)負約：違負盟約。(一一三)無由自達：謂無由自達於朝，以求賞賜。(一一四)踐脩舊好：胡三省曰：「言欲踐前言，以脩舊好，一曰：『欲踐前迹，以脩前好。』」(一一五)渾侍中：謂渾瑊。(一一六)信厚：信果寬厚。(一一七)請使之主盟：胡三省曰：「尚結贊欲因盟，刦執二帥，以取涇靈耳。」(一一八)清水：據《新唐書·地理志》四，清水縣屬隴右道秦州。(一一九)平涼川：據《新唐書·地理志》一，平涼西北五里，有吐蕃會盟壇。(一二〇)繕兵完城：繕脩兵械，完治城郭。(一二一)手詔：天子親書之詔勅。(一二二)與東蠻和義王苴那時書：胡三省曰：「東蠻跨地二千里，勿鄧、豐琶、兩林，各有大鬼主為之長，苴那、時勿鄧鬼主也。」(一二三)詗伺：刺探之人。(一二四)祿：俸祿。

(二五)滅：與上文之省同意。(二六)怨嗟：謂怨恨嗟歎之聲。(二七)復：收復。(二八)與爭：謂與爭河湟之地。(二九)受命：受詔命。(三〇)解體：猶解心，乃心灰意懶之意。(三一)扼：控制。(三二)盟所為備：謂會盟地之設備。(三三)形：形狀。(三四)猜貳：猜疑離貳。(三五)以阻虜情：以阻止虜欲和好之情。(三六)以瑊表稱詔示之：胡三省曰：「稱詔以渾瑊表徧示百官。」(三七)李太尉：李晟時加太尉，故以稱之。(三八)吾生長西陲：李晟、洮州人，長事王忠嗣、李抱玉，皆有功名。(三九)備諳：猶甚悉。(四〇)命駱元光屯潘原，韓遊瓌屯洛口：胡三省曰：「潘原縣屬原州，本陰盤也，天寶更名，時其地已沒於吐蕃。洛口即水洛口，在瓦亭川東北。」(四一)且：將。(四二)俱：謂俱去。(四三)詔指：指通旨，謂詔之旨意。(四四)相次：猶相接。(四五)皆可踰也：謂不深固。(四六)趣：通趨。(四七)柏泉：《新唐書・地理志》一，關內道原州有百泉縣。百泉即柏泉也。(四八)勢：勢力。(四九)覘索：覘視搜索。(五〇)遊騎：遊候之騎兵。(五一)無禁：不禁。(五二)禮服：盟會之服。(五三)伐鼓：擊鼓。(五四)伏鬣入其銜：謂伏揪馬鬣而藏於其銜勒之中。(五五)銜方及馬口：謂方將銜移置馬口。(五六)縱兵：肆兵。(五七)發伏：發出伏兵。(五八)愕眙：驚視。(五九)顧見邠寧軍西馳：西馳者、韓遊瓌所追趨柏泉之軍也。(六〇)資瑊：謂資給瑊。(六一)勒兵：部勒兵士。(六二)息兵：休兵。(六三)可結：謂可以結好。(六四)謝：謝罪。(六五)劫盟：劫會盟之使者。(六六)近鎮：謂邠寧之近鎮。(六七)銜遞其表：胡三省曰：「倉猝之際，不及遣中使，令銜使遞其表以示渾。」(六八)審：精審。(六九)飛語：無根源之誹謗語。(七〇)謀因倉猝為變：謂謀藉倉猝之際。發動事變。(七一)不納：即拒而不納。(七二)故原州：胡三省曰：「原州自廣德初，沒於吐蕃，城邑墟矣，故曰故。」(七三)金械：以金屬所為之桎梏。(七四)虛致：空得。(七五)為命：

為性命。(七六)馬不能舉足：謂馬以冬枯無草，致瘦羸而不能行動。(七七)侍中：燧加侍中，故以稱之。(七八)掩：掩襲。(七九)今：胡三省曰：「今當作令。」(八〇)命弁與宦官俱文珍、渾瑊將馬寧俱歸：胡三省曰：「獨遣弁歸，尚結贊雖有此言，馬燧諱之，掩覆而不傳矣。俱文珍歸，則必言之於帝，馬寧歸則必言之於渾瑊，中外傳播，燧不可得而掩也。所以間燧者，可謂巧矣。」(八一)存軍中事分：謂存具軍中之體制屬分。(八二)北門之任，非卿不可：《舊唐書・李自良傳》：「德宗以河中密邇胡戎，難於擇帥。」知北門乃指河東言，而非卿不可，其原因即在此也。(八三)饋運：餉饋運輸。(八四)不繼：謂不能接續。(八五)逆：迎。(八六)驅：驅逐。(八七)頗知書：謂頗識文字。(八八)趣：讀曰促。(八九)初視事：入政事堂視事。(九〇)卿昔在靈武，已應為此官：事見卷二百一十九肅宗至德元載。(九一)奉道：謂奉老莊之道。(九二)素：昔。(九三)零落：謂死亡。(九四)無可報也：謂無可報恩之人。(九五)何不可：通作有何不可。(九六)固無形迹：謂甚親厚而至無形迹之境。(九七)對二人言之：謂於君前對二人言之。(九八)憤惋：憤怒惋惜。(九九)反仄：謂反側不安。(一〇〇)不日：不幾時。(一〇一)則幸矣：謂則甚幸矣。(一〇二)官於何有：謂有官無官，何足介意。(一〇三)指畫：猶指揮。(一〇四)已足：猶已極。(一〇五)坦然：坦誠。(一〇六)虞：憂。(一〇七)奉朝請：謂奉朝參及問候起居。(一〇八)忌：忌嫉。(一〇九)聳然：猶悚然。(一一〇)剖析：解剖分析。(一一一)紳：大帶。(一一二)共保之：共保持之。(一一三)謝：謝上之恩。(一一四)主之：主持之。(一一五)吏禮委延賞：凡關吏部禮部所知之事，委任延賞處之。(一一六)待罪宰相：謂待罪於宰相之位。(一一七)分：分劃。(一一八)非如給事，則有吏過、兵過：胡三省曰：「吏部兵部主文武選，凡奏擬，皆過門下省，百司奏抄，侍中既審，給事中讀之，有違失，則駮正。」(一一九)舍人則有六押：胡三省曰：「唐制、中書舍人六員，佐宰相判案，同署乃奏。六典：『中書舍人六人，分押六司。』」⑳是乃有司：謂此乃為官員。㉑失辭：措辭不當。㉒以為人：謂以為百姓。㉓承平：謂世代相承，皆太平也。㉔得無：豈得不。㉕皆有職：皆有職任者。㉖冗官：謂閑散之官。㉗額外官：員額以外之官。㉘敵：當。㉙若聽使計日得資，然後停，加兩選，授同類正員官：胡三省曰：「謂計其在官之日敍資，然後隨所減員而停其官，又加以文武兩選，授以正員官，與其元所居官同類者。」㉚兼：猶更。㉛請諸王未出閤者，不除府官：未出閤謂未出宮閤而開府者，既未開府，故因請不除命府官，此亦減冗官之一法也。㉜幷復故：謂並復舊位。

㈠初張延賞在西川，與東川節度使李叔明有隙，上入駱谷①，值霖雨，道塗險滑②，衞士多亡歸朱泚，叔明之子昇、【考異】鄴侯家傳及舊叔明傳，皆作昇，今從實錄及舊蕭復傳。及郭子儀之子曙、令狐彰之子建等六人，恐有姦人危乘輿，相與齧臂為盟③，著行縢④釘鞵⑤，更鞚上馬⑥以至梁州，它人皆不得近，及還長安，上皆以為禁衞⑦將軍，寵遇甚厚。張延賞知昇私出入郜國大長公主⑧第，密以白上，上謂李泌曰：「郜國已老，昇年少，何為如是，殆必有故，卿宜察之。」泌曰：「此必有欲動搖東宮⑨者，誰為陛下言之？」上曰：「卿勿問，第⑩為朕察之。」泌曰：「必延賞也。」上曰：「何以知之？」泌具為上言二人之隙(一一)，且曰：「昇承恩顧(一二)，典禁兵，延賞無以中傷(一三)，而郜國乃太子蕭妃之母也，故欲以此陷之耳。」上笑曰：「是也。」泌因請除昇它官，勿令宿衛，以遠嫌(一四)。秋，七月，以昇為詹事(一五)，郜國、肅宗之女也。

(二)甲子，割振武(一六)之綏銀二州，以右羽林將軍韓潭為夏綏銀節度使，帥神策之士五千，朔方河東之士三千，鎮夏州(一七)。

(三)時關東防秋兵大集，國用不充(一八)，李泌奏：「自變兩稅法以來(一九)，藩鎮州縣多違法聚斂(二〇)，繼以朱泚之亂，爭權率徵罰，以為軍資(二一)，點募自防(二二)，泚既平，自懼違法，匿不敢言，請遣使以詔旨赦其罪，但令革正(二三)，自非(二四)於法應留使，留州(二五)之外，悉輸(二六)京師。其官典逋負(二七)，可徵者徵之，難徵者釋之(二八)，以示寬大。敢有隱沒者，重設告賞之科而罪之(二九)。」上喜曰：「卿策甚長(三〇)，然立法太寬，恐所得無幾。」對曰：「兹事臣固(三一)熟思之，寬則獲多而速，急則獲少而遲，蓋以寬則人喜於免罪而樂輸，急(三二)則競為蔽匿，非推鞫[三三]不能得其實，財不足濟[三四]今日之急，而皆入於姦吏矣。」上曰：「善。」以度支員外郎元友直為河南江淮南[三五]句勘[三六]兩稅錢帛使。初河隴既沒於吐蕃，自天寶以來，安西北庭奏事，及西域使人在長安者，歸路既絕，人馬皆仰給[三七]於鴻臚，禮賓[三八]委府縣[三九]供之，於度支受直[四〇]，度支不時[四一]付直，長安市肆，不勝[四二]其弊。

(四)李泌知胡客留長安久者，或四十餘年，皆有妻子，買田宅，舉質取利[四三]，安居不欲歸，命檢括[四四]胡客有田宅者，停其給[四五]，凡得四千人，將停其給，胡客皆詣政府[四六]訴之，泌曰：「此皆從來宰相之過，豈有外國朝貢使者留京師數十年，不聽歸乎！今當假道[四七]於回紇，或自海道，各遣歸國，有不願歸，當於鴻臚自陳，授以職位，給俸祿，為唐臣。人生當乘時展用[四八]，豈可終身客死[四九]邪！」於是胡客無一人願歸者，泌皆分隸神策兩軍[五〇]，王子使者[五一]為散[五二]兵馬使，或押牙，餘皆為卒，禁旅益壯[五三]，鴻臚所給胡客纔十餘人，歲省度支錢五十萬緡，市人皆喜[五四]。

㈤上復問泌以復府兵之策，對曰：「今歲徵關東卒戍京西者十七萬人，計歲食粟二百四萬斛，今粟斗直百五十，為錢三百六萬緡，國家比遭饑亂(五五)，經費不充，就使(五六)有錢，亦無粟可糴，未暇議復府兵也。」上曰：「然則，奈何？亟減戍卒歸之，何如？」對曰：「陛下用臣之言，可以不減戍卒，不擾百姓，糧食皆足，粟麥日賤，府兵亦成(五七)。」上曰：「苟能如是，何為不用！」對曰：「此須急為之，過旬日則不及矣。今吐蕃久居原會之間(五八)，以牛運糧，糧盡牛無所用，請發左藏(五九)惡繒(六〇)，染為綵纈(六一)，因党項(六二)以市之，每頭不過二三匹，計十八萬匹可致六萬餘頭，又命諸冶(六三)鑄農器，糴(六四)麥種，分賜沿邊軍鎮，募戍卒，耕荒田而種之，約(六五)明年麥熟，倍償其種，其餘據時價(六六)五分增一，官為糴之，來春種禾(六七)亦如之，關中土沃而久荒，所收必厚(六八)，戍卒獲利，耕者浸多，邊地居人至少(六九)，軍士月食官糧，粟麥無所售，其價必賤，名(七〇)為增價，實比今歲所減多矣。」上曰：「善。」即命行之。泌又言：「邊地官(七一)多闕，請募人入粟以補之(七二)，可足今歲之糧。」上亦從之，因問曰：「卿言府兵亦集㊆，如何？」對曰：「戍卒因屯田致富，則安於其土，不復思歸，舊制，戍卒三年而代㊃，及其將滿㊄，下令有願留者，即以所開田為永業㊅，家人願來者，本貫㊆給長牒，續食而遣之㊇，據應募之數，移報㊈本道，雖河朔諸帥，得免更代之煩㊀，亦喜聞矣㊁，不過數番㊂，則戍卒土著㊃，乃悉以府兵之法理㊃之，是變關中之疲弊為富彊也。」上喜曰：「如此，天下無復事矣㊄。」泌曰：「未也，臣能不用中國之兵，使吐蕃自困。」上曰：「計將安出？」對曰：「臣未敢言之，俟麥禾有效㊅，然後可議也。」上固問，不對，泌意欲結回紇、大食、雲南，與共圖吐蕃，令吐蕃所備者多，知上素恨回紇，恐聞之不悅，并屯田之議不行，故不肯言。既而戍卒應募，願耕屯田者什五六。

㈥壬申，賜駱元光姓名李元諒。

㈦左僕射同平章事張延賞薨。

【今註】㊀上入駱谷：指上自奉天幸山南時。㊁險滑：險阻濘滑。㊂𠜝臂為盟：𠜝臂乃為盟之一方式，與歃血之用意相同。㊃行縢：當作行縢，《左傳》桓公二年：「帶裳幅舄。」注：「幅，若今行縢。」《詩・采菽》：「斜幅在下。」箋云：「邪幅、如今行縢也，偪束其脛，自足至膝。」㊄釘韈：胡三省曰：「以皮為之，外施油蠟，底著鐵釘。」㊅更鞚上馬：鞚，馬勒，謂輪流為上牽馬，以資護衛。㊆禁衛：謂宿衛宮禁。㊇郜國大長公主：肅宗之女，《唐六典》卷二：「皇姑封大長公主，視正一品。」㊈東宮：謂太子。㊉第：但。⑪為上言二人之隙：言延賞與昇父叔明有隙。⑫恩顧：猶恩遇。⑬中傷：謂暗傷之。⑭以遠嫌：以遠除嫌疑。⑮詹事：即太子詹事。⑯振武：軍名，屬有銀綏諸州。⑰鎮夏州：鎮守夏州。⑱不充：不充足。⑲變兩稅法以來：變兩稅事，始見卷二百二十六建中元年。⑳聚斂：猶賦斂。㉑榷率徵罰，以為軍資：胡三省曰：「榷率者、拘榷而斂率，徵罰者、吏民有罪，罰使納錢穀以免罪，而如數徵之也，凡此皆州鎮以充軍資之法。」㉒點募自防：點募強壯，以自防衛。㉓革正：改正。㉔自非：猶其非。㉕留使留州：胡三省曰：「留使者，留以應本道節度觀察使徵調，留州者、留以給本州經用。」㉖輸：輸送。㉗官典逋負：官署所掌收之欠負。㉘釋之：捨之。㉙重設告賞之科而罪之：重設賞格，告者依格給賞，而罪其隱沒者。㉚甚長：謂甚高。㉛固：猶實。㉜急：即以急，以字承上而省。㉝鞠：通鞫，謂案問。㉞濟：救濟。㉟江淮南：謂江南淮南。㊱句勘：句音勾，謂勾稽勘察。㊲仰給：謂仰賴供給。㊳鴻臚禮賓：胡三省曰：「鴻臚掌四夷之客，有禮賓院。」㊴府縣：謂京兆府及其所屬赤縣畿縣。㊵受直：收受所供給物品之直。㊶不時：不立時。㊷不勝：猶不堪任。㊸舉質取利：胡三省曰：「舉者，舉貸以取倍稱之利也，質者，以物質錢，計月而取其利也。」㊹檢括：檢察搜括。㊺給：供給。

㊻政府：謂相府。㊼假道：借道。㊽展用：謂展其才用。㊾客死：謂為客而死。㊿神策兩軍：指左右神策軍言。（五一）王子使者：謂王子之為使者。（五二）散：冗散之職，無有實權。（五三）益壯：益為壯大。（五四）市人皆喜：以得免供億故。（五五）饑亂：饑荒變亂。（五六）就使：猶即使，乃假設語。（五七）府兵亦成：謂府兵之制，亦得完成。（五八）原會之間：原會乃二州名，唐代俱屬關內道。（五九）左藏：《舊唐書・職官志》三：「太府寺、左藏署令，掌邦國庫藏，凡天下賦調，卿及御史監閱，然後納于庫藏。」（六〇）惡繒：指繒積於庫藏年深，以致脆惡者言。（六一）染為綵纈：胡三省曰：「撮綵以線結之，而後染色，既染，則解其結，凡結處皆元色，餘則入染色矣，其色斑斕謂之纈。」（六二）因党項：藉党項之人。（六三）諸冶：按唐少府監領有諸冶監，掌鑄銅鐵之事。（見《舊唐書・職官志》三）。（六四）糴：購買。（六五）約：約定。（六六）時價：當時之價格。（六七）種禾：即上之種麥，特避複而改言耳。（六八）厚：猶多。（六九）至少：甚少。（七〇）名：名義。（七一）邊地官：謂邊地之官員。（七二）以補之：謂以補官員之缺額。（七三）集：成。（七四）而代：而瓜代。（七五）滿：謂滿期。（七六）永業：永久之產業。（七七）本貫：本籍貫，亦即本州縣也。（七八）給長牒，續食而遣之：胡三省曰：「戍兵家口發赴邊鎮者，本貫為給長牒，所過郡縣續食，以至戍所。」（七九）移報：移書以報告。（八〇）得免更代之煩：謂得免去兵士至期換代之麻煩。（八一）亦喜聞矣：謂亦喜聞此辦法。（八二）番：次。（八三）戍卒土著：謂戍卒悉變為土著之人。（八四）理：治。（八五）天下無復事矣：謂天下平安，永無事故發生矣。（八六）麥禾有效：謂麥禾豐收。

卷二百三十三　唐紀四十九

起彊圉單閼八月，盡重光協洽，凡四年有奇。（丁卯至辛未，西元七八七年至七九一年）

司馬光編集
曲守約註

德宗神武聖文皇帝八

貞元三年（西元七八七年）

(一)八月，辛巳朔，日有食之。吐蕃尚結贊遣五騎送崔漢衡歸，且上表求和，至潘原㊀，李觀㊁語之以有詔不納㊂吐蕃使者，受其表而却㊃其人。

(二)初，兵部侍郎、同平章事柳渾與張延賞俱為相，渾議事數異同㊄，延賞使所親謂曰：「相公舊德㊅，但節言㊆於廟堂，則重位㊇可久㊈。」渾曰：「為吾謝張公㊉，柳渾頭可斷，舌不可禁⑪。」由是交惡⑫。

(三)上好文雅醞藉⑬，而渾質直⑭輕侻⑮，無威儀，於上前時發俚語⑯，上不悅，欲黜⑰為王府長史，李泌言渾褊⑱直無它，故事⑲、罷相無為長史者；又欲以為王傅，泌請以為常侍⑳，上曰：「苟得罷之，無不可者。」己丑，渾罷為左散騎常侍。

㈣初郜國大長公主適駙馬都尉蕭升，升，復之從兄弟也，公主不謹㉑，詹事㉒李昪、蜀州別駕蕭鼎、彭州㉓司馬李萬、豐陽㉔令韋恪，皆出入主第，主女為太子妃㉕，始者上恩禮甚厚，主常直乘肩輿㉖抵東宮，宗戚㉗皆疾㉘之，或告主淫亂，且為厭禱㉙，上大怒，幽主於禁中，切責㉚太子，太子不知所對㉛，請與蕭妃離昏㉜。上召李泌告之，且曰：「舒王㉝近已長立㉞，孝友溫仁。」泌曰：「何至於是，陛下惟有一子，【考異】按德宗十一子，誼源其所生外，猶有九子，而泌云惟有一子者，蓋當是時，小王或未生，誼源之外，尚有昭靖子也。奈何一旦疑之，欲廢之而立姪，得無㉟失計乎！」上勃然㊱怒曰：「卿何得間㊲人父子，誰語卿舒王為姪者？」對曰：「陛下自言之，大曆初陛下語臣，今日得數子，臣請其故㊳，陛下言昭靖㊴諸子，主上㊵令吾子之，今陛下所生之子猶疑之，何有於姪㊶！舒王雖孝，自今陛下宜努力，勿復望其孝矣。」上曰：「卿不愛家族㊷乎！」對曰：「臣惟愛家族，故不敢不盡言，若畏陛下盛怒而為曲從，陛下明日悔之，必尤[43]臣云：『吾獨[44]任汝為相，不力諫，使至此，必復殺而[45]子。』臣老矣，餘年[46]不足惜，若冤殺臣子，使臣以姪為嗣，臣未知得歆[47]其祀乎！」因嗚咽流涕，上亦泣，曰：「事已如此，使朕如何而可？」對曰：「此大事，願陛下審[48]圖之。臣始謂陛下聖德，當使海外蠻夷，皆戴[49]之如父母，豈謂[50]自有子而疑之至此乎！臣今盡言，不敢避忌諱，自古父子相疑，未有不亡國覆[51]家者。陛下記昔在彭原，建寧何故而誅。」上曰：「建寧叔實冤[52]，肅宗性急，譖之者深耳。」泌曰：「臣昔以建寧之故，固辭官爵，誓不近[53]天子左右，不幸今日復為陛下相，又覩茲事，臣在彭原，承恩無比，竟不敢言建寧之冤，及臨辭，乃言之，肅宗亦悔而泣。先帝自建寧之死，常懷危懼，臣亦為先帝誦黃臺瓜辭[54]以防讒構之端[55]。」上曰：「朕固知之。」意色稍解[56]，乃曰：「貞觀開元皆易太子，何故不亡？」對曰：「臣方欲言之，昔承乾屢嘗監國，託附者眾，東宮甲士甚多，與宰相侯君集謀反，事覺[57]，太宗使其舅長孫無忌與朝臣數十人鞫[58]之，事狀顯白，然後集百官而議之，當時言者，猶云願陛下不失為慈父，使太子得終天年[五九]，太宗從之，幷廢魏王泰[六〇]。陛下既知肅宗性急，以建寧為冤，臣不勝慶幸，願陛下戒覆車之失[六一]，從容[六二]三日，究其端緒[六三]而思之，陛下必釋然[六四]知太子之無它矣。若果有其迹[六五]，當召大臣知義理[六六]者二十人，與臣鞫[六七]其左右，必有實狀[六八]，願陛下如貞觀之法行之，幷廢舒王而立皇孫，則百代之後有天下者，猶陛下子孫也[六九]。至於開元之末，武惠妃譖太子瑛兄弟殺之[七〇]，海內冤憤[七一]，此乃百代所當戒，又可法乎？且陛下昔嘗令太子見臣於蓬萊池[七二]，觀其容表[七三]，非有蠭目豺聲，商臣之相也[七四]，正恐失於柔仁[七五]耳。又太子自貞元以來，常居少陽院[七六]，在寢殿之側[七七]，未嘗接外人，預[七八]外事，安有異謀乎？彼譖人者，巧詐百端，雖有手書如晉愍懷[七九]，衷甲如太子瑛[八〇]，猶未可信，況但以妻母有罪為累[八一]乎！幸陛下語臣，臣敢以家族保[八二]太子必不知謀，曏使楊素、許敬宗、李林甫之徒承此旨[八三]，已就舒王圖定策之功矣。」上曰：「此朕家事，何豫[八四]於卿，而力爭如此！」對曰：「天子以四海為家，臣今獨任宰相之重，四海之內，一物失所，責(八五)歸於臣，況坐視太子冤橫(八六)而不言，臣罪大矣。」上曰：「為卿遷延(八七)，至明日思之。」泌抽笏叩頭而泣曰：「如此，臣知陛下父子慈孝如初矣(八八)。然陛下還宮，當自審思，勿露此意於左右，露(八九)之則彼皆欲樹(九〇)功於舒王，太子危矣。」上曰：「具曉(九一)卿意。」泌歸，謂子弟曰：「吾本不樂富貴，而命(九二)與願(九三)違，今累(九四)汝曹(九五)矣。」太子遣人謝泌曰：「若必不可救(九六)，欲先自仰藥(九七)，何如？」泌曰：「必無此慮(九八)，願太子起敬起孝，苟泌身不存(九九)，則事不可知耳。」

(五)間一日(一〇〇)，上開延英殿(一〇一)，獨召泌，流涕闌干(一〇二)，撫其背曰：「非卿切言(一〇三)，朕今日悔無及矣，皆如卿言，太子仁孝，實無它也。自今軍國及朕家事，皆當謀(一〇四)於卿矣。」泌拜賀，因曰：「陛下聖明，察太子無罪，臣報國畢矣(一〇五)。臣前日驚悸(一〇六)亡魂(一〇七)，不可復用，願乞骸骨(一〇八)。」上曰：「朕父子賴卿得全(一〇九)，方屬(一一〇)子孫，使卿代代富貴，以報德，何為出此言乎？」甲午，詔李萬不知避宗(一一一)，宜杖死，李昇等及公主五子皆流嶺南及遠州。

㈥戊申，吐蕃帥羌渾之眾冠隴州，連營數十里，京城震恐㉒。九月、丁卯，遣神策將石季章戍武功㉓，決勝軍使唐良臣戍百里城。丁巳，吐蕃大掠汧陽、吳山㉔、華亭㉕，老弱者殺之，或斷手鑿目，棄之而去，驅㉖丁壯萬餘，悉送安化峽㉗西，將分隸羌渾㉘，乃告之曰：「聽爾東向哭辭鄉國㉙。」眾大哭，赴崖谷㉚死傷者千餘人。未幾，吐蕃之眾復至，圍隴州，刺史韓清沔與神策副將蘇太平夜出兵擊却之。

㈦上謂李泌曰：「每歲諸道貢獻，共直錢五十萬緡，今歲僅得三十萬緡，言此誠知失體㉛，然宮中用度殊不足。」泌曰：「古者天子不私求財㉜，今請歲供宮中錢百萬緡，願陛下不受諸道貢獻，及罷宣索㉝，必有所須，請降勅折稅㉞，不使姦吏因緣誅剝㉟。」上從之。

㈧回紇合骨咄祿可汗屢求和親，且請昏，上未之許，會邊將告乏馬，無以給之㊱，李泌言於上曰：「陛下誠用㊲臣策，數年之後，馬賤於今十倍矣。」上曰：「何故？」對曰：「願陛下推至公之心，屈己徇人㉘，為社稷大計，臣乃敢言。」上曰：「卿何自疑若是！」對曰：「臣願陛下北和回紇，南通雲南，西結大食天竺，如此，則吐蕃自困，馬亦易致㉙矣。」上曰：「三國當如卿言，至於回紇則不可㉚。」泌曰：「臣固知陛下如此，所以不敢早言㉛。為今之計，當以回紇為先，三國差緩耳㉜。」上曰：「唯回紇，卿勿言。」泌曰：「臣備位㉝宰相，事有可否在陛下㉞，何至不許臣言！」上曰：「朕於卿言，皆聽之矣，至於回紇，宜待子孫㉟，於朕之時，則固不可㊱。」泌曰：「豈非以陝州之恥邪？」上曰：「然，韋少華等以朕之故，受辱而死㊲，朕豈能忘之。屬㊳國家多難，未暇報之，和則決不可，卿勿更言。」泌曰：「害少華者乃牟羽可汗，陛下即位，舉兵入寇，未出其境，今合骨咄祿可汗殺之，然則今可汗乃有功於陛下，宜受封賞，又何怨邪？其後張光晟殺突董九百餘人㊴，合骨咄祿竟不敢殺朝廷使者，然則，合骨咄祿固無罪矣。」上曰：「卿以和回紇為是，則朕固非邪？」對曰：「臣為社稷而言，若苟合取容㊵，何以見肅宗代宗於天上㊶！」

上曰：「容[42]朕徐思之。」自是泌凡十五餘對[43]，未嘗不論回紇事，上終不許。泌曰：「陛下既不許回紇和親，願賜臣骸骨[44]。」上曰：「朕非拒諫，但欲與卿較理[45]耳，何至遽欲去朕邪！」對曰：「陛下許臣言理，此固天下之福也。」上曰：「朕不惜屈己與之和，但不能負[46]少華輩。」對曰：「以臣觀之，少華輩負陛下，非陛下負之也。」上曰：「何故？」對曰：「昔回紇葉護將兵助討安慶緒，肅宗但令臣宴勞之於元帥府[47]，先帝[48]未嘗見也，葉護固[49]邀臣至其營，肅宗猶不許，及大軍將發，先帝始與相見，所以然者，彼戎狄豺狼也，舉兵入中國之腹[50]，不得不過[51]為之防也。陛下在陝，富於春秋[52]，少華輩不能深慮，以萬乘元子[53]徑[54]造其營，又不先與之議相見之儀[55]，使彼得肆其桀驁[56]，豈非少華輩負陛下邪！死不足償[57]責矣。且香積之捷，葉護欲引兵入長安，先帝親拜之於馬前，以止之[58]，葉護遂不敢入城，當時觀者十萬餘人，皆歎息曰：『廣平真華夷主[59]也。』然則先帝所屈者少，所伸者多矣[60]。葉護乃牟羽之叔父也，牟羽身[61]為可汗，舉全國之兵，赴中原之難，故其志氣驕矜(六二)，敢責禮(六三)於陛下，陛下天資(六四)神武，不為之屈，當是之時，臣不敢言其它，若可汗留陛下於營中，歡飲十日(六五)，天下豈得不寒心(六六)哉！而天威(六七)所臨，豺狼馴擾(六八)，可汗母捧陛下於貂裘(六九)，叱退左右，親送陛下乘馬而歸，陛下以香積之事觀之，則屈己為是乎？不屈為是乎？陛下屈於牟羽乎？牟羽屈於陛下乎？」

(九)上謂李晟馬燧曰：「故舊不宜相逢(七〇)，朕素怨回紇，今聞泌言，香積之事，朕自覺少理，卿二人以為何如？」對曰：「果如泌所言，則回紇似可恕(七一)。」上曰：「卿二人復不與朕(七二)，朕當奈何？」泌曰：「臣以為回紇不足怨，曏來(七三)宰相乃可怨耳。今回紇可汗殺牟羽，其國人有再復京城之勳(七四)，夫何罪乎！吐蕃幸國之災(七五)，陷河隴數千里之地，又引兵入京城，使先帝蒙塵於陝(七六)，此乃必報之讎，況其贊普尚存。宰相不為陛下別白(七七)言此，乃欲和吐蕃以攻回紇，此為可怨耳。」上曰：「朕與之為怨已久，又聞吐蕃劫盟(七八)，今往與之和，得無復拒我，為夷狄之笑乎！」對曰：

「不然，臣曩在彭原[七九]，今可汗為胡祿都督，與今國相白婆帝皆從葉護而來，臣待之頗親厚[八〇]，故聞臣為相而求和，安有復相拒乎？臣今請以書與之約[八一]，稱臣，為陛下子，每使來不過二百人，印馬[八二]不過千匹，無得攜中國人及商胡出塞，五者皆能如約，則主上必許和親，如此，威加北荒[八三]，旁讋[八四]吐蕃，足以快陛下平昔[八五]之心矣。」上曰：「自至德以來，與為兄弟之國，今一旦欲臣之，彼安肯和乎？」對曰：「彼思與中國和親久矣，其可汗、國相素[八六]信臣言，若其未諧[八七]，但應再發一書耳。」上從之。既而回紇可汗遣使上表稱兒及臣[八八]，凡泌所與約五事，一皆[八九]聽命。上大喜，謂泌曰：「回紇何畏服[九〇]卿如此！」對曰：「此乃陛下威靈，臣何力焉[九一]？」上曰：「回紇則既和矣，所以招雲南、大食、天竺奈何？」對曰：「回紇和，則吐蕃已不敢輕犯塞矣，次招雲南，則是斷吐蕃之右臂也，雲南自漢以來，臣屬中國[九二]，楊國忠無故擾之，使叛臣於吐蕃[九三]，苦於吐蕃賦役重[九四]，未嘗一日不思復為唐臣也。大食在西域為最彊[九五]，自葱嶺盡西海，地幾半天下，與天竺皆慕中國，代(九六)與吐蕃為仇，臣故知其可招(九七)也。」癸亥，遣回紇使者合闕將軍歸，許以咸安公主(九八)妻可汗，【考異】鄴侯家傳：「九月，泌請與回紇和親，十月，與回紇書，十二月，回紇遣聿支達干上表謝恩，皆請如宰相約和親。」按實錄：「八月丁酉，回紇遣默啜達干來貢方物，且請和親。九月，癸亥，遣回紇使合闕將軍歸其國。初合闕將其君命請昏，上許以咸安公主嫁之，命見於麟德殿，且令齎公主畫圖，就示可汗，以馬價絹五萬還之，許互市而去。」十二月，無聿支入聘之事。回紇自大曆十一年以來，未嘗入寇，信使往來，亦無不和及求和之迹，蓋德宗心恨回紇，而外迹猶羈縻不絕，今回紇請昏，則拒絕不許，而李泌勸與為昏耳。其月數之差，則恐李繁記之不詳，或者聿支即默啜與合闕，皆不可知也。若以默啜即為請昏之使，合闕即為謝恩之人。又泌論回紇凡十五餘對，須半月以上，泌又云：「臣木夾中與書令朝臣遞云，一月可到，歲內報至。」自丁酉至癸亥，纔二十六日耳，今依實錄月日，因許嫁咸安，本其事而言之。歸其馬價絹(九九)五萬疋。

(十)吐蕃寇華亭(一〇〇)及連雲堡(一〇一)，皆陷之。【考異】鄴侯家傳曰：「時京西諸鎮，報種麥已畢，絕萬頃，而皆亘野，上大喜。既而尚結贊來入寇，諸軍閉壁，候夜斫營，悉捷，結贊乃退歸。上以十餘年來，邊軍嘗被戎挫，皆入踐京畿，此來始敗，又不能更深入，且報種麥已畢，而喜甚。」按實錄，吐蕃陷華亭及連雲堡，驅掠邠涇編戶牛畜萬計，悉送至彈箏峽，是秋，數州人無種麥者，與家傳相反。今從實錄。甲戌，吐蕃驅二城之民數千人，及邠涇人畜萬計而去，寘之彈箏峽西。涇州恃連雲為斥候(一〇二)，連雲既陷，西門不開，門外皆為虜境，樵采(一〇三)路絕，每收穫必陳兵以扞(一〇四)之，多失時，得空穗而已(一〇五)。由是涇州常苦乏食。

(十一)冬，十月，甲申，吐蕃寇豐義城(一〇六)，前鋒至大回原，邠寧節度使韓遊瓌擊却之，乙酉，復寇長武城，又城故原州而屯(一〇七)之。

(十二)妖僧李軟奴自言本皇族，見嶽瀆神(一〇八)，命己為天子，結殿前射生將㉙韓欽緒等謀作亂，丙戌，其黨告之，上命捕送內侍省㉚，推㉛之，李晟聞之，遽仆於地曰：「晟族滅矣。」李泌問其故，晟曰：「晟新羅㉜謗毀，中外㉝家人千餘，若有一人在其黨中，則兄㉞亦不能救矣。」泌乃密奏：「大獄一起，所連引必多，外間人情恟懼㉟，請出付臺推㊱。」上從之。欽緒，遊瓌之子也，亡抵邠州，遊瓌出屯長武城，留後械送京師㊲，壬辰，腰斬軟奴等八人，北軍之士坐死者八百餘人，而朝廷之臣無連及者。韓遊瓌委軍㊳詣闕謝，上遣使止之，委任㊴如初，遊瓌又械送欽緒二子，上亦宥㊵之。

(十三)吐蕃以苦寒，不入寇，而糧運不繼。十一月，詔渾瑊歸河中。【考異】鄴侯家傳：「十一月，以張獻甫為邠寧等州節度使，代韓遊瓌，而以渾侍中為朔方、河中、絳邠、寧慶副元帥。先公乃令獻甫脩西界堡障濠塹，南接涇州，於是塞內始有藩籬之固，尚結贊不能輕入窺邊矣。」按獻甫、明年七月乃為邠寧節度，家傳誤也。李元諒歸華州，劉昌分其眾歸汴州，自餘防秋兵退屯鳳翔、京兆諸縣，以就食。

(十四)十二月，韓遊瓌入朝。

(十五)自興元以來，是歲最為豐稔，米斗直錢百五十，粟八十，詔所在和糴[31]。庚辰，上畋[32]於新店，入民趙光奇家，問：「百姓樂乎？」對曰：「不樂。」上曰：「今歲頗稔，何為不樂？」對曰：「詔令不信，前云兩稅之外，悉[33]無它徭[34]，今非稅而誅求者，殆過於稅，後又云和糴，而實強取之，曾不識[35]錢，始云所糴粟麥納於道次[36]，今則遣致京西行營，動數百里[37]，車摧[38]馬斃，破產不能支[39]，愁苦如此，何樂之有？每有詔書優恤[40]，徒空文[41]耳。恐聖主深居九重[42]，皆未知之也。」上命復其家[43]。

臣光曰：「甚矣唐德宗之難寤[44]也，自古所患者，人君之澤[45]壅[46]而不下達，小民之情，鬱[47]而不上通，故君勤恤[48]於上，而民不懷[49]，民愁怨於下，而君不知，以至於離叛危亡，凡以[50]此也。德宗幸以遊獵得至民家，值光奇敢言而知民疾苦，此乃千載之遇[51]也。固當按有司之廢格[52]詔書，殘虐下民，橫增[53]賦斂，盜匿[54]公財，及左右諂諛，日稱民間豐樂者而誅之，然後洗心易慮[55]，一新其政，屏[56]浮飾[57]，廢虛文，謹[58]號令，敦[59]誠信，察[60]真偽，辨[61]忠邪，矜[62]困窮，伸[63]冤滯，則太平之業可致[64]矣。釋[65]此不為，乃復光奇之家。夫以四海之廣，兆民之眾，又安得人人自言於天子，而戶戶復其傜賦乎！」

(十六)李泌以李軟奴之黨，猶有在北軍未發㊱者，請大赦以安之。

【今註】①潘原：《新唐書・地理志》一：「潘原縣屬涇州，本陰盤也，天寶元年更名。」②李觀：觀時為涇原節度使。③不納：不納接。④却：却退。⑤數異同：按此辭乃偏重其異，而非同也。⑥相公舊德：謂相公乃有舊勳名德之人。⑦節言：謂節約其言，亦即少言之意。⑧重位：謂宰相之位。⑨可久：可以久長。⑩張公：按《舊唐書・柳渾傳》，作張相公，此二稱法皆可。⑪舌不可禁：謂不能不發言也。⑫交惡：相惡。⑬醞藉：含蓄有餘之意。⑭質直：質樸直率。⑮輕佻：不莊重。⑯俚語：俚俗之語。⑰黜：黜降。⑱褊：褊狹，音ㄅㄧㄢˇ。⑲故事：猶舊制。⑳罷相無為長史者，又欲以為王傅，泌請以為常侍：《舊唐書・職官志》三：「王府官屬，長史一人，從四品上，傅一人，從三品。」同志二：「門下省、左散騎常侍二人，從三品，中書省、右散騎常侍二員，從三品。」㉑不謹：謂行為不謹。㉒詹事：謂太子詹事。㉓彭州：據《新唐書・地理志》六，彭州屬劍南道。㉔豐陽：據同志一，豐陽屬關內道商州。㉕太子妃：太子即順宗。㉖直乘肩輿：謂一直乘坐肩輿，而勿須下。㉗宗戚：宗族親戚。㉘疾：嫉妒。㉙厭禱：厭乃厭勝，謂以咒詛厭伏其人，禱謂祈禱。㉚切責：嚴切責斥。㉛所對：所以對答。㉜昏：通婚。㉝舒王：《舊唐書・舒王誼傳》：「誼本名謨，代宗第三子昭靖太子邈之子也，以其最幼，德宗憐之，命之為子。」㉞長立：謂長大而能自立。㉟得無：謂豈不。㊱勃然：發怒變色貌。㊲間：離間。㊳臣請其故：謂臣請問其故。㊴昭靖：昭靖太子為上弟邈。㊵主上：謂代宗。㊶何有於姪：謂於姪將亦必疑之。㊷家族：謂家口及宗族。㊸尤：咎。㊹獨：特。㊺而：汝。㊻餘年：殘餘之年。㊼歆：饗。㊽審：審慎。㊾戴：擁戴。㊿謂：料。(51)覆：傾覆。(52)建寧叔實冤：建寧王倓，德宗之叔也，倓冤死事見卷二百一十九肅宗至德元載。(53)近：猶在。(54)臣亦為先帝誦黃臺瓜辭：事見卷二百二十至德二載。(55)讒構之端：謂讒構之隙端。(56)解：寬解。(57)覺：發覺。(58)鞠：通鞫。(59)得終天年：謂得享其應有之壽命。(60)太宗從之，幷廢魏王泰：事見卷一百九十七貞觀十七年。(61)戒覆車之失：所謂前車覆，後車戒也。(62)從容：猶緩停。(63)究其端緒：窮其頭緒。(64)釋然：猶豁然。(65)迹：形迹。(66)義理：謂道理。(67)鞫：案問。(68)實狀：確實情狀。(69)猶陛下子孫也：謂尚為陛下之子孫。(70)武惠妃譖太子瑛兄弟殺之：事見卷二百一十四玄宗開元二十五年。(71)冤憤：以為冤而憤怒之。(72)蓬萊池：胡三省曰：「大明宮中蓬萊殿北有太液池，池中有蓬萊山，所謂蓬萊池，蓋即此也。」(73)容表：容貌儀表。(74)非有蠭目豺聲，商臣之相也：《左傳》文公元年：「楚成王將立太子商臣，令尹子上曰：『不可，是人也，蠭目而豺聲，忍人也。』弗聽，卒立之。商臣後果以宮甲圍成王而殺之。」(75)柔仁：謂仁而失之柔弱。(76)少陽院：胡三省曰：「大明宮中有少陽院，在浴堂殿之東，溫室殿西南。」(77)寢殿之側：德宗常居浴堂殿。(78)預：參預。(79)手書如晉愍懷：事見卷八十三西晉惠帝元康九年。（八〇）衷甲如太子瑛：胡三省曰：「開元二十五年，楊洄復構太子瑛、鄂王瑤、光王琚與妃兄薛鏽有異謀，武惠妃使人詭召太子二王曰：『宮中有賊，請甲以入。』太子從之。妃白帝曰：『太子二王謀反，甲而來。』帝使中人視之，如言，遂並廢為庶人。」（八一）累：疵累。（八二）保：擔保。（八三）承此旨：謂承聞此意。（八四）豫：干豫。（八五）責：罪責。（八六）冤橫：謂冤枉及橫遭無辜。（八七）遷延：遷移遲延。（八八）臣知陛下父子慈孝如初矣：謂臣知陛下父子必慈孝如前。（八九）露：露出。（九〇）樹：建。（九一）具曉：完全知曉。（九二）命：命運。（九三）願：願望。（九四）累：連累。（九五）汝曹：汝輩。（九六）救：補救。（九七）仰藥：謂飲藥而死。（九八）慮：憂慮。（九九）身不存：亦即死。（一〇〇）間一日：謂隔一日。（一〇一）上開延英殿：宋白曰：「唐制、內中有公事商量，即降宣頭付閤門，開延英閤門，翻宣申中書，並牓正衙門，如中書有公事敷奏，即宰臣入牓子，奏請開延英，只是宰相赴對。」（一〇二）闌干：泣涕縱橫貌。（一〇三）切言：切直言之。（一〇四）謀：謀議。（一〇五）臣報國畢矣：謂臣報效國家之職責盡矣。（一〇六）悸：心動。（一〇七）亡魂：亡失靈魂。（一〇八）願乞骸骨：謂願賜骸骨歸田里，乞骸骨，後漢書亦多作乞身。（一〇九）得全：得保全。（一一〇）屬：屬告。（一一一）李萬不知避宗：《左傳》：「齊盧蒲葵臣於慶舍，有寵，妻之以女。慶舍之士謂盧蒲癸曰：『男女辨姓，子不避宗，何也？』癸曰：『宗不余避，余獨安避之！』」（一一二）震恐：震動惶恐。（一一三）武功：今陝西省武功縣。（一一四）汧陽、吳山：據《新唐書・地理志》一，二縣屬關內道隴州。（一一五）華亭：史炤曰：「華亭本屬安定郡，後屬隴州，元知三年省入汧源。」（一一六）驅：驅掠。（一一七）安化峽：胡三省曰：「安化峽當在秦州清水縣界。九域志，平涼西南七十里有安化縣，又隴州汧陽縣有安化鎮。」（一一八）羌渾：羌族及吐谷渾。⑲鄉國：鄉里及國家。⑳赴崖谷：謂投崖谷。㉑誠知失體：謂誠知丟失體統，以天子不當言此故也。㉒古者天子不私求財：胡三省曰：「此乃春秋左傳之言。」㉓宣索：胡三省曰：「遣中使以聖旨就有司宣取財物，謂之宣索。」㉔折稅：謂將所須者，折成賦稅之數目，而徵收之。㉕誅剝：誅責割削。㉖無以給之：謂無馬以給邊將。㉗誠用：謂果真用，乃假設辭。㉘屈己徇人：謂屈己之怨，以徇民之利。㉙易致：易獲致。㉚至於回紇則不可：以陝州之辱，恨回紇也。㉛臣固知陛下如此，所以不敢早言：見上卷是年七月。㉜三國差緩耳：差猶稍，三國謂雲南、大食、天竺。㉝備位：猶具位。㉞事有可否在陛下：謂事之贊同或否，權在陛下。㉟至於回紇，宜待子孫：謂至於與回紇和好之事，宜待子孫決之。㊱不可：謂不可講和。㊲韋少華等以朕之故，受辱而死：事見卷二百二十二寶應元年。㊳屬：當。㊴張光晟殺突董九百餘人：殺牟羽、殺突董事，並見卷二百二十六建中元年。㊵苟合取容：謂苟且相合，以求容納。㊶何以見肅宗代宗於天上：謂有何面目，見肅宗代宗在天之靈。㊷容：允許。㊸十五餘對：疑謂十五次朝餘對問。㊹願賜臣骸骨：謂可放臣歸田里。㊺較理：較量道理。㊻負：孤負。㊼元帥府：討安慶緒時，代宗以廣平王為元帥。㊽先帝：指代宗。㊾固：堅決。㊿腹：腹心。(51)過：過度。(52)富於春秋：謂年齒尚少。(53)元子：長子。(54)徑：直。(55)儀：禮儀。(56)桀驁：謂桀驁不馴。(57)償：補償。(58)葉護欲引兵入長安，先帝親拜之於馬前，以止之：事見卷二百二十肅宗至德二載。(59)真華夷主：真乃華夏夷狄之君主。(60)所屈者少，所伸者多矣：謂所屈貶者少，而所伸張者多矣。(61)身：自。(62)驕矜：驕傲矜持。(63)責禮：責求禮敬。(64)資：資賦。(65)歡飲十日：此乃意謂拘留，特不肯用拘留一類之辭，而改作歡飲耳。(66)寒心：謂惶懼。(67)天威：謂天子之威嚴。(68)馴擾：馴、從，擾、順。(69)捧陛下於貂襲：按《新唐書・回鶻傳》作：「捧陛下以貂裘。」是於當作以，謂以貂裘覆之。(70)故舊不宜相逢：蓋相逢則常易提及許多舊事，而不免有所短長也。(71)恕：宥恕。(72)復不與朕：謂復不與朕一起，亦即助朕之意。(73)曏來：謂以前。(74)其國人有再復京城之勳：回紇至德二載，與代宗復兩京，寶應元年，又與帝復東京，是有再覆京城之勳。(75)幸國之災：謂以唐有災難為幸。(76)使先帝蒙塵於陝：見卷二百二十三代宗廣德元年。(77)別白：辨別清楚。(78)劫盟：劫唐與盟之官員。(79)彭原：據《新唐書・地理志》一，彭原縣屬關內道、寧州。(80)親厚：親重。(81)約：結約。(82)印馬：《唐六典》卷十七：「凡在牧之馬皆印，印右膊以小官字，右髀以年辰，尾側以監名，皆依左右廂。若形容端正，擬送尚乘，不用監名，二歲始春，則量其力，又以飛字印印其左髀膊，細馬次馬以龍形印印其項左，送尚乘者，尾側依左右閑，印以三花，其餘雜馬送尚乘者，以風字印印左膊，以飛字印印左髀。若經印之後，簡入別所者，各以新入處監名印其左頰，官馬賜人者，以賜字印，配諸軍及充傳送驛者，以出字印，並印左右頰也。」此所謂印馬者，回紇以馬來與中國為互市，中國以印印之也。(83)北荒：猶北陲。(84)讋：懼，音摺。(85)平昔：猶平常。(86)素：素昔。(87)諧：和。(88)稱兒及臣：兒即上文之子，此二字合而言之，即兒臣是也。(89)一皆：全皆。(90)畏服：敬畏服從。(91)臣何力焉：全文為臣有何力焉。(92)雲南自漢以來，臣屬中國：胡三省曰：「雲南本漢之哀牢夷，後漢永平之間，始臣屬中國，其地、在漢永昌郡界。」（九三）楊國忠無故擾之，使叛臣於吐蕃：事見卷二百一十六玄宗天寶九載。（九四）苦於吐蕃賦役重：謂為吐蕃賦役之重所苦。（九五）大食在西域為最強：《新唐書・大食傳》：「於是遂彊，滅波斯，破拂菻，南侵婆羅門，並諸國，勝兵至四十萬，康石皆往臣之。其地廣萬里，東距突騎施，西南屬海。」（九六）代：即世。（九七）招：招致。（九八）咸安公主：上女。（九九）絹：生絲繒。（一〇〇）華亭：《新唐書・地理志》一：「隴州汧源，垂拱二年，更華亭曰華川，神龍元年復故名，元和三年省入汧源。」（一〇一）連雲堡：宋祁曰：「連雲堡、涇要地也，三垂峭絕，北據高所，虜進退烽火易通。」（一〇二）斥候：伺望敵兵。（一〇三）樵采：謂打樵採薪。（一〇四）扞：扞護。（一〇五）多失時，得空穗而已：禾麥熟而不收穫，其實隕落，故得空穗。（一〇六）豐義城：《新唐書・地理志》一：「寧州、彭原縣，武德元年以縣置彭州，二年析置豐義縣，貞觀元年州廢，以彭原豐義來屬，唐末省。」（一〇七）屯：屯戍。（一〇八）見嶽瀆神：嶽謂五嶽，瀆謂四瀆，謂逢見嶽瀆之神。（一〇九）射生將：官名，謂技藝甚佳，可以射中飛禽走獸也。（一一〇）內侍省：《舊唐書・職官志》三：「內侍省、內侍二員，掌在內侍奉，出入宮掖，宣傳之事。」（一一一）推：推鞫。（一一二）罷：遣。（一一三）中外：謂京城中及外。（一一四）兄：指李泌言。（一一五）恟懼：恟恟恐懼。（一一六）付臺推：付御史臺推鞫之。（一一七）遊瓌出屯長武城，留後械送京師：蓋是時遊瓌適出屯長武城，故留後主而將之械送京師。（一一八）委軍：棄軍。（一一九）委任：委亦任，二字為複合辭。（一二〇）宥：原宥。（一二一）和糴：謂以買賣雙方同意之價而糴入也。（一二二）畋：畋獵。（一二三）悉：盡。（一二四）徭：此謂賦役。（一二五）不識：猶不見。（一二六）道次：謂道間一集合之處。（一二七）動數百里：謂一動即數百里，亦即常數百里。（一二八）車摧：謂車之輪轅摧折。（一二九）支：支持。

㉚優恤：優予救恤。㉛空文：謂空有其文，而無事實以繼之。㉜九重：以喻宮禁之深邃。㉝復其家：謂除其家賦役。㉞寤：覺寤。㉟澤：恩澤。㊱壅：壅塞。㊲鬱：鬱積。㊳勤恤：胡三省曰：「勤恤者、切於憂民也。」㊴不懷：謂不懷其恩。㊵凡以：皆以。㊶遇：機遇。㊷廢格：廢置格拒。㊸橫增：無理增加。㊹盜匿：盜竊藏匿。㊺易慮：改易思慮。㊻屏：屏除。㊼浮飾：浮華之修飾。㊽謹：謹飭。㊾敦：重。㊿察：考察。(51)辨：辨別。(52)矜：矜憫。(53)伸：伸雪。(54)致：獲致。(55)釋：捨。(56)未發：未發覺。

四年（西元七八八年）

㈠春，正月，庚戌朔，赦天下，詔兩稅等第㊀，自今三年一定。

【考異】實錄：「赦云，天下兩稅更審定等第，仍加三年一定，以為常式。」按陸贄論兩稅狀云：「兩稅之立，惟以資產為宗，不以丁身為本，資產少者則其稅少，資產多者則其稅多。」然則當時稅賦，但以貧富為等第。若今時坊郭十等戶，鄉村五等戶，臨時科配也。又云：「額內官勿更注擬，見任者三考勒停。」此蓋用李泌之策也。按鄴侯家傳：「泌請罷天下額外官。」又云：「陛下許復所減官員，臣因請停額外官，許其得資後，停額外官員當正官三分之一，則今年訖，已停一半。」據此則似有額內官，又有額外官，皆在正官之外，不則，內皆應作外字之誤也。

㈡李泌奏：「京官㊁俸㊂太薄，請自三師以下，悉倍其俸㊃。」

【考異】實錄：「辛巳，詔以中外給用，除陌錢給文武官俸料，自是京官益重，頗優裕焉。初除陌錢隸度支，至是令戶部別庫貯之，給俸之餘，以備它用。」按興元元年正月，赦其所加墊陌錢稅間架之類，悉宜停罷，今猶有除陌錢者，蓋當時止罷所加之數，或私買賣者，官不收墊陌錢，官給錢、猶有除陌在故也。從之。

㈢壬申，以宣武行營節度使劉昌為涇原節度使，甲戌，以鎮國節度使李元諒為隴右節度使㈤，昌、元諒皆帥卒力田㈥，數年軍食充羨㈦，涇隴稍安。

㈣韓遊瓌之入朝也，軍中以為必不返，餞送甚薄，遊瓌見上，盛陳㈧築豐義城可以制吐蕃，上悅，遣還鎮㈨，軍中憂懼者眾，遊瓌忌⑩都虞候、虞鄉⑪范希朝有功名⑫，得眾心⑬，求其罪，將殺之，希朝奔鳳翔，上召之，寘於左神策軍，遊瓌帥眾築豐義城，二版而潰⑭。

㈤二月，元友直運淮南錢帛⑮二十萬至長安，李泌悉輸之大盈庫，然上猶數有宣索⑯，仍敕諸道勿令宰相知，泌聞之，惆悵⑰而不敢言。

臣光曰：「王者以天下為家，天下之財，皆其有也，阜⑱天下之財，以養天下之民，己必豫⑲焉。或乃更為私藏⑳，此匹夫之鄙志也。古人有言，貧不學儉，夫多財者，奢欲之所自來也，李泌欲弭㉑德宗之欲，而豐其私財，財豐則欲滋㉒矣，財不稱欲㉓，能無㉔

求乎！是猶啓其門而禁其出(二五)也，雖德宗之多僻，亦泌所以相(二六)之者，非其道故也。」

(六)咸陽人或上言：「臣見白起，令臣奏云：『請為國家扞禦西陲(二七)，正月吐蕃必大下(二八)，當為朝廷破之以取信(二九)。』」既而吐蕃入寇，邊將敗之，不能深入(三〇)，上以為信然，欲於京城立廟，贈司徒(三一)。李泌曰：「臣聞國將興，聽於人(三二)，今將帥立功，而陛下褒賞(三三)白起，臣恐邊臣解體(三四)矣。若立廟京城，盛為祈禱，流聞(三五)四方，將長巫風(三六)，今杜郵有舊祠(三七)，請勑府縣葺(三八)之，則不至驚人耳目(三九)矣。且白起列國(四〇)之將，贈三公(四一)太重，請贈兵部尚書，可矣。」上笑曰：「卿於白起，亦惜官(四二)乎！」對曰：「人神一也(四三)，陛下儻不之惜，則神亦不以為榮(四四)矣。」上從之。泌自陳衰老，獨任宰相，精力耗竭(四五)，既未聽其去，乞更除(四六)一相。上曰：「朕深知卿勞苦，但未得其人耳。」

(七)上從容與泌論即位以來宰相，曰：「盧杞忠清彊介(四七)，人言杞姦邪，朕殊不覺其然。」泌曰：「人言杞姦邪，而陛下獨不覺其姦邪，此乃杞之所以為姦邪也。【考異】舊李勉傳，勉對德宗，已有此語，與鄴侯家傳述泌語略同，未知孰是，今兩存之。儻陛下覺之，豈有建中之亂乎！杞以私隙殺楊炎(四八)，擠顏真卿於死地(四九)，激李懷光使叛(五〇)，賴陛下聖明，竄逐之，人心頓喜(五一)，天亦悔禍(五二)，不然，亂何由弭(五三)？」上曰：「楊炎以童子視朕，每論事，朕可其奏則悅，與之往復(五四)論難，即(五五)怒而辭位(五六)，觀其意，以朕為不足與言故也，以是交不可忍(五七)，非由杞也。建中之亂，術士豫請城奉天(五八)，此蓋天命，非杞所能致也。」泌曰：「天命(五九)他人皆可以言之，惟君相不可言，蓋君相(六〇)所以造命(六一)也，若言命(六二)，則禮樂刑政皆無所用矣(六三)。紂曰：『我生不有命在天(六四)？』此商之所以亡也。」上曰：「朕好與人較量理體(六五)，崔祐甫性褊躁(六六)，朕難之(六七)，則應對失次(六八)，朕常知其短而護(六九)之，楊炎論事，亦有可采(七〇)，而氣色(七一)麤傲，難之輒勃然(七二)怒，無復君臣之禮(七三)，所以每見，令人忿發(七四)，餘人則不敢復言。盧杞小心(七五)，朕所言無不從，又無學，不能與朕往復(七六)，故朕所懷(七七)，常不盡(七八)也。」對曰：「杞言無不從，豈忠臣乎！夫言而莫予違(七九)，此孔子所謂一言喪邦(八〇)者也。」上曰：「惟卿則異彼三人者，朕言當，卿有喜色，不當(八一)，常有憂色(八二)，雖時有逆耳之言，如曏來紂及喪邦之類，朕細思之，皆卿先事(八三)而言，如此則理安(八四)，如彼則危亂，言雖深切(八五)，而氣色和順(八六)，無楊炎之陵傲(八七)，朕問難往復，卿辭理不屈(八八)，又無好勝之志(八九)，直(九〇)使朕中懷已盡(九一)屈服，而不能不從；此朕所以私喜(九二)於得卿也。」泌曰：「陛下所用相(九三)尚多，今皆不論，何也？」上曰：「彼皆非所謂相也，凡相者(九四)必委以政事，如玄宗時牛仙客、陳希烈，可以謂之相乎！如肅宗代宗之任卿，雖不受其名，乃真相耳。必以官至平章事為相，則王武俊之徒皆相也。」

(八)劉昌復築連雲堡。夏，四月，乙未，更命殿前左右射生曰神威軍，【考異】實錄作神武軍，今從新志(九五)。與左右羽林、龍武、神武、神策號曰十軍，神策尤盛，多戍京西，散屯(九六)畿甸(九七)。

(九)福建(九八)觀察使吳詵輕(九九)其軍士脆弱，苦役之，軍士作亂，殺詵腹心十餘人，逼詵牒(一〇〇)大將郝誠溢掌(一〇一)留務(一〇二)，誠溢上表請罪，上遣中使就赦(一〇三)以安之。

(十)乙未，隴右節度使李元諒築良原故城㉔而鎮之㉕。

(十一)雲南王異牟尋欲內附，未敢自遣使，先遣其東蠻鬼主驃旁、苴夢衝、苴烏星入見。五月，乙卯，宴之於麟德殿㉖，賜賚甚厚，封王給印㉗而遣之。

(十二)辛未，以太子賓客吳湊為福建觀察使，貶吳詵為涪州刺史。

(十三)吐蕃三萬餘騎寇涇、邠、寧、慶、鄜等州。先是吐蕃常以秋冬入寇，及春多病疫而退㉘，至是得唐人，質其妻子，遣其將將之，盛夏入寇，諸州皆城守，無敢與戰者，吐蕃俘掠人畜萬計㉙而去。

(十四)夏縣人陽城㉚以學行著聞，隱居柳谷㉛之北，李泌薦之。六月，徵拜諫議大夫。

(十五)韓遊瓌以吐蕃犯塞，自戍寧州，病求代歸㉜。秋七月，庚戌，加渾瑊邠寧副元帥，以左金吾將軍張獻甫為邠寧節度使，陳許兵馬使韓全義為長武城行營節度使，獻甫未至，壬子夜，遊瓌不告於眾，輕騎㉝歸朝，戍卒裴滿等憚獻甫之嚴，乘無帥之際㉞，癸丑，帥其徒㉕作亂，曰：「張公不出本軍㉖，我必拒之。」因剽掠城市，圍監軍楊明義所居，使奏請范希朝為節度使。都虞候楊朝晟避亂出城，聞之復入，曰：「所請甚契㉗我心，我來賀也。」亂卒稍安。朝晟潛與諸將謀，晨勒兵㉘召亂卒，謂曰：「所請不行，張公已至邠州，汝輩作亂當死，不可盡殺，宜自推列唱帥者㉙。」遂斬二百餘人。帥眾迎獻甫。上聞軍眾㉚欲得范希朝，將授之，希朝辭曰：「臣畏遊瓌之禍而來，今往代之，非所以防窺覦㉛，安反仄也。」上嘉之，擢為寧州刺史，以副獻甫㉜，遊瓌至京師，除右龍武統軍。

(十六)振武節度使唐朝臣不嚴斥候㉝，己未，奚、室韋㉞寇振武，執宣慰中使㉟二人，大掠人畜而去。時回紇之眾逆㊱公主者在振武，朝臣遣七百騎與回紇數百騎追之，回紇使者為奚、室韋所殺。

(十七)九月，庚申，吐蕃尚志董星寇寧州，張獻甫擊卻之，吐蕃轉掠鄜、坊而去。

(十八)元友直句檢㊲諸道稅外物㊳，悉輸戶部，遂為定制，歲於稅外輸百餘萬緡斛〔二九〕，民不堪命〔三〇〕，諸道多自訴於上，上意寤〔三一〕，詔：「今年已入在官者〔三二〕，輸京師，未入者，悉以與民；明年以後悉免之。」於是東南之民，復安其業〔三三〕。

(十九)回紇合骨咄祿可汗得唐許昏，甚喜，遣其妹骨咄祿毗伽公主、及大臣妻并國相、䟦跌都督〔三四〕以下千餘人來迎可敦〔三五〕，辭禮〔三六〕甚恭，曰：「昔為兄弟，今為子壻，半子〔三七〕也。若吐蕃為患，子當為父除之。」因詈〔三八〕辱吐蕃使者以絕之〔三九〕。冬，十月，戊子，回紇至長安，可汗仍表請改回紇為回鶻，許之。【考異】舊回紇傳：「元和四年，里迦可汗遣使〔四〇〕請改為回鶻，義取迴旋輕捷如鶻。」崔鉉續會要：「貞元五年七月，公主至衙帳，回紇使李義進請改紇字為鶻。」與統紀同。鄴侯家傳：「四年七月，可汗上表，請改紇字為鶻。」與李繁北荒君長錄及新回鶻傳同。按李泌明年春薨，若明年七月方改，家傳不應言之，今從家傳、君長錄、新書。

(廿)吐蕃發兵十萬，將寇西川，亦發雲南兵，雲南內雖附唐，外〔四一〕未敢叛吐蕃，亦發兵數萬屯於瀘北〔四二〕。韋皋知雲南計方猶豫〔四三〕，乃為書遺雲南王，敘其叛吐蕃歸化之誠〔四四〕，貯以銀函〔四五〕，使東蠻轉致吐蕃，吐蕃始疑雲南，遣兵二萬屯會川〔四六〕，以塞雲南趣蜀之路，雲南怒，引兵歸國，由是雲南與吐蕃大相猜阻〔四七〕，歸唐之志益堅。吐蕃失雲南之助，兵勢始弱矣。然吐蕃業已（四八）入寇，遂分兵四萬攻兩林驃旁，三萬攻東蠻，七千寇清溪關（四九），五千寇銅山（五〇）。皐遣黎州刺史韋晉等與東蠻連兵禦之，破吐蕃於清溪關外。

（廿）庚子，冊命咸安公主，加回鶻可汗長壽天親可汗。十一月，以刑部尚書關播為送咸安公主兼冊回鶻可汗使（五一）。

（廿一）吐蕃恥前日之敗，復以眾二萬寇清溪關，一萬攻東蠻，韋皐命韋晉鎮要衝城（五二），督諸軍以禦之，巂州經略使劉朝彩出關連戰（五三），自乙卯至癸亥，大破之。

（廿二）李泌言於上曰：「江淮漕運，以甬橋為咽喉，地屬徐州，鄰於李納，刺史高明應年少不習事（五四），若李納一旦復有異圖，竊據徐州，是失江淮也，國用（五五）何從而致？請徙壽廬濠都團練使張建封鎮徐州，割濠泗以隸（五六）之，復以廬壽歸淮南，則淄青惕息（五七），而運路常通，江淮安矣。及今明應幼騃（五八）可代，宜徵為金吾將軍，萬一使它人得之（五九），則不可復制矣。」上從之，以建封為徐泗濠節度使，建封為政寬厚而有綱紀（六〇），不貸人以法（六一），故其下無不畏而悅（六二）之。

(卌四)橫海(63)節度使程日華薨，子懷直自知留後。

(卌五)吐蕃屢遣人誘脅(64)雲南。

【今註】①等第：謂等級次第。②京官：在京城為官者。③俸：俸祿。④自三師以下，悉倍其俸：胡三省曰：「唐以太師、太傅、太保為三師。倍俸，倍大曆十二年所增之數也。」⑤隴右節度使：治所在秦州。⑥力田：謂努力開墾種植。⑦充羨：充餘。⑧盛陳：猶力陳。⑨鎮：鎮守之地。⑩忌：忌嫉。⑪虞鄉：據《新唐書・地理志》三，虞鄉縣屬河東道、河中府。⑫功名：功勳聲名。⑬得眾心：得士卒之心。⑭二版而潰：城二尺為一版，上下相疑，故潰。⑮元友直運淮南錢帛：元友直勾勘東南兩稅錢帛，見上卷，去年七月。⑯宣索：宣旨而索取之。⑰惆悵：感嘆。⑱皁：盛。⑲豫：逸豫。⑳藏：府藏。㉑弭：止。㉒滋：滋長。㉓稱欲：謂滿足慾望。㉔能無：豈能不。㉕禁其出：謂禁止其出入。㉖相：輔佐。㉗西陲：西邊。㉘大下：謂大舉兵東下。㉙以取信：謂以明不誣。㉚不能深入：為與上文銜接計，當添書作致不能深入。㉛贈司徒：謂贈以司徒之官爵。㉜臣聞國將興，聽於人：《左傳》虢史嚚之言。㉝褒賞：褒獎封賞。㉞解體：猶離心。㉟流聞：傳聞。㊱長巫風：滋長巫祝之風。㊲今杜郵有舊祠：白起死於杜郵，故有舊祠在焉。㊳葺：修葺。㊴驚人耳目：謂驚人視聽。㊵列國：猶諸國。㊶三公：唐以太尉、司徒、司空為三公。㊷惜官：愛惜官爵。㊸人神一也：謂人與神之道理相同。㊹為榮：為光榮。㊺耗竭：枯耗罄竭。(46)除：除命。(47)彊介：剛彊耿介。(48)杞以私隙殺楊炎：事見卷二百二十七建中二年。(49)擠顏真卿於死地：事見卷二百二十八建中四年，擠，排擠。(50)激李懷光使叛：事見卷二百二十九建中四年。(51)頓喜：突告歡喜。(52)悔禍：謂悔恨降禍。(53)弭：止。(54)往復：往返。(55)即：猶則。(56)辭位：辭職。(57)交不可忍：胡三省曰：「交不可忍者，言炎既形之辭，而帝亦心懷不平。」(58)術士豫請城奉天：事見卷二百二十六建中元年。(59)天命：天之命數。(60)君相：謂國君及宰相。(61)造命：創造命數。(62)若言命：謂若言蓋即天命。(63)無所用矣：猶無有用矣。(64)紂曰：「我生不有命在天」：見《書・西伯戡黎篇》。(65)理體：猶言治體。(66)編躁：編狹躁急。(67)難之：質難之。(68)失次：失去倫次。(69)護：愛護。(70)采：採納。(71)氣色：神氣顏色。(72)勃然：變色貌，以慍怒故。(73)禮：禮貌。(74)忿發：謂發生忿恨之意。(75)小心：謂小心翼翼。(76)往復：謂往復辯難。(77)所懷：謂所懷之意。(78)不盡：謂不能盡罄。(79)莫予違：謂不違逆我言。(80)喪邦：喪亡邦國。(81)不當：即朕言不當。(82)常有憂色：謂卿常有憂色。(83)先事：謂於事未發之先。(84)理安：猶治安。(85)深切：深刻切直。(86)和順：和平柔順。(87)陵傲：陵轢驕傲。(88)屈：撓屈。(89)志：猶意。(90)直：只。(91)中懷已盡：謂心中所懷之意見已完。(92)私喜：猶暗喜。(93)所用相：所任用之宰相。(94)凡相者：即凡所謂相者。(95)考異曰：「實錄作神武軍，今從新志」：按《舊唐書・德宗紀》，亦作神威。(96)散屯：分散屯戍。(97)畿甸：亦即京畿。(98)福建：乃取福州建州二州名以為稱。《舊唐書・地理志》三：「江南道、福州，隋建安郡之閩縣，貞觀初置泉州，開元十三年，改為福州。建州、隋建安郡之建安縣，武德四年置建州。」⑲輕：輕視。⑳牒：此與上表相同。㉑掌：掌管。㉒留務：留後之職務。㉓就赦：就其治所而加赦宥。㉔乙未，隴右節度使李元諒築良原故城：按《舊唐書・德宗紀》，乙未作丁未，以下之丁巳推之，作丁未是。《九域志》：「良原縣在涇州西南六十里。」㉕鎮之：鎮守之。㉖麟德殿：據《唐六典》卷七，麟德殿在大明宮中。㉗封王給印：胡三省曰：「封驃旁為和義王，苴夢衝為懷化王，苴烏星為順政王。」㉘多病疫而退：謂多以病疫之故而退。㉙萬計：謂以萬為單位而數之，與以萬數一辭之含意相同。㉚夏縣人陽城：按《舊唐書・隱逸陽城傳》作：「城，北平人。」《新唐書・卓行陽城傳》作：「城，定州北平人。」是當以作北平為是。㉛柳谷：胡三省曰：「柳谷、在安邑縣中條山。」按安邑，唐屬河東道河中府，今為山西安邑縣。㉜自戍寧州，病求代歸：謂自所戍寧州，以疾病求代替而歸京城。㉝輕騎：謂乘馬而帶物甚少。㉞際：間。㉟徒：猶言夥伴。㊱張公不出本軍：謂張獻甫本不出於朔方軍。㊲契：合。㊳勒兵：部勒兵卒。㊴推列唱帥者：謂推舉列陳其首唱及帥領者。㊵軍眾：軍卒。㊶防窺覦：防止窺伺覬覦。㊷以副獻甫：謂以為獻甫之副。㊸斥候：伺望敵兵之人。㊹奚、室韋：《新唐書・奚傳》：「奚亦東胡種，其地東北接契丹，西突厥，南白狼河，北霫。」又〈室韋傳〉：「室韋、契丹別種，東胡之北邊，蓋丁零苗裔也。地據黃龍，北傍猺越河，直京師東北七千里，東黑水靺鞨，西突厥，南契丹，北瀕海。」㊺執宣慰中使：謂執捉宣慰振武軍之宦官。㊻逆：迎。㊼句檢：謂勾當檢查。㊽稅外物：謂兩稅以外之物。㊾緡斛：緡指錢，斛指米言。㊿不堪命：謂不堪任負此種徵收命令，亦或可釋為民不聊生。㉛宿：省宿。㉜已入在官者：謂已交入而存在官藏者。㉝業：生業。㉞跌跌都督：胡三省曰：「跌跌與回紇，同出鐵勒而異種。」㉟可敦：回紇稱皇后曰可敦。㊱辭禮：辭令及禮節。㊲半子：謂等於一半個兒子。㊳詈：罵。㊴以絕之：謂以斷絕兩國關係。㊵考異曰：「舊回紇傳：『元和四年，里迦可汗遣使』」：按《舊唐書・回紇傳》，里作毘，當改從之。又按回紇諸君主之名號，下皆例有毘迦可汗四字，是此乃其共號，而非其專名，其專名當如《舊唐書》而寫作：「藹德曷里祿沒弭施合密毘迦可汗。」㊶外：謂表面。㊷瀘北：胡三省曰：「瀘北，瀘水之北，瀘水即諸葛亮五月所度者。」㊸雲南計方猶豫：謂雲南之計畫，方在猶疑之中。㊹歸化之誠：歸從王化之誠款。㊺貯以銀函：以銀為之盒而盛之。㊻會川：《新唐書・地理志》六：「劍南道、嶲州、會川縣，本卬都，高宗上元二年，徙於會川，因更名，有瀘津關。」㊼猜阻：猜疑間阻。㊽業已：業亦已，二字為複合辭。㊾清溪關：據《新唐書・地理志》六，清溪關在劍南道嶲州界，自關而南七百二十里至嶲州。㊿銅山：據同志六，黎州有銅山、大定、要衝等十一城，是銅山乃城名也。(五一)兼冊回鶻可汗使：冊，冊命，自此以後，《通鑑》皆依前史，書回紇為回鶻。(五二)要衝城：見上注。(五三)連戰：連續作戰。(五四)不習事：不習兵事。(五五)國用：國家之用度。(五六)隸：隸屬。(五七)惕息：謂惕懼息圖。(五八)騃：無知貌，音ㄞˊ。(五九)得之：謂得徐州。(六〇)有綱紀：謂有法度。(六一)不貸人以法：貸、假借，謂犯法者有誅無貸。(六二)悅：悅服。(六三)橫海：《新唐書・方鎮表》三：「貞元三年，置橫海軍節度使，領滄、景二州，治滄州。」(六四)誘脅：引誘威脅。

五年（西元七八九年）

㈠春，二月，丁亥，韋皐遺異牟尋書，稱：「回鶻屢請佐㈠天子，共滅吐蕃，王不早定計，一旦為回鶻所先㈡，則王累代功名虛棄㈢矣。且雲南久為吐蕃屈辱，今不乘此時，依大國之勢，以復怨雪恥㈣，後悔無及矣。」

㈡戊戌，以橫海留後程懷直為滄州觀察使，懷直請分弓高、景城為景州，仍請朝廷除刺史。上喜曰：「三十年無此事矣。」乃以員外郎徐伸為景州刺史。

㈢中書侍郎同平章事李泌屢乞更命相㈤，上欲用戶部侍郎班宏，泌言宏雖清彊㈥，而性多凝滯㈦，乃薦竇參通敏㈧，可兼度支、鹽鐵，董晉方正㈨，可處㈩門下，上皆以為不可；參，誕之玄孫⑪也，時為御史中丞兼戶部侍郎，晉為太常卿，至是泌疾甚，復薦二人，庚子，以董晉為門下侍郎，竇參為中書侍郎兼度支轉運使，幷同平章事，以班宏為尚書⑫，依前度支轉運副使⑬。參為人剛果⑭峭刻，無學術，多權數㉕，每奏事，諸相出，參獨居後，以奏度支事為辭㉖，實專大政㉗，多引親黨㉘置要地，使為耳目㉙，董晉充位㉚而已；然晉為人重慎㉛，所言於上前者，未嘗泄㉜於人，子弟或問之，晉曰：「欲知宰相能否，視天下安危㉝，所謀議於上前者，不足道也。」【考異】韓愈作晉行狀曰：「在宰相位，凡五年，所奏於上前者，皆二帝三王之道，由秦漢以降，未嘗言退歸，未嘗言所言於上者於人。子弟有私問者，公曰，宰相所職，繫天下安危，宰相之能與否可見，欲知宰相之能與否，如此視之其可。凡所謀議於上前者，不足道也。故其事卒不聞。」愈作行狀，必揚美蓋惡，敘其為相時事，止於此，則其循默充位可知。然其重慎，亦可稱也。今略取行狀。

㈣三月，甲辰，李泌薨。泌有謀略，而好談神仙詭誕㉞，故為世所輕，【考異】國史補曰：「李泌相以虛誕自任，常對客教家人速灑掃，今夜洪崖先生來宿，有人遺美酒一榼，會有客至，乃曰麻姑送酒，與君同傾，傾未畢，門者曰，某侍郎來取榼，泌令倒還，略無愧色。」舊泌傳曰：「德宗初即位，尤惡巫祝怪譚之士，及建中末，寇戎內梗，桑道茂有城奉天之說，上稍以時日禁忌為意，而雅聞泌長於鬼道，故自外徵還，以至大用，時論不以為愜。及在相位，隨時俯仰，無足可稱，復引顧況輩輕薄之流，動為朝士戲侮，頗貽譏誚。泌放曠敏辯，好大言，自出入中禁，累為權倖忌嫉，恒由智免，終以言論縱橫，上悟聖王，以躋相位。初泌流放江南，與柳渾、顧況為方外之交，吟詠自適，而渾先達，故泌復得入官於朝，況蘇州人㉟。」按泌雖詭誕，好談神仙，然其知略實有過人者，至於佐肅代復兩京，不愛相位而去，代宗順宗之在東宮，皆賴泌得安，此其大節可重者也。舊傳毀之太過，家傳出於其子，雖難盡信，亦豈得盡不信，今擇其可信者存之。

㈤初，上思李懷光之功，欲宥其一子㊱，而子孫皆已伏誅，戊辰，詔以懷光外孫燕八八為懷光後，賜姓名李承緒，除左衛率胄曹參軍(二七)，賜錢千緡，使養懷光妻王氏，及守其墓祀(二八)。

(六)冬，十月，韋皐遣其將曹有道(二九)將兵與東蠻、兩林蠻及吐蕃青海臘城二節度，戰於嶲州臺登谷(三〇)，大破之，斬首二千級，投崖及溺死者，不可勝數，殺其大兵馬使(三一)乞藏遮遮，乞藏遮遮、虜之驍將也，既死，皐所攻城柵無不下，數年盡復嶲州之境。

(七)易定節度使張孝忠興兵襲蔚州，驅掠人畜，詔書責之，踰旬還鎮。

(八)瓊州(三二)自乾封中為山賊所陷，至是，嶺南節度使李復遣判官姜孟京、與崖州刺史張少遷，攻拔之。

(九)十二月，庚午，聞回鶻天親可汗薨(三三)，戊寅，遣鴻臚卿郭鋒冊命其子為登里羅沒密施俱錄忠貞毗伽可汗(三四)。先是安西北庭皆假道於回鶻以奏事(三五)，故與之連和，北庭去回鶻尤近，誅求(三六)無厭(三七)，又有沙陀(三八)六千餘帳與北庭相依，及三葛祿(三九)、白服突厥(四〇)皆附於回鶻，回鶻數侵掠之，吐蕃因葛祿白服之眾以攻北庭，回鶻大相頡於迦斯將兵救之。

(十)雲南雖貳於吐蕃，亦未敢顯與之絕，壬辰，韋皋復以書招諭㊷之。

【今註】㊀佐：輔佐。㊁所先：謂所先為。㊂虛棄：猶虛擲。㊃雪恥：雪洗恥辱。㊄更命相：再命除一宰相。㊅清彊：清平彊直。㊆凝滯：猶遲滯。㊇通敏：通達敏捷。㊈方正：方雅端正。㊉處：居。⑪參，誕之玄孫：竇誕事唐太宗。⑫以班宏為尚書：承前而省略戶部二字。⑬依前度支轉運副使：謂依前仍為度支轉運副使。⑭剛果：剛強果毅。⑮權數：權術。⑯為辭：為藉辭。⑰竇專大政：謂竇乃欲專大政。⑱親黨：親戚黨與。⑲使為耳目：謂使之探聽消息。⑳充位：備位。㉑重慎：沉重謹慎。㉒泄：洩漏。㉓視天下安危：謂視天下安危，以為判斷。㉔詭誕：詭異怪誕。㉕考異曰：舊泌傳：「尤惡巫祝怪譚之士。……與柳渾、顧況為方外之交，……況蘇州人。」：按《舊唐書・李泌傳》，怪譚作怪誕，作誕是；方外作人外，謂人世之外也，雖二俱可通，然究以作人為是；況蘇州人四字，與泌之事跡，無多關係，可加刪省。㉖初，上思李懷光之功，欲宥其一子：事見卷二百三十二貞元元年。㉗左衛率胄曹參軍：《舊唐書・李懷光傳》，率下有府字，舊稱其全，則須帶府字，然唐人於官職，率多簡稱，故遂略去府字也。㉘守其墓祀：謂守其墳墓，伺其祭祀。㉙韋皋遣其將曹有道：按《舊唐書・韋皋傳》，曹作王。㉚臺登谷：據《新唐書・地理志》六，臺登，縣名，屬劍南道巂州。此乃謂臺登縣之山谷也。㉛大兵馬使：猶都兵馬使。㉜瓊州：胡三省曰：「瓊州在海中大州上，中有黎母山，黎人居之，不輸王賦，所謂山賊，蓋黎人也。」㉝聞回鶻天親可汗薨：按上四年文作加回鶻可汗長壽天親可汗，此亦當錄其全稱。意或以此乃書其薨，而與前之加天壽乃為祝其長壽之意，恰正相反，遂刪而不錄歟！㉞冊命其子為登里羅沒密施俱錄忠貞毗伽可汗：按《新唐書・回鶻傳》作：「冊拜愛登里邏汨沒蜜施俱錄毗伽忠貞可汗。」以譯音不同，故所書各異。㉟先是安西北庭皆假道於回鶻以奏事：為吐蕃所隔，河隴之路，不可由也，故假道於回鶻以入奏。㊱誅求：責求。㊲厭：厭足。㊳沙陀：《新唐書・沙陀傳》：「沙陀，西突厥別部處月種也。居金娑山之陽，蒲類之東，有大磧名沙陀，故號沙陀突厥云。」㊴三葛祿：胡三省曰：「三葛祿、葛邏祿三部也。一曰謀剌，二曰婆匐，三曰踏實力，在北庭西北，金山之西。」㊵白服突厥：《新唐書・回鶻傳》作：「白眼突厥。」此從《舊唐書・回紇傳》文。㊶招諭：招誘而勸諭之。

六年（西元七九〇年）

㈠春，詔出岐山①無憂王寺佛指骨，迎置禁中，又送諸寺以示眾②，傾都③瞻禮④，施財⑤巨萬。二月，乙亥，遣中使復葬故處。

㈡初，朱滔敗於貝州，其棣州刺史趙鎬以州降於王武俊，既而得罪於武俊，召之不至，田緒殘忍，其兄朝仕李納為齊州刺史，或言納欲納朝於魏，緒懼，判官孫光佐等為緒謀，厚賂納，且說納招趙鎬，取棣州，以悅之，因請送朝於京師，納從之。丁酉，鎬以棣州降於納。三月，武俊使其子士真擊之，不克。

㈢回鶻忠貞可汗之弟弒忠貞而自立，【考異】新傳曰：「可汗為少可敦葉公主所毒死，可汗之弟乃自立。」今從實錄。其大相頡干迦斯西擊吐蕃，未還，夏，四月，次相帥國人殺篡者，而立忠貞之子阿啜為可汗，年十五。

㈣五月，王武俊屯冀州，將擊趙鎬，鎬帥其屬奔鄆州，李納分兵據之，田緒使孫光佐如鄆州，矯詔⑥以棣州隸納，武俊怒，遣其子士清伐貝州，取經城⑦等四縣。

㈤回鶻頡干迦斯與吐蕃戰不利，吐蕃急攻北庭，北庭人苦於回鶻誅求，與沙陀酋長朱邪盡忠皆降於吐蕃，節度使楊襲古帥麾下二千人奔西州。六月，頡干迦斯引兵還國，次相恐其有廢立，與可汗皆出郊迎，俯伏自陳擅立之狀⑧，曰：「今日惟大相⑨死生之。」盛陳郭鋒所齎國信⑩，悉以遺之，可汗拜且泣曰：「兒愚幼，若幸而得立，惟仰食於阿多⑪，國政不敢豫⑫也。」虜謂父為阿多⑬。頡干迦斯感其卑屈⑭，持之⑮而哭，遂執臣禮，悉以所遺頒⑯從行者，已無所受，國中由是稍安。秋，頡干迦斯悉⑰舉國兵數萬，將復北庭，又為吐蕃所敗，死者大半，襲古收餘眾數百，將還西州，頡干迦斯紿⑱之曰：「且與我同至牙帳。」既而留不遣，竟殺之，安西由是遂絕，莫知存亡⑲，而西州猶為唐固守。葛祿乘勝，取回鶻之浮圖川⑳，回鶻震恐，悉遷西北部落於牙帳之南以避之，遣達北特勒梅錄隨郭鋒偕來告忠貞可汗之喪，且求冊命。先是回鶻使者入中國，禮容㉑驕慢，刺史皆與之鈞禮㉒，梅錄至豐州，刺史李景略欲以氣㉓加之，謂梅錄曰：「聞可汗新沒㉔，欲申㉕弔禮。」景略先據高壟㉖而坐，梅錄俯僂㉗前哭，景略撫㉘之曰：「可汗棄代㉙，助爾哀慕㉚。」梅錄驕容猛氣，索然㉛俱盡。自是回鶻使至皆拜景略於庭，威名聞塞外。冬，十月，辛亥，郭鋒始自回鶻還。

㈥十一月，庚午，上祀圓丘㉜。

㈦上屢詔李納以棣州歸王武俊，納百方遷延，請以海州易之於朝廷㉝，上不許，乃請詔武俊先歸田緒四縣，上從之。十二月，納始以棣州歸武俊。

【今註】㈠岐山：據《新唐書・地理志》一，岐山縣屬鳳翔府。㈡以示眾：謂以示僧眾。㈢傾都：謂傾動京都士女。㈣瞻禮：瞻仰膜拜。㈤施財：施捨之錢財。㈥矯詔：假託詔書。㈦經城：據《新唐書・地理志》三，經城屬河北道、貝州。㈧擅立之狀：謂擅立之罪狀。㈨大相：大乃尊辭。㈩所齎國信：《舊唐書・回紇傳》，有器幣之文，是國信即器幣也。⑪仰食於阿多：仰食謂仰衣食，阿多，《舊唐書》作阿爹。⑫豫：干豫。⑬虜謂父為阿多：《唐韻》：「北人呼父曰阿爹。」⑭感其卑屈：謂為其卑屈所感動。⑮持之：猶抱之。⑯頒：頒賜。⑰悉：皆。⑱紿：欺。⑲安西由是遂絕，莫知存亡：胡三省曰：「北庭既陷於吐蕃，安西路絕，故莫知其音問。」⑳浮圖川：胡三省曰：「浮圖川在烏德犍山西北。」按《新唐書・回鶻傳》，浮圖川作深圖川。㉑禮容：猶禮貌。㉒鈞禮：謂行平等禮。㉓氣：氣燄。㉔新沒：猶纔沒。㉕申：申致。㉖壟：即隴，謂高處。㉗俯僂：俯，低頭；僂，曲背。㉘撫：慰撫。㉙棄代：即棄世，乃以避諱而改。㉚哀慕：哀悼思慕。㉛索然：罄盡貌。㉜十一月，庚午，上祀圓丘：《新唐書・禮樂志》二：「冬至，祀昊天上帝於圓丘。」是所祀者，乃昊天上帝也。㉝請以海州易之於朝廷：謂請以朝廷之海州，易換棣州。

七年（西元七九一年）

㈠春，正月，己巳，襄王僙㈠薨。

㈡二月，癸卯，遣鴻臚少卿庾鋌冊回鶻奉誠可汗。【考異】實錄作康鋌，今從新舊傳。

㈢戊戌，詔涇原節度使劉昌築平涼故城㈡，以扼彈箏峽口，浹辰㈢而畢，分兵戍之。昌又築朝谷堡㈣，甲子，詔名其堡曰彰信，涇原稍安。

㈣初上還長安，以神策等軍有衛從之勞，皆賜名興元元從㈤、奉天定難功臣，以官領之㈥，撫恤㈦優厚，禁軍㈧恃恩驕橫㈨，侵暴百姓，陵忽㈩府縣⑪，至詬⑫辱官吏，毀裂案牘⑬，府縣官有不勝忿而刑之者，朝笞⑭一人，夕貶萬里，由是府縣雖有公嚴⑮之官，莫得舉⑯其職，市井富民，往往行賂⑰，寄名軍籍⑱，則府縣不能制⑲。辛巳，詔神威六軍⑳吏士與百姓訟者，委之府縣㉑，小事牒本軍㉒，大事奏聞；若軍士陵忽府縣，禁身㉓以聞，委御史臺推覆㉔，縣吏輒㉟敢答辱，必從貶謫㊱。

(五)癸未，易定節度使張孝忠薨。

(六)安南都護㊲高正平重賦斂。夏，四月，羣蠻酋長杜英翰等起兵圍都護府，正平以憂死，羣蠻聞之皆降。五月，辛巳，置柔遠軍於安南。

(七)端王遇㊳薨。韋皋比年㊴致書招雲南王異牟尋，終未獲報，然吐蕃每發雲南兵，雲南與之益少，皋知異牟尋心附於唐，討擊副使段忠義本閤羅鳳使者㊵也。六月，丙申，皋遣忠義還雲南，并致書敦諭㊶之。

(八)秋，七月，戊寅，以定州刺史張昇雲為義武留後。

(九)庚辰，以虔州刺史趙昌為安南都護，羣蠻遂安。

(十)八月，丙午，以翰林學士陸贄為兵部侍郎㊷，餘職皆解㊸，竇參惡之也。

(十一)吐蕃攻靈州，為回鶻所敗，夜遁。九月，回鶻遣使來獻俘。冬，十二月，甲午，又遣使獻所獲吐蕃酋長尚結心。

(十二)福建觀察使吳湊為治有聲，竇參以私憾㉞毀之，且言其病風㉟，上召至京師，使之步㊱以察之，知參之誣㊲，由是始惡參。丁酉，以湊為陝虢觀察使，以代參黨李翼。

(十三)睦王述㊳薨。

(十四)吐蕃知韋皐使者在雲南，遣使讓之，雲南王異牟尋紿之曰：「唐使本蠻也，皐聽其歸耳，無它謀㊴也。」因執以逆吐蕃，吐蕃多取其大臣之子為質㊵，雲南愈怨。勿鄧酋長苴夢衝潛通吐蕃，扇誘羣蠻，隔絕㊶雲南使者，韋皐遣三部落㊷總管蘇嵏將兵至琵琶川㊸。

【今註】㊀襄王僙：僙，肅宗子。㊁平涼故城：《舊唐書・德宗紀》：「城去故原州一百五十里。」㊂浹辰：史炤曰：「自子至亥曰辰，浹辰、十二日。」㊃朝谷堡：《舊唐書・德宗紀》作胡谷堡，云：「在平涼西三十五里。」㊄興元元從：謂幸興元之首從者。㊅領之：管領之。㊆撫恤：撫慰存恤。㊇禁軍：即神策等軍。㊈驕橫：驕傲橫暴。㊉陵忽：猶欺陵。⑪府縣：府謂京兆府，縣謂赤縣。⑫詬：詈，音ㄍㄡˋ。⑬案牘：謂文書之將存入檔案者。⑭笞：謂打。⑮公嚴：公正嚴明。⑯舉：盡。⑰行賂：行賄賂。⑱寄名軍籍：謂寄附姓名於軍旅簿籍之中。⑲不能制：不能管制。⑳神威六軍：胡三省曰：「神威六軍當為神策六軍，威字誤。」㉑委之府縣：謂委任府縣處理。㉒牒本軍：謂牒知本軍。㉓禁身：囚禁其身。㉔推覆：推問覈覆。㉕輒：專輒。㉖必從貶謫：謂必從貶謫之科治罪。㉗安南都護：胡三省曰：「安南都護府，本交州，調露二年，置為安南都護府。」㉘端王遇：皇弟。㉙比年：連年。㉚本閤羅鳳使者：謂本閤羅鳳所遣之使。㉛敦諭：謂懇切諭之。㉜丙午，以翰林學士陸贄為兵部侍郎：按《舊唐書・德宗紀》，丙午作丙申，以上之甲午推之，作丙申是。㉝解：解去。㉞憾：怨憾。㉟病風：謂患中風症，而全身痲木。㊱使之步：使之行走。㊲誣：誣罔。㊳睦王述：乃皇弟。㊴無它謀：無他計謀。㊵質：人質。㊶隔絕：阻隔斷絕。㊷三部落：謂兩林、勿鄧、豐琶。㊸琵琶川：胡三省曰：「琵琶川、在嶲州西南徼外。」

卷二百三十四　唐紀五十

起玄黓涒灘，盡閼逢閹茂五月，凡二年有奇。（壬申至甲戌，西元七九二至七九四年）

司馬光編集
曲守約註

德宗神武聖文皇帝九

貞元八年（西元七九二年）

㈠春，月，壬寅，執夢衝㈠數㈡其罪而斬之，雲南之路㈢始通。

㈡三月，丁丑，山南東道節度使曹成王皐薨㈣。

㈢宣武節度使劉玄佐有威略㈤，每李納使至，玄佐厚結之㈥，故常得其陰事㈦，先為之備，納憚之。其母雖貴，日織絹一匹，謂玄佐曰：「汝本寒微，天子富貴汝至此，必以死報之。」故玄佐始終不失臣節，庚午，玄佐薨。

㈣山南東道節度判官李實知留後事，性刻薄，裁損㈧軍士衣食，鼓角將㈨楊清潭帥眾作亂，夜焚掠城中，獨不犯曹王皐家㈩，實踰城走免，明旦，都將徐誠縋城而入㈡，號令禁遏㈢，然後止，收清潭等六人斬之。實歸京師，以為司農少卿。實，元慶之玄孫⑬也。

丙子，以荊南節度使樊澤為山南東道節度使。

㈤初竇參為度支轉運使，班宏副之，參許宏俟一歲，以使職⑭歸之，歲餘參無歸意，宏怒，司農少卿張滂、宏所薦也，參欲使滂分主江淮鹽鐵⑮，宏不可，滂知之，亦怨宏，及參為上所疏，乃讓度支使於宏，又不欲利權專歸於宏，乃薦滂於上，以滂為戶部侍郎、鹽鐵轉運使，仍隸於宏，以悅之。

㈥竇參陰狡而愎⑯，恃權而貪，每遷除，多與族子給事中申議⑰之，申招權⑱受賄⑲，時人謂之喜鵲⑳，上頗聞之，謂參曰：「申必為卿累㉑，宜出之以息物議㉒。」參再三保㉓其無它，申亦不悛㉔，左金吾大將軍虢王則之、巨之子也，與申善，左諫議大夫、知制誥吳通玄與陸贄不叶㉕，竇申恐贄進用，陰㉖與通玄、則之作謗書以傾㉗贄，上皆察知其狀㉘。夏，四月，丁亥，貶則之昭州㉙司馬，通玄泉州㉚司馬，申道州司馬，尋賜通玄死。

㈦劉玄佐之喪，將佐匿㉛之，稱疾請代㉜，上亦為之隱，遣使即㉝

軍中問以陜虢觀察使吳湊為代,可乎?監軍孟介、行軍司馬盧瑗皆以為便,然後除之。湊行至汜水㉞,玄佐之柩將發㉟,軍中請備儀仗,瑗不許,又令留器用㊱以俟新使,將士怒,玄佐之壻及親兵皆被甲,擁玄佐之子士寧,釋衰絰㊲,登重榻㊳,自為留後,執城將㊴曹金岸、浚儀令李邁,曰:「爾皆請吳湊者。」遂冎之,盧瑗逃免。士寧以財賞將士㊵,劫㊶孟介以請於朝,上以問宰相竇參曰:「今汴人指李納㊷以邀制命㊸,不許,將合於納。」庚寅,以士寧為宣武節度使。【考異】實錄:「士寧位未定,遣使通王武俊、劉濟、田緒,以士寧未受詔,有國使皆留之。」舊傳云:「以士寧未受詔於國,皆留之。」新傳云:「諸鎮不直之,皆執其使。」然則舊傳是也。士寧疑宋州刺史翟良佐不附己,託言巡撫,至宋州,以都知兵馬使劉逸準代之,【考異】韓愈集作逸淮,今從舊傳。逸準,正臣之子㊹也。

(八)乙未,貶中書侍郎、同平章事竇參為郴州㊺別駕,【考異】柳珵上清傳曰:「貞元壬申歲春三月,相國竇公居光福里第,月夜,閑步於中庭,有常所寵青衣上清者,乃曰,今欲啓事,郎須到堂前,方敢言之。竇公亟上堂,上清曰,庭樹上有人恐驚郎,請謹避之。竇公曰,陸贄久欲傾奪吾權位,今有人在庭樹上,吾禍將至,且此事奏與不奏,皆受禍,必竄死於道路,汝在輩流中,不可多得,吾身死家破,汝定為宮婢,聖君若顧問,善為我辭焉。上清泣曰,誠如是,死生以之。竇公下階大呼曰,樹上君子應是陸贄使來,能全老夫性命,敢不厚報!樹上應聲而下,乃衣衰纚者也,曰,家有大喪,貧甚,不辦葬禮,伏知相公推心濟物,所以干夜而來,幸相公無怪。公曰,某罄所有,堂封絹千匹而已,方擬脩私廟,今且輟贈,可乎?縗者拜謝。竇公答之如禮。

又曰，便辭日公，請左右齎所賜絹擲於牆外，某先於街中俟之，竇公依其請，命僕使偵其絕縱，且方敢歸寢。翌日，執金吾先奏其事，竇公得次，又奏之，德宗厲聲曰，卿交通節將，蓄養俠刺，位崇臺鼎，更欲何求？竇公頓首曰，臣起自刀筆小才，官以至貴，皆陛下獎拔，實不由人，今不幸至此，抑亦仇家所為耳。陛下忽震雷霆之怒，臣便合死。中使下殿，宣曰，卿且歸私第，待候進止，越月，貶郴州別駕。會宣武節度使劉士寧通好於郴州廉使，條類上聞，德宗曰，交通節將，信而有徵，流竇公於驩州，沒入家資，一簪不著身，竟未達流所，詔自盡。上清果隸名掖庭，後數年以善應對，能煎茶，數得在帝左右。德宗謂曰，宮掖間人數不少，汝了事從何得至此？上清對曰，妾本故宰相竇參家女奴，竇某妻早亡，故妾得陪掃灑，及竇某家破，幸得填宮，既侍龍顏，如在天上。德宗曰，竇某罪不止養俠刺，亦甚有贓汙，前時納官銀器皿多。上清流涕而言曰，竇某自御史中丞歷度支、戶部、鹽鐵三使，至宰相，首尾六年，月入數十萬，前後非時賞賜，亦不知紀極，乃者郴州所送納官銀物，皆是恩賜，當部錄日，妾在郴州，親見州縣希陸贄意指，刮去所進銀器，上刻作藩鎮官銜姓名，誣為贓物，伏乞陛下驗之。於是宣索竇某沒官銀器覆視，其刮字處皆如上清言。時貞元十二年。德宗又問蓄養俠刺事，上清曰，本實無，悉是陸贄陷害，使人為之。德宗怒陸贄曰，這獠奴我脫却伊綠衫，便與紫衫著，又常喚伊作陸九，我任使竇參，方稱意次，須教我狂殺却它，及至權入伊手，其為軟弱，甚於泥團。」乃下詔雪竇參。時裴延齡探知陸贄恩衰，得恣行媒孽，贄竟受譴。後上清特勅丹書，度為女道士，終嫁為金忠義妻。世以陸贄門生，名位多顯達者，不敢傳說，故此事絕無人知。信如此說，則參為人所劫，德宗豈得反云蓄養俠刺，況陸贄賢相，安肯為此！就使欲陷參，其術固多，豈肯為此兒戲，全不迎人情，今不取。貶竇申錦州司戶，以尚書左丞趙憬、兵部侍郎陸贄並為中書侍郎、同平章事。憬，仁本之曾孫㊻也。

㈨張滂請鹽鐵舊簿於班宏，宏不與，滂與宏共擇巡院官，莫有合者㊼，闕官甚多，滂言於上曰：「如此㊽，職事必廢，臣罪無所逃㊾。」丙午，上命宏、滂分掌天下財賦，如大曆故事㊿。

㈩壬子，吐蕃寇靈州，陷(51)水口支渠，敗(52)營田，詔河東振武救之，遣神策六軍二千戍定遠(53)、懷遠(54)城，吐蕃乃退。

㈩陸贄請令臺省長官各舉其屬，著其名於詔書，異日考其殿最(55)，并以升黜舉者(56)。五月，戊辰，詔行(57)贄議，未幾，或言於上曰：「諸司所舉，皆有情故(58)，或受貨賂(59)，不得實才。」上密諭贄自今除改，卿宜自擇，勿任諸司(60)，贄上奏，其略曰：「國朝五品以上，制勅命之，蓋宰相商議奏可(61)者也。六品以下，則旨授，蓋吏部銓材署職(62)，詔旨畫聞(63)，而不可否者也。開元中，起居、遺補、御史等官，猶并列於選曹(64)，其後倖臣專朝，捨僉議(65)而重己權，廢公舉(66)而行私惠，是使周行(67)庶品(68)，苟不出時宰(69)之意，則莫致(70)也。」又曰：「宣行(71)以來，纔舉十數(72)，議(73)其資望(74)，既不愧於班行(75)考其行能(76)，又未聞於闕敗(77)，而議者遽以騰口(78)，上煩(79)聖聽(80)，道之難行，亦可知矣。請使所言之人，指陳其狀(81)，某人受賄，某舉有情(82)，付之有司，覈(83)其虛實，謬舉者必行其罰，誣(84)善者亦反其辜(85)，何必貸(86)其姦贓，不加辯詰(87)，私(88)其公議(89)，不出主名(90)，使無辜見疑，有罪獲縱(91)，枉直同貫(92)，人何賴焉(93)！又宰相不過數人，豈能徧諳(94)多士，若令悉命(95)羣官，理須(九六)展轉詢訪，是則變公舉為私薦，易明揚(九七)以闇投(九八)，情故必多，為弊益甚。所以承前(九九)命官，罕不涉謗(一〇〇)，雖則秉鈞(一〇一)不一，或自行情(一〇二)，亦由私訪所親(一〇三)，轉為所賣，其弊非遠(一〇四)，聖鑒明知(一〇五)。」又曰：「今之宰相，則往日臺省長官，今之臺省長官，乃將來之宰相，但是職名(一〇六)暫異，固非行舉(一〇七)頓殊，豈有為長官之時，則不能舉一二屬吏(一〇八)，居宰相之位，則可擇(一〇九)千百具僚(一一〇)，物議悠悠(一一一)，其惑斯甚。蓋尊者領其要(一一二)，卑者任其詳(一一三)，是以人主擇輔臣(一一四)，輔臣擇庶長(一一五)，庶長擇佐僚，將務得人(一一六)，無易於此(一一七)。夫求才貴廣(一一八)，考課(一一九)貴精，往者則天(一二〇)欲收人心，進用不次(一二一)，非但人(一二二)得薦士，亦得自舉其才，然而課責(一二三)既嚴，進退皆速，是以當代謂知人之明(一二四)，累朝賴(一二五)多士之用。」又曰：「則天舉用之法，傷易(一二六)而得人，陛下慎簡之規(一二七)，太精而失士(一二八)。」上竟追前詔不行(一二九)。

(十二)癸酉，平盧節度使李納薨，軍中推其子師古知留後。

(十三)六月，吐蕃千餘騎寇涇州，掠田軍(一三〇)千餘人而去。

(十四)嶺南節度使奏，近日海泊珍異(一三一)，多就安南市易(一三二)，欲遣判官就安南收市(三三)，乞命中使一人與俱。上欲從之，陸贄上言，以為：「遠國商販，惟利是求，緩(三四)之斯來，擾(三五)之則去。廣州素為眾舶所湊(三六)，今忽改就安南，若非侵刻(三七)過深，則必招攜失所(三八)，曾不內訟(三九)，更蕩上心(四〇)，況嶺南、安南，莫非王土，中使外使，悉是王臣，豈必信嶺南(四一)而絕安南，重中使以輕外使(四二)！所奏望寢(四三)不行。」

(十五)秋，七月，甲寅朔，戶部尚書判度支班宏薨，陸贄請以前湖南觀察使李巽權判(四四)度支，上許之，既而復欲用司農少卿裴延齡，贄上言，以為：「今之度支準平萬貨(四五)，刻吝(四六)則生患，寬假則容姦(四七)，延齡誕妄小人，用之交駭物聽(四八)，尸祿之責(四九)，固宜及於微臣，知人之明，亦恐傷於聖鑒(五〇)。」上不從，己未，以延齡判度支事。河南北、江淮、荊、襄、陳、許等四十餘州大水，溺死者二萬餘人，陸贄請遣使賑撫(五一)，上曰：「聞所損殊少(五二)，即議(五三)優恤，恐生姦欺。」贄上奏，其略曰：「流俗之弊，多徇(五四)諂諛，揣(五五)所悅意，則侈(五六)其言，度所惡聞，則小其事(五七)，制備(五八)失所(五九)，恒病於斯(六〇)。」又曰：「所費者財用(六一)，所收者人心，苟不失人，何憂乏用！」上許為遣使，而曰：「淮西貢賦既闕(六三)，不必遣使。」贄復上奏，以為：「陛下息師含垢(六三)，宥彼渠魁(六四)，惟茲下人(六五)，所宜矜恤。昔秦晉仇敵，穆公猶救其饑(六六)，況帝王懷柔(六七)萬邦，唯德與義，寧人負我(六八)，無我負人。」八月，遣中書舍人、京兆奚陟等宣撫諸道水災。以前青州刺史李師古為平盧節度使(六九)。韋皐攻維州，獲其大將論贊熱。

(十六)陸贄上言，以邊儲不贍(七〇)，由措置失當，蓄斂乖宜(七一)，其略曰：「所謂措置失當者，戍卒不隸(七二)於守臣，守臣不總於元帥，至有一城之將，一旅之兵，各降(七三)中使監臨，皆承別詔委任分鎮(七四)，亙(七五)千里之地，莫相率從(七六)，緣邊列十萬之師，不設謀主(七七)，每有寇至，方從中覆(七八)，比(七九)蒙徵發赴援，寇已獲勝罷歸。吐蕃之比中國，眾寡不敵，工拙不侔(八〇)，然而彼攻有餘(八一)，我守不足，蓋彼之號令由將(八二)，而我之節制在朝(八三)，彼之兵眾合并(八四)，而我之部分(八五)離析(八六)故也。所謂蓄斂乖宜者，陛下頃設就軍(八七)和糴之法，以省運(八八)，制與人加倍之價，以勸農，此令初行，人皆悅慕(八九)，而有司競為苟且，專事纖嗇（九〇），歲稔，則不時（九一）斂藏（九二），艱食（九三），則抑（九四）使收糴，遂使豪家（九五）貪吏，反操（九六）利權，賤取於人，以俟公私之乏。又有勢要（九七）近親羈遊之士（九八），委（九九）賤糴於軍城，取高價於京邑，又多支（一〇〇）絺紵（一〇一）充直（一〇二），窮邊寒不可衣，鬻無所售，上既無信於下，下亦以偽（一〇三）應之，度支物估（一〇四）轉高，軍城穀價轉貴，度支以苟售滯貨（一〇五）為功利，軍城以所得加價（一〇六）為羨餘（一〇七），雖設巡院，轉成囊橐（一〇八），至有空中（一〇九）簿帳，偽指囷倉（一一〇），計其數，則億萬有餘，考其實，則百十不足（一一一）。」

(七)又曰：「舊制、以關中用度之多，歲運東方租米，至有斗錢運斗米之言，習聞見（一一二）而不達時宜者，則曰：『國之大事，不計（一一三）費損，雖知勞煩，不可廢也。』習近利而不防（一一四）遠患者，則曰：『每至秋成之時，但令畿內和糴，既易集事（一一五），又足勸農。』臣以兩家之論，互有（一一六）長短，將制國用，須權（一一七）重輕。食不足而財有餘，則弛（一一八）於積財，而務實倉廩（一一九），食有餘而財不足，則緩於積食，而嗇用（一二〇）貨泉（一二一）。近歲關輔屢豐，公儲委積（一二二），足給數年，今夏江淮水潦，米貴加倍，人多流庸㉓，關輔以穀賤傷農，宜加價以糴而無錢，江淮以穀貴人困，宜減價以糶而無米，而又運彼所乏㉔，益此所餘，斯所謂習見聞，而不達㉕時宜者也。今江淮斗米直百五十錢，運至東渭橋，僦直㉖又約二百，米糙且陳㉗，尤為京邑所賤，據市司月估㉘，斗糶三十七錢，耗其九而存其一㉙，餒彼人㉚而傷此農，制事㉛若斯，可謂深失矣。頃者每年自江湖淮浙㉜運米百一十萬斛至河陰，留四十萬斛貯河陰倉，至陝州又留三十萬斛貯太原倉，餘四十萬斛輸東渭橋。今河陰、太原倉見米猶有三百二十餘萬斛，京兆諸縣斗米不過直錢七十，請令來年江淮止運三十萬斛至河陰，河陰陝州以次運至東渭橋，其江淮所停運米八十萬斛，委㉝轉運使每斗取八十錢，於水災州縣糶之，以救貧乏，計得錢六十四萬緡，減僦直六十九萬緡，請令戶部先以二十萬緡付京兆，令糴米以補渭橋倉之缺數㉞，斗用百錢，以利農人㉟，以一百二萬六千緡付邊鎮使，糴十萬人一年之糧，餘十萬四千緡以充來年和糴之價㊱，其江淮米錢僦直，并委轉運使折㊲市綾絹絁㊳綿，以輸上都(三九)，償先貸戶部錢(四〇)。」九月，詔西北邊貴羅以實倉儲，【考異】實錄云：「凡積米三十三萬斛。」按陸贄論守備狀，「坐致邊儲，數逾百萬，諸鎮收羅，今已向終。」又云：「更經一年，可積十萬人一二歲之糧矣。」蓋實錄所言，今年之數，贄狀通計來春也。邊備浸(四一)充。

(十八)冬十一月，壬子朔，日有食之。

(十九)吐蕃、雲南日益相猜(四二)，每雲南兵至境上，吐蕃輒亦發兵，聲言(四三)相應(四四)，實為之備。辛酉，韋皋復遺雲南王書，欲與共襲吐蕃，驅之雲嶺(四五)之外，悉平(四六)吐蕃城堡，獨與雲南築大城於境上，置戍相保(四七)，永同(四八)一家。

(廿)右庶子姜公輔久不遷官，詣陸贄求遷，贄密語之曰：「聞竇相(四九)屢奏擬(五〇)，上不允(五一)，有怒公(五二)之言。」公輔懼，請為道士，上問其故，公輔不敢泄贄語(五三)，以聞參言(五四)為對；上怒參歸怨(五五)於君，己巳，貶公輔為吉州別駕(五六)，又遣中使責參。【考異】實錄：「初公輔罷相，為左庶子，以憂免，復除右庶子，數私謁竇參，參數奏公輔以他官，上不許，而有怒公輔之言，公輔恐，乃請免官為道士，久之，未報，因開延英奏之，上問其故，公輔對以參言，上曉之，固不已，大怒，貶之，而詔書責參，推過於上。」公輔傳曰：「陸贄知政事，以有翰林之舊，數告贄求官，贄密謂公輔曰，予常見郴州竇相，言為公奏擬數矣，上旨不允，有怒公之言，公輔恐懼，乞罷官為道士，久之，未報。後又庭奏，德宗問其故，公輔不敢泄贄言，便以參言為對，帝怒貶公輔為泉州別駕，又遣中使齎詔責參。」贄傳曰：「姜公輔奏，竇參常語臣云，陛下怒臣未已，德宗怒，再貶參，竟殺之。時議云，公輔奏竇參語，得之於贄云，參之死，贄有力焉。」按贄請令長官舉屬吏狀云：「亦由私訪所親，轉為所賣，其弊非遠，聖鑒明知，」此乃解參之語也。及參之死，贄救解甚至，由是觀之，贄豈有殺參之意邪！且贄語公輔之時，安知公輔請為道士，及於上前，以泄言之罪歸參，此乃公輔之意，非贄意也。當時之人，見參贄有隙，遂以己意猜之，史官不悅贄者，因歸罪於贄耳。今不取。

(廿一)庚午，山南西道節度使嚴震奏，敗吐蕃於芳州及黑水堡(二五七)。

(廿二)初李納以棣州蛤蝚有鹽利城而據之，又戍德州之南三汊城，以通田緒之路，及李師古襲位，王武俊以其年少輕之，是月，引兵屯德、棣，將取蛤蝚及三汊城，師古遣趙鎬將兵拒之，上遣中使諭止之(二五八)，武俊乃還。

(廿三)初劉怦薨，劉濟在莫州(二五九)，其母弟澭在父側，以父命召濟。而以軍府授之，濟以澭為瀛州刺史，許它日代己，既而濟用其子為副大使(二六〇)，澭怨之，擅通表朝廷，遣兵千人防秋，濟怒，發兵擊澭，破之。

(廿四)左神策大將軍柏良器募才勇之士，以易販鬻者(二六一)，監軍竇文場惡之，會良器妻族飲醉，寓宿(二六二)宮舍(二六三)。十二月，丙戌，良器坐左遷右領軍(二六四)，自是宦官始專軍政。

【今註】 (一)執夢衝：執、乃韋皐遣將執之，夢衝其全姓名為苴夢衝，具見上卷。(二)數：責。(三)雲南之路：謂至雲南之道路。㊃丁丑，山南東道節度使曹成王皐薨：按《舊唐書·德宗紀》，丁丑作乙丑，以下之庚午推之，作乙丑是。㊄威略：威重謀略。㊅厚結之：厚交結之。㊆陰事：謂秘密之事。㊇裁損：謂裁省損減。㊈鼓角將：掌軍中鼓角者。㊉獨不犯曹王皐家：以見曹王皐為士卒之所感戴。⑪縋城而入：謂附懸繩踰城垣而入。⑫禁遏：禁止。⑬實，元慶之玄孫：道王玄慶，高祖之子。⑭使職：即度支轉運使之職。⑮分主江淮鹽鐵：謂分開而專主江淮鹽鐵之事。⑯愎：戾，音ㄅㄧˋ。⑰議：商議。⑱招權：招攬權勢。⑲受賄：接受賄賂。⑳申招權受賄，時人謂之喜鵲：胡三省曰：「竇參每遷除朝士，先與申議，申因先報其人，以招權納賄，時人謂之喜鵲者，以人家有喜事，鵲必先噪於門庭，以報之也。」㉑必為卿累：必為卿之瑕累。㉒以息物議：謂以平息士庶之輿論，物，人物，乃指人言。㉓保：擔保。㉔悛：改。㉕不叶：不和諧。㉖陰：暗。㉗傾：傾軋。㉘狀：情狀。㉙昭州：《舊唐書·地理志》四：「嶺南道、昭州，至京師四千四百三十六里。」㉚泉州：同志三：「江南東道、泉州，在京師東南六千二百一十六里。」㉛匿：匿藏。㉜請代：請代攝者。㉝即：就。㉞汜水：胡三省曰：「本屬鄭州，時屬孟州。」㉟將發：謂將發而登路。㊱留器用：即上之儀仗。㊲衰絰：喪服。㊳登重榻：登層榻，亦即高榻。㊴城將：胡三省曰：「城將、使之領兵巡視城堞，晨夕警邏。」㊵以財賞將士：謂以財物賞賜將士。㊶劫：劫迫。㊷今汴人指李納：按《舊唐書·劉玄佐傳》，指作挾，謂挾持李納之勢，當以作挾為佳。㊸以邀制命：以邀請除命。㊹逸準，正臣之子：劉正臣，肅宗至德初為平盧節度使。㊺郴州：《舊唐書·地理志》三：「江南道、郴州，在京師東南三千三百里。」㊻憬，仁本之曾孫：趙仁本見卷二百一高宗咸亨元年。㊼滂與宏共擇巡院官，莫有合者：按《舊唐書・班宏傳》作：「每署院官，宏滂更相是非，莫有用者。」乃此事之真實說明。㊽如此：指闕官甚多言。㊾罪無所逃：謂不能避免其罪。㊿如大曆故事：大曆元年，命第五琦、劉晏分理天下財賦，事見卷二百二十四。(51)陷：攻陷。(52)敗：敗毀。(53)定遠：宋白曰：「定遠縣在靈州東北二百里。」(54)懷遠：據《新唐書・地理志》一，懷遠縣，屬靈州。(55)殿最：殿，謂成績最劣者；最，乃最優者。(56)升黜舉者：胡三省曰：「所舉得人，則升舉主，以昭進賢之賞，所舉非人，則黜舉主，以昭失舉之罰。」(57)行：施行。(58)情故：人情及故舊關係。(59)貨賂：賂亦財貨。(60)諸司：謂臺省長官。(61)奏可：謂上奏而天子可之。(62)銓材署職：銓選材能，署任職位。(63)詔旨畫聞：六品以下告身，皆畫聞字。(64)開元中，起居、遺補、御史等官，猶幷列於選曹：胡三省曰：「言起居郎、舍人、拾遺、補闕、及御史，皆由吏部奏擬。」(65)僉議：猶眾議。(66)公舉：謂朝廷之銓舉。(67)周行：謂操行完備。(68)庶品：謂庶眾。(69)時宰：當時宰相。(70)莫致：謂不能得致起居等官。(71)宣行：宣佈施行。(72)十數：十餘。(73)議：猶論。(74)資望：資歷譽望。(75)班行：謂朝廷之官。(76)行能：操行才能。(77)闕敗：謂失職敗事。(78)騰口：謂騰宣於口。(79)煩：煩瀆。(80)聖聰：謂君上之聽聞。(81)其狀：其情狀。(82)有情：謂有私情。(83)覈：考覈。(84)誣：誣罔。(85)亦反其辜：謂反坐以罪。(86)貸：寬假。(87)辯詰：辯通辨，謂辨白詰責。(88)私：猶掩藏。(89)公議：謂對公家政事之議論。(90)主名：告主之名。(91)獲縱：謂獲得縱釋。(92)同貫：相同名籍。(九三)人何賴焉：謂正直之人，將何所依賴。(九四)偏諳：偏悉。(九五)悉命：盡命。(九六)理須：謂依照道理，自須。(九七)明揚：謂公開擢揚。(九八)闇投：謂暗中薦投。(九九)承前：謂襲承上述情形。(一〇〇)涉謗：涉陷於謗議者。(一〇一)秉鈞：謂秉權，此指宰相言。(一〇二)或自行情：謂自行私惠。(一〇三)所親：所親知之人。(一〇四)其弊非遠：謂其弊端，非在遼遠之處。(一〇五)聖鑒明知：謂聖上只一鑒察，即可明悉。(一〇六)職名：職位名稱。(一〇七)行舉：臺省長官舉之，宰相行之。(一〇八)屬吏：部屬之吏。(一〇九)擇：亦舉。(一一〇)具僚：備位之僚吏。(一一一)悠悠：紛紜。(一一二)領其要：謂綜領其綱要。(一一三)任其詳：負任其詳細之務。(一一四)輔臣：宰輔之臣。(一一五)庶長：庶官之長。(一一六)務得人：專欲得人。(一一七)無易於此：謂無以改於此道。(一一八)廣：猶多。(一一九)考課：考核官吏之能否，立有標準，分別等差，以憑黜陟者，曰考課。(一二〇)則天：謂武后。(一二一)不次：不依次第。(一二二)人：指官員言。(一二三)課責：猶處罰。(一二四)謂知人之明：謂有知人之明。(一二五)賴：依賴。(一二六)傷易：失之於容易。(一二七)規：章程。(一二八)失士：謂漏失人才。(一二九)追前詔不行：謂追回前詔而不施行。(一三〇)田軍：屯田之軍。(一三一)海泊珍異：按泊、乃舶之訛，謂海舶所載之珍異。(一三二)市易：猶交易。(一三三)收市：收買。(一三四)緩：寬緩。(一三五)擾：煩擾。(一三六)湊：湊聚。(一三七)侵刻：侵佔刻削。(一三八)招攜失所：胡三省曰：「攜，離也，言所以招攜離者，失其道也。」(一三九)曾不內訟：《論語．公冶長》：「吾未見能見其過而內自訟者也。」包注：「訟，猶責也。」言人有過，莫能自責。(一四〇)更蕩上心：《禮記．月令》：「毋或作為淫亂，以蕩上心。」注：「蕩，謂搖動之也。」(一四一)信嶺南：謂信任嶺南之市易。(一四二)外使：指在安南主市易之使者。(一四三)寢：止。(一四四)權判：猶暫判。(一四五)準平萬貨：均平萬貨之價格。

㊻刻吝：刻薄吝嗇。㊼則容姦：謂則易藏姦。㊽交駭物聽：謂大駭人之聽聞。㊾尸祿之責：謂尸位素餐之罪。㊿知人之明，亦恐傷於聖鑒：謂亦恐損傷聖上知人之明。(51)賑撫：賑濟撫恤。(52)殊少：猶頗少。(53)即議：若議。(54)徇：徇從。(55)揣：揣度。(56)侈：大。(57)小其事：謂將大事縮小。(58)制備：胡三省曰：「制備，謂隨事為之制，而豫備也。」(59)失所：謂失其用。(60)於斯：指上所言諸事。(61)所費者財用：謂所耗費者，乃為財物。(62)闕：空闕。(63)含垢：含忍垢辱。(64)渠魁：渠，大；魁，率。(65)下人：即下民。(66)昔秦晉仇敵，穆公猶救其饑：《左傳》僖公十三年及十五年：「晉饑，秦輸之粟，秦饑，晉閉之糴。穆公伐晉，執惠公，而晉又饑，穆公復餼之粟，曰：『吾怨其君，而矜其民。』」(67)懷柔：懷，來；柔，安。(68)寧人負我：寧乃於二者中，選而取之之辭，其原文乃為與其……勿寧一雙之連接辭，而勿寧中又省去勿字，遂成為此式，及含此意也。(69)以前青州刺史李師古為平盧節度使：《舊唐書・德宗紀》，載此署命，為八月辛卯，當從添辛卯二字。(70)贍：足。(71)蓄斂乖宜：儲蓄賦斂，乖違事宜。(72)隸：屬。(73)降：謂降遣。(74)分鎮：謂分自鎮守。(75)亘：綿亘。(76)率從：統率及聽從。(77)謀主：謂主持計謀者。(78)方從中覆：謂方從朝廷中謀議回覆之策。(79)比：及。(80)侔：等。(81)彼攻有餘：謂彼攻之兵力有餘。(82)由將：由於將帥。(83)在朝：在於朝廷。(84)合幷：謂合併於一處。(85)部分：猶分派。(86)離析：分離析散。(87)就軍：謂就軍師所在之地。(88)以省運：以省運輸之勞費。(89)悅慕：欣悅感慕。(90)專事纖嗇：專事纖細及吝嗇之行。(91)不時：不依時。(92)歛藏：征歛貯藏。(93)艱食：此指歉收。(94)抑：強行壓迫。(95)豪家：豪右之

家。(九六)操：執持。(九七)勢要：謂權勢貴要。(九八)羈遊之士：謂負羈而遨遊之士，此亦指貴幸言。(九九)委：置。(一〇〇)支：支付。(一〇一)絺紵：絺，葛之精者；紵，似麻，可以為布。(一〇二)充直：以充糧直。(一〇三)偽：詐偽。(一〇四)估：估價。(一〇五)苟售滯貨：苟，苟且；滯貨，呆滯不易脫手之貨。謂以苟且不正當之方式，以出售呆滯之貨物。(一〇六)所得加價：指糧穀言。(一〇七)羨餘：謂盈餘。(一〇八)雖設巡院，轉成囊橐：胡三省曰：「元和四年十二月十二日，勅：『遠處州使，率情違法，臺司無由盡知。轉運使度支悉有巡院，委以訪察，當道使司及州縣有兩稅外，榷率及違格勅文法等事，狀報臺司。』蓋劉晏始置巡院，自江淮以來，達於河渭，其後遂及緣邊諸道亦置之。」轉成囊橐，謂空無所有也。(一〇九)申：申報。(一一〇)囷倉：皆以藏穀，圓曰囷，方曰倉，音ㄐㄩㄣ。(一一一)則百十不足：謂尚不足百十。(一一二)習聞見：謂習慣於聞見。(一一三)不計：謂不能計算。(一一四)防：預防。(一一五)集事：成事。(一一六)互有：猶各有。(一一七)權：權衡。(一一八)弛：弛緩。(一一九)廩：毛晃曰：「倉有屋曰廩。」(一二〇)畜用：猶慎用。(一二一)貨泉：謂貨錢。(一二二)委積：猶溢積。(一二三)流庸：胡三省曰：「流謂流徙，庸謂傭雇。」(一二四)彼所乏：指穀言。(一二五)達：通。(一二六)僦直：雇用人夫之直。(一二七)米糙且陳：米粗糙且又陳敗。(一二八)月估：謂月具物價高低之數，以聞於上。(一二九)耗其九而存其一：胡三省曰：「以江淮之米，合運漕之僦直，率一斗為錢三百五十，而京師米價，斗止三十七錢，是耗其九而存其一也。」(一三〇)彼人：彼方之人。(一三一)制事：制定事務。(一三二)江湖淮浙：江湖指長江、五湖產米之區言，蓋此稱通曰江淮，乃包括淮南道及江南道一帶地域，而此作江湖淮浙，知江湖二字，必須如上釋也。(一三三)委：委任。(一三四)令糶米以補渭橋倉之缺數：既言補缺數，則糶米之糶，當作糴無疑。〔三五〕斗用百錢，以利農人：增價以糴則利農。〔三六〕價：價款。〔三七〕折：折價。〔三八〕絁：繒之似布者，今謂之紬。〔三九〕上都：指長安言。〔四〇〕先貸戶部錢：謂先貸借戶部之錢。〔四一〕浸：漸。〔四二〕猜：猜疑。〔四三〕聲言：猶揚言。〔四四〕相應：相接應。〔四五〕雲嶺：《南中志》：「雲南縣西，高山相連，眾山之中，又有山特高大，狀如扶風太一，鬱然高峻，與雲氣相連，視之不見，其山固陰沍寒，雖五月盛暑不熱，所謂雲嶺也。」〔四六〕平：夷毀。〔四七〕保：保衛。〔四八〕永同：謂永遠如同。〔四九〕賓相：謂賓參。〔五〇〕奏擬：謂上奏擬以為相。〔五一〕不允：不允許。〔五二〕怨公：謂恨公。〔五三〕泄贄語：謂泄係贄語。〔五四〕以聞參言：以係所聞於參之言，即上之有怨公之言。〔五五〕歸怨：歸怨毒。〔五六〕吉州別駕：《舊唐書・德宗紀》及〈姜公輔傳〉，吉州俱作泉州，當改從之。〔五七〕芳州及黑水堡：胡三省曰：「芳州、高宗上元二年，已為吐蕃所陷。酈道元曰，『黑水出羌中，西南逕黑水城西，其地蓋在陰平西北，臨洮西南，古沓中之地也。』」〔五八〕諭止之：曉諭而息止之。〔五九〕莫州：胡三省曰：「莫州治莫縣，在幽州南二百八十里。」〔六〇〕濟用其子為副大使：胡三省曰：「河朔三鎮及淄青，皆以其子為副大使，儲帥也。」〔六一〕以易販鬻者：蓋前多販鬻商賈以充軍籍。〔六二〕寓宿：寄宿。〔六三〕宮舍：宮中直宿之舍。〔六四〕左遷右領軍：胡三省曰：「右領軍、十六衛之一也，時南牙諸衛，具位而已，北軍掌禁兵，權重，故良器為左遷。」

九年（西元七九三年）

㈠春，正月，癸卯，初稅茶㈠，凡州縣產茶及茶山外要路，皆估㈡其直，什稅一，從鹽鐵使張滂之請也。滂奏去歲水灾減稅，用度不足，請稅茶以足之，自明年以往㈢，稅茶之錢，令所在別貯，俟有水旱，以代民田稅㈣。自是歲收茶稅錢四十萬緡，未嘗以救水旱也。滂又奏姦人銷錢為銅器以求贏㈤，請悉禁銅器，銅山聽人開采㈥，無得私賣㈦。

㈡二月，甲寅，以義武留後張昇雲為節度使。

㈢初鹽州既陷㈧，塞外無復保障，吐蕃常阻絕靈武㈨，侵擾鄜坊，辛酉，詔發兵三萬五千人城鹽州，【考異】邠志：「八年，詔追張公議築鹽夏二城。張公奏曰，師之進取，切藉驍將，神策散將魏芫者，武藝寇絕，得芫足以集事。上遣之。張公以芫為邠寧馬軍兵馬使，三月，師及諸軍赴於五原，去城百里而軍，芫獨以其騎徑至城下，陷城而入，逐吐蕃，召諸軍城之，更引其軍，西掠境土，往復走望，為師耳目，番眾距境，而不敢入，官軍城二郡而歸。」白居易樂府鹽州注亦云：「貞元壬申歲，特詔城之。」而實錄在九年二月，蓋去歲詔使城之，今年因命杜彥光等而言之。又詔涇、原、山南、劍南，各發兵深入吐蕃，以分其勢㈩，城之二旬而畢，命鹽州節度使杜彥光戍之，朔方都虞候楊朝晟戍木波堡⑪，由是靈夏河南⑫獲安。

㈣上使人諭陸贄以要重之事，勿對趙憬⑬陳論，當密封手疏⑭以聞；又苗粲以父晉卿往年攝政(一五)，嘗有不臣之言，諸子皆與古帝王同名(一六)，今不欲明行斥逐，兄弟亦各除外官(一七)，勿使近屯兵之地；又卿清慎(一八)太過，諸道饋遺(一九)，一皆拒絕，恐事情不通(二〇)，如鞭靴之類，受亦無傷。贄上奏，其略曰：「昨臣所奏，惟趙憬得聞，陛下已至勞神(二一)，委曲防護，是於心膂(二二)之內，尚有形迹之拘(二三)，職同事殊，鮮克以濟(二四)，恐爽(二五)無私(二六)之德，且傷不吝(二七)之明。」又曰：「爵人必於朝，刑人必於市(二八)，惟恐眾之不覩，事之不彰，君上行之無愧心(二九)，兆庶聽之無疑議，受賞安之無怍色(三〇)，當刑居之無怨言，此聖王所以宣明典章(三一)，與天下公共者也(三二)。凡是譖訴(三三)之事，多非信實(三四)之言，利於中傷(三五)，懼於公辯(三六)，或云歲月已久，不可究尋(三七)，或云事體有妨，須為隱忍(三八)，或云惡跡未露，宜假它事為名(三九)，或云但棄(四〇)其人，何必明言(四一)責辱，詞皆近於情理，意實苞於矯誣(四二)，傷善售姦(四三)，莫斯為甚。若晉卿父子，實有大罪，則當公議典憲(四四)，若被誣枉，豈令陰受播遷(四五)。夫聽訟辨讒(四六)，必求情辨跡(四七)，情見跡著(四八)，辭服理窮(四九)，然後加刑罰焉，是以下無冤人，上無謬(五〇)聽。」又曰：「監臨受賄，盈尺有刑(五一)，至於士吏(五二)之微，尚當嚴禁，矧(五三)居風化之首(五四)，反可通行！賄道(五五)一開，展轉滋(五六)甚，鞭韡不已(五七)，必及金玉(五八)，目見可欲，何能自窒(五九)於心，已與交私，何能中絕其意(六〇)，是以涓流(六一)不絕，溪壑成灾(六二)矣。」又曰：「若有所受，有所却(六三)，則遇却者，疑乎(六四)見拒而不通矣(六五)，若俱辭不受，則咸知不受者，乃其常理，復何嫌阻(六六)之有乎？」

(五)初竇參惡左司郎中李巽，出為常州刺史，及參貶郴州，巽為湖南觀察使，汴州節度使劉士寧遺(六七)參絹五十匹，巽奏參交結藩鎮，上大怒，欲殺參；陸贄以為參罪不至死，上乃止。既而復遣中使謂贄曰：「參交結中外(六八)，其意難測，社稷事重，卿速進文書處分(六九)。」贄上言：「參朝廷大臣，誅之不可無名，昔劉晏之死，罪不明白，至今眾議為之憤悒(七〇)，叛臣得以為辭(七一)。參貪縱之罪，天下共知，至於潛懷異圖，事跡曖昧(七二)，若不推鞫(七三)，遽加重辟(七四)，陛，駭動(七五)不細(七六)。竇參於臣無分(七七)，跡下所知，豈欲營救其人，蓋惜典刑不濫(七八)。」三月，更貶參驩州(七九)司馬，男女皆配流(八〇)。上又命理(八一)其親黨(八二)，贄奏：「罪有首從(八三)，法有重輕(八四)，參既蒙宥(八五)，親黨亦應末減(八六)，況參得罪之初，私黨并已連坐，人心久定，請更不問(八七)。」從之。上又欲籍其家貲(八八)，贄曰：「在法，反逆者盡沒其財，贓污者止徵所犯(八九)，皆須結正(九〇)施刑，然後收籍(九一)。今罪法未詳(九二)，陛下已存惠貸(九三)，若簿錄(九四)其家，恐以財傷義。」時宦官左右恨參尤深，謗毀不已，參未至驩州，竟賜死於路，竇申杖殺，貨財奴婢，悉傳送(九五)京師。

㈥海州團練使張昇璘、昇雲之弟，李納之壻也，以父大祥(九六)，歸於定州(九七)，嘗於公座(九八)罵王武俊，武俊奏之。夏，四月，丁丑，詔削其官，遣中使杖而囚(九九)之。定州富庶(一〇〇)，武俊常欲之(一〇一)，因是遣兵襲取義豐，掠安喜、無極(一〇二)萬餘口，徙之德棣，昇雲閉城自守，屢遣使謝之，乃止。上命李師古毀三汊城，師古奉詔，然常招聚亡命(一〇三)，有得罪於朝廷者，皆撫(一〇四)而用之。

㈦五月，甲辰，以中書侍郎趙憬為門下侍郎、同平章事，義成節度使賈耽為右僕射，右丞盧邁守本官，并同平章事。邁，漢之族子(二〇五)也。憬疑陸贄恃恩，欲專大政，排己置之門下(二〇六)，多稱疾不豫事(二〇七)，由是與贄有隙。【考異】舊憬傳曰：「憬與陸贄同知政事，贄恃久在禁庭，特承恩顧，以國政為己任，纔周歲，轉憬為門下侍郎，憬由是深銜之，數以目疾請告，不甚當政事，因是不相協。」按憬遷門下，猶為宰相，又益以賈耽、盧邁，贄豈得專政？蓋憬以此心疑之耳。

(八)陸贄上奏，論備邊六失，以為：「措置乖方(二〇八)，課責虧度(二〇九)，財匱於兵眾(二一〇)，力分於將多，怨生於不均(二一一)，機失於遙制(二一二)，關東戍卒，不習土風(二一三)，身苦邊荒(二一四)，心畏戎虜(二一五)，國家資奉(二一六)若驕子(二一七)，姑息(二一八)如倩人(二一九)，屈指計歸(二二〇)，張頤(二二一)待哺(二二二)，或利王師之敗(二二三)，乘擾攘而東潰(二二四)，或拔棄(二二五)城鎮，搖(二二六)遠近之心，豈惟(二二七)無益，實亦有損。復有犯刑謫(二二八)徙者，既是無良(二二九)之類，且加懷土(二三〇)之情，思亂幸災(二三一)，又甚戍卒，可謂措置乖方矣(二三二)。自頃權移於下，柄(二三三)失於朝，將之號令，既鮮克(二三四)行之於軍，國之典常(二三五)，又不能施之於將，務相遵養(二三六)，苟度(二三七)歲時，欲賞一有功，翻慮無功者反仄(二三八)，欲罰一有罪，復慮同惡者憂虞(二三九)，罪以隱忍(二四〇)而不彰(二四一)，功以嫌疑(二四二)而不賞，姑息之道，乃至於斯。故使忘身效節(二四三)者，獲誚於等夷(二四四)，率眾先登者，取怨(二四五)於士卒，僨軍(二四六)蹙國(二四七)者，不懷於愧畏(二四八)，緩救失期者，自以為智能（四九），此義士所以痛心，勇夫所以解體（五〇），可謂課責虧度矣（五一）。虜每入寇，將帥遞相推倚（五二），無敢誰何（五三），虛張（五四）賊勢，上聞則曰兵少不敵，朝廷莫之省察（五五），唯務徵發益師（五六），無裨（五七）備禦之功，重增供億之弊（五八），閭井日耗（五九），徵求日繁，以編戶（六〇）傾家破產之資（六一），兼（六二）有司榷鹽稅酒之利（六三），總其所入，歲以事邊（六四），可謂財匱於兵眾矣（六五）。吐蕃舉國（六六）勝兵（六七）之徒，纔當中國十數（六八）大郡而已，動則中國懼其眾（六九）而不敢抗，靜則中國憚其強而不敢侵，厥（七〇）理何哉？良（七一）以中國之節制（七二）多門，蕃醜（七三）之統帥專一故也。夫統帥專一，則人心不分，號令不貳（七四），進退可齊（七五），疾徐如意，機會靡愆（七六），氣勢自壯，斯乃以少為眾，以弱為強者也。開元天寶之間，控禦（七七）西北兩蕃（七八），唯朔方、河西、隴右三節度；中興以來，未遑外討，抗兩蕃者，亦朔方、涇原、隴右、河東四節度而已；自頃分朔方之地，建牙擁節者，凡三使焉（七九），其餘鎮軍，數且四十，皆承特詔委寄（八〇），各降中貴（八一）監臨，人得抗衡（八二），莫相稟屬（八三），每俟邊書告急，方令計會（八四）用兵，既無軍法下臨（八五），惟以客禮相待。夫兵以氣勢為用者也，氣聚則盛，散則消，勢合則威(一八六)，析則弱，今之邊備，勢弱氣消，可謂力分於將多矣(一八八)。理戎(一八九)之要(一九〇)，在於練覈(一九一)優劣之科(一九二)，以為衣食等級之制(一九三)，使能者企及(一九四)，否者息心(一九五)，雖有厚薄之殊(一九六)，而無觖望(一九七)之釁(一九八)，今窮邊之地，長鎮(一九九)之兵，皆百戰傷夷(二〇〇)之餘，終年勤苦之劇(二〇一)，然衣糧所給，唯止當身(二〇二)，例(二〇三)為妻子所分，常有凍餒之色(二〇四)，而關東戍卒，怯於應敵(二〇五)，懈(二〇六)於服勞(二〇七)，衣糧所頒(二〇八)，厚(二〇九)踰數等，又有素(二一〇)非禁旅，本是邊軍，將校詭為媚詞(二一一)，因請遙隸神策(二一二)，不離舊所，唯改舊名，其於稟賜(二一三)之饒，遂有三倍之益(二一四)。夫事業未異，而給養(二一五)有殊，苟未忘懷(二一六)，孰能無慍(二一七)，可謂怨生於不均矣(二一八)。凡欲選任(二一九)將帥，必先考察行能(二二〇)，可者遣之，不可者退之，疑者不使，使者不疑，故將在軍，君命有所不受。自頃邊軍去就(二二一)，裁斷多出宸衷(二二二)，選置戎臣(二二三)，先求易制，多其部(二二四)以分其力，輕其任以弱其心(二二五)，遂令爽於軍情(二二六)、亦聽命，乖(二二七)於事宜、亦聽命，戎虜馳突，迅如風飈(二二八)，馹(二二九)書上聞，旬月(二三〇)方報，守土者以兵寡不敢抗敵，分鎮者(二三一)

以無詔不肯出師，賊既縱掠[32]退歸，此乃陳[33]功告捷，其敗喪[34]則減百而為一[35]，其捃[36]獲則張[37]百而成千，將帥既幸於總制[38]，在朝不憂罪累[39]，陛下又以為大權由己，不究[40]事情，可謂機失於遙制矣[41]。臣愚謂宜罷諸道將士防秋之制，令本道但供衣糧，募戍卒願留[42]及蕃漢子弟以給之[43]，又多開屯田，官為收糴[44]，寇至則人自[45]為戰，時至則家自力農[46]，與夫倏來[47]忽往者，豈可同等[48]而論哉！又宜擇文武能臣[49]為隴右、朔方、河東三元帥，分統緣邊諸節度使，有非要者，隨所便近而併之[50]，然後減姦濫[51]虛浮之費以豐財，定衣糧等級之制[52]以和眾[53]，弘[54]委任之道，以宣[55]其用，懸賞罰之典，以考其成[56]，如是則戎狄威懷[57]，疆埸[58]寧謐[59]矣。」上雖不能盡從，心甚重之。

(九)韋皋遣大將董勔等將兵出西山[60]，破吐蕃之眾，拔堡柵五十餘。

(十)丙午，門下侍郎同平章事董晉罷為禮部尚書。

(十一)雲南王異牟尋遣使者三輩[61]，一出戎州，一出黔州，一出安南，各賷[62]生金[63]丹砂[64]詣韋皋，金以示堅[65]，丹砂以示赤心，三分皐所與書為信(二六)，皆達成都。異牟尋上表請棄吐蕃歸唐，并遣皐帛書(二七)，自稱唐雲南王孫、吐蕃贊普義弟日東王(二八)。皐遣其使者詣長安，并上表賀，上賜異牟尋詔書，令皐遣使慰撫之。

(十二)賈耽、陸贄、趙憬、盧邁為相，百官白事，更(二九)讓不言。秋，七月，奏請依至德故事，宰相迭秉筆以處政事(三〇)，旬日一易，詔從之，其後日一易之(三一)。

(十三)劍南西山諸羌女王湯立志(三二)、哥鄰王董臥庭(三三)、白狗王羅陀忽、弱水王董辟和、南水王薛莫庭、悉董王湯悉贊、清遠王蘇唐磨、咄霸王董邈蓬及逋租王，先皆役屬吐蕃，至是各帥眾內附，韋皐處之於維保霸州，給以耕牛種糧，立志、陀忽、辟和入朝，皆拜官，厚賜而遣之。

(十四)癸卯，戶部侍郎裴延齡奏，自判度支以來，檢責(三四)諸州欠負錢八百餘萬緡，收諸州抽貫錢(三五)三百萬緡，呈樣物(三六)三十餘萬緡，請別置欠負耗賸(三七)季庫(三八)以掌之，染練物(三九)，則別置月庫(四〇)以掌之，詔從之。欠負皆貧人，無可償(四一)，徒存其數者，抽貫錢給用隨盡(四二)，呈樣染練皆左藏正物(二六三)，延齡徙置別庫，虛張名數(二六四)以惑上，上信之，以為能富國而寵之，於實(二六五)無所增也，虛費(二六六)吏人簿書而已。京城西污濕地生蘆葦數畝，延齡奏稱長安咸陽有陂(二六七)澤數百頃，可牧(二六八)廄馬，上使有司閱視(二六九)，無之，亦不罪也。左補闕權德輿上奏，以為：「延齡取常賦支用未盡者充羨餘(二七〇)，以為己功，縣官先所市物，再給其直，用充別貯(二七一)，邊軍自今春以來，幷不支糧(二七二)，陛下必以延齡孤貞(二七三)獨立，時人醜正(二七四)流言，何不遣信臣(二七五)覆視(二七六)，究其本末，明行賞罰，今羣情眾口喧於朝市(二七七)，豈京城士庶皆為朋黨邪？陛下亦宜稍回(二七八)聖慮而察之。」上不從。

(十五)八月，庚戌，太尉、中書令西平忠武王李晟薨。

(十六)冬，十月，甲子，韋皐遣其節度巡官(二七九)崔佐時齎詔書詣雲南，幷自為帛書荅之。

(十七)十一月，乙酉，上祀圓丘，赦天下。

(十八)劉士寧既為宣武節度使，諸將多不服，士寧淫亂殘忍，出畋(二八〇)輒數日不返，軍中苦之，都知兵馬使李萬榮得眾心，士寧疑之，奪其兵權，令攝汴州事。十二月，乙卯，士寧帥眾二萬畋於外野㉑，萬榮晨入使府，召所留親兵千餘人，詐之曰㉒：「勅徵大夫入朝，以吾掌留務㉓，汝輩人賜錢三十緡。」眾皆拜，又諭外營兵，皆聽命，乃分兵閉城門，使馳白士寧曰：「勅徵大夫，宜速即路㉔，少或遷延㉕，當傳首以獻。」士寧知眾㉖不為用，以五百騎逃歸京師，比至東都，所餘僕妾而已，至京師，勅歸第行喪㉗，禁其出入。淮西節度使吳少誠聞變，發兵屯郾城㉘，遣使問故，且請戰，萬榮以言戲之㉙，少誠慙而退。上聞萬榮逐士寧，使問陸贄，贄上奏，以為今軍州已定，宜且遣朝臣宣勞㉚，徐察事情，冀免差失㉛，其略曰：「今士寧見逐，雖是眾情，萬榮典軍㉜，且非㉝朝旨，此安危彊弱之機㉞也，願陛下審之！慎之！」上復使謂贄：「若更淹遲㉟，恐於事非便，今議除㊱一親王，充節度使，且令萬榮知留後，其制即從內㊲出。」

(九)贄復上奏，其略曰：「臣雖服戎角力㊳，諒匪克堪㊴，而經武㊵伐謀㊶，或有所見。夫制置之安危由勢，付授之濟㊷否由才，勢如器焉，惟在所置，置之夷地〔二三〕則平，才如負焉，唯在所授，授踰其力則踣〔二四〕。萬榮今所陳奏，頗涉張皇〔二五〕，但露徼〔二六〕求之情，殊無退讓之禮，據〔二七〕茲鄙躁，殊異循良，又聞本是滑人，偏厚當州〔二八〕將士，與之相得，纔止三千，諸營之兵，已甚懷怨，據此頗〔二九〕僻，亦非將材，若得志驕盈，不悖〔三〇〕則敗，悖則犯上，敗則僨軍〔三一〕。」又曰：「苟邀〔三二〕則不順，苟允〔三三〕則不誠，君臣之間，勢必嫌阻〔三四〕，與其圖之於滋蔓〔三五〕，不若絕之於萌芽。」又曰：「為國之道，以義訓人〔三六〕，將教事君，先令順長〔三七〕。」又曰：「方鎮之臣，事多專制，欲加之罪，誰則無辭〔三八〕？若使傾奪之徒，便得代居其任，利之所在，人各有心，此源潛滋〔三九〕，禍必難救〔四〇〕，非獨長亂之道，亦關〔四一〕謀逆之端。」又曰：「昨逐士寧，起於倉卒，諸郡守將，固非連謀，一城師人，亦未協志〔四二〕，各計度〔四三〕於成敗之勢，迴遑〔四四〕於逆順之名，安肯捐軀〔四五〕，與之同惡？」又曰：「陛下但選文武羣臣一人，命為節度，仍降優詔，慰勞本軍，獎萬榮以撫定〔四六〕之功，別加寵任，褒將士以輯睦之義〔四七〕，厚賜資裝〔四八〕，揆其大情，理必寧息〔四九〕。

萬榮縱欲㉚跋扈，勢何能為？」又曰：「儻後事有愆素㉛，臣請受敗橈㉜之罪。」上不從。壬戌，以通王諶為宣武節度大使，以萬榮為留後。

(廿)丁卯，納故駙馬都尉郭曖女為廣陵王淳妃。淳，太子之長子㉝，妃母即昇平公主也。

【今註】㈠初稅茶：胡三省曰：「爾雅釋木云：『檟，苦茶。』郭璞注云：『樹大小似梔子，冬生葉，可煮作美飲，今呼早採者為茶，晚採者為茗，一名荈，蜀人謂之苦荼是也，今通謂之茶，茶茶聲近，故呼之，春中始生嫩葉，蒸焙去苦水，末之，乃可喫，與古所食，殊不同也。』本草衍義曰：『晉溫嶠上表，貢茶千斤，茗三百斤。郭璞曰，早採為茶，晚採為茗，茗或曰荈，荈葉老者也。古人謂其芽曰雀舌、麥顆，言其至嫩也。又有新芽，一發便長寸餘，微麄如針，惟芽長為上品，其根幹土力皆有餘故也，如雀舌麥顆，又下品，前人未盡識。』」㈡估：估計。㈢以往：猶以後。㈣田稅：亦即田租。㈤以求贏：謂以求贏利。㈥采：通採。㈦私賣：謂私賣銅及銅器。㈧初鹽州既陷：鹽州陷，見卷二百三十二，二年。㈨常阻絕靈武：謂常阻絕靈武往來之路。㈩分其勢：分其兵勢。⑪木波堡：胡三省曰：「木波堡，在慶州方渠縣界。」⑫河南：此河南、指今綏遠省河套一帶而言。⑬趙㒆：據上文，㒆當作憬。⑭手疏：親手所書之疏。⑮苗粲以父晉卿往年攝政：寶應間，連有國憂，晉卿攝冢宰。⑯諸子皆與古帝王同名：胡三省曰：「晉卿十子，發、丕、堅、垂，與帝王同名。」⑰外官：京師以外之官。⑱清慎：清廉謹慎。⑲饋遺：贈遺。⑳恐事情不通：謂恐有違人情事理。㉑勞神：勞費精神。㉒心膂：猶心腹。㉓拘：拘牽。㉔濟：成。㉕爽：差。㉖無私：謂大公無私。㉗不吝：謂不吝改過。㉘爵人必於朝，刑人必於市：胡三省曰：「記曰：『爵人於朝，與眾共之，刑人於市，與眾棄之。』」㉙無愧心：無羞愧之心，亦即無愧於心。㉚作色：愧怍之顏色。㉛典章：常法。㉜與天下公共者也：謂與天下共同遵守者也。㉝譖訴：譖毀控訴。㉞信實：可信及確實。㉟中傷：暗傷。㊱公辯：公開辨明。㊲究尋：窮尋。㊳隱忍：隱藏容忍。㊴宜假它事為名：謂宜借它事以為名義。㊵棄：棄絕。㊶明言：明白言之。㊷苞於矯誣：謂苞藏矯詐誣罔，於字在此，可視為語助，無義。㊸售姦：謂得售姦計。㊹則當公議典憲：謂則當與眾評論其所犯之刑法。㊺播遷：指上除外官言。㊻辨讒：辨別讒言。㊼求情辨跡：謂求其內情，辨其行跡。㊽情見跡著：謂內情有所表見，行跡有所顯著。㊾辭服理窮：謂言辭伏服，道理窮盡。㊿謬：錯誤。(51)監臨受賄，盈尺有刑：胡三省曰：「律、諸監臨之官，受所監監財物者，一尺笞四十，諸監臨主司受財而枉法者，一尺杖一百。」(52)士吏：謂官吏。(53)矧：況。(54)風化之首：謂宰相者，風化之所自出。(55)賄道：謂賄賂之道路。(56)滋：愈。(57)鞭韡不已：韡同靴，謂接受鞭靴而不止已。(58)必及金玉：謂必將擴大而收及金玉之寶。(59)窒：息。(60)已與交私，何能中絕其意：胡三省曰：「謂既受其私饋，則難以絕其私謁。」(61)涓流：謂涓滴細流。(62)溪壑成災：謂將匯成溪壑，且甚至汜濫而成水災。(六三)却：退。(六四)乎：猶於。(六五)而不通矣：謂而不肯通融矣。(六六)嫌阻：嫌惡疑阻。(六七)遺：贈遺。(六八)交結中外：謂交結中外大臣。(六九)速進文書處分：謂速進奏章，陳述處分之法。(七〇)憒邑：邑，通悒，謂憒憒不平。(七一)為辭：為藉辭。(七二)事跡曖昧：謂則事跡不明。(七三)推鞫：鞫、通鞫，謂推考鞫問。(七四)重辟：重刑。(七五)駭動：謂驚動。(七六)不細：不小。(七七)於臣無分：言無契分之雅。(七八)蓋惜典刑不濫：謂蓋所重惜者，乃為法度之不濫耳。(七九)驩州：《舊唐書・地理志》四：「嶺南道、安南府，驩州，至京師，陸路一萬二千四百五十二里，水路一萬七千里。」(八〇)配流：謂按當其罪，而流放於相當距離之地。(八一)理：治。(八二)親黨：親族黨與。(八三)首從：首，謂創始者；從，謂隨從者。(八四)法有重輕：法之處罰，為首者重，隨從者輕。(八五)宥：原宥。(八六)末減：猶盡減。(八七)請更不問：謂請勿再問其罪。(八八)家貲：家財。(八九)止徵所犯：謂只沒收其所貪污之部份。(九〇)結正：謂結案覈定。(九一)收籍：收沒。(九二)詳：明。(九三)惠貸：寬惠假貸。(九四)簿錄：謂按簿書而沒錄。(九五)傳送：謂沿路相傳而遞送也。(九六)大祥：子居父喪，再朞而大祥。(九七)定州：義武軍帥治所。(九八)公座：謂於羣官會集之席次中。(九九)囚：拘囚。(一〇〇)富庶：謂財物富饒，士民眾多。(一〇一)常欲之：謂常欲得之。(一〇二)襲取義豐，掠安喜、無極：據《新唐書・地理志》三，三縣皆屬河北道定州。(一〇三)亡命：謂籍貫上無其姓名者。(一〇四)撫：招撫。(一〇五)邁、漢之族子：興元時，盧翰與李勉、劉從一同為相。(一〇六)排己置之門下：胡三省曰：「政事堂在中書省，今憬遷東省，故疑贄排己，右僕射屬門下省。」(一〇七)不豫事：不參豫政事。(一〇八)乖方：乖違道理。(一〇九)課責虧度：猶謂賞罰失度。(一一〇)財匱於兵眾：謂因兵卒眾多，而致財用不足。

㉑不均：不平均。㉒機失於遙制：以遙為之制，而每遺誤戎機。㉓土風：謂水土氣候。㉔身苦邊荒：謂身苦邊荒之嚴寒。㉕心畏戎虜：謂心畏戎虜之兇悍。㉖資奉：資給奉養。㉗若驕子：若天之驕子。㉘姑息：苟容取安。㉙倩人：求人。㉚屈指計歸：謂每日所為者，乃在計算歸期。㉛張頤：猶張口。㉜待哺：謂待就飲食。㉝或利王師之敗：謂或利用王師之敗北。㉞而東潰：謂潰散而奔還其東方故里。㉟拔棄：謂率軍逃走而丟棄城鎮。㊱搖：搖蕩。㊲惟：但。㊳謫：同謫，貶也。㊴無良：不善。㊵懷土：懷念鄉土。㊶幸災：以災害為幸冀。㊷可謂措置乖方矣：此一失也。㊸柄：亦即權。㊹克：能。㊺典常：謂常法。㊻遵養：胡三省曰：「遵，率也，言相率以養惡也。」㊼苟度：苟且偷度。㊽反仄：猶反側，謂起反側之心。㊾憂虞：憂慮。㊿隱忍：隱匿含忍。(51)彰：彰著。(52)嫌疑：猶疑慮。(53)效節：謂致忠烈之操者。(54)等夷：等儕。(55)取怨：獲怨恨。(56)僨軍：敗軍。(57)蹙國：使國土蹙削。(58)不懷於愧畏：謂不知有羞愧畏懼之念。(59)自以為智能：謂自以為甚有智能。(60)解體：猶離心。(61)可謂課責虧度矣：此二失也。(62)遞相推倚：謂互相推諉，互相依賴。(63)無敵誰何：謂無人敢如寇何。(64)張：張大。(65)莫之省察：謂不加省視調察。(66)益師：猶增兵。(67)裨：益。(68)弊：困幣。(69)閻井日耗：謂閭里之丁夫日減。(70)編戶：有戶籍者，此謂平民。(71)資：資財。(72)兼：加益。(73)利：利益。(74)歲以事邊：每歲用於防邊。(75)可謂財匱於兵眾矣：此三失也。(76)舉國：全國。(77)勝兵：謂人堪執兵器以作戰者。(78)十數：十餘。(79)眾：指兵卒之眾多言。(80)厥：其。(81)良：誠。(82)節制：節度統制。(83)醜：類。(84)不貳：猶專

一。(七五)可齊：可以整齊。(七六)靡愆：不失。(七七)控禦：控制防禦。(七八)西北兩蕃：兩蕃、於開元天寶以來，西則吐蕃，北則突厥，中興以來，西則吐蕃，北則回紇。(七九)自頃分朔方之地，建牙擁節者，凡三使焉：事見卷二百二十五大曆十四年。建牙謂建立牙旗，擁節謂擁持節旄。(八〇)委寄：委任寄託。(八一)中貴：指宦官言，猶中使也。(八二)抗衡：謂無所低昂，而平視之。(八三)稟屬：稟承從屬。(八四)計會：謂會合而計議之。(八五)下臨：謂以制臨之。(八六)威：謂有威，亦即強也。(八七)析：分。(八八)可謂力分於將多矣：此四失也。(八九)理戎：治兵。(九〇)要：綱要。(九一)練覈：明練詳覈。(九二)科：類別。(九三)制：規制。(九四)企及：謂勉而及之。(九五)息心：止意。(九六)殊：別。(九七)觖望：不滿。(九八)釁：釁隙。(九九)長鎮：長久鎮戍。(一〇〇)傷夷：夷亦傷，二字為複合辭。(一〇一)劇：謂甚劇者。(一〇二)當身：謂其一身。(一〇三)例：照例。(一〇四)常有凍餒之色：全文為以致常有凍餒之色。(一〇五)應敵：抵擋敵人。(一〇六)懈：猶懶。(一〇七)服勞：服勞役。(一〇八)頒：頒賜。(一〇九)厚：優厚。(一一〇)素：猶昔。(一一一)詭為媚詞：謂詐為諂媚之詞。(一一二)遙隸神策：雖在遠方，而屬軍籍於神策。(一一三)稟賜：謂糧給。(一一四)益：增益。(一一五)給養：謂所供給之養料。(一一六)忘懷：謂心中未忘。(一一七)慍：怒。(一一八)怨生於不均矣：此五失也。(一一九)選任：選擇任用。(一二〇)行能：操行能力。(一二一)去就：猶處分。(一二二)宸衷：宸謂天子，宸衷猶謂聖意。(一二三)戎臣：謂軍帥。(一二四)多其部：謂多其部份。(一二五)心：猶志。(一二六)爽於軍情：謂不合軍情。(一二七)乖：乖違。(一二八)飈：暴風，音標。(一二九)馹：謂用傳車或遞馬。(一三〇)旬月：一旬或一月。(一三一)分鎮者：分別鎮守者。(一三二)縱掠：縱恣抄掠。(一三三)陳：告。(一三四)敗衄：敗北衄師。(一三五)減百而為一：謂一百而減報為一。(一三六)捃：拾。(一三七)張：張大。(一三八)既幸於總制：謂既幸於上有總制之人。(19)罪累：謂罪責。(20)究：究察。(21)可謂機失於遙制矣：此六失也。(22)戍卒願留：謂戍卒願留而不歸。(23)以給之：謂給其衣糧。(24)為收糴：為收糴其餘糧。(25)人自：人各。(26)力農：盡力農事。(27)倏來：速忽而來。(28)同等：猶同一。(29)能臣：能幹之臣。(30)隨所便近而併之：隨地域之便近，而省併之。(31)姦濫：邪惡淫濫。(32)制：規章。(33)和眾：和洽士卒。(34)弘：弘大。(35)宣：佈。(36)以考其成：以考其成績之優劣。(37)威懷：謂畏威而懷服。(38)疆埸：邊疆，音ㄧˋ。(39)寧謐：寧安，音ㄇㄧˋ。(40)西山：胡三省曰：「自彭州導江縣西出蠶崖關，歷維茂至當悉諸州，皆西山也。」(41)三輩：三幫。(42)齎：攜帶。(43)生金：謂自金礦採出而未經鍛鍊者。(44)丹砂：一名朱砂，產石中，採者鑿石取之。(45)以示堅：以示堅貞不移。(46)三分皐所與書為信：三分韋皐所與之書，以為符信。(47)帛書：謂將文字書於帛上。(48)吐蕃贊普義弟日東王：吐蕃以雲南王為弟，見卷二百一十六天寶十載，封日東王見卷二百二十六代宗大曆十四年。(49)更：互。(50)依至德故事，宰相迭秉筆以處政事：事見卷二百一十九肅宗至德元載十月。迭，更相；處，處理。(51)日一易之：一日一更易之。(52)劍南西山諸羌女王湯立志：胡三省曰：「女王亦羌別種，東與吐蕃党項茂州接，西屬三波訶，北距於闐，屬雅州羅女蠻白狼夷，以女為君，居康延州，巖險四繚，有弱水南流，湯立志、新書作湯立悉。」(53)哥鄰王董臥庭：胡三省曰：「自哥鄰以下諸種，皆散居西山，西山即雪山，今威州保寧縣有雪山、連乳川，白狗嶺有九峯，積雪冬夏不消，白狗嶺與雪山相連，威州、唐之維州也。」(54)檢責：檢察責收。(55)抽貫錢：猶除陌錢。(56)呈樣物：呈獻樣式之物。(57)耗賸：耗，虧減；賸，贏餘。(58)季庫：三月為一季，凡三月終，則入物於庫，故謂之季庫。(二七九)染練物：所染絹練之物。(二八〇)月庫：每月入物，故謂之月庫。(二八一)償：償還。(二八二)給用隨盡：謂使用時隨即完盡。(二八三)左藏正物：謂左藏庫應收之物。(二八四)名數：名稱數目。(二八五)於實：於實際。(二八六)虛費：空費。(二八七)陂：澤畔障水之岸，亦即池也。(二八八)牧：畜牧。(二八九)閱視：檢閱察視。(二九〇)羨餘：盈餘。(二九一)縣官先所市物，再給其直，用充別貯：按《舊唐書・權德輿傳》作：「又重破官錢，買常平先所收市雜物，遂以再給估價，用充別貯利錢。」闡釋較為明確。(二九二)支糧：支領糧食。(二九三)孤貞：孤特貞介。(二九四)醜正：謂醜惡良正之人。(二九五)信臣：使臣。(二九六)覆視：重複視察。(二九七)朝市：朝廷及市肆。(二九八)回：回轉。(二九九)節度巡官：胡三省曰：「節度巡官，在判官推官之下，衙推之上。」(三〇〇)畋：畋獵。(三〇一)外野：謂城外之郊野。(三〇二)詐之曰：猶矯謂之曰。(三〇三)留務：留後之務。(三〇四)即路：就路。(三〇五)遷延：遷徙遲延。(三〇六)眾：謂士卒。(三〇七)行喪：亦即服喪。(三〇八)鄜城：今河南省鄜城縣。(三〇九)萬榮以言戲之：戲之示無所畏。(三一〇)宣勞：謂宣佈聖意而慰勞之。(三一一)差失：錯誤。(三一二)典軍：掌軍。(三一三)且非：並非。(三一四)機：猶關鍵。(三一五)淹遲：淹留遲延。(三一六)除：除命。(三一七)內：大內，亦即宮中。(三一八)服戎角力：服戎役，角材力。(三一九)堪：任。(三二〇)經武：經營武事。(三二一)伐謀：制討伐之謀略。(三二二)濟：成。(三二三)夷地：平地。(三二四)踣：仆。(三二五)張皇：張大。(三二六)徼：求取。(三二七)據：猶按。(三二八)當州：猶言本州，此謂滑州。(三二九)頗：偏頗。(三三〇)悖：悖亂。(三三一)僨軍：敗軍。(三三二)苟邀：苟且請求。(三三三)苟允：苟且允准。(三三四)嫌阻：嫌疑阻隔。(三三五)滋蔓：謂水及草之擴大也。(三三六)訓人：訓導庶人。(三三七)順長：順從長者。(三三八)無辭：謂無辭可藉。(三三九)潛滋：暗行增長。(三四〇)救：救治。(三四一)關：關連。

㉒協志：合心。㉓計度：計算度量。㉔迴遑：徘徊遑懼。㉕捐軀：捨命。㉖撫定：安撫平定。㉗義：義舉。㉘資裝：資用服裝。㉙寧息：靜息。㉚縱欲：謂即欲，乃轉折之假設辭。㉛愆索：謂素所慮有失。㉜敗橈：謂敗撓軍機。㉝淳，太子之長子：是為憲宗。

十年（西元七九四年）

㈠春，正月，劍南、西山羌蠻二萬餘戶來降，詔加韋皐押㊀近界羌蠻及西山八國㊁使。

㈡崔佐時至雲南所都羊苴咩城，【考異】舊傳作陽苴咩城，今從舊傳㊂。吐蕃使者數百人先在其國，雲南王異牟尋尚不欲吐蕃知之，令佐時衣牂牁㊃服而入，佐時不可，曰：「我大唐使者，豈得衣小夷之服！」異牟尋不得已，夜迎之，佐時大宣詔書㊄，異牟尋恐懼，顧左右失色㊅，業㊆已歸唐，乃歔欷流泣，俯伏受詔，鄭回密見佐時教之㊇，故佐時盡得其情，因勸異牟尋悉斬吐蕃使者，去吐蕃所立之號㊈，獻其金印㊉，復南詔舊名，異牟尋皆從之，【考異】舊韋皐傳：「四年正月，皐遣判官崔佐時至苴咩城⑪。」按西南夷事狀：「四年，皐微聞異牟尋之意，始因諸蠻寓書於牟尋，自是，比年招諭，至九年牟尋始遣使分皐書以來，朝廷賜之詔書，皐乃遣佐時齎詔以往，牟尋猶欲使佐時易服而入。」皐傳誤也。仍刻金契⑫以獻，異牟尋帥其子尋夢湊等與佐時盟於點蒼山(一三)神祠。先是，吐蕃與回鶻爭北庭，大戰，死傷甚眾，徵兵萬人於雲南，異牟尋辭以國小，請發三千人，吐蕃少之(一四)，益至五千，乃許之，異牟尋遣五千人前行，自將數萬人踵(一五)其後，晝夜兼行，襲擊吐蕃，戰於神川，大破之，取鐵橋(一六)等十六城，虜其五王，降其眾十餘萬，戊戌，遣使來獻捷。

㈢瀛州刺史劉澭為兄濟所逼，請西扞隴坻(一七)，遂將部兵千五百人、男女萬餘口，詣京師，號令嚴整，在道無一人敢取人雞犬者，上嘉之。二月，丙午，以為秦州刺史、隴右經略軍使，理普潤(一八)，軍中不擊柝，不設音樂，士卒病者澭親視(一九)之，死者哭之。

㈣乙丑，義成節度使李融薨，丁卯，以華州刺史李復為義成節度使。復，齊物之子(二〇)也。復辟河南尉、洛陽盧坦為判官，監軍薛盈珍數侵軍政(二一)，坦每據理以拒之，盈珍常曰：「盧侍御(二二)所言公，我固不違也。」

㈤橫海節度使程懷直入朝，厚賜遣歸。

㈥夏，四月，庚午，宣武軍亂，留後李萬榮討平之。先是，宣武親兵三百人素㉓驕橫，萬榮惡之，遣詣京西防秋，親兵怨之，大將韓惟清、張彥琳誘親兵作亂攻萬榮，萬榮擊破之，親兵掠而潰㉔，多奔宋州，宋州刺史劉逸準厚撫之㉕，惟清奔鄭州，彥琳奔東都，萬榮悉誅亂者妻子數千人，有軍士數人呼於市曰：「今夕兵大至，城當破。」萬榮收斬之，奏稱劉士寧所為。五月，庚子，徙士寧於郴州㉖。

㈦欽州蠻酋黃少卿反，圍州城，邕管經略使㉗孫公器奏請發嶺南兵救之，上不許，遣中使諭解之。

㈧陸贄上言郊禮赦下㉘，已近半年，而竄謫者尚未霑恩㉙，乃為三狀擬進。上使謂之曰：「故事，左降官準赦量移㉚，不過三五百里，今所擬稍似超越㉛，又多近兵馬及當路州縣㉜，事恐非便。」贄復上言，以為：「王者待人以誠，有責怒㉝而無猜嫌㉞，有懲沮㉟而無怨忌㊱，斥遠㊲以儆其不恪㊳，甄㊴恕以勉其自新㊵，不儆則浸㊶及威刑㊷，不勉而復加黜削㊸雖屢進退㊹，俱非愛憎行法㊺，乃暫使左遷，念材而漸加進敘(46)，又知復用，誰不增脩(47)，何憂乎亂常(48)？何患乎蓄憾(49)？如或以其貶黜，便謂姦凶，恒處防閑(50)之中，長從擯棄(51)之例，則是悔過者無由自補(52)，蘊才者終不見伸(53)，凡人之情，窮(54)則思變(55)，含悽(56)貪亂，或起於茲。今若所移不過三五百里，則有疆域(57)不離於本道(58)，風土反惡於舊州(59)，徙有徙家之勞，是增移配(60)之擾(61)。又當今郡府，多有軍兵，所在封疆，少無館驛(62)，示人疑慮，體(63)又非弘。乞更賜裁審(64)。」

(九)上性猜忌，不委任臣下，官無大小，必自選而用之，宰相進擬(65)，少所稱可(66)，及羣臣一有譴責，往往終身(67)不復收用，好以辯給(68)取人，不得敦實(69)之士，艱(70)於進用，羣材滯淹(71)，贄上奏諫，其略曰：「夫登進以懋庸(72)，黜退以懲過，二者迭用(73)，理如循環，進而有過，則示懲(74)，懲而改修則復進(75)，既不廢法，亦無棄人，雖纖介(76)必懲，而用材不匱(77)，故能使出退者，克勵以求復(78)，登進者，警飭(79)而恪居(80)，上無滯疑，下無蓄怨。」又曰：「明主不以辭盡人(81)，不以意(82)選士，如或好善(83)而不擇所用(84)，悅言(八五)而不驗所行(八六)，進退隨愛憎之情，離合繫異同之趣(八七)，是由(八八)捨繩墨而意裁(八九)曲直，棄(九〇)權衡而手揣(九一)重輕，雖甚精微，不能無謬。」又曰：「中人以上，迭(九二)有所長，苟區別(九三)得宜，付授當器(九四)，各適其性，各宣(九五)其能，及乎合(九六)以成功，亦與全才無異，但在明鑒(九七)大度，御之(九八)有道而已。」又曰：「以一言稱愜(九九)為能，而不核(一〇〇)虛實，以一事違忤(一〇一)為咎，而不考忠邪，其稱愜則付任(一〇二)逾涯(一〇三)，不思其所不及，其違忤則罪責過當(一〇四)，不恕其所不能，是以職司之內無成功(一〇五)，君臣之際無定分(一〇六)。」上不聽。

(十)贄又請均節(一〇七)財賦，凡六條，其一，論兩稅之弊，其略曰：「舊制、賦役之法曰租調庸，丁男一人受田百畝，歲輸粟二石，謂之租，每戶各隨土宜(一〇八)出絹若綾(一〇九)若絁(一一〇)共二丈，綿三兩，不暨之土，輸布二丈五尺、麻三斤，謂之調，每丁歲役，則輸其庸(一一一)，日準(一一二)絹三尺，謂之庸。天下為家，法制均一，雖欲轉徙，莫容(一一三)其姦，故人無搖心(一一四)，而事有定制。及羯胡亂華(一一五)，黎庶(一一六)雲擾(一一七)，版圖墮(一一八)於避地(一一九)，賦法(一二〇)壞於奉軍(一二一)，建中之初，再造百度(一二二)，執事者知弊之宜革，而所作兼失（二三）其原，知簡之可從，而所操（二四）不得其要，凡欲拯（二五）其弊，須窮（二六）致弊之由，時弊（二七）則但理其時，法弊則全革其法，所為必當，其悔（二八）乃亡。兵興以來，供億無度（二九），此乃時弊，非法弊也，而遽更租庸調法，分遣使者搜擿（三〇）郡邑，校驗簿書，每州取大曆中一年科率（三一）最多者，以為兩稅定額。夫財之所生，必因（三二）人力，故先王之制賦入（三三），必以丁夫為本，不以務穡（三四）增其稅，不以輟稼（三五）減其租，則播種多不以殖產（三六）厚（三七）其征，不以流寓（三八）免其調，則地著固（三九），不以飭（四〇）勵重其役（四一），不以窳惰（四二）蠲（四三）其庸（四四），則功力（四五）勤，如是、故人安其居（四六），盡其力矣。兩稅之立，惟以資產為宗（四七），不以丁身為本，曾不寤（四八）資產之中，有藏於襟懷（四九）囊篋，物雖貴而人莫能窺（五〇），其積於場圃囷倉（五一），直（五二）雖輕而眾以為富，有流通蕃息（五三）之貨，數雖寡而計日收贏（五四），有廬舍器用之資，價雖高而終歲無利（五五），如此之比，其流（五六）實繁（五七），一槩計估算緡，宜其失平長偽（五八），由是務輕資（五九）而樂轉徙者，恒脫於傜稅（六〇），敦本業而樹居產（六一）者，每困於徵求，此乃誘（六二）之為姦，驅之避役，力用(六三)不得不弛(六四)，賦入不得不闕。復以創制之首(六五)，不務齊平(六六)，供應有煩簡(六七)之殊，牧守(六八)有能否之異，所在徭賦，輕重相懸(六九)，所遣使臣，意見各異，計奏(七〇)一定，有加無除(七一)。又大曆中供軍進奉(七二)之類，既收入兩稅(七三)，今於兩稅之外，復又并存，望稍行均減(七四)，以救凋殘(七五)。」

(十)其二，請二稅以布帛為額(七六)，不計錢數，其略曰：「凡國之賦稅，必量(七七)人之力，任(七八)土之宜，故所入者，惟布麻繒纊(七九)，與百穀而已，先王懼物之貴賤失平(八〇)，而人之交易難準(八一)，又定泉布之法(八二)，以節輕重之宜，斂散弛張(八三)，必由於是。蓋御財(八四)之大柄，為國之利權，守之在官，不以任下(八五)，然則穀帛者，人之所為也，錢貨(八六)者，官之所為也，是以國朝(八七)著令，租出穀，庸出絹，調出繒纊布，曷嘗有禁人鑄錢而以錢為賦(八八)者也。今之兩稅獨異舊章，但估(八九)資產為差(九〇)，便以錢穀定稅，臨時折徵雜物(九一)，每歲色目(九二)頗殊，唯計求得之利宜(九三)，靡論供辦之難易(九四)，所徵非所業(九五)，所業非所徵，遂或增價以買其所無，減價以賣其所有，一增一減，耗損已多，望勘會諸州(九六)初納兩稅年，絹布定估(九七)，比類(九八)當今時價，加賤減貴(九九)，酌取其中(一〇〇)，總計合稅(一〇一)之錢，折為布帛之數。」又曰：「夫地力之生物有大限(一〇二)，取之有度(一〇三)，用之有節(一〇四)，則常足，取之無度，用之無節，則常不足。生物之豐敗(一〇五)由天，用物之多少由人，是以聖王立程(一〇六)，量入為出(一〇七)，雖遇災難，下無困窮(一〇八)。理化(一〇九)既衰，則乃反是(一一〇)，量出為入，不恤(一一一)所無，桀用天下而不足，湯用七十里而有餘，是乃用之盈虛(一一二)，在節(一一三)與不節耳。」

(十二)其三，論長吏(一一四)以增戶加稅闢田為課績(一一五)，其略曰：「長人者(一一六)，罕能推忠恕易地之情(一一七)，體(一一八)至公狥國(一一九)之意，迭行(一二〇)小惠，競誘姦甿(一二一)，以傾奪鄰境為智能，以招萃(一二二)逋逃(一二三)為理化(一二四)，捨彼適(一二五)此者，既為新收而有復(一二六)，倏往(一二七)忽來者，又以復業(一二八)而見優(一二九)，唯懷土(一三〇)安居(一三一)，首末(一三二)不遷者，則使(一三三)之日重，歛(一三四)之日加，是令地著(一三五)之人，恒代惰遊賦役(一三六)，何異驅之轉徙(一三七)，教之澆訛(一三八)！此由牧宰(一三九)不克弘通(一四〇)，各私所部(一四一)之過也。」又曰：「立法齊人(一四二)，久無不弊(一四三)，理之者若不知維御(一四四)損益之宜(一四五)，則巧偽萌生(一四六)，恒因沮勸(二四七)而滋(二四八)矣。請申命(二四九)有司，詳定考績(二五〇)，若當管之內，人益阜殷(二五一)，所定稅額有餘，任其據戶口均減(二五二)，以減數多少為考課等差(二五三)，其當管稅物(二五四)，通比(二五五)每戶十分減三者為上課(二五六)，減二者次焉(二五七)，減一者又次焉，如或人多流亡，加稅見戶(二五八)，比校殿罰(二五九)亦如之(二六〇)。」

(十三)其四，論稅限(二六一)迫促，其略曰：「建官(二六二)立國，所以養人也，賦人取財，所以資國(二六三)也，明君不厚(二六四)其所資，而害其所養，故必先人事(二六五)而借其暇力(二六六)，先家給而斂其餘財。」又曰：「蠶事方興，已輸縑稅，農功未艾(二六七)，遽(二六八)斂穀租，上司之繩責(二六九)既嚴，下吏之威暴愈促(二七〇)，有者急賣而耗(二七一)其半直(二七二)，無者求假(二七三)而費其倍酬(二七四)，望更詳定徵稅期限。」

(十四)其五，請以稅茶錢置義倉以備水旱，其略曰：「古稱九年六年之蓄者(二七五)，率土臣庶通(二七六)為之計(二七七)耳，固非獨豐公庾(二七八)，不及編甿也。近者有司奏請稅茶，歲約得五十萬貫，元勅(二七九)令貯戶部(二八〇)，用救百姓凶饑(二八一)，今以蓄糧，適副前旨(二八二)。」

(十五)其六，論兼幷之家，私斂㉓重於公稅，其略曰：「今京畿之內，每田一畝，官稅五升，而私家收租，殆有畝至一石者，是二十倍於官稅也；降㉔及中等，租猶半之。夫土地，王者之所有，耕稼，農夫之所為，而兼幷之徒，居然受利㉕。」又曰：「望凡所占田，約㉖為條限㉗，裁減租價，務利㉘貧人，法貴必行，慎在深刻㉙，裕㉚其制以便俗㉛，嚴其令以懲違㉜，微損有餘㉝，稍優不足，失不損富㉞，優可賑窮㉟，此乃安富㊱恤窮㊲之善經㊳，不可捨也㊴。」

【今註】㊀押：管押。㊁西山八國：即前女王、哥鄰等，弱水最弱小，不得預八國數。㊂考異曰：「舊傳作陽苴咩城，今從舊傳」：按作羊苴咩，乃《舊唐書·韋皐傳》之文，今從下之舊傳，當添書作舊韋皐傳，然後根據方得明白。㊃牂牁：《舊唐書·牂牁蠻傳》：「其地北去兗州一百五十里，東至辰州二千四百里，南至交州一千五百里，西至昆明九百里。」㊄大宣詔書：謂大聲宣敷詔書。㊅顧左右失色：謂顧左右而神色蒼白。㊆業：事已成為業。㊇鄭回密見佐時教之：鄭回勸異牟尋歸唐，事見卷二百三十二，三年。㊈所立之號：所立之封號。㊉獻其金印：吐蕃給雲南印，見卷二百二十一玄宗天寶十載。⑪考異曰：「舊韋皐傳：『四年正月，皐遣判官崔佐時至苴咩城』」：按《舊唐書·韋皐傳》，苴咩上當添一羊字。⑫金契：金符契。⑬點蒼山：在今雲南省大理縣西，亦名大理山。東臨洱海，西瀕漾濞江，形勢雄勝，為滇中鎮山，南詔蒙氏時，嘗封為中嶽。〔一四〕少之：以為少。〔一五〕踵：繼。〔一六〕鐵橋：據《新唐書・南詔傳》，鐵橋在施蠻東南，是役、異牟尋又破施蠻、順蠻，並虜其王，置白厓城。〔一七〕隴坻：謂隴右。坻，阪，音邸。〔一八〕理普潤：謂以普潤為治所。〔一九〕視：省視。〔二〇〕復，齊物之子：李齊物，淮安王神童之孫。〔二一〕數侵軍政：謂數越權干豫軍政。〔二二〕侍御：胡三省曰：「侍御，坦之寄祿官，所謂憲銜也。」〔二三〕素：平常。〔二四〕掠而潰：刦掠而潰散。〔二五〕厚撫之：厚安撫之。〔二六〕郴州：《舊唐書・地理志》三：「江南道、郴州，在京師東南三千三百里。」〔二七〕邕管經略使：《新唐書・方鎮表》六：「天寶十四載，置邕州管內經略使，領邕、貴、橫、欽、澄、賓、嚴、羅、淳、瀼、山、田、籠十三州，治邕州。」〔二八〕赦下：謂大赦令頒下之後。〔二九〕霑恩：受恩。〔三〇〕量移：史炤曰：「移，徙也，謂得罪遠謫者，遇赦，則量徙近地。」〔三一〕超越：謂越過三五百里。〔三二〕當路州縣：謂其地當入京之路者。〔三三〕責怒：斥責忿怒。〔三四〕猜嫌：猜忌嫌疑。〔三五〕懲沮：懲罰沮止。〔三六〕怨忌：怨恨畏忌。〔三七〕斥遠：斥放之於遠方。〔三八〕恪：敬。〔三九〕甄：察免。〔四〇〕自新：謂改過自新。〔四一〕浸：漸。〔四二〕威刑：猶嚴刑。〔四三〕黜削：黜免貶削。〔四四〕雖屢進退：謂雖屢有用罷。〔四五〕俱非愛憎行法：謂所行之法，俱不能以示愛憎。〔四六〕進敍：升進而敍用之。〔四七〕增脩：愈加脩飭。〔四八〕亂常：紊亂官常。〔四九〕蓄憾：含藏怨憾。〔五〇〕防閑：猶防範。〔五一〕擯棄：擯斥放棄。〔五二〕自補：自己補救其過。〔五三〕伸：伸展。〔五四〕窮：困窘。〔五五〕思變：思為變故。〔五六〕悽：悲。〔五七〕疆域：此謂地域。〔五八〕不離於本道：唐分天下為十道，謂所移徙之處，仍在本道之中。〔五九〕風土反惡於舊州：胡三省曰：「風土之同道而獨甚惡者，如廣府統廣、韶、端、康、封、岡、新、樂、龍、竇、義、雷、春、高、循、潮等州，而春、循、新瘴氣特重於諸州，是也。」(六〇)移配：移徙流配。(六一)擾：煩擾。(六二)少無館驛：謂多有傳館、驛站，此承上當路州縣而言。(六三)體：謂胸襟。(六四)裁審：裁度詳審。(六五)進擬：謂薦進擬注之人。(六六)稱可：謂言其可以。(六七)終身：終生。(六八)辯給：謂口辯捷給。(六九)敦實：篤實。(七〇)艱：難。(七一)羣材滯淹：謂以致羣材多陷滯淹。(七二)懋庸：懋、勉，庸、功。(七三)迭用：遞用。(七四)則示懲：謂則示之以懲。(七五)則復進：謂則復進用。(七六)纖介：謂極細小之過。(七七)匱：匱乏。(七八)復：復用。(七九)飭：當作飭，謹也。(八〇)恪居：謂敬居官次。(八一)不以辭盡人：謂不以其言辭而盡人之能。(八二)不以意：猶不以愛憎。(八三)好善：謂愛好其良善。(八四)而不擇所用：謂而不選擇其有否可用之處。(八五)悅言：喜悅其言。(八六)驗所行：謂考驗其所行所為。(八七)趣：旨趣。(八八)由：通猶。(八九)意裁：以意裁度。(九〇)棄：猶捨。(九一)揣：揣度。(九二)迭：互。(九三)區別：區分甄別。(九四)當器：合其器用。(九五)宣：明。(九六)合：合聚。(九七)明鑒：謂有鑒人之明。(九八)御之：猶用之。(九九)稱愜：謂稱心愜意。(〇〇)核：考核。(〇一)違忤：乖違忤逆。(〇二)付任：付託任用。(〇三)逾涯：逾限。(〇四)過當：謂過於所當責者。(〇五)無成功：無成功者。(〇六)無定分：無一定之情分。(〇七)均節：平均調節。(〇八)土宜：土地之宜。(〇九)出絹若綾：謂出絹或出綾。(一〇)絁：粗紬也，似布，音施。(一一)輸其庸：輸其庸直。(一二)準：謂準其價而制定之。(一三)容：容藏。(一四)搖心：搖動之心。(一五)羯胡亂華：謂安祿山。(一六)黎庶：眾庶。(一七)雲擾：如雲氣之擾蕩，極言其眾烈也。(一八)墮：讀曰隳。(一九)避地：指玄宗幸蜀言。(二〇)賦法：謂賦役之法。(二一)奉軍：奉養軍旅。

（二二）百度：謂一切制度。（二三）兼失：猶並失。（二四）所操：所行。（二五）拯：救。（二六）窮：窮究。（二七）時弊：謂時務弊壞。（二八）悔：悔吝。（二九）無度：無限度。（三〇）搜摘：搜括摘發，音去一。（三一）科率：收科之比率。（三二）因：藉。（三三）制賦入：制定賦稅收入。（三四）務穡：專務稼穡。（三五）輟稼：謂末稼穡。（三六）殖產：生產。（三七）厚：重。（三八）流寓：指流民言。（三九）則地著固：猶謂籍貫固定。（四〇）飭：按當作飭，謂振飭。（四一）役：徭役。（四二）窳怠：窳劣怠惰。（四三）蠲：除。（四四）庸：所輸徭役之錢。（四五）功力：謂用功及力。（四六）安其居：猶安其業。（四七）宗：猶本。（四八）寤：省寤。（四九）襟懷：謂懷中。（五〇）窺：見。（五一）囷倉：圓者曰囷，方者曰倉，音ㄐㄩㄣ。（五二）直：謂所值。（五三）蓄息：滋生。（五四）而計日收贏：謂貸子錢而收利者。（五五）廬舍器用之資，價雖高而終歲無利：謂美居室，侈服用，而夸一時者。（五六）流：流派。（五七）繁：眾多。（五八）長偽：滋長虛偽。（五九）務輕資：以下為敦本業，故此務輕資，乃為務末作之意。（六〇）徭稅：徭役租稅。（六一）樹居產：樹立不動之財產者。（六二）誘：誘導。（六三）力用：謂人力之用。（六四）弛：弛退。（六五）創制之首：胡三省曰：「猶言立法之初。」（六六）齊平：齊一均平。（六七）煩簡：煩重輕簡。（六八）牧守：州牧郡守。（六九）相懸：相懸殊。（七〇）計奏：謂所估計而上奏者。（七一）除：免。（七二）進奉：謂進奉幣帛於天子。（七三）既收入兩稅：謂既於兩稅中徵收。（七四）均減：均平減少。（七五）凋殘：凋弊殘餘之民。（七六）額：數額。（七七）量：量度。（七八）任：憑藉。（七九）纊：絮，音曠。（八〇）失平：失去平衡。（八一）難準：謂難有準據。（八二）又定泉布之法：胡三省曰：「班固曰，『太公為周立九府圜法，貨寶於金，利於刀，流於泉，布於布，束於帛。』又鄭氏周禮注曰，『其藏曰泉，其行曰布，取名於水泉，其流行無不徧。』」（八三）弛張：鬆緊。（八四）御財：猶掌財。(八五)任下：任使於下。(八六)錢貨：錢幣。(八七)國朝：謂本朝。(八八)以錢為賦：謂以錢幣交納租賦。(八九)估：估量。(九〇)差：等差。(九一)折徵雜物：謂折錢穀之價，以徵其他雜物。(九二)色目：謂種類名目。(九三)之利宜：謂之利及宜。(九四)難易：謂艱難抑或容易。(九五)非所業：猶非所產。(九六)勘會諸州：謂會合諸州，而勘查之。(九七)定估：所定之估價。(九八)比類：比例種類。(九九)加賤減貴：謂賤則加之，貴則減之。(一〇〇)其中：其折中之數。(一〇一)合稅：合諸稅。(一〇二)有大限：有大限度。(一〇三)度：度數。(一〇四)節：節制。(一〇五)豐敗：猶豐歉。(一〇六)程：規程。(一〇七)量入為出：謂量度所入之數，以為支出之額。(一〇八)困窮：困當作困。(一〇九)理化：即治化。(一一〇)反是：謂與此相反。(一一一)恤：憂。(一一二)盈虛：謂足與不足。(一一三)在節：謂在能節制。(一一四)長吏：指刺史縣令及重要僚屬言。(一一五)課績：考課之成績。(一一六)長人者：謂為民之君長者。(一一七)迭行：屢行。(一一八)易地之情：謂更換所處地位之情懷。(一一九)體：猶具有。(一二〇)狥國：狥身於國家利益。(一二一)甿：田民，音ㄇㄥˊ。(一二二)招萃：招聚。(一二三)逋逃：逃亡之罪人。(一二四)理化：治化。(一二五)適：至。(一二六)復：謂除去賦役。(一二七)倏往：速往。(一二八)復業：復歸其生業。(一二九)見優：謂見優待。(一三〇)懷土：懷戀故土。(一三一)安居：謂安居重遷。(一三二)首末：猶始終。(一三三)使：役使。(一三四)斂：征斂。(一三五)地著：謂長著籍於一地之人。(一三六)恒代惰遊賦役：謂常替代懶惰浮遊之人，擔負賦役之責。(一三七)驅之轉徙：謂驅策之使其轉易遷徙。(一三八)教之澆訛：教導之使其澆薄訛詐。(一三九)牧宰：州牧縣宰。(一四〇)弘通：恢弘通達。(一四一)所部：所部屬。(一四二)齊人：謂治民而使之向化齊一。(一四三)弊：弊敗。(一四四)維御：維，語助，無義；御，臨御。(一四五)宜：機宜。(一四六)萌生：萌長發生。(一四七)沮勸：沮止或獎勸。(一四八)滋：滋蔓。(一四九)中命：告命。

(二三〇)詳定考績：謂詳定考績之舉。(二三一)皐殷：皐盛殷眾。(二三二)均減：平均減少。(二三三)等差：等級差別。(二三四)稅物：所稅收之物。(二三五)通比：一切比照。(二三六)上課：為優上之課績。(二三七)次焉：為次課。胡三省曰：「此不以增戶為課最，而以戶額增之稅，能減地著戶之稅額，為課最也。」(二三八)加稅見戶：見通現，謂加稅於現戶。(二三九)殿罰：謂課殿及處罰。(二四〇)亦如之：謂亦如對課最者之情形。(二四一)稅限：徵稅之期限。(二四二)建官：猶置官。(二四三)資國：謂供給國用。(二四四)不厚：謂不重取。(二四五)人事：即民事，唐以避諱故，而常改民作人。(二四六)暇力：閑暇時之勞力。(二四七)艾：止。(二四八)遽：即。(二四九)繩責：猶法律。(二五〇)愈促：謂更形促迫。(二五一)秏：損耗。(二五二)半直：一半之價值。(二五三)假：貸借。(二五四)倍酬：加倍其酬還之數目。(二五五)古稱九年六年之蓄者：《禮記・王制》：「三年耕必有一年之食，九年耕必有三年之食，以三十年之通制國用，量入以為出，國無九年之蓄曰不足，無六年之蓄曰急，無三年之蓄曰國非其國也。」(二五六)通：統共。(二五七)計：計數。(二五八)公庾：國家之倉廩。(二五九)元勑：元來之詔勑。(二六〇)貯戶部：謂貯於戶部。(二六一)凶饑：凶災饑饉。(二六二)適副前旨：謂恰合以前之詔旨。(二六三)私斂：私家之征斂。(二六四)降：下。(二六五)居然受利：謂居然坐受其利。(二六六)約：約定。(二六七)條限：條例限制。(二六八)務利：專求有利。(二六九)慎在深刻：謂切勿深察苛刻。(二七〇)裕：寬裕。(二七一)便俗：俗，指世俗之人言，故此猶言便民。(二七二)違：乖違。(二七三)微損有餘：於有餘者，則微損之。(二七四)失不損富：失指上之微損言，謂所損失者，不影響其富裕。(二七五)優可賑窮：謂稍優之惠，則足可以賑濟窮乏。(二七六)安富：使富者得安。(二七七)恤窮：救窮。(二七八)善經：經謂經常之道，此則猶謂善道。(二七九)不可捨也：謂不可捨棄不用。

卷二百三十五　唐紀五十一

起閼逢閹茂六月，盡上章執徐，凡六年有奇。（甲戌至庚辰，西元七九四年至八〇〇年）

司馬光編集
曲守約註

德宗神武聖文皇帝十

貞元十年（西元七九四年）

㈠六月，壬寅朔，昭義節度使李抱貞㊀薨，其子殿中侍御史緘與抱真從甥元仲經謀祕㊁不發喪，詐為抱真表，求以職事㊂授緘；又詐為其父書，遣裨將陳榮詣王武俊假㊃貨財㊄，武俊怒曰：「吾與乃公㊅厚善，欲同獎㊆王室耳，豈與汝同惡邪！聞乃公已亡，乃敢不俟㊇朝命而自立，又敢告我，況有求也！」使榮歸，寄聲㊈質責㊉緘。

㈡昭義步軍都虞候王延貴、汝州梁人也，素以義勇聞，上知抱真已薨，遣中使第五守進往觀變㊁，且以軍事委㊂王延貴。守進至上黨㊂，緘稱抱真有疾，不能見，三日，緘乃嚴兵㊃詣守進，守進謂之曰：「朝廷已知相公捐館(二五)，令王延貴權知軍事，侍御宜發喪(二六)行服。」緘愕然，出謂諸將曰：「朝廷不許緘掌事(二七)，諸君意如何？」莫對(二八)，緘懼，乃歸發喪，以使印(二九)及管鑰(三〇)授監軍。守進召延貴，宣口詔(三一)，令視事，趣(三二)緘赴東都。元仲經出走，延貴悉歸罪於仲經，捕斬之，詔以延貴權知昭義軍事。

(三)雲南王異牟尋遣其弟湊羅棟(三三)獻地圖土貢(三四)，及吐蕃所給金印，請復號南詔。癸丑，以祠部郎中袁滋為冊南詔使，【考異】舊南詔傳：「十年八月，遣湊羅棟獻吐蕃印。」新傳曰：「異牟尋與崔佐時盟點蒼山，敗突厥於神川(三五)，明年六月，冊異牟尋為南詔王。」按實錄乃今年六月，新舊傳皆誤也。韋皐奏狀皆稱雲南王，而竇滂雲南別錄曰：「詔袁滋冊異牟尋為南詔。」蓋從其請，南詔之名自此始也。蠻語，詔即王也。新傳云：「南詔王。」亦誤。賜銀窠金印，文曰貞元冊(三六)南詔印，滋至其國，異牟尋北面跪受冊印，稽首再拜，因與使者宴，出玄宗所賜銀平脫馬頭盤二以示滋，又指老笛工歌女曰：「皇帝所賜龜茲樂(三七)，惟二人在耳。」滋曰：「南詔當深思祖考(三八)，子子孫孫盡忠於唐。」異牟尋拜曰：「敢不謹承使者之命！」

(四)賜義武節度使張昇雲名茂昭。【考異】舊傳，於其父孝忠卒時，言改名，年代記，在此年九月，今從實錄。

(五)御使中丞穆贊按(三九)度支吏贓罪，裴延齡欲出之(四〇)，贊不從，延齡譖之㉛，貶饒州㉜別駕，朝士畏延齡側目㉝。贊，寧之子㉞也。

㈥韋皐奏破吐蕃於蛾和城㉟。

㈦秋，七月，壬申朔，以王延貴為昭義留後，賜名虔休，昭義行軍司馬攝洺州刺史元誼，聞虔休為留後，意不平，表請以磁、邢、洺別為一鎮，昭義精兵多在山東㊱，誼厚賚以悅之，上屢遣中使諭之，不從。臨洺㊲守將夏侯仲宣以城歸虔休，虔休遣磁州刺史馬正卿督裨將㊳石定蕃等，將兵五千擊洺州，定蕃帥其眾二千叛歸誼，正卿退還，詔以誼為饒州刺史，誼不行，虔休自將兵攻之，引洺水以灌城。

㈧黃少卿陷欽、橫、潯、貴等州，攻孫公器於邕州。

㈨九月，王虔休破元誼兵，進拔鷄澤㊴。

㈩裴延齡奏稱官吏太多，自今缺員，請且㊵勿補，收其俸以實府庫。上欲脩神龍寺，須㊶五十尺松，不可得，延齡曰：「臣近見同州一谷，木㊷數千株，皆可㊸八十尺。」上曰：「開元天寶間求美材㊹於近畿，猶不可得，今安得有之？」對曰：「天生珍材，固待聖君乃出，開元天寶何從得之！」延齡奏：「左藏庫司多有失落㊺，近因檢閱，使置簿書㊻，乃於糞土㊼之中得銀十三萬兩，其匹段雜貨㊽百萬有餘，此皆已棄之物，即是羨餘㊾，悉應移入雜庫㊿，以供別勅(51)支用。」太府少卿韋少華不伏，抗表(52)稱此皆每月申奏(53)見在(54)之物，請加推驗(55)，執政請令三司詳覆(56)，上不許，亦不罪少華。延齡每奏對，恣為詭譎(57)，皆眾所不敢言，亦未嘗聞者(58)，延齡處(59)之不疑，上亦頗知其誕妄(60)，但以其好詆(61)毀人，冀聞外事(62)，故親厚之。羣臣畏延齡有寵，莫敢言，惟鹽鐵轉運使張滂、京兆尹李充、司農卿李銛以職事相關，時證(63)其妄，而陸贄獨以身當(64)之，日陳其不可用。

(十)十一月，壬申，贄上書極陳延齡姦詐，數(65)其罪惡，其略曰：「延齡以聚歛為長策(66)，以詭妄為嘉謀(67)，以掊克(68)歛怨(69)為匪躬(70)，以靖譖服讒(71)為盡節(72)，摠典籍之所惡(73)，以為智術，冒(74)聖哲之所戒，以為行能(75)，可謂堯代之共工(76)，魯邦之少卯(77)也。跡(78)其姦蠹，日長月滋，陰祕(79)者固未盡彰(80)，敗露(81)者尤難悉數。」又曰：

「陛下若意(八二)其負謗，則誠宜亟為辯(八三)明，陛下若知其無良(八四)，又安可曲加容掩(八五)！」又曰：「陛下姑(八六)欲保持，曾無詰(八七)問，延齡謂能蔽惑(八八)，不復懼思(八九)，移東就西，便為課績(九〇)，取此適彼，遂號羨餘，愚弄朝廷，有同兒戲。」又曰：「矯詭(九一)之態，誣罔之辭，遇事輒(九二)行。應口(九三)便發，靡(九四)日不有，靡時不為，又難以備陳也。」又曰：「昔趙高指鹿為馬(九五)，臣謂鹿之與馬，物理猶同，豈若延齡掩有(九六)為無，指無為有。」又曰：「延齡凶妄，流布寰區(九七)，上自公卿近臣，下逮(九八)輿臺(九九)賤品(一〇〇)，諠諠(一〇一)談議，億萬為徒(一〇二)，能以上言(一〇三)，其人有幾？臣以卑鄙，任當台衡(一〇四)，情激於衷(一〇五)，雖欲罷而不能自默也。」書奏，上不悅，待延齡益厚。

(十二)十二月，王虔休乘冰合度壕(一〇六)，急攻洺州，元誼出兵擊之，虔休不勝而返，日暮冰解，士卒死者太半。

(十三)中書侍郎同平章事陸贄以上知待(一〇七)之厚，事有不可，常力爭之，所親或規(一〇八)其太銳，贄曰：「吾上不負天子，下不負所學，它無所恤(一〇九)。」裴延齡日短(一一〇)贄於上，趙憬之入相也，贄實引之，既而有憾於贄，密以贄所譏彈㉑延齡事告延齡，故延齡益得以為計㉒，上由是信延齡而不直贄㉓，贄與憬約至上前，極論延齡姦邪，上怒形㉔於色，憬默而無言，壬戌，贄罷為太子賓客。【考異】韓愈順宗實錄曰：「德宗在位稍久，益自攬機柄，親治細事，失人君大體，宰相益不得行其職；而議者乃云由贄而然。」按凡為宰相者，皆欲專權，安肯自求失職？不任宰相，乃德宗之失，而歸咎於贄，豈人情也。又贄論朝官缺員狀云：「頃之輔臣，鮮克勝任，過蒙容養，苟備職員，致勞睿思，巨細經慮。」此乃諫德宗不任宰相，親治細事之辭也。

（十四）初渤海文王欽茂卒，子宏臨早死，族弟元義立，元義猜虐㉕，國人殺之，立宏臨之子華嶼，是為成王，改元中興，華嶼卒，復立欽茂少子嵩鄰，是為康王，改元正歷。

【今註】㈠李抱貞：據《舊唐書・李抱真傳》，貞當改作真。㈡祕：祕密。㈢職事：節度使之職事。㈣假：求借。㈤貨財：謂錢帛。㈥乃公：乃，汝；公，猶翁也。㈦獎：獎贊。㈧俟：待候。㈨寄聲：寄言。㈩質責：胡三省曰：「質、正也，以正義責之也。」⑪觀變：觀其變化。⑫委：屬。⑬上黨：昭義軍治上黨。⑭嚴兵：陳兵嚴備。⑮捐館：捐，棄也，言死者棄其館舍而去也。⑯發喪：舉行喪事。⑰掌事：謂掌管節度使事。⑱莫對：謂諸將莫有對者。⑲使印：節度使之印。⑳管鑰：府庫之管鑰。㉑宣口詔：胡三省曰：「口宣所受詔旨，故曰口詔。」㉒趣：讀曰促。㉓遣其弟湊羅棟：按《舊唐書・南詔傳》，棟當改作楝。㉔土貢：本土貢獻之物。㉕考異曰：「新傳曰：『異牟尋與崔佐時盟點蒼山，敗突厥於神川』」：按敗突厥當作敗吐蕃。〔二六〕冊：封冊。〔二七〕龜茲樂：胡三省曰：「唐十部樂有龜茲樂，有彈箏、豎箜篌、琵琶、五絃、橫笛、笙、簫、觱篥、答臘鼓、毛員鼓、都曇鼓、侯提鼓、雞婁鼓、腰鼓、擔鼓、齊鼓，具皆一，銅鈸二，舞者四人，設五方師子，高丈餘，飾以方色，每師子有十二人，畫衣，執紅拂者加紅袜，謂之師子郎。」〔二八〕深思祖考：謂深思祖考之敬事唐。〔二九〕按：按驗。〔三〇〕欲出之：謂欲出其罪。〔三一〕譖之：譖毀之。〔三二〕饒州：《舊唐書・地理志》三：「江南道饒州在京師東南三千二百六十三里。」〔三三〕側目：畏之不敢正視。〔三四〕贊，寧之子：天寶末，安祿山反，穆寧起兵於河北以討之。〔三五〕蛾和城：據《新唐書・地理志》六，蛾和縣屬劍南道、翼州。〔三六〕昭義精兵多在山東：昭義軍鎮潞州，謂磁、邢、洺三州為山東。〔三七〕臨洺：據《新唐書・地理志》三，臨洺縣屬洺州。〔三八〕裨將：偏將。〔三九〕雞澤：《九域志》：「雞澤縣在洺州東北六十里。」〔四〇〕且：暫且。〔四一〕須：須要。〔四二〕木：謂松木。〔四三〕可：猶約。〔四四〕材：木材。〔四五〕失落：丟失脫落。〔四六〕簿書：即賬簿。〔四七〕糞土：謂灰土。〔四八〕匹段雜貨：指絹帛言。〔四九〕此皆已棄之物，即是羨餘：按《舊唐書・裴延齡傳》，已棄之物下，多今所收穫四字，意較充足，可從添。〔五〇〕移入雜庫：雜庫乃對左藏庫而言。〔五一〕別勅：另行下勅。〔五二〕抗表：上表。〔五三〕申奏：申報上奏。〔五四〕見在：即現存。〔五五〕推驗：推問考驗。〔五六〕詳覆：詳加覈覆。〔五七〕詭譎：詭詐。〔五八〕聞者：聽聞者。〔五九〕處：居。〔六〇〕誕妄：虛妄。〔六一〕詆：亦毀。〔六二〕外事：謂外間之事。〔六三〕證：明。〔六四〕當：猶任。〔六五〕數：條陳。〔六六〕長策：猶高策。〔六七〕謀：計謀。〔六八〕掊克：聚斂。〔六九〕斂怨：結怨。〔七〇〕匪躬：謂不顧己身之利害。〔七一〕以靖譖服讒：按與《左傳》文公十八年：「少皡氏有不才子，服讒蒐慝，以誣盛德。」二句之意頗相類，謂安習勤勉於譖讒之言。(七二)盡節：盡人臣之節操。(七三)所惡：所醜惡之事。(七四)冒：犯。(七五)行能：猶能行。(七六)堯代之共工：《尚書・堯典》：「帝曰：『疇咨，若予采。』驩兜曰：『都，共工方鳩僝功。』帝曰：『吁，靜言庸違，象恭滔天。』」共音恭。(七七)魯邦之少卯：《家語》：「孔子為魯司寇，攝行相事，七日而誅少正卯，戮之於兩觀之下。子貢進曰：『夫少正卯、魯之聞人也，夫子為政而始誅之，或者為失乎！』孔子曰：『天下有大惡者五，而竊盜不豫焉。一曰心逆而險，二曰行僻而堅，三曰言偽而辯，四曰記醜而博，五曰順非而澤，此五者，有一於此，則不免君子之誅，而少正卯皆兼有之，其居處、足以撮徒成黨，其談說、足以飾褒榮眾，其彊禦、足以反是獨立，此乃人之姦雄，有不可以不除。』」(七八)跡：蹤跡。(七九)陰祕：陰暗祕密。(八〇)彰：昭顯。(八一)敗露：破敗暴露。(八二)意：猶以為。(八三)辯：通辨。(八四)無良：不善。(八五)容掩：容匿掩蔽。(八六)姑：姑且。(八七)詰：詰責。(八八)蔽惑：謂蒙蔽迷惑。(八九)懼思：謂恐懼思慮。(九〇)課績：考課之成績。(九一)矯詭：猶詭詐。(九二)輒：便。(九三)應口：猶到口。(九四)靡：無。(九五)昔趙高指鹿為馬：事見卷八秦二世三年。(九六)掩有：謂掩藏實有之物。(九七)寰區：謂天下。(九八)逮：及。(九九)輿臺：賤役之稱。《左傳》昭公七年注：「輿，眾也，佐皁舉眾事也；臺，給臺下微名也。」(一〇〇)賤品：謂低賤品等之人。(一〇一)諠諠：猶諠譁。(一〇二)為徒：猶為夥。(一〇三)能以上言：謂能以上言於天子。(一〇四)台衡：即宰相。(一〇五)情激於衷：謂情感激動於內心。(一〇六)壕：指上所引洛水以灌城之壕渠言。(一〇七)知待：猶知遇。(一〇八)規：規勸。(一〇九)恤：憂。(一一〇)短：短毀。(一一一)譏彈：譏責彈劾。㉒為計：謂為計謀以應付之。㉓不直贄：謂不以贄為直，亦即不贊成之意。㉔形：見。㉕猜虐：猜忌暴虐。

十一年（西元七九五年）

㈠春，二月，乙巳，冊拜嵩鄰為忽汗州都督、渤海王。【考異】實錄：「乙巳，冊大嶺嵩鄰為渤海郡王。」今從新傳㈠。

㈡陸贄既罷相，裴延齡因譖京兆尹李充、衛尉卿張滂、前司農卿李銛黨於贄，會旱㈡，延齡奏言：「贄等失勢怨望，言於眾曰：『天下旱，百姓且㈢流亡，度支多欠諸軍芻糧㈣，軍中人馬無所食，其事奈何㈤！』以動搖眾心，其意非止欲中傷㈥臣而已。」後數日，上獵苑中，適有神策軍士訴云：「度支不給馬芻㈦。」上意㈧延齡言為信，遽還宮。夏，四月，壬戌，貶贄為忠州㈨別駕，充為涪州⑩長史，滂為汀州⑪長史，銛為邵州⑫長史。

㈢初陽城自處士，徵為諫議大夫⑬，拜官⑭不辭，未至京師，人皆想望風采⑮，曰：「城必諫諍，死職下⑯。」及至，諸諫官紛紛(一七)，言事細碎(一八)，天子益厭苦之(一九)，而城方與二弟及客日夜痛飲(二〇)，人莫能窺其際(二一)，皆以為虛得名耳(二二)。前進士(二三)、河南韓愈作爭臣(二四)論以譏(二五)之，城亦不以屑意(二六)，有欲造城而問者(二七)，城揣(二八)知其意，輒強與酒(二九)，客或時(三〇)先醉仆席上(三一)，城或時先醉臥客懷中，不能聽客語。及陸贄等坐貶，上怒未解，中外惴恐(三二)，以為罪且不測(三三)，無敢救者，城聞而起曰：「不可令天子信用姦臣，殺無罪人。」即帥拾遺王仲舒、歸登，右補闕熊執易、崔邠等，守延英門(三四)，上疏，論延齡姦佞，贄等無罪。上大怒，欲加城等罪，太子為之營救(三五)，上意乃解，令宰相諭遣(三六)之。於是金吾將軍張萬福聞諫官伏閤諫，趨往，至延英門大言(三七)賀曰：「朝廷有直臣(三八)，天下必太平矣。」遂遍拜(三九)城與仲舒等，已而連呼太平萬歲(四〇)，太平萬歲，萬福武人，年八十餘，自此名重天下。登，崇敬之子(四一)也。

(四)時朝夕相延齡(四二)，陽城曰：「脫(四三)以延齡為相，城當取白麻(四四)壞之，慟哭於庭。」有李繁者，泌之子也，城盡疏(四五)延齡過惡，欲密論之，以繁，故人子(四六)，使之繕寫(四七)，繁徑以告延齡，延齡先詣上一一自解㊽，疏入，上以為妄，不之省㊾。

㈤丙寅，幽州奏破奚王啜利等六萬餘眾㊿。

㈥回鶻奉城可汗卒，無子，國人立其相骨咄祿為可汗，骨咄祿本姓䟫跌(五一)氏，辯慧有勇略，自天親(五二)時，典兵馬，用事(五三)大臣諸酋長皆畏服之，既為可汗，冒姓藥葛羅氏(五四)，遣使來告喪，自天親可汗以上子孫幼稺者，皆內(五五)之闕庭(五六)。

㈦五月，丁丑，以宣武留後李萬榮、昭義左司馬領留後(五七)王虔休皆為節度使。

㈧甲申，河東節度使李自良薨，戊子，監軍王定遠奏請以行軍司馬李說為留後。說，神通之五世孫也。

㈨庚寅，遣祕書監張薦冊拜回鶻可汗骨咄祿為騰里邏羽錄沒密施合胡祿毗伽懷信可汗。

㈩癸巳，以李說為河東留後，知府事(五八)，說深德王定遠(五九)，請鑄監軍印，監軍有印，自定遠始。

(十一)秋，七月，丙寅朔，陽城改國子司業，坐言裴延齡故也。

(十二)王定遠自恃有功於李說，專[六〇]河東軍政，易置[六一]諸將，說不能盡從，由是有隙，定遠以私怒拉殺大將彭令茵，埋馬矢中[六二]，將士皆憤怒，說奏其狀，定遠聞之，直詣說拔刀刺之，說走免，定遠召諸將以箱[六三]貯勑及告身二十餘通[六四]，示之曰：「有勑令說詣京師，以行軍司馬李景略為留後，諸君皆遷官。」眾皆拜，大將馬良輔竊視箱中，皆定遠告身及所受勑也，乃麾眾[六五]曰：「勑告[六六]皆偽，不可受也。」定遠走登乾陽樓[六七]，呼其麾下[六八]，莫應，踰城而墜，為枯桁[六九]所傷而死。【考異】舊說傳曰：「定遠殺彭令茵，說具以事聞，德宗以定遠有奉天扈從功，恕死停任，制未至，定遠怒說奏聞，趨府謀殺說，昇堂未坐，抽刀刺說，說走而獲免。」又曰：「定遠墜城下槎桁，傷而不死，尋有詔削奪，長流崖州。」今從實錄。

(十三)八月，辛亥，司徒兼侍中、北平莊武王馬燧薨。

(十四)閏月，戊辰，元誼以洺州詐降，王虔休遣裨將[七〇]將二千人入城，誼皆[七一]殺之。

(十五)九月，丁巳，加韋皐雲南安撫使[七二]。

(十六)橫海節度使[七三]程懷直不恤[七四]士卒，獵於野，數日不歸，懷直從父兄懷信為兵馬使，因眾心之怨，閉門[七五]拒之，懷直奔歸京師。

冬，十月，丁丑，以懷信為橫海留後。

㈦南詔攻吐蕃昆明㊱城，取之，又虜施順二蠻㊲王。

【今註】㊀考異曰：「實錄：『乙巳，冊大嶺嵩鄰為渤海郡王。』今從新傳」：按《新唐書・渤海傳》，未載冊嵩鄰為渤海王事，其所云從新傳者，乃從新傳書作嵩鄰，而不書作嶺嵩鄰，至大字乃其國姓，則書否皆可。㊁會旱：遇旱。㊂且：將。㊃芻糧：糧草。㊄其事奈何：胡三省曰：「言其事勢，將奈之何。」㊅中傷：謂暗傷。㊆馬芻：馬匹之草料。㊇意：以為。㊈忠州：《舊唐書・地理志》二：「山南道、忠州，在京師南二千二百二十二里。」㊉涪州：同志二：「山南道、涪州，在京師南二千三百五十里。」⑪汀州：同志三：「江南道、汀州，在京師東南六千一百七十三里。」⑫邵州：同志三：「江南道、召（通邵）州，在京師東南三千四百里。」⑬初陽城自處士，徵為諫議大夫：見卷二百三十二，二年。⑭拜官：謂拜而任其官職。⑮風采：風韻神采。⑯死職下：謂以死奉職。⑰紛紛：謂諫爭紛紜。⑱言事細碎：謂所言者，多係細碎之事。⑲厭苦之：謂厭惡而以聽其言為苦。⑳痛飲：猶劇飲。㉑際：涯際。㉒虛得名耳：謂空得佳名，而無其實。㉓前進士：《唐國史補》：「進士得第，謂之前進士。」㉔爭臣：謂諫爭之臣。㉕譏：譏刺。㉖屑意：顧意。㉗有欲造城而問者：問者乃欲問其為何痛飲，及不納諫之原因也。㉘揣：揣度。㉙輒強與酒：謂輒與酒而強飲之。㉚或時：有時。㉛仆席上：謂仆臥席上。㉜惴恐：恐懼。㉝不測：不可測度，亦即甚重之謂。㉞延英門：延英門乃延英殿之門。㉟營救：營護拯救。㊱諭遣：曉諭而遣歸之。㊲大言：大聲發言。㊳直臣：直諫之臣。㊴遍拜：遍向之致拜。㊵連呼太平萬歲：謂贊頌太平也。㊶登，崇敬之子：歸崇敬明禮家學，歷事玄、肅、代及帝四世。㊷時朝夕相延齡：按《舊唐書・隱逸陽城傳》，朝夕下多一欲字，謂晝夜皆欲以延齡為相，此欲字不可省，當從添。㊸脫：猶萬一，為假設辭。㊹白麻：胡三省曰：「唐故事，中書用黃白二麻，為綸命輕重之辯。其後翰林學士專掌內命，中書用黃麻，其白皆在翰林院，拜授將相、德音、赦宥，則用之。」《翰林志》：「凡赦書、德音、立后、建儲、行大誅討、拜免三公、宰相，命將日，幷使白麻帋，不使印。雙日起草，候閤門鑰入，而後進呈，至隻日，百寮並班於宣政殿，樞密使引按自東上閤門出，若拜免宰相，即便付通事舍人，餘付中書門下，並通事舍人宣示。若機務急速，亦雙日，甚速者，雖休假亦追班宣示。按、制按也，冊則有冊按，冊公主亦自閤門出按。」㊺疏：條疏。㊻以繫，故人子：陽城之除諫議，李泌之薦也。㊼繕寫：書寫。㊽自解：自作解釋。㊾省：省覽。㊿幽州奏破奚王啜利等六萬餘眾：按《舊唐書・德宗紀》，啜利作啜刺。(51)䟫跌：胡三省曰：「䟫跌與回紇，同出鐵勒而異種。」(52)天親：謂回紇天親可汗合骨咄祿。(53)用事：猶執政。(54)冒姓藥葛羅氏：回紇可汗姓藥葛羅，骨咄祿捨其本姓而冒可汗之姓，以嗣其國。(55)內：通納。(56)闕庭：唐之闕庭。(57)領留後：謂領管留後事。(58)知府事：謂知節度府事。(59)深德王定遠：謂深感激王定遠之恩德。(60)專：專擅。(61)易置：換置。(62)馬矢中：謂馬糞之中。(63)箱：竹筒。(64)通：猶件。(65)麾眾：謂指告眾。(66)勅告：詔勅及告身。(六七)乾陽樓：胡三省曰：「蓋晉陽宮城南門樓。」(六八)麾下：部下。(六九)柎：木之伐去者，其遺櫱為柎。(七〇)裨將：偏將。(七一)皆：猶盡。(七二)加韋皐雲南安撫使：以安撫南詔為官名。(七三)橫海節度使：治所在滄州。(七四)不恤：不憐恤。(七五)閉門：閉城門。(七六)昆明：昆明城在西爨西北，有鹽池之利。(七七)施順二蠻：《新唐書・南詔傳》上：「施蠻者，在鐵橋西北，居大施睒、歛尋睒。順蠻本與施蠻雜居劍共諸川，後徙鐵橋，在劍睒西北四百里。」

十二年（西元七九六年）

㈠春，正月，庚子，元誼、石定蕃等帥洺州兵五千人、及其家人萬餘口，奔魏州，上釋(一)不問，命田緒安撫之。

㈡乙丑，以渾瑊、王武俊幷兼中書令，己巳，加嚴震、田緒、劉濟、韋皐幷同平章事，天下節度觀察使悉加檢校官(二)，以悅其意。

㈢三月，甲午，韋皐奏降西南蠻高萬唐等二萬餘口。

㈣乙巳，以閑廄宮苑使(三)李齊運為禮部尚書，戶部侍郎裴延齡為戶部尚書，使職如故。齊運無才能學術，專以柔佞得幸於上，每宰相對罷，則齊運次進(四)，決其議，或病臥家，上欲有所除授，往往遣中使就問㊄之。

㈤丙子，詔王暹㊅薨。

㈥魏博節度使田緒尚嘉誠公主，有庶子㊆三人，季安最幼，公主子之㊇，以為副大使。夏，四月，庚午，緒暴薨，左右匿之㊈，使季安領軍事㊉，年十五，乙亥，發喪，推季安為留後。

㈦庚辰，上生日，故事、命沙門道士講論於麟德殿⑪，至是，始命以儒士參之，四門博士⑫韋渠牟嘲談辯給⑬，上悅之，旬月遷右補闕，始有寵。

㈧五月，丙申，邠寧節度使張獻甫暴薨，監軍楊明義請都虞候楊朝晟權知留後，丙辰，以朝晟為邠寧節度使⑭。

㈨六月，乙丑，以監句當⑮左神策竇文場、監句當右神策霍仙鳴皆為護軍中尉，監左神威軍使張尚進、監右神威軍使焦希望皆為中護軍⑯。初上置六統軍⑰，視⑱六尚書，以處節度使罷鎮者，相承用麻紙寫制，至是文場諷宰相比統軍降麻⑲，翰林學士鄭絪奏言：「故事，惟封王命相用白麻⑳，今以命中尉㉑，不識㉒陛下特以寵㉓文場邪？遂為著令㉔也？」上乃謂文場曰：「武德、貞觀時，中人㉕不過員外將軍同正㉖耳，衣緋㉗者無幾，自輔國以來，隳㉘壞制度，朕今用爾，不謂無私㉙，若復以麻制宣告天下，必謂爾脅㉚我為之矣。」文場叩頭謝，遂焚其麻，命幷統軍，自今中書降勅㉛。明日上謂絪曰：「宰相不能違拒中人，朕得卿言方悟㉜耳。」是時竇霍勢傾㉝中外，藩鎮將帥多出神策軍，臺省清要㉞亦有出其門者矣。

(十)宣武節度使李萬榮病風㉟，昏不知事㊱，霍仙鳴薦宣武押牙劉沐可委軍政，辛巳，以沐為行軍司馬。

(十一)宣歙觀察使劉贊卒，初上以奉天窘乏㊲，故還宮以來，尤專意聚斂，藩鎮多以進奉㊳市恩，皆云稅外方圓㊴，亦云用度羨餘㊵，其實或割留㊶常賦，或增斂百姓，或減刻㊷利祿㊸，或販鬻蔬果，往往私自入㊹，所進纔什一二。李兼在江西有月進㊺，韋皐在西川有日進㊻，其後常州刺史、濟源裴肅以進奉遷浙東觀察使，刺史進奉自肅始。及劉贊卒，判官嚴綬掌留務㊼，竭府庫以進奉，徵為刑部員外郎，幕僚(四八)進奉，自綬始。綬，蜀人也。

(十)李萬榮疾病，其子迺為兵馬使，甲申，迺集諸將，責李湛、伊婁說、張丕(四九)以不憂軍事，斥之外縣。上遣中使第五守進至汴州，宣慰始畢，軍士十餘人呼曰：「兵馬使勤勞無賞(五〇)，劉沐何人，為行軍司馬！」沐懼，陽(五一)中風舁出(五二)；軍士又呼曰：「倉官(五三)劉叔何，給納有姦(五四)。」殺而食之；又欲斫守進，迺止之，迺又殺伊婁說、張丕。都虞候、匡城(五五)鄧惟恭與萬榮鄉里(五六)相善，萬榮常委以腹心，迺亦倚之，至是惟恭與監軍俱文珍謀，執迺逆京師。秋，七月，乙未，以東都留守董晉同平章事兼宣武節度使，以萬榮為太子少保，貶迺虔州(五七)司馬。丙申，萬榮薨，鄧惟恭既執李迺，遂權軍事(五八)，自謂當代萬榮，不遣人迎董晉。晉既受詔，即與傔從(五九)十餘人赴鎮，不用兵衛(六〇)，至鄭州(六一)，迎者不至，鄭州人為晉懼，或勸晉且留觀變(六二)，有自汴州出者，言於晉曰：「不可入。」晉不對，遂行，惟恭以晉來之速，不及謀(六三)，晉去城十餘里；惟恭乃帥諸將出迎，晉命惟恭勿下馬(六四)，氣色甚和，惟恭差(六五)自安，既入，仍委惟恭以軍政。初劉玄佐增汴州兵至十萬，遇之厚(六六)，李萬榮、鄧惟恭每加厚焉，士卒驕不能禦(六七)，乃置腹心之士，幕(六八)於公庭廡(六九)下，挾弓執劍以備之，始勞賜酒肉(七〇)，晉至之明日，悉罷之(七一)。

(十三)戊戌，韓王迥(七二)薨。

(十四)壬子，詔以宣武將士鄧惟恭等有執送李迺功，各遷官賜錢，其為迺所脅(七三)，邀逼(七四)制使(七五)者，皆勿問。

(十五)八月，乙未朔，日有食之(七六)。

(十六)己巳，以田季安為魏博節度使。

(十七)丙子，以汝州刺史陸長源為宣武行軍司馬，朝議(七七)以董晉柔仁多可(七八)，恐不能集事(七九)，故以長源佐之；長源性剛刻，多更張(八〇)舊事，晉初皆許之，案成(八一)則命且罷，由是軍中得安。

(十八)丙戌，門下侍郎同平章事趙憬薨。

(十九)初上不欲生代節度使(八二)，常自擇行軍司馬(八三)以為儲帥(八四)。李景略為河東行軍司馬，李說忌之，回鶻梅錄入貢，過太原，說與之宴，梅錄爭坐次(八五)，說不能遏(八六)，景略叱之，梅錄識(八七)其聲，趨前拜之曰：「非豐州李端公邪(八八)？」又拜，遂就下坐，座中皆屬目(八九)於景略。說益不平，乃厚賂中尉竇文場，使去之，會有傳回鶻將入寇者，上憂之，以豐州當虜衝(九〇)，擇可守者，文場因薦景略，九月，甲午，以景略為豐州都防禦使。窮邊(九一)氣寒，土瘠(九二)民貧，景略以勤儉帥眾，二歲之後，儲備完實(九三)，雄於(九四)北邊。

(廿)盧邁得風疾(九五)，庚子，賈耽私忌(九六)，宰相絕班(九七)，上遣中使召主書(九八)承旨(九九)。

(廿一)丙午，戶部尚書判度支裴延齡卒，中外相賀，上獨悼惜之。

(廿二)壬子，吐蕃寇慶州。

(廿三)冬，十月，甲戌，以諫議大夫崔損、給事中趙宗儒并同平章事。損，玄暐之弟孫(一〇〇)也，嘗為裴延齡所薦，故用之。

(廿四)十一月，乙未，以右補闕韋渠牟為左諫議大夫。上自陸贄貶官，尤不任(一〇一)宰相，自御史、刺史、縣令以上，皆自選用，中書行(一〇二)文書而已。然深居禁中，所取信者，裴延齡、李齊運、戶部郎中王紹、司農卿李實、翰林學士韋執誼(一〇三)及渠牟，皆權傾宰相(一〇四)，趨附盈門。紹謹密無損益(二五)，實狡險掊克(二六)；執誼以文章與上唱和，年二十餘，自右拾遺召入翰林；渠牟形神恌躁(二七)，尤為上所親狎(二八)。上每對執政(二九)，漏不過三刻，渠牟奏事，率至六刻，語笑款狎(三〇)，往往聞外(三一)，所薦引咸不次遷擢(三二)，率皆庸鄙之士。

(廿五)宣武都虞候鄧惟恭內不自安，潛結將士二百餘人，謀作亂，事覺，董晉悉捕斬其黨，械惟恭送京師，己未，詔免死，汀州(三三)安置(三四)。

【今註】(一)釋：捨。(二)檢校官：謂攝理之官銜。(三)閑廄宮苑使：閑廄、宮苑二使，李齊運蓋兼為之。(四)次進：繼進。(五)就問：謂就其家而問之。(六)韶王暹：暹，皇弟。(七)庶子：非嫡室所生之長子，則為庶子。(八)季安最幼，公主子之：《舊唐書・田承嗣附緒傳》：「季安字夔，母微賤，嘉誠公主蓄為己子。」(九)匿之：謂匿不發喪。(一〇)領軍事：領管軍事。(一一)麟德殿：《唐六典》卷七：「大明宮內有麟德殿。」(一二)四門博士：《舊唐書・職官志》三：「國子監、四門博士三人，從七品上，掌教文武七品已上及侯伯子，男子之為生者，若庶人子為俊士生者。」(一三)嘲談辯給：嘲謔談笑，縱辯捷給。(一四)五月……丙辰，以朝晟為邠寧節度使：按《舊唐書・德宗紀》，丙辰作甲辰，以上之丙申推之，作甲辰是。(一五)句當：句讀曰勾，猶管領。(一六)皆為中護軍：胡三省曰：「左右神策中尉，始於竇霍，自此宦官之權，日以益重，不可復制矣。下護軍中尉一等，為中護軍，此職事官之掌禁兵者，非如唐初所置勳級，所謂上護軍、護軍也。」〔一七〕初上置六統軍：興元元年置六統軍，事見卷二百二十九。〔一八〕視：比。〔一九〕諷宰相比統軍降麻：謂諷示宰相，於護軍中尉之除命，應比照統軍之格而降麻紙所書之制。〔二〇〕故事，惟封王命相用白麻：詳見上十一年，注引《翰林志》文。〔二一〕今以命中尉：謂今如此以命中尉。〔二二〕識：知。〔二三〕寵：優寵。〔二四〕著令：謂定著於法令。〔二五〕中人：謂宦官。〔二六〕同正：謂同正員。〔二七〕衣緋：《舊唐書・輿服志》：「上元元年制，文武三品已上服紫，四品服深緋，五品服淺緋。」是衣緋乃謂四、五品之官。〔二八〕墮：讀曰隳。〔二九〕無私：無偏私。〔三〇〕脅：脅迫。〔三一〕命幷統軍，自今中書降勅：謂命並與統軍，皆由中書省降勅，而中書省所降之勅，則係由黃麻書之，而非白麻焉。〔三二〕悟：覺悟。〔三三〕傾：傾動。〔三四〕清要：清要之職。〔三五〕病風：謂病暈眩。〔三六〕昏不知事：謂昏迷而不知人事。〔三七〕上以奉天窘乏：謂上以經歷在奉天時之窘乏。〔三八〕進奉：謂進奉錢帛及他什物。〔三九〕方圓：胡三省曰：「折則成方，轉則成圓，言於常稅之外，別自轉折，以致貨財也。」〔四〇〕羨餘：盈餘。〔四一〕割留：割削扣留。〔四二〕減刻：減降刻剝。〔四三〕利剝：此指俸祿言。〔四四〕私自入：謂私於自己之收入。〔四五〕月進：每月進奉一次，故曰月進。〔四六〕日進：謂每日進奉一次。〔四七〕留務：留後之務。〔四八〕幕僚：節度使及觀察使之僚佐，名曰幕僚。〔四九〕伊婁說張丕：按《舊唐書・劉玄佐附李萬榮傳》，伊婁說作伊婁涚，張丕作張伾。〔五〇〕無賞：無封賞。〔五一〕陽：猶佯。〔五二〕舁出：謂抬之而出。〔五三〕倉官：據《舊唐書・職官志》三，州刺史下，有司倉參軍一人，倉督二人，即此所謂倉官也。〔五四〕有姦：

有姦弊。(五五)匡城：據《新唐書・地理志》二，匡城屬河南道滑州。(五六)鄉里：謂在同鄉里中。(五七)虔州：《舊唐書・地理志》三：「江南道、虔州，在京師東南四千一十七里。」(五八)權軍事：謂權知軍事。(五九)傔從：侍從，按《通雅》云：「即今之承差。」音歉。(六〇)不用兵衞：謂不用兵卒以資護衞。(六一)至鄭州：《九域志》：「鄭州東至汴州，一百五十里。」(六二)觀變：觀望事之變化。(六三)謀：計謀。(六四)命惟恭勿下馬：以示平等相待。(六五)差：稍。(六六)厚：優厚。(六七)不能禦：胡三省曰：「禦一作御。」御謂使用。(六八)幕：設帳幕。(六九)廡：堂下周屋。(七〇)始勞賜酒肉：謂方敢勞賜士卒酒肉。(七一)晉至之明日，悉罷之：胡三省曰：「董晉之意，以為此士前帥之腹心，吾新來為帥，若亦恃為腹心，不足為吾衞，而適足以生變；罷之，則待諸軍如一，且示無所猜間。」(七二)韓王迥：迥，乃上之弟。(七三)脅：脅迫。(七四)邀逼：謂要索逼迫。(七五)制使：胡三省曰：「唐時謂中使為勑使，亦謂之制使。」(七六)八月，乙未朔，日有食之：按《新唐書・德宗紀》及〈天文志〉二，俱作己未朔，日有食之，以下之己巳推之，作己未是。(七七)朝議：朝廷之議。(七八)多可：胡三省曰：「多可，言凡人有請悉從，不能裁以理法。」(七九)集事：成事。(八〇)更張：更改張設。(八一)案成：牘案完成。(八二)生代節度使：《舊唐書・李景略傳》作：「時方鎮節度使少徵入，換代者皆死亡。」此即文所云之生代也。(八三)行軍司馬：胡三省曰：「行軍司馬，掌弼戎政，居則習蒐狩，有役則申戰守之法，器械糧備，軍籍賜予，皆專焉。」(八四)儲帥：儲，儲副，謂節度使死，則使繼其位而為帥也。(八五)坐次：座位之次第。(八六)遏：遏止。(八七)識：知。(八八)非豐州李端公邪：李景略折梅錄，見卷二百三十三，三年。《國史補》：「宰相相呼曰堂老，兩省曰閤老，尚書曰院長，御史曰端公。」(八九)屬目：注目，謂敬畏之。(九〇)以豐州當虜衝：〈李景略傳〉：「豐州北扼回紇，回紇使來中國，豐乃其通道。」足知其地位之衝要矣。(九一)窮邊：猶荒邊。(九二)瘠：瘦。(九三)完實：完整充實。(九四)雄於：稱雄於。(九五)風疾：中風之疾。(九六)私忌：父母及祖父母、曾祖父母死日，為私忌。(九七)宰相絕班：謂宰相班上，全行空絕。(九八)主書：按《舊唐書・職官志》三，尚書省主書、從八品下，中書省主書、從七品上。乃堂吏也。(九九)承旨：承受旨意。(一〇〇)損，玄暐之弟孫：崖玄暐有復中宗之功。(一〇一)不任：不信任。(一〇二)行：宣行。(一〇三)韋執誼：按誼當作誼。(一〇四)權傾宰相：謂其權勢能傾動宰相。(一〇五)無損益：謂循故事而行，不加更張。(一〇六)掊克：聚斂。(一〇七)恌躁：輕恌浮躁。(一〇八)狎：狎習。(一〇九)執政：謂宰相。(一一〇)款狎：親狎。(一一一)聞外：聞之於外。(一一二)遷擢：遷陞擢拔。(一一三)汀州：《舊唐書・地理志》三：「江南道汀州，在京師東南六千一百七十三里。」(一一四)安置：胡三省曰：「投竄於荒遠州郡，謂之安置。」

十三年（西元七九七年）

㈠春，正月，壬寅，吐蕃遣使請和親(一)，上以吐蕃數負約(二)，不許。

㈡上以方渠(三)、合道、木波(四)皆吐蕃要路，欲城之，使問邠寧節度使楊朝晟須幾何兵，對曰：「邠寧兵足以城之，不煩(五)它道(六)。」

上復使問之，曰：「鄜城鹽州(七)，用兵七萬，僅能集事(八)，今三城尤逼(九)虜境，兵當倍之，事更(一〇)相反，何也？」對曰：「城鹽州之眾，虜皆知之，今發本鎮兵，不旬日至塞下(一一)，出其不意(一二)而城之，虜謂吾眾亦不減七萬(一三)，其眾未集(一四)，不敢輕來犯我，不過三旬，吾城已畢，留兵戍之，虜雖至無能為也(一五)。城旁草盡，不能久留，虜退，則運芻糧(一六)以實之，此萬全(一七)之策也。若大集諸道兵，踰月始至，虜亦集眾而來，而我爭戰，勝負未可知，何暇築城哉！」上從之。二月，朝晟分軍為三，各築一城，軍吏曰：「方渠無井，不可屯軍。」判官孟子周曰：「方渠承平(一八)之時，居人成市，無井何以聚人乎？」命浚眢井(一九)，果得甘泉(二〇)。三月，三城成。【考異】實錄：「先是邠寧楊朝晟奏，方渠、合道、木波皆賊路也，請城其地以備之。詔問須幾何人。」邠志曰：「十三年春，詔問楊公曰，方渠、合道、木波皆賊路也，城之可乎？若以為可，更要幾兵。二月十一日，起復除本官，十四日制書到軍，十八日，發軍，二十六日，軍次石堂谷，二十八日，功就三城。」今從邠志而不取其日。夏四月，庚申，楊朝晟軍還至馬嶺(二一)，吐蕃始出兵追之，相拒數日而去，朝晟遂城馬嶺而還，開地(二二)三百里，皆如其素(二三)。

(三)庚午，義成節度使李復薨，庚辰，以陝虢觀察使姚南仲為義成節度使，監軍薛盈珍方大會㉔，聞之，言曰：「姚大夫書生，豈將才也。」判官盧坦私謂人曰：「姚大夫外雖柔㉕，中甚剛㉖，監軍侵之㉗，必不受，軍府之禍自此始矣，吾恐為所留。」遂自它道潛去㉘。南仲果以牒請之㉙，不遇，得免，既而盈珍與南仲有隙，幕府多以罪貶，有死者㉚。

㈣吐蕃贊普乞立贊卒，子足之煎立。

㈤六月，壬午，韋皐奏吐蕃入寇巂州，刺史曹高仕破之於臺登城㉛下。

㈥光祿少卿同正㉜張茂宗、茂昭之弟㉝也，許尚義章公主㉞，未成昏，茂宗母卒，遺表請終嘉禮㉟，上許之。秋，八月，癸酉，起復茂宗左衞將軍同正㊱，左拾遺、義興㊲蔣乂上疏諫，【考異】實錄作蔣武，按舊傳，乂本名武。以為：「兵革之急，古有墨衰從事者㊳，未聞駙馬起復尚主㊴也。」上遣中使諭之，不止㊵，乃特召對於延英㊶，謂曰：「人間㊷多借吉㊸成昏者，卿何執此之堅㊹？」對曰：「昏姻喪紀㊺，人之大倫，吉凶不可瀆㊻也，委巷㊼之家，不知禮教㊽，其女孤貧無侍，或有借吉從人(四九)，未聞男子借吉娶婦者也。」太常博士韋彤、裴堪復上疏諫，上不悅，命趣(五〇)下嫁之期，辛巳，成婚。

(七)九月，己丑，中書侍郎同平章事盧邁以病罷為太子賓客。

(八)冬，十月，淮西節度使吳少誠擅開刀溝入汝，上遣中使諭止之，不從，命兵部郎中盧羣往詰(五一)之，少誠曰：「開此水，大利於人(五二)。」羣曰：「君令臣行(五三)，雖利人，臣敢專(五四)乎！公承天子之令而不從，何以使下吏(五五)從公之令乎。」少誠遽(五六)為之罷役。

(九)十二月，徐州節度使張建封入朝。先是，宮中市外間物，令官吏主之，隨給其直(五七)，比歲以宦者為使，謂之宮市，抑買人物(五八)，稍不如本估(五九)，其後不復行文書(六〇)，置白望數百人於兩市(六一)，及要鬧(六二)坊曲，閱(六三)人所賣物，但稱宮市，則斂手(六四)付與，真偽(六五)不復可辯(六六)，無敢問所從來，及論價(六七)之高下者，率用直百錢物，買人直數千物(六八)，多以紅紫染故衣敗繒(六九)，尺寸裂(七〇)而給之，仍索進奉門戶及腳價錢(七一)，人將(七二)物詣市，至有空手而歸者，名為宮市，其實奪之。商賈有良貨，皆深匿(七三)之，每勅使(七四)出，雖沽漿(七五)賣餅者，皆撤業(七六)閉門。嘗有農夫以驢負柴，宦者稱(七七)宮市取之，與絹數尺，又就索門戶(七八)，仍邀(七九)驢送柴至內，農夫啼泣，以所得絹與之，不肯受，曰：「須得爾驢(八〇)。」農夫曰：「我有父母妻子，待此然後食(八一)，今以柴與汝，不取直(八二)而歸，汝尚不肯，我有死而已(八三)！」遂毆(八四)宦者，街吏(八五)擒以聞，詔黜宦者，賜農夫絹十匹。然宮市亦不為之改。諫官御史數諫不聽，建封入朝，具奏之(八六)，上頗嘉納(八七)，以問戶部侍郎判度支蘇弁，弁希(八八)宦者意，對曰：「京師游手(八九)萬家，無土著生業(九〇)，仰(九一)宮市取給(九二)。」上信之，故凡言宮市者，皆不聽。

【今註】(一)和親：和好及結親。(二)負約：違負誓約。(三)方渠：據《新唐書・地理志》一，方渠縣屬慶州。(四)合道、木波：《九域志》：「環州治通遠縣，唐方渠縣地，有木波、馬嶺、石昌、合道四鎮。」(五)煩：煩勞。(六)它道：謂他道之兵。(七)曩城鹽州：曩，昔。城鹽州，見上卷九年。(八)集事：成事。(九)逼：逼近。(一〇)更：益。(一一)塞下：邊塞之下。(一二)不意：不料。(一三)不減七萬：謂不少於七萬。(一四)集：集合。(一五)無能為也：謂無能為力。(一六)芻糧：糧草。(一七)萬全：萬分安全。(一八)承平：歷世相承，皆太平也。(一九)眢井：廢井。(二〇)甘泉：胡三省曰：「方渠縣潛河從土橋、歸德川、同家谷三處發源來，潛苦不可食，甜河在城西，從蕃部鼻家族北界來，供人飲食。」㉑馬嶺：《舊唐書．地理志》一：「慶州、馬嶺縣，隋縣治天家堡，貞觀八年，移理新城，以縣西有馬嶺坂。」㉒開地：開拓疆域。㉓皆如其素：胡三省曰：「皆如其素所慮之期也。」㉔方大會：謂方大會諸將。㉕外雖柔：外雖仁柔。㉖剛：剛果。㉗侵之：謂侵其權。㉘潛去：偷去。㉙以牒請之：謂以書牒請其繼任判官。㉚有死者：謂亦有以罪見殺者。㉛臺登城：胡三省曰：「臺登、漢縣，唐屬巂州，由清溪關西南至臺登，五百五十里。」㉜同正：謂同正員，員外制同正員，起於高宗之時。㉝張茂宗、茂昭之弟：茂昭時為義武節度使。㉞義章公主：上女也，義章縣名，屬郴州。㉟嘉禮：結婚之禮。㊱左衛將軍同正：即同左衛將軍之正員。㊲義興：據《新唐書．地理志》五，義興縣屬江南道常州。㊳兵革之急，古有墨衰從事者：《左傳》僖公三十三年，晉文公卒，未葬，秦穆公伐鄭，晉襄公墨衰經，以敗秦師於殽。㊴起復尚主：謂未卒喪而起復尚公主者。㊵不止：謂仍上疏諫。㊶特召對於延英：胡三省曰：「唐中世以後，召對宰輔，乃開延英，今蔣乂特以拾遺召對。」㊷人間：即民間。㊸借吉：謂假借以為吉日。㊹卿何執此之堅：亦即《舊唐書．蔣乂傳》所謂之「卿何苦固執」也。㊺喪紀：喪葬。㊻瀆：瀆褻。㊼委巷：細小僻陋之巷。㊽禮教：按〈蔣乂傳〉，作禮法，所指者同。㊾從人：謂出嫁。㊿趣：讀曰促。(51)詰：詰問。(52)利於人：即利於民。(53)君令臣行：謂君所令者，則臣須行之。(54)專：專擅。(55)下吏：謂屬下之吏士。(56)遽：立。(57)隨給其直：謂隨即付給其所值之錢。(58)抑買人物：謂強制購買民物。(59)本估：本來之價。(60)行文書：謂執有公事。(61)白望數百人於兩市：胡三省曰：「白望者、言使人於市中左右望，白取其物，不還本價也。兩市、長安城中東市西市也，隋名東市曰都會，西市曰利人。」(六二)要鬧：重要熱鬧。(六三)閱：視。(六四)斂手：猶拱手，謂敬而與之。(六五)真偽：謂究為宮市與否。(六六)辯：通辨，別也。(六七)論價：商議價錢。(六八)數千物：謂數千錢之物，冒上而省去錢字。(六九)敗繒：繒，帛之總名，此謂破敗之絹帛。(七〇)尺寸裂：謂裂成一尺或一寸。(七一)進奉門戶及腳價錢：胡三省曰：「進奉門戶，言奉所經由門戶，皆有費用，如漢靈帝時所謂導行費也。腳價謂僦人負荷進奉物入內，有雇腳之費。」(七二)將：持。(七三)匿：藏。(七四)勑使：為使之宦官。(七五)沽漿：指賣熱水及酒漿等言。(七六)撤業：收業。(七七)稱：稱言。(七八)又就索門戶：謂又就索所經由門戶之費。(七九)邀：此猶命令。(八〇)須得爾驢：謂須以爾驢與之。(八一)待此然後食：胡三省曰：「言待此驢負物貿易，然後可以給食。」(八二)直：謂所直之錢，簡言之，亦即直錢。(八三)我有死而已：謂我只有死之一路而已。(八四)毆：同毆。(八五)街吏：即金吾左右街使之屬吏。(八六)具奏之：將其經過詳奏之。(八七)嘉納：嘉許而採納之。(八八)希：承望。(八九)游手：謂游手好閒，無所事事。(九〇)無土著生業：謂無籍貫及產業。(九一)仰：仰賴。(九二)取給：以取衣食之資。

十四年（西元七九八年）

(一)春，二月，乙亥，名申光蔡軍曰彰義(一)。

(二)夏，閏五月，庚申，以神策行營節度使韓全義為夏、綏、銀、宥節度使，全義時屯長武城，詔帥其眾赴鎮，士卒以夏州磧鹵㈡，又盛夏，不樂徙居，辛酉，軍亂，殺大將王栖嚴，全義踰城走，都虞候高崇文誅首亂者，眾然後定，崇文、幽州人也。丙子，以崇文為長武城都知兵馬使，不降勅，令中使口宣授之㈢。

(三)秋，七月，壬申，給事中同平章事趙宗儒罷為右庶子，以工部侍郎鄭餘慶為中書侍郎同平章事。

(四)八月，初置左右神策統軍㈣。時禁軍戍邊，稟㈤賜優厚，諸將多請遙隸㈥神策軍，稱行營㈦，皆統於中尉，其軍遂至十五萬人。

(五)京兆尹吳湊屢言宮市之弊，宦者言湊屢奏宮市，皆右金吾都知㈧趙洽、田秀嵒之謀也，丙午，洽、秀嵒坐流㈨天德軍。

(六)九月，丙申，以陝虢觀察使于頔為山南東道節度使㈩。

(七)丁卯，杞王倕㈡薨。

(八)彰武節度使㈢吳少誠遣兵掠壽州、霍山，殺鎮遏使㈢謝詳，侵地二十餘里，置兵鎮守。

(九)太學生薛約師事司業陽城，坐言事徙連州⑭，城送之郊外，上以城黨罪人⑮，己巳，左遷城道州刺史。【考異】實錄新舊傳無年月，柳宗元陽公遺愛碣曰：「四年五月，皇帝以銀印赤紱，即隱所，起陽公為諫議大夫。後七年，廷諍懇至，帝尤嘉異，遷國子司業。又四年九月己巳，出拜道州刺史，太學、魯郡、季儻、廬江、何蕃等百六十人，投業奔走，稽首闕下，膸闇謷天，願乞復舊，朝廷重更其事，如己巳詔。」今從之。城治民如治家，州之賦稅不登⑯，觀察使數加誚讓⑰，城自署其考曰⑱：「撫字心勞⑲，徵科政拙⑳，考下下㉑。」觀察使遣判官督㉒其賦，至州，城先自囚於獄，判官大驚，馳入，謁城於獄，曰：「使君何罪？某㉓奉命來候安否㉔耳。」留一二日，未去，城不復歸館㉕，門外有故門扇橫地㉖，城晝夜坐臥其上，判官不自安，辭去，其後又遣它判官往按㉗之，他判官載妻子，中道逸去㉘。

(十)冬，十月，丁酉，通王諶㉙薨。

(十一)庚子，夏州節度使韓全義奏破吐蕃於鹽州西北。

(十二)明州鎮將栗鍠殺刺史盧雲，誘㉚山越作亂，攻陷浙東州縣。

【今註】㊀名申光蔡軍曰彰義：時三州為吳少誠所據。㊁磧鹵：磧，沙磧；鹵，鹹鹵。磧鹵之地五谷不生，磧音ㄑㄧˋ。㊂不降勅，令中使口宣授之：謂口宣聖旨，而授之官，使掌兵。㊃初置左右神策統軍：按《舊唐書・德宗紀》作：「己卯，左右神策置統軍，品秩奉給，視六軍統軍例。」知神策乃在六軍之外，而其與統軍之地位，則相若也。㊄稟：通廩，謂廩給。㊅隸：屬。㊆稱行營：稱為神策行營。㊇都知：金吾府吏，右職也。㊈坐流：坐罪配流。㊉丙申，以于頔為山南東道節度使：按《舊唐書・德宗紀》，丙申作丙辰，以上之乙卯推之，作丙辰是。頔音迪。⑪杞王倕：倕，肅宗子。⑫彰武節度使：按上文，彰武當作彰義。⑬鎮遏使：謂鎮守遏止寇盜之使者。宋白曰：「貞元六年，初置藍田、渭橋等鎮遏使。」⑭連州：《舊唐書・地理志》三：「江南道、連州，在京師南三千六百六十五里。」⑮黨罪人：謂與罪人為黨。⑯不登：謂收斂不足。⑰誚讓：誚責。⑱自署其考曰：自籤書其考課之按語曰。⑲撫字心勞：謂安撫字育百姓之心意，甚為勞苦。⑳徵科政拙：徵納科斂之政事，則甚鈍拙。㉑考下下：考等為下下，亦即殿也。㉒督：督促。㉓某：謂我。㉔候安否：候問平安與否。㉕歸館：歸館舍。㉖有故門扇橫地：謂有一扇舊門橫臥地上。㉗按：按問。㉘逸去：逃去。㉙通王諶：乃上之子。㉚誘：引誘。

十五年（西元七九九年）

㈠春，正月，甲寅，雅王逸㊀薨。

㈡二月，丁丑，宣武節度使董晉薨，乙酉，以其行軍司馬陸長源為節度使。長源性刻急㈡，恃才傲物㈢，判官孟叔度輕佻淫縱㈣，好慢侮㈤將士，軍中皆惡之，董晉薨，長源知留後，揚言㈥曰：「將士弛慢㈦日久㈧，當以法齊之耳㈨。」眾皆懼，或勸之發財以勞軍，長源曰：「我豈河北賊以錢買健兒㈩求節鉞(一一)邪！」故事，主帥薨，給軍士布以制服，長源命給其直，叔度高鹽直(一二)，下布直(一三)，人不過得鹽三二斤(一四)，軍中怨怒，長源亦不為之備(一五)。是日，軍士作亂，殺長源、叔度，臠食之立盡。監軍俱文珍以宋州刺史劉逸準，久為宣武大將，得眾心，密書召之，逸準引兵，徑入(一六)汴州，亂眾乃定。

㈢以常州刺史李錡為浙西觀察使、諸道鹽鐵轉運使。錡，國貞之子(一七)也。閑廄宮苑使李齊運受其賂數十萬，薦之於上，故用之，錡刻剝以事(一八)進奉，上由是悅之。

㈣庚辰，浙東觀察使裴肅擒栗鍠於台州，斬之。

㈤己丑，以劉逸準為宣武節度使，賜名全諒。

㈥三月，甲寅，吳少誠遣兵襲唐州，殺監軍邵國朝，鎮遏使張嘉瑜掠百姓千餘人而去。

(七)戊午，昭義節度使王虔休薨，戊辰，以河陽懷州節度使李元淳為昭義節度使。

(八)癸巳，山南西道節度使嚴震薨(一九)。

(九)南詔異牟尋遣使與韋皐約共擊吐蕃，皐以兵糧未集(二〇)，請俟它年。

(十)山南西道都虞候嚴礪諂事嚴震，震病，使知留後，遺表薦之。秋，七月，乙巳，以礪為山南西道節度使。

(十一)八月，陳許節度使曲環薨。乙未，吳少誠遣兵掠臨潁(二一)，陳州刺史上官涚知陳許留後，遣大將王令忠將兵三千救之，皆為少誠所虜。丙午，以涚為陳許節度使，少誠遂圍許州，涚欲棄城走，營田副使劉昌裔止之，曰：「城中兵足以辦賊(二二)，但閉城勿與戰，不過數日，賊氣自衰，吾以全制其弊(二三)，蔑(二四)不克矣。」少誠晝夜急攻，昌裔募勇士千人鑿城出擊少誠，大破之，城由是全(二五)。昌裔，兗州人(二六)也。少誠又寇西華(二七)，陳許大將孟元陽拒却之，陳許都知兵馬使安國寧與上官涚不叶㉘，謀翻城㉙應少誠，劉昌裔以計斬之，召其麾下，人給二縑㉚，伏兵要巷，見持縑者悉斬之，無得脫者。

(十二)庚辰，宣武節度使劉全諒薨㉛，軍中思劉玄佐之恩，推其甥都知兵馬使、匡城㉜韓弘為留後，弘將兵，識其材鄙勇怯，指顧必堪其事㉝。丙辰，詔削奪吳少誠官爵，令諸道進兵討之。

(十三)辛酉，以韓弘為宣武節度使。先是，少誠與劉全諒約共攻陳許，以陳州歸宣武，使者數輩猶在館，弘悉驅出斬之，選卒三千，會諸軍擊少誠於許下，少誠由是失勢。

(十四)冬，十月，乙丑，邕王謜薨，太子之子也，上愛而子之，及薨，謚曰文敬太子。

(十五)山南東道節度使于頔、安黃節度使伊慎、知壽州事王宗與上官涚、韓弘進擊吳少誠，屢破之。十一月，壬子，于頔奏拔吳房、朗山㉞。

(十六)十二月，辛未，中書令、咸寧王渾瑊薨於河中㉟。瑊性謙謹，雖位窮㊱將相，無自矜大㊲之色，每貢物必躬自閱視㊳，受賜如在上前㊴，由是為上所親愛。上還自興元，雖一州一鎮有兵者，皆務姑息㊵，瑊每奏事不過㊶，輒私喜曰：「上不疑我㊷。」故能以功名終。

㈦六州党項㊸自永泰以來，居於石州，永安鎮將㊹阿史那思暕侵漁㊺不已，党項部落悉逃奔河西。

㈧諸軍討吳少誠者既無統帥，每出兵人自規㊻利，進退不壹，乙未，諸軍自潰於小溵水㊼，委棄㊽器械資糧，皆為少誠所有，於是始議置招討使。

㈨吐蕃眾五萬分擊南詔及嶲州，異牟尋與韋皐各發兵禦之，吐蕃無功而還。

【今註】㊀雅王逸：乃上之弟。㊁刻急：絞刻躁急。㊂物：指人物言。㊃淫縱：荒淫縱放。㊄慢侮：慢罵侮辱。㊅揚言：謂所發之言，欲使眾皆聞之。㊆弛慢：鬆弛怠慢。㊇日久：謂為時已久。㊈當以法齊之耳：《舊唐書．陸長源傳》作：「當以法繩之。」是齊乃謂整飭之。㊉健兒：唐常名兵卒曰健兒。⑪節鉞：節鉞乃節度使所執，故此亦即節度使之意。⑫高鹽直：謂高抬鹽價。⑬下布直：賤抑布價。⑭人不過得鹽三二斤：謂以布折鹽，而每人不過得鹽三二斤。⑮備：防備。⑯徑入：直入。⑰錡，國貞之子：肅宗末，李國貞為絳州行營兵所殺。⑱以事：以從事。⑲三月癸巳，山南西道節度使嚴震薨：按《舊唐書・德宗紀》，作六月癸巳，癸巳上當添六月二字。⑳未集：謂未集合完成。㉑臨潁：據《新唐書・地理志》二，臨潁縣屬許州。㉒足以辦賊：謂足以破賊。㉓吾以全制其弊：謂吾以完全之勢而制御其困弊。㉔蔑：無。㉕城由是全：其全文乃為城由是獲全。㉖昌裔、兗州人：按《舊唐書・劉昌裔傳》作：「昌裔、太原陽曲人。」㉗西華：據《新唐書・地理志》二，西華縣屬陳州。㉘不叶：不和。㉙翻城：謂以城反。㉚縑：雙絲繒，音兼。㉛庚辰，宣武節度使劉全諒薨：按《舊唐書・德宗紀》，庚辰作庚戌，以下之丙辰推之，作庚戌是。㉜匡城：據《新唐書・地理志》二，匡城屬滑州。㉝指顧必堪其事：謂指揮時，兵士必能堪任其職。㉞拔吳房、朗山：《九域志》：「吳房在蔡州西北七十里，朗山在蔡州西南七十五里。」㉟中書令咸寧王渾瑊薨於河中：按《通鑑》義例，於書大臣卒時，有諡者率書其諡，此亦當據《舊唐書》本傳，於咸寧下添書忠武二字。㊱窮：猶極。㊲矜大：矜伐誇大。㊳閱視：檢閱視察。㊴受賜如在上前：按〈渾瑊傳〉作：「每有頒賜，雖居遠地，如在帝前。」此句意義至重，若言受賜如在上前，則文氣輕飄，殊不足以副之，苟受賜下添一則字，而作受賜則如在上前，則將較為厚重矣。㊵務姑息：謂務為姑息，而可其奏事。㊶奏事不過：胡三省曰：「唐制，凡奏事得可者，皆過門下省、中書省，不過者，寢其奏不下也。」㊷上不疑我：謂上於我，不懷猜疑之心。㊸六州党項：《舊唐書・党項傳》：「党項有六府部落：曰野利越詩、野利龍兒、野利厥律兒、黃野、海野、窣等，居慶州者號為東山部落，居夏州者號為平夏部落。」㊹永安鎮將：胡三省曰：「唐蓋置永安鎮將於石州，以綏御党項。」㊺侵漁：侵占漁獵。㊻規：圖。㊼小溵水：宋白曰：「蔡州、汝陽縣，隋開皇十七年，改為溵水，今界內水有大溵、小溵之名，其年又於上蔡縣東北別置汝陽縣。」㊽委棄：委亦棄，二字為複合辭。

十六年（西元八〇〇年）

㈠春，正月，恒冀、易定、陳許、河陽四軍與吳少誠戰，皆不利而退，夏綏節度使韓全義本出神策軍，中尉竇文場愛厚㊀之，薦於上，使統諸軍討吳少誠。二月，乙酉，以全義為蔡州四面行營招討使，十七道兵皆受全義節度。

㈡宣武軍自劉玄佐薨，凡五作亂，士卒益驕縱㊁，輕其主㊂帥，韓弘視事數月，皆知其主名㊃，有郎將劉鍔常為唱首，三月，弘陳兵牙門，召鍔及其黨三百人，數之㊄以數預於亂，自以為功，悉斬之，血流丹道㊅，自是至弘入朝㊆，二十一年，士卒無一人敢讙呼⑧於城郭者。

㈢義成⑨監軍薛盈珍為上所寵信，欲奪節度使姚南仲軍政，南仲不從，由是有隙，盈珍譖其幕僚馬總，貶泉州⑩別駕，福建觀察使柳冕謀害總以媚⑪盈珍，以幕僚竇鼎、薛戎攝泉州事，使按致⑫總罪，戎為辯證⑬其無辜，冕怒，召戎囚之，使守卒恣⑭為侵辱⑮，如此累月⑯，徐誘之，使誣總，戎終不從，總由是獲免。冕，芳之子⑰也。盈珍屢毀南仲於上，上疑之，盈珍又遣小吏程務盈乘驛誣奏南仲罪，牙將曹文洽亦奏事長安，知之，晨夜兼行⑱，追及務盈於長樂驛⑲，與之同宿，中夜殺之，沈⑳盈珍表於廁中，自作表雪南仲之冤，且首㉑專殺之罪，亦作狀白南仲，遂自殺。明旦，門不啓，驛吏排㉒之入，得表狀於文洽尸旁，上聞而異之，徵盈珍入朝，南仲恐盈珍讒之益深，亦請入朝。夏，四月，丙子，南仲至京師，待罪於金吾㉓，詔釋㉔之，召見，上問：「盈珍擾㉕卿邪？」對曰：「盈珍不擾臣，但亂陛下法耳。且天下如盈珍輩㉖，何可勝數，雖使羊杜㉗復生，亦不能行愷悌㉘之政，成攻取之功也。」上默然，竟不罪盈珍，仍使掌機密。盈珍又言於上曰：「南仲惡政，皆幕僚馬少微贊㉙之也。」詔貶少微江南官，遣中使送之，推墜江中而死。

㈣黔中觀察使韋士宗政令苛刻，丁亥，牙將傅近等逐之，出奔施州㉚。

㈤新羅王敬則卒，庚寅，冊命其嫡孫俊邕為新羅王。

㈥韓全義素㉛無勇略，專以巧佞貨賂結宦官，得為大帥㉜，每議軍事，宦者為監軍者㉝數十人坐帳中，爭論紛然，莫能決㉞而罷，天漸暑，士卒久屯沮洳㉟之地，多病疫，人有離心。五月，庚戌，與吳少誠將吳秀、吳少陽等戰於溵南㊱廣利原，鋒鏑纔交，諸軍大潰，秀等乘之，全義退保五樓㊲。少陽，滄州清池人也。

㈦山南東道節度使于頔因討吳少誠，大募戰士，繕甲厲兵㊳，聚斂貨財，恣行誅殺，有據漢南之志，專以慢㊴上陵㊵下為事，上方姑息藩鎮，知其所為，無如之何。頔誣鄧州刺史元洪贓罪㊶，朝廷不得已，流洪端州，遣中使護送至棗陽㊷，頔遣兵劫取歸襄州，中使奔歸，頔表洪責(43)太重，上復以洪為吉州長史，乃遣之。又怒判官薛正倫，奏貶峽州長史，比(44)敕下，頔怒已解，復奏留為判官，上一一從之。

(八)徐、泗、濠節度使張建封鎮彭城十餘年(45)，軍府稱治(46)，病篤(47)，請除代人(48)，辛亥，以蘇州刺史韋夏卿為徐、泗、濠行軍司馬，敕下，建封已薨，夏卿、執誼之從祖兄也。徐州判官鄭通誠知留後，恐軍士為變，會浙西兵過彭城，通誠欲引入城為援，軍士怒，壬子，數千人斧庫門(49)，出甲兵，擐執(50)之，圍牙城，劫(51)建封子前虢州參軍愔令知軍府事，殺通誠及大將段伯熊等數人，械繫(52)監軍。上聞之，以吏部員外郎李鄘為徐州宣諭使，鄘直抵其軍，召將士，宣朝旨(53)，諭以禍福，脫監軍械，使復其位，凶黨不敢犯。愔上表稱兵馬留後，鄘以非朝命，不受，使削去(54)，然後受之(55)以歸。

(九)靈州破吐蕃於烏藍橋(56)。

(十)丙寅，韋士宗復入黔中(57)。

㈩湖南觀察使、河中呂渭奏發永州刺史陽履贓賄(五八)，履表稱所斂物(五九)皆備(六〇)進奉，上召詣長安，丁丑，命三司使鞫之，詰其物費用所歸(六一)，履曰：「已市馬進之矣。」又詰：「馬主為誰？馬齒(六二)幾何？」對曰：「馬主東西南北之人(六三)，今不知所之，按禮，齒路馬有誅(六四)，故不知其齒。」所對率如此(六五)，上悅其進奉之言，釋之，但免官而已。

㈪丙戌，加淄青節度使李師古同平章事(六六)。

㈫徐州亂兵為張諳(六七)表求旄節，朝廷不許，加淮南節度使杜佑同平章事兼徐、濠、泗節度使，使討之，佑大具舟艦，遣牙將孟準為前鋒、濟(六八)淮而敗，佑不敢進，泗州刺史張伾出兵攻埇橋，大敗而還，朝廷不得已，除愔徐州團練使，以伾為泗州留後，濠州刺史杜兼為濠州留後，仍加佑兼濠泗觀察使(六九)。【考異】實錄：「十二月癸卯，泗州濠州宣令淮南觀察使收掌。」今因此終言之。兼，正倫五世孫(七〇)也，性狡險(七一)彊忍，建封之疾亟(七二)也，兼陰圖代之，自濠州疾驅至府(七三)，幕僚李藩與同列入問建封疾，出見之，泣曰：「僕射(七四)疾危(七五)如此，公宜在州防遏(七六)，今棄州(七七)此來，欲何為也？宜速去，不然當奏之。」兼錯愕〔七八〕出不意〔七九〕，遂徑歸。建封薨，藩歸揚州，兼誣奏藩於建封之薨〔八〇〕，搖動軍情，上大怒，密詔杜佑使殺之，佑素重藩，懷詔旬日不忍發〔八一〕，因引藩論佛經曰：「佛言果報〔八二〕，有諸？」藩曰：「有之〔八三〕。」佑曰：「審如此〔八四〕，君宜遇事無恐。」因出詔示藩，藩神色不變，曰：「此真報也。」佑曰：「君慎勿出口〔八五〕，吾已密論〔八六〕，用百口保君矣〔八七〕。」上猶疑之〔八八〕，召藩詣長安，望見藩儀度安雅〔八九〕，乃曰：「此豈為惡者邪！」即除祕書郎。

(十四)新羅王俊邕卒，國人立其子重熙。

(十五)秋七月，吳少誠進擊韓全義於五樓，諸軍復大敗，全義夜遁，保溵水縣城〔九〇〕。

(十六)盧龍節度使劉濟弟源為涿州刺史，不受濟命，濟引兵擊擒之。

(十七)九月，癸卯，義成節度使盧羣薨，甲戌，以尚書左丞李元素代之〔九一〕。賈耽曰：「凡就軍中除節度使，必有愛憎向背〔九二〕，喜懼者相半，故眾心多不安，自今願陛下只自朝廷除人〔九三〕，庶無它變。」

上以為然。

(十八)中書侍郎同平章事鄭餘慶與戶部侍郎判度支于頔素善(九四)，頔所奏事，餘慶多勸上從之，上以為朋比(九五)，庚戌，貶餘慶郴州(九六)司馬，頊泉州(九七)司戶，【考異】舊傳曰：「時歲旱人饑，與宰相議，將賑給禁衞十軍(九八)，事未行，為中書吏所洩，餘慶貶郴州司馬。」按實錄，餘慶與于頔同貶，餘慶制辭云：「乃乖正直，有涉比周，棄法弄情，公行黨庇。」頔制辭云：「性本纖狡，行餘黨附，奏對每乖於事實，傾邪有蠹於彝章。」今從之。頊，頔之兄也。

(十九)癸丑，吳少誠進逼溵水，數里置營，韓全義復帥諸軍退保陳州，宣武、河陽兵私歸本道，獨陳許將孟元陽、神策將蘇光榮帥所部留軍溵水，全義以詐誘昭義將夏侯仲宣、義成將時昂、河陽將權文變、河中將郭湘等斬之，欲以威眾(九九)。全義至陳州，刺史劉昌裔登城謂之曰：「天子命公討蔡州，今乃來此，昌裔不敢納，請舍於城外。」既而昌裔齎牛酒入全義營犒師(一〇〇)，全義驚喜，心服之，己未，孟元陽等與吳少誠戰，殺二千餘人。

(廿)庚申，以太常卿齊抗為中書舍人(一〇一)同平章事。癸亥，以張愔為徐州留後。

(廿一)冬，十月，吳少誠引兵還蔡州。先是，韋臯聞諸軍討少誠無功，上言：「請以渾瑊賈耽為元帥，統諸軍㉒，若重㉓煩元老，則臣請以精銳萬人下巴峽，出荊楚，以翦凶逆；不然，因其請罪而赦之，罷兩河㉔諸軍，以休息公私，亦策之次也㉕；若少誠一旦罪盈惡稔㉖，為麾下㉗所殺，則又當以其爵位授之，是除一少誠，生一少誠，為患無窮矣。」賈耽言於上曰：「賊意蓋亦望恩貸㉘，恐須開其生路。」上從之。會少誠致書幣㉙於監官軍者求昭洗㉚，監軍奏之，戊子，詔赦少誠及彰義將士，復其官爵。【考異】實錄：「九月壬寅，宰相對於延英，賈耽奏曰，昨韓全義五樓退軍，賊不敢追趂者，應望國家恩貸，恐須開其生路。上是之。」按全義自五樓退保溵水，少誠逼溵水下營，全義又退保陳州，非不敢追趂也。又云：「諸軍討蔡州，未嘗整陣交鋒，而三師累挫潰，吳少誠知王師無能為，致書幣以告監軍，願求昭洗。上既納賈耽之議，又得監軍善奏，遂復其官爵。」按少誠知王師無能為，則愈當侵軼，豈肯從監軍求昭洗，蓋少誠起兵以來，不能無疲弊，故求休息耳，今不取。

(廿一)己丑，河東節度使李說薨，甲午，以其行軍司馬鄭儋為節度使，上擇可以代儋者，以刑部員外郎嚴綬嘗以幕僚進奉，記其名，即用為行軍司馬。

(廿二)吐蕃數為韋皐所敗，是歲，其曩貢臘城等九節度嬰籠官馬定德，帥其部落來降，定德有智略，吐蕃諸將行兵，皆稟㊂其謀策，常乘驛計事，至是，以兵數不利，恐獲罪，遂來奔。

【今註】㈠愛厚：親愛厚重。㈡驕縱：驕傲放縱。㈢主：亦即節度使。㈣主名：主要作亂者之姓名。㈤數之：責之。㈥丹道：使道為之殷紅。㈦自是至弘入朝：憲宗元和十四年，韓弘入朝。㈧譁呼：大聲呼喊。㈨義成：鄭滑軍名義成。㈩泉州：《舊唐書・地理志》三：「江南道，泉州，在京師東南六千二百一十六里。」(11)媚：諂媚。(12)按致：謂按而致之以罪。(13)辯證：謂辨別證明。(14)恣：縱恣。(15)侵辱：侵暴侮辱。(16)累月：謂累積數月。(17)冕，芳之子：柳芳有史學，事玄宗、肅宗。(18)晨夜兼行：謂晝夜皆行，而不休息。(19)長樂驛：胡三省曰：「長樂驛，在長樂城東滻坡。」(20)沈：沈沒。(21)首：自首。(22)排：推開。(23)待罪於金吾：胡三省曰：「金吾左右仗，凡內外官之待罪者詣焉。」(24)釋：捨。(25)擾：干擾。(26)如盈珍輩：謂如盈珍類之人。(27)羊杜：羊，羊祜；杜，杜預。(28)愷悌：樂易。(29)贊：助。(30)施州：《九域志》：「黔州東北至施州，四百一十一里。」(31)素：猶向。(32)大帥：猶統帥。(33)宦者為監軍者：謂宦官之為監軍者，宦者之者可改為官，以避免句中重複。(34)決：決定。(35)沮洳：低濕。(36)溵南：溵水之南。(37)五樓：胡三省曰：「五樓，在溵水縣西南。」(38)繕甲厲兵：繕治鎧甲，磨厲兵器。(39)慢：傲慢。(40)陵：欺陵。(41)頔誣鄧州刺史元洪贓罪：胡三省曰：「至德元載，升襄陽防禦使為山南東道節度使，領襄、鄧、隨、唐、安、均、房、金、商九州，貞元元年，以鄧州隸東都畿，以此觀之，此時復領鄧州矣。」(42)棗陽：據《新唐書・

地理志》四，棗陽縣屬隋州。(四三)洪責：洪之責罰。(四四)比：及。(四五)張建封鎮彭城十餘年：貞元四年，張建封鎮彭城。(四六)稱治：稱為治平。(四七)病篤：病重。(四八)請除代人：請朝廷除命代攝之人。(四九)斧庫門：《舊唐書·張建封傳》作：「斫甲仗庫。」是其詳釋。(五〇)擐執：擐貫及執持之。(五一)劫：劫持。(五二)械繫：以刑械拘繫。(五三)宣朝旨：謂宣天子旨意。(五四)使削去：使削去兵馬留後四字。(五五)受之：受其表。(五六)烏蘭橋：按《新唐書·地理志》一，會州烏蘭縣西南有烏蘭關，橋當在關北黃河上。(五七)丙寅，韋士宗復入黔中：按《舊唐書·德宗紀》，丙寅上有五月二字，當從添。(五八)贓賄：贓物。(五九)斂物：征斂之物。(六〇)備：準備。(六一)詰其物費用所歸：謂詰其征斂之物用於何途。(六二)馬齒：即馬齡。(六三)東西南北之人：喻人之居無定處。(六四)按禮，齒路馬有誅：乃《禮記·曲禮》之言。(六五)率如此：謂多如此類。(六六)丙戌，加淄青節度使李師古同平章事：按《舊唐書·德宗紀》，列此事於六月丙午，日期雖不相同，然其為六月間事，當無可疑，丙戌上應添六月二字。(六七)張諳：按諳當作愔。(六八)濟：渡。(六九)仍加佑兼濠泗觀察使：分濠泗隸淮南，以弱徐州之權。(七〇)兼，正倫五世孫：杜正倫相太宗高宗。(七一)狡險：狡詐陰險。(七二)疾亟：疾甚。(七三)府：軍府。(七四)僕射：張建封加僕射，故如此稱之。(七五)危：危殆。(七六)防遏：防禦鎮遏。(七七)棄州：猶離州。(七八)錯愕：謂驚愕失錯。(七九)出不意：謂出其不意。(八〇)於建封之薨：謂於建封薨時。(八一)發：發動，亦即殺藩也。(八二)佛言果報：胡三省曰：「佛經言人所造作善惡為果，隨其所作而應之以禍福為報。」(八三)有之：即有之乎。(八四)審如此：謂誠如此。(八五)勿出口：謂勿言。(八六)密論：謂上表密論。(八七)用百口保君矣：中古於其家屬，率言百口，此謂以全家保君之無他矣。(八八)猶疑之：謂尚懷疑之。(八九)安雅：安詳典雅。(九〇)澱水縣城：據《新唐書・地理志》一，澱水縣屬陳州。(九一)以尚書左丞李元素代之：按《舊唐書・德宗紀》，元素作光素。(九二)向背：謂或向或背。(九三)除人：即除節度使。(九四)素善：素友善。(九五)朋比：朋黨比周。(九六)郴州：《舊唐書・地理志》三：「江南道、郴州，在京師東南三千三百里。」(九七)泉州：同志三：「江南道、泉州，在京師東南六千二百一十六里。」(九八)考異曰：「舊傳曰：『與宰相議，將賑給禁衛十軍。』」：按《舊唐書・鄭餘慶傳》，與上有德宗二字，十軍作六軍，當從添改。(九九)以威眾：以威服眾。(一〇〇)犒師：犒勞師旅。(一〇一)以太常卿齊抗為中書舍人：按《舊唐書・德宗紀》及《新唐書・宰相表》，中書舍人皆作中書侍郎，當改從之。(一〇二)上言請以渾瑊賈耽為元帥，統諸軍：胡三省曰：「渾瑊薨於去年十二月，韋皋蓋上言於瑊未薨之前。」(一〇三)重：難。(一〇四)兩河：謂河南河北。(一〇五)策之次也：謂次善之策。(一〇六)惡稔：惡熟，亦即至極點之意。(一〇七)麾下：部下。(一〇八)恩貸：恩澤及寬假。(一〇九)幣：幣帛。(一一〇)昭洗：昭明雪洗。(一一一)稟：稟承。

卷二百三十六　唐紀五十二

司馬光編集
曲守約註

起重光大荒落，盡旃蒙作噩，凡五年。（辛巳至乙酉，西元八〇一年至八〇五年）

德宗神武聖文皇帝十一

貞元十七年（西元八〇一年）

㈠春，正月，甲寅，韓全義至長安，竇文場為掩㊀其敗迹，上禮遇甚厚，全義稱足疾㊁，不任朝謁㊂，【考異】舊全義傳：「令中使就第賜宴，自還至辭，都不謁見而去，議者以隳敗法制，從古以還，未有如貞元之甚。」按實錄，壬戌宴全義於麟德殿，又云：「自還及歸，不見不辭於正朝。」蓋非不謁也，但不於正朝耳。遣司馬崔放入對，放為全義引咎，謝無功㊃，上曰：「全義為招討使，能招來少誠，其功大矣，何必殺人，然後為功邪！」閏月，甲戌，歸夏州。

㈡韋士宗既入黔州㊄，妄殺長吏，人心大擾㊅，士宗懼。三月，脫身亡走。夏，四月，辛亥，以右諫議大夫裴佶為黔州觀察使。

㈢五月，壬戌朔，日有食之。

㈣朔方、邠、寧、慶節度使㊆楊朝晟防秋於寧州，乙酉薨。初渾瑊遣兵馬使李朝寀將兵戍定平(八)，瑊薨，朝寀請以其眾隸神策軍，詔許之，楊朝晟疾亟(九)，召僚佐謂曰：「朝晟必不起，朔方命帥，多自本軍，雖徇眾情，殊非國體，寧州刺史劉南金練習(一〇)軍旅，宜使攝行軍(一一)，且知軍事，比(一二)朝廷擇帥，必無虞(一三)矣。」又以手書(一四)授監軍劉英倩，英倩以聞，軍士私議曰：「朝廷命帥，吾納之，即(一五)命劉君，吾事之，若命帥於它軍，彼必以其麾下來，吾屬被斥(一六)矣，必拒之。」己丑，上遣中使往察軍情，軍中多與南金(一七)。辛卯，上復遣高品(一八)薛盈珍齎詔詣寧州。六月，甲午，盈珍至軍宣詔曰：「朝寀所將，本朔方軍，今將幷之以壯軍勢，威戎狄，以李朝寀為使，南金副之，軍中以為何如？」諸將皆奉詔。丙申，都虞候史經言於眾曰：「李公命收弓刀而送甲冑二千。」軍士皆曰：「李公欲內(一九)麾下二千為腹心，吾輩妻子，其可保(二〇)乎！」夜造(二一)劉南金，欲奉以為帥，南金曰：「節度使固我所欲，然非天子之命，則不可，軍中豈無它將乎！」眾曰：「弓刀皆為官(二二)所收，惟軍事府(二三)尚有甲兵，欲因以集事(二四)。」南金曰：「諸君不顧朝寀為帥，宜以情告勅使，若操㉕甲兵，乃拒詔也。」命閉門不內。軍士去詣兵馬使高固，固逃匿，搜得之，固曰：「諸君能用吾言，則可。」眾曰：「惟命㉖。」固曰：「毋殺人，毋掠金帛。」眾曰：「諾。」乃共詣監軍，請奏之，眾曰：「劉君既得朝旨為副帥，必撓㉗吾事。」詐稱監軍命召計事，至而殺之。戊戌，制以李朝寀為邠寧節度使。是日，寧州告變者至，上追還制書，復遣薛盈珍往詷㉘軍情。壬寅，至軍，軍中以高固為請，盈珍即以上旨命固知軍事。或傳戊戌制書至邠州，邠軍惑，不知所從㉙，姦人乘之，且為變，留後孟子周悉內精甲於府廷，日饗㉚士卒，內以悅眾心，外以威姦黨㉛，邠軍無變，子周之謀也。

㈤李錡既執天下利權，以貢獻固主恩㉜，以饋遺結權貴，恃此驕縱，無所忌憚㉝，盜取縣官㉞財，所部官屬，無罪受戮者相繼。浙西布衣㉟崔善貞詣闕上封事，言宮市、進奉及鹽鐵之弊，因言錡不法事，上覽之，不悅，命械送錡㊱，錡聞其將至，先鑿阬於道旁，己亥，善貞至，并鎖械內阬中，生瘞之，遠近聞之，不寒而慄。

錡復欲為自全計㊂㊆，增廣兵眾㊂㊇，選有材力善射者謂之挽彊㊂㊈，胡奚雜類㊃㊉謂之蕃落㊃㊀，給賜十倍它卒。轉運判官盧坦屢諫不悛㊃㊁，與幕僚李約等皆去之。約，勉之子㊃㊂也。

㈥己酉，以高固為邠寧節度使，固宿將㊃㊃，以寬厚得眾，節度使忌之，置於散地㊃㊄，同列多輕侮之，及起為帥，一無所報復，軍中遂安。

㈦丁巳，成德節度使王武俊薨。

㈧秋，七月，戊寅，吐蕃寇鹽州。

㈨辛巳，以成德節度副使王士真為節度使。

㈩己丑，吐蕃陷麟州，殺刺史郭鋒，夷㊃㊅其城郭，掠居人及党項部落而去。鋒，曜之子㊃㊆也。僧延素為虜所得，虜將有徐舍人者，謂延素曰：「我英公五代孫㊃㊇也，武后時，吾高祖建義不成㊃㊈，子孫流播㊄㊉異域，雖代居祿位典兵，然思本之心不忘，顧宗族大，無由自拔㊄㊀耳，今聽汝歸。」遂縱㊄㊁之。上遣使勅韋皐出兵深入吐蕃，以分其勢，紓㊄㊂北邊患，皐遣將將兵二萬，分出九道，攻吐蕃維、保、松州及棲鷄㊹、老翁城。

㈩河東節度使鄭儋暴薨，不及命㊺後事，軍中喧譁，將有它變，中夜㊻十餘騎執兵，召掌書記令狐楚至軍門，諸將環㊼之，使草遺表，楚在白刃之中，操筆立成。楚，德棻之族㊽也。八月，戊午，以河東行軍司馬嚴綬為節度使。

(十一)九月，韋皐奏大破吐蕃於雅州。

(十二)左神策中尉竇文場致仕，以副使楊志廉代之。

(十三)韋皐屢破吐蕃，轉戰千里，凡拔城七、軍鎮五，焚堡百五十，斬首萬餘級，捕虜六千，降戶三千，遂圍維州及昆明城。冬，十月，庚子，加皐檢校司徒兼中書令，賜爵南康郡王。南詔王異牟尋虜獲尤多，上遣中使慰撫之。

(十四)戊午，鹽州刺史杜彥先棄城奔慶州㊾。

【今註】 ㈠掩：掩匿。㈡稱足疾：謂言有足疾。㈢不任朝謁：謂不任朝謁時之舞蹈。㈣謝無功：謝招撫無功之罪。㈤韋士宗既入黔州：去年士宗復入黔州，事見上卷。㈥擾：亂。㈦朔方、邠、寧、慶節度使：胡三省曰：「朔方兵分居邠，故仍以朔方軍號冠之，其實只節度邠寧慶三州。」㈧定平：據《新唐書・地理志》一，定平屬寧州。⑨疾亟：猶疾篤。⑩練習：閑練通習。⑪攝行軍：謂攝行軍司馬。⑫比：及。⑬虞：憂。⑭手書：親手所作之書。⑮即：若。⑯斥：排斥。⑰多與南金：謂多贊成南金。⑱高品：胡三省曰：「唐內侍省有高品一千九百六十六人。」⑲內：通納。⑳保：保全。㉑造：造謁。㉒官：稱李朝寀之辭。㉓軍事府：知軍事之所居。㉔集事：成事。㉕操：執持。㉖惟命：乃惟命是從之省。㉗撓：撓敗。㉘詗：偵，音ㄒㄩㄥˋ。㉙或傳戊戌制書至邠州，邠軍惑，不知所從：胡三省曰：「薛盈珍已命高固知寧州軍事，而又有傳李朝寀制書至邠者，故留邠之軍，惑而不知所適從。」㉚日饗：謂日日饗。㉛威姦黨：謂威壓姦黨。㉜固主恩：堅固主上之恩遇。㉝忌憚：忌諱畏憚。㉞縣官：謂天子。㉟布衣：平民。㊱械送錡：械而送於錡所。㊲自全計：自己安全計。㊳兵眾：即兵卒。㊴挽彊：言其力能挽彊弓也。㊵胡奚雜類：胡奚之俘，配隸江南者，錡收養之。㊶蕃落：謂蕃人部落。㊷悛：改。㊸約，勉之子：李勉歷事肅代德三朝，貞元中為相。㊹宿將：舊將。㊺散地：冗散之地。㊻夷：平毀。㊼鋒，曜之子：曜乃郭子儀子。㊽我英公五代孫：李勣封英國公。㊾武后時，吾高祖建義不成：謂敬業，事見卷二百二武后光宅元年。㊿流播：流離播遷。(51)自拔：謂自拔來歸。(52)縱：放。(53)紓：緩。(54)棲鷄：胡三省曰：「王涯傳曰：『綿州威蕃柵，抵棲鷄城。』蓋在茂州界。」(55)命：命令。(56)中夜：半夜。(57)環：環繞。(58)楚、德棻之族：胡三省曰：「令狐德棻事太宗，疑族字下有孫及曾玄等字。」(59)鹽州刺史杜彥先棄城奔慶州：乃為吐蕃所逼。

十八年（西元八〇二年）

㈠春，正月，驃王摩羅思那遣其子悉利移入貢，驃國在南詔西南六千八百里㊀，聞南詔內附而慕之，因南詔入見，仍獻其樂㊁。

㈡吐蕃遣其大相兼東鄙五道節度使論莽熱將兵十萬，解維州之圍，西川兵據險設伏以待之，吐蕃至，出千人挑戰，虜悉眾追之，伏發㊂，虜眾大敗，擒論莽熱，士卒死者大半，維州昆明竟不下，引兵㊃還。乙亥，皐遣使獻論莽熱，【考異】舊韋皐傳云：「十月，遣使獻論莽熱。」今從實錄。上赦之。

㈢浙東觀察使裴肅既以進奉得進，判官齊總代掌後務㊄，刻剝以求媚㊅又過之。三月，癸酉、詔擢總為衢州刺史；給事中、長安許孟容封還㊆詔書，曰：「衢州無它虞㊇，齊總無殊績，忽此超獎㊈，深駭羣情，若總必有可錄（一〇），願明書勞課（一一），然後超資（一二）改官，以解（一三）眾疑。」詔遂留中（一四）。己亥，上召孟容慰獎（一五）之。

㈣秋，七月，辛未，嘉王府諮議高弘本正牙奏事（一六），自理逋（一七）債。乙亥，詔公卿庶僚（一八），自今勿令正牙奏事，如有陳奏，宜延英門請對。議者以為正牙奏事，自武德以來，未之或改，所以達羣情，講政事，弘本無知，黜之可也，不當因人而廢事。

㈤淮南節度使杜佑累表求代。冬，十月，丁亥，以刑部尚書王鍔為淮南副節度使⑲兼行軍司馬。

㈥己酉，鄜坊節度使王栖曜薨，中軍將何朝宗謀作亂，夜縱火，都虞候裴玢潛匿不救火，旦擒朝宗斬之，以同州刺史劉公濟為鄜坊節度使⑳，以玢為行軍司馬。

【今註】㈠驃國在南詔西南六千八百里：按《舊唐書・驃國傳》：「驃國在永昌故郡南二千餘里，去上都一萬四千里。」㈡樂：音樂。㈢伏發：伏兵發。㈣引兵：率兵。㈤浙東觀察使裴肅既以進奉得進，判官齊總代掌後務：胡三省曰：「據新唐書，肅卒於官，齊總代掌後務。」㈥媢：媢幸。㈦封還：胡三省曰：「封還詔書，不肯書讀，所謂糾駮也，亦謂之塗歸，唐人語也。」㈧虞：憂。㈨超奬：超進。㈩可錄：謂可錄之功。⑪勞課：謂考課之勞績。⑫超資：超進其階資。⑬解：釋。⑭留中：留於宮中。⑮慰奬：慰勞奬勵。⑯嘉王府諮議高弘本正牙奏事：胡三省曰：「嘉王運，代宗之子，諮議參軍、正五品上，掌計謀議事。唐東內以含元殿為正牙，西內以太極殿為正牙。唐制，天子居曰衙，行曰駕，牙與衙同。」⑰逋：欠。⑱庶僚：眾僚，亦即百僚。⑲以王鍔為淮南副節度使：按《舊唐書・德宗紀》，副節度使作節度副使，當從乙正。㊂以同州刺史劉公濟為鄜坊節度使：按《舊唐書・德宗紀》作十一月丙辰，以同州刺史劉公濟為鄜坊節度使，是以同州上，當從添十一月丙辰五字。

十九年（西元八〇三年）

㈠春，二月，丁亥，名安黃軍曰奉義㊀。

㈡己亥，安南牙將王季元逐其觀察使裴泰，泰奔朱鳶㊁，明日，左兵馬使趙匀斬季元及其黨，迎泰而復之。

㈢甲辰，杜佑入朝㊂。三月，壬子朔，以佑檢校司空同平章事，以王鍔為淮南節度使。

㈣鴻臚卿王權請遷獻懿二祖於德明興聖廟㊃，每禘祫，正太祖東向之位㊄，從之。乙亥，以司農卿李實兼京兆尹，實為政暴戾，上愛信之，實恃恩驕傲，許人薦引，不次㊅拜官，及誣譖斥逐，皆如期而效㊆，士大夫畏之側目㊇。

㈤夏，四月，涇原節度使劉昌奏請徙原州，治平涼㊈，從之。乙亥，吐蕃遣其臣論頰熱入貢⑩。

㈥六月，辛卯，以右神策中尉副使孫榮義為中尉，與楊志廉皆驕縱招權⑪，【考異】實錄：「十七年六月，以中官楊志廉充左神策護軍中尉。七月丙戌，以內給事楊志廉為左右神策護軍中尉副使。九月戊寅，以志廉為左神策中尉。十九年六月辛卯，以榮義為右神策中尉。二十年十月戊申，以志廉為特進、右監軍將軍、左軍中尉。」其重複差互如此。蓋十七年六月攝領耳，七年始為副使，九月及十九年六月始正為中尉，二十年十月但進階加官耳。舊傳又云：「先是竇文場致仕十五年以後，志廉、榮義為左右軍中尉。」亦踵竇之事，此蓋言其大略耳，未必為中尉適在十五年也。依附者眾，宦官之勢益盛。

㈦壬辰，遣右龍武大將軍薛伾使於吐蕃。

㈧陳許節度使上官涚薨，其壻田偁欲脅⑫其子，使襲軍政⑬，牙將王沛亦涚之壻也，知其謀，以告監軍范日用，討擒之。乙未，以陳許行軍司馬劉昌裔為節度使。沛，許州人也。

㈨自正月不雨，至於秋七月。

㈩己未，中書侍郎同平章事齊抗以疾罷為太子賓客⑭。

(十一)初翰林待詔王伾善書，山陰⑮王叔文善碁，俱出入東宮，娛侍太子。伾，杭州人也。叔文詭譎⑯多計，自言讀書，知治道，乘間，常為太子言民間疾苦⑰，太子嘗與諸侍讀⑱及叔文等論及宮市事，太子曰：「寡人方欲極言之(一九)。」眾皆稱贊，獨叔文無言，既退，太子自留叔文，謂曰：「向者(二〇)，君獨無言，豈有意(二一)邪！」叔文曰：「叔文蒙幸太子(二二)，有所見，敢不以聞？太子職當視膳問安(二三)，不宜言外事。陛下在位久，如疑太子收人心，何以自解(二四)？」太子大驚，因泣曰：「非先生，寡人無以知此。」遂大愛幸，與王伾相依附。

(十二)叔文因為太子言，某(二五)可為相，某可為將，幸異日用之，密結翰林學士韋執誼及當時朝士有名而求速進者陸淳、呂溫、李景儉、韓曄、韓泰、陳諫、柳宗元、劉禹錫等，定(二六)為死友，而凌準、程异等又因其黨以進，日與遊處，蹤跡詭祕，莫有知其端(二七)者。藩鎮或陰進資幣(二八)，與之相結。淳，吳人，嘗為左司郎中；溫，渭之子(二九)，時為左拾遺；景儉，瑀之孫(三〇)，進士及第；曄，滉之族子(三一)；諫，嘗為侍御史；宗元，禹錫時為監察御史。左補闕張正一上書得召見，【考異】順宗實錄作張正買，今從德宗實錄。正一與吏部員外郎王仲舒、主客員外郎劉伯芻等相親善，【考異】韓愈集有仲舒神道碑云：「韓弘中字某。」按實錄、新舊傳，皆名仲舒，字弘中。愈又作燕喜亭記，稱為王弘中，然則弘中必字也，碑文誤耳。順宗實錄云：「正買與王仲舒、劉伯芻、裴茝、常仲孺、呂洞相善，數遊止。」今從德宗實錄。叔文之黨疑正一言己陰事，令執誼反譖㉜正一等於上，云其朋黨㉝，遊宴無度㉞。九月，甲寅，正一等皆坐遠貶㉟，人莫知其由㊱。伯芻，廼之子㊲也。

(十三)鹽夏節度判官崔文先權知鹽州，為政苛刻。冬，閏十月，庚戌，部將李庭俊作亂，殺而臠食之，左神策兵馬使李興幹戍鹽州，殺庭俊以聞。

(十四)丁巳，門下侍郎同平章事崔損薨。

(十五)十一月，戊寅朔，以李興幹為鹽州刺史，得專奏事，自是鹽州不隸夏州。

(十六)十二月，庚申，以太常卿高郢為中書侍郎，吏部侍郎陳珣瑜為門下侍郎㊳，幷同平章事。珣瑜，餘慶之從父兄弟㊴也。

(十七)建中初，勅京城諸使㊵及府縣繫囚，每季終委㊶御史巡按，有冤濫㊷者以聞，近歲北軍移牒而已㊸。監察御史崔薳遇下㊹嚴察㊺，下吏欲陷之，引以入右神策軍，軍使以下駭懼，具奏其狀，上怒，杖薳四十，流崖州㊻。

㈥京兆尹、嗣道王實務徵求以給㊼進奉，言於上曰：「今歲雖旱，而禾苗甚美。」由是租稅皆不免，人窮，至壞屋㊽，賣瓦木麥苗以輸官，優人㊾成輔端為謠㊿嘲之，實奏輔端誹謗朝政，杖殺之。

㈨監察御史韓愈上疏，以京畿百姓窮困，應(51)今年稅錢及草粟等徵未得者，請俟來年蠶麥(52)，愈坐貶陽山(53)令。【考異】韓愈河南令張署墓誌曰：「自京兆武功尉拜監察御史，為幸臣所讒，與同輩韓愈、李方叔三人，俱為縣令南方。」又祭署文曰：「貞元十九，君為御史，余以無能，同詔幷峙。」又曰：「我落陽山以尹鶗鴂，君飄臨武山林之牢，歲弊寒兇，雪虐風饕。」與署同貶，當在此年冬。

【今註】㈠名安黃軍曰奉義：以寵伊慎。㈡朱鳶：據《新唐書・地理志》七，朱鳶縣屬安南中都護府。㈢杜佑入朝：自淮南來朝。㈣王權請遷獻懿二祖於德明興聖廟：玄宗天寶二年，尊咎繇為德明皇帝，涼武昭王為興聖皇帝，立廟京師。㈤每禘祫，正太祖東向之位：建中二年，奉獻祖正東向之位，事見卷二百二十七。㈥不次：不依次第。㈦而效：而生效。㈧側目：畏懼之狀。㈨劉昌奏請徙原州，治平涼：七年劉昌築平涼，事見卷二百三十三。原州本治平高，以為吐蕃所陷，今改以渭州平涼為治所。㈩三月……乙亥，以司農卿李實兼京兆尹……四月乙亥，吐蕃遣其臣論頰熱入貢：按兩月中不得有兩乙亥，二者中當有一誤。⑪招權：招攬權勢。⑫脅：脅迫。⑬襲軍政：繼襲軍政。⑭自正月不雨，至於秋七月。己未，中書侍郎同平章事齊抗以疾罷為太子賓客：按《舊唐書・德宗紀》，己未乃秋七月中之日期，秋七月既係連下文而讀，則秋七月上自應添一是字，方可避免文之混淆。⑮山陰：據《新唐書・地理志》五，山陰縣屬江南東道越州。⑯詭譎：詭詐。⑰民間疾苦：謂民間痛苦之情形，及所疾惡而以為苦之政事。⑱侍讀：胡三省曰：「太宗時，晉王府有侍讀，及為太子，亦置焉，其後或置或否，無常員，常講導學經。」⑲極言之：極力言之。⑳向者：方纔。㉑豈有意：謂豈有意見。㉒蒙幸太子：謂蒙太子之寵幸。㉓太子職當視膳問安：《禮記・文王世子》：「世子之記曰：『朝夕至於大寢之門外，問於內豎曰，今日安否何如？內豎曰，今日安，世子乃有喜色；其有不安節，則內豎以告世子，世子色憂不滿容，內豎言復初，然後亦復初。朝夕之食上，世子必在視寒煖之節，食下，問所膳羞，必知所進，以命膳宰，然後退。若內豎言疾，則世子親齊玄而養，膳宰之饌，必敬視之，疾之藥，必親嘗之，嘗饌善，則世子亦能食，嘗饌寡，世子亦不能飽，以至於復初，然後亦復初。』」㉔解：解釋。㉕某：謂某某人，此則不具書其人之姓名。㉖定：猶結。㉗知其端：端，事端，亦即知其事者。㉘資幣：錢資幣帛。㉙溫，渭之子：呂渭見上卷十六年。㉚景儉，瑀之孫：瑀，寧王憲之子，封漢中王。㉛曄，混之族子：韓混，貞元中為相。㉜反譖：倒毀。㉝云其朋黨：云三人互為朋黨。㉞遊宴無度：謂常相遊宴。㉟皆坐遠貶：謂皆坐罪貶於遠惡之地。㊱由：因由。㊲伯芻，迺之子：劉迺見卷二百三十興元元年。㊳吏部侍郎陳珣瑜為門下侍郎：按下文，珣瑜，餘慶之從父兄弟也。又《新唐書・宰相表》中，亦作鄭珣瑜，是陳當改作鄭。㊴餘慶之從父兄弟：鄭餘慶貞元十四年為相。㊵京城諸使：謂京城諸使廨。㊶委：任命。㊷冤濫：冤，枉屈；濫，淫刑。㊸近歲北軍移牒而已：胡三省曰：「宦官勢横，御史不敢復入北軍按囚，但移文北司，牒取繫囚姓名及事因，應故事而已，不問其有無冤濫。」㊹遇下：待下。㊺嚴察：嚴厲苛察。㊻崖州：《舊唐書・地理志》四：「嶺南道、崖州，至京師七千四百六十里。」㊼給：供給。㊽壞屋：謂拆屋。㊾優人：倡優。㊿謠：歌謠。(51)應：謂一應，亦即一切。(52)俟來年蠶麥：謂俟明年蠶麥登場之時。(53)陽山：據《新唐書・地理志》七，陽山縣屬嶺南道連州。

二十年（西元八〇四年）

㈠春，正月，丙戌，天德軍都防禦團練使、豐州刺史李景略卒。初景略嘗宴僚佐，行酒者誤以醯㊀進，判官、京兆任迪簡以景略性嚴，恐行酒者得罪，強飲之，歸而嘔血，軍士㊁聞之，泣下。及景略卒，軍士皆曰：「判官仁者。」欲奉以為帥，監軍抱置別室，軍士發扃㊂取之，監軍以聞，詔以代景略。

㈡吐蕃贊普死，其弟嗣立。【考異】實錄及舊傳皆云：「贊普以貞元十三年四月卒，長子立一歲，又卒，次子嗣立。」韓愈順宗實錄、張薦傳云：「二十年，贊普死，遣薦弔贈。」新傳云：「十三年，贊普死，其子足之煎立。二十年，贊普死，遣工部侍郎張薦弔祠，其弟嗣立。」疑實錄舊傳，誤以是字為一字，今從順宗錄及新傳。

㈢夏，四月，丙寅，名陳許軍曰忠武。

㈣左金吾大將軍李昇雲將禁兵，鎮咸陽，疾病，其子政諲與虞候上官望等謀效㊃山東藩鎮，使將士奏攝父事㊄。六月，壬子，昇雲卒，甲寅，詔追削昇雲官爵，藉沒㊅其家。

㈤昭義節度使李長榮薨，上使中使以手詔授本軍㊆大將，但軍士所附者即授㊇，時大將來希皓為眾所服，中使將以手詔付之，希皓言於眾曰：「此軍取人㊈，合是㊉希皓，但作節度使不得，若朝廷以一束草來，希皓亦必敬事⑪。」中使言：「面奉⑫進止⑬，只令此軍取大將⑭，拔⑮與節鉞，朝廷不別⑯除人⑰。」希皓固辭，兵馬使盧從史【考異】杜牧上李司徒書，作押衙盧從史，今從實錄。其位居四⑱，潛與監軍相結，起出伍曰⑲：「若來大夫不肯受詔，從史請且⑳句當㉑此軍。」監軍曰：「盧中丞若如此，此亦固合㉒聖旨。」中使因探懷取詔㉓以授之，從史捧詔，再拜舞蹈，希皓亟迴揮同列㉔，北面稱賀，軍士畢集，更無一言。秋，八月，己未，詔以從史為節度使。

㈥九月，太子始得風疾㉕，不能言。

【今註】㊀醯：醋，音ㄒㄧ。㊁軍士：軍吏士卒。㊂發扃：開鎖。㊃效：效法。㊄父事：亦即父職。㊅藉沒：藉當作籍，謂按籍簿所載而沒收之。㊆本軍：謂昭義軍。㊇即授：即授之。㊈此軍取人：此軍所取之人。⑩合是：當是。⑪若朝廷以一束草來，希皓亦必敬事：胡三省曰：「言若束草為節度使，亦必敬而事之。」⑫面奉：猶親奉。⑬進止：此謂口諭。⑭只令此軍取大將：謂只令於此軍中選取大將。⑮拔：疑當作授。⑯別：另。⑰除人：此謂除命節度使。⑱其位居四：謂其官居第四位。⑲起出伍曰：謂起身出儔伍之中而言曰。⑳且：權且。㉑句當：句讀曰勾，謂處理此軍之事。㉒固合：實合。㉓探懷取詔：謂自懷中探取詔書。㉔迴揮同列：轉身指揮同列之人。㉕風疾：中風之疾。

順宗至德弘道大聖大安孝皇帝

永貞元年①（西元八〇五年）

㈠春，正月，辛未朔，諸王親戚入賀德宗，太子獨以疾不能來，德宗涕泣悲歎，由是得疾，日益甚，凡二十餘日，中外不通②，莫知兩宮③安否。癸巳，德宗崩④，蒼猝⑤召翰林學士鄭絪、衛次公等至金鑾殿⑥，草遺詔，宦官或曰：「禁中議⑦所立尚未定。」眾莫敢對，次公遽⑧言曰：「太子雖有疾，地居冢⑨嫡，中外屬心⑩，必不得已，猶應立廣陵王⑪，不然必大亂。」絪等從而和⑫之，議始定。次公，河東人也。

㈡太子知人情憂疑，紫衣麻鞋，【考異】按祕喪，則不應麻鞋；發喪，則不應紫衣，蓋當時蒼猝，偶著此服，非祕喪也。以未成服，故不衣縗經耳。力疾㉓出九仙門㉔，召見諸軍使，人心粗安。甲午，宣遺詔於宣政殿㉕，【考異】德宗實錄：「癸巳宣遺詔。」今從順宗實錄。太子縗服㉖見百官，丙申，即皇帝位於太極殿㉗，衞士尚疑之，企足㉘引領㉙而望之，曰：「真太子也。」乃喜而泣。時順宗失音㉚，不能決事㉛，常居宮中，施簾帷㉜，獨宦者李忠言、昭容牛氏侍左右，百官奏事，自帷中可㉝其奏。自德宗大漸㉞，王伾先入，稱詔召王叔文坐翰林中㉟，使決事，伾以叔文意，入言於忠言，稱詔行下㊱，外初無知者，以杜佑攝㊲冢宰。二月，癸卯，上始朝百官於紫宸門㊳。

㈢己酉，加義武節度使張茂昭同平章事。

㈣辛亥，以吏部郎中韋執誼為尚書左丞、同平章事，王叔文欲掌國政，首引執誼為相，己用事於中，與相唱和㊴。

㈤壬子，李師古發兵屯西境，以脅滑州，時告哀使未至諸道，義成牙將有自長安還得遺詔者，節度使李元素以師古鄰道，欲示無外㉚，遣使密以遺詔示之，師古欲乘國喪，侵噬鄰境，乃集將士謂曰：「聖上萬福㉛，而元素忽傳遺詔，是反也，宜擊之。」遂杖元素使者，發兵屯曹州，【考異】舊韓愈傳云：「撰順宗實錄，繁簡不當，穆宗文宗嘗詔史臣添改，時愈婿李漢、蔣係在顯位，諸公難之，而韋處厚竟別撰順宗實錄三卷。」景祐中，詔編次崇文總目，順宗實錄有七本，皆五卷，題曰韓愈等撰，五本略而二本詳，編次者兩存之，其中多異同，今以詳略為別。此李師古脅滑州事，詳本有而略本無，詳略又云：「使衡密以其本示之，師古不受杖，衡幾死。」衡蓋使者之名而無姓。又云：「遂以師至濮州，伺候為變。」按韓愈撰韓弘碑云：「屯兵於曹。」今從之。且告假道於汴㉜。宣武節度使韓弘使謂曰：「汝能越吾界而為盜邪！有以相待，無為空言㉝。」元素告急，弘使謂曰：「吾在此，公安無恐㉞。」或告：「翦棘夷道㉟，兵且至矣，請備之。」弘曰：「兵來，不除道也。」不為之應。師古詐窮變索㊱，且聞上即位，乃罷兵。元素表請自貶，朝廷兩慰解之㊲。元素，泌之族弟㊳也。吳少誠以牛皮鞵材㊴遺師古，師古以鹽資㊵少誠，潛過㊶宣武界，事覺㊷，弘皆留㊸，輸之庫㊹，曰：「此於法，不得以私相餽㊺。」師古等皆憚之。

㈥辛酉，詔數㊻京兆尹道王實殘暴掊㊼歛之罪，貶通州㊽長史，市井讙呼㊾，皆袖瓦礫㊿，遮道(51)伺之，實由間道(52)獲免。

㈦壬戌，以殿中丞王伾為左散騎常侍，依前翰林待詔，蘇州司功王叔文為起居舍人、翰林學士，伾寢陋(五三)吳語，上所褻狎(五四)，而叔文頗任事自許(五五)，微知文義，好言事，上以故稍敬之，不得如伾，出入無阻(五六)。叔文入至翰林，而伾入至柿林院，見李忠言、牛昭容計事，大抵叔文依伾，伾依忠言，忠言依牛昭容，轉相(五七)交結，每事先下翰林，使叔文可否(五八)，然後宣於中書，韋執誼承(五九)而行之，外黨則韓泰、柳宗元等主采聽外事，謀議唱和(六〇)，日夜汲汲(六一)如狂，互相推獎(六二)，曰伊，曰周，曰管，曰葛(六三)，僩然(六四)自得，謂天下無人榮辱(六五)，進退生於造次(六六)，惟其所欲，不拘程式(六七)，士大夫畏之，道路以目(六八)。素與往還者，相次(六九)拔擢，至一日除(七〇)數人。其黨或言曰：「某可為某官。」不過一二日，輒(七一)已得之，於是叔文及其黨十餘家之門，晝夜車馬如市(七二)，客候見(七三)叔文伾者，至宿其坊中餅肆酒壚下(七四)，一人得千錢乃容之(七五)，伾尤闒茸(七六)，專以納賄(七七)為事，作大匱(七八)貯金帛，夫婦寢其上(七九)。

(八)甲子，上御丹鳳門(八〇)，赦天下，諸色(八一)逋負(八二)，一切蠲(八三)免，常貢之外，悉罷(八四)進奉，貞元之末，政事為人患(八五)者，如宮市五坊小兒(八六)之類，悉罷之。先是五坊小兒張(八七)捕鳥雀於閭里者，皆為暴橫(八八)，以取人錢物，至有張羅網於門，不許人出入者，或張井上(八九)，使不得汲(九〇)者，近之，輒曰：「汝驚供奉鳥雀(九一)。」即痛毆(九二)之，出錢物求謝(九三)，乃去；或相聚飲食於酒食之肆，醉飽而去，賣者或不知，就索其直(九四)，多被毆詈(九五)；或時(九六)留蛇一囊為質(九七)，此蛇所以致鳥雀而捕之者(九八)，今留付汝，幸(九九)善飼之，勿令飢渴，賣者愧謝(一〇〇)求哀(一〇一)，乃攜挈而去。上在東宮，皆(一〇二)知其弊，故即位首禁之。

(九)乙丑，罷鹽鐵使月進錢，先是鹽鐵月進羨餘(一〇三)，而經入(一〇四)益少，至是罷之。

(十)三月，辛未，以王伾為翰林學士。

(十一)德宗之末，十年無赦，羣臣以微過譴逐(一〇五)者，皆不復敘用(一〇六)，至是始得量移(一〇七)。壬申，追(一〇八)忠州別駕陸贄、郴州別駕鄭餘慶、杭州刺史韓皐、道州刺史陽城赴京師。贄之秉政(一〇九)也，貶駕部員外郎李吉甫為明州長史，既而徙忠州刺史，贄昆弟(一一〇)門人咸以為憂，至而吉甫忻然以宰相禮事之，贄初猶慙懼(一一一)，後遂為深交。吉甫，栖錡之子㉒。

(十二)韋皐在成都，屢上表請以贄自代，贄與陽城皆未聞追詔而卒。

(十三)丙戌，加杜佑度支及諸道鹽鐵轉運使，以浙西觀察使李錡為鎮海節度使，解㉓其鹽鐵轉運使，【考異】舊錡傳云：「德宗於潤州，置鎮海軍。」新書方鎮表：「元和二年，升浙西觀察使為鎮海軍節度使。」按實錄，八月辛酉詔曰：「頃年江淮租賦，爰及榷稅，委在藩服，使其平均。太上君臨之初，務從省便，令使府歸在中朝。」然則云德宗元和者，皆誤也。錡雖失利權，而得節旄㉔，故反謀亦未發。

(十四)戊子，名徐州軍曰武寧，以張愔為節度使。

(十五)加彰義節度使吳少誠同平章事。

(十六)以王叔文為度支鹽鐵轉運副使，先是叔文與其黨謀，得國賦㉕在手，則可以結㉖諸用事人㉗，取軍士心，以固其權；又懼驟使重權㉘，人心不服，藉杜佑雅㉙有會計之名㉚，位重而務自全㉛，易可制㉜，故先令佑主其名㉝，而自除為副，以專之。叔文雖判兩使㉞，不以簿書㉟為意，日夜與其黨屏人㊱竊語㊲，人莫測㊳其所為。

(十七)以御史中丞武元衡為左庶子，德宗之末，叔文之黨多為御史，元衡薄其為人，待之莽鹵㊴，元衡為山陵儀仗使，劉禹錫求為判官，不許，叔文以元衡在風憲㉚，欲使附己，使其黨誘以權利，元衡不從，由是左遷。元衡，平一之孫㉛也。侍御史竇羣奏：「屯田員外郎劉禹錫，挾㉜邪亂政，不宜在朝。」又嘗謁叔文，揖之曰：「事固有不可知者。」叔文曰：「何謂也？」羣曰：「去歲李實怙恩挾貴，氣蓋一時㉝，公當此時，逡巡㉞路旁，乃江南一吏耳㉟，今公一旦復據其地，安知路旁無如公者乎。」其黨欲逐之，韋執誼以羣素有彊直㊱名，止之。【考異】舊劉禹錫傳曰：「羣即日罷官。」羣傳曰：「其黨議欲貶羣常，韋執誼止之。」又曰：「叔文雖異其言，竟不之用。」按順宗實錄，凡為伾文所排擯者，無不載，未嘗言羣罷官，今從之。

㈥上疾久不愈，時扶御殿㊲，羣臣瞻望而已，莫有親奏對者㊳，中外危懼㊴，思早立太子，而王叔文之黨欲專大權，惡聞之。宦官俱文珍、劉光琦、薛盈珍皆先朝任使舊人，疾㊵叔文忠言等朋黨專恣㊶，乃啓上，召翰林學士鄭絪、衛次公、李程、王涯入金鑾殿，草立太子制。時牛昭容輩以廣陵王淳英睿㊷，惡之，絪不復請，書紙為立嫡以長字呈上，上頷之㊸，癸巳，立淳為太子，更名純。程，神符五世孫㊹也。

(十九)賈耽以王叔文黨用事，心惡之，稱疾(四五)不出，屢乞骸骨。丁酉，諸宰相會食中書，故事、宰相方食，百寮無敢謁見者，叔文至中書，欲與執誼計事，令直省(四六)通之，直省以舊事(四七)告，叔文怒，叱直省，直省懼，入白(四八)，執誼逡巡慚赧(四九)，竟起迎叔文，就其閤語良久。杜佑、高郢、鄭珣瑜皆停筯(五〇)以待，有報者云：「叔文索飯，韋相公已與之同食閤中矣。」佑、郢心知不可，畏叔文執誼，莫敢出言，珣瑜獨歎曰：「吾豈可復居此位！」顧左右(五一)取馬徑歸，遂不起(五二)。二相(五三)皆天下重望，相次(五四)歸臥，叔文執誼益無所顧忌(五五)，遠近大懼。

(廿)夏，四月，壬寅，立皇弟諤為欽王，誠為珍王(五六)，子經為郯王，緯為均王，縱為漵王，紓為莒王，綢為密王，總為郇王，約為邵王，結為宋王，湘為集王，緑為冀王，綺為和王，絢為衡王，纁為會王，綰為福王，紘為撫王，緄為岳王，紳為袁王，綸為桂王，繟為翼王。

(廿一)乙巳，上御(五七)宣政殿，冊太子，百官睹太子儀表，退皆相賀，至有感泣(五八)者，中外大喜。而王叔文獨有憂色，口不敢言，但吟(五九)杜甫題諸葛亮祠堂詩曰：「出師未捷身先死，長使英雄淚滿襟。」聞者哂(六〇)之。

(廿一)先是，太常卿杜黃裳為裴延齡所惡，留滯(六一)臺閣，十年不遷(六二)，及其壻韋執誼為相，始遷太常卿，黃裳勸執誼帥羣臣請太子監國，執誼驚曰：「丈人甫(六三)得一官，奈何啓口(六四)議禁中事！」黃裳勃然(六五)曰：「黃裳受恩三朝(六六)，豈得以一官相買乎(六七)！」拂衣(六八)起出。戊申，以給事中陸淳為太子侍讀，仍更名質(六九)。韋執誼自以專權，恐太子不悅，故以質為侍讀，使潛伺太子意，且解(七〇)之，及質發言，太子怒曰：「陛下令先生為寡人講經義(七一)耳，何為預(七二)它事！」質惶懼而出。

(廿二)五月，辛未，以右金吾大將軍范希朝為左右神策京西諸城鎮行營節度使，甲戌，以度支郎中韓泰為其行軍司馬，王叔文自知為內外所憎疾(七三)，欲奪取宦官兵權以自固，藉希朝老將，使主其名，而實以泰專其事，人情不測其所為，益疑懼。

(廿四)辛卯，以王叔文為戶部侍郎，依前充度支鹽鐵轉運副使，俱文珍等惡其專權，削去翰林之職，叔文見制書，大驚，謂人曰：「叔文日時(七四)至此，商量公事，若不得此院職事(七五)，則無因而至矣。」王伾即為疏請(七六)，不從，再疏，乃許三五日一入翰林，去學士名，叔文始懼。

(廿五)六月，己亥，貶宣歙巡官(七七)羊士諤為汀州寧化(七八)尉，士諤以公事至長安，遇叔文用事，公言(七九)其非，叔文聞之怒，欲下詔斬之，執誼不可，則令杖殺(八〇)之，執誼又以為不可，遂貶焉。由是叔文始大惡(八一)執誼，往來二人門下者，皆懼。

(廿六)先時、劉闢以劍南支度副使(八二)將(八三)韋皐之意於叔文，求都領(八四)劍南三川(八五)，謂叔文曰：「太尉(八六)使闢致微誠(八七)於公，若與某(八八)三川，當以死(八九)相助，若不與，亦當有以相酬(九〇)。」叔文怒，亦將斬之，執誼固執不可，闢尚遊長安未去，聞貶士諤，遂逃歸。執誼初為叔文所引用，深附(九一)之，既得位，欲掩(九二)其跡，且迫於公議(九三)，故時時為異同(九四)，輒使人謝叔文(九五)曰：「非敢負約(九六)，乃欲曲成兄事耳。」叔文詬㊼怒，不之信，遂成仇怨。

【今註】 ㈠永貞元年：是年八月，始改元永貞。㈡中外不通：謂中外不通消息。㈢兩宮：指德宗及順宗言。㈣德宗崩：年六十四。㈤蒼猝：蒼通作倉，謂急猝之間。㈥金鑾殿：程大昌《雍錄》：「金鑾殿者，在蓬萊山正西微南，龍首山坡隴之北，殿西有坡，德宗即之以造東學士院，以其在開元學士院之東也。」㈦議：議論。㈧遽：立。㈨冢：大。㈩屬心：歸心。⑪廣陵王：廣陵王純，太子長子。⑫和：附和。⑬力疾：力行扶持有疾之軀。⑭九仙門：《雍錄》：「九仙門在內西苑之東北角，右神策軍、右羽林軍、右龍武軍，列營於九仙門之西。」⑮宣政殿：《唐六典》卷七：「大明宮，含元殿北曰宣政門，門內曰宣政殿。」⑯縗服：喪服。⑰即皇帝位於太極殿：即位於西內前殿。⑱企足：翹足。⑲引領：引伸項領。⑳失音：謂瘖啞而不能作聲。㉑決事：斷事。㉒施簾帷：垂放簾帷。㉓可：准。㉔大漸：病劇。㉕坐翰林中：謂坐翰林院中。㉖行下：頒行於下。㉗攝：攝理。㉘紫宸門：《長安志》：「宣政殿北內紫宸門，門內有紫宸殿，即內衙之正殿。」㉙唱和：謂一唱一和。㉚欲示無外：胡三省曰：「春秋公羊傳曰：『王者無外。』」此唐人以化外待藩鎮，故有此語。」㉛萬福：謂十分平安。㉜發兵屯曹州，且告假道於汴：《九域志》：「曹州西北至滑州一百二十里，汴州北至滑州界一百里，東北至曹州界一百三里，三州之界，蓋犬牙相入。」㉝有以相待，無為空言：謂決以武力相對待，而絕非虛言。㉞公安無恐：謂公可安心而勿恐懼。㉟翦棘夷道：蒴，芟截；夷，平。言為此者，乃以備出兵也。（三六）詐窮變索：索，盡。謂詐變之計，皆窮盡也。（三七）兩慰解之：謂於兩方，皆加慰解。（三八）元素，泌之族弟：李泌歷事肅、代、德，貞元中為相。（三九）牛皮鞵材：鞵同鞋，謂以製牛皮鞋之材料。（四〇）資：資給。（四一）潛過：偷過。（四二）事覺：事情發覺。（四三）留：扣留。（四四）輸之庫：輸之於府庫。（四五）以私相餽：謂以犯私之物，互相餽贈。（四六）數：責。（四七）掊：掊克。（四八）通州：宋白曰：「通州，漢宕渠縣地，後漢分置宣漢縣。」（四九）讙呼：眾譁噪也。（五〇）袖瓦礫：置瓦礫於衣袖中。（五一）遮道：攔道。（五二）間道：小道。（五三）寢陋：鄙陋。（五四）褻狎：褻弄狎玩。（五五）自許：謂自期許有所作為。（五六）阻：阻止。（五七）轉相：輾轉相。（五八）可否：決定可否。（五九）承：奉承。（六〇）謀議唱和：謂謀議唱和之式。（六一）汲汲：不息貌。（六二）推奬：推奉稱奬。（六三）曰伊，曰周，曰管，曰葛：以伊尹、周公、管仲、諸葛孔明，互相比況。（六四）僩然：勁忿貌。（六五）謂天下無人榮辱：謂天下無人能榮辱之，蓋自以為權勢已甚大也。（六六）進退生於造次：朱熹曰：「造次、急遽苟且之時。」謂進退一大臣，於倉猝之間，即可行之。（六七）程式：章程格式。（六八）道路以目：《國語》韋注：「不敢發言，以目相眄而已。」（六九）相次：相繼。（七〇）除：除官。（七一）輒：便。（七二）如市：謂諠鬧也。（七三）候見：等候謁見。（七四）至宿其坊中餅肆酒壚下：胡三省曰：「長安城中分為左右街，畫為百有餘坊。餅肆，賣餅之家；酒壚，賣酒之處。顏師古曰：『賣酒之處，累土為壚，以居酒瓮，四邊隆起，其一面高形如鍛壚，故名壚耳。』」（七五）一人得千錢乃容之：謂一人須付千錢，餅肆酒壚方收容之。（七六）闒茸：顏師古曰：「闒茸，猥賤也。」（七七）賄：貨賄。（七八）匱：通櫃。（七九）夫婦寢其上：恐人盜之。（八〇）丹鳳門：《唐六典》卷七：「大明宮南面五門，正南曰丹鳳門。」〔八二〕諸色：諸種。〔八三〕逋負：負欠。〔八三〕蠲：除。〔八四〕罷：免。〔八五〕患：病。〔八六〕五坊小兒：胡三省曰：「五坊：一曰雕坊，二曰鶻坊，三曰鷂坊，四曰鷹坊，五曰狗坊。小兒者、給役五坊者也，唐時給役者，多呼為小兒，如苑監小兒、飛龍小兒、五坊小兒是也。五坊屬宣徽院。」〔八七〕張：謂張羅網。〔八八〕皆為暴橫：謂皆為暴橫之事。〔八九〕或張井上：謂或張於井上。〔九〇〕汲：汲水。〔九一〕汝驚供奉鳥雀：謂汝驚張捕之供奉鳥雀。〔九二〕毆：擊。〔九三〕謝：謝罪。〔九四〕就索其直：謂即而索要酒食之錢。〔九五〕詈：罵詈。〔九六〕時：有時。〔九七〕質：抵押。〔九八〕此蛇所以致鳥雀而捕之者：按此蛇上疑當添一曰字。致，召致。〔九九〕幸：希。〔〇〇〕愧謝：愧，猶懼；謝，謝罪。〔〇一〕求哀：祈求哀憐。〔〇二〕皆：盡。〔〇三〕羨餘：盈餘。〔〇四〕經入：經常之收入。〔〇五〕譴逐：譴責放逐。〔〇六〕敍用：銓敍任用。〔〇七〕量移：謂量度而移於近處。〔〇八〕追：追回，亦即召也。〔〇九〕秉政：執政。〔一〇〕昆弟：兄弟。〔一一〕慙懼：慚愧畏懼。〔一二〕吉甫，栖筠之子：李栖筠事代宗，以直聞。〔一三〕解：解去。〔一四〕而得節旄：節旄，節度使所執者，故亦即得節度使之職。〔一五〕國賦：國家賦稅。〔一六〕結：交結。〔一七〕用事人：知事之人。〔一八〕縣使重權：度支鹽鐵轉運使，利權所在，權甚重要，而叔文驟踐此職，故謂驟使。〔一九〕雅：素。〔二〇〕會計之名：擅長會計之名稱。〔二一〕務自全：謂不肯多事以得罪人也。〔二二〕易可制：謂易於控制。〔二三〕主其名：謂擔當其名義。〔二四〕兩使：謂度支及鹽鐵轉運使。〔二五〕簿書：謂文賬。〔二六〕屏人：屏除左右。〔二七〕竊語：私語。〔二八〕莫測：不能測度。〔二九〕莽鹵：言不以為意。〔三〇〕以元衡在風憲：《舊唐書．職官志》三：「太子左春坊、左庶子二人，正四品上，掌侍從贊相，駁正啓奏。」與御史之職責相類，故謂在風憲也。㉛元衡，平一之孫：武平一，武載德之子，武后時避事隱嵩山。㉜挾：持。㉝氣蓋一時：氣焰掩蓋一時。㉞逡巡：却行貌。㉟乃江南一吏耳：叔文本蘇州司功，故云然。㊱彊直：剛彊正直。㊲時扶御殿：謂由人扶持臨御正殿。㊳莫有親奏對者：謂莫有與皇帝親自奏問對答者。㊴危懼：以為危險恐懼。㊵疾：惡。㊶專恣：專輒恣睢。㊷英睿：英明睿智。㊸頷之：謂首肯。㊹程，神符五世孫：神符，淮安王神通之弟。㊺稱疾：自言有疾，其實乃無疾也。㊻直省：胡三省曰：「直省，吏職也，以直中書省，故名。」㊼舊事：即故事。㊽白：告。㊾慙赧：謂慚而面赤。㊿筋：同箸。(51)顧左右：謂顧命左右。(52)遂不起：遂不起治事。(53)二相：謂賈耽、鄭珣瑜。(54)相次：相繼。(55)顧忌：頓望畏忌。(56)立皇弟……諴為珍王：按《舊唐書・德宗諸子傳》，諴作誠，當改從。(57)御：臨。(58)感泣：感動而泣下者。(59)吟：吟詠。(60)哂：笑。(61)留滯：停留淹滯。(62)遷：遷陞。(63)甫：纔。(64)啓口：開口。(65)勃然：變色貌。(66)黃裳受恩三朝：三朝謂肅、代、德。(67)豈得以一官相買乎：謂豈得以一官相買而不言乎。(68)拂衣：猶投袂，以示決絕之意。(69)陸淳為太子侍讀，仍更名質：避太子名也。(70)解：解勸。(71)經義：六經之義理。(72)預：干預。(73)疾：惡。(74)日時：胡三省曰：「日時猶云日日時時，約言之耳。」(75)此院職事：此院謂翰林學士院，職事謂職位及事務。(76)疏請：謂上疏請求。(77)巡官：唐制，節度觀察，其屬皆有巡官。(78)汀州寧化：《舊唐書・地理志》三：「寧化縣，開元二十四年，開山洞置。汀州在京師東南六千一百七十三里。」(79)公言：公開言之。(80)煞：同殺。(81)大惡：甚惡。(82)劍南支度副使：胡三省曰：「唐六典，凡天下邊軍，皆有支度之使，以計軍資糧仗之用。」(八三)將：奉。(八四)都領：總領。(八五)劍南三川：胡三省曰：「劍南東川、四川、及山南西道為三川。」(八六)太尉：謂韋皋。(八七)微誠：微自謙之辭。誠，誠款。(八八)某：唐時謂某為我。(八九)當以死：謂當以死力。(九〇)亦當有以相酬：此乃含有威脅之意，非善言也，故叔文聞之而怒。(九一)附：附從。(九二)掩：掩飾。(九三)公議：猶輿論。(九四)時為異同：此乃為異而非同也，同乃因異同常相連言，故順及之，不具意義。(九五)謝叔文：謂向叔文謝罪。(九六)約：要約。(九七)詬：怒罵。

(一)癸丑，韋皋上表，以為：「陛下哀毀①成疾，重②勞③萬機，故久而未安，請權④令皇太子親監庶政，候⑤皇躬痊癒，復歸春宮⑥，臣位兼將相，今之所陳，乃其職分⑦。」又上太子牋，以為：「聖上遠法高宗，亮陰不言⑧，委政臣下，而所付非人，王叔文、王伾、李忠言之徒，輒⑨當重任，賞罰任情，墮⑩紀紊⑪綱，散府庫之積，以賂權門⑫，樹置心腹，徧於貴位⑬，潛結左右，憂在蕭墻⑭，竊恐傾⑮太宗盛業⑯，危殿下⑰家邦，願殿下即日奏聞，斥逐羣小，使政出人主，則四方獲安。」皋自恃重臣，遠處西蜀，度王叔文不能動搖，遂極言其姦。俄而荊南節度使裴均、河東節度使嚴綬牋表繼至，意與皋同，【考異】實錄略本云：「尋而裴垍、嚴綬表繼至，悉與皋同。」又云：「外有皋、裴垍、嚴綬等牋表。」詳本，裴垍皆作裴均。按裴垍時為考功員外郎，裴均為荊南節度使，今從詳本。中外皆倚以為援，而邪黨震懼(一八)。均，光庭之曾孫(一九)也。

(二)王叔文既以范希朝、韓泰主京西神策軍，諸宦者尚未寤(二〇)，會邊上諸將各以狀辭中尉(二一)，且言方屬(二二)希朝，宦者始寤兵柄為叔文等所奪，乃大怒曰：「從其謀，吾屬必死其手。」密令其使(二三)歸告諸將曰：「無以兵屬人(二四)。」希朝至奉天，諸將無至者，韓泰馳歸白之，叔文計無所出，唯曰：「奈何！奈何！」無幾(二五)，其母病甚，丙辰，叔文盛具酒饌，與諸學士及李忠言、俱文珍、劉光錡等飲於翰林(二六)，叔文言曰：「叔文母病，以身任國事之故，不得親醫藥(二七)，今將求假(二八)歸侍，叔文比(二九)竭心力，不避危難，皆為朝廷(三〇)之恩，一旦去歸，百謗交至，誰肯見察(三一)以一言相助乎？」文珍隨其語輒折(三二)之，叔文不能對，但引滿(三三)相勸，酒數行，而罷。丁巳，叔文以母喪去位。【考異】實錄詳本曰：「叔文母將死前一日，叔文以五十人擔酒饌，入翰林，讌李忠言、劉光錡、俱文珍及諸學士等，中飲，叔文執盞云云。」又曰：「羊士諤毀叔文，叔文將杖殺之，而韋執誼懦不敢，劉闢以韋皐迫脅叔文，求三川，叔文平生不識闢，叔文今日名位何如，而闢欲前執叔文手，豈非凶人邪。叔文時已令掃木場，將集眾斬之，執誼又執不可，每念失此兩賊，令人不快。又自陳判度支已來，所為國家與利除害，出若干錢，以為功能。俱文珍隨語折之，叔文無以對。命滿酌雙卮，對飲，酒數行，而罷。方飲時，有暫起至廳側者，聞叔文從人相謂曰，母死已薨，不欲棺斂，方與人飲酒，不知欲何所為。歸之明日，而其母死，或傳母死數日，乃發喪。」國史補曰：「王叔文以度支使，設饌於翰林，大宴諸閹，袖金以贈，明日又至，揚言聖人適於苑中射兔，上下馬如飛，敢有異議者腰斬。其日，丁母憂。」今從二本實錄。

㈢秋，七月，丙子，加李師古檢校侍中。

㈣王叔文既有母喪，韋執誼益不用其語，叔文怒，與其黨日夜謀起復㉞，必先斬執誼而盡誅不附己者，聞者恟懼㉟，自叔文歸第，王伾失據㊱，日詣宦官及杜佑㊲，請起叔文為相；且總北軍既不獲㊳，則請以為威遠軍㊴使、平章事，又不得，其黨皆憂悸㊵，不自保㊶。是日，伾坐翰林中，疏三上，不報，知事不濟㊷，行且㊸臥，至夜忽叫曰：「伾中風矣。」明日，遂輿歸不出。己丑，以倉部郎中、判度支案㊹陳諫為河中少尹㊺，伾叔文之黨至是始去。

㈤癸巳，橫海軍節度使程懷信薨，以其子副使執恭為留後。【考異】舊傳曰：「程懷信死，懷直子執恭知留後事，乃遣懷直歸滄州。十六年卒，執恭代襲父位，朝廷因而授之。」按懷信逐懷直而奪其位，安肯以懷直之子知留後？又德宗實錄，俱無是事。順宗實錄略本亦無，蓋舊傳語也。惟詳本：「永貞元年七月癸巳，橫海軍節度使程懷信卒，以其子副使執恭為橫海軍節度使。」路隋憲宗實錄：「元和元年五月丙子，以橫海留後程執恭為節度使。」蓋順錄、留後字誤為使字耳。

㈥乙未，制以積疹㊻未復，其軍國政事，權令皇太子純句當㊼。

時內外共疾王叔文黨與專恣，上亦惡之，俱文珍屢啓上請令太子監國，上固厭倦㊽萬機，遂許之；又以太常卿杜黃裳為門下侍郎，左金吾大將軍袁滋為中書侍郎，幷同平章事，俱文珍等以其舊臣㊾，故引用之；又以鄭珣瑜為吏部尚書，高郢為刑部尚書，幷罷政事。

㈦太子見百官於東朝堂㊿，百官拜賀，太子涕泣，不荅拜。八月，庚子，制令太子即皇帝位，朕稱太上皇，制勅稱誥。辛丑，太上皇徙居興慶宮，誥改元永貞，立良娣王氏為太上皇后。后，憲宗之母也。壬寅，貶王伾開州(51)司馬，王叔文渝州(52)司戶，伾尋病死貶所，明年賜叔文死。乙巳，憲宗即位於宣政殿(53)。

㈧丙午，昇平公主(54)獻女口五十，上曰：「上皇不受獻，朕何敢違！」遂却(55)之。庚戌，荊南獻毛龜二，上曰：「朕所寶惟賢，嘉禾神芝(56)，皆虛美耳，所以春秋不書祥瑞，自今凡有嘉瑞，但準令申有司(57)，勿復以聞，及珍禽奇獸，皆毋得獻(58)。」

㈨癸丑，西川節度使、南康忠武王韋皐薨，皐在蜀二十一年(59)，重加賦斂，豐貢獻以結主恩(60)，厚給賜以撫士卒，士卒婚嫁死喪皆供其資費，以是得久安其位，而士卒樂為之用，服南詔，摧吐蕃，幕僚歲久官崇(六一)者，則為刺史，已復還幕府(六二)，終不使還朝，恐泄(六三)其所為故也。府庫既實(六四)，時寬(六五)其民，三年一復(六六)租賦，蜀人服其智謀，而畏其威(六七)，至今畫像以為土神，家家祀之，支度副使劉闢自為留後。

(十)朗州、武陵、龍陽、江漲，流(六八)萬餘家。

(十一)壬午，奉義節度使伊慎入朝(六九)。

(十二)辛卯，夏綏節度使韓全義入朝，全義敗於溵水而還，不朝覲而去，上在藩邸聞其事而惡之，全義懼，乃請入朝。

(十三)劉闢使諸將表求節鉞，朝廷不許，己未，以袁滋為劍南、東西川、山南西道安撫大使。

(十四)度支奏裴延齡所置別庫，皆減正庫之物別貯之(七〇)，請併歸正庫，從之。

(十五)辛酉，遣度支鹽鐵轉運副使潘孟陽宣慰江淮，行視(七一)租賦榷稅利害(七二)，因察官吏否臧(七三)，百姓疾苦(七四)。

(十六)癸亥，以尚書左丞鄭餘慶同平章事。

(十七)九月，戊辰，禮儀使奏：「曾太皇太后沈氏，歲月滋深(七五)，迎訪理絕(七六)，按晉庾蔚之議，尋求三年之外，俟中壽而服之(七七)，伏請以大行皇帝啓攢宮日(七八)，皇帝帥百官舉哀。即以其日為忌(七九)。」從之。

(十八)壬申，監修國史韋執誼奏，始令史官撰日曆(八〇)。

(十九)己卯，貶神策行軍司馬韓泰為撫州(八一)刺史，司封郎中韓曄為池州刺史，禮部員外郎柳宗元為邵州(八二)刺史，屯田員外郎劉禹錫為連州(八三)刺史。

(廿)冬，十月，丁酉，右僕射同平章事賈耽薨。

(廿一)戊戌，以中書侍郎同平章事袁滋同平章事，充西川節度使，徵劉闢為給事中。

(廿二)舒王誼(八四)薨。

(廿三)太常議曾太皇太后謚曰睿真皇后。

(廿四)山人(八五)羅令則自長安如普潤(八六)，矯稱太上皇誥，徵兵於泰州(八七)刺史劉澭，且說澭以廢立(八八)，澭執送長安，幷其黨杖殺之。

(廿五)己酉，葬神武孝文皇帝于崇陵(八九)，廟號德宗。

(廿六)十一月，己巳，祔睿真皇后、德宗皇帝主(九〇)於太廟。

(廿七)禮儀使杜黃裳等議，以為國家法周制，太祖猶后稷，高祖猶文王，太宗猶武王，皆不遷，高宗在三昭三穆之外，請遷主於西夾室。從之。

(廿八)壬申，貶中書侍郎同平章事韋執誼為崖州司馬，執誼以嘗與王叔文異同，且杜黃裳壻(九一)，故獨後貶，然叔文敗，執誼亦自失形勢(九二)，知禍將至，雖尚為相，常不自得(九三)，奄奄(九四)無氣，聞人行聲，輒惶悸(九五)失色，以至於貶(九六)。

(廿九)戊寅，以韓全義為太子少保，致仕。

(卅)劉闢不受徵(九七)，阻兵(九八)自守，袁滋畏其彊，不敢進，上怒，貶滋為吉州刺史。

(卅一)復以右庶子武元衡為御史中丞。

(卅二)朝議謂王叔文之黨，或自員外郎出為刺史，貶之太輕，己卯，再貶韓泰為虔州(九九)司馬，韓曄為饒州(一〇〇)司馬，柳宗元為永州(一〇一)司馬，劉禹錫為朗州（一〇二）司馬，又貶河中少尹陳諫為台州（一〇三）司馬，和州刺史凌準為連州司馬，岳州刺史程异為郴州（一〇四）司馬。

(廿三)回鶻懷信可汗卒，遣鴻臚少卿孫杲臨弔，冊其嗣為騰里野合俱錄毗伽可汗（一〇五）。

(廿四)十二月，甲辰，加山南東道節度使于頔同平章事。

(廿五)以奉義節度使伊慎為右僕射。

(廿六)己酉，以給事中劉闢為西川節度副使，知節度事，上以初嗣位，力未能討故也。右諫議大夫韋丹上疏，以為：「今釋（一〇六）闢不誅，則朝廷可以指臂而使者（一〇七），惟兩京耳，此外，誰不為叛。」上善其言，壬子，以丹為東川節度使。丹，津之五世孫（一〇八）也。

(廿七)辛酉，百官請上上皇尊號曰應乾聖壽太上皇，上尊號曰文武大聖孝德皇帝，上許上上皇尊號，而自辭不受（一〇九）。

(廿八)壬戌，以翰林學士鄭絪為中書侍郎同平章事。

(廿九)以刑部郎中杜兼為蘇州刺史，兼辭行（一一〇），上書稱李錡且反，以奏族臣（一一一），上然之（一一二），留為吏部郎中。

【今註】㊀哀毀：哀悼毀傷。㊁重：猶更。㊂勞：勤勞。㊃權：權宜。㊄候：等候。㊅春宮：亦即東宮，謂太子復歸春宮。㊆乃其職分：謂乃其職分所應言者。㊇亮陰不言：謂居於亮陰而不聽覽政事。㊈輒：專輒，亦即專也。㊉墮：讀曰隳。⑪紊：亂。⑫權門：權勢之門。⑬貴位：顯貴之位。⑭蕭墻：《論語》季氏注：「蕭之言肅也，墻謂屏也，君臣相見之禮，至屏而加肅敬焉，是以謂之蕭墻。」⑮傾：傾覆。⑯盛業：猶大業。⑰殿下：太子之尊稱。⑱震懼：震動恐懼。⑲均，光庭之曾孫：裴光庭相玄宗。⑳寤：覺寤。㉑各以狀辭中尉：謂各以牋狀向左右神策護軍中尉辭別。㉒方屬：猶將屬。㉓密令其使：謂密令諸將所遣之使。㉔屬人：謂屬他人。㉕無幾：謂無多時。㉖飲於翰林：即飲於翰林院中。㉗親醫藥：謂親侍醫藥。㉘求假：告假。㉙比：近。㉚朝廷：此謂天子。㉛見察：相察明。㉜折：駁折。㉝引滿：斟滿。㉞起復：謂起而復任舊職。㉟恟懼：大懼。㊱失據：失所依據。㊲日詣杜佑：杜佑時為首相，故請之。㊳且總北軍既不獲：指範希朝至奉天，諸將無至者言。㊴威遠軍：胡三省曰：「據舊郭子儀傳，肅宗上元元年，以子儀為諸道兵馬都統，令帥英武、威遠等禁軍、及諸鎮之師取范陽，既而為魚朝恩所沮，不行，則威遠軍、肅宗置也。至德宗時，以左右威遠營隸鴻臚，賈耽以鴻臚卿兼威遠軍使，至元和二年，勅左右威遠營置來已久，著在國章，其英武軍並入左右威遠營，其後遂以宦官為使，不復隸鴻臚。」㊵憂悸：憂懼。㊶不自保：謂不能自保全。㊷濟：成。㊸行且：皆係將意。㊹判度支案：謂判度支案牘。㊺河中少尹：據《舊唐書・職官志》三，唐諸府各置尹一人，少尹二人，從四品下，掌貳府州之事，以綱紀眾務。(四六)疹：病。(四七)句當：處理。(四八)厭倦：厭惡疲倦。(四九)以其舊臣：杜黃裳、代宗時已佐朔方軍，袁滋、建中初已位於朝，故以為舊臣。(五〇)見百官於東朝堂：胡三省曰：「唐六典、大明宮含元殿，夾殿有兩閣，左曰翔鸞，翔鸞閣下為東朝堂，右曰棲鳳，棲鳳閣下為西朝堂。」(五一)開州：《舊唐書・地理志》二：「山南西道開州，在京師南一千四百六十里。」(五二)渝州：同志四：「劍南道，渝州，在京師西南二千七百四十八里。」(五三)憲宗即位於宣政殿：德宗大行在殯，上皇在興慶宮，不敢於前殿即位，故改於宣政殿焉。(五四)昇平公主：公主郭妃之母。(五五)却：退。(五六)神芝：亦名靈芝。(五七)但準令申有司：《舊唐書・德宗紀》作：「但令准式，申報有司。」是其詳釋。按禮部掌祥瑞，故此有司，即禮部也。(五八)及珍禽奇獸，皆毋得獻：按〈德宗紀〉，及作其，較合，應改從。(五九)皐在蜀二十一年：德宗貞元元年，韋皐代張延賞鎮蜀。(六〇)以結主恩：以結君主之恩遇。(六一)崇：高。(六二)已復還幕府：謂罷刺史後，則復還幕府。(六三)泄：洩漏。(六四)實：充實。(六五)寬：寬卹。(六六)復：免除。(六七)威：威勢。(六八)流：漂流。(六九)奉義節度使伊慎入朝：自安州入朝。(七〇)減正庫之物別貯之：謂減移正庫之物，而貯於別庫。(七一)行視：巡行視察。(七二)利害：猶利弊。(七三)否臧：善否。(七四)疾苦：所疾惡痛苦之事。(七五)滋深：猶愈久。(七六)迎訪理絕：迎訪事始見卷二百二十六德宗建中元年。全句謂無迎訪可得之理。(七七)按晉庾蔚之議，尋求三年之外，俟中壽而服之：胡三省曰：「晉荀組云：『二親陷沒，萬無一冀者，宜使依王法，隨例行喪。』庾蔚之云：『二親為戎狄所破，存亡未可知者，宜盡尋求之理，尋求之理絕，三年之外，便宜婚宦，胤嗣不可絕，王政不可廢故也。猶宜以哀素自居，不豫吉慶之事，俟中壽而服之也。若境內賊亂清平，肆眚之後，尋覓無蹤跡者，便宜制服。』莊子曰：『人生上壽一百，中壽八十，下壽六十。』」(七八)啓攢宮曰：《禮記・檀弓》：「天子之殯也，菆塗龍輴以椁，加斧於椁上，畢塗屋。」鄭玄注：「天子之殯，居棺以龍楯，攢木題湊，象椁四注如屋，以覆之，盡塗之，及葬而啓之。」(七九)忌：忌日，亦即卒日。(八〇)始令史官撰日曆：葉伯益曰：「唐永貞初，韋執誼奏：『修撰私家紀錄非是，望令各撰日曆，月終館中撰定。』從之。此日曆之所從起也。」(八一)撫州：《舊唐書・地理志》三：「江南西道、撫州，在京師東南三千三百一十二里。」(八二)邵州：同志三：「江南西道、召州，在京師東南三千四百里。」(八三)連州：同志三：「江南道、連州，在京師南三千六百六十五里。」(八四)舒王誼：德宗子。(八五)山人：山野之人，亦即布衣。(八六)普潤：據《新唐書・地理志》一，普潤縣屬鳳翔府。(八七)泰州：按《舊唐書・劉怦傳》，泰當作秦，秦州唐屬隴右道。(八八)以廢立：以廢立之事。(八九)葬神武孝文皇帝于崇陵：據《新唐書・地理志》一，崇陵在京兆府、雲陽縣北十五里嵯峨山。(九〇)德宗皇帝主：主，神主。(九一)且杜黃裳壻：謂且為杜黃裳之壻。(九二)形勢：猶靠山。(九三)不自得：不自得意。(九四)奄奄：氣息微貌。(九五)惶悸：惶懼。(九六)以至於貶：謂以至於貶之時，情形皆係如此。(九七)徵：徵召。(九八)阻兵：恃兵。(九九)虔州：《舊唐書・地理志》三：「江南道、虔州，在京師東南四千一十七里。」(一〇〇)饒州：同志三：「江南道、饒州，在京師東南三千二百六十三里。」(一〇一)永州：同志三：「江南道、永州，在京師南三千二百七十四里。」(一〇二)朗州：同志三：「江南道、朗州，在京師東南二千一百五十九里。」(一〇三)台州：同志三：「江南道、台州，在京師東南四千一百七十七里。」㉔郴州：同志三：「江南道、郴州，在京師東南三千三百里。」㉕回鶻懷信可汗卒，遣鴻臚少卿孫杲臨弔，冊其嗣為騰里野合俱錄毗伽可汗：自懷信立，回鶻藥羅葛氏絕矣，此後史皆書冊其嗣，以表皆係懷信子孫。㉖釋：捨。㉗指臂而使者：謂如腦之使臂，臂之使指，可以指揮自如也。㉘丹，津之五世孫：津，韋孝寬之子。㉙自辭不受：謂辭而不受百官所上於己之尊號。㉚辭行：謂辭不赴任。㉛族臣：謂滅臣之族。㉜上然之：謂上以其言為是。

資治通鑑今註十五冊出版進度表

冊　次	紀　年	出版時間
1	周紀　秦紀　漢紀	100 年 11 月
2	漢紀	100 年 11 月
3	漢紀	101 年 1 月
4	漢紀　魏紀	101 年 2 月
5	晉紀	101 年 3 月
6	晉紀	101 年 4 月
7	宋紀　齊紀	101 年 4 月
8	齊紀　梁紀	101 年 5 月
9	梁紀　陳紀	101 年 5 月
10	隋紀　唐紀	101 年 6 月
11	唐紀	101 年 7 月
12	唐紀	101 年 8 月
13	唐紀	101 年 9 月
14	後梁紀　後唐紀	101 年 10 月
15	後唐紀　後晉紀 後漢紀　後周紀	101 年 10 月

資治通鑑今註　第十二冊
唐　　　　　　紀

主編◆國立編譯館中華叢書編審委員會
校註者◆李宗侗　夏德儀等
發行人◆施嘉明
總編輯◆方鵬程
執行編輯◆葉幗英　徐平　王窈姿
校對◆鄭秋燕　吳修芃
美術設計◆吳郁婷

出版發行：臺灣商務印書館股份有限公司
臺北市重慶南路一段三十七號
電話：（02）2371-3712
讀者服務專線：0800056196
郵撥：0000165-1
網路書店：www.cptw.com.tw
E-mail：ecptw@cptw.com.tw

局版北市業字第 993 號
初版一刷：1975 年 12 月
二版一刷：2012 年 8 月
定價：新台幣 1200 元

ISBN 978-957-05-2734-6（精裝）

資治通鑑今註. 第十二冊. 唐紀／李宗侗, 夏
德儀等註譯；國立編譯館中華叢書編審委員會
主編. --二版. -- 臺北市：臺灣商務, 2012. 08
面 ； 公分.

ISBN 978-957-05-2734-6(精裝)

1. 資治通鑑 2.注釋

610.23

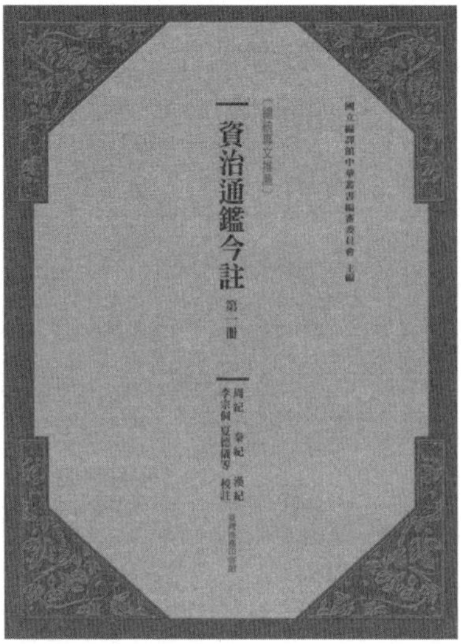

《資治通鑑今註》一～十五冊
李宗侗 夏德儀等　校註

《資治通鑑》，簡稱《通鑑》，是北宋司馬光所主編的一本長篇編年體史書，共 294 卷，三百萬字，耗時 19 年。記載的歷史由周威烈王二十三年（西元前 403 年）寫起，一直到五代的後周世宗顯德六年（西元 959 年），計跨十六個朝代，包括秦、漢、晉、隋、唐統一王朝和戰國七雄、魏蜀吳三國、五胡十六國、南北朝、五代十國等其他政權，共 1362 年的逐年記載詳細歷史。它是中國的一部編年體通史，在中國史書中有極重要的地位。

《史記今註》一～六冊

馬持盈　註

史記一書，篇幅浩繁，凡五十二萬餘言；所收集之歷史資料，上自黃帝，下至漢武帝，上下三千年間凡政治經濟、天文地理，無所不談。本書以現代人最易瞭解的語言文字註譯其文，全書共六冊，並著重關於中華文化之重要部分、政治經濟之起伏變化及文句組織奇突難解之處註譯，使讀者能融會貫通，研讀自由，輕鬆愉快的閱讀。